Veröffentlichungen der Vereinigung der Deutschen Staatsrechtslehrer

Band 61

Robert Alexy, Philip Kunig,
Werner Heun, Georg Hermes

Verfassungsrecht und einfaches Recht - Verfassungsgerichtsbarkeit und Fachgerichtsbarkeit

---

Wilfried Erbguth, Wolfram Höfling,
Rudolf Streinz, Astrid Epiney

Primär- und Sekundärrechtsschutz im Öffentlichen Recht

Berichte und Diskussionen
auf der Tagung der Vereinigung der Deutschen Staatsrechtslehrer
in Würzburg vom 3. bis 6. Oktober 2001

W DE G

2002

Walter de Gruyter · Berlin · New York

Redaktion: Prof. Dr. Jörn Ipsen (Osnabrück)

♾ Gedruckt auf säurefreiem Papier,
das die US-ANSI-Norm über Haltbarkeit erfüllt.

Die Deutsche Bibliothek – CIP-Einheitsaufnahme

Verfassungsrecht und einfaches Recht : Verfassungsgerichtsbarkeit und Fachgerichtsbarkeit / Robert Alexy ... Primär- und Sekundärrechtsschutz im öffentlichen Recht / Wilfried Erbguth ... Berichte und Diskussionen auf der Tagung der Vereinigung der Deutschen Staatsrechtslehrer in Würzburg vom 3. bis 6. Oktober 2001.
[Red.: Jörn Ipsen]. – Berlin ; New York : de Gruyter, 2002
(Veröffentlichungen der Vereinigung der Deutschen Staatsrechtslehrer ; Bd. 61)
ISBN 3-11-017488-X

Printed in Germany
Diskettenkonvertierung: Dörlemann Satz GmbH, Lemförde
Druck: WB Druck GmbH & Co., Rieden am Forggensee
Bindung: Lüderitz & Bauer GmbH, Berlin
Einbandgestaltung: Christopher Schneider, Berlin

Inhalt

Jahrestagung 2001

Vom 3. bis 6. Oktober 2001 hielt die Vereinigung der Deutschen Staatsrechtslehrer ihre Jahrestagung in Würzburg ab, wo sie bereits einmal im Jahre 1965 getagt hat. Zu Beginn der Mitgliederversammlung gedachte die Vereinigung ihrer verstorbenen Mitglieder *Erwin Melichar* und *Ignaz Seidl-Hohenveldern*. Der Vorsitzende konnte in der Mitgliederversammlung 32 neue Mitglieder begrüßen, die sich kurz vorstellten. Die Vereinigung zählt jetzt 520 Mitglieder.

Der Tag der Deutschen Einheit wurde mit einem Orgelkonzert in der Alten Universität und einem Empfang des Präsidenten der Universität Würzburg und des Oberbürgermeisters der Stadt Würzburg beschlossen. Zu Mitgliedern des Vorstandes für die Jahre 2002 und 2003 wurden gewählt: *Gunnar Folke Schuppert*, *Beatrice Weber-Dürler* und *Helmuth Schulze-Fielitz*.

Nach Begrüßung durch den Dekan der Juristischen Fakultät, Professor Dr. *Horst Dreier*, wurde am Donnerstag der erste Beratungsgegenstand „Verfassungsrecht und einfaches Recht – Verfassungsgerichtsbarkeit und Fachgerichtsbarkeit" behandelt. Es referierten *Robert Alexy*, Kiel, *Philip Kunig*, Berlin, *Werner Heun*, Göttingen, und *Georg Hermes*, Frankfurt/Main. Die Aussprache stand unter der Leitung von *Jörn Ipsen*. Am Freitag wurde der zweite Beratungsgegenstand „Primär- und Sekundärrechtsschutz im öffentlichen Recht" behandelt. Es referierten *Wilfried Erbguth*, Rostock, *Wolfram Höfling*, Köln, *Rudolf Streinz*, Bayreuth, und *Astrid Epiney*, Freiburg (Schweiz). Die Aussprache stand unter der Leitung von *Hartmut Bauer*. Der Freitag wurde mit einem geselligen Abend im Weindom unter der Fürstbischöflichen Residenz mit Weinprobe, Winzerschmaus und einer „Weinrede" von *Udo Steiner* beendet.

Der Ausflug am Samstag führte in die Lande um den Main. Die Mitglieder wurden von der Landrätin des Kreises Kitzingen sowie von dem Bürgermeister von Volkach jeweils zusammen mit Weinprinzessinnen und einem Stadtrat empfangen. Vorzüglicher fränkischer Wein wurde überall ausgeschenkt. Ganz besonderer Dank für die Vorbereitung der Tagung gilt *Franz-Ludwig Knemeyer* sowie für die Organisation des Begleitprogramms Frau *Knemeyer*. Die alte Fürstbischöfliche Residenz am Main hat der Tagung einen besonderen Rahmen gegeben.

J.A.F.

Erster Beratungsgegenstand:

Verfassungsrecht und einfaches Recht – Verfassungsgerichtsbarkeit und Fachgerichtsbarkeit

1. Bericht von Prof. Dr. *Robert Alexy*, Kiel

Inhalt

I. Probleme und Programm

1. Formelle Geltungskraft und materielle Normierungsdichte

Es kann als ein auf alle Verfassungen zutreffender Satz angesehen werden, dass Art und Umfang der Probleme des Verhältnisses von Verfassungsrecht und einfachem Recht sowie von Verfassungsgerichtsbarkeit und Fachgerichtsbarkeit wesentlich durch zwei Faktoren bestimmt werden, die als formelle Geltungskraft und materielle Normierungsdichte der Verfassung bezeichnet werden können. Das Grundgesetz ist durch seine den Vorrang der Verfassung zum Ausdruck bringenden Bindungsanordnungen in Art. 20 Abs. 3 und Art. 1 Abs. 3 GG sowie durch seine umfassende Ermächtigung und Verpflichtung des Bundesverfassungsgerichts zur Kontrolle dieser Bindungen eine Verfassung von höchster formeller Geltungskraft. Ein solches Höchstmaß ist relativ unproblematisch, solange die materielle Normierungsdichte begrenzt und diese Begrenzung klar bestimmbar ist. Ernste Probleme entstehen aber, wenn die materielle Normierungsdichte unbestimmbar ist oder entgrenzt wird.[1] Dieser Zusammenhang ist seit langem bekannt. So hat *Hans Kelsen* auf der Wiener Tagung unserer Vereinigung im Jahre 1928 sein Plädoyer für ein Verfassungsgericht[2] nicht nur mit der Forderung verbunden, dass die Verfassung die vom Verfassungsgericht zu kontrollierenden materiellen „Grundsätze, Richtlinien, Schranken ... so präzise wie möglich bestimmen" muss,[3] sondern auch mit der Warnung vor einer „höchst gefährliche(n) Rolle", die „Werte" oder „Prinzipien" wie etwa „Freiheit" und „Gleichheit" „mangels einer näheren Bestimmung" „(g)erade im Bereich der Verfassungsgerichtsbarkeit" spielen können.[4] Dem Verfassungsgericht könne durch sie „eine Machtvollkommenheit eingeräumt (werden), die schlechthin als unerträglich empfunden werden muß".[5] Höchste formelle Geltungskraft ist, so lautet Kelsens Botschaft, nur unter der Bedingung hinreichend begrenzter und bestimmbarer materieller Normierungsdichte erträglich.

---

[1] Vgl. *Wahl* Der Vorrang der Verfassung, Der Staat 20 (1981) 502ff.

[2] *Kelsen* Wesen und Entwicklung der Staatsgerichtsbarkeit, VVDStRL 5 (1929) 53ff.

[3] *Ders.* (Fn. 2) 70.

[4] *Ders.* (Fn. 2) 69.

[5] *Ders.* (Fn. 2) 70.

2. *Die Expansion materieller Verfassungsgehalte*

Warnungen wie diese haben nicht verhindern können, dass es unter dem Grundgesetz zu einer Expansion materieller Verfassungsgehalte kam. Diese Expansionsgeschichte ist so oft beschrieben worden,[6] dass hier Stichworte ausreichen. Der – sich freilich vorher schon ankündigende[7] – Urknall fand 1958 im Lüth-Urteil statt. Manches in dieser Entscheidung ist noch tastend und unentwickelt, manches schief und veraltet, drei eng miteinander verwobene Ideen aber werden für immer – ganz gleich, ob man ihnen zustimmt oder nicht – groß und bedeutend bleiben. Die erste und alles andere schon in sich bergende ist, dass der Grundrechtskatalog nicht nur Abwehrrechte garantiert, sondern auch ein System von Normen umfassenderer Art zum Ausdruck bringt, die das Gericht damals eher missverständlich als Werte und objektive Normen bezeichnete,[8] später dann mit so ausladenden Beschreibungen wie „objektivrechtliche(n) Funktion als ‚wertentscheidende Grundsatznorm'" versah,[9] aber auch schlicht als „Prinzipien" titulierte,[10] was auch hier geschehen soll.[11] Damit wurde *Kelsens* Postulat der formellen Geltungskraft mit *Smends* Deutung des Grundrechtskatalogs als Ausdruck eines „Wert- oder Güter-, ein(es) Kultursystem(s)"[12] verbunden.[13] Die zweite Idee versteht sich angesichts von Art. 1 Abs. 3 GG fast von selbst. Wenn die Grundrechte alle drei Gewalten binden und auch Prinzipien sind, dann binden sie alle drei Gewalten auch als Prinzipien. Als Prinzipien oder Werte aber können sie überall einschlägig sein. Es kommt zur Ubiquität der Grundrechte, die mit dem Begriff der Ausstrahlung in „alle Bereiche des Rechts"[14] zwar etwas bildhaft, aber den Kern treffend beschrieben wird. Die dritte Idee folgt aus der Struktur dessen, was das Bundesverfassungsgericht damals als „Wert" bezeichnet hat. Werte oder Prinzipien pflegen zu kollidieren. Der für den juristischen Alltag zentrale

---

[6] Vgl. statt vieler *Böckenförde* Grundrechte als Grundsatznormen, in: ders., Staat, Verfassung, Demokratie, 1991, 163 ff.; *H. Dreier* Dimensionen der Grundrechte, 1993, 10 ff.; *Dolderer* Objektive Grundrechtsgehalte, 2000, 117 ff.

[7] Vgl. etwa BVerfGE 6, 55, 72.

[8] BVerfGE 7, 198, 205.

[9] BVerfGE 77, 170, 214.

[10] BVerfGE 81, 242, 254.

[11] Vgl. *Alexy* Theorie der Grundrechte, 3. Aufl., 1996, 71 ff.

[12] *Smend* Verfassung und Verfassungsrecht (1928) in: ders., Staatsrechtliche Abhandlungen, 3. Aufl., 1994, 264.

[13] *Smend* verwendet neben dem Wertbegriff auch den Prinzipienbegriff; vgl. *dens.* Das Recht der freien Meinungsäußerung, VVDStRL 4 (1928) 47: „Grundrechtsprinzipien".

[14] BVerfGE 7, 198, 205.

Satz des Lüth-Urteils lautet daher: „Es wird deshalb eine ‚Güterabwägung' erforderlich."[15] Das hat, wie das Gericht mit Schärfe konstatiert, Konsequenzen: „Eine unrichtige Abwägung kann das Grundrecht verletzen und so die Verfassungsbeschwerde zum Bundesverfassungsgericht begründen."[16] Der Smendschen Idee werden so Kelsensche Zähne eingesetzt.

Die Trias von Wert oder Prinzip, Ausstrahlung und Abwägung war eingeführt worden, um den Grundrechten im Zivilrecht zur Geltung zu verhelfen. Heute wird dies mit Hilfe der in allen Rechtsgebieten einsetzbaren Figur des Rechtes auf Schutz[17] präziser gefasst. Rechte auf Organisation und Verfahren[18] und faktische positive Leistungen[19] traten hinzu, und die Verstärkung des allgemeinen Gleichheitssatzes zum Maßstab einer an „Verhältnismäßigkeitserfordernisse(n)" orientierten „strenge(n) Prüfung"[20] tat ein übriges.

3. *Direkte und indirekte Konstitutionalisierung*

Die skizzierte Expansion grundrechtlicher Gehalte bewirkte eine materielle Konstitutionalisierung der Rechtsordnung.[21] Alle drei Gewalten werden durch sie direkt betroffen. Im Verhältnis zur Fachgerichtsbarkeit

[15] BVerfGE 7, 198, 210.

[16] BVerfGE 7, 198, 212.

[17] Vgl. BVerfGE 39, 1, 42; 46, 160, 164f.; 88, 203, 251ff.; 89, 214, 231f.; 97, 169, 176, sowie *Isensee* Das Grundrecht auf Sicherheit, 1983; *Hermes* Das Grundrecht auf Schutz von Leben und Gesundheit, 1987; *Robbers* Sicherheit als Menschenrecht, 1987; *Dietlein* Die Lehre von den grundrechtlichen Schutzpflichten, 1992; *Unruh* Zur Dogmatik der grundrechtlichen Schutzpflichten, 1996; *Canaris* Grundrechte und Privatrecht, 1999.

[18] Vgl. BVerfGE 35, 79, 116; 52, 380, 389f.; 53, 30, 65f.; 73, 280, 296; 90, 60, 96, sowie *Häberle* Grundrechte im Leistungsstaat, VVDStRL 30 (1971) 80ff.; *Hesse* Bestand und Bedeutung der Grundrechte in der Bundesrepublik Deutschland, EuGRZ 1978, 434ff.; *Goerlich* Grundrechte als Verfahrensgarantien, 1981; *Denninger* Staatliche Hilfe zur Grundrechtsausübung durch Verfahren, Organisation und Finanzierung, HStR V §113 Rn. 1ff.

[19] Vgl. BVerfGE 33, 303, 333; 40, 121, 133; 45, 187, 228; 74, 40, 62f.; 82, 60, 85; 87, 153, 171; 90, 107, 115, sowie *Murswiek* Grundrechte als Teilhaberechte, soziale Grundrechte, HStR V § 112 Rn. 86ff.; *Borowski* Grundrechte als Prinzipien, 1998, 289ff.

[20] BVerfGE 88, 87, 96f.; vgl. des weiteren BVerfGE 55, 72, 88; 84, 197, 199; 99, 129, 139, sowie *Kirchhof* Der allgemeine Gleichheitssatz, HStR V § 124 Rn. 215ff.; *Hesse* Der allgemeine Gleichheitssatz in der neueren Rechtsprechung des Bundesverfassungsgerichts zur Rechtsetzungsgleichheit, FS Lerche, 1993, 121ff.; *Huster* Rechte und Ziele, 1993; *Sachs* Die Maßstäbe des allgemeinen Gleichheitssatzes – Willkürverbot und sogenannte neue Formel, JuS 1997, 124ff.

[21] Vgl. *Schuppert/Bumke* Die Konstitutionalisierung der Rechtsordnung, 2000.

kommt eine indirekte oder formelle Konstitutionalisierung hinzu.[22] Jede fehlerhafte Rechtsanwendung ist mindestens[23] deshalb verfassungswidrig, weil sie gegen die durch Art. 20 Abs. 3 GG angeordnete Bindung an Gesetz und Recht verstößt.[24] Jeder einfachrechtlichen Rechtsverletzung korrespondiert so eine inhaltsgleiche Verfassungswidrigkeit. Wird ein Grundrechtsträger betroffen, so liegt, folgt man der Linie des Elfes-Urteils,[25] mindestens eine Verletzung des Grundrechts auf allgemeine Handlungsfreiheit vor.[26]

Die Probleme, die die indirekte oder formelle Konstitutionalisierung im Verhältnis von Verfassungsgerichtsbarkeit und Fachgerichtsbarkeit bereitet, müssen hier außer Betracht bleiben. Meine Ausführungen werden sich ganz auf die materielle oder direkte Konstitutionalisierung beschränken. Diese führt im Verhältnis von Verfassungsgerichtsbarkeit und Fachgerichtsbarkeit grundsätzlich zu denselben Fragen wie im Verhältnis von Verfassungsgericht und Gesetzgeber, was seinen Grund in dem trefflichen Kerngedanken der Schumannschen Formel[27] hat, dass kein Gericht seiner Entscheidung eine Regel zugrunde legen darf, die „nicht einmal der Gesetzgeber anordnen könnte".[28] Nur dieser Aspekt soll hier interessieren.

---

[22] Den Begriffen der direkten und indirekten Konstitutionalisierung entsprechen die Begriffe der direkten und indirekten Verfassungswidrigkeit; vgl. *Kelsen* (Fn. 2) 39f., der neben „direkt" und „indirekt" auch die Ausdrücke „unmittelbar" und „mittelbar" verwendet, und *Papier* „Spezifisches Verfassungsrecht" und „Einfaches Recht" als Argumentationsformel des Bundesverfassungsgerichts, FG Bundesverfassungsgericht, Bd. 1, 1976, 435.

[23] Daneben kommen Verstöße gegen grundrechtliche Gesetzesvorbehalte und gegen das Willkürverbot des Art. 3 Abs. 1 GG in Betracht; vgl. *Voßkuhle* in: v. Mangoldt/Klein/Starck, GG III, Art. 93 Rn. 55; *Jestaedt* Verfassungsrecht und einfaches Recht – Verfassungsgerichtsbarkeit und Fachgerichtsbarkeit, DVBl. 2001, 1310.

[24] *H.-J. Koch* Bundesverfassungsgericht und Fachgerichte, GS Jeand'Heur, 1999, 136.

[25] BVerfGE 6, 32.

[26] Vgl. *Schumann* Verfassungs- und Menschenrechtsbeschwerde gegen richterliche Entscheidungen, 1963, 196f.; *Papier* (Fn. 22) 434; *Ossenbühl* Verfassungsgerichtsbarkeit und Fachgerichtsbarkeit, FS Ipsen, 1977, 137f.

[27] *Schumann* (Fn. 26) 334, näher 206f.; vgl. hierzu *Berkemann* Das Bundesverfassungsgericht und „seine" Fachgerichtsbarkeiten, DVBl. 1996, 1032f.; *Starck* Verfassungsgerichtsbarkeit und Fachgerichte, JZ 1996, 1039; *Robbers* Für ein neues Verhältnis zwischen Bundesverfassungsgericht und Fachgerichtsbarkeit, NJW 1998, 936; *Koch* (Fn. 24) 139, 146ff.; *Jestaedt* (Fn. 23) 1321; *Düwel* Kontrollbefugnisse des Bundesverfassungsgerichts bei Verfassungsbeschwerden gegen gerichtliche Entscheidungen, 2000, 65ff., 264f.

[28] BVerfGE 89, 28, 36; vgl. ferner BVerfGE 79, 283, 290; 81, 29, 31f.; 82, 6, 15f.; 84, 197, 199; 84, 372, 379.

4. *Konstitutionalisierung, Überkonstitutionalisierung, Unterkonstitutionalisierung*

Die materielle Konstitutionalisierung wurde stets von Einwänden begleitet. Es sei nur an die beißende Kritik *Carl Schmitts*[29] und *Ernst Forsthoffs*[30] erinnert. In jüngerer Zeit hat Böckenförde diesen Faden fortgesponnen. Durch die Umformung der Grundrechte „von Prinzipien und Gewährleistungen im Verhältnis Bürger – Staat zu obersten Prinzipien der Rechtsordnung insgesamt"[31] verliere die Verfassung den Charakter einer Rahmenordnung und werde zur „rechtliche(n) Grundordnung des Gemeinwesens",[32] die die „Rechtsordnung insgesamt ... – auf der Ebene der Prinzipien-Normen mit Optimierungstendenz – bereits ... enthalte(n)".[33] Das Verfassungsgericht sei gezwungen, dies über Abwägungsentscheidungen durchzusetzen.[34] Der demokratische politische Prozess verliere an Bedeutung,[35] und der „Übergang vom parlamentarischen Gesetzgebungsstaat zum verfassungsgerichtlichen Jurisdiktionsstaat" sei nicht mehr aufzuhalten.[36]

Böckenfördes Diagnose einer Überkonstitutionalisierung lässt sich leicht auf das Verhältnis von Verfassungsgerichtsbarkeit und Fachgerichtsbarkeit übertragen. Wenn die Verfassung tatsächlich schon die ganze Rechtsordnung in sich bärge, also das wäre, was *Forsthoff* sarkastisch ein „juristisches Weltenei" genannt hat,[37] dann determinierte sie vollständig die normative Seite jeder fachgerichtlichen Entscheidung. Das Verfassungsgericht könnte der Rolle einer Superrevisionsinstanz dann kaum entkommen und müsste u.a., wie Diederichsen es in harscher Kritik formuliert, zum „obersten Zivilgericht" werden.[38] Es wäre ein zwei Opfer fressender Moloch: die anderen Gewalten und die eigene.

Trifft die Diagnose der Überkonstitutionalisierung zu? War die Entwicklung der letzten 50 Jahre eine Fehlentwicklung, die grundsätzlicher Korrektur bedarf? Meine Antwort lautet: Nein.

---

[29] *C. Schmitt* Die Tyrannei der Werte, FS Forsthoff, 1967, 60ff.

[30] *Forsthoff* Zur heutigen Situation einer Verfassungslehre, FG C. Schmitt, 1968, 185ff.

[31] *Böckenförde* (Fn. 6) 188.

[32] *Ders.* (Fn. 6) 198.

[33] *Ders.* (Fn. 6) 189.

[34] *Ders.* (Fn. 6) 196.

[35] *Ders.* (Fn. 6) 197.

[36] *Ders.* (Fn. 6) 190.

[37] *Forsthoff* Der Staat der Industriegesellschaft, 2. Aufl., 1971, 144.

[38] *Diederichsen* Das Bundesverfassungsgericht als oberstes Zivilgericht – ein Lehrstück der juristischen Methodenlehre, in: AcP 198 (1998) 171ff.

Die Lüth-Linie ist im großen und ganzen richtig. Natürlich sind Fehler begangen worden, und es lauern stets überall Gefahren. Diesen aber kann mit Mitteln begegnet werden, die der Struktur der Verfassungsprinzipien und damit der Struktur der sie einschließenden Verfassung immanent sind. Sie ans Licht zu heben ist Aufgabe einer Dogmatik der Spielräume. Diese kann durch die großen Formeln der Konstitutionalisierungsdebatte nicht ersetzt werden. Ob auf die Differenz von Recht und Politik,[39] von Abwehr und Schutz,[40] von Handlungs- und Kontrollnorm,[41] von materiellen und funktionellrechtlichen Kriterien[42] oder von Eingriff und Ausgestaltung[43] abgestellt oder ob die Beschränkung auf Mindestpositionen[44] oder auf sparsame Methoden[45] empfohlen wird, überall scheint etwas oder irgendetwas dran zu sein, doch nichts reicht aus. Die Steuerungskraft der angebotenen Kriterien ist entweder zu diffus, so dass zu viel offen bleibt, oder sie geht zu sehr in Richtung auf eine Unterkonstitutionalisierung, die ebenso zu vermeiden ist wie eine Überkonstitutionalisierung[46]. Eine adäquate Konstitutionalisierung ist nur über den steinigen und tückenreichen Weg einer Spielraumdogmatik zu haben. Diese reicht, wie das Problem der Konstitutionalisierung überhaupt, über den Bereich der Grundrechte hinaus. Sie hat aber hier ihren

---

[39] Vgl. *E. Kaufmann* Die Grenzen der Verfassungsgerichtsbarkeit, VVDStRL 9 (1952) 3ff.; *Leibholz* Der Status des Bundesverfassungsgerichts, JöR 6 (1957) 120ff.

[40] Vgl. *Böckenförde* (Fn. 6) 183f., 194.

[41] Vgl. *Forsthoff* Über Maßnahmegesetze, in: ders. Rechtsstaat im Wandel, 2. Aufl. 1976, 117 f.; *Bryde* Verfassungsentwicklung 1982, 335ff.; *Krebs* Kontrolle in staatlichen Entscheidungsprozessen, 1984, 102.

[42] Vgl. *Ehmke* Prinzipien der Verfassungsinterpretation, VVDStRL 20 (1963) 73; *Schuppert* Funktionell-rechtliche Grenzen der Verfassungsinterpretation, 1980; *Hesse* Funktionelle Grenzen der Verfassungsgerichtsbarkeit, FS Huber, 1981, 261ff.; *Heun* Funktionell-rechtliche Schranken der Verfassungsgerichtsbarkeit, 1992, 49ff.

[43] Vgl. *Gellermann* Grundrechte in einfachrechtlichem Gewande, 2000, 57ff., 350ff.

[44] Es ist zwischen absoluten und relativen Mindestpositionstheorien zu unterscheiden. Eine absolute Mindestpositionstheorie vertritt, wer die Mindestposition ohne Rekurs auf den Grundsatz der Verhältnismäßigkeit im engeren Sinne, also abwägungsfrei, bestimmt; vgl. etwa *Schlink* Abwägung im Verfassungsrecht, 1976, 78f., 193f. Das Problem ist, wie dies möglich sein soll. Relative Theorien bestimmen die Mindestposition demgegenüber durch genau das, was die absolute Theorie vermeiden will: durch eine Abwägung; vgl. etwa *Hain* Die Grundsätze des Grundgesetzes, 1999, 193ff. Die Figur der Mindestposition verliert damit den Charakter einer echten Alternative zur Abwägung. Das zeigt, dass höchst Unterschiedliches unter dem Etikett „Mindestposition“ auftritt.

[45] Vgl. *Forsthoff* Zur Problematik der Verfassungsauslegung, 1961, 34ff.; *Jestaedt* Grundrechtsentfaltung im Gesetz, 1999, 329ff.

[46] Es geht um einen „Mittelweg“; vgl. *H.H. Klein* Der demokratische Grundrechtsstaat, Bitburger Gespräche, Jahrbuch 1995/I, 85.

Schwer- und Ausgangspunkt. Ich werde mich daher auf dieses Feld beschränken.

II. Rahmenordnung und Grundordnung

Der Begriff des Spielraums ist eng mit dem der Rahmenordnung verbunden. Die Vorstellung der Verfassung als Rahmenordnung wird häufig der der Verfassung als Grundordnung wie eine fundamentale Alternative gegenübergestellt.[47] So geht es nach *Böckenförde* bei der Frage, ob die Verfassung als Rahmenordnung oder als Grundordnung aufzufassen ist, um nicht weniger als um eine Grundentscheidung über „das Grundverständnis der Verfassung".[48] Bei näherem Hinsehen zeigt sich jedoch, dass die Rahmenordnungsidee ohne weiteres mit der Grundordnungsidee kompatibel ist.

1. Rahmenordnung

Eine Verfassung setzt dem Gesetzgeber genau dann einen Rahmen, wenn sie ihm einiges – etwa durch Abwehrrechte – verbietet, einiges – etwa durch Schutzrechte – gebietet und einiges weder verbietet noch gebietet, also freistellt. Das Verbotene kann man als verfassungsrechtlich unmöglich, das Gebotene als verfassungsrechtlich notwendig und das Freigestellte als verfassungsrechtlich möglich bezeichnen. Das Freigestellte oder Mögliche liegt im Rahmen, das Verbotene oder Unmögliche bildet zusammen mit dem Gebotenen oder Notwendigen den Rahmen. Der Begriff des Spielraums definiert sich auf dieser Grundlage wie von selbst: Alles und nur das, was freigestellt ist, liegt im Spielraum.

2. Grundordnung

Es muss nicht hervorgehoben werden, dass dies ein gänzlich formaler Spielraum- und Rahmenbegriff ist. Das wird deutlich, wenn man ihn zum Begriff der Grundordnung ins Verhältnis setzt. Der Begriff der Grundordnung kann quantitativ oder qualitativ gefasst werden. Eine Verfassung ist in einem quantitativen Sinne eine Grundordnung, wenn sie nichts freistellt, also für alles entweder ein Gebot oder ein Verbot bereithält. Das ist

---

[47] Vgl. *Wahl* (Fn. 1) 507; *Böckenförde* (Fn. 6) 198; *Starck* (Fn. 27) 1038f.

[48] *Böckenförde* Verfassungsgerichtsbarkeit: Strukturfragen, Organisation, Legitimation, NJW 1999, 13.

das Forsthoffsche Weltenei. Derartiges hat *Lerche* im Blick, wenn er in einem Gedankenspiel das Extrem des „genauen Gegenfall(s)“ der Rahmenordnung konstruiert.[49] Kein Gegenbegriff zur Rahmenordnung ist demgegenüber der qualitative Grundordnungsbegriff. Eine Verfassung ist eine qualitative Grundordnung, wenn sie diejenigen fundamentalen Fragen der Gemeinschaft entscheidet, die der Entscheidung durch eine Verfassung fähig und bedürftig sind. Dieser Begriff der Grundordnung ist mit dem der Rahmenordnung kompatibel. Eine Verfassung kann fundamentale Fragen entscheiden und insofern eine Grundordnung sein und dennoch vieles offen lassen und insofern eine Rahmenordnung sein.

Mit alledem ist noch nichts darüber gesagt, welche Fragen als fundamentale Fragen durch eine Verfassung entschieden werden können und sollen und welche als solche Fragen durch das Grundgesetz entschieden sind. Das sind Probleme der materiellen Verfassungstheorie sowie der allgemeinen und der speziellen Grundrechtsdogmatik, für die hier kein Raum ist. Immerhin hängt aber auch ihre Beantwortung wesentlich von der hier allein zu verfolgenden Frage ab, ob einem der Lüth-Linie folgenden Grundverständnis der Verfassung überhaupt ein richtiges Gleichgewicht zwischen Grund- und Rahmenordnung gelingen kann. Das bestimmt sich nach seiner Fähigkeit zur Lösung des Spielraumproblems.

III. Spielräume

Das Bundesverfassungsgericht spricht viel von Spielräumen. Die Terminologie ist reich. Neben dem schlichten Wort „Spielraum“[50] finden sich die Ausdrücke „Einschätzungs-, Wertungs- und Gestaltungsspielraum“,[51] „Beurteilungsspielraum“,[52] „Handlungsspielraum“,[53] „Entscheidungsspielraum“,[54] „Prognosespielraum“,[55] „Erfahrungs- und Anpassungsspielraum“,[56] „Interpretationsspielraum“,[57] „Bewertungsspielraum“[58] und

[49] *Lerche* Die Verfassung in der Hand der Verfassungsgerichtsbarkeit?, in: Macke (Hrsg.) Verfassung und Verfassungsgerichtsbarkeit auf Landesebene, 1998, 216.
[50] Vgl. BVerfGE 89, 214, 234.
[51] Vgl. BVerfGE 88, 203, 262.
[52] Vgl. BVerfGE 90, 145, 173.
[53] Vgl. BVerfGE 39, 210, 225.
[54] Vgl. BVerfGE 95, 335, 350.
[55] Vgl. BVerfGE 50, 290, 332.
[56] Vgl. BVerfGE 56, 54, 82.
[57] Vgl. BVerfGE 95, 28, 38.
[58] Vgl. BVerfGE 99, 341, 353.

„Abwägungsspielraum(s)".[59] Hinzu kommt eine unüberschaubare Zahl von Verknüpfungen, die zwar nicht den Begriff des Spielraums verwenden, aber doch dasselbe oder Verwandtes bezeichnen, wie „Gestaltungsraum",[60] „Gestaltungsfreiraum",[61] „Gestaltungsbefugnis"[62] und „Gestaltungsfreiheit"[63], „Prognosevorrang"[64] und „Entscheidungsprärogative".[65]

1. Strukturelle Spielräume

Sieht man genauer hin, so stößt man schnell auf die entscheidende Dichotomie. Es ist der Unterschied zwischen strukturellen Spielräumen und epistemischen oder Erkenntnisspielräumen.

Der strukturelle Spielraum ist durch nichts anderes definiert als durch die Abwesenheit von definitiven[66] Geboten und Verboten. Was die Verfassung weder gebietet noch verbietet, stellt sie frei.[67] In den strukturellen Spielraum fällt somit alles, was die Verfassung definitiv freistellt oder frei lässt. Strukturelle Spielräume beginnen also genau dort, wo die definitive materielle Normativität der Verfassung endet. Da die verfassungsgerichtliche Kontrolle Kontrolle ausschließlich am Maßstab der Verfassung ist, folgt zwingend, dass dort, wo der strukturelle Spielraum beginnt, jede verfassungsgerichtliche Kontrolle endet.

Der epistemische oder Erkenntnisspielraum ist gänzlich anderer Art. Er entsteht nicht aus den Grenzen dessen, was die Verfassung gebietet und verbietet, sondern aus den Grenzen der Fähigkeit zu erkennen, was die Verfassung einerseits gebietet und verbietet und andererseits weder gebietet noch verbietet, also freistellt. Wenn man die Dinge zuspitzen will, kann man sagen, dass der epistemische Spielraum aus den Grenzen der Fähigkeit entsteht, die Grenzen der Verfassung zu erkennen. Beim struk-

---

[59] Vgl. BVerfGE 96, 56, 66.

[60] Vgl. BVerfGE 81, 242, 255.

[61] Vgl. BVerfGE 97, 169, 176.

[62] Vgl. BVerfGE 64, 72, 85.

[63] Vgl. BVerfGE 77, 170, 215.

[64] Vgl. BVerfGE 87, 363, 383.

[65] Vgl. BVerfGE 90, 145, 183.

[66] Die Abwesenheit von prima facie-Geboten und prima facie-Verboten ist für die Existenz eines strukturellen Spielraums nicht erforderlich. Es ist dem Gesetzgeber stets prima facie verboten, in den Schutzbereich eines Grundrechts einzugreifen. Wenn der Eingriff aber formell und materiell verfassungsgemäß ist, dann ist er definitiv erlaubt. Hierauf und nur hierauf kommt es bei der Frage nach der Existenz eines strukturellen Spielraums an. Zur Unterscheidung von definitiven und prima facie-Verboten und Geboten vgl. *Alexy* (Fn. 11) 87ff.

[67] *Alexy* (Fn. 11) 185.

turellen Spielraum spielen funktionellrechtliche Erwägungen oder formelle Prinzipien keine Rolle. Die Probleme epistemischer Spielräume können demgegenüber ohne sie nicht gelöst werden. Es gibt drei strukturelle Spielräume: den Zwecksetzungsspielraum, den Mittelwahlspielraum und den Abwägungsspielraum.

a) *Zwecksetzungsspielraum*

Der Gesetzgeber hat gegenüber einem Grundrecht einen Zwecksetzungsspielraum, wenn das Grundrecht eine Eingriffsermächtigung enthält, die entweder die Eingriffsgründe offen lässt oder zwar Eingriffsgründe nennt, aber das Eingreifen bei Vorliegen dieser Gründe nur erlaubt, nicht aber gebietet. Im ersten Fall darf der Gesetzgeber - Verhältnismäßigkeit vorausgesetzt - alle Zwecke verfolgen, die das Grundgesetz ihm nicht schon als solche, also abstrakt, verbietet.[68] Der Zwecksetzungsspielraum bezieht sich nicht nur auf die Auswahl der Zwecke, sondern auch auf die Bestimmung des Maßes ihrer Realisierung.

Da die Grenzen des Zwecksetzungsspielraums wesentlich vom Verhältnismäßigkeitsgrundsatz abhängen, ist der Zwecksetzungsspielraum mit allen Spielräumen verknüpft, zu denen die Struktur der Verhältnismäßigkeitsprüfung führt. Dieses Phänomen der Spielraumverknüpfung ist ein wesentlicher Grund für die Komplexität der Spielraumdogmatik.

b) *Mittelwahlspielraum*

Der zweite Spielraum, der Mittelwahlspielraum, tritt auf den Plan, wenn Grundrechte nicht nur Eingriffe verbieten, sondern auch positives Tun, vor allem in der Schutzdimension, gebieten.[69] Er ergibt sich aus der Struktur positiver Pflichten.[70] Wenn der Gesetzgeber ein Ziel verfolgen muss und mehrere in etwa gleich gut geeignete Mittel zur Verfügung stehen, steht ihm die Wahl der Mittel grundsätzlich frei. Probleme entstehen allerdings, wenn die zur Verfügung stehenden Mittel sich auf andere Ziele oder Prinzipien in unterschiedlichem Maße negativ auswirken[71] oder wenn unsicher ist, ob und in welchem Maße sie fördern und schädigen.[72] Es kommt dann wieder zur Spielraumverknüpfung, was wie von selbst zum Abwägungsspielraum und zum Erkenntnisspielraum führt.

---

[68] Das abstrakte Verbot eines Zweckes hat Regelcharakter; zum Regelbegriff vgl. *Alexy* (Fn. 11) 76ff.

[69] Vgl. etwa BVerfGE 46, 160, 164f.

[70] *Alexy* (Fn. 11) 422f.

[71] Vgl. etwa BVerfGE 97, 169, 176.

[72] Vgl. hierzu *Borowski* (Fn. 19) 1998, 140ff.

c) *Abwägungsspielraum*

Der Abwägungsspielraum ist das Kernstück der Rahmendogmatik. Wie das Konstitutionalisierungsproblem zu lösen ist, hängt wesentlich von der Lösung des Abwägungsproblems ab. Es ist deshalb keine Übertreibung, wenn *Ossenbühl* sagt, dass die „Frage nach der Abwägung im Verfassungsrecht ... Grund- und Existenzfragen der Verfassungsrechtsprechung und der Rechtsordnung insgesamt" enthält.[73] Das Abwägungsgebot ist mit dem dritten Teilgrundsatz des Verhältnismäßigkeitsgrundsatzes identisch. Beim Problem des Abwägungsspielraums geht es daher um die Rolle der Verhältnismäßigkeit in der Rahmendogmatik.

Es ist leicht zu erkennen, dass die ersten beiden Teilgrundsätze genuine Rahmenkriterien sind. Am klarsten ist dies beim Grundsatz der Geeignetheit. Wenn ein Nachweis kaufmännischer Sachkunde als Voraussetzung für die Erlaubnis der Aufstellung eines Zigarettenautomaten Art. 12 GG verletzt, weil er nicht geeignet ist, die Verbraucher zu schützen,[74] dann wird dem Gesetzgeber negativ eine Grenze gesetzt. Ähnliches gilt für den Grundsatz der Erforderlichkeit. Wenn das Bundesverfassungsgericht die §§ 2232, 2233 BGB, 31 BeurkG für verfassungswidrig erklärt, soweit sie testierfähigen Personen, die weder schreiben noch sprechen können, die Möglichkeit der Testamentserrichtung verwehren, und dies damit begründet, dass ein Ausschluss schreibunfähiger Stummer von jeder Testiermöglichkeit nicht erforderlich sei, um die mit den erwähnten zivilrechtlichen Vorschriften verfolgten Ziele der Rechtssicherheit und des Schutzes nicht selbstbestimmungsfähiger Menschen zu erreichen, weil bei schreibunfähigen Stummen, wenn sie selbstbestimmungsfähig sind, als mildere Mittel Beurkundungsverfahren denkbar sind, die jene Ziele ebenso gut erreichen, die Testierfreiheit aber weniger einschränken,[75] dann begrenzt das Gericht den Spielraum des Zivilgesetzgebers auf eine negative Weise, ohne ihn positiv festzulegen. Das ist Rahmensetzung. Zugleich geht es um Optimierung, denn die Grundsätze der Geeignetheit und Erforderlichkeit verlangen hier wie anderswo nichts anderes als eine möglichst weitgehende Realisierung der jeweils einschlägigen Prinzipien relativ auf die tatsächlichen Möglichkeiten,[76] also Pareto-Optimalität.[77] Wenn, was nicht selten geschieht, die Optimierung mit einem

---

[73] *Ossenbühl* Abwägung im Verfassungsrecht, DVBl. 1995, 911.

[74] BVerfGE 19, 330, 338f.

[75] BVerfGE 99, 341, 353f.

[76] *Alexy* (Fn. 11) 75f.

[77] *Schlink* (Fn. 44) 181f.

Verlust des Rahmencharakters in Verbindung gebracht wird,[78] dann kann derjenige Aspekt der Optimierung, der in der Besserstellung einer Seite ohne Schlechterstellung der anderen liegt, nicht gemeint sein. Eine Rahmenordnung, die unnötige Grundrechtsopfer zuließe, wäre keine vernünftige Rahmenordnung.

Zum Schwur kommt es erst beim Grundsatz der Verhältnismäßigkeit im engeren Sinne. Löst das in ihm enthaltene Abwägungsgebot die Rahmenstruktur auf? Diese Frage wäre zu bejahen, wenn die Abwägung von Verfassungs wegen entweder alles zuließe oder alles bestimmte. Bestimmte die Abwägung alles, wäre die Verfassung ein Forsthoffsches Weltenei und das Verfassungsgericht dürfte sich nicht nur überall einmischen, sondern müsste dies auch. Ließe die Abwägung umgekehrt alles zu, bedeutete die Verpflichtung des Verfassungsgerichts zur Abwägungskontrolle nichts anderes als die Ermächtigung, ohne materielle Bindung an die Verfassung alles, was in seine Hände gelangt, zu entscheiden wie es will. *Kelsens* Warnung träfe in vollem Umfang zu. In beiden Fällen ginge der Rahmencharakter verloren, wobei dies im zweiten Fall durch eine Verknüpfung von tatsächlicher Bindungsfreiheit mit Gebundenheitsprätention geschehen könnte.

Die Kompatibilität von Abwägung und Rahmen hängt also davon ab, ob durch die Abwägung einiges determiniert wird und einiges nicht. Ob dies der Fall ist, kann nur ein Blick auf die Struktur der Abwägung zeigen. Den Kern der Abwägung bildet eine Relation, die, wenn es um Grundrechte als Abwehrrechte geht, als Relation „zwischen der Schwere des Eingriffs und dem Gewicht der ihn rechtfertigenden Gründe"[79] beschrieben werden kann. Einen ersten Einblick in die Beschaffenheit dieser Relation erlaubt eine häufig anzutreffende Je-desto-Formel, die als „Abwägungsgesetz" bezeichnet und, Abwehr wie Schutz gleichermaßen umfassend, wie folgt formuliert werden kann: Je höher der Grad der Nichterfüllung oder Beeinträchtigung des einen Prinzips ist, desto größer muss die Wichtigkeit der Erfüllung des anderen sein.[80]

Diese Formel lässt erkennen, dass die Abwägung aus drei Schritten besteht. In einem ersten Schritt ist der Grad der Nichterfüllung oder Beeinträchtigung des einen Prinzips festzustellen. Das ist, wenn es um die Abwehrdimension geht, die Intensität des Eingriffs. Dem hat in einem zweiten Schritt die Feststellung der Wichtigkeit der Erfüllung des gegenläufigen Prinzips zu folgen. In einem dritten Schritt ist schließlich festzu-

---

[78] *Böckenförde* (Fn. 6) 196ff.; *Starck* (Fn. 27) 1035, 1039.
[79] BVerfGE 101, 331, 350.
[80] Vgl. *Alexy* (Fn. 11) 146.

stellen, ob die Wichtigkeit der Erfüllung des gegenläufigen Prinzips die Beeinträchtigung oder Nichterfüllung des anderen rechtfertigt.

Diese elementare Struktur zeigt, was radikale Abwägungsskeptiker wie etwa *Schlink* bestreiten müssen, wenn sie sagen, dass in „den Prüfungen der Verhältnismäßigkeit im engeren Sinn ... letztlich nur die Subjektivität der Prüfenden zur Geltung" kommt und dass die „Wertungs- und Abwägungsoperationen der Verhältnismäßigkeitsprüfung im engeren Sinn ... letztlich nur dezisionistisch zu leisten" sind.[81] Sie müssen bestreiten, dass rationale Urteile über Eingriffsintensitäten und Wichtigkeitsgrade möglich sind. Nun lassen sich aber leicht Beispiele finden, in denen derartige Urteile durchaus getroffen werden können. So ist die Pflicht der Produzenten von Tabakwaren, auf ihren Erzeugnissen Hinweise auf Gesundheitsgefahren anzubringen, ein relativ leichter Eingriff in die Berufsfreiheit. Ein schwerer Eingriff wäre demgegenüber ein vollständiges Verbot aller Tabakprodukte. Dazwischen lassen sich Fälle von mittlerer Eingriffsintensität einordnen. Auf diese Weise entsteht eine Skala mit den Stufen „leicht", „mittel" und „schwer". Das Beispiel zeigt, dass gültige Zuordnungen zu diesen Stufen möglich sind.

Entsprechendes gilt für die gegenläufigen Gründe. Die mit dem Rauchen verbundenen Gesundheitsgefahren sind hoch. Die Eingriffsgründe wiegen daher schwer. Steht auf diese Weise erst einmal die Eingriffsintensität als leicht und der Grad der Wichtigkeit des Eingriffsgrundes als hoch fest, so ist das Ergebnis der Abwägung, wie das Bundesverfassungsgericht in seiner Entscheidung zu den Warnhinweisen bemerkt, „offensichtlich".[82] Der schwer wiegende Eingriffsgrund rechtfertigt den leichten Eingriff.

Man könnte nun meinen, dass das Beispiel nicht viel sage. Auf der einen Seite gehe es um wirtschaftliche Aktivitäten, auf der anderen um empirisch erforschbare Tatsachen. Die Skalierung verdanke sich den Möglichkeiten der Quantifizierung unter Kosten- und Wahrscheinlichkeitsgesichtspunkten. Das ist jedoch kein Einwand. Grobe Skalierungen wie die dreistufige sind auch dort möglich, wo das Skalierte als solches mit Zahlen nicht zu messen ist. Man nehme die TITANIC-Entscheidung. Das Bundesverfassungsgericht stuft die Bezeichnung eines querschnittsgelähmten Reserveoffiziers, der erfolgreich seine Einberufung zu einer Wehrübung betrieben hatte, als „geb. Mörder" wegen des satirischen Kontextes nicht als schwere Persönlichkeitsverletzung ein.[83] Darüber

---

[81] *Schlink* Freiheit durch Eingriffsabwehr – Rekonstruktion der klassischen Grundrechtsfunktion, EuGRZ 1984, 462; *Pieroth/Schlink* Grundrechte, 17. Aufl., 2001, Rn. 293.

[82] BVerfGE 95, 173, 187.

[83] BVerfGE 86, 1, 12.

kann man streiten, was zum Problem epistemischer Spielräume führt. Hier soll es allein darauf ankommen, dass man kaum darüber streiten kann, dass die spätere, kaum noch satirisch garnierte Bezeichnung als „Krüppel“ den querschnittsgelähmten Reserveoffizier schwer in seiner Persönlichkeit trifft,[84] was ausreicht, um den in dem Schmerzensgeld von insgesamt 12000 DM liegenden „nachhaltigen“,[85] also ziemlich schweren Eingriff in die Meinungsfreiheit zu rechtfertigen.

Die Tabak- und die TITANIC-Entscheidung, denen sich zahlreiche weitere zur Seite stellen ließen, zeigen, dass es Fälle gibt, in denen sich mit Hilfe der Abwägung auf rationale Weise bestimmen lässt, was aufgrund der Verfassung definitiv geboten, verboten und erlaubt ist. Damit ist jedoch lediglich die These widerlegt, dass mittels einer Abwägung immer alles möglich ist. Das ist ein wichtiger Schritt zur Lösung des Problems des strukturellen Abwägungsspielraums, aber noch nicht die Lösung selbst. Um zu ihr zu gelangen, ist das hinter den bislang beobachteten Einstufungen stehende System in den Blick zu nehmen. Alle bislang betrachteten Einstufungen fanden in einem dreistufigen oder triadischen Modell statt. Seine drei Stufen lassen sich durch die Ausdrücke „leicht“, „mittel“ und „schwer“ kennzeichnen.[86] Derartige Skalierungen ziehen gleichsam automatisch den Einwand auf sich, dass die Übergänge gleitend und die Stufen deshalb künstlich seien. Natürlich sind die Übergänge in Wirklichkeit irgendwie gleitend. Aber begriffliches Erfassen besteht nun einmal in der Konstruktion von Grenzen. Zudem liegt an der Dreistufigkeit an sich gar nichts. Das Einstufen kann beginnen, wenn man zwei Stufen hat: leicht und schwer. Erst ein einstufiges Modell, in dem alles gleich wäre, zerstörte die Idee des Abwägens. Nach oben hin ist die Zahl der Stufen prinzipiell offen. Darauf wird zurückzukommen sein. Hier sei zugunsten der Dreistufigkeit nur vorgetragen, dass sie alltäglichen Intuitionen ebenso wie der juristischen Praxis gut gerecht wird.[87]

---

[84] BVerfGE 86, 1, 13.

[85] BVerfGE 86, 1, 10.

[86] Natürlich können auch andere Wörter verwendet werden, statt „leicht“ etwa „gering“ oder „schwach“ und statt „schwer“ etwa „hoch“ oder „stark“.

[87] Der triadischen Skalierung ist mit der vom Bundesverfassungsgericht zu Art. 12 Abs. 1 GG entwickelten Dreistufentheorie (BVerfGE 7, 377, 404ff.) die Dreistufigkeit gemeinsam. Man könnte meinen, dass sie deshalb auch deren Schwächen teilen müsse. Das ist jedoch, unbeschadet der inzwischen erfolgten Erweiterung zur Vierstufentheorie (BVerfGE 86, 28, 39), nicht der Fall. Spätestens seit dem Kassenarzturteil (BVerfGE 11, 30, 44f.) ist deutlich, dass der Einstufung eines Eingriffs als Berufswahl- oder Berufsausübungsregelung nicht stets ein relevanter Unterschied in der Intensität des Eingriffs korrespondiert, was das Konstruktionsprinzip der Dreistufentheorie ist. Eine Berufsausübungsregelung kann einer Berufswahlregelung in der Eingriffsintensität nahe- oder

Der für den strukturellen Abwägungsspielraum entscheidende Punkt ist nun, dass die Einstufungen festlegen können, was die Verfassung gebietet oder verbietet, dies aber nicht müssen. Sie führen zu einer Festlegung, wenn sie ungleich sind. Anders liegen die Dinge im Falle eines Gleichstandes oder Patts. Hier entscheidet die Verfassung die Kollision nicht. Was aber die Verfassung nicht entscheidet, ist durch sie freigestellt.[88] Im Falle des Abwägungspatts existiert damit ein struktureller Abwägungsspielraum.

---

gleichkommen. Entsprechendes gilt für die Unterscheidung zwischen objektiven und subjektiven Voraussetzungen; vgl. *Rupp* Das Grundrecht der Berufsfreiheit in der Rechtsprechung des Bundesverfassungsgerichts, AöR 92 (1967) 234f. Das bedeutet jedoch lediglich, dass die Kriterien „objektiv" und „subjektiv" sowie „Wahl" und „Ausübung" nicht erlauben, alle Fälle richtig zu erfassen, was wegen ihrer Abstraktheit auch erstaunlich wäre. Sie sind deshalb nur als Faustformeln brauchbar. Dass durch die Kriterien der Stufentheorie nicht alle Fälle richtig erfasst werden, heißt, dass es Fälle gibt, in denen die Intensität des Eingriffs anders einzustufen ist, als dies nach ihren Kriterien geboten wäre. So wäre nach ihnen im Kassenarzturteil der Eingriff als Berufsausübungsregelung an sich als Eingriff des geringsten Intensitätsgrades, also als leicht einzustufen gewesen. Wenn nun gegen die Dreistufentheorie geltend gemacht wird, dass diese Einstufung falsch wäre, dann wird vorausgesetzt, dass eine andere Einstufung, hier eine Einstufung als schwer, richtig ist. Diese von den abstrakten Einteilungen der Stufentheorie abweichende Einstufung aber ist nur möglich, wenn überhaupt Einstufungen möglich sind. Das zeigt, dass die Kritik an der Dreistufentheorie eine Kritik an der Brauchbarkeit bestimmter abstrakter Stufenkriterien ist und nicht eine Kritik an der Dreistufigkeit als solcher. Deren Möglichkeit ist vielmehr Bedingung der Möglichkeit der Kritik der Dreistufentheorie. Die Kritik an der Dreistufentheorie kann deshalb nicht auf die triadische Skalierung übertragen werden. Im Gegenteil, sie setzt eine solche oder eine ähnliche Skalierung voraus. Was auf den ersten Blick einen Einwand gegen das triadische Modell zu stützen scheint, erweist sich so auf den zweiten Blick als dessen Bestätigung.

[88] Dass die Verfassung etwas unentschieden lassen kann, bedeutet nicht, dass im Verfassungsrecht die regulative Idee der einzig richtigen Antwort (vgl. *Alexy* Recht, Vernunft, Diskurs 1995, 122) aufzugeben ist. Wenn die Verfassung etwas nicht entscheidet und damit freistellt, ist die einzig richtige Antwort auf die Frage, was von Verfassungs wegen gilt, dass die Verfassung die Sache freistellt, also einen Spielraum lässt. Wollte man dies zuspitzen, könnte man sagen, dass die einzig richtige Antwort lautet, dass es keine einzig richtige Antwort gibt. Der Spielraum kann seitens des Gesetzgebers durch politische und seitens der Fachgerichtsbarkeit durch einfachrechtliche Erwägungen gefüllt werden. Behauptungen über die Existenz von Spielräumen können, wie alle Behauptungen, richtig oder falsch sein. Ihre Negation ist die Behauptung der Entschiedenheit, beim Abwägungsspielraum also die Behauptung einer Gewichtsdifferenz. Deshalb kann man über Spielraumbehauptungen streiten. Das zeigt der Beschluss des Bundesverfassungsgerichts zum Recht des nichtehelichen Kindes gegenüber der Mutter auf Auskunft über die Identität aller Männer, die als biologische Väter in Frage kommen, weil sie der Mutter während der gesetzlichen Empfängniszeit beigewohnt haben. Das Landgericht Münster hatte ein solches Recht mit der Begründung anerkannt, dass die grundrechtlich geschütz-

Der strukturelle Abwägungsspielraum hat zwei Dimensionen. Das zeigt sich mit besonderer Klarheit in der Entscheidung des Bundesverfassungsgerichts zu § 353 d Nr. 3 StGB. Die Illustrierte „stern" hatte in ihren Berichten über Ermittlungen der Bonner Staatsanwaltschaft in der sog. „Flick-Spendenaffäre" vor der ersten öffentlichen Verhandlung wörtlich aus den Ermittlungsakten zitiert. Das ist nach § 353 d Nr. 3 StGB strafbar. Das Amtsgericht Hamburg hielt diese Vorschrift für verfassungswidrig,

---

ten Interessen des Kindes in derartigen Fällen denen der Mutter vorgingen, weil diese das Aufeinandertreffen der verschiedenen Interessen zu vertreten habe. Damit wird dem Persönlichkeits- und dem Unterhalts- und Erbrecht des nichtehelichen Kindes zusammen mit dem Gleichstellungsgebot des Art. 6 Abs. 5 GG eine höhere Wichtigkeit eingeräumt als dem Persönlichkeitsrecht der Mutter. Das Bundesverfassungsgericht sieht hierin eine Verkennung des dem Landgericht zustehenden „Spielraum(s) für eine Abwägung". Es könne nicht „ausgeschlossen werden, daß das Landgericht bei Ausschöpfung seines Abwägungsspielraums zu einem anderen Ergebnis gelangt" wäre (BVerfGE 96, 56, 65f.). Das Persönlichkeitsrecht der Mutter aus Art. 2 Abs. 1 iVm Art. 1 Abs. 1 GG werde durch diese Spielraumverkennung verletzt. Nun kann ein Spielraum nur dann verkannt werden, wenn er existiert. Ein Abwägungsspielraum existiert nur dann, wenn ein Abwägungspatt besteht. Der Beschluss gründet sich also auf die These, dass im konkreten Fall auf der Ebene der Verfassung ein Abwägungspatt vorliegt, das unterverfassungsrechtlichen Argumenten Raum lässt, die dem Interesse der Mutter, die Männer nicht benennen zu müssen, denen sie innerhalb der gesetzlichen Empfängniszeit beigewohnt hat, ein höheres Gewicht zumessen als denen des nichtehelichen Kindes, so dass von Verfassungs wegen eine für die Mutter günstige Entscheidung nicht ausgeschlossen ist.

Gegen diese Behauptung der Existenz eines Abwägungspatts lassen sich beachtliche Einwände vortragen. So hat *Eidenmüller* zu Recht hervorgehoben, dass die „faktisch vollständig(e)" Entwertung der Unterhalts- und Erbansprüche des nichtehelichen Kindes durch die Vorenthaltung der Auskunft einen „gravierende(n) Eingriff" in dessen Rechte aus Art. 14 Abs. 1 und Art. 6 Abs. 5 GG darstellt (*Eidenmüller* Der Auskunftsanspruch des Kindes gegen seine Mutter auf Benennung des leiblichen Vaters – BVerfGE 96, 56, JuS 1998, 791). Fügt man dieser materiellen Seite den immateriellen Aspekt der Bedeutung der Kenntnis der Abstammung für die durch Art. 2 Abs. 1 iVm Art. 1 Abs. 1 GG geschützte Persönlichkeit hinzu, so wird sehr fraglich, ob in Fällen wie dem vorliegenden, für deren Besonderheit nur „die Mitbetroffenheit mehrerer Männer, von denen nur einer der Vater sein" kann, angeführt wird (BVerfGE 96, 56, 60), tatsächlich von Verfassungs wegen ein Abwägungspatt besteht. Bei Betroffenheit mehrerer Männer hat das Persönlichkeitsrecht der Mutter zwar ein höheres Gewicht als bei der Betroffenheit nur eines Mannes. Es muss aber bezweifelt werden, dass die Vermeidung der Peinlichkeiten bei Mehrbetroffenheit von Verfassungs wegen genauso wichtig ist, wie es die potenziellen Unterhalts- und Erbansprüche sowie die Kenntnis der Abstammung sind. Wenn *Canaris* der Entscheidung „uneingeschränkt" zustimmt (*Canaris* (Fn. 17) 63), so kann dem nur insoweit beigepflichtet werden, als die Figur des Abwägungsspielraums in der Entscheidung auf das Schönste entwickelt wird. Der Anwendung dieser Figur kann demgegenüber nicht zugestimmt werden, was zeigt, dass man über das, was die Verfassung nicht entschieden hat, ebenso streiten kann, wie über das, was sie entschieden hat.

weil sie nicht hinreichend geeignet sei, die mit ihr verfolgten Zwecke zu erreichen, und legte sie dem Bundesverfassungsgericht vor. Das Bundesverfassungsgericht kommt zu dem Ergebnis, dass das bloße Verbot der Wörtlichkeit der Wiedergabe die Persönlichkeit des jeweils Betroffenen wie auch die Unbefangenheit der Verfahrensbeteiligten nur „unvollkommen" und in „gering(em)" Maße schütze.[89] Dafür werde aber auch die Meinungs- und Pressefreiheit „nur in geringem Ausmaß beschränkt".[90] Das ist die Feststellung eines Patts. Dem leichten Eingriff steht ein leichtgewichtiger Eingriffsgrund gegenüber. Das reicht dafür aus, dass der Eingriff, wie treffend formuliert wird, zu dem erzielten Schutz „nicht außer Verhältnis" steht.[91] Der Gesetzgeber darf bei einem Gleichstand eingreifen, er muss dies aber nicht.

In den Spielraum fällt nun aber nicht nur der freigestellte leichte Eingriff. Das Gericht bemerkt, dass es Sache des Gesetzgebers sei zu entscheiden, ob er mehr Schutz gewähren will.[92] Dieser wäre nur auf Kosten intensiverer Eingriffe in die Pressefreiheit möglich. Sollte ein solcher Eingriff mittlere Intensität haben, müsste der Wichtigkeitsgrad des dadurch bewirkten Schutzes ebenfalls mindestens die mittlere Stufe erreichen. Selbst ein schwerer Eingriff könnte gerechtfertigt sein, wenn ihm ein entsprechend hoher Wichtigkeitsgrad des bewirkten Schutzes gegenübersteht. Das zeigt, dass auf der Linie der Patts ein struktureller Spielraum verläuft. Die Idee des Abwägungsspielraums setzt sich damit aus zwei Gedanken zusammen: dem der Gleichheit im Patt und dem der Gleichheit zwischen den Patts. Dieser Doppelcharakter des Abwägungsspielraums ist vor allem für das Verhältnis von Abwehr und Schutz von Bedeutung.[93]

---

[89] BVerfGE 71, 206, 219.

[90] BVerfGE 71, 206, 220.

[91] BVerfGE 71, 206, 221.

[92] BVerfGE 71, 206, 218.

[93] Wenn es um Abwehr und Schutz geht, dann ist die Wahl zwischen verschiedenen Patts eine Wahl zwischen verschiedenen Niveaus des Schutzes und des Eingriffs. Man kann sowohl das Anstreben von Schutz als auch das Bestreben, Eingriffe zu vermeiden, als Verfolgung von Zwecken ansehen. Die Wahl zwischen verschiedenen Patts ist deshalb zugleich eine Entscheidung über den Umfang der Zweckverfolgung. Wenn man nicht nur die Entscheidung darüber, welche Zwecke verfolgt werden, sondern auch die Entscheidung darüber, in welchem Maß oder Umfang sie realisiert werden, in den Zwecksetzungsspielraum fallen lässt, dann ist die Entscheidung auf der Linie der Patts deshalb nicht nur eine Entscheidung im Abwägungsspielraum, sondern auch eine Entscheidung im Zwecksetzungsspielraum. Wieder zeigt sich das Phänomen der Spielraumverknüpfung.

Die Forderung nach möglichst weitgehender Realisierung grundrechtlicher Prinzipien, die auch als Herstellung praktischer Konkordanz[94] oder als normative Optimierung[95] bezeichnet werden kann, bedeutet also alles andere als das Gebot, einen Höchstpunkt anzustreben.[96] Zwar will jedes Prinzip für sich möglichst viel. Kollidierende Prinzipien zu optimieren heißt aber nicht, dem nachzugeben, sondern verlangt neben dem Ausschluss unnötiger Opfer nur die Rechtfertigung der erforderlichen Opfer durch mindestens gleiche Wichtigkeit der Erfüllung des jeweils gegenläufigen Prinzips. Das ist ein negatives Kriterium, was zeigt, dass auch die Optimierung im Rahmen der Abwägung mit dem Rahmencharakter der Verfassung vereinbar ist.

Die strukturellen Abwägungsspielräume verdanken ihre Existenz wesentlich der groben Skalierung. Je feiner die Skala wird, desto weniger Patts entstehen. Das legt den Einwand nahe, dass das Verfassungsrecht in Wahrheit eine feinere Struktur habe, die dazu führe, dass es so gut wie immer irgendeine kleine Differenz gebe, die die Verfassung veranlasse, die Waage zum Ausschlag zu bringen. Dieser Einwand führt zu tiefen Problemen der Natur des Verfassungsrechts. Gleicht dieses der Welt der wahrnehmbaren Gegenstände darin, dass sich die Intensität eines Eingriffs wie die Entfaltung einer Kraft oder der Verlauf einer Bewegung auf Linien mit unendlich vielen Punkten abbilden lässt, was Patts zwar nicht theoretisch, aber doch praktisch ausschlösse, oder ist der Stoff des Verfassungsrechts gröber, voller Knoten und Löcher? Viel scheint für letzteres zu sprechen. Zwar sind oft feinere als dreistufige Skalierungen möglich. Man braucht nur auf den TITANIC-Fall zu blicken. Wenn der Staat die öffentliche Diffamierung eines Querschnittsgelähmten als „Krüppel“ nicht sanktionierte, würde er nicht nur schwere, sondern sehr schwere Verletzungen der Persönlichkeit zulassen. Das kann dadurch erfasst werden, dass die Trias leicht/mittel/schwer auf jeder Stufe nochmals angewandt wird. Die neun Stufen eines solchen doppeltriadischen Modells erlauben es, sehr schwere von mittelschweren und gerade eben noch schweren Eingriffen zu unterscheiden. Derartige Verfeinerungen, die ohnehin nicht überall sinnvoll sind – manchmal ist man schon froh, zwei-

---

94 *Hesse* Grundzüge des Verfassungsrechts der Bundesrepublik Deutschland, 20. Aufl., 1995, Rn. 72, 317ff.

95 Vgl. BVerfGE 81, 278, 292; 83, 130, 143; 83, 238, 321.

96 So aber *Lerche* Die Verfassung als Quelle von Optimierungsgeboten?, FS Stern, 1997, 205f.; *ders.* Facetten der „Konkretisierung“ von Verfassungsrecht, in: Koller/Hager/Junker/Singer/Neuner (Hrsg.) Einheit und Folgerichtigkeit im juristischen Denken, 1998, 21; vgl. ferner *Wahl* (Fn. 1) 504; *Scherzberg* Grundrechtsschutz und „Eingriffsintensität“, 1989, 174.

stufig skalieren zu können –, haben aber Grenzen. Wollte man noch weiter gehen, so müsste man auf einer dritten Stufe von Dingen wie schweren sehr leichten Eingriffen sprechen. Wer könnte das noch verstehen? Es spricht hier, wie ganz allgemein im Bereich des Praktischen, alles dafür, sich an den Hinweis des Aristoteles' zu halten, dass wir „Genauigkeit nicht in gleicher Weise bei allen Gegenständen erstreben (dürfen), sondern in jedem Fall nur so, wie der gegebene Stoff es gestattet".[97] Das Verfassungsrecht ist kein Stoff, der so fein gegliedert ist, dass er echte Patts und damit strukturelle Abwägungsspielräume ausschließt. Abwägung und Rahmenordnung erweisen sich so als kompatibel.[98]

Bislang ging es nur um strukturelle Spielräume. Die epistemischen oder Erkenntnisspielräume stehen ihnen an Bedeutung für das Rah-

---

[97] *Aristoteles*, Nikomachische Ethik 1098 a.

[98] Diese Kompatibilität spiegelt sich in der Kompatibilität von unbegrenzter Relevanz und begrenzter Determination. Eine unbegrenzte Relevanz der Grundrechte entsteht, wenn man die Lücken eines Grundrechtskatalogs durch die allgemeine Handlungsfreiheit schließt und jeden Grundrechtseingriff der Verhältnismäßigkeitsprüfung unterwirft. Jeder Rechtskonflikt, an dem mindestens ein Grundrechtsträger beteiligt ist, ist dann als Grundrechtskollision konstruierbar (vgl. *Canaris* (Fn. 17) 82; *Schuppert/ Bumke* (Fn. 21) 78). Aus der unbegrenzten Relevanz folgt aber noch keine unbegrenzte Determination. Das zeigt die Existenz struktureller Spielräume, insbesondere des Abwägungsspielraums. Der Begriff des Abwägungspatts setzt die Relevanz der im Patt stehenden Prinzipien voraus. Zwischen nicht relevanten, also nicht einschlägigen Prinzipien kann es zu nichts kommen, nicht einmal zu einem Abwägungspatt. Nun ist das – Relevanz notwendig voraussetzende – Abwägungspatt Ausdruck der Nichtentschiedenheit, und Nichtentschiedenheit bedeutet Nichtdetermination. Damit ist Relevanz mit Nichtdetermination vereinbar. Das impliziert die Kompatibilität von unbegrenzter Relevanz mit begrenzter Determination. Es ist deshalb nicht nur ein Fehlschluss, von der unbegrenzten Relevanz auf die unbegrenzte Determination zu schließen, sondern auch ein Fehlschluss, dies von der begrenzten Determination aus auf die begrenzte Relevanz zu tun.

Die Kompatibilität von unbegrenzter Relevanz und begrenzter Determination bedeutet nicht, dass deren Koexistenz notwendig ist. Man kann sowohl eine Verknüpfung von unbegrenzter Relevanz und unbegrenzter Determination als auch eine Verknüpfung von begrenzter Relevanz und begrenzter Determination herstellen. Zur doppelten Unbegrenztheit gelangt man, wenn man annimmt, dass die Verfassung auf jede materielle Rechtsfrage eine einzig richtige Antwort enthält. Den Weg dorthin würde eine infinitesimale Skalierung öffnen, wenn die grobe Natur des Verfassungsrechts ihn nicht versperrte. Eine doppelte Begrenztheit ist bei Beibehaltung des Verhältnismäßigkeitsgrundsatzes nur dadurch möglich, dass man die Schutzbereiche so definiert, dass sie nicht mehr alles umfassen, was mindestens die Beseitigung der allgemeinen Handlungsfreiheit oder der Schutzdimension voraussetzt. Diesen Weg versperrt jedoch das Postulat einer möglichst rationalen Bestimmung dessen, was die Verfassung als qualitative Grundordnung definitiv gebietet, verbietet und freistellt (*Alexy* (Fn. 11) 290ff.). Also bleibt nur der Verzicht auf die Kongruenz von Relevanz und Determination.

menthema nicht nach. Die verbleibende Zeit erlaubt nur knappe Bemerkungen.

2. *Epistemische Spielräume*

Die Frage nach der Existenz epistemischer Spielräume taucht auf, wenn die Erkenntnis dessen, was aufgrund der Verfassung geboten, verboten oder freigestellt ist, unsicher ist. Die Unsicherheit kann ihre Ursache in der Unsicherheit empirischer oder normativer Prämissen haben.

a) *Empirischer Erkenntnisspielraum*

Empirische Unsicherheit kann überall zum Problem werden. Der Hauptort ist die Prüfung der Geeignetheit und Erforderlichkeit. Wenn das Bundesverfassungsgericht, wie etwa im Cannabisbeschluss, dem Gesetzgeber gestattet, nicht nur aufgrund erweislich wahrer, sondern schon aufgrund „vertretbar(er)“ Einschätzungen der Auswirkungen seiner Maßnahmen in Grundrechte einzugreifen,[99] dann gesteht es ihm einen empirischen Erkenntnisspielraum zu. Bei allen epistemischen Spielräumen, also auch beim empirischen, stellt sich unausweichlich das Problem der Divergenz.[100] Wer Eingriffe aufgrund unsicherer Prämissen zulässt, wenn diese Prämissen nur vertretbar oder plausibel oder, was noch weniger ist, nicht evident falsch sind, muss die Möglichkeit nicht feststellbarer Grundrechtsverletzungen in Kauf nehmen. Dem Umfang der Erkenntnisspielräume entspricht der Umfang möglicher Divergenz zwischen dem, was tatsächlich geboten, verboten und freigestellt ist, und dem, was als geboten, verboten und freigestellt feststellbar ist. Mit dieser Divergenz taucht das allgemeine Problem der Differenz zwischen dem Ontischen und dem Epistemischen im Verfassungsrecht auf.

Dass eine Prämisse unsicher ist, bedeutet, dass nicht nur sie in Frage kommt. Als materielle Prinzipien fordern Grundrechte eine Realisierung in möglichst hohem Maße. Nimmt man nur dies in den Blick, so scheint eine einfache Lösung nahe zu liegen: Bei Unsicherheit ist jeweils die für das Grundrecht günstigste Prämisse zu wählen. Da das diejenige ist, auf deren Basis der Eingriff nicht zu rechtfertigen wäre, hätte dies die Konsequenz, dass der Gesetzgeber nur noch aufgrund mit Sicherheit wahrer Prämissen in Grundrechte eingreifen darf. Es ist leicht zu erkennen, dass eine solche Lösung nicht in Frage kommt.[101] Die Forderung, dass der Ge-

[99] BVerfGE 90, 145, 182.
[100] Vgl. *Raabe* Grundrechte und Erkenntnis, 1998, 147ff.
[101] Vgl. BVerfGE 50, 290, 332.

setzgeber, greift er nur mindestens in die allgemeine Handlungsfreiheit ein, nur aufgrund mit Sicherheit wahrer Prämissen handeln darf, würde zur nahezu vollständigen Handlungsunfähigkeit der Legislative führen. Das kann eine Verfassung, die erstens überhaupt einen Gesetzgeber und zweitens einen demokratisch legitimierten will, nicht wollen. Deshalb fordern das Gewaltenteilungs- und das Demokratieprinzip[102] als formelle Prinzipien[103] einen empirischen Erkenntnisspielraum.[104]

Kein Spielraum ist unbegrenzt. Die Begrenzung kann letztlich nur durch das Grundrecht selbst erfolgen. Das findet seinen Ausdruck darin, dass neben dem materiellen Abwägungsgesetz, das dem strukturellen Abwägungsspielraum zugrunde liegt, ein epistemisches Abwägungsgesetz gilt, das sich wie folgt formulieren lässt: Je schwerer ein Eingriff in ein Grundrecht wiegt, desto größer muss die Gewissheit der den Eingriff tragenden Prämissen sein.

b) *Normativer Erkenntnisspielraum*

Empirische Erkenntnisspielräume bereiten zwar genug Probleme, aber immer noch weitaus weniger als normative. Das liegt daran, dass es bei

---

[102] BVerfGE 56, 54, 81.

[103] Vgl. *Alexy* (Fn. 11) 120, 267, 384, 427.

[104] Im Verhältnis von Verfassungsgericht und Fachgerichten ist, wenn es um die Meinungsäußerungs- und die Kunstfreiheit geht, die Frage der Interpretation von Äußerungen und Werken von besonderer Bedeutung. In der Entscheidung über den der Deutschen Gesellschaft für Humanes Sterben (DGHS) in einem Flugblatt gemachten Vorwurf der Fälschung der Lebensgeschichten von Schwerkranken, denen die DGHS so genannte Sterbehilfe geleistet hatte, geht es darum, ob der Fälschungsvorwurf als Tatsachenbehauptung oder als Werturteil zu beurteilen ist. Hiervon hängt die Intensität des Eingriffs in die Meinungsäußerungsfreiheit und damit das Ergebnis der Abwägung ab. Das Verbot einer unwahren herabsetzenden Tatsachenbehauptung greift nur relativ leicht in die Meinungsäußerungsfreiheit ein, das eines Werturteils demgegenüber relativ schwer (BVerfGE 94, 1, 8). Das Landgericht Hamburg stufte die Äußerung als Werturteil ein und wies die Unterlassungsklage ab, das Hanseatische Oberlandesgericht stufte sie als nicht erweislich wahre Tatsachenbehauptung ein und gab ihr statt. Das Bundesverfassungsgericht kommt zu dem Ergebnis, dass die „Deutung des Oberlandesgerichts … verfassungsrechtlich ebensowenig zu beanstanden (ist) wie diejenige des Landgerichts" (BVerfGE 94, 1, 10). Keines der Gerichte habe der Äußerung einen „Sinn zugeschrieben, den sie ihrem Wortlaut nach objektiv nicht haben kann". Deshalb seien beide Deutungen „vertretbar" (BVerfGE 94, 1, 10f.). Das ist die Einräumung eines Spielraums. Bei der Deutung oder Interpretation einer Äußerung geht es um die Frage, welchen Sinn sie unter Einbeziehung des Kontextes „objektiv" (BVerfGE 94, 1, 11) hat. Das ist ein Urteil über eine soziale Tatsache. Der Interpretationsspielraum ist also ein Unterfall des empirischen Spielraums. Mit der Freistellung der für den Beschwerdeführer ungünstigen Interpretation als „vertretbar" wird, wie ganz allgemein bei empirischen Spielräumen, indirekt ein Grundrechtseingriff freigestellt.

ihnen nicht direkt darum geht, was die Verfassung gebietet, verbietet und freistellt, sondern nur indirekt. Insofern haben die mit ihnen verbundenen Probleme eine gewisse Ähnlichkeit mit denen der eingangs erwähnten indirekten Konstitutionalisierung. Bei normativen epistemischen Spielräumen geht es demgegenüber direkt um den materiellen Inhalt der Verfassung. Jede Einräumung von normativen Erkenntnisspielräumen bedeutet eine ihrem Umfang entsprechende Aufhebung der verfassungsgerichtlichen Kontrolle der Bindung an die Verfassung. Ist das mit der durch die Verknüpfung von Verfassungsvorrang und -gerichtsbarkeit charakterisierten formellen Geltungskraft des Grundgesetzes vereinbar?

Eine adäquate Antwort kann nur gelingen, wenn drei Dinge zusammengefügt werden. Das erste ist die Erkenntnis, dass der strukturelle Abwägungsspielraum das Problem des normativen Erkenntnisspielraums erheblich entschärft. Wenn feststeht, dass etwas in ihn fällt, ist der Streit darüber, was die beste Lösung ist, kein verfassungsrechtlicher Streit mehr. Damit wird die Frage nach einem normativen Erkenntnisspielraum gegenstandslos. Das zweite ist das eben erwähnte epistemische Abwägungsgesetz, welches bei steigender Eingriffsintensität steigende Anforderungen an die Gewissheit der den Eingriff tragenden Prämissen stellt. Das lässt nicht nur den empirischen, sondern auch den normativen Erkenntnisspielraum schrumpfen. Fundamentale Streite über intensive oder intensivste Eingriffe sind nicht als Dissense in Spielräumen politisch, sondern als Dissense über deren Grenzen verfassungsrechtlich zu entscheiden. Bei den verbleibenden, eher geringeren Problemen an den Rändern der strukturellen Spielräume bedeutet die Einräumung eines normativen Erkenntnisspielraums allerdings in der Tat, dass Gebundene über ihre Bindung entscheiden. Doch dies, und das ist das dritte Element der Antwort, ist hinnehmbar, solange die Rücknahme verfassungsgerichtlicher Kontrolle durch Zuerkennung normativer Erkenntnisspielräume begrenzt bleibt. Die Grenzen sind nur durch Abwägung materieller und formeller Prinzipien bestimmbar. Dabei ergibt sich, je nachdem um was und um wen es geht, ein unterschiedliches Bild. Die normativen Erkenntnisspielräume der Fachgerichtsbarkeit gründen sich vor allem darauf, dass sie mit dem Bundesverfassungsgericht den Gerichtscharakter teilen. Soweit die Erkenntnisspielräume reichen, aber auch nur bis genau dorthin, besteht ein echtes Kooperationsverhältnis[105] zwischen Verfassungsgerichts- und Fachgerichtsbarkeit, denn im normativen Erkenntnisspielraum üben die Fachgerichte materielle Verfassungsgerichtsbarkeit aus. Sie sind insofern kleine Verfassungsgerichte. Darüber, wie weit dieser

---

[105] Vgl. *Robbers* (Fn. 27) 938.

Spielraum reicht, wacht allerdings weiterhin das Bundesverfassungsgericht. Die Kooperation bleibt so nicht nur begrenzt, sondern auch hierarchisch überwölbt.

IV. Fazit

Ich fasse zusammen. Die Probleme der Konstitutionalisierung lassen sich in einer Spielraumdogmatik lösen. Diese ruht auf zwei Säulen. Die erste bilden die strukturellen Spielräume, die die Begrenztheit des materiellen Gehalts der Verfassung zum Ausdruck bringen, die zweite die epistemischen Spielräume, durch die in begrenztem Umfang materielle Verfassungsgerichtsbarkeit an die Fachgerichte übertragen wird. Über alles wacht das Bundesverfassungsgericht mit doppeltem Blick. Der eine ist auf die materiellen Verfassungsgehalte, der andere auf deren Grenzen und Ungewissheiten gerichtet.

Leitsätze des 1. Berichterstatters über:

Verfassungsrecht und einfaches Recht – Verfassungsgerichtsbarkeit und Fachgerichtsbarkeit

I. Probleme und Programm

1. Art und Umfang der Probleme des Verhältnisses von Verfassungsrecht und einfachem Recht sowie von Verfassungsgerichtsbarkeit und Fachgerichtsbarkeit werden wesentlich durch zwei Faktoren bestimmt: die formelle Geltungskraft der Verfassung und ihre materielle Normierungsdichte.

2. Die Geschichte der Verfassungsrechtsprechung in der Bundesrepublik Deutschland ist die Geschichte einer materiellen Verfassungsexpansion, die zu einer Konstitutionalisierung der Rechtsordnung geführt hat.

3. Die materielle Konstitutionalisierung trifft alle drei Gewalten direkt. Die Fachgerichtsbarkeit ist darüber hinaus einer indirekten oder formellen Konstitutionalisierung unterworfen, die daraus resultiert, dass jede fehlerhafte Rechtsanwendung mindestens gegen die durch Art. 20 Abs. 3 GG angeordnete Bindung an Gesetz und Recht verstößt.

4. Eine Überkonstitutionalisierung, deren Gefahren in Formeln wie der vom verfassungsgerichtlichen Jurisdiktionsstaat (Böckenförde) und der vom Bundesverfassungsgericht als oberstem Zivilgericht (Diederichsen) beschworen werden, ist ebenso zu vermeiden wie eine Unterkonstitutionalisierung. Das kann nur in einer Dogmatik der Spielräume geschehen, deren Ziel das richtige Maß an Konstitutionalisierung ist.

II. Rahmenordnung und Grundordnung

5. Eine Verfassung kann zugleich eine Grund- und eine Rahmenordnung sein.

6. Eine Verfassung ist eine Grundordnung, wenn sie diejenigen fundamentalen Fragen der Gemeinschaft entscheidet, die der Entscheidung durch eine Verfassung fähig und bedürftig sind. Der von der Verfassung als Rahmenordnung gelassene Rahmen ist identisch mit dem Umfang aller von ihr eingeräumten Spielräume.

III. Spielräume

7. Alle Spielräume sind entweder struktureller oder epistemischer Art. Der strukturelle Spielraum entsteht aus den Grenzen dessen, was die Verfassung gebietet und verbietet. In ihn fällt alles, was weder geboten noch verboten, also freigestellt ist. Der epistemische Spielraum entsteht aus den Grenzen der Fähigkeit zu erkennen, was die Verfassung einerseits gebietet und verbietet und andererseits weder gebietet noch verbietet.

8. Es gibt drei Arten struktureller Spielräume: Zwecksetzungs-, Mittelwahl- und Abwägungsspielräume.

9. Der Gesetzgeber hat gegenüber einem Grundrecht einen Zwecksetzungsspielraum, wenn und soweit die Entscheidung über die den Grundrechtseingriff rechtfertigenden Zwecke ihm überlassen ist.

10. Mittelwahlspielräume existieren in dem Umfang, in dem durch positive Pflichten vorgeschriebene Zwecke mit alternativen Mitteln hinreichend erfüllt werden können.

11. Der Abwägungsspielraum entsteht dadurch, dass zwar zahlreiche, aber nicht alle Kollisionsfälle durch Abwägung von Verfassungs wegen entscheidbar sind. Ein Kollisionsfall lässt sich nicht durch Abwägung von Verfassungs wegen entscheiden und fällt damit in den Abwägungsspielraum, wenn ein Abwägungspatt vorliegt. Ein Abwägungspatt liegt vor, wenn die Erfüllung der kollidierenden Prinzipien auf beiden Seiten gleich wichtig ist. Der Abwägungsspielraum umfasst auch die Wahl zwischen verschiedenen im Patt stehenden Niveaus von Eingriff und Schutz. Es ist nur dann möglich festzustellen, ob etwas in den Abwägungsspielraum fällt oder nicht, wenn Skalierungen möglich sind. Abwägungspatts und damit Abwägungsspielräume haben nur dann eine praktische Bedeutung, wenn diese Skalierungen grob sind. Grobe Skalierungen entsprechen der Natur des Verfassungsrechts. Triadische Skalen (leicht, mittel, schwer) bilden den besten Ausgangspunkt grober Skalierungen. Die Abwägungspatts führen zur Kompatibilität von Abwägung und Rahmenordnung.

12. Es gibt zwei Arten epistemischer Spielräume: empirische und normative.

13. Jeder epistemische Spielraum eröffnet die Möglichkeit von nicht durch das Bundesverfassungsgericht feststellbaren Grundrechtsverletzungen. Das bedeutet eine Divergenz von Handlungs- und Kontrollnorm.

14. Ohne empirische Erkenntnisspielräume wäre der Gesetzgeber praktisch handlungsunfähig, was mit dem Gewaltenteilungsgrundsatz und dem Demokratieprinzip unvereinbar wäre. Die Grenzen der empirischen Erkenntnisspielräume sind durch eine Abwägung festzustellen, bei der auf der einen Seite nur das negativ betroffene grundrechtliche Prinzip steht und auf der anderen das materielle gegenläufige Prinzip zusammen mit für den Spielraum sprechenden formellen Prinzipien. Empirische Erkenntnisspielräume betreffen den materiellen Gehalt der Verfassung nur indirekt.

15. Normative Erkenntnisspielräume betreffen direkt den materiellen Gehalt der Verfassung. Ihre Existenz heißt, dass der durch die Verfassung direkt Gebundene bis an die Grenzen des Spielraumes selbst über den Inhalt der Bindung entscheiden darf. Die Zuerkennung normativer Erkenntnisspielräume bedeutet die Übertragung materieller Verfassungsgerichtsbarkeit an die Fachgerichte. Das ist begrenzt zulässig. Die Kompetenz zur Kontrolle des Umfangs dieser Spielräume bleibt beim Bundesverfassungsgericht.

IV. Fazit

16. Die Probleme der Konstitutionalisierung lassen sich in einer Spielraumdogmatik lösen. Diese ruht auf zwei Säulen. Die erste bilden die strukturellen Spielräume, die die Begrenztheit des materiellen Gehalts der Verfassung zum Ausdruck bringen, die zweite die epistemischen Spielräume, durch die in begrenztem Umfang materielle Verfassungsgerichtsbarkeit an die Fachgerichte übertragen wird. Über alles hat das Bundesverfassungsgericht mit doppeltem Blick zu wachen. Der eine ist auf die materiellen Verfassungsgehalte, der andere auf deren Grenzen und Ungewissheiten zu richten.

Erster Beratungsgegenstand:

Verfassungsrecht und einfaches Recht – Verfassungsgerichtsbarkeit und Fachgerichtsbarkeit

2. Bericht von Prof. Dr. *Philip Kunig*, Berlin

Inhalt

I. Einführung: Drei Gründe für die Wiederaufnahme eines Themas

Einer Absprache folgend behandelt der Zweitbericht das Thema von seinem Untertitel her: Verfassungsgerichtsbarkeit und Fachgerichtsbarkeit.

> „Es erweist sich ... als notwendig, den tieferen Hemmnissen seelischer und sachlicher Art nachzuspüren, die (die Zivilrichter) zurückhalten, ... Verfassungsbestimmungen in (ihre) Erwägungen einzubeziehen ... (Hemmend wirkt) die alte Befürchtung des Ziviljuristen, den festen Boden unter den Füssen zu verlieren ... Gerichte, die sich einmal aus dem zivilistischen Turm herauswagten, (haben) von strengen Zensoren bittere Rüffel einstecken müssen."

Diese Sätze wurden knapp vor dem Inkrafttreten des Grundgesetzes formuliert, und zwar von Herbert Krüger, Die Verfassungen in der Zivilrechtsprechung, NJW 1949.[1] Themen wie „Konstitutionalisierung" und „Jurisdiktionsstaat" waren damals nicht erkennbar, das Bundesverfassungsgericht zwar in Sichtweite, nicht aber sein Heranwachsen zur heutigen Gestalt. Aber Krügers Diktum hat noch etwas, auch heute noch: Das betrifft die „Befürchtung, den festen Boden zu verlieren."

Es sind aus meiner Sicht drei Phänomene, die Anlass geben, sich der Thematik in heutiger Zeit erneut zuzuwenden.[2]

In der vergangenen Woche hat das Bundesverfassungsgericht aus Anlass des fünfzigsten Jahrestages seiner Gründung einen Festakt unter Beteiligung der höchsten Repräsentanten des Staates erfahren. Seine Rolle für die deutsche Verfassungsentwicklung, namentlich auch als Verteidiger der Grundrechte der Bürger ist mit höchstem Respekt gewürdigt worden.

---

[1] 163ff.; Verfassungen „seien" Zivilrecht und „Gesetz" i.S. des EGBGB, der Verfassungsverstoß Amtspflichtverletzung.

[2] Für das reichhaltige Schrifttum seien beispielhaft genannt *Papier* „Spezifisches Verfassungsrecht" und „einfaches Recht" als Argumentationsformel des Bundesverfassungsgerichts, in: Bundesverfassungsgericht und Grundgesetz, Fg. aus Anlass des 25-jährigen Bestehens, Bd. 1 1976, 432ff.; *Wahl* Der Vorrang der Verfassung und die Selbständigkeit des Gesetzesrechts, NVwZ 1984, 401ff.; *Starck* Verfassungsgerichtsbarkeit und Fachgerichte, in: Vhdlg. des 61. DJT, Bd. II/1, Teil O, 26ff.; *Düwel* Kontrollbefugnisse des Bundesverfassungsgerichts bei Verfassungsbeschwerden gegen gerichtliche Entscheidungen 2000, m. umfassender Dokumentation der Rechtsprechungspraxis und der wissenschaftlichen Auseinandersetzung. Nunmehr *Korioth* Bundesverfassungsgericht und Rechtsprechung („Fachgerichte"), in: Badura/Dreier, FS 50 Jahre Bundesverfassungsgericht, Bd. 1, 2001, 55ff.; für die Vorab-Überlassung des Manuskripts schulde ich dem Kollegen Korioth großen Dank.

Auch in der Außensicht des europäischen und außereuropäischen Auslandes gilt das Bundesverfassungsgericht als ein Erfolgsmodell, dem deshalb andere Gerichte nachmodelliert wurden und dessen Judikatur – explizit oder subkutan – prägend eingewirkt hat auf Verfassungsjudikatur anderswo.

Dem kontrastiert heftige Kritik, vor allem dahingehend, dass das Bundesverfassungsgericht sich vielfältige Übergriffe geleistet habe.[3] Vor allem sein Entscheidungsverhalten gegenüber der Fachgerichtsbarkeit wird oft – und nicht erst neuerdings – mit deutlichen Worten angegriffen.[4] Kritik am Bundesverfassungsgericht, man muss allerdings sagen: heute und zunehmend an allen Gerichten, hat in Wissenschaft und Politik eine früher kaum gekannte Intensität, Häufigkeit und Gereiztheit. Sie wird oft erklärbar sein aus individueller Unzufriedenheit mit dem Ergebnis eines Richterspruchs. In unserem Zusammenhang hat die Kritik indessen eine andere, eine institutionelle Qualität. Namentlich Straf- und Zivilrechtswissenschaft und entsprechende Justiz, weniger ausgeprägt gilt dies für die Verwaltungsgerichtsbarkeit, vermerken gewissermaßen Einmischung in als die ihrigen empfundene Angelegenheiten.[5] Die Intensität der Ver-

---

[3] Dabei ist interessant zu beobachten, dass heftige Kritik, wie z. B. diejenige an der Erfindung des so genannten Wehrvorbehalts (BVerfGE 90, 286ff.), verbunden wird mit dem Zugeständnis, es sei dadurch eine befriedende Wirkung eingetreten. Und mancher, der von der dogmatischen Unbegründbarkeit der Maastricht-Entscheidung (BVerfGE 89, 155ff.) ausgeht bzw. – wofür viel spricht – von der Unzulässigkeit der zugrunde liegenden Verfassungsbeschwerde, konzediert dennoch ihren positiven edukatorischen Effekt auf den Europäischen Gerichtshof und weitere Institutionen des Integrationswerks. Wenn einerseits dem Bundesverfassungsgericht die Verkennung einer Rechtslage, verfassungswidrige Kompetenzusurpation, vorgehalten, andererseits eben dieser Verfassungsbruch zugleich als verfassungspolitisch fruchtbar – eigentlich: als Akt der Verfassungsgebung – gewürdigt wird, so muss es mit dem Bundesverfassungsgericht eine besondere Bewandtnis haben – oder aber: Man sollte mit der Diagnose eines Verfassungsbruchs vorsichtiger umgehen.

[4] Vgl. statt vieler *V. Krey* Das Bundesverfassungsgericht in Karlsruhe – ein Gericht läuft aus dem Ruder, JR 1995, 221ff., 265ff. s. auch *F. Baur* Die „Nassauskiesung" – oder wohin treibt der Eigentumsschutz, NJW 1982, 1734, 1735.

[5] Von einer im zivilrechtlichen Schrifttum verbreiteten „generellen chronischen Vermutung" verfassungsrechtlicher Ingerenz spricht etwas spitz *Schulze-Fielitz* in einer Anmerkung zur Benetton-Entscheidung (E 102, 347ff.) des BVerfG, JZ 2001, 302ff. – Besonders „ärgerlich" gestimmt etwa *Pawlowski* Verfassungsgerichtsbarkeit und Privatrecht, in: Wolter/Riedel/Taupitz (Hrsg.) Einwirkungen der Grundrechte auf das Zivilrecht, Öffentliche Recht und Strafrecht, 1999, 39 ff; hier wird – S. 42f. – eine Kammerentscheidung „abschreckend" vorgeführt, in welcher eine Ansicht vertreten wurde, die „der Zivilrechtler … nur mit Verwunderung zur Kenntnis nehmen könne"; indessen eine „Ansicht", die *Canaris* Die Verfassungswidrigkeit von § 828 II BGB als Ausschnitt aus einem größeren Problemfeld, JZ 1990, 679, 681, vertritt. Die aktuellen Kommentierungen des

ärgerung zeigt sich auch daran, dass Gerichte diesbezüglich selbst – in Entscheidungen oder durch auf Umgehung verfassungsgerichtlicher Vorgaben gerichtetes Entscheidungsverhalten – das Wort ergreifen, nicht lediglich – wie es gute Tradition ist – Richter sich als Private wissenschaftlich äußern. Jüngst ist offener Streit zwischen dem OVG Münster und der 1. Kammer des Bundesverfassungsgerichts über Demonstrationen rechtsextremen Zuschnitts entbrannt.[6] Wie in anderen Konstellationen der Abschirmung des Eigenbereichs wird der fachliche Unverstand des Intervenienten behauptet oder schlicht auf die Anciennität verwiesen, so von Uwe Diederichsen, der Recht hat, wenn er auf die ältere Tradition der Zivilrechtsdogmatik gegenüber Grundrechtslehren verweist.[7] Mit der Feststellung des Alters ist aber selten viel gewonnen, zumal wenn es um die Verfassungsmäßigkeit neuester Rechtsfortbildungen oder dem BGB unbekannte Fallgestaltungen geht.[8] Jedenfalls gibt es einen Kompetenzkonflikt, der im Gewande des Streits um das rechte Verhältnis von Gerichtsbarkeiten auch Züge eines Streits von Teildisziplinen der Rechtswissenschaft aufweist.

Der zweite Ausgangspunkt betrifft den Standort der Verfassungsgerichtsbarkeit der Länder, deren Einbeziehung der Vorstand angeregt hat. Einige Landesverfassungsgerichte sind reine Staatsgerichtshöfe, viele fin-

---

StGB äußern sich bitter über die Ehrenschutzrechtsprechung des Bundesverfassungsgerichts, s. *Lenckner* in: Schönke/Schröder, Strafgesetzbuch, 26. Aufl., 2001, Rn. 16ff. zu § 193; *Tröndle/Fischer* Strafgesetzbuch, 50. Aufl., 2001, Rn. 17ff. zu § 193; der BGH legt sie inzwischen sorgfältig zugrunde, BGH, NJW 2000, 3421 – „Babycaust." Nahezu flegelhaft reagierte eine Kammer des LG Berlin auf eine Entscheidung des dortigen VerfGH, s. dazu näher und mit Zitaten *Michaelis-Merzbach* Rechtspflege und Verfassung von Berlin, 1998, 233f.

[6] Dazu mit Nachw. *Battis/Grigoleit* Die Entwicklung des versammlungsrechtlichen Eilrechtsschutzes. Eine Analyse der neuen BVerfG – Entscheidungen, NJW 2001, 2051ff. Das OVG Münster, DVBl. 2001, 584, 585, vertrat die Auffassung, aus Art. 79 III GG solle folgen, dass die stark eingeschränkte Bedeutung, welche der Brokdorf-Beschluss in BVerfGE 69, 315, 353 dem Merkmal „öffentliche Ordnung" in § 15 VersG zuerkannt hatte, „jedenfalls" im zu entscheidenden Fall „keine Geltung beanspruchen" könne.

[7] S. *Diederichsen* Die Selbstbehauptung des Privatrechts gegenüber dem Grundgesetz, Jura 1997, 57ff.; *ders.* Das Bundesverfassungsgericht als oberstes Zivilgericht, AcP 198 (1998) 171ff.; es gibt andererseits auch zivilistische Stimmen, denen – etwa – die „Machtgefälle"-Rspr. des BVerfG (die vor allem mit E 81, 242ff. – Handelsvertreter – und E 89, 214ff. – Familienbürgschaft – einsetzte; s. nunmehr BVerfG, NJW 2001, 957 – Eheverträge) eine akzeptierte Vorgabe ist, um deren nunmehr genuin zivilrechtliche Ausformung sie sich bemühen, vgl. etwa *W.-H. Roth* Europäischer Verbraucherschutz und BGB, JZ 2001, 475, 487; s. auch *Röthel* Richterliche Inhaltskontrolle von Eheverträgen, NJW 2001, 1334f.

[8] So im Falle der Benetton-Werbung, s. BVerfGE 102, 347ff.

den ihr wesentliches Betätigungsfeld als Gerichte zur Ordnung des kommunalen Finanzausgleichs.[9] In Abhängigkeit von den prozessrechtlich in den Ländern unterschiedlich gestalteten Befugnissen der Landesverfassungsgerichte begegnet aber auch hier teilweise die Problematik des Verhältnisses zu den Fachgerichten. Ein Unterschied liegt vor allem darin, dass den Landesverfassungsgerichten die Kontrolle bundesgerichtlicher Entscheidungen verschlossen ist. Quantitativ steht ihre Spruchpraxis zurück gegenüber derjenigen des Bundesverfassungsgerichts, sie ist aber in Ausweitung begriffen. Die Rolle der Landesverfassungsgerichte gehört jedenfalls zu dem Gesamtbild, um das es hier geht, soweit auch Landesverfassungsgerichte als Fachgerichte für Bundesrecht außerhalb instanzieller Einordnung agieren sollten.

Das Verhältnis der Verfassungsgerichtsbarkeit zur Fachgerichtsbarkeit kann – dritter Ausgangspunkt – nicht mehr allein in Begrenzung auf die innerstaatliche Verfassungslage erfasst werden. Die Europäisierung mag tendenziell und unausweichlich einen Bedeutungsverlust nationaler Verfassungsgerichte zur Folge haben. Das Sachproblem einer angemessenen Austarierung konkurrierender Gerichtszuständigkeiten wird aber bleiben. Es kehrt mit dem deutschen Recht gleichen sybillinischen Formulierungen auch vor dem europäischen Menschenrechtsgerichtshof wieder, die an Passagen aus der am meisten zitierten Entscheidung des Bundesverfassungsgerichts erinnern, dem Patentbeschluss von 1964:[10] „It is not the function (of the court) to deal with errors of fact or law allegedly committed by a national court unless and in so far as they may have infringed rights and freedoms protected by the convention." Es gehe um „manifest errors" und „arbitrary conclusions".[11]

II. Zu den normativen Ausgangspunkten

Das Grundgesetz bringt die Verfassungsgerichte und die Fachgerichte nicht in eine Hierarchie. Es zählt sie in Art. 92 GG lediglich auf, für die Landesebene unter der auch die dortigen Verfassungsgerichte umgreifenden Bezeichnung „Gerichte". Es wünscht sich mit Art. 93 GG sicher eine prägende Rolle des Bundesverfassungsgerichts, was die Verfassungsjudikatur anlangt, es schließt aber die Fachgerichte nicht hiervon aus, die es

---

[9] Dazu *Geis* „Polical question doctrine" im Recht des kommunalen Finanzausgleichs?, FS Maurer, 2001, 79ff.

[10] BVerfGE 18, 85ff.

[11] Alle Formulierungen in EGMR, EuGRZ 2001, 466, Fürst v. Liechtenstein/Deutschland, Rz. 49f., 65.

auf Bundesebene mit der „Wahrung der Einheitlichkeit der Rechtsprechung" (vgl. Art. 95 III GG) betraut. Der letztere Auftrag könnte – gerichtet an den Gemeinsamen Senat der in Art. 95 I GG genannten Gerichte – Verfassungsrecht durchaus einschließen. So sieht es auch § 137 I Nr. 1 VwGO, der mit Bundesrecht auch Bundesverfassungsrecht meint und dem Bundesverwaltungsgericht die Vereinheitlichung und Fortbildung der Rechtsprechung zu – etwa – Verhältnismäßigkeit, rechtsstaatlichem Vertrauensschutz und Verfahrensfairness in die Hand legt, nur eben nicht ausschließlich. Das jüngste Urteil des Bundesverwaltungsgerichts zu den Studiengebühren für Langzeitstudenten[12] hatte es nahezu ausschließlich mit Verfassungsrecht zu tun. Von der prozessrechtlichen Einbindung abgesehen wäre es im gleichen Duktus etwa als verfassungsgerichtliches Normenkontrollurteil denkbar. Auch der Bundesfinanzhof sieht sich manchmal allein verfassungsrechtlichem Streitstoff gegenüber, zuletzt beim Verwertungsverbot für Abhörerkenntnisse im Besteuerungsverfahren[13] oder bei seiner Fortentwicklung der Rückwirkungsrechtsprechung.[14] Der Bundesgerichtshof hatte die Verfassungsmäßigkeit der Strafbarkeit rechtsanwaltlicher Geldwäsche an der Berufsfreiheit zu messen.[15]

§ 1 BVerfGG ist für sich genommen nicht wirklich ergiebig für unser Thema. Wenn das Bundesverfassungsgericht dort – indirekt – als Verfassungsorgan bezeichnet wird, so hat dies Bedeutung für sein Verhältnis zu den vom Grundgesetz selbst als solche ausgewiesenen Verfassungsorganen, besagt aber nichts für das Verhältnis zu anderen Gerichten. Art. 20 III GG bindet (auch) sämtliche Rechtsprechung im Sinne des Art. 92 GG an Gesetz und Recht, äußert sich damit aber nicht über Zuständigkeiten und differenziert nicht zwischen Entscheidungsmaßstäben. Worüber die Fachgerichte sachlich zu entscheiden haben, bestimmt einfaches Recht in Orientierung an Art. 95 I GG.[16] Sicher denkt Art. 20 III GG bei der Gesetzesbindung der Fachgerichte vor allem an deren jeweiliges Fachrecht; er macht es aber nicht resistent gegenüber dem Verfassungsrecht.[17] Die Verfassungsbindung und die Gesetzesbindung der

---

[12] V. 25. 7. 2001 – 6 C 8–11.00 –.

[13] BFH, NJW 2001, 2118ff.

[14] BFH, NJW 2001, 1671ff.; dazu *Pleyer* Der BFH als Wegbereiter des dispositionsbezogenen Rückwirkungsbegriffs, NJW 2001, 1985f.

[15] U. v. 4. 7. 2001 – 2 StR 513/00 –.

[16] Zu den Grenzen einer Verschmelzung von Fachgerichtsbarkeiten s. *Stüer/Hermanns* Der verfassungsrechtliche Rahmen einer Vereinheitlichung der öffentlich-rechtlichen Fachgerichtsbarkeiten, DÖV 2001, 505ff.

[17] Vgl. dazu *Röthel* Verfassungsprivatrecht aus Richterhand? – Verfassungsbindung und Gesetzesbindung in der Zivilgerichtsbarkeit, JuS 2001, 424, 429 mit der Wendung

Fachgerichte können nicht gegeneinander ausgespielt werden, wie es Art. 100 I GG belegt.

Im Verfahren der Verfassungsbeschwerde ist der Verfassungsrechtsstreit die Fortsetzung des fachgerichtlichen Verfahrens im auf das Verfassungsrecht verengten Blickwinkel.[18] Angesichts dessen müsste einer Rechtstheorie, welcher der Nachweis der Unmöglichkeit dieser Unterscheidung gelänge, die von der Verfassung vorausgesetzte Unterscheidbarkeit zwischen Verfassungsrecht und anderem Recht als Lebenslüge erscheinen.[19] Die Verfassung zwänge gleichwohl zur Aufrechterhaltung dieser Lüge, allerdings erzwingt sie nicht das Bild vom Stufenbau der Rechtsordnung. Es ist missverständlich,[20] weil Stufen hartkantig aneinander stoßen und wir es hier eher mit gleitenden Skalen zu tun haben. Immerhin will die Verfassung sicher, dass die Räume der Überlappung identifiziert werden können.

III. Die Situation in den Ländern

Das Thema Landesverfassungsgerichtsbarkeit und Fachgerichtsbarkeit ergibt einen Vorgeschmack auf das, was bisher vor allem im Bunde als Problem wahrgenommen wird.

Von den Ländern, deren Recht eine Befassung ihrer Verfassungsgerichte mit Entscheidungen der Fachgerichte zum Bundesrecht ermöglichen, hat dies – mit unterschiedlichen Selbstbeschränkungen – in Bayern und Hessen jahrzehntelange Tradition.[21] Der Sächsische Verfassungsgerichtshof nahm – weiter gehend – seine Zuständigkeit für die Überprüfung sächsischer fachgerichtlicher Entscheidungen im bundesrechtlich geregelten Verfahren an. Verdienstvoller Weise hat er eine Vorlage auf den Weg gebracht.[22] Das Bundesverfassungsgericht hat daraufhin 1997 die

vom „Vorrang der Gesetzesbindung vor der Verfassungsbindung"; s. auch *Müller-Freienfels* Vorrang des Verfassungsrechts und Vorrang des Privatrechts, in: FS Rittner, 1991, 423ff.

[18] *Ossenbühl* Die Kontrolle von Tatsachenfeststellungen und Prognoseentscheidungen durch das Bundesverfassungsgericht, in: BVerfG und GG, aaO (o. Fn. 2) 458 (491f.).

[19] Vgl. in diesem Zusammenhang die hübsche Formulierung von *Lerche* Facetten der „Konkretisierung" von Verfassungsrecht, in: Koller/Hager u.a. (Hrsg.) Einheit und Folgerichtigkeit im juristischen Denken, Symposium für Canaris, 1998, 7, 15: „Wir müssen (sie) zugrunde legen, gleich wie frech das Lügenmündchen ist, das sie aufsperrt."

[20] Vgl. *Robbers* Für ein neues Verhältnis zwischen Bundesverfassungsgericht und Fachgerichtsbarkeit, NJW 1998, 935, 937f.

[21] Geschildert bei *Pestalozza* Verfassungsprozessrecht, 3. Aufl. 1991, 430ff., 555ff.

[22] SächsVerfGH, NJW 1996, 1736ff.

sächsische Praxis für mit dem Grundgesetz vereinbar erklärt.[23] Unter Einbeziehung auch materiellen Bundesrechts judiziert bereits seit Ende 1992 der Verfassungsgerichtshof des Landes Berlin.[24] Hessen[25] folgt jetzt Sachsen, ebenso Thüringen[26] und Brandenburg,[27] das die Frage zuvor wiederholt explizit offen gelassen hatte,[28] nach einer Gesetzesänderung auch Rheinland-Pfalz.[29] Der Bayerische Verfassungsgerichtshof zitiert nunmehr den Beschluss des Bundesverfassungsgerichts als Beleg für seine eigene ständige Rechtsprechung und führt diese fort.[30] Im Ergebnis dürfte auch die Willkürrechtsprechung Bayerns nicht zu wesentlich anderen Konsequenzen führen als die anderer Landesverfassungsgerichte.

Unabhängig von Details: Die Entscheidung des Bundesverfassungsgerichts hat die Spielräume der Landesverfassungsgerichtsbarkeit verdeutlicht. Einige Fragen sind nicht eindeutig geklärt.[31] Das gilt zunächst für das Problem einer womöglich unterschiedlichen Rechtslage für Verfahrensrecht und materielles Recht;[32] namentlich Bayern und Brandenburg hatten oft Anlass die Frage aufzugreifen, ob sie insoweit eine andere Position einnehmen als Berlin, unterließen es aber einstweilen. Es gilt ferner für die Annahme des Bundesverfassungsgerichts, die Bindung der Landesfachgerichte an Landesgrundrechte entfalle, sofern im konkreten Streitfall in einer früheren Verfahrensstufe bereits ein Bundesgericht befasst war und sei es durch Nichtzulassung eines Rechtsmittels.[33] Es be-

---

[23] BVerfGE 96, 345ff.

[24] Erstmals: LVerfGE 1, 44, 50ff.; „auffällig" geworden durch die Honecker-Entscheidung, LVerfGE 1, 56ff., verteidigt gegen heftige literarische Kritik durch die Mielke-Entscheidung, LVerfGE 1, 169, 179ff. mit Nachw. der krit. Stimmen.

[25] HessStGH, StAnz 1998, 3404; LVerfGE 9, 200, 208.

[26] ThürVerfGH, DVBl. 2001, 560, 561.

[27] Seit 1998, s. VerfG Brb, LVerfGE 8, 82, 84, mit dem begründungslosen Hinweis, das erkennende Gericht schließe sich dem Bundesverfassungsgericht an.

[28] Zuletzt wohl VerfG Brb, LVerfGE 7, 105, 107f., im August 1997.

[29] S. RhPfVerfGH, NJW 2001, 2621f.; GVBl. RhPf 2000, 207.

[30] Vgl. VerfGH 53, 163, 126ff.; s. ferner 53, 16, 18.

[31] Dazu in neuerer Zeit vor allem *Stern* Nahtstellen zwischen Bundes- und Landesverfassungsgerichtsbarkeit, FS Schiedermair, 2001, 143ff.; s. auch *Schmidt-Bleibtreu* in: Maunz/Schmidt-Bleibtreu/Klein/Ulsamer, Bundesverfassungsgerichtsgesetz, Rn. 216f. zu § 90.

[32] Ausdrücklich offen gelassen in BVerfGE 96, 345, 362. Eine Begründung für eine solche Unterscheidung ist nicht ersichtlich. Der BerlVerfGH hat sich um eine diesbezügliche Argumentation bemüht, s. insbesondere LVerfGE 1, 169ff.; vgl. ferner *Kunig* Die rechtsprechende Gewalt in den Ländern und die Grundrechte des Landesverfassungsrechts, NJW 1994, 687ff.

[33] So BVerfGE 96, 345, 372; dazu differenzierend RhPfVerfGH, NVwZ 2001, 911, 913; eng Hess StGH, NZM 1999, 701, 702.

trifft schließlich die von dem Bundesverfassungsgericht vertretene Auffassung, die Landesverfassungsgerichte hätten zu den Bundesgrundrechten parallele Landesgrundrechte in der Gestalt anzuwenden, die sie in der Rechtsprechung des Bundesverfassungsgerichts erfahren haben,[34] und sie seien im Falle beabsichtigter Abweichung zur Vorlage gemäß Art. 100 III GG gehalten – die Divergenzvorlage also als Verpflichtung, andererseits im Blick auf § 31 BVerfGG als ein Privileg. Ob damit die beabsichtigte bundesrechtliche Kuratel wirklich erreicht werden kann, steht dahin. Wenn die Landesverfassungsgerichte ähnlich argumentieren würden wie Kammern des Bundesverfassungsgerichts mit ihren vielfältigen Behauptungen, bestimmte Fragen seien vom Senat bereits entschieden,[35] dann könnte es verdeckte Divergenzen geben. Gleiche Obersätze allgemeiner Art gewährleisten gleiche Entscheidungen noch nicht.[36]

Praktisch geworden ist das alles wenig. Die Landesverfassungsgerichte pflegen der Grundrechtsjudikatur des Bundesverfassungsgerichts gleichsam von sich aus zu folgen.[37] Das war auch schon vor ihrer grundsätzlichen Freizeichnung von 1997 der Fall. Sofern sie erstmals neue Räume innerhalb der Grundrechtslandschaft ihrer jeweiligen Verfassungen zu betreten haben, berufen sie sich bei jeweils erster Gelegenheit auf Karlsruhe, später zitieren sie dann sich selbst. Oft beginnen sie eine Begründetheitsprüfung mit einem Referat bundesverfassungsgerichtlicher Entscheidungen.[38]

Das sächsische Gericht verwendet Argumentationsbausteine aus Karlsruhe zu Art. 13 GG bei der Kontrolle der zivilgerichtlichen Anwendung einer sächsischen vorkonstitutionellen Privatrechtsnorm im Hinblick auf die Konformität mit dem sächsischen Grundrecht auf Unverletzlichkeit der Wohnung.[39] Brandenburg rezipierte das Lüth-Urteil samt Wirkungsgeschichte mit einem Satz,[40] Berlin das Schutzpflichtkonzept.[41] Auch die neuere Rechtsprechung zu den Erfordernissen zügigen gerichtlichen Verfahrens findet sich in den Ländern abgebildet. Hier befinden sich mittler-

---

[34] So BVerfGE 96, 345, 375.

[35] Dazu ausführlich unten IV 3.

[36] Die Landesverfassungsgerichte geben sich bisher unterschiedliche Mühe bei der Prüfung, ob in Karlsruhe wohl mutmaßlich „gleich" entschieden worden wäre. Vgl. BerlVerfGH, B. v. 20. 4. 2001 – VerfGH 42A/01, wo eher unterstellt wird, das GG gewährleiste ein Grundrecht auf „Zusammensein" einer inhaftierten Mutter mit ihrem Kind.

[37] Von der „bundesrechtlichen Interpretationsbrille" spricht *Isensee* Chancen und Grenzen der Landesverfassung im Bundesstaat, SächsVBl. 1994, 28, 30.

[38] S. als Beispiel BerlVerfGH, LVerfGE 8, 45, 50ff.

[39] SächsVerfGH, LVerfGE 5, 300, 303f.; S. auch BerlVerfGH, LVerfGE 9, 45ff.

[40] VerfGBbg LVerfGE 5, 94, 107.

[41] BerlVerfGH, LVerfGE 4, 40, 43f.

weile der Europäische Gerichtshof für Menschenrechte, das Bundesverfassungsgericht und Landesverfassungsgerichte in einem Kontrollverbund gegenüber den Fachgerichten.[42]

Dissentierende Richter halten in Sondervoten der jeweiligen Mehrheit vor, Bruchstücken oder auch nur dem Geist vorhandener oder mutmaßlicher Karlsruher Entscheidungen dadurch nicht gerecht geworden zu sein, dass sie das Landesverfassungsrecht nicht in einer Weise auslegten wie es vom Bundesverfassungsgericht wohl zu erwarten sei.[43] Im Landesverfassungsgericht wird dann nicht beraten, wie die Landesverfassung, sondern wie das Bundesverfassungsgericht zu verstehen sei, dies auch anlässlich durchaus umstrittener Karlsruher Judikatur. Diesbezügliche literarische Kritik gerät deshalb nicht mehr ins landesverfassungsgerichtliche Blickfeld; sie ist gewissermaßen präkludiert. Vereinzelt geblieben ist der Versuch des Berliner Gerichts, die Frage, ob auch nach der Verfassung von Berlin Mietbesitz als Eigentum zu behandeln sei, offen zu lassen.[44] Und auch die im Wortlaut hinter dem Grundgesetz zurückbleibenden Landesgrundrechte geraten unter Unitarisierungsdruck. Die allgemeine Handlungsfreiheit i.S. der Elfes-Rechtsprechung hat man in einer landesrechtlichen Freizügigkeitsgarantie gefunden,[45] Art. 103 I GG samt aller zugehöriger Kasuistik soll – als subjektives Recht – in einer allgemeinen Vorschriften über „soziale Rechtspflege" gesteckt haben.[46]

Die gelegentlich beschworene und ebenso oft begrüßte wie sorgenvoll kommentierte Innovationskraft von Landesverfassungsgerichten[47] ist weitgehend unerprobt geblieben – gelegentliche Ausnahmen bestätigen diese Regel.[48]

---

[42] Vgl. EGMR, NJW 2001, 213, 214; BVerfG, NJW 2000, 797; ThürVerfGH, LKV 2001, 462ff.; VerfG Bbg, LVerfGE 3, 129, 133 u. LKV 2001, 409; die letztgenannte Entscheidung verlangt aus Verfassungsgründen eine „angemessene" Personalausstattung der Gerichte im Land – eine Forderung, die der Präsident des VerfG auch in seiner Eigenschaft als Präsident des dortigen OLG rechtspolitisch erhebt.

[43] Vgl. das Sondervotum der Richterin Arendt-Rojahn zu BerlVerfGH, LVerGE 7, 26ff. im Blick auf BVerfG, NJW 1997, 2305f.

[44] S. LVerfGE 2, 9, 12; zuletzt BerlVerfGH, B. v. 28. 9. 2000 – 111A/100 –.

[45] BerlVerfGH, LVerfGE 2, 19, 24.

[46] S. BerlVerfGH, LVerfGE 1, 81ff., mit (drei) Sondervoten der Richter Dittrich, Driehaus, Körting, Kunig.

[47] S. *Vitzthum* Die Bedeutung des gliedstaatlichen Verfassungsrechts in der Gegenwart, VVDStRL 46 (1986), 35f.; *Isensee*, ebd. 123; vgl. aus neuerer Zeit *Bothe* Verfassungsrechtsprechung der Länder – Ursachen für die Länderautonomie (im Druck).

[48] Vgl. *Bothe* aaO (o. Fn. 47) zum HessStGH, s. auch *Michaelis-Merzbach* aaO (o. Fn. 5) 131ff. mN unterschiedlicher Sichtweisen zur Justiziabilität von Gnadenerweisen.

Untersucht man den Umgang der fachgerichtliche Entscheidungen überprüfenden Landesverfassungsgerichte mit diesem Kontrollgegenstand, so ähnelt die Situation der hier später noch näher zu beleuchtenden Lage im Bund. Auch in der landesverfassungsgerichtlichen Spruchpraxis finden wir die Suche nach dem schmalen Grat zwischen dem lediglich fachrechtlichen Fehler und der bereits verfassungsrechtlich relevanten Verfehlung. Zumeist wird auf eine der diesbezüglichen Formeln des Bundesverfassungsgerichts zurückgegriffen, gelegentlich so als seien diese selbst gefunden – oder sie seien selbstverständlich.[49] Der bayerische Sonderweg – eine besonders fehlerhafte Rechtsanwendung sei „in Wahrheit" keine Anwendung von Bundesrecht, also eine bundesstaatliche Konstruktion, die zurecht vielfach kritisiert worden ist[50] – taucht neuerdings in Thüringen auf.[51] Die alte Wendung vom „spezifischen Verfassungsrecht"[52] erscheint in neuesten bayerischen Entscheidungen.[53]

Augenfällig ist eine Großzügigkeit, manchmal auch Laxheit im Umgang mit der Grenzlinie zwischen zulässigen und unzulässigen Verfassungsbeschwerden. Nicht selten wird allein der „Erfolg" einer Beschwerde[54] geprüft, noch häufiger bleiben Fragen ihrer Zulässigkeit – meist: die Beschwerdebefugnis[55], aber auch die Erschöpfung des Rechtswegs[56] die Subsidiarität, Fristen – ausdrücklich offen und wird sodann zur Sache judiziert, und zwar eingehend. Über Jahre lang gibt es Brandenburger Sachaussagen – etwa – zum Miet- und Arbeitsrecht und zum Zivilprozessrecht unter der ausdrücklich betonten Prämisse, es bleibe offen, ob eine Zuständigkeit zur Befassung damit bestehe.[57] Möglicherweise korreliert derartiger Mitteilungsdrang einer vergleichsweise geringen Arbeitsbelastung – oder belegt die Erkenntnis, dass Kontrolleure gern kontrollieren.

Diskussionswürdige Probleme hinsichtlich des Verhältnisses der Landesverfassungsgerichtsarbeit zur Fachgerichtsarbeit betreffen nach alledem primär bundesstaatliche Aspekte. Dabei dürfte der Beschluss des

---

[49] So in einer der ersten Entscheidungen BerlVerfGH, LVerfGE 1, 7, 8f., wo das Vokabular von BVerfGE 18, 85ff. erscheint, übrigens ohne Zitat.

[50] S. nur *Kunig* aaO (o. Fn. 32) mwN.

[51] ThürVerfGH, aaO (o. Fn. 42).

[52] S. u. bei Fn. 74.

[53] VerfGH 51, 67, 71.

[54] So etwa BerlVerfGH, LVerfGE 8, 62ff.; vgl. auch die geradezu lehrbuchartigen – überwiegend hypothetischen – Ausführungen des VerfGH Saarl. zum Recht auf Arbeit, LVerfGE 3, 233ff., in einem erfolglosen Prozesskostenhilfeverfahren.

[55] Bsp.: BerlVerfGH, B. v. 22. 3. 2001 – VerfGH 57/98.

[56] BerlVerfGH, LVerfGE 5, 10, 12.

[57] Vgl. Vfg Brb, LKV 2001, 215; s. auch BayVerfGH, VerfGH 53, 113, 117 sowie 117, 122.

Bundesverfassungsgerichts von 1997 die Landesverfassungsgerichte verpflichten, den dort erkannten Raum zu nutzen, sofern ihr eigenes Prozessrecht ihnen das gestattet.[58] Es besteht aber keine bundesrechtliche Vorgabe für gleiche Zuständigkeitsspektren von Landesverfassungsgerichten. Die Kernfrage des Respekts für den Eigenbereich der Fachgerichte wird von unterschiedlichen Ausgangspunkten her tendenziell einheitlich, d.h. pragmatisch beantwortet. Damit sollen diese Überlegungen einmünden in solche zur Verfassungsgerichtsbarkeit im Allgemeinen.

IV. Kooperation und Disharmonien zwischen Verfassungsgerichten und Fachgerichten

1. *Fachgerichte als Verfassungsgerichte*

Die Fachgerichte tragen in unterschiedlicher Weise zur Verfassungsjudikatur bei.

Eine Sonderrolle hat durchweg die Arbeitsgerichtsbarkeit gespielt, schon wegen der quantitativen Armut der Gesetze und des Machtgefälles zwischen den Kontrahenten.[59] Die ordentliche Zivilgerichtsbarkeit hat auch ohne Ermunterung des Bundesverfassungsgerichts unmittelbar aus den Grundrechten zivilrechtlichen Stoff entnommen. Schon die von einem Herrenreiter, der Kaiserin Soraya und anderen Gestalten der 50er Jahre veranlasste Rechtsprechung legt davon Zeugnis ab. Sie war, legt man herkömmliche zivilistische Dogmatik zugrunde, schwer begründbar und wohl Grenzüberschreitung gegenüber dem untätig gebliebenen, das BGB nicht modernisieren wollenden Gesetzgeber.[60]

---

[58] Hess StGH, NZM 1999, 701, 702; Lange, Novellierung des Gesetzes über den Staatsgerichtshof des Landes Hessen, NJW 2001, 1260, 1261.

[59] Das war einst begünstigt durch den Umstand, dass der Gerichtspräsident Nipperdey zu den Protagonisten einer Sichtweise der Einwirkung der Grundrechtsordnung auf das Zivilrecht gehörte, welche unter den damals konkurrierenden Theorien das Einwirkungspotenzial der Grundrechte am deutlichsten akzentuierte. Heute judiziert auch das BAG i. S. „mittelbarer" Drittwirkung, s. BAGE (GrS) 48, 122, 138. Grundrechtsbezogene Innovationsfreude ist bis heute bei Arbeitsgerichten verbreitet, kürzlich nahm das LAG Erfurt einen Kündigungsprozess zum Anlass weit über den Sachverhalt hinausreichender Ausführungen zum Mobbing am Arbeitsplatz, gestützt auf soziologische Erkenntnisse, LAG Erfurt, NJ 2001, 442 ff.

[60] S. BGHZ 26, 349 ff. – Herrenreiter, gebilligt durch BVerfGE 34, 269 ff. – Soraya. Statt der methodisch zweifelhaften Analogie zu § 847 BGB beruft sich der BGH heute unmittelbar auf einen grundrechtlichen Schutzauftrag, s. BGHZ 128, 1, 15 – Caroline v. Monaco; s. dazu *G. Wagner* Prominente und Normalbürger im Recht der Persönlichkeitsverletzungen, VersR 2000, 1305 ff.

Das Strafrecht erfährt die Verfassung demgegenüber vor allem als Begrenzung:[61] Bestimmtheitsanforderungen, Schuldgrundsatz, im Zweifel für den Angeklagten. Ob ein Verhalten zum Grundrechtsschutz des Geschädigten bestraft werden muss, mag sich aus der Verfassung ergeben. Den Strafrichter geht diese an den Gesetzgeber gerichtete Frage nichts an, solange es kein entsprechendes Gesetz gibt, das dem Bestimmtheitsgrundsatz des Art. 103 II GG gerecht wird. Auch wenn Staat, Täter und Opfer in einem Dreieck stehen, finden Drittwirkungen und Schutzpflichten hier keinen Raum.

In der öffentlichrechtlichen Fachjudikatur ist Verfassungsrecht naturgemäß besonders wirkmächtig. Art. 12 und Art. 14 GG durchwirken weite Teile des Besonderen Verwaltungsrechts. Im Staatshaftungsrecht sind Grundrechte als Anspruchsgrundlagen präsent, stehen allerdings meist gewissermaßen im Hintergrund von Instituten, die ihre Subsumtionsfähigkeit erst durch richterliche Konkretisierungsarbeit erfahren haben.[62] Art. 19 IV GG ist ein Eckpfeiler allgemein-verwaltungsrechtlicher Dogmatik, durchleuchtet die Handhabung gerichtlicher Kontrolldichte, bestimmt die Rechtsnatur von Verwaltungsvorschriften mit, ebenso das Ausmaß von Begründungspflichten, er begrenzt die Präklusion.[63] Verfassungsrechtliche Normen sind der Nährboden für eine sodann wesentlich anhand einfachrechtlicher Ausformungen geführte fachwissenschaftliche Diskussion und eine von der Fachgerichtsbarkeit mit vorangebrachte Rechtsentwicklung.

Die sog. Konstitutionalisierung des einfachen Rechts ist in der Verwaltungsgerichtsbarkeit und sonstigen öffentlich-rechtlichen Fachgerichtsbarkeit selbstverständlich und aufs Ganze gesehen im Lot.[64] Wenn sich Abwehr zeigt, ist es weniger Abwehr verfassungsrechtlicher als verfassungsgerichtlicher Einwirkungen, geht es vor allem um die Konkurrenz von Institutionen bei der Erkenntnis der Rechtslage.

2. *Verfassungsgerichte und Gesetz, Normenkontrolle und Normanwendungskontrolle*

Auch das Verhältnis der Verfassungsgerichtsbarkeit zum Gesetzgeber berührt unsere Thematik. Greift ein Verfassungsgericht respektlos vor

---

[61] Von „Fundierung" und „Limitierung" spricht *Eser* in: Schönke/Schröder, aaO (o. Rn. 5), Rn. 27 vor § 1.

[62] Damit verbundene Fragen behandelt auf dieser Tagung *Höfling* s.u. S. 260ff.

[63] Vgl. die den im Text genannten Zusammenhang differenziert verdeutlichende Kommentierung *Schmidt-Aßmanns* in: Maunz/Dürig u.a., GG, 1985, zu Art. 19 IV.

[64] Kritisch indessen *H. Fischer* Die Auswirkungen der Rechtsprechung des Bundesverfassungsgerichts auf die Dogmatik des Allgemeinen Verwaltungsrechts, 1997, 170, 193.

dem Gesetzgeber auf Parlamentsgesetze zu, so entzieht es den Fachgerichten die ihnen vom Gesetzgeber zur Anwendung zugedachten Instrumente. Dringt ein Verfassungsgericht in die Rechtsanwendungsarbeit der Fachgerichte ein, so damit aber zugleich auch in die gesetzgebende Gewalt. Nicht nur die Normenkassation, auch die Bemächtigung der Interpretationshoheit tangiert die Legislative.

Umgekehrt gilt: Genügt der Gesetzgeber seiner Aufgabe nur mit unzureichender Qualität – zwar bestimmt genug, um dem Maßstab des rechtsstaatlichen Bestimmtheitsgebots zu genügen, dennoch so unbestimmt, dass für die Praxis wichtige Fragen offen bleiben –, dann zwingt er selbst die Gerichte in die Rolle des Ersatzgesetzgebers. Es gibt Beispiele neuerer Gesetze zu politisch umkämpften Fragen, die erst nach einigen Jahren so weit ausjudiziert waren, dass von relativer Rechtssicherheit die Rede sein kann.[65] Gerichte müssen dann bewirken, was dem Gesetzgeber trotz manchmal jahrelangen Bemühens nicht gelungen ist – und mitunter scheint das Abschieben des Problemdrucks den an der Gesetzgebung Beteiligten sogar als attraktiv zur Vermeidung eines Patt. Die Entscheidung des Bundesverfassungsgerichts zu den Grenzen der Verantwortlichkeit des Eigentümers für Altlasten nach dem Bodenschutzgesetz,[66] die verschiedene relative und absolute Obergrenzen entwickelt, liest sich wie eine – gut gelungene – Verwaltungsvorschrift. Sie betrifft unser Thema, weil zuvor die Fachgerichte – bis hin zum Bundesverwaltungsgericht – befasst waren. Anlass für den ausgreifenden Duktus aber war der Regelungsverzicht des Gesetzgebers. Dem Bundesrat war die Kostenumwälzung auf die öffentlichen Hände, die sich bei begrenzter Zustandsverantwortlichkeit einstellt, zu teuer gewesen.

Der gesamte einschlägige Problemhaushalt – namentlich die Fragen nach legislativen Einschätzungsprärogativen und Entscheidungsspielräumen bei der Gewichtung gegenläufiger Einzelinteressen – ist also mit zu bedenken, wenn von dem verfassungsgerichtlichen Umgang mit fachgerichtlicher Judikatur die Rede ist. Das kann hier nicht ausgebreitet werden. Festgehalten sei nur, dass der Strafgesetzgeber – abgesehen vom eher krassen Gegenbeispiel des Schwangerschaftsabbruchs, hier war der Gesetzgeber nahezu handlungsunfähig[67] – dem Bundesverfassungsgericht weniger Anlässe zu Beanstandungen gegeben hat, dies obwohl dafür durchaus die Maßstäbe bereit liegen, vielleicht sogar dafür, die Verfas-

[65] Vgl. beispielhaft *Kunig* Das Abfallrecht zwischen den Gewalten, in: Dolde (Hrsg.) Umweltrecht im Wandel, 2001, 559ff.

[66] BVerfGE 102, 1ff.

[67] Vgl. dazu *Lerche* Das Bundesverfassungsgericht als Notgesetzgeber, insbesondere im Blick auf das Recht des Schwangerschaftsabbruchs, FS Gitter, 1995, 509ff.

sungswidrigkeit großer Teile des Strafrechts zu behaupten, nämlich solcher Teilbereiche, in denen es an der Geeignetheit des Gesetzes fehlt, seine Ziele nachhaltig zu fördern.[68] Die Strafgesetzgebung blieb verfassungsgerichtlich dennoch ziemlich unbehelligt.[69] Neben öffentlichrechtlicher Gesetzgebung sind es Kassationen, Unvereinbarerklärungen und Gestaltungsadressen, die vor allem die Zivilrechtsgesetzgebung getroffen haben. Das Familien- und Erbrecht, speziell das Namensrecht, das Nichtehelichenrecht, die familienrechtliche Stellung der Frau bieten eine Vielzahl von Beispielen.[70] In vielen Bereichen, besonders augenfällig aber z.B. auch im Recht der Parteienfinanzierung, erfolgt Gesetzgebung reaktiv,[71] vielleicht auch „kooperativ", dialogisch mit dem Gericht – allerdings ein Dialog, der nicht auf gleicher Augenhöhe stattfindet.[72] Die Verantwortung für diese Entwicklung kommt maßgeblich auch dem Gesetzgeber zu. Er geht manchmal von sich aus in die Knie bzw. erhebt sich nicht zu voller Größe.

3. *Symptome und Ursachen normativer Ungewissheit*

Eine Grenzlinie zwischen Verfassungsrecht und einfachem Recht markiert auch das Prozessrecht nicht verlässlich, es scheint Korridore zu unterstellen. Die Kontrolldichte – bei der Verfassungsbeschwerde eine Frage sowohl der Beschwerdebefugnis als Zulässigkeitsanforderung wie aber auch der Obersätze einer Begründetheitsprüfung, zugleich Kern der Aufgabe, die bei der Entscheidung über die Annahme einer Verfassungsbeschwerde wie auch der Kammerstattgabe zu bewältigen ist – ist gesetz-

---

68 Vgl. BVerfGE 90, 145, 171ff. – Cannabis, mit allerdings gegenteiligem Ergebnis.

69 Eine verdienstvolle, materialreiche Monographie und Dokumentation dazu bietet *Paulduro* Die Verfassungsgemäßheit von Strafrechtsnormen, insbesondere Normen des Strafgesetzbuches, im Lichte der Rechtsprechung des Bundesverfassungsgerichts, 1992, übrigens mit kritischer Tendenz: „immense, in diesem Ausmaß nicht erwartbare Zurückhaltung" des Gerichts, 432.

70 S. etwa BVerfGE 19, 177ff.; E 55, 134ff.; E 57, 361ff.; E 71, 364ff.; E 82, 127ff.; E 84, 9 ff; E 92, 187ff. – als jüngst der BGH (NJW 2001, 2472ff.) die Verfassungsmäßigkeit des § 1626a BGB prüfte, konnte dies aufgrund reichhaltiger verfassungsgerichtlicher Rspr. zu Art. 6, 3 II GG geschehen.

71 Geschildert bei *Kunig* Die Parteien und ihr Vermögen, in: Isensee/Kirchhof, HdbStR IX, 1997, § 216, Rn. 54ff.

72 Vgl. beispielhaft aus neuer Zeit den Gesetzentwurf der Bundesregierung zur Änderung der StPO im Blick vor allem auf BVerfGE 77, 65ff. (Zeugnisverweigerungsrecht für Medienmitarbeiter), BR-Drs. 441/00. S. ferner die anstehende Änderung des § 99 II VwGO in Reaktion auf BVerfGE 101, 106ff. und die diesbezügliche Begründung, BR-Drs. 405/01.

lich nicht näher eingehegt und in Jahrzehnte langer Rechtsprechung allein formelhaft bewältigt. Es ist mehrfach nachgewiesen worden, dass die mal floskelhaft in Bezug genommenen, oft auch näher entfalteten, mitunter leicht variierten, aber tausendfach zitierten Formeln des hier schon erwähnten Patentbeschlusses[73] erhebliche Spielräume lassen. Sie stammen von 1964, aber haben ihre Wurzeln schon im Jahre 1952, einige der Begriffe – wie auch der oft kritisierte vom „spezifischen" Verfassungsrecht – tauchen schon im 1. Band auf,[74] waren also geprägt worden, als die heute eingetretene Konstitutionalisierung des Fachrechts so nicht absehbar war. Sie gestatten es in vielen Fällen, gegenläufige Ergebnisse gleichermaßen lege artis zu begründen. Sie tauchen manchmal bei der Prüfung der Zulässigkeit einer Verfassungsbeschwerde auf, meist erst zu Beginn der Begründetheitsprüfung,[75] oft – verbunden mit einer Geste freundlichen Bedauerns gegenüber einem Beschwerdeführer – ganz am Ende.[76] Konkurrierende Formeln, auch bei einzelnen Grundrechten vom Gericht gefundene Differenzierungen – so bei für besonders bedeutsam erklärten Grundrechten und in Abhängigkeit von Stufen der Eingriffsintensität[77] – verstärken mitunter den Eindruck tendenzieller Beliebigkeit, dies auch deshalb, weil die abstrakte Bedeutsamkeit des einen Grundrechts gegenüber dem anderen nicht recht erweislich ist. Die Grundrechtsjudikatur hat jedenfalls ein abstrakt für gering erachtetes Grundrecht noch nicht identifiziert. Bezeichnend ist, dass im Lichte der späteren Handhabung der Patentbeschluss – er bescheinigte dem Bundespatentgericht, Art. 14 GG nicht verletzt zu haben – heute wohl gegenteilig entschieden würde.[78]

Heute scheint sich die Frage nach dem Eingriffsanlass für ein Verfassungsgericht letztlich an der Verhältnismäßigkeit eines fachrichterlichen Entscheidungsergebnisses zu orientieren, wird also mit dem materiellrechtlichen Verhältnismäßigkeitsmaßstab darüber befunden, wo die Schwelle zum Verfassungsverstoß liegen soll.[79]

Das Annahmeverfahren ist von Selbststeuerungsbefugnissen geprägt.[80] Die Kammern arbeiten die gesetzlichen Annahmen- bzw. Stattgabevo-

---

[73] BVerfGE 18, 85ff.

[74] BVerfGE 1, 418, 420; s. schon E 1, 4, 5.

[75] S. etwa BVerfGE 53, 231, 256.

[76] S. z.B. BVerfGE 22, 93, 99f.

[77] Eingehende Analyse bei *Düwel* aaO (o. Fn. 2) 92ff.

[78] Vgl. insbesondere BVerfGE 78, 58, 71ff.; E 83, 201, 211ff.; *Düwel* aaO (o. Fn. 2) 49.

[79] Deutlich in B. v. 10. 8. 2001 – 2 BvR 569/01 –; B. v. 23. 7. 2001 – 1 BvR 873/00 –.

[80] *R. Lamprecht* Karlsruher Lotterie?, NJW 2000, 354ff.; s. auch *ders.* Ist das BVerfG noch gesetzlicher Richter?, NJW 2001, 419ff.

raussetzungen der §§ 93a ff. BVerfGG nicht einheitlich ab.[81] Zwar ist durch eine Senatsentscheidung von 1994[82] hierzu eine seither ständig zitierte Vorgabe gemacht worden; sie arbeitet aber ihrerseits mit ähnlich vagen Formeln wie das Gesetz und ist von geringer Steuerungskraft. Was die 1. Kammer des 1. Senats in Kritik an einem OVG formuliert hat – Zulassungsanforderungen dürften nicht derart erschwert werden, dass sie von einem durchschnittlichen Rechtsanwalt mit zumutbarem Aufwand nicht mehr erfüllt werden können[83] –, das beherzigen auch die Kammern selbst nicht immer. Das System ist fehleranfällig.

Besonders problematisch ist der Umgang mit der Stattgabevoraussetzung, eine Rechtsfrage müsse bereits durch den Senat entschieden sein. Hier hatte sich der Gesetzgeber zwar nicht die Identität oder Ähnlichkeit mit zuvor schon entschiedenen Sachverhalten vorgestellt, wohl aber sollten die Kammern eng den Obersätzen aus der Senatsrechtsprechung folgen.[84] Das hat sich gelockert. Lassen Kammern genügen, dass – belegt mit Zitaten manchmal aus frühesten Entscheidungen – schon entschieden sei, Art. 3 I GG sei (auch) als Willkürverbot zu lesen oder dem Grundrechtshaushalt gehöre ein Grundrecht auf informationelle Selbstbestimmung an oder, dass Anforderungen an die Wiedereinsetzung nicht „überspannt" werden dürften, dann ist der Weg frei zur eigenständigen Rechtssprechung der Kammer selbst.[85] Dass die Kammern im übrigen wohl zunehmend ihrerseits Kammern – teilweise ausschließlich Kammern[86] – zitieren,[87] ist ein Indiz dafür, dass dort nicht nur Senatsentscheidungen reproduziert werden, sondern eigene Konkretisierungsarbeit geleistet wird. Vor allem der Strafvollzug einschließlich der Untersuchungshaft, das Asylrecht, der Zivilprozess und das Mietrecht unterliegen so einer prägenden Mitgestaltung seitens der Kammern,[88] welche nicht nur i.S. einer Reparatur des offensichtlichen Fehlers, sondern darüber hinaus

---

[81] Dazu jetzt *Uerpmann* Annahme der Verfassungsbeschwerde zur Entscheidung, in: FS 50 Jahre Bundesverfassungsgericht (o. Fn. 2) 673ff.; eine ausführliche Untersuchung zu zwischen 1986 und 1998 publizierten Kammerbeschlüssen bieten *Höfling/Rixen* Stattgebende Kammerentscheidungen des Bundesverfassungsgerichts, AöR 125 (2000) 428ff., 613ff.

[82] BVerfGE 90, 22f.

[83] B. v. 8. 3. 2001 – BvR 1653/99 –, vgl. zuvor BVerfG, BayVBl. 1995, 178; BVerfG, NdsVBl. 2000, 244.

[84] Vgl. *Umbach/Clemens* BVerfGG, 1992, Rn. 54 zu § 93 b.

[85] S. die zahlreichen Beispiele bei *Graßhof* in: Maunz u.a. (o. Fn. 31) BVerfGG, § 93a Rn. 45ff.

[86] So B. v. 15. 12. 1999 – 2 BvR 1447/99 –.

[87] Vgl. den B. v. 8. 3. 2001 – 1 BvR 1653/99.

[88] Belegt bei *Höfling/Rixen* aaO, 633ff.

auch i.S. einer Fortschreibung und damit tendenziell Ergänzung und Ersetzung von Senatsrechtsprechung erfolgt.

Viele Freiräume also und die Möglichkeit, zunächst wenig normgeleitet ein Ergebnis zu fixieren, sodann eine gewisse Leichtigkeit, es zu begründen. Hohe Mauern, aber viele Pforten, die sich manchmal überraschend öffnen, wie bei einem Schloss. Womöglich angesichts dessen manchmal Beratungswege im Spruchkörper, die das Ergebnis weniger in Anleitung an Obersätze finden, sondern eher unter Verwendung rhetorischer Negativfiguren in der Beratung, eher dem Judiz als der Norm folgend.

Der materiell-rechtliche Hintergrund dessen sind die bekannten Dogmen, welche die Konstitutionalisierung des einfachen Rechts[89] hervorgebracht haben, auch des Privatrechts, das auch ohne Verfassungsbezüglichkeit das konstituierende Recht der bürgerlichen Gesellschaft gewesen war, mit bürgerlicher Freiheit in Staatsferne.[90]

Der Begriff der Konstitutionalisierung ist durchaus ein hilfreiches Schlagwort. Seine prozedurale Konnotation weist anschaulich darauf, dass der vom Bundesverfassungsgericht, vielen Fachgerichten und nicht zuletzt dem Mainstream[91] begleitender schriftlicher Äußerungen erhöhte Grad dieser Durchtränkung ein Ausmaß erreicht hat, dass sich in der Wahrnehmung von 2001 grundlegend anders darstellt als 1949.

Das für Art. 2 I und Art. 3 I etablierte Verständnis und die daraus resultierende Omnipräsenz des Grundsatzes der Verhältnismäßigkeit, Drittwirkungs- und Schutzpflichtlehren, nun die neuere Kreation des Verfassungsgebots der Folgerichtigkeit[92] – solche Sichtweisen gestatten in ihrer Summe die verfassungsgerichtliche Bewertung jedes einfachrechtlichen Vorgangs. Weder bei der Verfassungsgebung noch bei der Errichtung des Bundesverfassungsgerichts war derartiges absehbar. Jedenfalls war es nicht bezweckt. Es zeichnete sich freilich schon frühzeitig ab, ist keine Entwicklung der neuesten Zeit. Die Ambivalenz der materiell-

---

[89] Leitmotivisch verwenden den Begriff *Schuppert/Bumke* Die Konstitutionalisierung der Rechtsordnung, 2000, für ihre Bestandsaufnahme und Bewertung der von (verfassungsrechtlicher) „Ausstrahlungswirkung" und (einfachgesetzlicher) „Eigenständigkeit" geprägten Rechtsordnung.

[90] S. etwa *Hesse* Verfassungsrecht und Privatrecht, 1988, 10. – Monographisch jüngst *Ruffert* Vorrang der Verfassung und Eigenständigkeit des Privatrechts, 2001; *Jestaedt* Grundrechtsentfaltung im Gesetz, 1999.

[91] Für den Versuch der Gegensteuerung ergiebig die Analyse des Werks von *Böckenförde* durch *Manterfeld* Die Grenzen der Verfassung, 2000.

[92] S. dazu – zustimmend – *Sodan* Das Prinzip der Widerspruchsfreiheit der Rechtsordnung, JZ 1999, 864ff.; *Prokisch* Von der Sach- und Systemgerechtigkeit zum Gebot der Folgerichtigkeit FS Vogel, 2001, 293ff.

rechtlich verursachten und prozessrechtlich abgebildeten Abgrenzungsformeln ist schon in Entscheidungen der 50er Jahre zu erkennen.[93]

In dieser Lage kann es nicht verwundern, dass – gemessen an seinen Taten – das Bundesverfassungsgericht heute und im Rückblick auf seine ersten 50 Jahre mit dem Begriff Gericht nicht mehr sinnfällig beschrieben werden kann, vergleicht man es mit anderen Gerichten. Es ist ihnen nur noch ähnlich.[94] Das betrifft – schon äußerlich – die Repräsentation des Gerichts, seine Öffentlichkeitsarbeit,[95] seine bemerkenswert geschickten, auf Akzeptanzbeschaffung gerichteten Pressemitteilungen. Eine Richterin erklärt einer Tageszeitung, in Sachen Pflegeversicherung habe eines der Urteile einen „Bewusstseinswandel der Politik und der Öffentlichkeit" bewirken sollen.[96] Die eingenommene Rolle wirkt zurück auf das Innenleben. Das Gericht sieht sich veranlasst, Reaktionen auf seine Entscheidungen auch faktisch ins Kalkül zu ziehen. Es scheint sein Pulver dergestalt trocken halten, dass es in vielen Fällen Zurückhaltung zeigt, um zugreifen zu können, wo ihm das besonders wichtig erscheint. Es mag auch Anlass sehen, bei der Zeitplanung des Abarbeitens anhängiger Fälle auf derartige Erwägungen Bedacht zu nehmen. Es sammelt manchmal vergleichbare Fälle, um durch deren Verbindung eine Entscheidung mit größerer Überzeugungskraft präsentieren zu können, etwa in der Gegenüberstellung unterschiedlich zu entscheidender, vergleichbarer Sachverhalte, wie z.B. bei der Bürgschaftsentscheidung.[97] Gern werden dabei erfolgreiche mit erfolglosen Verfassungsbeschwerden verbunden, um dann im erfolglosen Verfahren die Zurückhaltung gegenüber der Fachgerichtsbarkeit dokumentieren und betonen zu können.[98] Es legt manchmal Mi-

---

[93] Vgl. BVerfGE 4, 52, 57ff. Ein Vormundschaftsgericht hatte die Nichtberücksichtigung eines Wunsches des nicht zur Sorge berechtigten Vaters als einen Missbrauch seitens der sorgerechtsberechtigten Mutter gewertet, Art. 6 II GG hätte leicht zur Korrektur dienen können, das aber sei „Sache der Fachgerichte".

[94] Dazu eingehend und anschaulich *Schulze-Fielitz* Das Bundesverfassungsgericht und die öffentliche Meinung, in: Schuppert/Bumke (Hrsg.) Bundesverfassungsgericht und gesellschaftlicher Grundkonsens, 2000, 111ff.; vgl. auch *Ebsen* Der Beitrag des Bundesverfassungsgerichts zum politischen Grundkonsens, ebenda, 83ff.

[95] S. *Huff* Information ist auch eine Aufgabe des BVerfG – Anmerkungen zur Öffentlichkeitsarbeit, NJW 2001, 295ff.

[96] Belegt bei *Leuze* Die Urteile des Bundesverfassungsgerichts zur Pflegeversicherung, EuGRZ 2001, 280, 286 Fn. 55.

[97] BVerfGE 89, 214ff.; ebenso z.B. BVerfGE 82, 126ff. – Kündigungsfristen für Arbeiter. Gleiches geschieht auch bei der Gesetzesverfassungsbeschwerde, vgl. Pflegeversicherung, BVerfG, NJW 2001, 1707ff.; dazu *Ruland* Das BVerfG und der Familienlastenausgleich in der Pflegeversicherung, NJW 2001, 1673ff.

[98] So zum sog. genetischen Fingerabdruck, BVerfG, NJW 2001, 879ff.

nen, so bei „Miete als Eigentum", wo im Ergebnis dem Fachgericht bescheinigt wurde, dem neuen Maßstab hinreichend Rechnung getragen, ihn – mit den Worten einer anderen Formel – „nicht übersehen" zu haben; obwohl doch dem Fachgericht selbst nichts davon bekannt sein konnte.[99] Das Bundesverfassungsgericht kann auch in den Verfahrensarten changieren, eine Zurückweisung deutlich unterstreichen durch einstimmigen Senatsbeschluss im A-Limine-Verfahren mit dennoch eingehender Begründung.[100] Auch Nichtannahmeentscheidungen verhalten sich nicht selten eingehend zur materiellen Rechtslage.[101] Der Begründungsaufwand wird dosiert, manchmal hinweggehuscht über komplexe Rechtsfragen.[102] Von bekannten Gelehrten aufbereitetes Vorbringen wird knapp und schmerzhaft[103] beschieden bei andererseits minutiöser Darlegung des eigentlich eindeutig Erscheinenden. Die Struktur des Gerichts, mit zahlreichen und profilierten Persönlichkeiten besetzt, damit intensivere Auseinandersetzungen hervorrufend als in anderen Gerichten, legt obiter dicta nahe. Nicht selten wird sich in ihnen ausdrücken, was in der Beratung als ein mögliches Sondervotum aufschien und nun kompromisshaft eingefangen wurde, sicher manchmal auch in Entscheidungsprozessen nach Art des Aushandelns.

Besonderheiten zeigt auch die gerichtliche Tatsachenermittlung. Auch dieser Thematik widmete sich schon der Patentbeschluss – „allein Sache der dafür allgemein zuständigen Gerichte", verfassungsrechtlicher Nachprüfung „entzogen", aber doch: „begrenzt nachprüfbar".[104] Die §§ 26, 28, 33 BVerfGG zeigen das Gericht als Tatsachengericht, sie machen keine Ausnahmen bei Urteilsverfassungsbeschwerden. Namentlich die Inten-

---

[99] Vgl. BVerfGE 89, 1ff. Zwischenzeitlich ist die These aus ihrem mietrechtlichen Kontext in das öffentliche Baunachbarrecht weitergewandert, vgl. *Determann* Mieter gegen Baugenehmigung, UPR 1995, 215ff.

[100] So bei der Verfassungsbeschwerde gegen die deutsche Mitwirkung bei der Währungsunion, BVerfG, EuZW 1998, 279.

[101] Z.B. Lebach II, BVerfG, NJW 2000, 74 m. Anm. *D. Dörr.* Besonders umfangreich, fast lehrbuchartig jüngst eine Kammer zum Völkerrecht/Völkermord in Bosnien-Herzegowina, BVerfG, NJW 2001, 1848ff.; die ausführliche Ausgangsentscheidung ist BGH, NStZ 1999, 396ff. Vgl. auch BVerfG, EuGRZ 1997, 780 – Kommunales Wahlrecht für Unionsbürger.

[102] S. z.B. die begründungslose Gleichsetzung von „Abfallbeseitigung" und „Abfallvermeidung" (zu Art. 74 I Nr. 24 GG) in BVerfGE 98, 106, 120; zum vielschichtigen Meinungsbild *Pestalozza* in: v.Mangoldt/Klein, Grundgesetz, Bd. 8, 3. Aufl., 1996, Rn. 1760 zu Art. 74.

[103] Vgl. BVerfG, NVwZ 2001, 551f. zur landesrechtlichen Andienungspflicht für Sonderabfälle; s. im Vorfeld *Ossenbühl* Zur Kompetenz der Länder für ergänzende abfallrechtliche Regelungen, DVBl. 1996, 19ff.

[104] BVerfGE 18, 85, 92f.

sität eines Grundrechtseingriffs wird herangezogen, wenn das Gericht selbst ermittelt oder fachrichterliche Tatsachenerkenntnis eigenständig deutet – bis hin zu Deutungsmöglichkeiten, die im Fachprozess niemand bedacht hat.[105] Auch im Eilverfahren, wo bisher grundsätzlich von Tatsachenfeststellungen und Tatsachenwürdigungen der angegriffenen Entscheidungen ausgegangen wurde – es sei denn, sie seien offensichtlich fehlerhaft – dringen in die Folgenabwägung über Tatsachenwürdigungen Aspekte richterlicher Überprüfung der Ausgangsentscheidung ein.[106] Insgesamt stellt sich auch hier die prozessrechtliche Normenordnung und die ihr gegebene Interpretation so dar, dass eine weitreichende Selbststeuerungsbefugnis besteht.

V. Anlass zur Umsteuerung?

Verfassungspolitisch ziehen die geschilderten Rechtszustände jedenfalls partiell Kritik auf sich. Rechtsunsicherheit belastet die Rechtssuchenden und deren Rechtsbeistände. Die angesichts der Konstitutionalisierung der Rechtsordnung fachgerichtlichen Verfahren zukommende Verfassungsdimension erweckt Hoffnungen. Auch wenn sie weit überwiegend unbegründet bleiben, trägt das zur Überlastung bei, Funktionsverschiebungen zwischen den Gerichtsbarkeiten strapazieren überdies den Grundsatz der Gewaltenteilung.

Dass ein insgesamt verfassungswidriger – und damit seine Änderung gebietende Zustand eingetreten wäre, wird man aber nicht behaupten können. Die für solche Schlüsse in Betracht kommenden Grundsätze der Gewaltenteilung und Rechtsstaatlichkeit, ebenso das Demokratieprinzip, sind ihrer Natur nach kaum geeignet, Funktionsverschiebungen zwischen Gerichten oder auch zwischen Verfassungsgericht und Gesetzgeber nachhaltig entgegen zu wirken. Sie bieten insoweit mehr Mahnung als dass sie rechtliche Kraft entfalten könnten.[107]

Das schließt nicht aus, einzelne Entscheidungen als verfehlt zu erkennen, namentlich wegen Missachtung des Gestaltungsvorrangs des Gesetzgebers durch zu weit ausgreifende Vorgaben für die fachrichterliche

[105] Vgl. BVerfGE 93, 266, 298ff., 305ff. – Soldaten/Mörder.

[106] Vgl. BVerfG, NJW 2001, 1409 zu Art. 8 GG; dazu die Rezension bei *Sachs* JuS 2001, 8ff.

[107] Treffend *Lerche* Gewaltenteilung – deutsche Sicht, in: Isensee (Hrsg.) Gewaltenteilung heute, 2000, 75, 89f.; vgl. auch *v.Arnauld* Gewaltenteilung jenseits der Gewaltentrennung. Das gewaltenteilige System in der Verfassungsordnung der Bundesrepublik Deutschland, ZParl 2001, 678ff.

Rechtsanwendung. Ohne gerichtliche Kontrolle der Verfassungsjustiz bleibt das ohne förmliche Folgen, muss es bewenden bei rechtsdogmatischer Kritik. Sie ist in unserem Zusammenhang vor allem von den Fachdogmatiken zu leisten. Ihnen obliegt der Nachweis, ein Verfassungsgericht habe das einfache Recht im Einzelfall nicht verstanden. Das veranlasst zur Vorsicht und wirkt auf das Begründungsniveau ein. Es kann aber auch zum Anlass von Gesetzgebung werden. Es ist bezeichnend, dass die Ehevertragsentscheidung vom Februar diesen Jahres von zivilrechtswissenschaftlicher Seite die Forderung ausgelöst hat, der Gesetzgeber möge nun regeln, was das Gericht – vielleicht kompetenzüberschreitend, vielleicht die Verfassung überfordernd, aber eben rechtspolitisch überzeugend – bereits der Verfassung entnommen hatte.[108]

Ergibt sich das Bild einer verfassungspolitisch nicht optimalen Situation, die zugleich verfassungsrechtlich bedenkliche Einzelfallentscheidungen produziert hat, so ist das Anlass genug, Fragen nach der Umsteuerung zu stellen. Damit ist zugleich die Frage aufgeworfen, welches die Folgen eines Verzichts auf Umsteuerung sein könnten. Denn die Mängel im System könnten – in der Sprache der Zivilrechtler – „weiterfressende Mängel" sein.

Soll man allein auf die Selbstdisziplin der handelnden Personen vertrauen, sich damit zufrieden geben, dass aufs Ganze gesehen mit den allermeisten Entscheidungsergebnissen zu leben ist, ungeachtet mitunter problematischer Wege dorthin? In diesem Sinne haben sich mehrfach Mitglieder des Gerichts geäußert, mit von den bisherigen Erfahrungen getragener Zuversicht.[109] Das zu noch stärkeren Eingriffen in die Fachgerichtsbarkeit Handhabe liefernde Argumentationspotenzial der vielen weichen Formeln des Prozessrechts und des materiellen Rechts wurde ja nicht ausgeschöpft. Und das Gericht ist ein Kollektiv, in dem jeder einzelne dem Zwang zur Mehrheitsbeschaffung unterliegt, angewiesen auf argumentatives Niveau und im Argumentationshaushalt gebremst durch Präjudiz und Dogmatik – die zwar nicht positiv bestimmte Ergebnisse programmieren, aber wenigstens negativ einiges ausschließen. Damit sollte man sich dennoch nicht beruhigen. Politische Großwetterlagen können sich ändern, dominante Richterpersönlichkeiten könnten einmal in der Lage sein, sich in Kadi-artige Rollen aufzuschwingen. Auch und gerade an die weniger professionell ausgestatteten Landesverfassungsgerichte mit tendenziell fachrichterlicher Zuständigkeit ist in diesem Zu-

---

108 Vgl. BVerfG, NJW 2001, 957 ff. und mit der entsprechenden Forderung *Röthel* (o. Fn. 7) 1335.

109 Vgl. z.B. *Limbach* Das Bundesverfassungsgericht, 2001, 16 ff., 66 ff.

sammenhang zu denken. In sie mögen vielleicht auch einmal Persönlichkeiten hineinfinden, deren juristische Übersicht und deren richterliches Ethos zurückstehen kann gegenüber diesbezüglichem Niveau im Bunde.

Das schlichte Fortgehen auf bisherigen Wegen kann des weiteren die einfachgesetzliche Rechtsentwicklung verfassungsrechtlich versteinern.[110] Es bringt den Gesetzgeber funktionell in eine dem Verordnungsgeber vergleichbare Rolle, der nicht gestaltet, sondern umsetzt. Es reduziert die Fachgerichte auf Vollzugsorgane der Verfassungsgerichtsbarkeit, auf eine instanzielle Funktion. Das Bild der Versteinerung passt auch, weil Möglichkeiten der Selbstkorrektur zwar auch bei Verfassungsgerichten bestehen, aber erfahrungsgemäß nur zögerlich in Anspruch genommen werden.[111] Eher wird nach Wegen gesucht, Neuorientierungen und neue Akzente als mit früherer Spruchpraxis in Übereinstimmung befindlich auszuweisen.

Eine gewisse Relativierung des Problems tritt durch den Bedeutungszuwachs europäischer Gerichte ein.[112] Es betrifft dies einstweilen vor allem den Europäischen Gerichtshof für Menschenrechte und die EU-Gerichtsbarkeit, deren Neuordnung i. S. von Kompetenzerweiterungen für das Gericht erster Instanz sowie einer Art Einstieg in eine EU-Fachgerichtsbarkeit angegangen worden ist.[113]

Läuft für das Bundesverfassungsgericht aus diesem Grunde die Sanduhr ab?[114] Stimmt vielleicht der jüngst von Winfried Brohm gehörte, wohl schadenfrohe Vergleich des Karlsruher Gerichts mit dem Römischen Reich,[115] dessen Expansion im weithin als verdient empfundenen Zusammenbruch durch das Wirken externer Mächte geendet hat? Manche Teilnehmer am wissenschaftlichen Gespräch, vielleicht gerade unter denjenigen, die das Bundesverfassungsgericht, aber im übrigen auch das Ausgreifen der Integration stärker kritisieren als andere, scheinen dies

---

110 Statt vieler: *Müller-Freienfels* aaO (o. Fn. 17) 468.

111 Dazu *Bryde* Verfassungsentwicklung, 1982, 425ff.

112 Der 2. Beratungsgegenstand der letztjährigen Tagung der Vereinigung – Europäisches und nationales Verfassungsrecht – bot vielfältigen Anlass auf diese Problematik einzugehen, s. beispielhaft *Huber* VVDStRL 60 (2000) 196, 231, 239f.; vor allem *Grabenwarter* 292ff., passim.

113 Mit sog. gerichtlichen Kammern, s. dazu *Wegener* Die Neuordnung der EU-Gerichtsbarkeit durch den Vertrag von Nizza, DVBl. 2001, 1258ff.

114 Vgl. *Huber* aaO (o. Fn. 112) 239f., s. auch *Robbers* aaO (o. Fn. 20) 938; *P. Kirchhof* Gewaltenbalance zwischen europäischen und mitgliedstaatlichen Organen, in: Isensee (Hrsg.) Gewaltenteilung heute, 2000, 99, 109; eingehend jetzt *Nickel* Zur Zukunft des Bundesverfassungsgerichts im Zeitalter der Europäisierung, JZ 2001, 625ff.

115 Diskussionsbeitrag zu einer Karlsruher Tagung, Mai 2001, s. ferner *Brohm* Die Funktion des BVerfG – Oligarchie in der Demokratie, NJW 2001, 1,2.

mit einer gewissen Genugtuung so zu sehen, sollten aber auch bedenken, dass auch bei den beiden genannten europäischen Spruchkörpern vielfach dasjenige praktiziert wird, was hierzulande Kritik auf sich zieht: die Dominanz des Grundsatzes der Verhältnismäßigkeit, jedenfalls in Straßburg Unsicherheiten über Beurteilungsspielräume und Kontrollintensität. Dazu kommt die Notwendigkeit, unterschiedliches rechtsstaatliches Erbe in vielen Sprachen zu amalgamieren, dies auch unter Beteiligung von Akteuren aus Staaten mit diesbezüglich sehr junger rechtsstaatlicher Tradition. In Straßburg und Luxemburg wird beobachtet, dass komplizierte Ausführungen dem Übersetzungsgeschäft zum Opfer fallen können.[116] Dies alles begründet Risiken rechtsstaatlichen Niveauverlusts, die es jedenfalls als nicht ratsam erscheinen lassen, schlicht einem Bedeutungsverlust des Bundesverfassungsgerichts zu akklamieren und den Dingen ihren Lauf zu lassen.

Da Menschenrechte wie Grundrechte vor keinem Rechtsbereich halt machen, tendiert die Straßburger Spruchpraxis in die Breite, angesichts einer Abwendung von völkerrechtlich-statischer hin zu verfassungsartig-evolutiver Interpretation[117] auch in die Tiefe. Sie pflegt zwar das Dogma der Entscheidungsprärogative auf innerstaatlicher Ebene,[118] bedient sich dabei aber wenig resistenter Formeln, die den Zugriff im Einzelfall gestatten, wenn sich Entscheidungswille bündelt. Der Menschenrechtsgerichtshof ist auf dem Wege, überdies den Mitgliedsstaaten die Einhaltung der Menschenrechte auch abzuverlangen bzw. dies zu kontrollieren, soweit sich ihr Handeln als solches des Kollektivs der Integrationsgemeinschaft darstellt.[119]

Der EGMR nimmt dem Bundesverfassungsgericht zwar unmittelbar nichts, ist allerdings in der Lage, seinerseits dessen Entscheidungen zu kontrollieren, nicht nur unter dem Gesichtspunkt überlanger Verfahrensdauer,[120] sondern auch dadurch, dass er fachgerichtliche Entscheidungen für menschenrechtswidrig erachtet, obwohl gegen diese gerich-

---

[116] Vgl. *Oppermann* Das Sprachenregime der Europäischen Union – reformbedürftig?, ZEuS, 2001, 1, 11; s. auch *Cole/Haus* Dienstleistungsfreiheit brutto oder netto? – EuGH, Slg. 1999, I-7599, JuS 2001, 435, 437.

[117] Dazu *Bernhardt* Evolutive Treaty Interpretation, Especially of the European Convention on Human Rights, GYIL 42 (1999) 11 ff.

[118] Vgl. statt vieler: EGMR, EuGRZ 2001, 210, 212 – Schießbefehl; EGMR, NJW 2001, 1195 – Wille/Liechtenstein.

[119] S. EGMR, EuGRZ 1999, 200 ff. – Matthews; s. ferner die Zustellungsentscheidung im Fall Senator Lines, EuGRZ 2000, 334 ff.

[120] Vgl. dazu mN *Lansnicker/Schwirtzek* Rechtsverhinderung durch überlange Verfahrensdauer, NJW 2001, 1969 ff.

tete Verfassungsbeschwerden in Karlsruhe erfolglos blieben.[121] Er verfügt über das normative Potenzial, diese Tendenz nachhaltig zu verstärken. Die Beschwerdeführer würden das dankbar aufgreifen. Jüngst gab es bereits Tatbestandsergänzungsanträge an das Bundesverfassungsgericht mit dem Ziel der Vorbereitung einer Gehörsrüge vor dem EGMR.[122] Dieser kann schließlich mittelbar auf die Rechtsprechung des Bundesverfassungsgerichts wie aller anderen innerstaatlichen Gerichte der Mitgliedsstaaten einwirken über die Inhalte der Menschenrechtsjudikatur, durch Interpretationstransfer.[123] Ungeachtet des nur einfachgesetzlichen Ranges der EMRK entstehen Begründungslasten, wenn ein inhaltlich paralleles Grundrecht innerstaatlich anders verstanden werden soll als das korrespondierende Menschenrecht. Was bisher etwa im Familienrecht feststellbar ist – eine Art völkerrechtskonformer Auslegung des Art. 6 GG anhand der Straßburger Spruchpraxis[124] – wird folgerichtig Platz greifen bei allen Menschenrechten. Auf dem Einwirkungsumweg über die Grundrechte-Charta könnte künftig überdies der förmliche Nachrang der EMRK im innerstaatlichen Recht im Ergebnis beseitigt werden.

Der im Vergleich mit dem EGMR noch kleineuropäische EuGH gewinnt gegenüber dem Bundesverfassungsgericht an Bedeutung nicht nur durch eine Zunahme der Tätigkeitsfelder von Gemeinschaftsorganen, soweit diese funktional an die Stelle innerstaatlicher Organe treten.[125] Er wird künftig sicher auch mit Bezugnahme auf die Grundrechte-Charta judizieren oder gar – deren Inkrafttreten vorausgesetzt – unmittelbar anhand dieser Charta.[126] Auch die Entwicklung der Grundfreiheiten schmälert tendenziell die Agenda des Bundesverfassungsgerichts. Je mehr sie das Privatrecht durchdringen, je stärker auch den Grundfreiheiten Wert-

---

[121] Vgl. EGMR, NJW 2001, 2315ff. – ein Rechtsstreit um das Umgangsrecht eines Vaters mit seinem Sohn; das BVerfG hatte – 1994 – eine Rüge unfairen Verfahrens seitens des LG nicht zur Entscheidung angenommen; der EGMR bejahte einen Menschenrechtsverstoß des LG.

[122] Dazu ablehnend BVerfG, NJW 2001, 2009: Es ging um die Ablehnung von Beweisanträgen in der mündlichen Verhandlung; das BVerfG deutete an, sich insoweit etwaigem Verfahrensrecht des EGMR zu unterwerfen.

[123] Wohl erstmals umgekehrt findet dies in EGMR, EuGRZ 2001, 108, 111 statt, wo eine Entscheidung des BVerfG herangezogen wird.

[124] S. BVerfGE 84, 163, 179; 92, 158, 178; eingehend BGH, NJW 2001, 2472, 2475.

[125] Vgl. EuGH, DVBl. 2001, 1199ff. zum Dienstrecht.

[126] Vgl. dazu *Schwarze* Die Wahrung des Rechts als Aufgabe und Verantwortlichkeit des Europäischen Gerichtshofs, in: FS Hollerbach, 2001, 169, 188ff.; *Tettinger* Die Charta der Grundrechte der Europäischen Union, NJW 2001, 1010ff.; s. auch *Gundel* Der einheitliche Grundrechtsraum Europa und seine Grenzen, EWS 2000, 442ff.

entscheidungen und Schutzverpflichtungen entnommen werden und man ihnen „Drittwirkung" attestiert,[127] in so größerem Ausmaß bewirkt die europäische Einfärbung nationalen Rechts die Einschaltung der europäischen Gerichtsbarkeit. Es ergibt sich ein Gerichtskonzert, bei dem im übrigen die Fachgerichte – so wie sie aus innerstaatlichem Blickwinkel derzeit auch „über" das Grundgesetz judizieren – ihrerseits ebenfalls das europäische Verfassungsrecht anwenden. Der BGH[128] entschied über die Regelung der Ausbildungsentschädigung für Fußballvertragsamateure im wesentlichen anhand von Art. 12 GG, eingebettet in § 242 BGB, und fragte dabei nach „Wertmaßstäben" aus Art. 48 EGV, die er sich mit Hilfe des Bosman-Urteils des EuGH[129] erschloss, um dadurch § 242 BGB besser verstehen zu können.

Diese Entwicklung verläuft in Konformität zum Ausmaß der europäischen Verfassungsverdichtung.[130] Sie kann eine weitere Konstitutionalisierung der gesamten Rechtsordnung zur Folge haben. In der Konsequenz der Diagnose einer europäischen Verfassungsordnung, mit welchen begrifflichen Spielarten auch immer vorgetragen,[131] liegt es, das einfache Recht auch als Konkretisierung europäischer Verfassungsentscheidungen zu begreifen. Etwa das BGB ist dann auch unabhängig von seinen europarechtlich verlangten Korrekturen im Zuge der Schuldrechtsreform[132] und völlig unabhängig vom historischen Verlauf der

---

[127] S. EuGH, EWS 2000, 402ff. – Angonese, und dazu etwa *U. Forsthoff* Drittwirkung der Grundfreiheiten, EWS 2000,389ff.; *Leible* Die unmittelbare Drittwirkung der Grundfreiheiten, EuZW 2000, 459ff.; *Michaelis* Unmittelbare Drittwirkung der Grundfreiheiten – Zum Fall Angonese, NJW 2001, 1841f.; *Lengauer* Drittwirkung von Grundfreiheiten, ZfRV 2001, 57ff.; vgl. auch BAGE 84, 344, 359: Art. 12 GG und Art. 48 EGV als „sich wiederzuspiegelnde Grundwerte." – Eine wertvolle vergleichende Untersuchung unter Einbeziehung der EMRK und der Grundfreiheiten bietet *Jaeckel* Schutzpflichten im deutschen und europäischen Recht, 2001.

[128] NJW 1999, 3552ff.; siehe dazu *Stopper* Deutsche Rechtsprechung zu Transfer-Zahlungen seit „Bosman", SpuRT 2000, 1ff.

[129] EuGH, NJW 1996, 505ff.

[130] Zu bisherigen (und wohl anstehenden) „Geländeverlusten" im Zustand des GG als „überlagerte Teilverfassung" *Häberle* Das Grundgesetz als Teilverfassung im Kontext der EU/EG, in: FS Schiedermair, 2001, 81, 83ff.; s. ferner *Bauer* Europäisierung des Verfassungsrechts, JBl. 2000, 750, 757ff.

[131] S. dazu etwa *Arnold* Begriff und Entwicklung des europäischen Verfassungsrechts, in: FS Maurer, 2001, 855ff.

[132] Treffend spricht *Roth* aaO (o. Fn. 7) 488, vom deutschen Privatrecht als „permanenter Baustelle", die es aufgrund des gemeinschaftsrechtlichen Harmonisierungsprozesses notwendigerweise sei – mit Architekten in Brüssel und Berlin. MwN der Bericht von *Arzt* Die Schuldrechtsreform vor dem Hintergrund des Gemeinschaftsrechts, NJW 2001, 1703ff.

Dinge als Konkretisierung zugleich von Grundfreiheiten, mitgliedsstaatlichen Verfassungstraditionen und der Europäischen Menschenrechtskonvention zu erklären. Dass dieses Bild nach heutiger Wahrnehmung nur einen geringen Erkenntnisgewinn verspricht, kann es dogmatisch nicht falsifizieren.

Selbst wenn solche Entwicklungen in Annäherungen an ein Modell resultieren würden, das – anders als heute – angemessen mit dem Begriff der Bundesstaatlichkeit umschrieben werden könnte,[133] würde dies, wie die deutsche Verfassungsgeschichte zeigt, noch Raum lassen für innerstaatliche Verfassungsgerichtsbarkeit, nicht nur Staatsgerichtsbarkeit. Die Bundesstaatsgeschichte zeigt freilich auch, dass es die Landesverfassungsgerichte in ihren Räumen nicht leicht haben. Das Bundesverfassungsgericht – gedacht in vergleichbarer Rolle in einem europäischen bundesstaatlichen Gefüge – wäre aber besser zum Selbststand gerüstet.[134] Es wäre nicht, wie die deutschen Landesverfassungsgerichte der Sache nach, nachträglich in einen bundesstaatlich eng umgrenzten Raum gestellt und dem erdrückenden Vorbild der Judikatur einer übergeordneten Ebene ausgesetzt. Es würde nicht allein nachzeichnen und sich unterordnen müssen, sondern könnte bis zu ihm abgenötigten europäischen Korrekturen in der Entfaltung der ihm anvertrauten Verfassung fortfahren. Es könnte dabei übrigens, die dogmatischen Wege sind gekennzeichnet worden,[135] auch die EMRK zu seinem eigenen Entscheidungsmaßstab machen und hiermit seinerseits im Konzert von deren Interpreten mitsprechen und eventuell einer Anrufung des EGMR vorbeugen.[136]

Für einen europäischen Schwanengesang auf innerstaatliche Verfassungsgerichtsbarkeit ist demnach kein Anlass.[137] Vielmehr sollte man sich um die Zukunftsfrage kümmern, wie das aus der Sicht hiesiger Verfassungstradition für bewahrenswert erachtete Gut auch unter veränderten institutionellen Strukturen bewahrt werden kann. Das gilt übrigens

---

[133] Vgl. hierzu *Badura* Die föderative Verfassung der europäischen Union, in: Merten (Hrsg.) Der Bundesrat in Deutschland und Österreich, 2001, 161 ff.

[134] Für die Schaffung eines europäischen Kompetenzkonfliktsgerichtshof spricht sich *Broß* Bundesverfassungsgericht – Europäischer Gerichtshof – Europäischer Gerichtshof für Kompetenzkonflikte, VerwArch 2001, 425 ff., aus.

[135] S. *Frowein* Anmerkung zur Pakelli-Entscheidung des Bundesverfassungsgerichts, ZaöRV 46 (1986) 286 ff.; Uerpmann, Die Europäische Menschenrechtskonvention und die deutsche Rechtsprechung, 1993, 106.

[136] Dafür *Limbach* Die Kooperation der Gerichte in der künftigen europäischen Grundrechtsarchitektur, EuGRZ 2000, 417, 418. Vgl. auch dies., Das Bundesverfassungsgericht und der Grundrechtsschutz in Europa, NJW 2001, 2913 ff.

[137] Vgl. hierzu vor allem *Steiner* Richterliche Grundrechtsverantwortung in Europa, FS Maurer, 2001, 1005 ff.

ebenso, wenn man die weitere, Europa noch transzendierende Ebene mit bedenkt, deren Vorboten schon mit dem Verfassungsbegriff namhaft gemacht werden, nämlich die sich ausbildenden Teilverfassungen globalen Zuschnittes samt zugehöriger justizieller oder justizähnlicher Spruchkörper.[138] Wenn die WTO zur Verfassung tendiert, wenn sich künftig ein harmonisiertes Handelsrecht als Geflecht völkerrechtlicher, quasi-völkerrechtlicher, nationaler Regelungen verdichten sollte und seine gerichtliche Kontrolle internationalen Spruchkörpern anheim gestellt ist, dann stellt sich auch dort notwendigerweise die Frage nach der Abgrenzung von Gerichtsbarkeiten.[139]

Von dem was denkbar ist, zurück zur Gegenwart.

VI. Wege der Umsteuerung und ihre rechtsstaatlichen Kosten

1. *Legislative und interpretatorische Umsteuerung*

Manche Dogmen und Gewohnheiten könnte man im Grundsätzlichen revidieren.

Gelegentlich wird überlegt, ob die Verfassungsgerichte sich einer konsistenten Theorie der Verfassungsinterpretation bedienen könnten. Das erscheint illusorisch, sobald man ins Detail geht. Mehr als Gemeinplätze werden nicht konsensfähig sein. Dass Interpretation nicht nur Nachvollzug des von anderen Personen Vorgedachten ist, andererseits nicht in Dezisionismus münden darf, unterschreibt wahrscheinlich jeder. Zwischen diesen Polen ist breiter Raum.[140]

Vielfalt wird gefordert, die Willkürrechtsprechung aufzugeben, soweit damit die Anwendung des Fachrechts auf ihre Willkürfreiheit geprüft wird[141]. Dafür kann man materiell-rechtlich und besser noch funktional

---

[138] Vgl. dazu *Uerpmann* Internationales Verfassungsrecht, JZ 2001, 565ff.; *Slaughter* Judicial Globalization, VJIL 40 (2000) 1103ff.; s. auch *Wahl* Der einzelne in der Welt jenseits des Staates, Staat 40 (2001) 45ff.

[139] S. *Cass* The „Constitutionalization" of International Trade Law: Judicial Norm-Generation as the Engine of Constitutional Development in International Trade, EJIL 12 (2001) 39ff.; *Dolzer* Globalisierung und Wirtschaftsrecht: Ein deutsches Interesse, NJW 2001, 2303f.; s. auch *v.Bogdandy* Die Überlagerung der ZPO durch WTO-Recht, NJW 1999, 2088ff.

[140] Ziemlich salopp dazu allerdings *Sendler* Die Methoden der Verfassungsinterpretation – Rationalisierung der Entscheidungsfindung oder Camouflage der Dezision?, FS Kriele, 1997, 457ff.

[141] Zuletzt *Korioth* aaO (o. Fn. 2) 72f.

gute Gründe anführen, die indessen im Ergebnis nicht überzeugen. Die Kritik an der Willkürformel, gewendet auf einen Richter, ist im wesentlichen psychologisch und semantisch erklärbar, weil dies entweder Rechtsbeugung oder jedenfalls Unfähigkeit assoziieren lässt.[142] Verfangen wir uns im Netz der eigenen Begrifflichkeit? Vielleicht sollte man die gesamte scheinbare Selbstgewissheit unseres Sprachgebrauchs aufgeben und nur noch von „verfassungsrechtlich haltbar" oder „nicht haltbar" sprechen. Es gibt offenbar Grade von Falschheit, aber doch nicht von Rechtmäßigkeit. Das „noch vertretbare" ist richtig; dass etwas „besser" vertretbar sein mag, kann das Richtige nicht falsch machen. Unabhängig davon: In der Sache erscheint es nicht angemessen, den groben juristischen Irrtum, der immer wieder vorkommt, passieren zu lassen, wenn er – im übrigen zulässigerweise – auf den Tisch eines Verfassungsgerichts kommt, wie auch in den Ländern nicht selten. Das einfachrechtlich unzweifelhaft Falsche ist zugleich Verfassungsverstoß. Verfassungsgerichtliche Kontrolle greift hier nicht in fachgerichtliche Kompetenzen ein, sondern dient der Einheitlichkeit der Anwendung des Fachrechts.

Bleibt schließlich ein Kern des Ganzen: diejenige Grundrechtswirkung, für die Schlagworte wie Drittwirkung, Ausstrahlung, Richtlinie, Schutzpflicht stehen. Eine Diskussion über die Rückkehr zur reinen Abwehrfunktion hat etwas theoretisches. Wie soll man sich den „Widerruf" eines grundrechtsdogmatischen Ansatzes vorstellen? Derartiges kann nicht dekretiert werden. Und inhaltlich: Der Tatsache der „ununterbrochenen jeweils grundrechtsrelevanten Kollisionen der Positionen der einzelnen Bürger"[143] sollte man nicht auszuweichen versuchen. Nicht die Leugnung der Kollision, sondern die Feinarbeit bei der Kollisionslösung und bei der Austarierung der gerichtlichen Entscheidungsebenen ist angezeigt.[144]

Jedenfalls legislative Veränderungen der für die gegenwärtige Lage maßgeblichen materiellrechtlichen Bestimmungen wären möglich. Art. 2 I GG könnte durch Verfassungsänderung auf das Maß des allgemeines Persönlichkeitsrecht zurückgeführt werden.[145] Art. 3 I GG könnte auf

---

[142] Vgl. *P. Kirchhof* Objektivität und Willkür, in: FS Geiger, 1989, 82ff.

[143] *Lerche* Grundrechtswirkungen im Privatrecht, Einheit der Rechtsordnung und materielle Verfassung, FS Odersky, 1996, 215, 223.

[144] Dazu weiterführend *Oeter* Drittwirkung der Grundrechte und die Autonomie des Privatrechts, AöR 119 (1994) 529ff.; Zusammenfassend aus zivilrechtlicher Sicht *Säcker* Münchner Kommentar zum BGB, Bd. 1, 4. Aufl., 2001, Einl Rn. 53ff.; Theorienstreit bei *J. Hager* Grundrechte im Privatrecht, JZ 1994, 373ff.

[145] Eindrücklich zu den damit verbundenen rechtsstaatlichen Verlusten *D. Lorenz* Allgemeine Handlungsfreiheit und unbenanntes Freiheitsrecht, FS Maurer, 2001, 213ff.

ein Gebot gleicher Behandlung durch das Gesetz beschränkt werden. Art. 1 III GG könnte der Sache nach vermutlich in einer Weise umformuliert werden, welche die Wirkung von Grundrechten im Sinne einer dem § 1004 BGB vergleichbaren Weise beschränkt.[146]

Eine grundsätzliche Umsteuerung durch Verfassungsänderung möchte man – allerdings auch unabhängig von der Frage, ob man Anlass dazu sieht – unter heutigen Bedingungen schon wegen der mit solchen Operationen verbundenen Ärgernisse nicht vorschlagen.[147]

Anders könnte es höchstens mit einer Änderung des Zuschnitts der Verfassungsbeschwerde liegen. Manche wollen durch Änderung des Art. 93 I Nr. 4a GG die Urteilsverfassungsbeschwerde abgeschafft sehen.[148] Die Konfliktlinie beträfe dann nur noch die Abgrenzung zum Gesetzgeber, wo sich vielleicht sicherer argumentieren lässt. Man könnte flankierend Richtervorlagen schon bei Zweifeln an der Normgültigkeit zu erzwingen versuchen und bei ihrer Unterlassung die Rüge des gesetzlichen Richters zur Verfügung stellen. Ein solcher Einschnitt in jahrzehntelange Tradition des ersten aufs Ganze gesehen als Erfolgsmodell zu betrachtenden deutschen demokratischen Rechtsstaats wäre schon angesichts seines symbolischen Gewichts problematisch. Außerdem würde dann noch zahlreicher und direkter das Straßburger Gericht gegen deutsche fachgerichtliche Entscheidungen bemüht werden.[149]

Eindeutig scheint dies für den Bereich der Verfahrenskontrolle, den der Justizgrundrechte und der Verfahrensgestaltung in zeitlicher Hinsicht. Hier kann man die Fachgerichte nicht sich selbst überlassen. Die Beachtung der rechtsstaatlichen Mindeststandards gerichtlichen Verfahrens muss durch die Möglichkeit verfassungsgerichtlicher Nachschau gefördert werden.[150]

---

[146] *Diederichsen* liest ihn wohl schon heute so, s. Nachw. o. Fn. 7.

[147] Von Art. 13, 16, 23 GG abgesehen: Auch der neue Art. 72 II GG lässt Zweifel im Raum, was er wirklich sagen will. Das Bundesverfassungsgericht hat kürzlich Zeitbedarf für die Überprüfung dieser Frage angemeldet und aus diesem Grund mit einstweiliger Anordnung das Inkrafttreten eines Bundesgesetzes aufgeschoben, s. BVerfG, NJW 2001, 3253.

[148] S. etwa *P. Kauffmann* Die Abschaffung der Urteilsverfassungsbeschwerde, Recht und Politik 34 (1998) 29ff.; eine wohl symptomatische Stimme aus der ordentlichen Gerichtsbarkeit ist *Berndt* Notwendigkeit schnellstmöglicher Abschaffung der Verfassungsbeschwerde, NJW 2001, H. 15, XX.

[149] Das nimmt ohnehin zu gegenüber Nichtannahmebeschlüssen, vgl. EGMR, NJW 2001, 1555, 1556, 1568.

[150] Vgl. dazu *Badura* Die Verfassungsbeschwerde gegen gerichtliche Entscheidungen wegen Verletzung von Verfahrensgrundrechten, FS Maurer, 2001, 43ff.

Die Verlustliste wäre aber auch materiell-rechtlich groß.[151] Würden allein die Fachgerichte das Verfassungsrecht zu verwalten haben, drohte seine Zersplitterung und wären wohl, schaut man in die Vergangenheit, heute als unbestritten rechtsstaatlich segensreich gewertete Innovationen unterblieben. Fachgerichte und Fachrechtswissenschaft haben sich teilweise (zunächst) geweigert, heute recht selbstverständlich erscheinende Folgerungen aus dem Grundgesetz zu sichern, etwa bei den Richtervorbehalten für Durchsuchungen und Festnahmen. Bis in dieses Jahr hinein – und wahrscheinlich auch derzeit noch – erfolgt die Hausdurchsuchung wegen Gefahr im Verzuge regelhaft ohne Einschaltung eines Richters. Die diesbezügliche Entscheidung des Bundesverfassungsgerichts vom 20. 2. 2001[152] ist von dem Strafrechtskollegen Knut Amelung als Ende eines „mehr als 100 Jahre lang praktizierten Rechtsbruchs" gefeiert worden.[153] Der Verfassungsgerichtsbarkeit kommen Aufgaben zu, die andere Gerichte offenbar nicht hinreichend leisten: Die Einheitlichkeit der Verfassungsentwicklung stünde in Frage, wenn Beiträge dazu allein punktuell seitens der Fachgerichtsbarkeit geleistet würden.[154] Dabei geht es auch um die Sicherung der Behutsamkeit von Innovationen, denkt man etwa an eine verwaltungsgerichtliche Entscheidung, die unter Berufung auf Grundrechte und Verfassungswandel das System des baurechtlichen Nachbarschutzes zum Einsturz bringen wollte.[155] Auch wenn solche Vorstöße oft im fachgerichtlichen Instanzenweg korrigierbar sein werden, gelingt dies zuverlässig und Rechtseinheit stiftend doch nur, wenn die Verfassungsgerichtsbarkeit die Linienführung behält. Selbst dem BGH unterlaufen manchmal erstaunliche Fehlgriffe in der grundrechtsdogmatischen Argumentation.[156] Die notwendige Zuarbeit für eine allein in die Hand der Fachgerichte gelegte Integrationsaufgabe Grundrechtsrechtsprechung könnte auch die Staatsrechtswissenschaft allein

---

[151] Vgl. auch *Hesse* aaO (o. Fn. 90) 26.

[152] NJW 2001, 1121 ff.

[153] *K. Amelung* Die Entscheidung des BVerfG zur „Gefahr im Verzug", iSd Art. 13 II GG, NStZ 2001, 337 ff.; s. auch *Einmahl* Gefahr im Verzug und Erreichbarkeit des Ermittlungsrichters bei Durchsuchungen und Beschlagnahmen, NJW 2001, 1393 ff.

[154] Man erinnert sich, dass zu Art. 19 II GG so genannte „Theorien" oder „Sichtweisen" „des" BGH, „des" Bundesverwaltungsgerichts, „der" Literatur rubriziert wurden, ehe das Bundesverfassungsgericht die entscheidenden Weichen stellte.

[155] Übringens in einem seitenlangen obiter dictum, es handelt sich um eine (wohl unveröffentlichte) Einzelrichterentscheidung des VG Berlin, aufgehoben durch OVG Berlin, LKV 1996, 217.

[156] So mit einer Vermengung von Schutzbereich und Schranken in den Ausgangsentscheidungen zu „Benetton", BGHZ 130, 196 ff. bzw. BGH, JZ 1995, 1126 ff., dazu *Hoffmann-Riem* ZUM 1996, 1, 2; richtigstellend BVerfGE 102, 347, 359 ff.

nicht leisten. Sie ist dem Konsens naturgemäß weniger verpflichtet ist als ein Gericht und sie wird auch Repräsentanten in vielleicht nennenswerter Anzahl zu sich zählen, welche unbefangener ihre Vorverständnisse oder Interessenwahrnehmungen pflegen können als es Verfassungsrichtern möglich ist. Die Verfassungsgerichtsbarkeit erscheint – verglichen mit der Fachgerichtsbarkeit – besser gerüstet, Auswirkungen tatsächlichen und gesellschaftlichen Wandels auf die Verfassungslage Rechnung zu tragen.[157] Dass ein Fachgericht sich zum Seismographen des Wertewandels macht – wie kürzlich das Verwaltungsgericht Berlin hinsichtlich der gaststättenrechtlichen Würdigung eines Kaffeehauses mit, wie es heißt, freundlich-sanfter Prostitution – ist die Ausnahme, und dies zu Recht. Das VG Berlin ist dabei übrigens verfahren wie ein Verfassungsgericht, es hat bei einer Vielzahl von Institutionen – vom Cusanus-Werk bis zur Handwerkskammer – erfragt, was diese von dem Geschehen im Kaffeehaus hielten.[158]

Immer wieder wird die Veränderung des Verfassungsprozessrechts i.S. der Ermöglichung bzw. Ausweitung begründungsloser gerichtlicher Nichtbefassung propagiert und die Freistellung von gesetzlichen Annahmekriterien, zuletzt von Gerhard Casper aus Amerika beim Karlsruher Festakt in der Vorwoche.[159] Aus der Sicht derer, die die gegenwärtige Praxis so verstehen, als sei das Gericht bereits „frei", spricht für eine auch explizite gesetzliche Freistellung, dass damit ein Ehrlichkeitsgewinn erzielt würde.[160] Allerdings: Das Gericht würde jedenfalls intern Annahmekriterien ohnehin entwickeln. Sie würden sich vermutlich nur unwesentlich von demjenigen unterscheiden, was jetzt in den §§ 93c ff. BVerfGG niedergelegt ist. Ein Ermessen muss regelgebunden sein, Ermessensausübung bedarf grundsätzlich der Begründung. Das gibt ein Rechtsstaat nicht schadlos auf.

Das jahrzehntelange Nachdenken über neue und andere Formeln zur Interpretation des geltenden Prozessrechts ist wenig ermutigend.[161] Es ist etwa vorgeschlagen worden, den Grundansatz der Formel über die „sachfremden Erwägungen" auch auf den Umgang der Fachgerichte mit den Grundrechten zu übertragen.[162] Es ist schon zweifelhaft, ob dies

---

[157] Davon zeugen zahlreiche Entscheidungen etwa zum Familienrecht, auch zum Namensrecht. S. beispielhaft BVerfGE 36, 146ff. zum Eheverbot der Geschlechtsgemeinschaft. Schon früh etwa BVerfGE 6, 55ff., s. ferner BVerfGE 48, 327ff.

[158] VG Berlin, NJW 2001, 983ff.

[159] Dokumentiert in „Reden zur Zeit" (Zeit.de) v. 5. 11. 2001.

[160] Vgl. *Lamprecht* aaO (o. Fn. 80).

[161] Monographisch dazu zuletzt *Düwel* aaO (o. Fn. 2).

[162] *Robbers* aaO (Fn. 20) 939.

überhaupt eine greifbare Veränderung der bisherigen Praxis erbrächte. Die Überprüfung allein der „Richtigkeit" eines rechtlichen Ausgangspunktes unter Ausblendung der nachfolgenden Subsumtion ist problematisch. Auch mit dem Bild der Kooperation[163] kommt man nicht weit genug. Es gibt nur eine Richtung an, ist problembeschreibend, ohne Lösungskraft. Die europäische Solange-Formel sollte nicht hierher transferiert werden.

Die Schwächen aller bisher verwandten Formeln – je für sich – sind oft genug herausgearbeitet worden. Jede denkbare Formel hat – in beide Richtungen – einen Zug ins Grenzenlose, ähnlich wie bei der argumentativen Auseinandersetzung um verwaltungsgerichtliche Kontrolle des Verwaltungshandelns, die letztlich geprägt ist von Vorstellungen und Vorverständnissen darüber, bei wem man die Letztentscheidungsbefugnis besser aufgehoben sieht.[164] Das Changieren der Formeln, ihre Kombinierbarkeit steigert die Unsicherheit. Sie sind deshalb nicht unbrauchbar, sollten aber einheitlicher gehandhabt werden. Der normative Test – hat ein Fachrichter einer Norm einen Inhalt gegeben, den als Gesetz zu erlassen dem Gesetzgeber verwehrt wäre – ist nach wie vor ein tragfähiger Ausgangspunkt. Er reicht allein nicht, denn Fachgerichte gelangen auch zu Deutungen einfachen Rechts, die der Gesetzgeber zwar normativ erlassen könnte, die er aber eben nicht erlassen hat. Deshalb bedarf es der Formeln über „grobe Fehler", „grundsätzliches Missverständnis" und dergleichen auch weiterhin.

2. *Prozessrechtliche Selbstdisziplin*

Ergiebiger als neue Formeln ist die Ernstnahme des bestehenden Verfassungsprozessrechts auch im übrigen, die verfassungsprozessrechtliche Selbstdisziplin. Das gilt, es wurden eingangs Beispiele genannt, für einzelne Länder, und es gilt für den Bund.

Die Kammern gehen – wir sahen es – nicht selten eher flüchtig auf die Annahme- bzw. Stattgabevoraussetzungen ein.[165] Vor allem tun sie dies selektiv. Sie behaupten viel, vor allem wenn sie feststellen, eine fallentscheidende verfassungsrechtliche Frage sei bereits vorentschieden gewesen. Sie müssen bei ihrer – bloßen – Nacharbeitungsaufgabe bleiben, sollen in erster Linie nachvollziehen, nicht weiterdenken. Es überzeugt

---

[163] S. *Robbers* aaO (Fn. 20) 939; dagegen *Korioth* aaO (o. Fn. 2) 79.

[164] Das hat jüngst *Pietzcker* besonders deutlich gemacht, Die Verwaltungsgerichtsbarkeit als Kontrollinstanz, in: Hoffmann-Riem/Schmidt-Aßmann (Hrsg.) Verwaltungskontrolle, 2001, 89, 92.

[165] S. bereits o. bei Fn. 80ff.

nicht, wenn eine Kammer äußert, über einzelne Grundrechte sei das Wesentliche gesagt, dies jeweils mit einigen älteren Fundstellen „belegt" (die in der weiteren Argumentation keine Rolle spielen) – und dann etwa ein erst zwei Jahre altes Gesetz gegen dessen Wortlaut mit einer verfassungskonformen Auslegung korrigiert bzw. einem Fachgericht vorwirft, nicht von sich aus diesem Weg gegangen zu sein.[166]

Das Empfinden einer Notwehrlage[167] angesichts der Flut von Verfassungsbeschwerden rechtfertigt nicht eine großzügige Handhabung, so verständlich die Praxis ist angesichts des Umstandes, dass Senatsentscheidungen Monate brauchen, dass ein Senatsmitglied als erfolgreich gelten kann, wenn vielleicht zwei bis drei Senatsentscheidungen pro Jahr zu Ende gebracht werden. Reizvoll ist die zügige Erledigung im Kreise einer aufeinander eingespielten, sich vertrauenden Kammer, quälend kann der umständliche Beratungsprozess unter acht Personen sein. Wer dafür ein Votum vorbereitet, weiß manchmal, von welcher Seite welches Gegenargument kommen wird, antizipiert es gelegentlich zur Konfliktvermeidung oder aber baut Argumentationsmasse auf, um sie dann preisgeben zu können, dies vielleicht nur teilweise und mit dem Ziel, in Ausnutzung psychologischer Gesetze an einem anderen Punkt erfolgreich beharren zu dürfen. Dies alles ist lästig, und attraktiv demgegenüber die Entscheidungsfindung in kleinster Runde. Gefährlich dabei könnte eine vielleicht nicht immer auszuschließende Verlockung sein, durch rasche Unterschrift das Zeitbudget für das persönlich für wichtig gehaltene zu vergrößern oder gar einen Kollegen auch mit einem problematischen Entscheidungsvorschlag passieren zu lassen, um auf diese Weise ein Guthaben an reziproken Erwartungen anzusparen.

Angemessen wäre es, wenn seitens der Kammern die nur mit Zitaten in Bezug genommenen Obersätze identifiziert und ihre Passfähigkeit für den neuen Fall herausgearbeitet würden.[168] Sobald frühere Senatsobersätze Spielräume lassen und Wertungen erfordern, ist im neuen Fall er-

---

[166] Vgl. BVerfG, VersR 1999, 1158ff.; s. auch BVerfG, NJW 1999, 3186ff. und NJW 2001, 2160.

[167] Vgl. die Sentenz von den Kammern als „Abfangjägern gleichsam" bei *Steiner* Die Richter als Ersatzgesetzgeber – Richterliche Normenkontrolle – Erfahrungen und Erkenntnisse, NJW 2001, 2919, 2921.

[168] Das unterbleibt z.B. in einem Beschluss v. 2. 7. 2001 – 1 BvR 2049/00 –, der ein früheres Erkenntnis, der gutgläubige Strafanzeigenerstatter dürfe nicht auf den Kosten eines erfolglosen Prozesses sitzen bleiben (BVerfGE 74, 257ff.), auf die Konstellation der arbeitsrechtlichen Kündigung eines als Zeuge gegen den Unternehmer aussagenden Mitarbeiters überträgt – weil dies das Rechtsstaatsprinzip gebiete. Der überbrückende Obersatz – keine zivilrechtlichen Nachteile infolge einer Mitwirkung bei der Strafrechtspflege – ist von der Kammer gefunden, nicht aber vom Senat vorgegeben gewesen.

neut der Senat gefragt.[169] Eine Kammer sollte begründen müssen, warum dies ihrer Ansicht nach nicht der Fall sei, um sich dann in stärkerem Maße jedenfalls wissenschaftlicher Kritik auszusetzen.

Eine zur Senatszuständigkeit führende „grundsätzliche verfassungsrechtliche Bedeutung" ist schon anzunehmen, wenn – an Rechtsprechung und Literatur abzulesen – die Verfassungskonformität einer Gesetzesauslegung nachhaltigem Zweifel unterliegt. Frau Graßhof hat es die „allgemeine verfassungsrechtliche Verunsicherung" genannt.[170] Solches zu beheben, ist Senatssache. Die Weitmaschigkeit der bisherigen Praxis würde sonst die Kammern im Laufe der Zeit noch mehr in den Vordergrund bringen als jetzt schon. Denn in über 50-jähriger Spruchpraxis ist letztlich nahezu jede verfassungsrechtliche Frage irgendwie berührt worden.

Wenn eine Kammer andererseits die Nichtannahme beschließt und betont, die angegriffene höchstrichterliche Entscheidung werde den verfassungsrechtlichen Vorgaben gerecht – wieso muss sie sich dann noch auf eine eingehende eigene Würdigung vorinstanzlicher Entscheidungen einlassen und einzelnen Kommentatoren des Fachrechts bescheinigen, inwieweit sie richtig oder falsch liegen? Die Zahl von ausdrücklich mit „Anmerkungen" versehenen Beschlüssen, die mit dem Beschwerdeführer wenig zu tun haben, sich aber wie Rezepte für künftige Fachprozesse lesen, nimmt wohl zu. Auch hier wäre größere Zurückhaltung angebracht.

Die gesetzlichen Anforderungen an die Kammerzuständigkeiten, das Entscheidungsprogramm der §§ 93a ff. BVerfGG, lassen sich in Prüfschritte aufgliedern. Offensichtliche Unzulässigkeit, offensichtliche Unbegründetheit, rechtsgrundsätzliche Bedeutung, Angezeigtheit der Annahme, Vorentscheidung durch den Senat, offensichtliche Begründetheit sind aufeinander aufbauende Schritte, die in dieser Reihenfolge gegangen und in den Entscheidungsbegründungen klarer abgebildet werden sollten – unter Beachtung des Gebots, nicht den zweiten vor dem ersten Schritt zu tun.

Das Problem der prozessrechtlichen Selbstdisziplin betrifft auch die Senate. Die Grenzen zwischen Zulässigkeits- und Begründetheitsüberlegungen verschwimmen zu oft, nicht nur in den Ländern. Die Zulässigkeit eines Rechtsbehelfs darf grundsätzlich nicht offen bleiben. Beim unzulässigen Rechtsbehelf ist das angerufene Gericht nicht der gesetzlich für eine

---

[169] Das dürfte etwa auch für BVerfG, NJW 1999, 858ff. – Transplantationsgesetz – gegolten haben.

[170] In: Maunz/Schmidt-Bleibtreu u.a., aaO (Fn. 31) Rn. 41ff. zu § 93a.

Sachentscheidung zuständige Richter. Zur Sache sollte auch nur hinsichtlich tatsächlich vorgetragener Rügen judiziert werden, nicht bereits aus Anlass eines Falles. Wenn das Bundesverfassungsgericht unter Subsidiaritätsgesichtspunkten qualifizierte Grundrechtsrügen bereits im Fachprozess verlangt,[171] sollte es sich auch im Hinblick darauf gehindert fühlen, bei ihm nicht erhobenen, lediglich denkbaren Rügen nachzugehen.

Gewiss kann materiellrechtlich die Grundrechtsverletzung eines anderen als des Beschwerdeführers auch in dessen Grundrechtsverletzung münden. Das ist jedenfalls die Konsequenz früher Weichenstellungen.[172] Was zunächst für die bundesstaatliche Kompetenzordnung erkannt wurde, dass nämlich ein Verstoß hiergegen die Tauglichkeit eines Gesetzes beseitigt, als Grundrechtsschranke zu dienen, gilt für das gesamte objektive Verfassungsrecht und wird auch auf Grundrechtsverstöße zu Lasten Dritter übertragen.[173] Dieser Satz wird aber zum Teil undifferenziert gehandhabt. Es mag die Arbeitgeberin im eigenen Grundrecht verletzt sein, wenn ein Gesetz ihr ansinnt, Arbeitnehmerinnen, in diesem Falle zur Nachtarbeit willige Arbeitnehmerinnen, diskriminatorisch zu behandeln.[174] Dass aber im Fall der Rechtschreibreform es die Grundrechte der Eltern von Schülern verletze, wenn die Rechtschreibreform Buchverlage in ihrer Berufsfreiheit treffen sollte, ist nicht einzusehen.[175] Mögen die Verlage ihre Rechtsstellung selbständig verteidigen. Die Neigung zu umfassender, rechtsgutachtlicher Fallentscheidung sollte gezügelt werden. Manche Entscheidungen lassen vielleicht die Genese von Entwürfen durch wissenschaftliche Vorarbeit noch erkennen. In der Benetton-Entscheidung etwas über Art. 20a GG zu lesen, weil eines der fraglichen Werbeplakate eine ölverschmutzte Ente zeigte,[176] hilft nicht wirklich weiter. Selbstbeschränkung auf das verfassungsrechtlich Wesentliche ist mindestens dem Respekt vor der Fachgerichtsbarkeit geschuldet.

Es ist auch kritikwürdig, die Anforderungen an die Substanzzierung der Möglichkeit eines Grundrechtsverstoßes so unterschiedlich zu behandeln wie bisher. Hier schwankt man zwischen Formalismus und aus

---

[171] Vgl. BVerfGE 68, 334, 335; krit. *Schlaich/Korioth* Das Bundesverfassungsgericht, 5. Aufl., 2001, Rn. 241.

[172] Eingehend und kritisch *Franßen* Verfassungsbeschwerde – eine verkappte Normenkontrolle?, in: FS Sendler, 1981, 81 ff.

[173] Vgl. nur BVerfGE 70, 138, 162; E 99, 100; dort verwendete Zitaten-Ketten lassen sich zurückverfolgen bis zu E 1, 264, 271.

[174] BVerfGE 85, 191, 206 ff.

[175] BVerfGE 98, 218, 258 f.

[176] BVerfGE 102, 347, 365.

Entscheidungsfreude, vielleicht auch Mitleid erwachsener Großzügigkeit. Fragen der Zulässigkeit sind aber keine solchen der Fürsorge.[177]

Im Bereich der Tatsachenermittlung sollte deutlicher zwischen der Urteilsverfassungsbeschwerde als Normenkontrolle und der Rechtsanwendungskontrolle unterschieden werden. Geht es um die Verfassungsmäßigkeit eines Gesetzes, kann und wird regelmäßig eine eigene intensive Sachaufklärung durch das Gericht geboten sein. Geht es indessen allein um die Gesetzesanwendung, ist dies Sache der Fachgerichte, die hierbei durch die Justizgrundrechte in die Pflicht genommen sind. Systemgerecht ist daher der Angriff auf den Umgang des Fachgerichts mit den Tatsachen ausschließlich mit einer Rüge von Justizgrundrechten möglich. Tatsachen, die ohne Verstoß gegen namentlich Art. 103 I GG, im Einklang also mit dem im Lichte des verfassungsrechtlichen Gehörschutzes angewandten einfachen Prozessrecht, gleichwohl nicht zur Kenntnis des Fachgerichts gelangt sind, sollten ein Verfassungsgericht grundsätzlich nichts mehr angehen.

3. *Rahmenbedingungen*

Wesentliche Rahmenbedingungen für die Verfassungsgerichtsbarkeit ergeben sich aus dem Zustand des fachgerichtlichen Prozessrechts. Das betrifft etwa die Frage der Instanzenzüge, allgemeiner die Frage, wer im Fachprozess entscheidet, vor allem: wer letztverbindlich entscheidet. Manche Bündelungen, Vereinfachungen, Instanzenabbauten waren eine nicht unverständliche Reaktion auf Hypertrophien des Rechtsmittelsystems. Dabei ist der Fachprozess aber teilweise fehleranfällig geworden, mit Rückwirkungen auf die Verfassungsgerichtsbarkeit.

Etwa das Rechtsmittelsystem der VwGO ist durch die 6. Novelle von 1996 mit der Einführung von Zulassungsberufung und Zulassungsbeschwerde unübersichtlich und in den Ländern uneinheitlich geworden.[178] Es droht, dass im Ergebnis der Revisionsinstanz das Fallmaterial verloren geht, dessen sie zur Wahrnehmung ihrer genuinen Aufgabe bedarf. Was der fachgerichtlichen Klärung im Instanzenzug nicht zugänglich ist,

---

[177] Danach klingt es in BVerfGE 80, 286, 292: die Beschwerde sei zulässig, denn es ergebe sich aus dem Vorbringen des Beschwerdeführers, „dass er sich durch den ausgeurteilten Unterhalt unverhältnismäßig belastet fühlt"; das führte zur Aufhebung einer BGH-Entscheidung.

[178] S. *Redeker* Reform der Reform, NVwZ 2001, 411: „unübersehbares Glücksspiel"; *Uechtritz* Die 6. VwGO-Novelle und die aktuellen Überlegungen zur Reform des Rechtsmittelrechts: Das Berufungsverfahren, NVwZ 2000, 96 mwN.

nimmt oft leicht den Weg zur Verfassungsgerichtsbarkeit.[179] Eine teilweise Korrektur – für den Verwaltungsprozess – steht nun als 7. VwGO-Novelle bevor, allerdings mit wenig gewissem Ausgang.[180] Eine rechtsmittellose Fachgerichtsbarkeit büßt an Befriedungskapazität ein und provoziert die Fortsetzung des Streits auf der verfassungsrechtlichen Ebene – wo dann aber kaum die Niederlage im Fachprozess rückgängig gemacht werden kann. Es bleibt bei einer Vergeudung von Ressourcen.

Das Gesetz zur Reform des Zivilprozesses[181] das zu Jahresbeginn 2002 in Kraft tritt, bringt einen aus der Sicht der Verfassungsgerichtsbarkeit zu begrüßenden Abbau von streitwertabhängigen Zugangsbarrieren zu Rechtsmitteln, vor allem: Es führt mit § 321a ZPO die Gehörsrüge ein, gibt die Möglichkeit der Fortführung des Prozesses im ersten Rechtszug, wenn die Berufung nicht zulässig ist, also die Möglichkeit der Selbstkorrektur, wie § 33a StPO für strafgerichtliche Beschlüsse.

Gehörsrügen sollten den Fachgerichten willkommen sein. Sie bedürfen einer eindeutigen gesetzlichen Grundlage in der Breite der Gerichtszweige. Sie ließen sich erweitern auf jeglichen Verstoß gegen Verfahrensrecht, etwa die Ablehnung von Beweisantritten, auch die Art. 101 I 2 GG zuzuordnenden Verfahrensgarantien. Siegfried Broß, Bundesverfassungsrichter und früherer Richter des BGH in Zivilsachen, hat in diesem Zusammenhang formuliert: „Wenn mir ein Fehler unterläuft, dann korrigiere ich ihn lieber selbst, als dass ich mich belehren lasse."[182] Fehlerbehebung innerhalb der Instanz ist dem Prozessrecht auch sonst nicht fremd, denkt man an Tatbestandsberichtigung und Urteilsergänzung. Gesetzliche Regelungen in diesem Bereich sind vorzugswürdig gegenüber dem derzeitig prätorisch geprägten Rechtszustand, für dessen Erklärung Begriffe wie „Bitte" an das Gericht verwendet werden, wobei aber „jedenfalls in schweren Fällen" und „grundsätzlich" eine rechtliche Verpflichtung des Gerichts zur Aufhebung einer Entscheidung – also eine Rechtspflicht, einer bloßen Bitte zu entsprechen – angenommen wird.[183]

---

[179] Mangels vereinheitlichender Instanzen im Bußgeldverfahren musste erst das Bundesverfassungsgericht Sorge für eine einheitliche Handhabung der Kostenpflicht des Halters im Straßenverkehrsrecht tragen. S. BVerfGE 80, 109ff. zu § 25a StVG.

[180] Das Erfordernis einer „Fortbildung des Rechts" tritt nun neben den Zulassungsgrund der Grundsätzlichkeit, was die Beschäftigung namentlich der Oberverwaltungsgerichte mit Fragen der Zulassung statt der Sachentscheidung weiter erhöhen könnte, s. auch dazu *Redeker* aaO (o. Fn. 178).

[181] V. 27. 7. 2001, BGBl. I 1887; Überblick bei *Hartmann* Zivilprozess 2001/2002: Hunderte wichtiger Änderungen, NJW 2001, 2577ff.

[182] *Broß* Das Bundesverfassungsgericht und die Fachgerichte, BayVBl. 2000, 513, 518.

[183] Vgl. mwN *Kopp/Schenke* VwGO, 11. Aufl., 1998, Rn. 9 vor § 124; BFH, BFH/NV 1998, 32; unentschieden BVerwG, NJW 2001, 1294f.

Gesetzliche Regelungen über Selbstkorrektur beseitigen auch die Unsicherheit im Hinblick auf Fristen,[184] Rechtswegerschöpfung, Subsidiarität und Bestandskraft, wie sie derzeit auch bei den Landesverfassungsgerichten auszumachen ist.[185]

Es ist sicher richtig, dass Art. 19 IV GG ursprünglich keinerlei Ambition i. S. eines gerichtlichen Rechtsschutzes gegenüber einer erstinstanzlichen Gerichtsentscheidung verfolgte. Es ist aber nicht ausgemacht, dass das die ursprüngliche Intention des Art. 19 IV GG fortführende Dogma[186] heute so Bestand haben müsste. Es ist mehrfach dargelegt worden, dass die schlichte Wendung vom Rechtsschutz „durch", aber nicht „gegen" den Richter zu kurz greift.[187] Wenn die Rechtsschutzgarantie nicht nur formal, sondern auch im Sinne eines Leistungsgrundrechts auf Effizienz zu verstehen ist,[188] dann liegt es nahe, ihr Maßstäbe für die Zulässigkeit der Reduktion des Rechtsschutzes zu entnehmen, auch solche für die Ausgestaltung der Hürden vor der zweiten Instanz. Anders gewendet: Warum sollte eine Verfassung, die effektiven Rechtsschutz will, zugleich Vorschub leisten, dass solcher Rechtsschutz mangels mit angemessenen Verfahrenswegen ausgestatteter Fachgerichtsbarkeit – begrenzt – letztlich erst von der Verfassungsgerichtsbarkeit erreicht werden kann? Dem Bundesverfassungsgericht wäre es nicht verwehrt, durch eine interpretatorische Aktivierung des Art. 19 IV GG strukturelle Veränderungen im Verfahrensrecht zu erzwingen, welche nachhaltig zu seiner eigenen Entlastung beitrügen.

Zu den Bedingungen für ein gedeihliches Miteinander von Verfassungsgerichtsbarkeit und Fachgerichtsbarkeit gehört ferner die Beschaffenheit und Qualität der Gesetzgebung, wovon hier schon die Rede

---

[184] Für Analogie zu § 93 I BVerfGG: BVerwG, aaO (o. Fn. 183) mwN; a.A. z.B. *Happ* in: Eyermann, VwGO, 11. Aufl., 2000, § 124 Rn. 6; *Albers* in: Baumbach/Lauterbach u.a., ZPO, 58. Aufl., 2000, Übers. § 567, Rn. 8: unbefristet.

[185] Vgl. BerlVerfGH, LVerfGE 9, 29, 32 – gegen SächsVerfGH, NJW 1998, 1301 – und anders VerfG Brb, LVerfGE 9, 145, 148.

[186] Früh BVerfGE 4, 74, 95f.; s. ferner etwa E 92, 365, 410. Zur Bedeutung des Art. 19 IV GG bei Existenz mehrerer Instanzen BVerfGE 96, 27, 39; s. auch HessStGH, LVerfGE 9, 201, 208f.

[187] Die Wendung stammt von *Dürig* in: Maunz/Dürig, GG, 1958, Rn. 17 zu Art. 19 IV; zum heutigen Meinungsbild *Krebs* in: v.Münch/Kunig, GGK, Bd. 1, 5. Aufl., 2000, Rn. 57 zu Art. 19 mit überzeugenden Differenzierungen.

[188] S. etwa BVerfGE 96, 27ff. zur prozessualen Überholung. Dazu zuletzt und weiterführend *Krugman*, ZRP 2001, 306ff., zuvor monographisch *Lorenz* Der Rechtsschutz des Bürgers und die Rechtsweggarantie, 1973; *Vosskuhle* Rechtsschutz gegen den Richter, 1993.

war.[189] Der Gesetzgeber muss grundrechtliche Wertentscheidungen im Gesetz selbst abbilden, statt Fachgerichten die Abwägungen zu überlassen,[190] sonst verschiebt er das Gewaltengefüge selbst, und schafft Voraussetzungen für fachgerichtliche Entscheidungen, die dann wiederum einem Verfassungsgericht als grundrechtsfehlerbehaftet erscheinen können.[191]

Eine letzte Rahmenbedingung betrifft die Rechtswissenschaft. Es tut nicht gut, wenn sich die Rechtswissenschaft allzu sehr in Kästchen parzelliert und die vermeintlichen Eigenbesitzer dieser Kästchen exklusive Befugnisse für sich reklamieren. Die Fachgebiete sollten das Verfassungsrecht nicht als ein manchmal zwar unabweisliches, aber eher lästiges Übel begreifen, die Verfassungsrechtswissenschaft sollte es in einem Zustand halten, der den Selbststand des einfachen Rechts nicht beeinträchtigt. Bei aller durch heutige Technizität und andere Ursachen gebotenen Spezialisierungstendenzen: Jedenfalls die Rechtswissenschaft sollte wohl

---

189 S.o. bei Fn. 65ff.

190 Vgl. *Hesse* aaO (o. Fn. 90) 27ff.; *Götz* Die Verwirklichung der Grundrechte durch die Gerichte im Zivilrecht, in: Heyde/Starck, Vierzig Jahre Grundrechte in ihrer Verwirklichung durch die Gerichte, 1990, 35, 75 – dies ebenfalls fordernd, aber skeptisch und insoweit sicher auch durch die Entwicklung der letzten Jahre bestätigt.

191 Solche Verschiebungen können sich auch durch Zeitablauf ergeben, wie etwa bei dem Problemkreis der Einsichtnahme der Presse in das Grundbuch. Solche Einsicht ist nach § 12 I GBO jedem gestattet, der ein „berechtigtes Interesse" darlegt, wobei an die Teilnahme am Grundstücksverkehr gedacht war. Die Zivilrechtssprechung anerkannte in den 80er Jahren ein Einsichtsrecht der Presse (s. OLG Hamm, NJW 1988, 2482f.) und erfand wegen des informationellen Selbstbestimmungsrechts ein gesetzlich nicht vorgesehenes Anhörungsrecht des Eigentümers hierzu. Ein seitenlanger Kammerbeschluss korrigierte nunmehr ein OLG und tarierte den Persönlichkeitsschutz mit der Pressefreiheit aus, mit deutlichem Vorrang für die letztere, wegen der öffentlichen Aufgabe der Presse, „Verdachtslagen" nachzugehen, und mit Einschränkungen für bloße „Neugierrecherchen". Die Kammerzuständigkeit via „bereits entschieden" wird altem Senatsmaterial entnommen und dazu noch dem neuesten Entscheidungsverbund betreffend den Welfenprinzen Ernst August, also gerade nicht politisch-wirtschaftliche Kontrolle, sondern den Boulevardbereich. Das hätte jedenfalls der Senat entscheiden müssen. Noch besser: Es wäre genuine Aufgabe des Gesetzgebers, den dereinst ausreichenden § 12 GBO grundrechtsspezifisch und differenzierend auszugestalten, um den Gerichten den Raum für verfassungskonforme Interpretation zu nehmen. Das Gericht selbst hätte die Rechtsmacht, ihm dazu Veranlassung zu geben, denn ein Blankett kann man auf mehrere Weisen verfassungskonform auslegen. Wählt das Gericht unter mehreren Möglichkeiten verfassungskonformer Auslegung selbst aus, handelt es dysfunktional. Eine erkennbar vom Gesetzgeber nicht intendierte Auslegung sollte nicht wegen ihrer Verfassungskonformität gerichtlich vorgegeben werden. Dann ist die Gesetzesaufhebung bzw. regelmäßig die Unvereinbarerklärung der einzig gangbare Weg. S. BVerfG, NJW 2001, 503ff., dazu die Anmerkung von *D. Dörr* JuS 2001, 697ff.

wieder stärker bedenken, dass sie auf das ganze Recht bezogen ist, nicht auf Einzelheiten allein. Nur dann ist sie Jurisprudenz. Spezialisierung darf nicht zur Isolierung führen Das sollte übrigens auch Konsequenzen für die Pflege des Rechts an den Universitäten haben, Grundlagenarbeit, die kooperative Betrachtung des Rechts aus dem Blickwinkel verschiedener Teildisziplinen ist dort wichtig, um zunehmender Sprachlosigkeit der mit dem Recht Befassten untereinander vorzubeugen. Aber das ist vielleicht ein anderes Thema.

Leitsätze des 2. Berichterstatters über:

Verfassungsrecht und einfaches Recht – Verfassungsgerichtsbarkeit und Fachgerichtsbarkeit

I. Drei Gründe für die Wiederaufnahme des Themas

1. Kritik am Bundesverfassungsgericht hat es stets gegeben. Heute hat sie eine früher nicht gekannte Intensität und Grundsätzlichkeit, vor allem seitens einiger Repräsentanten von Fachgerichtszweigen und einzelner Teildisziplinen der Rechtswissenschaft.

2. Es wird besorgt, dass in einigen deutschen Ländern Landesverfassungsgerichte als außerinstanzielle Fachgerichte für Bundesrecht in Erscheinung treten.

3. Die Europäisierung der Rechtsordnung dürfte die derzeitige Dominanz des Bundesverfassungsgerichts in Deutschland relativieren. Auf der Ebene europäischer Gerichtsbarkeit kehren allerdings dem innerstaatlichen Recht vergleichbare Abgrenzungsprobleme wieder.

II. Zu den normativen Ausgangspunkten

4. Das Grundgesetz möchte zwischen Verfassungsrecht und einfachem Recht unterschieden wissen, setzt beides in ein Verhältnis wechselseitiger Bedingtheit, ohne aber eine eindeutige Trennlinie zu ziehen. Das Verfassungsbeschwerdeverfahren unterstellt die Trennbarkeit beider Rechtsmassen und gestattet die Fortsetzung des Fachprozesses mit auf das Grundgesetz verengtem Blickwinkel.

III. Die Situation in den Ländern

5. Die Anzahl der mit fachgerichtlichen Entscheidungen befassten Landesverfassungsgerichte hat sich erhöht. Dogmatisch divergente Sichtweisen zu hierbei gebotenem Umgang mit dem Bundesrecht bestanden vor und bestehen nach der diesbezüglichen Leitentscheidung des Bundesverfassungsgerichts von 1997; von unterschiedlichen Ausgangspunkten werden aber der Sache nach vielfach identische Ergebnisse erzielt.

6. Offene Streitfragen betreffen namentlich die landesverfassungsgerichtliche Kontrolle landesrichterlicher Anwendung materiellen Bundesrechts, die Beschränkung des Prüfungsmaßstabes auf Grundrechte, die mit denjenigen des Grundgesetzes identisch sind, sowie das Gebot, Landesgrundrechte in einer Gestalt anzuwenden, die sie nach der Rechtsprechung des Bundesverfassungsgerichts zum Bundesrecht haben sollen.

7. Die Landesverfassungsgerichte verwenden unabhängig vom Theorienstreit weitgehend Argumentationsbausteine aus der bundesverfassungsgerichtlichen Judikatur, dies in stärkerem Ausmaß als es an Zitaten ablesbar ist und ungeachtet textueller Unterschiede der einzelnen Verfassungen.

8. Kennzeichnend für viele landesverfassungsgerichtliche Entscheidungen ist eine großzügige Handhabung von Zulässigkeitsfragen, d.h. eine solche, die den Gerichten Raum für Äußerungen oder Mutmaßungen zur (fehlenden) Begründetheit eines Rechtsbehelfs verschafft.

9. Die Judikatur der Landesverfassungsgerichte bietet keine substanziell eigenständigen, „neuen" Gesichtspunkte für die Abgrenzung der Verfassungsgerichtsbarkeit von der Fachgerichtsbarkeit – wohl aber zahlreiche Beispiele für die Problematik dieses Verhältnisses.

10. Weder verfassungsrechtlich noch verfassungspolitisch ist es angezeigt, die Zuständigkeiten der Landesverfassungsgerichtsbarkeit zu unitarisieren.

IV. Kooperation und Disharmonien zwischen Verfassungsgerichten und Fachgerichten

11. Die Fachgerichte tragen erheblich, wenn auch unterschiedlichen Ausmaßes zur Verfassungsjudikatur bei. Allgemeine Zivilgerichtsbarkeit und Arbeitsgerichtsbarkeit, oft auch die Staatshaftungsjudikatur, reichern vielfältig und seit langem ihr Fachrecht mit verfassungsrechtlicher Argumentation an. Verwaltungsrechtliche Institute, die in der Schicht des einfachen Rechts prätorisch herausgebildet wurden, gelten heute als Emanation der Verfassung. Der Strafgerichtsbarkeit ist – ihrem Rechtsstoff angemessen – die Verfassung vor allem als Begrenzung staatlichen Sanktionswillens präsent.

12. Zwischen dem jeweiligen Verhältnis der Verfassungsgerichtsbarkeit zur Legislative einerseits und zur Fachgerichtsbarkeit andererseits, bestehen Zusammenhänge. Normaufhebender und normkonkretisierender Zugriff beseitigen bzw. modifizieren die den Fachgerichten vom Gesetzgeber zugedachten Instrumente; die verfassungsgerichtliche Bemächtigung der Interpretation tangiert auch die Legislative.

13. Die vom Prozessrecht belassenen Korridore werden in der verfassungsgerichtlichen Praxis formelhaft umschrieben; die Verwendung der (changierenden) Formeln in Obersatzfunktion ermöglicht Selbststeuerung, die im Ergebnis dem Ermessen gleicht. Der verfassungsgerichtliche Zugriff ist nicht strikt rechtlich programmiert, sondern innerhalb des Korridors ein volitiver Akt.

14. Die Kammern des Bundesverfassungsgerichts handhaben das eine Nichtannahme oder Stattgabe betreffende Gesetzesrecht aufs ganze gesehen nicht einheitlich. Ihre gesetzlich bestimmte sog. Senatsakzessorietät lockert sich offenbar.

15. Das von der Prozesspraxis gebotene Bild hat vor allem durch die als Konstitutionalisierung beschriebene Verfassungsentwicklung eine weitere Dimension gewonnen. Das betrifft vor allem die prätorisch entstandene Gestalt der allgemeinen Handlungsfreiheit („iVm." einem Rechtsstaatsprinzip) und des Gleichheitssatzes, die Allgegenwart des Grundsatzes der Verhältnismäßigkeit und die sog. Drittwirkung von Grundrechten bzw. Schutzpflichtkonzepte.

16. Das Bundesverfassungsgericht heißt Gericht und ist – bei unbefangener Begriffsverwendung – nur mehr gerichtsähnlich. Unterschiede zu anderen Gerichten betreffen die Art seiner außerprozessualen Teilnahme am politischen Geschehen, aber auch sein justizielles Prozedere, vielleicht auch manchmal Wege der Beratung. Das mindert die Berechenbarkeit der Entscheidungen.

V. Anlass zur Umsteuerung?

17. Das heutige Bild der Verfassungsgerichtsbarkeit mit seinen für Rechtsschutzsuchende, Fachgerichte und Gesetzgeber verbundenen Ungewissheiten kann zwar die mahnende Erinnerung an Gewaltenteilung, Rechtsstaatlichkeit und (unter dem Gesichtspunkt der Legitimation) das Demokratieprinzip auslösen, „verletzt" Verfassungsrecht aber nicht (dies unabhängig davon, ob einzelne Entscheidungen fehlerhaft sind und damit – regelmäßig folgenlos – verfassungswidrig genannt werden dürfen).

18. Für die Frage, ob eine Umsteuerung nahe liegt, ist wesentlich auch der mutmaßliche Fortgang der Verfassungsentwicklung. Sie birgt – über in Ls. 17 genannte Defizite hinaus – jedenfalls die Gefahr einer unzuträglichen Einhegung legislativer Spielräume, und (bisher zwar nicht die Gefahr, aber:) das Risiko oligarchisch-elitärer Machtentfaltung – sofern die Rekrutierung der Richterpersönlichkeiten einmal zu einer Unterschreitung des gegenwärtigen professionellen und amtsethischen Niveaus führen sollte.

19. Vom Nachdenken über Wege einer Umsteuerung sollten schon erfolgte oder sich abzeichnende Umbauten in der europäischen Gerichtsarchitektur nicht abhalten. Sie schmälern zwar die Agenda innerstaatlicher Gerichtsbarkeit, mögen sogar dereinst zur Übertragung des Bildes von der Konstitutionalisierung allen Rechts auf die europäische Ebene führen. Sie belassen aber erheblichen Raum für eine auch künftig wirksame Rolle nationaler Verfassungsgerichte bei der Mitgestaltung der Verfassungsentwicklung.

VI. Wege der Umsteuerung und ihre rechtsstaatlichen Kosten

20. Ein Versuch grundsätzlicher Revision des Konstitutionalisierungsprozesses durch interpretatorische Rückführung materiellen Verfassungsrechts – etwa – auf die Abwehrfunktion von Grundrechten, ein enges Verständnis der Handlungsfreiheit oder den Verzicht auf Willkürrechtsprechung, ist weder realistisch noch wünschenswert. Noch weniger sind diesbezügliche Verfassungsänderungen anzumahnen.

21. Durch Gesetzesänderung zu bewirkende Reduzierungen der Verfassungsbeschwerde – etwa durch Abschaffung der Urteilsverfassungsbeschwerde, ihre Begrenzung auf Verfahrensrügen oder solche der Grundrechtswidrigkeit des angewandten Gesetzes – bergen mehr Risiken als Chancen. Einer notwendig punktuell und segmentär ansetzenden Fachgerichtsbarkeit allein sollte der judikative Beitrag zur Verfassungsentwicklung nicht überlassen bleiben.

22. Bisherige Erfahrungen ermutigen nicht zu dem Versuch, zielgenauere prozessgesetzliche Vorkehrungen zur Begründung verfassungsgerichtlicher Entscheidungszuständigkeit zu finden. Ebensowenig dürften sich befriedigende „neue" Formeln in Ersetzung der bisherigen Praxis auffinden lassen. Geboten ist vor allem verfassungsprozessrechtliche Selbstdisziplin.

23. Die Kammerpraxis ist mitgeprägt durch den Belastungsdruck auf das Gericht und die damit verbundene Rolle als „Abfangjäger" (Udo Steiner). Insbesondere im Blick auf die gebotene Senatsakzessorietät ist die eindringliche Begründung des Nachweises einer senatorischen Vorentscheidung zu fordern, des weiteren ein erkennbar systematisches Abarbeiten des Entscheidungsprogramms der §§ 93a ff. BVerfGG, der grundsätzliche Verzicht auf obiter dicta, insbesondere Zurückhaltung bei streitgegenstandsbezogenen Äußerungen in Fällen der Nichtannahme.

24. Die Senate haben Anlass, zu früheren Entscheidungsstilen zurückzufinden, die Zulassungshürde der Beschwerdebefugnis einheitlicher zu handhaben und sich grundsätzlich auf die Prüfung der vom jeweiligen Beschwerdeführer zulässigerweise gerügten Grundrechtsverstöße zu beschränken. Die Beschränkung auf das verfassungsrechtlich Wesentliche und den zulässigerweise unterbreiteten Prozessstoff ist Ausdruck des Respekts vor der Fachgerichtsbarkeit, das Bundesverfassungsgericht nur insoweit „gesetzlicher Richter".

25. Raum für eigene verfassungsrichterliche Tatsachenermittlung ist prozessgesetzlich ohne erkennbare Differenzierung nach Verfahrensarten belassen. Tatsachen, die ohne Verstoß gegen verfassungsrechtliche Verfahrensvorgaben nicht in das fachrichterliche Erkenntnis eingeflossen sind, sollten der Verfassungsgerichtsbarkeit nicht zugänglich sein.

26. Der Zuschnitt des Fachprozessrechts bestimmt mit über das Verhältnis der Verfassungs- zur Fachgerichtsbarkeit. Das betrifft – zu erweiternde – Mög-

lichkeiten der Selbstkorrektur seitens der Fachgerichte bei Fehlerevidenz ebenso wie die Frage der Instanzenzüge; Art. 19 IV GG erscheint in diesem Zusammenhang noch nicht ausgeschöpft, das Dogma von der Garantie (lediglich) „einer Instanz" ist fragwürdig.

27. Die materielle Gesetzgebung kann das Verhältnis der Verfassungsgerichtsbarkeit zur Fachgerichtsbarkeit durch sorgfältige Abbildung verfassungsrechtlicher Vorgaben im Gesetzesrecht entspannen. Seine Spielräume zur Austarierung widerstreitender Positionen sollte der Gesetzgeber nicht nur nachträglich anmahnen, sofern er gerichtlich korrigiert wird, sondern erkennbar nutzen, um derartiger Korrektur vorzubeugen; keineswegs sollte er der Versuchung erliegen, angesichts objektiver Schwierigkeiten seines Geschäfts eher undeutlich zu legeferieren und die „Klärung" der Verfassungsgerichtsbarkeit zu überantworten.

28. Schließlich könnte ein partielles Umsteuern auch in der Rechtswissenschaft geboten sein. Sie reagierte nicht angemessen auf das Anschwellen des Rechtsstoffes, soweit sie sich zunehmend parzellierte und die fächerübergreifende Grundlagenarbeit darüber in den Hintergrund geriet. Auch die Verwobenheiten des Verfassungs- und des Fachrechts geben Anlass, das Recht als ganzes und nicht nur einzelne Segmente in den Blick zu nehmen – und dann womöglich die Exklusivität der eigenen Betrachtung einzufordern.

Erster Beratungsgegenstand

Verfassungsrecht und einfaches Recht - Verfassungsgerichtsbarkeit und Fachgerichtsbarkeit

3. Bericht von Prof. Dr. *Werner Heun*, Göttingen

Inhalt

I. Das Verhältnis von Verfassungsrecht und Common Law

1. Common Law und Parlamentsgesetze in England

„*(T)he Common Law will controll Acts of Parliament, and sometimes adjudge them to be utterly void: For when an Act of Parliament is against Common Right and Reason, or repugnant, or impossible to be performed, the Common Law will controll it, and adjudge such Act to be void*".[1] Dieser Satz des Richters *Sir Edward Coke* in *Bonham's Case* aus dem Jahr 1610 präsentiert im Kern den Ausgangspunkt für die Entwicklung des Gedankens eines Vorrangs der Verfassung und seiner richterlichen Durchsetzung. Die dort anklingende Unterordnung der Parlamentsgesetze unter ein höherrangiges Recht ist allerdings noch in ein andersartiges Rechtssystem eingefügt.[2] Das richterrechtliche Common Law[3], das seinen Geltungsanspruch aus der Idee eines in langer Tradition gewachsenen[4] vernünftigen, richtigen Rechts gewinnt, kann auch deswegen eine Art von materiellem Vorrang gegenüber Parlamentsakten beanspruchen, weil diese noch gar nicht die Bedeutung eines von anderen Rechtssprüchen abgehobenen[5] und unterschiedenen Gesetzes angenommen haben und das Parlament in kaum zu trennender Weise zugleich Legislativorgan und Oberstes Gericht ist.[6]

---

[1] *Bonham's Case* (1610) 8 Coke's Reports 114, 118.

[2] Unterscheidet sich aber auch schon von der mittelalterlichen Legeshierarchie, die als natürliche vorgegebene Rangordnung zu verstehen ist, vgl. *G. Roellecke* JZ 1997, 577ff., 578; zu dieser Unterordnung des Rechts unter das (göttliche) Naturrecht mwN *O. v.Gierke* Das Deutsche Genossenschaftsrecht, 4 Bde. 1868–1913 (Ndr. 1954) III, S. 611, 624.

[3] Der Begriff des Common Law ist schwer zu fassen und nimmt in England und in den USA auch unterschiedliche Bedeutung an, vgl. *R. Pound* L.Q.R. 67 (1951) 49ff., *O. Lepsius* Verwaltungsrecht unter dem Common Law, 1997, S. 31ff.; eingehender Vergleich in: *P. S. Atiyah/R.S. Summers* Form and Substance in Anglo-American Law, 1987; für das historische Verständnis in England vgl. die knappe Definition des Common Law bei *F. W. Maitland* The Constitutional History of England, 1908 (Ndr. 1974) S. 22f.; zur Konzeption des 18. Jh. in America *W.E. Nelson* Americanization of the Common Law, 1975, S. 11ff.; *M.J. Horwitz* The Transformation of American Law 1780–1860, 1977, S. 4ff.; zu den konstitutiven Elementen heute *M.A. Eisenberg* The Nature of the Common Law, 1988, S. 50ff.; s.a. *J. Hatschek* Englisches Staatsrecht Bd. I, Die Verfassung, 1905, S. 94ff.

[4] Zum *immemorial character* des Common Law *J.G.A. Pocock* The Ancient Constitution and the Feudal Law, 2. ed. 1987, S. 36ff.

[5] Vgl. *Hatschek* Staatsrecht (Fn. 3) S. 113ff.

[6] *C. H. McIlwain* The High Court of Parliament and its Supremacy, 1910, S. 109ff.; dieser betont (S. 119), dass *not distinct powers but a fusion of indefinite powers* den Rechtszustand kennzeichne; vgl. insoweit zustimmend *J. Goldsworthy* The Sovereignty of Parlia-

Deshalb wird in dieser klassischen Sentenz von *Coke* zu Recht kaum noch eine Anerkennung eines unbedingten Vorrangs des Common Law[7] vor den Gesetzgebungsakten des englischen Parlaments und eine Inanspruchnahme eines richterlichen Prüfungsrechts im modernen Sinn gesehen, sondern eine Maxime für die Interpretation der Rechtsetzungsakte des Parlaments erblickt,[8] die sich nicht fundamental von der heutigen Interpretationspraxis englischer Gerichte unterscheidet.[9] In England ist dem Common Law und der Verfassung aufgrund der sich im 17. Jahrhundert endgültig durchsetzenden[10] Souveränität des King-in-Parliament[11] ein Vorrang gegenüber dem Gesetz versagt worden. Die Hobbes'sche Konzeption des Gesetzes als Willensakt des Souveräns[12] hat sich in die-

---

ment, 1999, S. 40f., 44f., der ansonsten (S. 38ff.) *McIlwain* scharf kritisiert; das Oberhaus nimmt heute insoweit noch Restfunktionen wahr, vgl. zur Entwicklung seit 1800 *R. Stevens* Law and Politics. The House of Lords as a Judicial Body, 1800–1976, S. 14ff.; vgl. auch die allg. Bemerkung von *R. Pound* Harv. L. Rev. 36 (1923) 641ff., 802ff., 940ff., 814.

[7] Zum Common Law als *fundamental law* vgl. auch *G. Stourzh* Grundrechte zwischen Common Law und Verfassung, in: *ders.* Wege zur Grundrechtsdemokratie, 1989, S. 75ff., 78ff.

[8] *S. E. Thorne* L.Q.R. 54 (1938) 543ff.; *J. W. Gough* Fundamental Law in English Constitutional History, 1955, S. 30ff.; anders, nämlich im Sinne von *judicial review*, interpretiert den Fall *R. Berger* Congress v. the Supreme Court, 1969, S. 349ff.; vgl. zum Problem auch *J. R. Stoner* Common Law & Liberal Theory, 1992, S. 48ff.; *R.L. Clinton* Marbury v. Madison and Judicial Review, 1989, S. 38ff.; *R. A. MacKay* Mich.L.Rev. 22 (1924) 215ff., 222ff.; schon im 15. Jh. wird die Gültigkeit von *statutes* von Richtern praktisch nicht in Frage gestellt, s. *S.B. Chrimes* English Constitutional Ideas in the Fifteenth Century, 1936, S. 283ff., 290ff.; *N. Doe* Fundamental Authority in Late Medieval English Law, 1990, S. 55ff., 78ff.

[9] Vgl. zu der Harmonisierung von Gesetzen und Common Law durch Auslegung *B. Raschauer* Der Staat 13 (1974) 239ff., 253; *R. Pound* Harv. L. Rev. 21 (1907/8) 383ff., 385ff.; *Hatschek* Staatsrecht (Fn. 3) S. 97ff.; s.a. *P.S. Atiyah* Mod.L.Rev. 48 (1985) 1ff.

[10] *Goldsworthy* Sovereignty (Fn. 6) S. 22ff., 51ff. setzt die Herausbildung der Souveränität im wesentlichen schon im 15. und 16. Jh. an; das Parlament war auch nie auf die Durchsetzung des *immutable common law* beschränkt, vgl. auch *D.W. Hanson* From Kingdom to Commonwealth, 1970, S. 202ff.

[11] Klassische Formulierungen in *W. Blackstone* Commentaries on the Laws of England (ed. 1807) I, S. 160f.; *J. Bentham* A Fragment on Government (ed. W. Harrison 1948) S. 95; *A.V. Dicey* Introduction to the Study of the Law of the Constitution, 9. ed. 1939, S. 39ff.; ferner *I. Jennings* The Law and the Constitution, 3. ed. 1943, S. 143ff.; *G. Marshall* Constitutional Theory, 1971, S. 35ff.; *H.G. Petersmann* Die Souveränität des Britischen Parlaments in den Europäischen Gemeinschaften, 1972, S. 229ff.; *A.-W. Bradley* The Sovereignty of Parliament – Form or Substance?, in: J. Jowell/D. Oliver (eds.) The Changing Constitution, 4. ed. 2000, S. 23ff.; Rspr. in: P. Jackson (ed.) O. Hood Phillips' Leading Cases in Constitutional and Administrative Law, 6. ed. 1988, S. 21ff.

[12] *T. Hobbes* Leviathan (1651) ch. 26; vgl. *C. Starck* Der Gesetzesbegriff des Grundgesetzes, 1970, S. 116ff.; *Stoner* Common Law (Fn. 8) S. 71ff.; ebd. S. 84f. auch zu Hobbes

sem Punkt gegenüber der noch stärker von mittelalterlichem Rechtsdenken geprägten Auffassung *Cokes*[13] in England durchgesetzt. Erst heute muss das Gesetz des souveränen Parlaments unter großen konstruktiven Schwierigkeiten wieder einem höherrangigen Recht, diesmal in Gestalt des Europäischen Gemeinschaftsrechts[14] und des kürzlich in Kraft getretenen Human Rights Acts,[15] untergeordnet und angepasst werden.

2. *Verfassung und Common Law in den Vereinigten Staaten*

a) Vorrang der Verfassung und judicial review

In Amerika hat dagegen der Ausspruch *Cokes* in ganz anderem Kontext eine große Wirkungsmacht entfaltet.[16] Durch Tradierung verselbständigt, wird er in der Zeit der Amerikanischen Revolution exakt im Sinne

Kritik am Common Law; s.a. *Pocock* Constitution (Fn. 4) S. 162f.; *E. Campbell* Tasman. U. L. Rev. 1 (1958) 20ff.; zum Gesetzesverständnis ferner *B. Willms* Die Antwort des Leviathan, 1970, S. 144ff.; *G. Roellecke* Der Begriff des positiven Gesetzes und das Grundgesetz, 1969, S. 44ff.; zum anfänglichen Unverständnis der radikalen Konzeption Hobbes in England *Gough* Fundamental Law (Fn. 8) S. 140ff.; freilich reicht die Willenstheorie schon früher zurück vgl. *Doe* Authority (Fn. 8) S. 34ff.; *Hanson* Kingdom (Fn. 10) S. 200; klassische Formulierung für das 19. Jh. *J. Austin* The province of jurisprudence determined and the uses of the study of jurisprudence (1832) ed. H.L.A. Hart, 1955, S. 1ff., 13ff., 18ff.

[13] Zum Rechtsverständnis Cokes als Rechtsfindung vgl. *Stoner* Common Law (Fn. 8) S. 18ff.; vgl. a. *Pocock* Constitution (Fn. 4) S. 51; die These einer generellen Überlegenheit des guten alten Rechts, wie sie von *F. Kern* Recht und Verfassung im Mittelalter (1919) 1952, S. 11ff. herausgearbeitet wurde, wird heute stark modifiziert vgl. hier nur *H. Krause* ZRG (Germ. Abt.) 75 (1958) 206ff.; *J. Rückert* Autonomie des Rechts in rechtshistorischer Perspektive, 1988, S. 19ff. mwN; für England vgl. *Hanson* Kingdom (Fn. 10) S. 192ff.

[14] Zu den damit verbundenen Problemen *B. Schmidt-Steinhauser* Geltung und Anwendung von Europäischem Gemeinschaftsrecht im Vereinigten Königreich, 1993, S. 85ff.; *K. Strotmann* Die Souveränität des britischen Parlaments, 1999, S. 75ff.; *Petersmann* Souveränität (Fn. 11) S. 195ff.; *S. Rajani* Die Geltung und Anwendung des Gemeinschaftsrechts im Vereinigten Königreich, 2000, S. 115ff.

[15] Abgedruckt in: *Strotmann* Souveränität (Fn. 14) S. 145ff.; ebd. S. 122ff. zur Problematik; vgl. ferner *R. Grote* ZaöRV 58 (1998) 309ff.; *M. Baum* EuGRZ 2000, 281ff.; zum früheren Status der EMRK *M. H. W. Koch* Zur Einführung eines Grundrechtskataloges im Vereinigten Königreich von Großbritannien und Nordirland, 1991, S. 66ff.; den Grundrechten des Human Rights Acts wird auch Drittwirkung zuerkannt: *Douglas v. Hello!*, [2001] 2 WLR 992; *R. Clayton/H.Tomlinson* The Law of Human Rights, Bd. I 2000, S. 204ff.; *M. Hunt* P. L. 1998, 423ff.; *H. W. R. Wade* L.Q.R. 116 (2000), 217ff.; *R. Buxton* L.Q.R. 116 (2000), 48ff.; *N. Bamforth* L.Q.R. 117 (2001), 34ff.

[16] Vgl. *T.F.T. Plucknett* Harv.L.Rev. 40 (1926/27) 30ff., 61ff.; *ders.* A Concise History of the Common Law, 5. ed. 1956, S. 50f.; *E.S. Corwin* Harv.L.Rev. 42 (1928/29) 149ff., 365ff., 379; *Berger* Congress (Fn. 8) S. 23ff.; *B. Schwartz* The Great Rights of Mankind, 1992, S. 55f.; *G. Stourzh* Vom Widerstandsrecht zur Verfassungsgerichtsbarkeit. Zum Problem der Verfassungswidrigkeit im 18. Jahrhundert (1974) in: *ders.* Wege (Fn. 7) S. 37ff., 50f.

der Begründung eines materiellen richterlichen Prüfungsrechts verstanden und in den Gerichten argumentativ verwendet. Die im 17. Jahrhundert in England abgebrochene Entwicklung der Bindung an *fundamental laws*[17] findet in den USA dadurch eine Fortsetzung, dass die Verfassung als konkretes Fundamentalgesetz[18] am Ende des 18. Jahrhunderts einen klaren hierarchischen Vorrang vor dem Gesetz gewinnt.

Voraussetzung der anders gerichteten Entwicklung in den Vereinigten Staaten ist die brillante Erfindung, die Verfassungsgebung[19] dadurch vom normalen Gesetzgebungsprozess abzuheben, dass sie durch die eigenständige Institution verfassungsgebender Versammlungen[20] in dem spezifischen Verfahren einer Ratifikation durch das Volk oder durch seine Repräsentanten erfolgt. Konstitutives Element ist ferner, dass die Verfassungsänderung ein besonderes Verfahren erfordert.[21] Die Zusammenfassung der Verfassungsnormen in einer schriftlichen Verfassungsurkunde ist zusätzliche Bedingung eines durchsetzbaren Verfassungsvorrangs.[22] Damit ist allerdings zunächst nur eine selbständige autonome Ordnung neben die Rechtsordnung des richterrechtlichen Common Law und des

---

[17] Im Gegensatz zu dem kontinentalen, insbes. französischen Verständnis, das sich an bestimmten Rechtsakten wie dem Salischen Gesetz orientiert, ist der Begriff des *fundamental law* in England wesentlich diffuser und eben nicht auf die Magna Carta und ähnliche Gesetze beschränkt; vgl. *F.D. Wormuth* The Royal Prerogative 1603–1649, 1939 (Ndr. 1967) S. 31ff.; zum frz. Konzept s.a. *A. Lemaire* Les lois fondamentales de la monarchie française d' après les théoriciens de l'Ancien Regime, 1907 (Ndr. 1975) S. 42ff., 71ff.; *H. Höpfl* Fundamental Law and the Constitution in Sixteenth Century France, in: R. Schnur (Hrsg.) Die Rolle der Juristen bei der Entstehung des modernen Staates, 1986, S. 327ff.; fefranrner *H. Mohnhaupt* Die Lehre von der „Lex Fundamentalis" und die Hausgesetzgebung Europäischer Dynastien, in: J. Kunisch (Hrsg.) Der dynastische Fürstenstaat, 1982, S. 3ff., 8ff.

[18] Zu den Ursprüngen der Verfassungsidee in Fundamentalgesetzen s. *H. Hofmann* Zur Idee des Staatsgrundgesetzes, in: *ders.* Recht-Politik-Verfassung, 1986, S. 261ff., 275ff.

[19] Die Idee einer eigenständigen verfassungsgebenden Gewalt findet sich wohl erstmals bei *H. Vane* A Healing Question (1656), London 1660, S. 7, 20; Abdruck auch in: B. Schwartz (ed.) The Bill of Rights. A Documentary History, 2 vols. 1971, S. 30ff.; zu Vane s.a. *Gough* Law (Fn. 8) S. 133f.; *Schwartz* Rights (Fn. 16) S. 18f.

[20] Vgl. *G. Wood* The Creation of the American Republic 1776–1787, 1969, S. 306ff.; zur Verfassungsgebung der Einzelstaaten vgl. insbes. *W.P. Adams* Republikanische Verfassung und bürgerliche Freiheit, 1973, S. 68ff.

[21] Vgl. auch *Stourzh* Widerstandsrecht (Fn. 16) S. 55ff.; *Hofmann* Idee (Fn. 18) S. 287f.

[22] Vgl. *Stourzh* Widerstandsrecht (Fn. 16) S. 55; dem liegt voraus die begriffliche Zusammenfassung der Fundamentalgesetze und *constitutions* in dem Begriff *einer* Verfassung bei *E. v. Vattel* Le Droit des Gens, 1758, Liv. I, ch. III, § 27; s.a. die Rede *O. Cromwells* vom 12. 9. 1654 in: T. Carlyle (ed.) Oliver Cromwells Letters and Speeches, part 7 speech 3 (ed. Boston o. J.) Bd. II, S. 424ff., 438; das Common Law lässt sich jedoch in gewissem Umfang als Gegenbeispiel anführen.

Gesetzesrechts getreten. Die Verfassung bedarf erst des richterlichen Prüfungsrechts, um in eine Vorrangrelation zum einfachen Recht gebracht zu werden.

Schon vor der Schaffung der ersten geschriebenen formellen Verfassungen bahnt sich in den amerikanischen Kolonien das neue Rechtsverständnis in den sechziger Jahren des 18. Jahrhunderts an, als Gesetze für *unconstitutional*[23] und damit verbunden für nichtig erklärt werden.[24] In mehreren Fällen entscheiden nach Erlass der Verfassungen Gerichte in verschiedenen Staaten, dass der Verfassung widersprechende Gesetze „*unconstitutional and void*" seien.[25] Der Supreme Court schließt sich dieser Auffassung bald an. Nicht nur werden einzelstaatliche Gesetze prinzipiell wegen Verstoßes gegen das höherrangige Bundesrecht aufgrund der Supremacy Clause für nichtig gehalten,[26] schon vor 1800 lässt der Supreme Court einzelstaatliche Gesetze wegen eines Verstoßes gegen die betreffende einzelstaatliche Verfassung als verfassungswidrig außer acht.[27] *Marbury v. Madison* aus dem Jahr 1803[28] ist deshalb lediglich der

---

[23] Zu den Ursprüngen und zur frühen Geschichte dieses Begriffs vgl. *Stourzh* Widerstandsrecht (Fn. 16) S. 51ff.; in England wird der Begriff von *Bolingbroke* eingeführt, s. *J.H. Burns* Political Studies 10 (1962) 264ff., 275 und tritt dann in der Stamp Act Crisis 1764–66 in Amerika plötzlich gehäuft auf.

[24] Vgl. die erstmalige Berufung auf Bonham's Case vor Gericht durch *J. Otis* 1761, in: Wroth/Zobel (eds.) Legal Papers of John Adams, Bd. II, S. 127; vgl. auch *ders.* The Rights of the British Colonies (1764), in: B. Bailyn (ed.) Pamphlets of the American Revolution, Vol. I, 1965, S. 418ff., 476.

[25] Zu der breiten Debatte, welche Entscheidungen überhaupt als *precedents* gelten könnten vgl. insbes. *C.G. Haines*, The American Doctrine of Judicial Supremacy, 2. ed. 1932, S. 88ff., 148ff.; *W. W. Crosskey* Politics and the Constitution in the History of the United States, 2 vols. 1953, S. 942ff.; *J. Goebel* History of the Supreme Court of the United States, Vol. I Antecedents and Beginnings to 1801, 1971, S. 125ff.; *Berger* Congress (Fn. 8) S. 36ff.; *Stourzh* Widerstandsrecht (Fn. 16) S. 50ff.; *L. Levy* Judicial Review, History and Democracy (1967) in: *ders.* Judgements, 1972, S. 24ff., 29ff.; *ders.* Original Intent and the Framers' Constitution, 1988, S. 91ff.; *B. Schwartz* History of the Supreme Court, 1993, S. 7ff.; zu den Debatten in den Conventions *C. Beard* The Supreme Court and the Constitution, 1962, S. 46ff., 80ff.; und im Congress *C. Warren* Congress, the Constitution and the Supreme Court, 1925, S. 95ff.

[26] *Calder v. Bull*, 3. U.S. (3 Dall.) 386 (1798).

[27] *Van Horne's Lessee v. Dorrance*, 2. U.S. (2 Dall.) 304 (1795).

[28] 5 U.S. (1 Cranch) 137 (1803); zur Einführung vgl. *W Brugger* Grundrechte und Verfassungsgerichtsbarkeit in den Vereinigten Staaten von Amerika, 1987, S. 5ff.; eingehend auch zum politischen Hintergrund *C. Warren* The Supreme Court in United States History, 3 vols., 1923, I, S. 231ff.; *G. L. Haskins/H. A. Johnson* History of the Supreme Court of the United States, Bd. II Foundations of Power 1801–1815, 1981, S. 182ff.; eindringliche Gegenposition: *Eakin v. Raub* 12 S 8c R 330 (Pa. 1825) diss. J. Gibson, Teilabdruck in: *L. Fisher* Constitutional Law, 3. ed. 1999, S. 65ff.

erste Fall des Verstoßes eines Bundesgesetzes gegen die Bundesverfassung, der rechtlichen Logik des Verfassungsvorrangs nach aber nicht der erste Präzedenzfall des Supreme Court. Die Entscheidung markiert allerdings in mehrfacher Hinsicht eine neue Entwicklung.

Trotz ihrer Schriftlichkeit kommt den Verfassungen als *fundamental laws* im Verständnis der Zeitgenossen zunächst eine prinzipiell andere inhaltliche Qualität als Gesetzen zu. Sie sind Ausdruck allgemeiner, Naturrecht und Common Law[29] entspringender Prinzipien,[30] denen juristische Präzision weitgehend fehlt. Der Vorrang der Verfassung hat die Nichtigkeit widersprechender Gesetze deshalb nur dann zur Folge, wenn die Verfassungswidrigkeit eindeutig und ohne jeden Zweifel anzunehmen ist.[31] Demgegenüber wird mit dieser und einer ganzen Folge von Entscheidungen unter Federführung des Chief Justice Marshall[32] allmählich einem modernen Verfassungsverständnis dadurch zum Durchbruch verholfen, dass die Verfassung den allgemeinen Interpretationsregeln des Common Law unterworfen und wie jeder andere rechtliche Text ausgehend vom Wortverständnis ausgelegt wird.[33] Die Verfassung wird so in

---

[29] Zur Gleichsetzung von Common Law und *fundamental rights* vgl. *Stourzh* Grundrechte (Fn. 7) S. 87f.

[30] Für eine heutige Konzeption der Anwendung allg. Prinzipien als Prüfungsmaßstab vgl. *T.C. Grey* Stan.L.Rev. 27 (1975) 703ff.; und die historische Untermauerung: *ders.* Stan.L.Rev. 30 (1978) 843ff., bes. 852ff.

[31] Sog. *doubtful case rule*; vgl. *Calder v.Bull*, 3 U.S. (3 Dall.) 386, 388 (1798); *Cooper v. Telfair*, 4. U.S. (4 Dall.) 14, 16 (1800); *Ogden v. Saunders* 25 U.S. (12 Wheat.) 213, 270 (1827); vgl. *S. Snowiss* Judicial Review and the Law of the Constitution, 1990, S. 34ff., 60ff.; s.a. *J.B. Thayer* Harv.L.Rev. 7 (1893) 129ff., 144; *D. Alfange* Supr. C. Rev. 1993, 329ff., 342ff.; *A. Bickel* The Least Dangerous Branch, 1962, S. 35ff.; *C. Black* The People and the Court, 1960, S. 193ff.; die Argumentationsfigur der Evidenz des Verfassungsverstoßes erscheint in der Rspr. des Bundesverfassungsgerichts nur in dem speziellen Zusammenhang der Wahlkreiseinteilung, BVerfGE 16, 130 (142ff.).

[32] Zum Marshall Court umfassend *E.G. White* The Marshall Court and Cultural Change 1815–35, 1988, abridged ed. 1991 (danach zitiert); *Schwartz* History (Fn. 25) S. 32ff.

[33] Vgl. z.B. neben *Marbury v. Madison: Brown v. Maryland*, 25 U. S. (12 Wheat.) 419, 437 (1827); *Ogden v. Saunders*, 25 U.S. (12 Wheat.) 213, 332 (1827) *Marshall* diss.; überzeugend herausgearbeitet von *Snowiss* Judicial Review (Fn. 31) S. 121ff.; s.a. *G. S. Wood*, Comment, in: *A. Scalia* A Matter of Interpretation. Federal Courts and the Law, 1997, S. 49ff., 61f.; der Kritik von *D. Alfange* Supr.C.Rev. 1993, 329ff., 335ff. an Snowiss ist insoweit zuzustimmen, als *judicial review* nicht bloß als *political act* verstanden und die Verfassung als *law* angesehen wurde; im übrigen schießt die Kritik aber über das Ziel hinaus; vgl. schließlich zu Marshalls Auslegungsmethoden *C. Wolfe* The Rise of Modern Judicial Review, 1986, S. 41ff.; dadurch wird das Verfassungsrecht auch vom Bereich der Politik abgegrenzt und separiert, vgl. auch *W.E. Nelson* Mich.L.Rev. 76 (1978) 893ff., 932ff.

ein anwendbares Gesetz transformiert.[34] Erst infolge dieser „*legalization*"[35] wird die Verfassung zum integralen Bestandteil der allgemeinen Rechtsordnung und kann Dominanz gegenüber den Gesetzen und dem Common Law gewinnen. Dem widerspricht nicht, dass die Verfassung und ihre Auslegung besondere Bedeutung besitzen: „*We must never forget that it is a Constitution we are expounding.*"[36] Durch dieses Verständnis der Verfassung als juristischer Text und durch die Übertragung juristischer Auslegungsmethoden vermag die Justiz die Entscheidungshoheit in Verfassungsfragen zu behaupten und auszubauen,[37] auch wenn der absolute Suprematieanspruch der Verfassungsauslegung durch den Supreme Court, wie er in *Cooper v. Aaron* 1958 formuliert wird,[38] noch nicht in *Marbury v. Madison* zu finden ist.[39]

---

[34] Vgl. *K. Schlaich* Verfassungsgerichtsbarkeit im Gefüge der Staatsfunktionen, VVDStRL 39 (1981) 99ff., 106.

[35] *Snowiss* Judicial Review (Fn. 31) S. 4, 64; schon *R. v.Mohl* Kritische Zeitschrift für Rechtswissenschaft und Gesetzgebung des Auslandes 12 (1840) 161ff., 182 bemerkt als Charakteristikum die „streng juristische und processualistische Handhabung der Verfassung".

[36] *McCulloch v. Maryland*, 17 U.S. (4Wheat.) 316, 407 (1819).

[37] Vgl. zur Einordnung auch *Snowiss* Judicial Review (Fn. 31) S. 169ff.

[38] *Cooper v. Aaron*, 358 U.S. 1, 18 (1958): „*... the federal judiciary is supreme in the exposition of the law of the Constitution ... the interpretation ... enunciated by this Court ... is the supreme law of the land.*"; ein derartiger Suprematieanspruch ist freilich in jeder verbindlichen Interpretationskompetenz angelegt, wie schon *Bischof B. Hoadley* A sermon preached before the King, 1717, S. 12 bemerkt hat: „*whoever hath an absolute Authority to interpret any written, or spoken Laws, it is He, who is truly the Lawgiver, to all Intents and Purposes; and not the Person who first wrote, or spoke them.*"

[39] *Marbury v. Madison* lässt sich noch durchaus vereinbaren mit der um 1800 verbreiteten Vorstellung eines *concurrent review* der drei Gewalten, wonach jede Gewalt die Verfassung für ihren Bereich interpretiert, der Supreme Court also die Verfassungsvorschriften über die Dritte Gewalt, dezidiert in diese Richtung *Clinton* Marbury (Fn. 8) S. 23ff. 81ff.; vgl. auch *Snowiss* Judicial Review (Fn. 31) 55, 76f.; *A. Kelly/W. Harbison/H. Belz* The American Constitution, 2 vols., 7. ed. 1991, I, S. 172, 174; *W.W. Van Alstyne* Duke L.J. 1969, 1ff., 34ff.; s.a. *W. Mendelson* Chi.L.Rev. 29 (1962) 327ff., 327f.; die Bedeutung der Entscheidung liegt auch darin, dass die Begründung des Prüfungsrechts nicht auf diesen weithin unstrittigen Fall beschränkt ist, sondern abstrakt auf einen uneingeschränkten *judicial review* zielt; die berühmte Begründung eines *judicial review* durch *A. Hamilton* The Federalist (1787) (ed. J. Cooke), Nr. 78 ist ähnlich allgemein gehalten; sie ist ebenfalls mit einem *concurrent* (oder *coordinate*: *Wolfe* Rise (Fn. 33) S. 94ff.) *review* und der *doubtful case rule* kompatibel; zu einem weiteren Gesichtspunkt qualitativer Änderung des Konzepts des *judicial review* im 19. Jh. *W.E. Nelson* U.Pa.L.Rev. 120 (1972) 1166ff., 1173ff., 1180ff.

b) *Common Law und Verfassung*

Die definitive Anerkennung des Vorrangs der Verfassung und des uneingeschränkten materiellen Prüfungsrechts berührt die übrige Rechtsordnung indes noch wenig. Erst ein halbes Jahrhundert später wird das richterliche Prüfungsrecht gegenüber Bundesgesetzen erneut ausgeübt,[40] während einzelstaatliche Gesetze häufiger kontrolliert und verworfen werden.[41] Vor allem eröffnet erst das 14. Amendment von 1863 nach dem Bürgerkrieg die Möglichkeit, Bundesgrundrechte auch gegenüber einzelstaatlichen Gesetzen zur Anwendung zu bringen.[42] Da das Common Law – bis auf wenige Ausnahmen des Federal Common Law[43] – dem Recht der Einzelstaaten zuzurechnen ist, setzt erst am Ende des 19. Jahrhunderts eine intensive Kontrolle der einzelstaatlichen Rechtsordnung durch den Supreme Court ein. Die Zivilrechtsordnung des Common Law wird von der Verfassung und den Grundrechten gleichwohl kaum direkt modifiziert. Die zunehmende Ausübung des Prüfungsrechts ändert daran nichts, vielmehr wird umgekehrt die Verfassung durch die *substantive economic due process*-Rechtsprechung der sog. Lochner-Ära[44] instrumentalisiert, um die Ordnung des Common Law gegen die regulativen gesetzlichen Eingriffe vornehmlich seitens der Einzelstaaten abzuschotten.[45] Das Common Law-Verständnis der *police power*, das die Eingriffs-

---

[40] *Dred Scott v. Sandford*, 60 U.S. (19 How.) 393 (1857); zur Bedeutung dieser Entscheidung auch für den Ausbruch des Bürgerkriegs vgl. *D. Fehrenbacher* The Dred Scott Case, 1978; *Schwartz* History (Fn. 25) S. 195ff.

[41] Maßstab sind vornehmlich die Commerce Clause (s. *Gibbons v.* Ogden 22 U.S. (9 Wheat.) 1 (1824); *Brown v. Maryland* 25 U.S. (12 Wheat.) 419 (1827)) und die Contract Clause (vgl. v.a. *Fletcher v. Peck* 10 U.S. (6 Cranch) 87 (1810); *Terret v. Teylor* 13 U.S. (9 Cranch) 43 (1815)); dazu *Snowiss* Judicial Review (Fn. 31), S. 126ff., 161ff.; *Wolfe* Rise (Fn. 33) S. 52ff., 54ff.; *White* Marshall Court (Fn. 32), S. 485ff., 595ff.; Liste der *judicial review* Entscheidungen in *Haines* Doctrine (Fn. 25) S. 542ff.; s.a. ebd. S. 400ff.

[42] Die Geltung der Bill of Rights hatte der Supreme Court deshalb in *Barron v. Baltimore*, 32 I. S. (7 Pet.) 243 (1833) explizit abgelehnt; einen gewissen Einfluss sicherte sich der Supreme Court allerdings über die Contract Clause s. Fn. 41; vgl. zur Entwicklung hier nur *J.E. Nowak/R.D. Rotunda* Constitutional Law, 6. ed. 2000, S. 398ff.; die Inkorporation der gesamten Bill of Rights durch das 14. Am. von 1868 setzt erst Ende des 19. Jh. für die *property rights* ein, s. *Reagan v. Farmers'Loan and Trust Co.* 154 U.S. 362, 399 (1894); definitive Inkorporation in *Gitlow v. New York* 268 U.S. 652 (1925).

[43] Zu Umfang und Problematik vgl. hier nur *T. M. Merrill* U.Chi.L.Rev. 52 (1985) 1ff.; *M. A. Field* Harv.L.Rev. 99 (1986) 881ff.; *B. R. Clark* U.Pa.L.Rev. 144 (1996) 1245ff.

[44] *Lochner v. New York*, 198 U.S. 45 (1905); zu dieser Ära *Wolfe* Rise (Fn. 33) S. 144ff.; insgesamt *Kelly/Harbison/Belz* Constitution (Fn. 39) II, S. 442ff.; *A. Cox* The Court and the Constitution, 1987, S. 117ff.; *Schwartz* History (Fn. 25) S. 190ff.

[45] Die Rechtsprechung richtet sich nicht gegen privatrechtliche Normen, sondern umgekehrt gegen öffentlich-rechtliche Beschränkungen der privaten Vertragsfreiheit.

befugnisse des Staates restriktiv definiert, wird in die Verfassung hineingelesen.[46] Die in der Common Law Tradition verankerte[47] *due process clause* dient zur Absicherung einer nahezu uneingeschränkt marktwirtschaftlichen Ordnung,[48] die im Richterrecht des Common Law rechtlichen Ausdruck findet. Eine Wende wird erst durch die Gesetzgebung des New Deal und durch die Aufgabe der *substantive economic due process*-Rechtsprechung seitens des Supreme Court[49] nach der Drohung Roosevelts mit einem Richterschub 1937[50] bewirkt. Nunmehr gewinnen die nicht-ökonomischen Freiheitsrechte und die Gleichheitsrechte der Bill of Rights einen materiellen Vorrang[51] und führen seit den sechziger Jahren durch den sog. Warren Court zunehmend zu einer intensivierten Kontrolle der Gesetze des Bundes und insbesondere der Einzelstaaten am Maßstab der genannten Grundrechte.[52] Gleichwohl bleibt die Durchdringung des einfachen Rechts und insbesondere der Privatrechtsordnung durch das Verfassungsrecht weitaus geringer als unter dem Grundgesetz. Das ist auf verschiedene dogmatische und institutionelle Gründe zurückzuführen.

Unter dem Grundgesetz durchdringen die allseitig wirkenden Grundrechte kraft ihrer Ausstrahlungswirkung[53] sowie dank der umfassenden Kontrollmöglichkeiten des Bundesverfassungsgerichts die gesamte

---

[46] Vgl. *M. Horwitz* The Transformation of American Law 1870–1960, 1992, S. 27ff.; *R. Epstein* Takings 1985, S. 107ff.; *H. Gillman* The Constitution Besieged, 1988, S. 215ff., 290ff.; *Lepsius* Verwaltungsrecht (Fn. 3) S. 55ff.

[47] Die Vorstellung des *due process* geht schon auf die Magna Carta zurück, vgl. hier nur *Schwartz* Rights (Fn. 16) S. 34, 43; *E.S. Corwin* Liberty Against Government, 1948, S. 22ff.; *Haines* Doctrine (Fn. 25), S. 411; zu Inhalt und Reichweite sowie den Common Law-Bezügen *Wolfe* Rise (Fn. 33) S. 131ff.; *L. Tribe* Constitutional Law 2. ed. 1988, S. 663ff., 678ff.; grundlegend *S.H. Kadish* Yale L. J. 66 (1957) 319ff.

[48] Vgl. das berühmte Dissenting von *Justice Holmes*: *„(t)he Fourteenth Amendment does not enact Mr. Herbert Spencer's Social Statics"*, *Lochner v. New York*, 198 U.S. 45, 76 (1905).

[49] Die Wende beginnt mit *West Coast Hotel Company v. Parrish*, 300 U.S. 379 (1937); prägnante Formulierung in der berühmten Fußnote 4, *U. S. v. Carolene Products Co.* 304 U.S. 144, 152f. (1938); zur Kritik des New Deal am Common Law vgl. *C.R. Sunstein* Harv.L.Rev. 101 (1987/88) 421ff., 423, 437ff., 501.

[50] Zum Court-Packing Plan vgl. hier nur *W.E. Leuchtenburg* Supr. C. Rev. 1966, 347ff.; sowie auch zum New Deal *Kelly/Harbison/Belz* Constitution (Fn. 39) II, S. 466ff., 480ff.

[51] Vgl. *Nowak/Rotunda* Law (Fn. 42) S. 414ff.

[52] Zur Rspr. des Warren-Court vgl. *Wolfe* Rise (Fn. 33) S. 258ff.; sowie die Überblicke in *Kelly/Harbison/Belz* Constitution (Fn. 39) II, S. 612ff.; *Cox*, Court (Fn. 44) S. 177ff.; *Schwartz* History (Fn. 25) S. 263ff.; zuletzt *L.A. Powe* The Warren Court and American Politics, 2000, S. 21ff.

[53] Vgl. hier nur *E. W. Böckenförde* Der Staat 29 (1990) 1ff.

Rechtsordnung bis in die letzten Winkel. Eine derartige universale, keine Rechtsmaterie verschonende Präsenz der Grundrechte fehlt in den Vereinigten Staaten. Die Wirkungsrichtung der Grundrechte ist zwar nicht exklusiv auf die Staat-Bürger-Relation beschränkt, denn die Grundrechte gelten uneingeschränkt gegenüber aller staatlichen Rechtsetzung, gerade auch im Privatrecht. Sie erfassen sowohl die privatrechtlichen Gesetzgebungsakte als auch das richterrechtliche Common Law,[54] das sehr viel mehr rechtssetzende Qualität besitzt[55] als die auf eine Auslegung und Anwendung des kodifizierten Rechts ausgerichtete Rechtsprechung in den kontinentalen Rechtsordnungen. Beide Erscheinungsformen des Privatrechts kann der Supreme Court gleichermaßen für verfassungswidrig erklären.

Darüber hinaus wird eine Privatwirkung der Grundrechte jedoch nur in engen Grenzen angenommen, wenn nämlich eine sog. *state action* bejaht werden kann.[56] Danach ist ein privater Dritter dann unmittelbar an die Grundrechte gebunden, wenn dessen Verhalten dem Staat, also dem Bund oder einem Einzelstaat,[57] in irgendeiner Weise zugerechnet werden kann. Eine Privatperson handelt mit *state action*, wenn sie entweder selbst *government functions* ausübt, also beispielsweise wenn eine Partei Vor-

---

[54] Vgl. *Ex parte Virginia*, 100 U.S. 339, 347 (1880); *New York Times v. Sullivan*, 376 U.S. 254, 265 (1964); *Tribe* Law (Fn. 47) S. 1711ff.; *T. Lewis* Col.L.Rev. 60 (1960) 1083ff., 1108ff.; *J. L. Oakes* N.Y.U.L.Rev. 1979, 911ff., 934ff.; die Kontrolldichte gegenüber Gerichten ist aber geringer als gegenüber dem Gesetzgeber s. *American Railway Express v. Kentucky*, 273 U.S. 269, 273 (1926).

[55] Die legislative Qualität der richterlichen common law – Rechtsfindung betont *O.W. Holmes* The Common Law, 1881, S. 35; *R. Pound* Harv.L.Rev. 36 (1923) 641ff., 802ff., 940ff., 941, 952ff.; *B. Cardozo* The Nature of the Judicial Process, 1921, S. 105, 113ff.; die Bewegung des *legal realism* setzt diese Erkenntnis gegenüber der Auffassung bloßer Rechtsfindung seitens der Gerichte durch vgl. *Wolfe* Rise (Fn. 33) S. 223ff.; *R.S. Summers* Instrumentalism and American Legal Theory, 1982, S. 83ff., 139ff.; vgl. die Beschreibung der Funktionen der Common Law-Gerichte von *A. Scalia* Matter (Fn. 33) S. 6: *to apply the law to the facts* und *to make the law*; s.a. *E. Fraenkel* JöR 2 (1953) 35ff., 101f.; zu dem Problem der *preemption A. Hill* Col.L.Rev. 67 (1967) 1024ff., bes. S. 1073f.

[56] Vgl. aus der deutschen Literatur *H. Ehmcke* Wirtschaft und Verfassung, 1961, S. 605ff.; *H. Steinberger* Rassendiskriminierung und oberster Gerichtshof in den USA, 1969, S. 80ff., 151ff.; *Brugger* Grundrechte (Fn. 28) S. 30ff.; *W. Haller* FS U. Häfelin, 1989, 79ff.; *T. Giegerich* Privatwirkung der Grundrechte in den USA, 1992, S. 3ff., 190ff.; aus der amerikanischen Literatur hier nur *Nowak/Rotunda* Law (Fn. 42) S. 502ff.; *Tribe* Law (Fn. 47) S. 1688ff.; *P.G. Polyviou* The Equal Protection of Laws, 1980, S. 536ff.; *D. S. Elkind* Col.L.Rev. 74 (1974) 656ff.; zur Verankerung im Common Law *C. R. Sunstein* Harv.L.Rev. 101 (1987/88) 421ff., 502f.

[57] *State action* bezieht sich entgegen dem ersten Anschein nicht lediglich auf Maßnahmen der *states*, sondern meint generell alle staatliche Gewalt, s. *Nowak/Rotunda* Law (Fn. 42) S. 503: „*The phrase „state action" is a misnomer*".

wahlen für die Kandidaten staatlicher Mandatspositionen veranstaltet,[58] oder wenn das Verhalten rechtlich oder faktisch von staatlicher Seite derart nachdrücklich unterstützt wird, dass nach wertenden Gesichtspunkten[59] eine Zurechnung zum Staat und die daraus resultierende Grundrechtsbindung des privaten Dritten gerechtfertigt erscheint.[60] Das ist unter Umständen bei gesteigerter staatlicher Förderung oder Erzwingung und falls eine symbiotische Beziehung vorliegt anzunehmen.[61] Eine privates Restaurant in einem staatlichen Gebäude darf folglich nicht seine Gäste nach rassischen Gesichtspunkten diskriminieren.[62] Konsequenz dieses Ansatzes ist, dass eine Grundrechtsbindung des privaten Dritten entweder in vollem Umfang wie beim Staat vorliegt oder gar nicht. Dieses Alles-oder-Nichts Prinzip[63] versperrt eine differenzierende Abwägung der involvierten Grundrechte im Sinne der deutschen Grundrechtsdogmatik.[64]

Man kann dieser Konstruktion[65] vorwerfen, dass sie die verschiedenen Grundrechtspositionen, die auf beiden Seiten berechtigterweise in Anspruch genommen werden, allenfalls in einer verschleierten Abwägung berücksichtigt.[66] Der eminente Vorzug dieses Ansatzes liegt aber darin, dass die Zivilrechtsordnung weitgehend von einer einzelfallbezogenen verfassungsrechtlichen Abwägung der jeweils betroffenen Grundrechte

---

[58] Erstmals *Nixon v. Herndon*, 273 U.S. 536 (1927); weitere leading cases: *Smith v. Allwright*, 321 U.S. 649 (1944); *Terry v. Adams*, 345 U.S. 461 (1953); *Marsh v. Alabama*, 326 U.S. 501 (1946); *Evans v. Newton*, 382 U.S. 296 (1966); *Flagg Brothers, Inc. v. Brooks* 436 U.S. 149 (1978).

[59] Das Gericht *is sifting the facts and weighing the circumstances, Burton v. Wilmington Parking Autorithy*, 365 U.S. 715, 722 (1961).

[60] Leading cases: *Shelley v. Kramer*, 334 U.S. 1 (1948); *Moose Lodge Number 107 v. Irvis*, 407 U.S. 163 (1972); *Lugar v. Edmondson Oil Co., Inc.* 457 U.S. 922 (1982).

[61] Staatliche Finanzierung allein reicht idR noch nicht aus: *Rendell-Baker v. Kohn*, 457 U.S. 830 (1982).

[62] *Burton v. Wilmington Parking Authority*, 365 U.S. 715 (1961).

[63] *T. Lewis* Col.LRev. 60 (1960) 1083ff., 1112; *R. J. Glennon/J. E. Nowak* Supr.C.Rev. 1976, 221ff., 225; *Giegerich* Privatwirkung (Fn. 55) S. 23.

[64] Eine Abwägung der konfligierenden Interessen wird ansonsten vom Supreme Court durchaus vorgenommen (sog. *balancing*): erstmals *South Carolina State Highway Dept. v. Barnwell Bros.*, 303 U.S. 177, 190 (1938); vgl. dazu *Wolfe* Rise (Fn. 33) S. 242ff.; *T.A. Aleinikoff* Yale L.J. 96 (1987) 943ff.

[65] Gegen die auch sehr schwankende Rspr. lässt sich im einzelnen manches einwenden – *C. L. Black* Harv.L.Rev. 81 (1967) 69ff., 95 spricht sogar von einem *„conceptual disaster area"* – hier kommt es nur auf die Auswirkungen auf die Privatrechtsordnung an.

[66] So die Kritik von *Giegerich* Privatwirkung (Fn. 55) S. 455f.; das Problem wird auch in der amerikanischen Literatur gesehen: *Glennon/Nowak* Supr.C.Rev. 1976, 221ff., 230ff.; vgl. ferner *E. Chemerinsky* Nw.U.L.Rev. 80 (1985) 503ff., 533ff.

freigehalten wird und ihrer Eigengesetzlichkeit überlassen bleibt. Der Bereich privatautonomer Freiheit wird dadurch erweitert, freilich um den Preis einer Verkürzung gegenläufiger Freiheitsinteressen.[67] Der Supreme Court hat es so fast durchweg abgelehnt, einem Anspruch auf Verteilung von Flugblättern in großen Einkaufszentren und sog. Malls wegen einer Verletzung der im 1. Amendment verankerten Meinungsfreiheit stattzugeben.[68] Verfassungsrechtlich begründete Schutzpflichten werden ohnehin strikt abgelehnt.[69]

Die eigentümliche Rigorosität der *state action*-Doktrin beruht neben der dogmatischen Konstruktion auf der Verknüpfung der *due process clause* und des Diskriminierungsverbots mit der Kompetenz des Bundes in § 5 des 14. Amendment US-Const., Gesetze zur Durchsetzung der dort verankerten Rechte zu erlassen. Die *state action*-Doktrin bestimmt insoweit nicht nur die Grundrechtsbindung Privater, sondern zugleich die Reichweite der Gesetzgebungskompetenz des Bundes.[70] Die Doktrin wurde nicht zufällig in den Civil Rights Cases 1883 begründet,[71] um dem Bund eine zu weitgehende gesetzliche Durchsetzung der Rechte der Schwarzen in den Südstaaten zu versperren. Auch wenn das zugrunde liegende Motiv fast jegliche Relevanz verloren hat und die *state action*-Doktrin überwiegend in Fällen der Rassendiskriminierung Abwehrrechte gegen Private begründet,[72] ist in der Sicherung der Autonomie der Ein-

---

[67] Teilweise wird deshalb in der amerikanischen Lit. wie vom BAG gegenüber sozialer Macht für eine unmittelbare Grundrechtswirkung plädiert: vgl. *R.K. Carr* Federal Protection of Civil Rights: Quest for a Sword, 1947, S. 193f.; *A.A. Berle* U. Pa. L. Rev. 100 (1952) 933ff., 942ff., 948ff.; vgl. aber auch *A.H. Pekelis* Law and Social Action, 1950, S. 123ff.

[68] *Hudgens v. National Labor Relations Board*, 424 U.S. 507 (1976) overruling *Amalgamated Food Employees Union v. Logan Valley Plaza*, 391 U.S. 308 (1968); eine weiter gehende Gewährung von Rechten durch die Einzelstaaten wird dadurch aber nicht ausgeschlossen: *Prune Yard Shopping-Center v. Robins*, 447 U.S. 74 (1980).

[69] *DeShaney v. Winnebago Country Department of Social Services* 489 U.S. 189, 195f. (1989); dezidiert auch *Judge R. Posner*: *Jackson v. City of Joliet*, 715 F. 2d 1200, 1203 (7th Cir. 1983), cert. denied 465 U.S. 1049; kritisch zu dieser Ablehnung *Giegerich* Privatwirkung (Fn. 55) S. 118ff.; Gegenkritik bei *M. Stoevesandt* Aktivismus und Zurückhaltung im United States Supreme Court, 1999, S. 230ff.; vgl. auch den Hinweis auf Gegenstimmen in der Lit. von *D.P. Currie* AöR 111 (1986) 230ff., 233.

[70] S. *Nowak/Rotunda* Law (Fn. 42) S. 506ff.; vgl. a. *Giegerich* Privatwirkung (Fn. 55) S. 159ff.; *J.H. Choper* Wash.U.L.Q. 1979, 757ff., 758; s.a. *Stoevesandt* Aktivismus (Fn. 69) S. 220ff.

[71] *Civil Rights Cases* 109 U.S. 3 (1883).

[72] Die Grundrechte begründen auch nach der *state action doctrine* keine positiven Pflichten, etwa zum Vertragsschluss, sondern verhindern nur negativ, dass private Dritte

zelstaaten nach wie vor ein maßgebender und berechtigter Beweggrund für die Zurückhaltung des Supreme Court gegenüber einer zu weitreichenden Privatrechtswirkung der Grundrechte zu sehen. Andernfalls könnte die bundesstaatliche Kompetenzordnung völlig unterlaufen werden.

Die beschränkte Drittwirkung der Grundrechte, aber auch generell die geringe verfassungsrechtliche Durchdringung des Privatrechts ist ferner ganz entscheidend auf das im Vergleich zu Deutschland und anderen Verfassungsstaaten grundlegend anders ausgestaltete Gerichts- und Rechtsmittelsystem zurückzuführen.[73] Der U.S. Supreme Court ist zwar auch Verfassungsgericht, aber er ist in erster Linie oberstes Revisionsgericht einer einheitlichen Gerichtsbarkeit des Bundes. Während das Bundesverfassungsgericht als besonderes Verfassungsgericht neben die fünf Gerichtszweige tritt und sich geradezu als Gegenteil einer Superrevisionsinstanz[74] definiert, läuft die gerichtliche Pyramide der amerikanischen Bundesgerichtsbarkeit im Supreme Court zusammen. Die Entscheidungen der anderen Bundesgerichte unterliegen also ohnehin der Kontroll- und Aufhebungskompetenz des Obersten Bundesgerichts, das nicht des Rückgriffs auf die Verfassung bedarf, um etwa eine zivilrechtliche Entscheidung eines anderen Bundesgerichts wegen Verletzung bundesrechtlicher Grundsätze aufzuheben oder abzuändern. Die institutionelle Einheit sichert eine größere Autonomie und innere Geschlossenheit der verschiedenen Rechtsbereiche. Etwas anderes gilt allerdings – und dies relativiert die Trennung und Autonomie – im Verhältnis zu den Rechtsordnungen der Einzelstaaten und damit gerade auch im Verhältnis zum einzelstaatlichen Common Law.[75] Da die Einzelstaaten über eine eigene Gerichtsbarkeit mit eigenem Instanzenzug verfügen, kann die Bundesgerichtsbarkeit einschließlich des Supreme Court nur unter Berufung auf den Vorrang des Bundesrechts – und daher in Bezug auf das Common Law fast nur unter Heranziehung der Verfassung – die Rechtsprechung der einzelstaatlichen Gerichte beeinflussen. Schon aus diesem Grund ist die Einwirkung des Verfassungsrechts auf das einzelstaatliche Recht, also

---

rassendiskriminierende Pflichten über die Gerichte durchsetzen können, vgl. *Shelley v. Kramer* 334 U.S. 1 (1948).

[73] Vgl. hierzu den Überblick in *W. Burnham* Introduction to the Law and Legal System of the United States, 1995, S. 175ff.

[74] BVerfGE 7, 198 (207); ständige Rspr.; zur Einordnung dieser Formel *W. Heun* Funktionell-rechtliche Schranken der Verfassungsgerichtsbarkeit, 1992, S. 31ff.

[75] Den weiter gehenden Anspruch einer allgemeinen Kontrolle des *state common law* in *Swift v. Tyson*, 41 U.S. (16 Pet.) 1 (1842) hat der Supreme Court revoziert in *Erie Railroad Co. v. Tompkins*, 304 U.S. 64 (1938).

speziell das Common Law, auch von dem schwankenden verfassungsrechtlichen Bundesstaatsverständnis[76] abhängig, was durch die Verknüpfung der *state action*-Problematik mit der Gesetzgebungskompetenz zusätzlich verstärkt wird. Die Betonung der Rechte der Einzelstaaten reduziert den Einfluss des Verfassungsrechts auf die übrige Rechtsordnung, die Ausweitung der Stellung des Bundes stärkt ihn.[77]

Die geringe Bedeutung direkter Einwirkungen auf das Common Law ist zudem in dessen Struktur begründet. Das Common Law ist als Richterrecht offener für die Argumentation mit allgemeinen Prinzipien, die keiner Abstützung durch Grundrechte bedürfen.[78] Außerdem ist die Differenz zwischen öffentlichem und privatem Recht[79] im Gegensatz zu den kontinentalen Rechtsordnungen nicht zuletzt infolge der Einheitsgerichtsbarkeit und des dominierenden richterrechtlichen Case Law dem Common Law kaum vertraut.[80] Die rechtliche Eigenständigkeit des Common Law und des Verfassungsrechts sollte allerdings nicht zu dem Schluss verleiten, die beiden Rechtsmaterien seien voneinander abgeschottet. Die umwälzende Transformation der Eigentumskonzeption[81] des Common

---

[76] Vgl. dazu die Überblicke bei *H.N. Scheiber* Univ.Tol.L.Rev. 9 (1978) 619ff.; *H. H. Trute* ZaöRV 49 (1989) 191ff.; *D. Walker* Toward a Functioning Federalism, 1981, S. 46ff.; *S.R. Davis* The Federal Principle, 1978, S. 74ff. sowie *W. Heun* StWStPr 5 (1994) 97ff., 126ff.

[77] Auch die unitarisierende Wirkung der Grundrechte, die für die Bundesrepublik allgemein anerkannt ist, lässt sich folglich nur mit deutlicher Abschwächung für die Vereinigten Staaten konstatieren; andererseits können die Grundrechte der einzelstaatlichen Verfassungen das einfache Recht prägen; deren Einfluss steht jedoch überwiegend im Schatten der Bundesgrundrechte.

[78] Das Konzept der Prinzipien im Unterschied zu Regeln von *R. Dworkin* Taking Rights Seriously, 2 ed. 1978, S. 22ff., das das Verständnis der Grundrechte als Optimierungsgebote von *R. Alexy* Theorie der Grundrechte 1985, S. 71ff. angeregt hat, ist bezeichnenderweise nicht am Beispiel des Verfassungsrechts, sondern des Common Law entwickelt worden; der Rückgriff auf Prinzipien ist in Amerika weitaus verbreiteter als in England, s. *Atiyah/Summers* Form (Fn. 3) S. 94f.; vgl. zum Ganzen auch *J. Esser* Grundsatz und Norm in der richterlichen Fortbildung des Privatrechts, 2. Aufl. 1964, S. 183ff.

[79] Zur kontinentalen Tradition dieser Aufteilung vgl. *F. Neumann* Die Herrschaft des Gesetzes (1936) 1980, S. 37ff.; *M. Bullinger* Öffentliches Recht und Privatrecht, 1968, S. 13ff.; *D. Grimm* Zur politischen Funktion der Trennung von öffentlichem und privatem Recht in Deutschland, in: ders. Recht und Staat der bürgerlichen Gesellschaft 1987, S. 84ff.; *D. Ehlers* Verwaltung in Privatrechtsform 1984, S. 30ff.; *M. Stolleis* Öffentliches Recht und Privatrecht im Prozess der Entstehung des modernen Staates, in: W. Hoffmann-Riem/E. Schmidt-Aßmann (Hrsg.) Öffentliches Recht und Privatrecht als wechselseitige Auffangordnungen, 1996, S. 41ff.

[80] Vgl. *M.J. Horwitz* U.Pa.L.Rev. 130 (1982) 1423ff.; *E. Fraenkel*, Das amerikanische Regierungssystem, 3. Aufl. 1976, S. 23; *Lepsius* Verwaltungsrecht (Fn. 3) S. 27ff.

[81] Vgl. dazu eindringlich *Horwitz* Transformation (Fn. 46) S. 145ff.

Law durch das verfassungsrechtlich bestimmte Enteignungsrecht einerseits und die Anknüpfung an das Common Law bei der Bestimmung der Rechtsfolgen von Eigentumsbeeinträchtigungen im Verfassungsrecht andererseits lassen die Durchlässigkeit der Grenzen zwischen den verschiedenen Rechtsmaterien erkennen. Weit darüber hinaus wird das amerikanische Verfassungsrecht historisch[82] und methodisch[83] durch die Common Law Präjudizienrechtsprechung geprägt und so dem Common Law assimiliert.

II. Das Verhältnis von Verfassungsrecht und einfachem Recht in den kontinentalen westeuropäischen Rechtsordnungen

1. Die deutsche Entwicklung bis zur Weimarer Republik

Die Entwicklung in den Vereinigten Staaten steht in augenfälligem Kontrast zur Situation in Deutschland. Im System des deutschen Konstitutionalismus[84] fehlen nahezu alle Voraussetzungen für eine verfassungsrechtliche Durchdringung der Rechtsordnung, die in den USA längst erfüllt sind. Die Verfassungen werden in Deutschland in den Mitgliedsstaaten des Deutschen Bundes nur allmählich in drei Wellen erlassen,[85] während auf der Reichsebene erst 1871 eine Verfassung in Kraft

---

[82] Vgl. *Stoner* Common Law (Fn. 8) S. 163, 175, 177ff.; *L.K. Wroth* Suffolk L.Rev. 22 (1988) 553ff., bes. 559ff.

[83] Vgl. *H. Wellington* Yale L.J. 83 (1973) 221ff.; *ders.*, Interpreting the Constitution, 1990, S. 77ff.; *H.P. Monaghan* Harv. L. Rev. 89 (1975) 1ff.; *B.W. Heinemann* Yale L.J. 95 (1985/86) 1325ff., 1325; *W. Murphy* Lousiana L.Rev. 52 (1991) 91ff.; *D.A. Strauss* U.Chi.L.Rev. 63 (1996) 877ff.; *C.R. Sunstein* Legal Reasoning and Political Conflict, 1996, S. 172; die aktuelle Hervorhebung der Common Law-Züge des Verfassungsrechts ist methodisch und politisch gegen die konservative Bewegung des *textualism* gerichtet, der den Verfassungstext unter Berufung auf den *original intent* gegen die neuere liberale Rspr. in Stellung bringt, s.a. *Lepsius* Verwaltungsrecht (Fn. 3) S. 29 Fn. 50; prototypisch die Kritik am Common Law Constitutionalism von *Scalia* Matter (Fn. 33) S. 13; zum *original intent* vgl. hier nur *W. Heun* AöR 116 (1991) 185ff., und den neueren Sammelband von J.N. Rakove (ed.) Interpreting the Constitution 1990, sowie *ders.* Original Meanings, 1997; zu den verschiedenen Interpretationsansätzen vgl. jüngst auch *M. Schefer* Konkretisierung von Grundrechten durch den U. S. Supreme Court, 1997, S. 92ff., 155ff., 227ff.

[84] Wenn hier von System gesprochen wird, müssen die zeitlichen und einzelstaatlichen Unterschiede notgedrungen übergangen werden.

[85] Zu den drei Wellen der Verfassungsgebung nach 1815, nach 1830 und nach 1848 vgl. hier nur *H. Boldt* Deutsche Verfassungsgeschichte Bd. II, 1990, S. 75ff.; *D. Grimm* Deutsche Verfassungsgeschichte 1776–1866, 1988, S. 71ff., 161ff., 184ff.

tritt.[86] Die Verfassungen gewinnen aber nirgends einen Vorrang[87] wie in den USA. Das ist schon daran erkennbar, dass sie nicht von einem institutionell herausgehobenen Verfassungsgeber erlassen werden.[88] Die gesetzgebenden Faktoren können sie weitgehend ohne erhöhte Anforderungen an das Verfahren zumindest materiell ändern, obwohl verschiedentlich die Verfassungen spezielle Verfahrensvorschriften für eine formelle Verfassungsänderung enthalten.[89] Das gilt auch noch für die Reichsverfassung von 1871, die deshalb „keine stärkere Kraft"[90] als das einfache Gesetz und erst recht „keine mystische Gewalt" besitzt, da Verfassung und Gesetz einem einzigen, unteilbaren souveränen Staatswillen entspringen.[91] Da sie das Verfahren der Gesetzgebung regeln, sind die Verfassungen notwendigerweise „als eine Norm für die gesetzgebende Gewalt selbst aufzufassen".[92] Das erlaubt allenfalls ein formelles,[93] jedoch kein materielles richterliches Prüfungsrecht.[94]

---

[86] Die Verfassung des Norddeutschen Bundes von 1867 kann hier als unmittelbarer Vorläufer der Reichsverfassung außer Betracht bleiben.

[87] Andere Tendenz aber sogar schon für die Zeit um 1800 bei *T. Würtenberger* Aufklärung 3 (1988) 53ff., 78ff.; *ders.* Der Staat Beiheft 10 (1993) 85ff., 95ff.

[88] S.a. *R. Wahl* Der Staat 20 (1981) 485ff.; 491; *C.H. Schmidt* Vorrang der Verfassung und konstitutionelle Monarchie, 2000, S. 43ff.; die verfassungsgebenden Versammlungen 1848/49 sind das späte Gegenbeispiel; das Werk der Preußischen Nationalversammlung geht aber bezeichnenderweise in der revidierten Oktroiverfassung von 1848/50 auf und unter; gleichwohl ist der Monarch aber schon pouvoir constitué, vgl. *W. Heun* Das monarchische Prinzip und der deutsche Konstitutionalismus des 19. Jahrhunderts, FS Rauschning 2001, 41ff., 45.

[89] *U. Scheuner* in: BVerfG und GG, Bd. I 1976, S. 1ff., 40; vgl. eingehend *Schmidt* Vorrang (Fn. 88) S. 47ff., 56ff.; § 154 SächsVerf. 1831 erklärte sogar explizit verfassungswidrige Gesetze für ungültig.

[90] RG, JW 1916, 596, 597; es gilt die lex posterior-Regel, *G. Meyer/G. Anschütz* Lehrbuch des Deutschen Staatsrechts, 7. Aufl. 1919, S. 743f.; *G. Anschütz* Die Verfassungsurkunde des Preußischen Staates, 1912, S. 66; *G. Lübbe-Wolff* Der Schutz verfassungsrechtlich verbürgter Individualrechte: Die Rolle des Reichsgerichts, in: H. Wellenreuther/C. Schumann (Hrsg.) Die Amerikanische Verfassung und Deutsch-Amerikanisches Verfassungsdenken, 1991, S. 411ff. 416f.

[91] *P. Laband* Das Staatsrecht des Deutschen Reiches, Bd. II, 5. Aufl. 1911, S. 39f.; s.a. *H. Dreier* JZ 1994, 741ff. 742f.

[92] RGZ 9, 232, 235

[93] RGZ 24, 1, 3; 40, 68, 70 ff; 43, 418, 420; 46, 175, 176; 77, 229, 231.

[94] RGZ 9, 232, 235f.; PrOVGE 63, 167 (169f.); anders nur OAG Lübeck Seuff. Arch 32 (1877) 129ff.; vgl. hierzu nur *F. Schack* Die Prüfung der Rechtmäßigkeit von Gesetz und Verordnung, 1918, S. 115ff. mit umfassenden Nachweisen; *H. v.Konschegg* Ursprung und Wandlung des richterlichen Prüfungsrechts in Deutschland im 19. Jahrhundert, Diss. jur. Jena 1936, S. 41ff.; *W. Frotscher* Der Staat 10 (1971) 383ff.; *R. Hoke* Verfassungsgerichtsbarkeit in den deutschen Ländern in der Tradition der deutschen Staatsgerichtsbarkeit,

Die Grundrechte sind hiervon nicht ausgenommen. Sie begründen für die Exekutive einen Gesetzesvorbehalt für Einzeleingriffe und erzwingen in Verbindung mit dem materiellen Gesetzesbegriff, der durch den Eingriff in Freiheit und Eigentum definiert ist, eine Beteiligung der Landtage an dem Erlass von allgemeinen Regelungen mit Eingriffscharakter,[95] entfalten aber keinen Vorrang gegenüber den Gesetzen. Den Grundrechten kommt zwar programmatischer Charakter als Leitlinie für die Gesetzgebung[96] zu, aber keine verbindliche Kraft. Die in der Staatsrechtslehre im Gefolge von *Robert v.Mohl*[97] vordringende Auffassung[98] eines Verfassungsvorrangs kann sich gegen die herrschende Lehre[99] von der Rechtswirksamkeit verfassungswidriger Gesetze wie auch in der Praxis nicht durchsetzen. Es kommt hinzu, dass anders als im angelsächsischen Rechtskreis die Unabhängigkeit der Justiz im deutschen Konstitutionalismus zunächst eine neue, nicht ganz ungefährdete Errungenschaft darstellt.[100] Die prekäre Stellung verhindert eine allzu ausgreifende Kompetenzerweiterung.

Die Schwäche der Verfassung schirmt das Gesetz gegen Einflüsse ab. Ein Gesetz kann jederzeit gegen die Grundrechte verstoßen, ohne da-

---

in: C. Starck (Hrsg.) Landesverfassungsgerichtsbarkeit, Bd. I. 1983, S. 25ff., 70ff.; *C. Gusy* Richterliches Prüfungsrecht, 1985, S. 25ff.; *F.-J. Peine* Der Staat 22 (1983) 521ff.; *R. Ogorek* ZNR 11 (1989) 12ff.

95 Präzise zu diesen beiden häufig nicht auseinander gehaltenen Elementen des grundrechtlichen Gesetzesvorbehalts und des Gesetzesbegriffs *O. Bühler* Die subjektiven öffentlichen Rechte und ihr Schutz in der deutschen Verwaltungsrechtsprechung, 1914, S. 66ff.; zum Gesetzesbegriff ferner *E.W. Böckenförde*, Gesetz und gesetzgebende Gealt, 2. Aufl. 1981, S. 73ff.

96 PrOVGE 8, 327 (329): „Richtschnur"; *Sächs* OVG, Jb 20, 151, 154; *U. Scheuner* Die rechtliche Tragweite der Grundrechte in der deutschen Verfassungsentwicklung des 19. Jahrhunderts, in: *ders.* Staatstheorie und Staatsrecht, 1978, S. 633ff., 654f.; *R. Wahl* Der Staat 18 (1979) 321ff., 330ff.; *J.-D. Kühne* Die Reichsverfassung der Paulskirche, 2. Aufl. 1998, S. 184ff.

97 *R. v.Mohl* Über die rechtliche Bedeutung verfassungswidriger Gesetze, in: ders. Staatsrecht, Völkerrecht und Politik Bd. I 1860 (Ndr. 1962) S. 66ff. bes. 79ff.; dazu *Schmidt* Vorrang (Fn. 88) S. 158ff., 193ff.

98 Vgl. *Schmidt* Vorrang (Fn. 88) S. 178ff.; vgl. a. *D. Grimm* Die Entwicklung der Grundrechtstheorien in der deutschen Staatsrechtslehre des 19. Jahrhunderts, in: G. Birtsch (Hrsg.) Grund- und Freiheitsrechte von der ständischen zur spätbürgerlichen Gesellschaft, 1987, S. 234ff., 240f.; einen plastischen Eindruck von dem vertretenen Spektrum vermitteln die Verhandlungen des 3. D.J.T. 1862, Bd. II, 1863, S. 10ff.

99 Vor allem *Laband* Staatsrecht (Fn. 91) S. 38ff.; *Meyer/Anschütz* Lehrbuch (Fn. 90) S. 661f., 738f., 743; vgl. ferner *G. Jellinek* Gesetz und Verordnung, 1887, S. 401ff.

100 Vgl. *M. Stolleis* Geschichte des öffentlichen Rechts in Deutschland, Bd. II 1992, S. 116f.; ferner *D. Simon* Die Unabhängigkeit des Richters, 1975; *R. Ogorek* Richterkönig oder Subsumtionsautomat?, 1986.

durch nichtig zu werden. Es durchbricht die Verfassung ohne Sanktionsmöglichkeit.[101] Da die Verfassung keinen Vorrang beanspruchen kann, dient sie nicht einmal als verbindlicher Auslegungsmaßstab. Allenfalls können Verfassungsbestimmungen ergänzend zur Auslegung des einfachen Rechts herangezogen werden.[102] Eine derartige Auslegung hat aber kein besonderes Gewicht, bedarf vielmehr einer zusätzlichen Abstützung durch andere Auslegungsregeln.[103] Die Berücksichtigung der Verfassung bei der Auslegung ist nichts anderes als Teil einer systematischen Auslegung, wie sie auch im Hinblick auf sonstige Normen vorgenommen wird. In diesem Sinn werden die Verfassungsvorschriften neben anderen Gesetzen angewendet.[104]

Faktisch läuft dieses Verhältnis zwischen Verfassung und einfachem Gesetzesrecht auf das Gegenteil des Vorrangs der Verfassung, nämlich einen Vorrang des Gesetzes hinaus.[105] Das ist nicht nur eine formelle Rangfrage. In systematischer Ausbildung und wissenschaftlicher Bedeutung genießt das Privatrecht im 19. Jahrhundert[106] nach seiner Umbildung zu einem allgemeinen bürgerlichen Recht ebenso materiellen Vorrang wie als Instrument der Sicherung und des Schutzes der individuellen Freiheit.[107] „In dem Privatrecht liegt die Magna Carta unserer öffentlichen Freiheit. Weit mehr als auf der Staatsverfassung beruht auf dem bürgerlichen Rechte das was wir Freiheit nennen".[108] Auch deswegen hat die Reichsverfassung von 1871 auf die Verankerung von Grundrechten

---

[101] RGZ 9, 232, 235f.; PrOVGE 68, 45 (47); *R. Wahl* Der Staat 20 (1981) 485ff., 493.

[102] Vgl. RGZ 58, 130, 135 für Art. 9 Preuß Verf.

[103] RGZ 9, 232, 234f.

[104] Vgl. den Überblick bei *Scheuner* Tragweite (Fn. 96) S. 655ff.

[105] Vgl. a. *Kühne* Reichsverfassung (Fn. 96) S. 189.

[106] Vgl. hier nur *F. Wieacker* Privatrechtsgeschichte der Neuzeit, 2. Aufl. 1967, S. 348ff.; *H. Coing* Europäisches Privatrecht, Bd. II, 1989, S. 39ff.

[107] Vgl. *D. Grimm* Grundrechte und Privatrecht in der bürgerlichen Sozialordnung, in: G. Birtsch (Hrsg.) Grund- und Freiheitsrechte im Wandel von Gesellschaft und Geschichte 1981, S. 359ff., der auch (S. 371) auf die entsprechende Funktion der Ausgrenzung einer Zone gesellschaftlicher Autonomie aus der Regelungskompetenz des Staates durch die Volksgeist-Theorie Savignys hinweist; ferner *ders.* Die verfassungsrechtlichen Grundlagen der Privatrechtsgesetzgebung, in: H. Coing (Hrsg.) Handbuch der Quellen und Literatur der neueren Europäischen Privatrechtsgeschichte, Bd. III, 1, 1982, S. 17ff.; zur inneren Verbindung von Grundrechten und Privatrecht vgl. auch *W. Leisner* Grundrechte und Privatrecht, 1960, S. 5ff.

[108] *R. Sohm* bei der 1. Beratung des BGB-Entwurfs im Reichstag 1896 in: B. Mugdan (Hrsg.) Die gesammten Materialien zum Bürgerlichen Gesetzbuch für das Deutsche Reich, Bd. I, 1899, S. 905ff., 909; vgl. auch den Aufbau der Rechtsordnung bei *G.F. Puchta* Cursus der Institutionen, 10. Aufl. 1893, § 22ff., der vom Privatrecht ausgeht.

verzichtet.[109] Die Grundrechte des Konstitutionalismus gelangen nicht über einen akzessorischen Status gegenüber dem Privatrecht hinaus.[110]

Nur in einem Punkt wird – und dies auch erst im Kaiserreich – einer verfassungsrechtlichen Durchdringung der Rechtsordnung der Boden bereitet. Die positivistische Verfassungsrechtswissenschaft unterwirft die Verfassung als Text einer an den Methoden des Privatrechts geschulten Dogmatik, behandelt sie damit wie andere Gesetze auch und dokumentiert dadurch die Vorherrschaft des Privatrechts ein weiteres Mal.[111] Die notwendige Vergesetzlichung der Verfassung als Voraussetzung ihrer Anwendbarkeit ist deshalb am Ende des Kaiserreiches erreicht, wenngleich dies noch mit großer praktischer Wirkungslosigkeit gepaart ist.

Das Verhältnis von Verfassung und einfachem Recht ändert sich grundlegend schon durch die Weimarer Reichsverfassung. Die breite und bekannte Debatte um das richterliche Prüfungsrecht in der Weimarer Republik[112] verdeckt, dass die Verfassung qualitativ sowohl durch den besonderen Verfassungsgeber als auch durch das besondere Verfahren der Verfassungsänderung vom einfachen Gesetz deutlich abgehoben wird.[113] Die Zulässigkeit der materiellen Verfassungsdurchbrechung[114] ändert daran nichts, da sie an die Verfahrensvoraussetzungen für eine Verfassungsänderung gebunden ist. Die verbreitete Ablehnung der Differenzierung von gesetzgebender Gewalt und verfassungsändernder Gewalt,[115] die in dem Satz von *Anschütz* gipfelt: „Die Verfassung steht nicht über der

---

[109] Daneben traten als weitere Überlegungen die Verankerung der Grundrechte in den Verfassungen der Mitgliedstaaten, die generelle Abneigung Bismarcks gegen Grundrechtsverbürgungen sowie die Tatsache, dass die Grundrechte bereits gesetzlich verwirklicht waren; vgl. auch *K. Remmele* Bürgerliche Freiheit ohne verassungsrechtliche Freiheitsverbürgungen? in: G. Dilcher u.a. (Hrsg.) Grundrechte im 19. Jahrhundert, 1982, S. 189ff., 192ff.

[110] *Grimm* Grundrechte (Fn. 107) S. 362; *ders.* Grundlagen (Fn. 107) S. 21.

[111] *Stolleis* Geschichte (Fn. 100) S. 330ff.; *W. Pauly* Der Methodenwandel im deutschen Spätkonstitutionalismus, 1993, S. 92ff.

[112] Vgl. hier nur *H. Wendenburg* Die Debatte um die Verfassungsgerichtsbarkeit und der Methodenstreit der Staatsrechtslehre in der Weimarer Republik, 1984, S. 43ff.; *Gusy* Prüfungsrecht (Fn. 94) S. 79ff.; *E.-R. Huber* Deutsche Verfassungsgeschichte, Bd. VI 1981, S. 564ff.; zum Hintergrund des Methodenstreits *M. Stolleis* Geschichte des öffentlichen Rechts in Deutschland, Bd. III, 1999, S. 153ff. mwN.

[113] Art. 76 WRV.

[114] *G. Anschütz* Kommentar zur Weimarer Reichsverfassung, 14. Aufl. 1933, Art. 76 Anm. 2; *Huber*, Verfassungsgeschichte VI (Fn. 112) S. 421ff.

[115] *Anschütz* Kommentar (Fn. 114) Art. 76 Anm. 4; *F. Stier-Somlo* Deutsches Reichs- und Landesstaatsrecht, I 1924, S. 665f.

Legislative, sondern zur Disposition derselben",[116] ist deshalb weniger als Beweis der Kontinuität zum Konstitutionalismus denn als Verkennung des tatsächlich eingetretenen Wandels zu verstehen.

Das materielle Prüfungsrecht wird in Konsequenz der veränderten Stellung der Verfassung von Anfang an im Grunde nicht als solches,[117] sondern lediglich in seiner Reichweite bestritten.[118] Die Verfassung ist daher – jedenfalls partiell – Prüfungsmaßstab und fungiert allgemein als verbindlicher Auslegungsmaßstab.[119] Deshalb hat das Reichsgericht in der Weimarer Republik für das Privatrecht offensichtlich in Anlehnung an die Konzeption *R. Smends*[120] die Grundrechte als Wertungsmaßstab bei der Auslegung von Generalklauseln in einer Weise herangezogen, die das Lüth-Urteil im Kern vorwegnimmt.[121] Prinzipiell wird damit schon in Weimar das Privatrecht entthront, wenngleich die Durchdringung der gesamten Rechtsordnung einschließlich des Privatrechts mit den Grundrechten erst das Werk des Bundesverfassungsgerichts ist.

2. *Verfassung und Gesetz in Frankreich*

Die Dominanz des einfachen Gesetzes im allgemeinen und des Privatrechts im besonderen lässt sich im 19. Jahrhundert idealtypisch auch in Frankreich beobachten. Sie wird dort sogar erst in jüngster Zeit gebrochen. Unter den Ursachen sticht zuallererst der permanente Wechsel der Verfassungsordnungen hervor. Die derzeit geltende Verfassung der V. Republik von 1958 ist jedenfalls bereits die 11. Verfassung seit der Revolu-

---

[116] *Anschütz* Kommentar (Fn. 114) Art. 76 Anm. 1; bezeichnend ist, dass dieser Satz wörtlich aus dem Lehrbuch zum Staatsrecht des Kaiserreiches übernommen wird: *Meyer/Anschütz* Lehrbuch (Fn. 90) S. 743.

[117] Für bestimmte Grundrechte war die Bindung des Gesetzgebers von Anfang an anerkannt, vgl. *R. Thoma* Grundrechte und Polizeigewalt, Festgabe PrOVG 1925, S. 183ff., 191ff.; *Kühne* Reichsverfassung (Fn. 96) S. 186f.; ferner kam dem StGH in bestimmten Fällen ein Prüfungsrecht zu s. *Anschütz* Kommentar (Fn. 114) Art. 70 Anm. 3; vgl. auch aus der Perspektive des Privatrechts *H. Stoll* Jherings Jahrbücher für Dogmatik des bürgerlichen Rechts 40 (1926) 134ff., 193ff.

[118] Die Debatte entzündete sich daran, ob allgemeine Gerechtigkeitsvorstellungen, insbesondere aufgrund des Gleichheitssatzes, ebenfalls als Maßstab eines richterlichen Prüfungsrechts fungieren konnten, s. *W. Heun* Der Staat 28 (1989) 377ff., 391.

[119] Vgl. *R. Thoma* Die juristische Bedeutung der grundrechtlichen Sätze der deutschen Reichsverfassung im allgemeinen, in: H. C. Nipperdey (Hrsg.) Die Grundrechte und Grundpflichten der Reichsverfassung, 1929 Bd. I, S. 1ff., 14, 30.

[120] *R. Smend* Verfassung und Verfassungsrecht (1928) in: *ders.* Staatsrechtliche Abhandlungen, 2. Aufl. 1968, S. 119ff., 264ff.

[121] RGZ 128, 92, 95; vgl. damit BVerfGE 7, 198, 205f.

tion von 1789.[122] Größere Kontinuität zeichnet hingegen die französische Erklärung der Menschen- und Bürgerrechte von 1789[123] insofern aus, als die neueren Verfassungen sie zu einem Bestandteil der Verfassung erhoben haben; dies gilt aber noch nicht für die Verfassungsgesetze der III. Republik von 1875.[124] Obwohl der *Abbé Sieyes* schon im 18. Jahrhundert die institutionelle Ausdifferenzierung des Verfassungsgebers rechtlich und verfassungstheoretisch im *pouvoir constituant* auf den Begriff bringt[125] und mit der *jury constitutionnaire* die Institutionalisierung einer Verfassungsgerichtsbarkeit vorschlägt,[126] bleibt den Freiheitsrechten wie den Verfassungen eine rechtlich verbindliche Wirkung bis in die V. Republik versagt. Als Programm der Revolution verabschiedet, sind die wesentlichen Forderungen der Déclaration bereits 1791 gesetzlich erfüllt.[127] Noch in der III. Republik werden die Freiheitsrechte ferner als absolute Rechte verstanden, die notwendig gesetzlicher Ausgestaltung bedürfen, um in der Rechtswirklichkeit anwendbar zu sein.[128] Die Freiheitsrechte kön-

---

[122] Die napoleonische acte additionnel von 1815, die provisorische Ordnung von 1870 bis 1875, die Ordnung des Vichy-Regimes und die Bestimmungen der Provisorischen Regierung 1944/45 sind dabei nicht einmal einbezogen; vgl. im übrigen die Texte in *C. Debbasch/J.-M. Pontier* (eds.) Les Constitutions de la France, 3. éd. 1996.

[123] Zu Entstehung und Inhalt vgl. hier nur *S.-J. Samwer* Die französische Erklärung der Menschen- und Bürgerrechte von 1789/91, 1970; *J. Sandweg* Rationales Naturrecht als revolutionäre Praxis, 1972; *M. Gauchet* Die Erklärung der Menschenrechte, 1991.

[124] Die Verfassungen von 1793, 1814 und 1830 haben dagegen eigenständige Grundrechtskataloge formuliert; zur Inkorporation in die Verfassung von 1958 noch im folgenden.

[125] *E.J. Sieyes* Politische Schriften 1788–1790, 1975, S. 54, 167, 214f., 250; vgl. dazu *K. Loewenstein* Volk und Parlament, 1922 (Ndr. 1964) S. 29ff.; *R. Redslob* Die Staatstheorien der französischen Nationalversammlung von 1789, 1912, S. 151ff.; *E. Zweig* Die Lehre vom Pouvoir Constituant, 1909, S. 118ff.; *P. Bastid* Sieyès et sa pensée, 1939, S. 375ff.; *T. Hafen* Staat, Gesellschaft und Bürger im Denken von Emmanuel Joseph Sieyes, 1994, S. 97ff.; zur Abgrenzung von *C. Schmitt* Verfassungslehre, 1928, S. 75ff., vgl. *S. Breuer* ARSP 70 (1984) 495ff.

[126] Der Entwurf einer Ordnung abgedruckt in: *P. Pasquino* Sieyes et l'invention de la Constitution en France, 1998, S. 193ff.; vgl. dazu *Bastid* Sieyes (Fn. 125) S. 379, 417ff.; *G. Burdeau* Traité de Science Politique, Bd. IV, 2. ed. 1969, S. 408ff.; *Hafen* Staat (Fn. 125) S. 216ff.

[127] Vgl. *R. Wahl* Der Staat 18 (1979) 321, 325ff.

[128] *M. Hauriou* Précis de droit constitutionnel, 2. éd. 1929, S. 631; *A. Esmein* Eléments de droit constitutionnel français et comparé, 8. éd. 1927/28, Bd. I, S. 600; die fehlende verfassungsrechtliche Verankerung in der III. Republik wurde so theoretisch noch untermauert; die Lehrbücher setzen sich allerdings intensiv mit der Menschenrechtserklärung von 1789 auseinander und bereiten so ihre Wiedereinfügung in die Verfassungen von 1946 und 1958 vor.

nen daher lediglich „*déclarations de principe*",[129] „*une simple promesse*"[130] sein. Die Verfassung wird insgesamt als bloße „*restriction ou obligation morale imposée au pouvoir législatif*"[131] verstanden.

Das zentrale Instrument des Staatsrechts ist nicht die Verfassung, sondern das Gesetz, das als Ausdruck der *volonté générale* und der Volkssouveränität gilt.[132] Die Verfassungsgesetze der III. Republik können – wie die Reichsverfassung von 1871 – durch einfaches Gesetz materiell geändert werden.[133] Wie schon der König bis zur Revolution, kann der Gesetzgeber kein Unrecht begehen.[134] Der Gesetzgeber ist folglich Exekutive und Judikative uneingeschränkt vorgeordnet.[135] Der Mythos des Gesetzes als Ausdruck der *volonté générale* ist so überwältigend, dass in der Revolutionszeit den Gerichten – allerdings auch in Fortführung monarchischer Traditionen – die Interpretation des Gesetzes verwehrt ist.[136] Erst der Code civil von 1804 erlaubt implizit[137] die Auslegung des Gesetzes durch den Richter bei der Rechtsanwendung.[138] Ein richterliches materielles Prüfungsrecht und eine verfassungskonforme Auslegung werden

---

[129] *Hauriou* Précis (Fn. 128) S. 631.

[130] *Esmein* Eléments (Fn. 128) S. 600.

[131] *Esmein* Eléments (Fn. 128) S. 601; die Verfassung wurde nicht als „*une règle de droit*" aufgefasst, s. *L. Favoreu/T. Renoux* Le contentieux constitutionnel des actes administratifs, 1992, Rn. 14; vgl. a. *K. Stahl* Die Sicherung der Grundfreiheiten im öffentlichen Recht der fünften französischen Republik, 1970, S. 7ff.

[132] Vgl. klassisch: *R. Carré de Malberg* La loi expression de la volonté générale, 1931 (Ndr. 1984).

[133] Die Verfassungsgesetze sind als gewöhnliche Gesetze ergangen; Art. 8 des Gesetzes vom 25. 2. 1875 sieht allerdings bei einer Revision die gemeinsame Beratung und Beschlussfassung beider Kammern vor; s. *A. Lebon* Das Verfassungsrecht der französischen Republik, 1909, S. 14, 134ff.; im übrigen gelten nach Art. 78 I RVerf 1871 für eine Verfassungsänderung im Bundesrat besondere Mehrheitserfordernisse.

[134] Vgl. *L. Favoreu* RDP 100 (1984) 1147ff., 1175; hier trifft sich die französische Tradition mit der Konzeption der englischen Parlamentssouveränität: „*An Act of Parliament can do no wrong, though it may do several things that look pretty odd*" *City of London v. Wood* 12 Mod 669, 687f. (1700) = 88 ER 1592, 1602; s.a. *H. Nenner* By Colour of Law, Legal Culture and Constitutional Politics in England 1660–1689, 1977, S. 55.

[135] S. *Esmein* Eléments (Fn. 128) S. 601; *Lebon* Verfassungsrecht (Fn. 133) S. 24; das entspricht der Lehre im deutschen Konstitutionalismus, vgl. *Schack* Prüfung (Fn. 94) S. 87f., 112, 118ff.

[136] Vgl. *M. Miersch* Der so genannte référé législatif, 2000, S. 28ff.; s.a. *M. Meyer-Mickeleit* Revision, Kassation und Final Appeal, Diss. jur. Freiburg 1996, S. 21.

[137] Art. 4 CC; dazu *Miersch* référé (Fn. 136) S. 34ff., 173ff.; s.a. *Meyer-Mickeleit* Revision (Fn. 136) S. 22f.

[138] Erst durch Gesetz vom 1. 4. 1837 wird der Cour de Cassation ausdrücklich die Kompetenz zur autonomen („souveränen") Interpretation des Gesetzes übertragen, *Miersch* référé (Fn. 136) S. 39f., 180ff.

daher bis in die V. Republik erst recht nicht in Betracht gezogen.[139] Neben diesen verfassungstheoretischen Vorrang des Gesetzes tritt insbesondere im Verhältnis zur Privatrechtsordnung die ganz praktische Tatsache, dass im Gegensatz zu den Verfassungen sowohl der Code civil als auch die anderen Kodifikationen des 19. Jahrhunderts nahezu unverändert bestehen bleiben. Diese Kontinuität der gesetzlichen Kodifikationen angesichts permanenter verfassungsrechtlicher Diskontinuität bewirkt, dass bis zur V. Republik der Code civil als Verfassung und Garantie der Freiheit angesehen wird und nicht die wechselnden politischen Verfassungen.[140] Selbst das Verwaltungsrecht zeichnet sich durch größere Kontinuität als das Verfassungsrecht aus[141] und kann daher seine Vorherrschaft behaupten.[142]

Diese traditionelle französische Konzeption der Verfassung und des Gesetzes hat sich im Gefolge der erstmaligen Geltendmachung eines materiellen Prüfungsrechts am Maßstab der Grundrechte durch den Conseil constitutionnel im Jahr 1971[143] grundlegend gewandelt. Die Architektonik der Rechtsordnung wurde durchgreifend umgestaltet. Die Nebenordnung der drei Normtypen der Verfassung, des Gesetzes und der Verordnung ist einer Hierarchisierung des Normengefüges gewichen.[144] Dabei ist die Verfassung als Normtyp und Prüfungsmaßstab nicht mit der Verfassungsurkunde gleichzusetzen. Vielmehr bilden vier Normenkomplexe, nämlich die Verfassung von 1958, die Déclaration des Droits de l'Homme et du Citoyen von 1789, die Präambel der Verfassung von 1946 und die *principes fondamentaux reconnus par les lois de la République* den *„bloc de constitutionnalité"*[145]. Damit sind vor allem die Grundrechte, die sich

---

[139] Ein erster Ansatz findet sich bei *G. Jéze* Rev. gén. d'adm. 53 (1895) 401 ff., 410 f.

[140] *J.-Y. Cherot* RFDC 5 (1991) 439 ff., 441.

[141] *G. Vedel* Discontinuité du droit constitutionnel et continuité du droit administratif: le rôle du juge, Mélanges M. Waline, 1974, 777 ff.; der berühmte Satz von *O. Mayer* Deutsches Verwaltungsrecht, 3. Aufl., Bd. I, 1924, S. X „Verfassungsrecht vergeht, Verwaltungsrecht besteht" gilt gerade auch für Frankreich.

[142] *L. Favoreu* RFDC 4 (1990) 72 ff., 81.

[143] Conseil Constitutionnel (CC), 16 juillet 1971, 71–44 DC; (Entscheidungen werden auch im folgenden ohne weiteren Nachweis zit. nach Recueil de jurisprudence constitutionnelle 1959–1993 éd. L. Favoreu); vgl. zu der Entscheidung näher vor allem *L. Favoreu/L. Philip* Les grandes décisions du Conseil constitutionnel, 9. éd. 1997, S. 249 ff.

[144] Vgl. dazu *L. Favoreu* Dualité ou unité d'ordre juridique, in: Conseil constitutionnel et Conseil d'Etat, Colloque, 1988, S. 145 ff., 155 ff.

[145] Dieser von *L. Favoreu* Le principe de constitutionnalité, Mélanges C. Eisenmann, 1975, 33 ff. geprägte Begriff hat sich inzwischen allgemein durchgesetzt; vgl. etwa *Favoreu/Renoux* contentieux (Fn. 131) Rn. 47 ff.

nicht nur aus der Deklaration ergeben, in den Rang der Verfassung erhoben worden.

Bedeutung und Position des Gesetzes im Normgefüge haben weitere einschneidende Veränderungen erfahren. Die Verfassung von 1958 hat zunächst in einem beinahe revolutionären Bruch[146] das Gesetz gegenüber der Verordnung abgewertet. Nach der ursprünglichen Konzeption der Art. 34, 37 Verf. 1958 standen die beiden Normtypen weitgehend selbständig nebeneinander. Dem Parlament waren nach Art. 34 lediglich bestimmte sachliche Materien zur umfassenden und einige weitere Materien zur Regelung der Grundprinzipien vorbehalten. Im übrigen kam der Exekutive nach Art. 37 ein autonomes Verordnungsrecht zu.[147] Verfassungspraxis und Rechtsprechung[148] haben durch die Begründung einer Wichtigkeitstheorie, die schon in der Begrifflichkeit an die Wesentlichkeitstheorie des Bundesverfassungsgerichts[149] erinnert, und durch die Ausweitung der Gesetzgebungsmaterien diese *dichotomie initiale* in eine Abgrenzung der Rechtsetzungsbefugnis nach der Bedeutung der Regelung[150] umgeformt. Die wesentlichen Entscheidungen werden dem Gesetz vorbehalten und die übrigen der Verordnung überlassen.[151] Damit wird im Wege einer *lecture unitaire*[152] eine klare Unterordnung des Verordnungsgebers unter den Gesetzgeber etabliert.

Normtheoretisch steht damit einem uneingeschränkten Vorrang der Verfassung und einer verfassungsrechtlichen Durchdringung der Rechtsordnung nichts mehr im Wege. Die Unterordnung des Gesetzes wird vom Verfassungsrat in Anknüpfung an die klassische Gesetzeskonzeption in die Worte gekleidet, dass das verabschiedete Gesetz „*n'exprime la vo-*

---

[146] Vgl. *A. de Laubadère/J.-C. Venezia/Y. Gaudemet* Traité de droit administratif, Droit administratif général, Bd. I, 15. éd. 1999, Rn. 656, 658: „*bouleversement juridique profond*".

[147] Zur ursprünglichen Konzeption s. *V. Schlette* JöR 33 (1984) 279ff., 289f.

[148] Beginnend mit CC, 27 novembre 1959, 59-1 L; wichtig auch CC, 30 juillet 1982, 82-143 DC; vgl. dazu jeweils auch *Favoreu/Philip* décisions (Fn. 143) S. 62ff., 528ff.

[149] Seit BVerfGE 33, 1: dazu hier nur *Böckenförde* Gesetz (Fn. 95) S. 382ff.; *W. Heun*, Staatshaushalt und Staatsleitung 1989, S. 157ff.

[150] Vgl. *T. Luchaire* AJDA 1979, 3ff., 5: „*le législateur a compétence pour ce qui est important et le gouvernement pour ce qui est secondaire*".

[151] Vgl. *V. Schlette* JöR 33 (1984) 279ff., 291ff.; *D. Rousseau* Droit du contentieux constitutionnel, 5. éd. 1999, S. 265ff.; *Favoreu* Dualité (Fn. 144) S. 165ff.; grundlegend der Sammelband von L. Favoreu (ed.) Le domaine de la loi et du règlement, 1977; dem Gesetz obliegt die *mise en cause*, der Verordnung die *mise en oeuvre*, s. *Favoreu/Philip* décisions (Fn. 143), S. 70, 534f.; *V. Schlette* Die verwaltungsgerichtliche Kontrolle von Ermessensakten in Frankreich, 1991, S. 147.

[152] Formulierung des Gegensatzes von *dichotomie initiale* und *lecture unitaire* bei *A. Hauriou/J. Gicquel/P. Gelard* Droit constitutionnel et institutions politiques, 7. éd. 1980, S. 1101.

lonté générale que dans le respect de la Constitution".[153] Freilich erschweren das Gerichts- und Rechtsmittelsystem sowie die Rechtsprechung der Obergerichte einstweilen noch die praktische Verwirklichung der theoretischen Verfassungssuprematie.

Verfassungs- und Verwaltungsgerichtsbarkeit sowie die ordentliche Gerichtsbarkeit stehen prinzipiell separat nebeneinander.[154] Der Conseil constitutionnel kann nur von Verfassungsorganen oder einem Teil der Abgeordneten angerufen werden[155] und verfügt lediglich über die Befugnis zu einer a priori-Normenkontrolle[156] am Maßstab der Verfassung, was seine politische Funktion[157] und die herkömmliche besondere Stellung des Gesetzes im Verfassungssystem akzentuiert. Durch seine Rechtsprechung hat sich der Conseil constitutionnel aber nach dem Vorbild anderer Verfassungsgerichte inzwischen zum *principal interprète de la Constitution*[158] erhoben und die für eine rechtliche Wirksamkeit notwendige „*juridicisation*"[159] der Verfassung erreicht. Eine verfassungsrechtliche Kontrolle der Entscheidungen anderer Gerichte, insbesondere des Conseil d'Etat[160] und der Cour de Cassation,[161] existiert jedoch nicht.

Die übrige Rechtsordnung wird darüber hinaus durch die Rechtsprechung der Obergerichte[162] von der Verfassung separiert. Conseil d'Etat[163]

---

[153] CC, 23 août 1985, 85–197 DC, cons. 27; vgl. auch die früher schwerlich denkbare, abwertende Definition von *J. Rivero* RIDC 33 (1981) 659ff., 661, das Gesetz sei „*expression de la volonté gouvernementale approuvée par une majorité solidaire.*".

[154] Vgl. zur Einführung den Überblick über das Gerichtssystem in *V. Constantinescu/U. Hübner* Einführung in das französische Recht, 1974, S. 13ff.

[155] *S. Bauer* Verfassungsgerichtlicher Grundrechtsschutz in Frankreich, 1998, S. 87f.; die Besonderheiten der Prüfung der *lois organiques* (s. ebd. S. 83f.) bleiben hier außer Betracht.

[156] Art. 61 Verf.; dazu *Bauer* Grundrechtsschutz (Fn. 155) S. 97ff. auch zu der Modifikation durch CC, 25 janvier 1985, 85–187 DC.

[157] *L. Favoreu* RDP 100 (1984) 1147ff., 1185.

[158] *L. Favoreu/T. Renoux* Rapport général introductif, in: La Cour de Cassation et la Constitution de la République, Actes du colloque des 9 et 10 décembre 1994, S. 15ff., 32.

[159] *Favoreu/Renoux* Rapport (Fn. 158) S. 19; s.a. *L. Favoreu* RDP 100 (1984), 1147ff., 1176.

[160] Zu Stellung und Funktionen des Conseil d'Etat vgl. hier nur *H. Reinhard* JöR 30 (1981) 73ff.; *W. Müller* AöR 117 (1992) 337ff.

[161] Die Cour de Cassation hat kraft der Verfassung als *gardien de la liberté individuelle* auch die Aufgabe des Schutzes individueller Rechte, so dass es insoweit zu Überschneidungen mit den Kompetenzen des Conseil d'Etat kommt, vgl. dazu *T.S. Renoux/M. de Villiers* Code constitutionnel, 1994, S. 521f., 530ff.; *F. Osman* Gazette du Palais 1990, 133ff.

[162] Der Conseil constitutionnel gilt nicht als Teil der Gerichtsbarkeit, *Favoreu/Renoux* contentieux (Fn. 131) Rn. 242.

und Cour de Cassation[164] überprüfen nämlich die Verfassungsmäßigkeit des Gesetzes grundsätzlich nicht. Die Beschränkung des Conseil constitutionnel auf die a priori-Kontrolle versperrt für die anderen Gerichte die a posteriori-Kontrolle, und die überragende Stellung des Gesetzes im Verfassungsdenken verstärkt die Unantastbarkeit des Gesetzes für die Gerichte noch. Plastisch spricht die französische Staatsrechtslehre davon, dass *la loi fait écran*[165], dass das Gesetz gegenüber der Verfassung einen Schirm bildet. Wohl aber berücksichtigt die Rechtsprechung der Fachgerichte die Verfassung auf der Ebene der Auslegung und Anwendung des Gesetzes. Da dies vom Conseil constitutionnel nicht überprüft werden kann, wird die Verfassung von allen drei Gerichtsbarkeiten autonom ausgelegt und angewendet.[166] Institutionell wird in der französischen Auffassung insofern scharf zwischen dem *juge constitutionnel* und dem *juge d'application de la loi* unterschieden.[167]

Gleichwohl lässt sich selbst in Frankreich eine *constitutionnalisation* der Rechtsordnung bis in das Zivilrecht hinein beobachten,[168] welche die klare Trennung der Ebenen der Verfassung und des Gesetzes wiederum zu verschleifen beginnt. Zahlreiche Momente tragen dazu bei. Erstens wird die Theorie des *loi écran* vom Conseil d'Etat an zwei Punkten durchlöchert. Einerseits prüft der Conseil d'Etat vorkonstitutionelle Gesetze, die also vor der Verfassung von 1958 in Kraft getreten sind, als leges priori am Maßstab des *bloc de constitutionnalité*[169], was die Cour de Cassation allerdings ablehnt,[170] so dass etwa der Code civil unberührt bleibt. Andererseits wird bei Verordnungen unmittelbar auf die Verfassung als Kontrollmaßstab zurückgegriffen, wenn das Gesetz keine hinreichend bestimmten Regeln enthält; der Schirm des Gesetzes wird hier durchsich-

---

163 C.E., 6 novembre 1936 – *Arrighi*, D. 1938.3.1., 8; C. E., 28 janvier 1972 – *Conseil transitoire de la Faculté des lettres de Paris*, Recueil Lebon 1972, S. 86f.

164 Vgl. z.B. Cass. civ., 20 décembre 1956, Bull. 464; Cass. civ., 1 octobre 1986, Bull. 222; vgl. *T.S. Renoux* Les garanties constitutionnelles de la répartition des compétences, in: La Cour de Cassation (Fn. 158) S. 77ff., 88ff.

165 Inzwischen allgemein akzeptierte Begriffsbildung von *G. Druesne* RDP 90 (1974) 169ff., 199.

166 *F. Luchaire* Rev. adm. 1979, 141ff., 144: „*juridiction souveraine*".

167 Vgl. *Favoreu/Renoux* contentieux (Fn. 131) Rn. 5ff.

168 *Favoreu* Dualité (Fn. 144) S. 159; *ders.* RFDC 4 (1990) 72ff., 85ff.; *C. Atias* RFDC 5 (1991) 434ff., 436.

169 Sog. *caducité de la loi*: C.E., 12 février 1960- *Société Eky*, D. jur. 1960, 263ff.; vgl. ferner *L. Favoreu* RFDA 5 (1989) 142ff., 146f.

170 Cass. crim., 1 juillet 1959, Bull. 335; Cass. crim., 18 novembre 1985, Bull. 359.

tig.[171] Zweitens hat der Conseil d'Etat von jeher bestimmte Verfassungsprinzipien schon früher als Elemente der *principes généraux du droit*, die als einfachrechtlicher Prüfungsmaßstab anerkannt sind, zur Anwendung gebracht.[172] Drittens ist die Geltung der Grundrechte im Privatrecht von den Gerichten anerkannt, so dass unbeschadet genauer Überlegungen zur dogmatischen Struktur der Einwirkung der Grundrechte im Privatrecht deren Wertungen Berücksichtigung finden.[173] Viertens bedient sich der Conseil constitutionnel gelegentlich des Instruments der verfassungskonformen Auslegung,[174] um eine Norm im Sinne des *favor legis* nicht für verfassungswidrig erklären zu müssen und zugleich um eine bestimmte Auslegung einer Norm in den anderen Gerichtsbarkeiten durchzusetzen. Diese sog. Interpretationsvorbehalte[175] werden von der Allgemeinverbindlichkeit nach Art. 62 al. 2 Verf. 1958[176] erfasst. Der Conseil constitutionnel nimmt die besondere Bindungswirkung des Art. 62 al. 2 Verf. 1958, dessen Regelung im wesentlichen § 31 I BVerfGG entspricht, generell für die tragenden Entscheidungsgründe in Anspruch.[177] Darunter fallen jedenfalls auch die Interpretationsvorbehalte. Conseil d'Etat[178] und

---

[171] *L'écran transparent*: *Favoreu/Renoux* contentieux (Fn. 131) Rn. 43, oder auch *l'écran apparent*, so *R. Chapus* Droit administratif général, 2 vols. 12. éd. 1998, I, Rn. 51.

[172] Vgl. *Favoreu/Renoux* contentieux (Fn. 131) Rn. 19; zur umstrittenen Qualifizierung dieser allgemeinen Prinzipien als *infra-législatifs* oder *législatifs* vgl. *C. Debbasch* Institutions et droit administratif, Bd. II 4. ed. 1998, S. 349f.; *Laubadère/Venezia/Gaudemet* Traité (Fn. 146) Rn. 869; *Chapus* Droit (Fn. 171) Rn. 140ff.; *J.-F. Lachaume* Les grandes décisions de la jurisprudence. Droit administratif, 1997, S. 91ff.

[173] *M. Frangi* Constitution et droit privé, 1992, S. 53ff.; *N. Molfessis* Le Conseil constitutionnel et le droit privé, Diss. Paris 1994; *E. Savoie* Frankreich, in: E. Grabitz (Hrsg.) Grundrechte in Europa und USA, Bd. I 1986, S. 203ff., 232f.; zur geringeren Bedeutung vor 1971 vgl. *J. Rivero* La protection des droits de l'homme entre personnes privées, Mélanges Cassin, Bd. III 1971, 311ff.

[174] CC, 17/18 juin et 24 juin 1959, 59–2 DC; CC, 23 novembre 1977, 77–87 DC, cons. 6; CC, 10/11 octobre 1984, 84–181 DC, cons. 44, 98; *Debbasch* Institutions (Fn. 172) S. 335; *Favoreu/Renoux* contentieux (Fn. 131) Rn. 43; *R. Arnold* JöR 38 (1989) 197ff., 203f.; *Bauer* Grundrechtsschutz (Fn. 155) S. 220ff.; umfassend jetzt *T. Di Manno* Le juge constitutionnel et la technique des décisions ‚interprétatives' en France et en Italie, 1997, S. 27ff.; allerdings war zunächst eine verfassungskonforme Auslegung relativ selten, s. *J.-Y. Cherot* RFDC 5 (1991) 439ff., 442; zur neuesten Entwicklung *Favoreu/Renoux* contentieux (Fn. 131) Rn. 298ff.; instruktive Tabelle aller Interpretationsvorbehalte bis 1996 in *Di Manno*, S. 480ff.

[175] *Décision „sous réserve d'interprétation"*

[176] Vgl. dazu *Renoux/Villiers* Code (Fn. 161) S. 477ff.; ferner *Favoreu/Renoux* contentieux (Fn. 131) Rn. 252ff.

[177] CC, janvier 1962, 62–18 L, cons. 1; ebenso: 2 septembre 1992, 92–312 DC, cons. 4.

[178] Die zentralen Entscheidungen sind: C.E. Ass., 20 décembre 1985, *S.A. Etablissments Outters*, D. jur. 1986, 1, 283, note *L. Favoreu*; C.E., 16 avril 1986, *Société méridionale*

Cour de Cassation[179] haben diese Bindungswirkung nach einigem Zögern für die verfassungskonforme Auslegung anerkannt, während dies für die zugrunde liegende sog. Doktrin des Conseil constitutionnel nach Auffassung von Conseil d'Etat[180] oder Cour de Cassation[181] nicht gilt. Faktisch wird die Rechtsprechung des Conseil constitutionnel ohnehin inzwischen weitgehend akzeptiert und übernommen, nachdem anfangs einzelne Divergenzen mit dem Conseil d'Etat und der Cour de Cassation[182] aufgetreten waren. Die Berücksichtigung der Entscheidungen des Conseil constitutionnel durch Conseil d'Etat und Cour de Cassation erfolgt gerade auch zur Sicherung der Einheitlichkeit der Rechtsprechung.[183] Dabei bezieht sich der Kassationshof ausdrücklich (*ouvertement*) auf die Verfassung in der Auslegung des Verfassungsrats, um den Text des einfachen Rechts zu „*infléchir, écorner ou étendre*".[184] Auch wenn der Kassationshof nicht auf eine Entscheidung des Verfassungsrates zurückgreifen kann, wird das einfache Recht unter Berücksichtigung der Vorschriften der Verfassung ausgelegt.[185] Diese „*correction constitutionnelle de la loi*"[186] hat zunehmend die Zivilrechtsordnung durchdrungen, so dass über das Verwaltungsrecht hinaus von einer „*jonction*"[187] von Verfassungsrecht und einfachem Recht in Frankreich gesprochen werden kann. Schließlich darf die vereinheitlichende Wirkung der EMRK nicht übersehen werden, die von allen Gerichten einheitlich als Prüfungsmaßstab angewendet wird.[188] Der Kon-

---

de participations bancaires industrielles et commerciales, Rec. 92; C.E., Ass., 11 mars 1994, *S. A. La Cinq*, RFDA 1994, 429, concl. *Frydmann*; vgl. a. *Favoreu/Philip*, décisions (Fn. 143) S. 178ff.; *Favoreu/Renoux* contentieux (Fn. 131) Rn. 298ff.

[179] Cass. civ., 28 juin 1995, *Bechta*, Bull. 221; cass. crim., 10 octobre 1996, Bull. 356; vgl. ferner *Favoreu/Philip* décisions (Fn. 143) S. 180ff.; gleiches gilt für den Tribunal des conflits, ebd., S. 182f.; *B. Poullain*, in: La Cour de Cassation (Fn. 158), S. 279f.

[180] *Favoreu* RFDA 3 (1987) 264ff., 269; *F. Luchaire* Rev. adm. 1979, 141ff., 144.

[181] Vgl. *B. Poullain*, in: La Cour de Cassation (Fn. 158) S. 280f.

[182] Zu der Divergenz bei polizeilichen Strafen vgl. *Renoux/Villiers* Code (Fn. 161) S. 481f.

[183] Vgl. *Favoreu* RFDA 3 (1987) 264ff., 269ff.; *ders.* RFDA 5 (1989) 142ff., 147ff.

[184] *M. Jeol* Les techniques de substitution, in: La Cour de Cassation (Fn. 158) S. 69ff., 74.

[185] Vgl. Cass. crim., 17 mai 1984, Bull. 183 als Beispiel für eine derartige (implizite) Korrektur des Gesetzes.

[186] *Jeol* techniques (Fn. 184) S. 73.

[187] *Chapus* Droit (Fn. 171) Rn. 138, 146; *G. Vedel* Actualité juridique – juin 1995, n° spécial, 11f., 11 für das Verwaltungsrecht.

[188] Vgl. *B. Genevois* RFDA 16 (2000) 715ff., 722ff.; generell zur Zulässigkeit der Prüfung der *conventionnalité* durch die Fachgerichte: für die ordentliche Gerichtsbarkeit s. *J. Rideau* L'interprétation par la Cour de Cassation de l'article 55 de la Constitution, in: La Cour de Cassation (Fn. 158) S. 227ff. mit Nachweisen der Rspr.; für die Verwaltungs-

sens bei der Anwendung der Verfassung ist daher tatsächlich größer als die normative und institutionelle Struktur vermuten lässt.

III. Gerichtssystem und Konstitutionalisierung der Rechtsordnung

Kontrastiert man die Entwicklungen und Systeme der USA, Deutschlands und Frankreichs auch im Vergleich mit weiteren Ländern, lassen sich einige Grundlinien und Strukturen herausfiltern.

Ausmaß und Intensität der Konstitutionalisierung,[189] also der verfassungsrechtlichen Durchdringung der Rechtsordnung, insbesondere des Privatrechts, hängen entscheidend vom Gerichts- und Rechtsmittelsystem ab. In einem Einheitssystem,[190] in dem das oberste Gericht zugleich Revisions- und Verfassungsgericht ist, bedarf dieses Gericht nicht des zuständigkeitsbegründenden Rückgriffs auf die Verfassung, um seine Auffassung durchzusetzen. Allenfalls zur Überwindung bundesstaatlicher Schranken seiner Revisionskompetenz kann das Verfassungsrecht zusätzlich erforderlich sein. In diese Richtung weist neben den USA auch das Beispiel des Schweizer Bundesgerichts, dessen verfassungsrechtliche Befugnisse allerdings zusätzlich begrenzt sind, da Art. 113 III BV a. F., der heute durch Art. 199 BV ersetzt ist, ein Prüfungsrecht für Bundesgesetze explizit ausschließt,[191] und wo die staatsrechtliche Beschwerde nur gegen kantonale Akte gerichtet werden kann.[192] Insgesamt bleibt in der Schweiz die verfassungsrechtliche Durchdringung des Privatrechts geringer als in

---

gerichtsbarkeit *Chapus* Droit (Fn. 171) I Rn. 186ff. mwN; *M. Long u. a.* Les grands arrêts de la jurisprudence administrative, 11. éd. 1996, S. 743ff. mit Abdruck der Entscheidung C.E. Ass., 20 octobre 1989, Nicolo; *O. Gohin* RFDA 16 (2000) 1175ff., 1183f.

[189] Vgl. jetzt *G.F. Schuppert/C. Bumke* Die Konstitutionalisierung der Rechtsordnung, 2000, S. 9ff.; vgl. auch *V. Schmidt* Konstitutionalisierung des Zivilrechts?, 61. DJT 1996, Bd. II/1, O 43ff.

[190] Zur Gegenüberstellung von dezentralisierter Normenkontrolle und dem zentralisierten System mit besonderen Verfassungsgerichten *M. Capelletti* The Judicial Process in Comparative Perspective, 1989, S. 132ff.

[191] *U. Häfelin/W. Haller* Schweizerisches Bundesstaatsrecht, 2. Aufl. 1988, Rn. 1806; *J.-F. Aubert* Bundesstaatsrecht der Schweiz, Bd. I 1991, Rn. 237ff.; *M. Imboden* Verfassungsgerichtsbarkeit in der Schweiz, in: H. Mosler (Hrsg.) Verfassungsgerichtsbarkeit in der Gegenwart, 1962, S. 506ff., 513f.; vgl. auch *ders.* Normenkontrolle und Norminterpretation, FS Huber, 1961, 133ff., 141: konstitutionelles Gesetzesprüfungsverbot; ferner *J.P. Müller* Die Verfassungsgerichtsbarkeit im Gefüge der Staatsfunktionen, VVDStRL 39 (1981) 53ff., 63ff.

[192] *Häfelin/Haller* Bundesstaatsrecht (Fn. 191) Rn. 1674ff.; *A. H. Schuler* JöR 19 (1970) 129ff., 149f.

Deutschland, obwohl die Drittwirkung im Privatrecht in der Lehre schon lange[193] und nunmehr durch Art. 35 Verf. 1998 explizit verfassungsrechtlich anerkannt ist.[194]

Die stärkste Einflussnahme und die schärfsten Konflikte ergeben sich in einem System wie dem deutschen, in dem die jeweiligen Rechtsgebiete und Kodifikationen einem eigenständigen Gerichtszweig anvertraut sind und ein davon unabhängiges Verfassungsgericht eingesetzt ist, das zugleich über eine uneingeschränkte materielle Normenkontrollbefugnis und eine verfassungsrechtliche Kontrollbefugnis über die Entscheidungen der Fachgerichte im Sinne der Urteilsverfassungsbeschwerde verfügt. Das Verfassungsgericht muss sich hier verfassungsrechtlicher Argumentationen bedienen, um Einfluss auf die Auslegung und Anwendung der einfachen Gesetze zu gewinnen. Da der Zugriff auf die fachgerichtlichen Entscheidungen durch das Verfassungsgericht nur mit dem scharfen Schwert des Verfassungsrechts erfolgen kann, ist in dieser institutionellen Struktur eine kaum begrenzbare Ausweitungstendenz verfassungsrechtlicher Ingerenz angelegt, deren Schranken eher durch institutionelle Kapazitätsgrenzen des Verfassungsgerichts als durch materiell-rechtliche Strukturen bestimmt werden.[195] Zudem fördert dieses System die Autonomieansprüche der beteiligten Gerichtsbarkeiten und verschärft Konflikte, da materielle Divergenzen und institutionelle Differenzen zusammenfallen. Die scharfen Kontroversen zwischen Bundesverfassungsgericht und Bundesgerichtshof in den Fragen der Nötigung[196] und des Eigentumsrechts[197] sind dafür treffende Beispiele. Andererseits erfüllt in

---

[193] Vgl. *H. Huber* Die Bedeutung der Grundrechte für die sozialen Beziehungen unter den Rechtsgenossen (1955) in: *ders.* Rechtstheorie, Verfassungsrecht, Völkerrecht 1971, S. 139ff.; *J.P. Müller* Die Grundrechte der Verfassung und der Persönlichkeitsschutz des Privatrechts, 1964, S. 160ff.; *G. Müller* Zentralblatt f. schweiz. Staats- und Verwaltungsrecht 79 (1975) 233ff.; *W. Kälin* Verfassungsgerichtsbarkeit in der Demokratie, 1987, S. 69ff.

[194] Dagegen ist die vereinheitlichende Wirkung auch der verfassungsgerichtlichen Kontrollbefugnisse insgesamt wesentlich höher zu veranschlagen, s. *B. Knapp* ZSR NF 94 (1975) II, 207ff.; *Müller* Verfassungsgerichtsbarkeit (Fn. 193) 71.

[195] Die Formel, dass das Bundesverfassungsgericht kein Superrevisionsgericht sei, bringt das deutlich zum Ausdruck.

[196] Vgl. hier nur aus der Lit. mwN zur Rspr. *V. Krey/S. Jäger* NStZ 1995, 542ff., *K. Amelung* NStZ 1996, 230f.; *R. Herzberg* Goltdammer's Archiv 1996, 557ff.; *R. Scholz* NStZ 1995, 417ff.; *J. Arnold* JuS 1997, 289ff.

[197] Vgl. zum Konflikt über die Abgrenzung von Inhalts- und Schrankenbestimmung zur Enteignung nur *B.-O. Bryde* JbRSoz 11 (1987) 384ff.; erst mit BVerfGE 58, 300 hat das Gericht zu einer eigenständigen Eigentumskonzeption gefunden, die sich von den zivilistischen Konstruktionen löst; zum „Mietrecht des BVerfG" *G. Roellecke* NJW 1992,

einem derart differenzierten Gerichtssystem die Verfassungsrechtsprechung eine Integrationsfunktion unter dem Dach der Verfassung,[198] die von der Institution eines Gemeinsamen Senats der Obersten Gerichtshöfe[199] nur unzureichend geleistet werden könnte. Neben der Bundesrepublik lässt sich für dieses Muster exemplarisch Spanien anführen, das insoweit sowohl die Konstruktion der Verfassungsgerichtsbarkeit als auch die Verfahrensarten am deutschen Vorbild orientiert hat.[200] Auch die verfassungsrechtliche Diskussion etwa über die Drittwirkung ist von der deutschen Debatte geprägt.[201] Nur infolge der beinahe 30 Jahre späteren Einführung dieses Systems ist die Entwicklung zeitlich verschoben und die Durchdringung der Rechtsordnung noch nicht so weit fortgeschritten.

Die anderen Systeme liegen zwischen diesen Extremen. Das gilt für Frankreich und Italien, die sich gleichfalls durch eine selbständige Verfassungsgerichtsbarkeit neben anderen Gerichtsbarkeiten auszeichnen. Hier bestehen zwar unterschiedliche Normenkontrollbefugnisse, die in Italien vor allem eine repressive Normenkontrolle[202] im Unterschied zu Frankreich vorsehen; entscheidend ist jedoch, dass in beiden Systemen eine unmittelbare verfassungsrechtliche Überprüfung der Entscheidungen der Fachgerichte nicht stattfindet. Das beschränkt die Einflussmöglichkeiten der Verfassungsgerichte erheblich. Verbindlichkeit entfalten nur die Normenkontrollentscheidungen der Verfassungsgerichte.[203] Nichtig-

---

1649ff.; *S. Oeter* AöR 119 (1994) 529ff., 551ff.; das Unverständnis vieler Zivilrechtler ist auch Ausdruck des schmerzlich empfundenen Verlusts der Definitionskompetenz im Eigentumsrecht gegenüber der Dominanz der Zivilistik im 19. Jh.

[198] Vgl. *M. Morlok* „Big Brother" oder Zivilrecht: Verfassungsstaat in: H.-J. Bauer u.a. (Hrsg.) Zivilrecht – Sonne oder Planet der Rechtsordnung?, 2000, S. 25ff., 46ff.

[199] Vgl. dazu *K. Miebach* Der Gemeinsame Senat der Obersten Gerichtshöfe des Bundes, 1971, S. 86 ff.; *M. Schulte* Rechtsprechungseinheit als Verfassungsauftrag, 1986, S. 38ff.

[200] Vgl. *A. Weber*, JöR 34 (1985) 245ff.; *M. Reckhorn-Hengemühle* Der spanische „Recurso de Amparo" und die deutsche Verfassungsbeschwerde, Diss. jur. Osnabrück 1987, S. 55; *T. P. Knaak* Der Einfluss der deutschen Verfassungsgerichtsbarkeit auf das System der Verfassungsgerichtsbarkeit in Spanien, Diss. jur. Hamburg 1995, S. 18ff.

[201] Vgl. *K.-P. Sommermann* Der Schutz der Grundrechte in Spanien nach der Verfassung von 1978, S. 234ff.; *Knaak* Einfluss (Fn. 200) S. 203ff.; *J. Ferrer i Riva/P. Salvador Coderch* Vereinigungen, Demokratie und Drittwirkung, in: v. Münch/dies., Zur Drittwirkung der Grundrechte, 1998, S. 33ff., 65ff.

[202] *J. Luther* Die italienische Verfassungsgerichtsbarkeit, 1990, S. 76ff.; *M. Dietrich* Der italienische Verfassungsgerichtshof, 1995, S. 128ff.

[203] Zu Frankreich s.o. Fn. 176; in Italien bestimmt dies Art. 136 Verf. vgl. näher *Luther* Verfassungsgerichtsbarkeit (Fn. 202) S. 130ff.; *Dietrich* Verfassungsgerichtshof (Fn. 202) S. 169f.

keitserklärungen greifen aber nur begrenzt in die Struktur der anderen Rechtsgebiete ein, da die auftretenden Lücken und Änderungen systemimmanent geschlossen und bewältigt werden können. Die Kritik an zu weit greifenden Entscheidungen des Bundesverfassungsgerichts in Deutschland setzt infolgedessen kaum jemals an Nichtigkeitserklärungen an.[204]

Das wichtigste Instrument zur Beeinflussung der Rechtsprechung der Fachgerichte ist daher in diesen Ländern die verfassungskonforme Auslegung geworden, die hier andere Funktionen erfüllt als in den beiden anderen Systemtypen. In der Schweiz[205] und in den USA spielt die verfassungskonforme Auslegung eine begrenzte Rolle; sie dient in Amerika in erster Linie negativ dazu, dem Supreme Court die Aufhebung eines Gesetzes zu ersparen,[206] ist also Ausdruck eines verfassungsrechtlichen *favor legis*[207] und betrifft damit allein das Verhältnis zum Gesetzgeber. Verbindlichkeit erwächst der Auslegung des Supreme Court kraft der Präzedenzwirkung, der sog. *stare decisis* Regel, unabhängig von ihrer Qualifizierung als verfassungsgeboten.

In Frankreich tritt diese Überlegung des *favor legis* zurück, die verfassungskonforme Auslegung ist das einzige Mittel, positiv die Auslegung des einfachen Rechts durch die anderen Gerichte zu steuern.[208] Auch in Italien erfüllt die verfassungskonforme Auslegung diese Steuerungsfunktion[209] und hat dementsprechend den schärfsten Konflikt mit dem obersten Gerichtshof ausgelöst.[210] Anders als in Frankreich hat der italienische Verfassungsgerichtshof auch seine Entscheidungsaussprüche bei

---

[204] Vgl. beispielsweise die besonders heftige Attacke von *U. Diederichsen* AcP 198 (1998) 171ff.; vgl. auch *H.-M. Pawlowski* Verfassungsgerichtsbarkeit und Privatrecht, in Wolter/Riedel/Taupitz (Hrsg.) Einwirkungen der Grundrechte auf das Zivilrecht, Öffentliche Recht und Strafrecht, 1999, S. 39ff. (41ff.).

[205] Vgl. *Imboden* Normenkontrolle (Fn. 191) S. 138ff.; und insbes. im Hinblick auf die Durchsetzung der Drittwirkung *G. Müller* Zentralbl. f. Schweiz. Staats- und Verwaltungsrecht 79 (1975) 233ff., 241; *Kälin* Verfassungsgerichtsbarkeit (Fn. 193) S. 70.

[206] *Granada County v. Brown* 112 U. S. 261, 268f. (1884); *Knights Templars & M. Life Indemnity Co. v. Jarman* 187 U. S. 197, 205 (1902); *Ashwander v. Tennessee Valley Authority,* 297 U.S. 288, 341, 346ff. (1936) – Brandeis diss.; *Rescue Army v. Municipal Coast,* 331 U.S. 549, 569 (1947); *Commodity Futures Trading Commission v. Schor,* 478 U.S. 833, 841 (1985); erster Ansatz bereits *Mossman v. Higginson* 4 U.S. (4 Dall.) 12, 14 (1800).

[207] Vgl. auch BVerfGE 2, 266, 282; ständige Rspr.

[208] Vgl. die besondere Kategorie der *décisions interprétatives directives* bei *Di Manno* Juge (Fn. 174) S. 275ff.; s. ferner o. Fn. 177.

[209] Vgl. *Dietrich* Verfassungsgerichtshof (Fn. 202) S. 95ff.; *Luther* Verfassungsgerichtsbarkeit (Fn. 202) S. 118.

[210] Eingehend *Luther* Verfassungsgerichtsbarkeit (Fn. 202) S. 156, 164ff.; *S. Stuth/ M. Siclari* EuGRZ 1989, 389ff., 392.

Normenkontrollen in einer Weise ausdifferenziert,[211] die an das deutsche System erinnert, wobei allerdings das Verhältnis zum Gesetzgeber im Vordergrund steht. In der Entscheidungspraxis des Bundesverfassungsgerichts kommt der verfassungskonformen Auslegung als Steuerungselement[212] kein so hoher Stellenwert zu, da ohnehin die Entscheidungen der anderen Gerichte aufgehoben werden können, so dass in Annäherung an das US-System der *favor legis* und die Funktion der Zuständigkeitsabwehr bei Richtervorlagen eine wesentliche Rolle spielen.[213]

IV. Resümee

Die Funktionsunterschiede der verfassungskonformen Auslegung zeigen exemplarisch, dass dieselben Rechtsfiguren in unterschiedlichen Systemen eine andere Bedeutung gewinnen. Zugleich erweisen sich derartige Instrumente in der langfristigen historischen Perspektive als sekundär. Trotz aller strukturellen und dogmatischen Divergenzen überrascht die Parallelität der Entwicklungen. Obwohl Vorrang der Verfassung, materielles Prüfungsrecht und Vergesetzlichung der Verfassung in den USA und in Europa in großem zeitlichen Abstand verwirklicht werden, setzt eine allmähliche Durchdringung der übrigen Rechtsordnung durch die Verfassungen frühestens in den sechziger Jahren des 20. Jahrhunderts ein, während im 19. Jahrhundert die Privatrechtsordnung in jeder Hinsicht dominierend ist. Seitdem schreitet die Konstitutionalisierung der Rechtsordnung überall voran, am wenigsten wohl in den USA[214]. Der trotz der strukturellen Unterschiede große Gleichklang in diesem Prozess der Konstitutionalisierung ist letztlich auf gesellschaftliche und politische Entwicklungen zurückzuführen, deren Untersuchung den Rahmen dieses Vortrages sprengen würde. Aufs Ganze gesehen verdeckt jedoch die so

---

[211] *Dietrich* Verfassungsgerichtshof (Fn. 202) S. 94ff.; *S. Stuth/M. Siclari* EuGRZ 1989, 389ff., 390f.; *P. Biscaretti di Ruffia* Diritto costituzionale 15. ed. 1989, S. 677ff.; *U. Stoy-Schnell* Das Bundesverfassungsgericht und die Corte costituzionale, 1998, S. 155ff.; mit scharfer Kritik *G. Zagrebelsky* Die legislativen Entscheidungen des italienischen Verfassungsgerichtshofs, in: D. Deiser u.a. (Hrsg.) Ordnungsmacht, 1981, S. 298ff.

[212] Dazu allg. *K. Schlaich/S. Korioth* Das Bundesverfassungsgericht, 5. Aufl. 2001, Rn. 428ff.

[213] BVerfGE 2, 266 (282); 96, 315 (324); *W. Heun* AöR 122 (1997) 610, 618f. mwN.

[214] Allerdings ist dies bereichsspezifisch sehr verschieden; das Strafprozessrecht ist außerordentlich stark verfassungsrechtlich geprägt, vgl. hier nur *Burnham* Introduction (Fn. 73) S. 285ff.; *N. Schmid* Strafverfahren und Strafrecht in den Vereinigten Staaten, 2. Aufl. 1993, S. 97ff.

eindrückliche Logik des Stufenbaus der Rechtsordnung[215] die methodischen und sachlichen Verflechtungen der verschiedenen Rechtskreise. Die Beziehung von Verfassungsrecht und einfachem Recht ist kein einseitiges Subordinationsverhältnis[216], sondern ein komplexes Wechselspiel mit zahlreichen Bestimmungsfaktoren.

---

[215] Die von *A. Merkel* (vgl. hier nur *ders.* Das Recht im Lichte seiner Anwendung (1917) in: Wiener Rechtstheoretische Schule Bd. I, 1968, S. 1167ff.) und *H. Kelsen* (vgl. hier nur Reine Rechtslehre 2. Aufl. 1960, S. 228ff.; dazu wiederum nur *H. Dreier* Rechtslehre, Staatssoziologie und Demokratietheorie bei Hans Kelsen, 1986, S. 129ff.) entwickelte prononcierte These hat sich inzwischen auch in Frankreich durchgesetzt: vgl. emphatisch *L. Favoreu* RDP 100 (1984) 1147ff., 1174: „*Au commencement était Kelsen*".

[216] Pointiert anders *M. Jestaedt* Grundrechtsentfaltung im Gesetz, 1999, S. 17: „nicht Koordination, sondern Subordination".

Leitsätze des 3. Berichterstatters über:

Verfassungsrecht und einfaches Recht - Verfassungsgerichtsbarkeit und Fachgerichtsbarkeit

I. Das Verhältnis von Verfassungsrecht und Common Law

1. Die Formulierung eines Vorrangs des Common Law vor Parlamentsgesetzen in Bonham's Case von 1610 ist der Ausgangspunkt für die Entwicklung des Vorrangs der Verfassung und eines richterlichen Prüfungsrechts. Im 17. Jahrhundert lag darin aber nur eine Maxime für die Interpretation der Rechtsetzungsakte des Parlaments, die sich nicht fundamental von der heutigen Interpretationspraxis englischer Gerichte unterscheidet. Zudem hat die Theorie der Parlamentssouveränität umgekehrt den Vorrang des Gesetzes durchgesetzt.

2. In Amerika hat Bonham's Case jedoch als Präzedenzfall für die Begründung des Vorrangs der Verfassung und des richterlichen Prüfungsrechts gewirkt. Voraussetzung war die brillante Erfindung, Verfassunggebung und Gesetzgebung institutionell und verfahrensrechtlich zu trennen, die Verfassungsänderung einem besonderen Verfahren zu unterwerfen und die Verfassungsnormen in einer schriftlichen Verfassungsurkunde zusammenzufassen.

3. Die Idee des Vorrangs der Verfassung und seiner Verwirklichung durch judicial review *wird von den einzelstaatlichen Gerichten und vom Supreme Court schon vor Marbury v. Madison (1803) anerkannt. Diese Entscheidung formuliert den Gedanken lediglich für Bundesgesetze besonders eindrücklich und leitet den Prozess der Vergesetzlichung der Verfassung ein, der die Verfassung erst zum integralen Bestandteil der allgemeinen Rechtsordnung werden lässt. Der absolute Suprematieanspruch der Verfassungsauslegung durch den Supreme Court wird erst nach dem 2. Weltkrieg erhoben.*

4. Trotz des formellen Vorrangs der Verfassung wirkt das Verfassungsrecht lange Zeit kaum unmittelbar auf das Common Law ein, vielmehr wird die Verfassung gerade durch die zunehmende Ausübung des richterlichen Prüfungsrechts vom Common Law dominiert. Das ändert sich erst im New Deal und durch die Rechtsprechung des Warren Court seit den sechziger Jahren des 20. Jahrhunderts.

5. Privatrecht und Verfassungsrecht bleiben weitgehend autonome Rechtsordnungen, da eine Privatwirkung der Grundrechte nur in den engen Grenzen der state action*-Doktrin angenommen wird. Die Notwendigkeit einer Zu-*

rechnung des Privatrechtshandelns zum Staat hält die Zivilrechtsordnung weitgehend von einer einzelfallbezogenen verfassungsrechtlichen Abwägung der jeweils betroffenen Grundrechte frei. Ein maßgebender Beweggrund dieser Konstruktion ist die Verschränkung der Grundrechtswirkung mit bundesstaatlichen Kompetenzfragen. Hinzu treten als Gründe die Ausgestaltung des Gerichtssystems sowie die richterrechtliche Struktur des Common Law.

II. Das Verhältnis von Verfassungsrecht und einfachem Recht in den kontinentalen westeuropäischen Rechtsordnungen

1) Die deutsche Entwicklung bis zur Weimarer Republik

6. Im Kontrast zu den USA fehlen im deutschen Konstitutionalismus die wesentlichen Voraussetzungen für eine verfassungsrechtliche Durchdringung der Rechtsordnung. Verfassunggebung und Verfassungsänderung sind institutionell und verfahrensrechtlich nicht gegenüber der Gesetzgebung herausgehoben. Die Verfassung besitzt keinen Vorrang gegenüber dem Gesetz, sondern kann jederzeit durch Gesetz materiell abgeändert werden. Ein materielles Prüfungsrecht existiert nicht. Die Grundrechte bilden für die Gesetzgebung nur eine programmatische Leitlinie.

7. Verfassung und Grundrechte dienen nicht als verbindlicher Auslegungsmaßstab, sie können allenfalls im Sinne einer systematischen Auslegung wie andere Normen ergänzend zur Auslegung herangezogen werden. Nicht die Verfassung hat Vorrang vor dem Gesetz, sondern es gilt umgekehrt faktisch ein Vorrang des Gesetzes. Das Privatrecht beansprucht im 19. Jahrhundert in systematischer Ausbildung, wissenschaftlicher Bedeutung und als Instrument der Freiheitssicherung materiellen Vorrang. Allerdings wird von der Staatsrechtswissenschaft im Kaiserreich von 1871 die notwendige Vergesetzlichung der Verfassung als Voraussetzung ihrer Anwendbarkeit erreicht.

8. Das Verhältnis von Verfassung und einfachem Recht ändert sich grundlegend schon durch die Weimarer Reichsverfassung, auch wenn sich in der Literatur traditionelle Auffassungen noch länger halten. Die Verfassung ist – jedenfalls partiell – schon Prüfungsmaßstab und fungiert als verbindlicher Auslegungsmaßstab.

2) Verfassung und Gesetz in Frankreich

9. In Frankreich gilt ebenfalls verfassungstheoretisch und praktisch im 19. Jahrhundert der Vorrang des Gesetzes, das Ausdruck der volonté générale *ist. Bis in die V. Republik wird der weitgehend unveränderte Code civil von 1804 als Verfassung und Garantie der Freiheit angesehen, nicht aber die vielfach wechselnden Verfassungsgesetze. Ein richterliches Prüfungsrecht kommt ebensowenig auf wie der Gedanke einer verfassungskonformen Auslegung.*

10. In Frankreich setzt die Wende erst 1971 ein. Seitdem wird nicht nur vom Conseil constitutionnel ein materielles Prüfungsrecht am Maßstab der Grundrechte ausgeübt, vielmehr ist die Architektonik der Rechtsordnung grundlegend umgestaltet worden. Die Nebenordnung der drei Normtypen der Verfassung, des Gesetzes und der Verordnung ist einer Hierarchisierung des Normengefüges gewichen. Die Kompetenzbereiche des Verordnungs- und des Gesetzgebers werden nicht mehr nach Sachgebieten, sondern nach der Bedeutung einer Regelung abgegrenzt.

11. Die praktische Verwirklichung der Verfassungssuprematie wird jedoch durch mehrere Faktoren erschwert. Verfassungs- und Verwaltungsgerichtsbarkeit sowie die ordentliche Gerichtsbarkeit stehen prinzipiell separat nebeneinander. Außerdem wird die Verfassungsmäßigkeit des Gesetzes nur vom Conseil constitutionnel, nicht aber von Conseil d'Etat und Cour de Cassation überprüft. Diese Gerichte berücksichtigen die Verfassung indes bei der Auslegung und Anwendung des Gesetzes.

12. Obwohl die Auslegung und Anwendung der Verfassung durch die Fachgerichte keiner Kontrolle des Conseil constitutionnel unterliegt, orientieren sich die Fachgerichte faktisch heute weitgehend an dessen Rechtsprechung. Deshalb lässt sich in Frankreich eine allmähliche „constitutionnalisation“ *der Rechtsordnung beobachten, die auch das Privatrecht erfasst.*

III. Gerichtssystem und Konstitutionalisierung der Rechtsordnung

13. Ausmaß und Intensität der Konstitutionalisierung der Rechtsordnung, insbesondere des Privatrechts, hängen entscheidend vom Gerichts- und Rechtsmittelsystem ab. Im Einheitssystem, in dem das oberste Gericht zugleich Revisions- und Verfassungsgericht ist, bedarf dieses nicht des zuständigkeitsbegründenden Rückgriffs auf die Verfassung, um seine Auffassung durchzusetzen. Das Verfassungsrecht kann allenfalls zur Überwindung bundesstaatlicher Schranken erforderlich sein. Die Konstitutionalisierung der Rechtsordnung wird in diesem System minimiert.

14. Die verfassungsrechtliche Durchdringung der Rechtsordnung ist in Systemen wie dem deutschen am weitesten fortgeschritten, in denen neben die Fachgerichtsbarkeiten ein unabhängiges Verfassungsgericht tritt, das zugleich über eine uneingeschränkte materielle Normenkontrollbefugnis und eine verfassungsrechtliche Kontrollbefugnis gegenüber den Entscheidungen der Fachgerichte verfügt.

15. Systeme, in denen ebenfalls Verfassungs- und Fachgerichtsbarkeit selb-

ständig institutionalisiert sind, aber eine unmittelbare Kontrolle der Fachgerichtsentscheidungen fehlt, liegen zwischen den vorgenannten beiden Extremen. Hier gewinnt die verfassungskonforme Auslegung eine unersetzliche Steuerungsfunktion.

IV. Resümee

16. Trotz aller strukturellen und dogmatischen Divergenzen verlaufen die Entwicklungen in den verschiedenen Ländern in einer langfristigen historischen Perspektive überraschend parallel. Die Konstitutionalisierung der Rechtsordnung setzt frühestens in den sechziger Jahren des 20. Jahrhunderts ein, während im 19. Jahrhundert die Privatrechtsordnung überall und in jeder Hinsicht dominierend ist. Die Beziehung von Verfassungsrecht und einfachem Recht ist kein einseitiges Subordinationsverhältnis, sondern ein komplexes Wechselspiel mit zahlreichen Bestimmungsfaktoren.

Erster Beratungsgegenstand:

Verfassungsrecht und einfaches Recht – Verfassungsgerichtsbarkeit und Fachgerichtsbarkeit

4. Bericht von Prof. Dr. *Georg Hermes*, Frankfurt am Main

Inhalt

I. Das Verhältnis zwischen Verfassung und einfachem Recht als Problem der Harmonisierung von materiellem Verfassungsrecht und Kompetenzordnung

1. Grundrechtswirkungen im Einzelfall als Problem der Grundrechtsbindung aller staatlichen Gewalten

Die „Weichenstellung"[1] des Lüth-Urteils[2] hat dazu geführt, dass sich heute jede Rechtsfrage auch als potenzielle Grundrechtsfrage stellt. Die Bezeichnungen variieren: Ausstrahlungs- und Wechselwirkung[3] oder neuerdings „interpretationsleitende" Berücksichtigung der Grundrechte,[4] verfassungskonforme oder verfassungsorientierte[5] Auslegung und Anwendung[6] des einfachen Gesetzesrechts. Der Kern des so oder ähnlich bezeichneten Gebotes ist stets derselbe: Alle Rechtsanwendungsinstanzen haben bei der Auslegung und Anwendung des einfachen Rechts verfassungs-, insbesondere grundrechtlichen Anforderungen Rechnung zu tragen.[7] Dieses Gebot hat unter der kontrollierenden Aufsicht des Bundesverfassungsgerichts zu einem umfassenden, grundsätzlich alle Berei-

---

[1] Treffend hat *Wahl* FS Bundesverfassungsgericht I, 2001, 461, 487, das Lüth-Urteil als „Weichenstellung" in einem gehaltvollen Sinne bezeichnet, weil es nicht nur eine dogmatische Figur oder Ähnliches entwickelt, sondern ein neues Grundrechts- oder Verfassungsverständnis eingeleitet hat; mit gutem Grund bezeichnet *Hennis* JZ 1999, 485, 492, die Lüth-Entscheidung als „*das* Urteil des Karlsruher Gerichts, über das das Gericht erst geworden ist, was es ist".

[2] BVerfGE 7, 198, 203ff.

[3] Die Auslegung der das Grundrecht der Meinungsfreiheit einschränkenden gesetzlichen Bestimmungen „im Lichte des eingeschränkten Grundrechts", die dessen wertsetzende Bedeutung auch auf der Rechtsanwendungsebene zur Geltung kommen lassen soll, führt in der Regel zu einer fallbezogenen Abwägung zwischen dem Grundrecht der Meinungsfreiheit und dem vom grundrechtsbeschränkenden Gesetz geschützten Rechtsgut; siehe dazu nur BVerfGE 86, 1, 10f.

[4] BVerfGE 99, 185, 196.

[5] *Schlaich/Korioth* Das Bundesverfassungsgericht, 5. Aufl. 2001, Rn. 428ff., 436.

[6] So wird etwa bei Eingriffen in die Kunstfreiheit durch strafgerichtliche Verurteilung eine zutreffende Abwägung der aufeinander treffenden Rechtspositionen im Einzelfall verlangt; so etwa BVerfGE 67, 213, 223; 81, 278, 289f.

[7] Zusammenfassend BVerfGE 96, 345, 367: „Die Grundrechte verlangen Beachtung nicht nur bei der Schaffung einer Norm und ihrer Kontrolle, sondern auch bei der Anwendung einer verfassungsgemäßen Norm in der konkreten Lage eines Einzelfalles." Nach der Aufzählung einiger Entscheidungen zu dem grundrechtlichen Gebot, die gesetzlichen Voraussetzungen für Eingriffe im Einzelfall nicht zu „überspannen", und zu dem Gebot, der „Wirkkraft" von Grundrechten bei der richterlichen Verfahrensgestaltung Rechnung zu tragen, heißt es dann: „Es kann mithin ein selbständiger – von der Normenkontrolle unabhängiger – Anlass zur Beachtung von Grundrechten vorliegen."

che des Rechts betreffenden Prozess der Durchdringung und Überlagerung durch das Verfassungsrecht geführt.

Dieser Prozess der Konstitutionalisierung[8] sieht sich zunehmender Kritik vonseiten derjenigen ausgesetzt, die die verschiedenen Bereiche des einfachen Rechts anwenden und wissenschaftlich begleiten.[9] Von der „Kontamination" des allgemeinen Verwaltungsrechts durch die Rechtsprechung des Bundesverfassungsgerichts[10] über die „Kolonisierung" des Privatrechts[11] bis hin zur grundrechtlichen „Gleichschaltung" des gesamten Gesetzesrechts[12] reichen die Formulierungen, mit denen diese Kritik vorgetragen wird.[13] Hinter solcher Rhetorik lassen sich zwei grundlegende Tendenzen erkennen: Zum einen geht es vor dem Hintergrund gewachsener, auf eine lange Tradition vor dem neuen Verfassungsrecht des Jahres 1949 zurückblickender, in großen Kodifikationen bewahrter Strukturen[14] um nicht weniger als um die Autonomie des einfachen Rechts[15]. Zum anderen ist die verbreitete Sorge um die Rechtssicherheit

---

[8] *Schuppert/Bumke* Die Konstitutionalisierung der Rechtsordnung, 2000, S. 36ff.

[9] Aus der Perspektive des Zivilrechts z.B. *Diederichsen* in: Starck (Hrsg.) Rangordnung der Gesetze, 1995, S. 39ff.; *ders.* AcP 198 (1998) 171ff.; *Zöllner* AcP 196 (1996) 1ff.; *Medicus* AcP 192 (1992) 35ff.; *Schmidt* KritV 78 (1995) 424ff.; aus strafrechtlicher Sicht vgl. nur *Tröndle* FS Odersky (1996) 259ff.

[10] *Fischer* Die Auswirkungen der Rechtsprechung des Bundesverfassungsgerichts auf die Dogmatik des allgemeinen Verwaltungsrechts, 1997, S. 190.

[11] *Oeter* AöR 119 (1994) 529, 532; *Isensee* JZ 1996, 1085, 1090, spricht von „Strahlenschäden", die die Ausstrahlungswirkung hervorgerufen und die bei den Fachgerichten das Bedürfnis nach Strahlenschutz hervorgerufen habe; auch aus strafrechtswissenschaftlicher Perspektive wird das Verfassungsrecht mitunter als „Kolonialmacht" – so *Gössel* ZStW 103 (1991) 483, 494f. – betrachtet.

[12] *Jestaedt* Grundrechtsentfaltung im Gesetz, 1999, S. 58.

[13] Weitere Resultate „sorgfältiger Wortwahl" finden sich bei *Teubner* KritV 83 (2000) 388.

[14] Geringen Respekt vor den historisch gewachsenen Rationalitätsstandards großer Kodifikationen rügt etwa *Di Fabio* Das Recht offener Staaten, 1998, S. 78, mit Verweis auf *Lerche* FS Odersky, 1996, 215, 224f.

[15] Die Rede ist von einer „funktionellen Autonomie des Zivilrechts", die durch die Grundrechtsrelativierung der Rechtsordung angegriffen werde; so *Di Fabio* (Fn. 14) S. 79. Eine Liste „dogmatisch spektakulärer Fälle", die von der Entscheidung zu den Ehescheidungsakten (BVerfGE 27, 344ff.) bis zum Kündigungsschutz bei Zwischenvermietung (BVerfGE 84, 197ff.) reicht, findet sich bei *Berkemann* DVBl. 1996, 1028, 1029 mit Fn. 10. Die „Konstitutionalisierung" des Privatrechts drohe die Privatrechtsordnung ihrer originären, in der Privatautonomie wurzelnden Legitimation zu berauben; so *Oldiges* FS Friauf, 1996, 281. *Oeter* AöR 119 (1994) 529, 539, betont in diesem Zusammenhang die „Sachgesetzlichkeit" des jeweiligen Lebensbereiches, die als Grundlage konkretisierender Regelbildung neben verfassungsrechtliche Vorgaben und abstrakte Wertordnungskategorien treten müsse. Es wird die Gefahr gesehen, dass der Einbau

vermittelnde Verlässlichkeit des Gesetzesrechts erkennbar, die durch grundrechtlich veranlasste Einzelfallorientierung und durch zersetzende Eingriffe in die jeweilige Dogmatik[16] verloren gehe[17].

Die Suche nach einer verfassungsrechtlichen Antwort auf diese beiden ernst zu nehmenden Bedenken hat bei Art. 1 Abs. 3 und Art. 20 Abs. 3 GG anzusetzen. Danach ist die gesamte nationale[18] Rechtsordnung unterhalb der Verfassungsebene[19] an das Grundgesetz im allgemeinen und an die Grundrechte im besonderen gebunden. Dies gilt für die Gesetzgebung[20] sowie für die rechtsprechende und die vollziehende Gewalt gleichermaßen. Die Probleme des Verhältnisses von Verfassungsrecht und einfachem Recht haben hier ihren Ursprung, und von hier aus muss auch ihre Lösung gefunden werden.[21]

---

verfassungsrechtlicher Prinzipien, Leitlinien und Grundgedanken in die verschiedenen Rechtsgebiete unter Missachtung der „Integrität des je konkreten Sach- und Rechtszusammenhangs" erfolgt und dass durch punktuelle Eingriffe in zu eng spezifisch verfassungsdogmatischer Sicht deren Systemgerechtigkeit gesprengt wird, die ihrerseits wieder verfassungsrechtlichen Schutz verdient; so – mahnend – *Bryde* Verfassungsentwicklung, 1982, S. 324, mit Bezugnahme auf *Zacher* FG Bundesverfassungsgericht I, 1976, 396, 399, der eine „Desintegration des Rechtslebens" befürchtet, und *Canaris*, Systemdenken und Systembegriff in der Jurisprudenz, 1969, S. 125ff.; w.N. zu der angemahnten Selbständigkeit und Eigengesetzlichkeit des Privatrechts bei *Röthel* JuS 2001, 424, 425 mit Fn. 9.

16 *Diederichsen* AcP 198 (1998) 171, 194f. und öfter; ähnlich – bezogen auf das allgemeine Verwaltungsrecht – *Fischer* (Fn. 10) S. 188; *Starck* in: Verhandlungen des 61. Deutschen Juristentages, Bd. II/1, 1996, S. O 34.

17 Zum Verlust an Rechtssicherheit durch die grundrechtlich veranlasste Einzelfallorientierung *Barbey* Bundesverfasssungsgericht und einfaches Recht, 1986, S. 36f.; *Fischer* (Fn. 10) S. 188; *Oeter* AöR 119 (1994) 529, 541; dass das Problem nicht neu ist, zeigt die lange zurückreichende Kritik an der sog. Wechselwirkung: *Lerche* DVBl. 1958, 524, 526; *Müller* Normstruktur und Normativität, 1966, S. 208ff.; *Bettermann* JZ 1964, 601, 602; *Stern* FS Hübner, 1984, 815, 820ff.

18 Zur hier nicht behandelten Problematik der „grundrechtskonformen Auslegung" von Normen des Gemeinschaftsrechts vgl. *Hermes* FS Bundesverfassungsgericht I (2001) 725, 744f. mwN.

19 Den Stufenbau der Rechtsordnung zu verabschieden – so *Robbers* NJW 1998, 937f. –, weil das Verhältnis von Verfassung und Gesetz schwierig zu bestimmen ist, führt angesichts des unbestrittenen Vorrangs der Verfassung nicht weiter, sondern zu rechtlich nicht determinierten Kooperationsmodellen.

20 So ist auch die Grundrechtsbindung des Privatrechtsgesetzgebers unbestritten; vgl. etwa die Nachweise bei *Dreier* in: ders. (Hrsg.) GG-Kommentar I, Vorb. Rn. 58 mit Fn. 244.

21 So auch der Ansatz von *Bender* Die Befugnis des Bundesverfassungsgerichts zur Prüfung gerichtlicher Entscheidungen, 1991, S. 207, 271ff.

2. *Verfassungsreduktion und Autonomie des einfachen Rechts*

Dieser umfassende Vorrang der Verfassung kann freilich nur so weit reichen wie ihr materieller Gehalt. Deshalb wird vorgeschlagen, die Verfassung nur als Rahmenordung zu verstehen[22] und die Grundrechte auf ihre exklusive Funktion als subjektive Freiheitsrechte gegenüber Eingriffen staatlicher Organe zurückzuführen[23]. Dieser Versuch ist jedenfalls im Hinblick auf die Grundrechte als gescheitert anzusehen, weil seine verfassungstheoretischen Prämissen fragwürdig sind und sein Bemühen um die Vermeidung von Abwägungsentscheidungen aussichtslos ist.[24] Das kann hier nicht vertieft werden.

Der zweite Lösungsweg hat seinen Ausgangspunkt bei der historisch gewachsenen Eigenständigkeit einzelner Rechtsgebiete. Er verweist darauf, dass diese Rechtsgebiete über ihre eigenen und bewährten Prinzipien verfügen. Diese seien leistungsfähiger als die aus den Grundrechten gewonnenen „Grundentscheidungen für alle Bereiche des Rechts".[25] Zwar wird auf diese Weise der Vorrang der Verfassung auch vor diesen

---

[22] Insbesondere von *Böckenförde* Der Staat 29 (1990) 1, 21 ff.; *ders.* NJW 1976, 2089, 2091; *Wahl* Der Staat 20 (1981) 485 ff.; *Isensee* in: ders./Kirchhof (Hrsg.) Handbuch des Staatsrechts, Bd. VII, 1992, § 162 Rn. 43 ff.; *Starck* in: Isensee/Kirchhof (Hrsg.) Handbuch des Staatsrechts, Bd. VII, 1992, § 164 Rn. 4 ff.; *ders.* JZ 1996, S. 1033, 1038 ff.; *Oeter* AöR 119 (1994) 529, 557; *Eckertz* Die Kriegsdienstverweigerung aus Gewissensgründen als Grenzproblem des Rechts, 1986, S. 173 ff.; eine zusammenfassende Darstellung der Kritik an der Prinzipienkonzeption und der ihr immanenten Optimierungsthese aus der Sicht einer Rahmenkonzeption der Verfassung findet sich bei *Hain* Die Grundsätze des Grundgesetzes, 1999, S. 131 ff.; vgl. auch *Jestaedt* (Fn. 12) S. 72 ff.

[23] *Böckenförde* Der Staat 29 (1990) 1, 28; dazu, dass Grundrechte ihrem historischen Ursprung nach – entgegen der von *Böckenförde* aaO 23, angedeuteten Vorstellung, wonach die „klassischen Grundrechte" gegenüber der Grundsatzwirkung „bescheidener" waren und nur die „konkrete Freiheitsgewähr" im „unmittelbaren Verhältnis Bürger-Staat" betrafen – keineswegs allein als Abwehrrechte zu deuten sind, vgl. nur *Dreier* Dimensionen der Grundrechte, 1993, S. 27 ff.; *Hermes* Das Grundrecht auf Schutz von Leben und Gesundheit, 1987, S. 166 ff.

[24] Vgl. die zusammenfassende Kritik an der insbesondere von Böckenförde vorgetragenen Position bei *Dreier* (Fn. 23) S. 53 ff.; *Heun* Funktionell-rechtliche Schranken der Verfassungsgerichtsbarkeit, 1992, S. 55 ff.; vgl. auch *Grimm* in: ders., Zukunft der Verfassung, 2. Aufl. 1994, 399, 407 ff.; *Hufen* NJW 1999, 1504, 1508.

[25] Vor allem Stimmen aus der Zivilrechtswissenschaft – etwa *Diederichsen* (Fn. 9) 39 ff., oder *Zöllner* AcP 196 (1996) 1 ff. – können als Plädoyer für die „Grundrechtsfreiheit" des Privatrechts im allgemeinen und des Vertragsrechts im besonderen interpretiert werden; so auch *Schmidt* in: Verhandlungen des 61. Deutschen Juristentages, Bd. II/1, 1996, S. O 43, 44.

Rechtsmaterien nur selten geleugnet.[26] Er soll aber weitgehend bedeutungslos sein, weil keine Notwendigkeit für die Einwirkung verfassungsrechtlicher Grundentscheidungen ersichtlich ist. In diesem Sinne betrachtet sich vor allem das Zivilrecht unter Verweis auf das Prinzip der Privatautonomie als Hort der Freiheit, der deshalb grundrechtlicher Einflüsse nicht bedürfe.[27] So hatte es der Bundesgerichtshof abgelehnt, in eine Inhaltskontrolle von Bürgschaftsverträgen am Maßstab der „Sozialwidrigkeit" einzutreten, weil die dadurch bedingte Ausdehnung der Sittenwidrigkeit von Verträgen zu einer Einschränkung der Privatautonomie ganzer Bevölkerungskreise führe und daher mit den „Grundanforderungen an eine Gesellschaft von Freien und Gleichen unvereinbar" sei.[28] Auch das materielle[29] Strafrecht hat die ihm in einer solchen Gesellschaft von Freien und Gleichen gezogenen Grenzen über lange Zeit autonom entwickelt. Insbesondere der materielle Verbrechensbegriff, die Rechtsgutslehre und die Kriterien der Strafwürdigkeit und Strafbedürftigkeit sowie der ultima-ratio-Gedanke stellen eigenständige strafrechtsimmanente Konzepte für eine Begrenzung des Strafrechts dar.[30]

Auch dieser zweite Weg, die Verfassungsabhängigkeit des gesamten Rechts und aller staatlichen Funktionen zu mildern, erweist sich allerdings als nicht gangbar. Er vermag nämlich die Frage nicht zu beantworten, aus welcher Quelle die „autonomen" Prinzipien mit größerer Ge-

---

[26] Gegen den Versuch von *Diederichsen* (Fn. 9) 39, 48f., und AcP 198 (1998) 171, 225f., die Geltung von Art. 1 Abs. 3 GG für das Privatrecht zu leugnen, vgl. nur *Canaris* Grundrechte und Privatrecht, 1999, S. 11ff. Dazu, dass die Grundrechtsbindung der Gesetzgebung ebenso wie die Pflicht zur interpretationsleitenden Berücksichtigung der Grundrechte alle Rechtsbereiche erfasst, vgl. nur *Dreier* (Fn. 20) Vorb. Rn. 57f. mwN.

[27] Deutlich etwa *Spieß* DVBl. 1994, 1222, 1229. Hier dürfte die Ursache dafür liegen, warum das Verhältnis von Verfassung und Privatrecht als „Jahrhundertproblematik" eingeschätzt wird z.B. von *Fezer* JZ 1998, 265, 267.

[28] BGH NJW 1991, 2015, 2017, mit Verweis auf *Westermann* JZ 1989, 746, 747, und auf *Medicus* ZIP 1989, 817, 819.

[29] Das Strafprozessrecht und insbesondere das Recht der Untersuchungshaft ist dagegen seit langem intensivem verfassungsrechtlichem Einfluss ausgesetzt, der seinen Sättigungspunkt bereits seit langem erreicht hat; so *Schuppert/Bumke* (Fn. 8) S. 65 mwN.

[30] Erst jüngst ist aus verfassungsrechtlicher Sicht Erstaunen darüber geäußert worden, dass das Strafrecht auch heute noch vergleichsweise eigenständig darüber zu entscheiden vermeint, was strafwürdig und strafbedürftig ist. Dass diese Entscheidung tatsächlich der Gesetzgeber im Rahmen der verfassungsrechtlichen Vorgaben zu treffen hat, sei eine in der Strafrechtslehre und Strafrechtsdogmatik wenig präsente und allem Anschein nach auch wenig willkommene Vorstellung; so zutreffend *Appel* Verfassung und Strafe, 1998, S. 48.

wissheit geschöpft werden könnten als aus der Verfassung. Der Rückgriff auf mehr oder weniger „unreflektierte Vorverständnisse, Weltanschauungen, Naturrechtslehren“ oder ähnliches[31] erscheint jedenfalls keinesfalls vorzugswürdig gegenüber einer Orientierung an den Grundrechten.[32] Zu Recht ist der Ausweg, den einzelnen Teilrechtsgebieten die Herausarbeitung und Fortentwicklung der sie beherrschenden „Rechtsgrundsätze“ selbst zu überlassen,[33] als anachronistisch bezeichnet worden.[34] Nichts anderes kann für Versuche gelten, solche autonom entwickelten Prinzipien als solche unter den Schutz der Verfassung zu stellen.[35] Es führt deshalb nicht weiter, wenn etwa das zivilrechtlich entwickelte Prinzip der Privatautonomie in Gestalt eines verfassungsrechtlichen Verbotes des Schutzes vor sich selbst auf die Verfassungsebene gehoben wird, um daraus anschließend die Grenzen einer grundrechtsorientierten Vertragsinhaltskontrolle abzuleiten.[36]

---

[31] Zur „Vertragsfreiheit“ hat bereits *Leisner* Grundrechte und Privatrecht, 1960, S. 323f., zutreffend darauf hingewiesen, dass ihre Geschichte die Geschichte ihrer Beschränkung ist.

[32] So zutreffend *Dreier* (Fn. 23) S. 58. Es mag aus der Perspektive traditionsbewusster Rechtsdisziplinen „merkwürdig anmaßend“ erscheinen, wenn „Jahrtausende alte“ Rechtsinstitute und Prinzipien nachträglich als Instrumente interpretiert werden, die verfassungsrechtliche Gebote (insbesondere grundrechtliche Schutzpflichten) erfüllen oder „umsetzen“; so die Kritik von *Diederichsen* Jura 1997, 57, 60 mit Fn. 29. Das ändert aber nichts daran, dass im Verfassungsstaat des Grundgesetzes allgemeine Rechtsgrundsätze nur aus dem Gesetzesrecht selbst abgeleitet oder aus der Verfassung gewonnen werden können.

[33] So z.B. *Böckenförde* in: ders., Staat, Verfassung, Demokratie, 1991, 159, 194f.

[34] Von *Dreier* (Fn. 23) S. 58; bezogen auf die strafrechtliche Rechtsgutslehre ausführlich *Appel* (Fn. 30) S. 358ff., 380ff.

[35] Den Versuch, die strafrechtliche Rechtsgutslehre verfassungsrechtlich abzusichern, hat *Appel* (Fn. 30) S. 372ff., überzeugend zurückgewiesen.

[36] Diesen untauglichen Versuch, die vertragliche Selbstbindung mit allen ihren Konsequenzen allein als Betätigung der grundrechtlich geschützten Vertragsfreiheit/Privatautonomie zu interpretieren und die grundrechtlich angeleitete richterliche Vertragsinhaltskontrolle deshalb als unzulässigen „Grundrechtsschutz vor sich selbst“ zu brandmarken, unternimmt *Hillgruber* Der Schutz des Menschen vor sich selbst, 1992, S. 149ff.; ähnlich *Isensee* in: ders./Kirchhof (Hrsg.) Handbuch des Staatsrechts, Bd. V, 1992, § 111 Rn. 131; *Spieß* DVBl. 1994, 1222, 1229. Bei der scheinbar einfachen Freiheitsausübung, die in der vertraglichen Selbstbindung besteht, werden die gesetzlichen Voraussetzungen und Grenzen dieser Bindung als selbstverständlich vorausgesetzt (zur Vertragsfreiheit als normativ konstituierte Freiheit vgl. nur *Höfling* Vertragsfreiheit, 1991, S. 20ff.), weshalb sich die Kritik auch regelmäßig nicht gegen den gesetzlichen Schutz des „Schwächeren“, sondern nur gegen die – vermeintlich zu weitgehende – richterliche Auslegung und Anwendung von schützenden Generalklauseln richtet. Gegen die simplifizierende Vorstellung von der Freiheitsbetätigung durch vertragliche Selbstbindung vor al-

3. *Grundrechtswirkungen und Funktionenordnung*

Wenn also weder der Rückzug des materiellen Verfassungsrechts noch die Autonomisierung des einfachen Rechts eine Lösung der Probleme verspricht, vor die uns Art. 1 Abs. 3 GG stellt, so kann allein ein genauerer Blick auf das Verhältnis der drei grundrechtsgebundenen staatlichen Funktionen und der diese wahrnehmenden Organe weiterführen.[37]

Die gleichberechtigte und auf den ersten Blick unterschiedslose Bindung aller drei staatlichen Gewalten an die Grundrechte[38] lädt offenbar dazu ein, die Kompetenz- und Funktionenordnung aus dem Auge zu verlieren. Sie kann zu dem Missverständnis führen, aus der Perspektive des Art. 1 Abs. 3 GG sei es nebensächlich, ob grundrechtliche Freiheitspostulate durch das Gesetz, durch die vollziehende oder durch die rechtsprechende Gewalt verwirklicht werden.[39] Tatsächlich setzt aber Art. 1 Abs. 3 GG die Kompetenzordnung voraus.

Vor diesem Hintergrund stellt sich die Frage nach dem Verhältnis von Verfassungsrecht und einfachem Recht als ein Problem der Harmonisierung der Grundrechtsbindung aller staatlichen Gewalten einerseits und

---

lem *Canaris* (Fn. 26) S. 47ff.; *Singer* JZ 1995, 1133, 1137ff. mwN. Vertragliche Selbstbindung ist nicht nur Betätigung grundrechtlicher Freiheit, sondern bedeutet auch einen – nur begrenzt anzuerkennenden (dazu *von Münch* FS Ipsen, 1977, 113, 127; zustimmend *Singer*, JZ 1995, 1133, 1135 mit Fn. 32) – Verzicht auf die Wahrnehmung grundrechtlich geschützter Freiheit.

[37] So auch Bender (Fn. 21) S. 270ff.; zur Aussichtslosigkeit materiell-rechtlicher Stratgien zus.fass. *Jestaedt* DVBl. 2001, 1309, 1312f.

[38] Die Frage, ob Art. 1 Abs. 3 GG die Gewalten unterschiedlich bindet, wird von der allgemeinen Kommentarliteratur zumeist nicht ausdrücklich thematisiert; s. z.B. *Starck* in: v. Mangoldt/Klein/Starck (Hrsg.) GG-Kommentar, Bd. I, 4. Aufl. 1999, Art. 1 Rn. 189ff.; *Murswiek* in: Sachs (Hrsg.) GG-Kommentar, 2. Aufl. 1999, Art. 1 Rn. 76ff.; *Kunig* in: v. Münch/Kunig (Hrsg.) GG-Kommentar, Bd. I, 5. Aufl. 2000, Art. 1 Rn. 50ff. Unterschiedliche Prüfungsmaßstäbe aus der Verfassung für den Gesetzgeber einerseits und für die Gerichte andererseits sind die zentrale These von *Bender* (Fn. 21) S. 199ff., 207ff.

[39] Zur Tendenz, (auch) aufgrund grundrechtlicher Anforderungen (Art. 19 Abs. 4 GG; dazu BVerfGE 84, 34, 49; 84, 59, 77) die eigenständige Gestaltungsaufgabe der Verwaltung im Verhältnis zur gerichtlichen Kontrolle gering zu schätzen, vgl. nur *Bullinger* JZ 1984, 1001, 1005ff.; *Brenner* Der Gestaltungsauftrag der Verwaltung in der Europäischen Union, 1996, S. 373ff.; *Pache* Tatbestandliche Abwägung und Beurteilungsspielraum, 2001, S. 76ff., 459ff. Auch die große Aufmerksamkeit, die das Grundgesetz der bundesstaatlichen Verteilung der Verwaltungskompetenzen in Art. 83ff. GG schenkt, gerät in Kontrast zu der intensiven verwaltungsgerichtlichen Kontrolle der Exekutive; dazu *Oeter*, Integration und Subsidiarität im deutschen Bundesstaatsrecht, 1998, S. 429ff.

der Kompetenzordnung andererseits.[40] Wenn die Erkenntnis unabweisbar ist, dass auf dem langen Weg von den – durch Offenheit und Weite gekennzeichneten – Grundrechtsnormen zu der konkreten Entscheidung von Konflikten im Einzelfall erhebliche Konkretisierungsspielräume existieren,[41] dann rücken nämlich zwei Fragen in das Zentrum des Interesses: Wie sind in diesem Prozess der Verfassungskonkretisierung die Rollen zwischen Gesetzgebung, Fachgerichtsbarkeit und Bundesverfassungsgericht verteilt, und welchen Einfluss hat die Beachtung der Grundrechte bei der Auslegung und Anwendung des einfachen Rechts auf diese Rollenverteilung? Diese Fragen betreffen also nicht allein das Verhältnis zwischen Bundesverfassungsgericht und Fachgerichten, sondern auch und sogar in erster Linie das Verhältnis beider Gerichtsbarkeiten zum Gesetzgeber. Es ist in erster Linie der demokratische Legitimation vermittelnde Prozess der Gesetzgebung, der durch eine übertriebene Ausstrahlungswirkung an den Rand gedrängt zu werden droht.[42] Die Kosten der zuvor beschriebenen Entwicklung sind nicht nur rechtsstaatliche, sondern auch demokratische.[43]

---

[40] Dies hat der spätestens von *Schuppert* Funktionell-rechtliche Grenzen der Verfassungsinterpretation, 1980, *Hesse* FS Huber, 1981, 261ff., und *Bryde* (Fn. 15) S. 299ff., – kritisch vor allem *Heun* (Fn. 24) – in das Blickfeld gerückte „Zusammenhang von materiellem Verfassungsrecht und verfassungsrechtlicher Funktionenordnung" (*Schuppert* aaO S. 1) deutlich werden lassen. Zur Zuständigkeitsverteilung zwischen BVerfG, Gesetzgeber und Fachgerichten im vorliegenden Zusammenhang vgl. auch *Classen* AöR 122 (1997) 65, 82ff.

[41] Zur Verfassungsinterpretation als Konkretisierungsprozess s. nur *Hesse* Grundzüge des Verfassungsrechts der Bundesrepublik Deutschland, 20. Aufl. 1995, Rn. 60ff.

[42] Zutreffend ist in diesem Zusammenhang bemerkt worden: „Je stärker eine verfassungsorientierte Auslegung Platz greift, desto größer wird die Selbständigkeit der Gerichte" gegenüber dem Gesetzgeber; so *Schuppert/Bumke* (Fn. 8) S. 57; ähnlich – allerdings beschränkt auf das Verhältnis des Bundesverfassungsgerichts zum Gesetzgeber – *Oeter* AöR 119 (1994) 529, 539; *Böckenförde* Der Staat, 29 (1990) 1, 26ff.

[43] Dies wird wegen des Blicks auf das Verhältnis zwischen Bundesverfassungsgericht und Fachgerichten regelmäßig nur am Rande wahrgenommen – so etwa von *Jestaedt* DVBl. 2001, 1309, 1310 in Fn. 9 – oder nur auf das Verhältnis zwischen Bundesverfassungsgericht und Gesetzgeber bezogen – so insbesondere *Böckenförde* Der Staat 29 (1990) 1, 26ff.

II. Die Erstzuständigkeit der Gesetzgebung im Prozess der Verfassungskonkretisierung

1. *Primäre Kompetenz der Gesetzgebung als Ausgangspunkt*

Die Antwort auf die Frage nach der Rollenverteilung erscheint klar und von einem breiten Konsens getragen[44]: Es ist die Gesetzgebung, der die primäre Kompetenz zukommt, die verfassungsrechtlichen Grundentscheidungen in den jeweiligen Sachbereichen auszuformen, Grundrechtskonflikte nach Maßgabe eigener Zielvorgaben auszugleichen und auf diese Weise in Orientierung an den verfassungsrechtlichen Grundentscheidungen das Gemeinwesen politisch zu gestalten.[45] Seine verfassungsrechtlichen Gründe findet dieser Vorrang der Gesetzgebung in den grundrechtlichen Gesetzesvorbehalten, allgemeiner in dem Vorbehalt des Gesetzes[46] und letztlich in den diesen tragenden Verfassungsprinzipien des Rechtsstaates und der Demokratie.[47]

Diesen Vorrang der Gesetzgebung im Prozess der Verfassungskonkretisierung hat das Bundesverfassungsgericht in seiner jüngsten Entscheidung zum Länderfinanzausgleich zutreffend als „Erstzuständigkeit des Gesetzgebers"[48] bezeichnet und dabei zugleich die Verbindung zur Funk-

[44] Vgl. jüngst ausführlich zum Gesetzgeber als primärem Adressaten handlungsgebietender Grundrechtsgehalte *Gellermann* Grundrechte in einfachgesetzlichem Gewande, 2000, S. 375ff.; allgemein zur Vorrangstellung des Gesetzgebers bei der Konkretisierung der Grundrechte etwa *Hufen* NJW 1999, 1504, 1508; *Bender* (Fn. 21) S. 296ff.; speziell bezogen auf die Erfüllung grundrechtlicher Schutzpflichten *Isensee* Das Grundrecht auf Sicherheit, 1983, S. 42ff.

[45] Obwohl das Lüth-Urteil hierzu eingeladen hatte, bedeutet dies keineswegs, dass die gesamte Rechtsordnung als verfassungsgesteuerte zu verstehen und Gesetzgebung somit auf Verfassungsvollzug beschränkt ist. Zur Stellung des Gesetzgebers in der Funktionenordnung des Grundgesetzes vgl. nur *Stern* Staatsrecht II, 1980, §§ 36 f; *Zimmer* Funktion - Kompetenz - Legitimation, 1979, 217ff., 329ff.; *Schulze-Fielitz* Theorie und Praxis parlamentarischer Gesetzgebung, 1988, 135ff., 184ff., 213ff.

[46] Zum Zusammenhang zwischen den speziellen grundrechtlichen Gesetzesvorbehalten und dem allgemeinen Grundsatz des Vorbehalts des Gesetzes vgl. nur *Schulze-Fielitz* in: Dreier (Hrsg.) GG-Kommentar, Bd. 2, 1998, Art. 20 (Rechtsstaat) Rn. 95f. mwN; *Bumke* Der Grundrechtsvorbehalt, 1998, S. 200ff.

[47] Ausführlich zur Notwendigkeit normativer Konstituierung, Konturierung und Konkretisierung grundrechtlicher Gewährleistungen jüngst *Gellermann* (Fn. 44) S. 90ff., 177ff., 230ff.

[48] So – allerdings bezogen auf die „Verfassungsinterpretation" und insoweit der Fehlvorstellung von der Gesetzgebung als Verfassungsvollzug Vorschub leistend – BVerfGE 101, 158, 218, im Anschluss an *Kirchhof* in: Bogs (Hrsg.) Urteilsverfassungsbeschwerde zum Bundesverfassungsgericht, 1999, 71, 74, der den Gesetzgeber als „gestaltenden Erstinterpret der Verfassung" bezeichnet. Von der „Vorhand"-stellung des Gesetzgebers im Prozess der

tion des Gesetzes hergestellt. Diese Funktion des Gesetzes kann dann allerdings nicht allein aus herkömmlich rechtsstaatlicher Perspektive bestimmt werden[49] und insbesondere nicht allein oder primär darin liegen, hergebrachte sozialethische Wertvorstellungen abzubilden und zu verfestigen[50]. Seine Erstzuständigkeit im Prozess der Verfassungskonkretisierung weist dem Gesetzgeber eine aktive Rolle zu. Angesichts der wirtschaftlichen, technischen und sozialen Veränderungsprozesse kann das Gesetz diese Funktion nur sach- und problembezogen erfüllen.[51] Dass dabei die Regelungsdichte im Vergleich zu den großen Kodifikationen zunimmt, ist unausweichlich.[52] In der sorgfältigen Erfüllung dieser Funktion findet die jüngst so häufig postulierte Eigenständigkeit des einfachen Rechts ihre Grundlage. Die demokratisch legitimierte Gestaltungsfreiheit von Parlament *und* Regierung, die in der „Sachzugewandtheit"[53] des gesetzten Rechts ihren Ausdruck findet, ist das Prinzip, auf dem die Vorstellung von der Eigenständigkeit des einfachen Rechts fußt.[54]

Für das kompetenzielle Gefüge zwischen Bundesverfassungsgericht, Gesetzgeber und Fachgerichten hat dies grundlegende Bedeutung: Der primären Kompetenz der Gesetzgebung im Prozess der Verfassungskonkretisierung entspricht die primäre Aufgabe des Bundesverfassungsgerichts, den ersten und wichtigsten Schritt in diesem Prozess auf seine Ver-

---

Verwirklichung der Verfassung spricht bereits *Bryde* (Fn. 15) S. 302; vgl. auch *Zippelius* FG Bundesverfassungsgericht II (1976) 108, 114 („Konkretisierungsprimat des Gestzgebers").

[49] So aber der Akzent in BVerfGE 101, 158, 217.

[50] So aber BVerfGE 39, 1, 59, wonach das Gesetz „auch bleibender Ausdruck sozialethischer und – ihr folgend – rechtlicher Bewertung menschlicher Handlungen" sein soll; zum Funktionswandel des Gesetzes vgl. nur *Ossenbühl* in: Isensee/Kirchhof (Hrsg.) Handbuch des Staatsrechts, Bd. III, 1988, § 61 Rn. 21ff.; *Hufen* in: Schuppert (Hrsg.), Das Gesetz als zentrales Steuerungsinstrument des Rechtsstaates, 1998, 11ff.; vgl. auch *Jestaedt* (Fn. 12) S. 54 mwN.

[51] Trotz der verbreiteten Skepsis gegenüber der Steuerungsfähigkeit des Gesetzes bleibt es das zentrale Instrument, das wie kein anderes Legitimation, Rationalität und Gleichbehandlung verbürgt; so *Schuppert/Bumke* (Fn. 8) S. 46; ähnlich etwa *Schmidt-Aßmann* Das allgemeine Verwaltungsrecht als Ordnungsidee, 1998, S. 50ff.; *Schulze-Fielitz* (Fn. 45) S. 152ff.

[52] Die Probleme, die dies im Hinblick auf die Leistungsfähigkeit parlamentarischer Rechtsetzungsprozesse mit sich bringt, lassen sich nur durch einen verstärkten Einsatz exekutiver Rechtsetzung bewältigen, was allerdings die Einsicht in die aktuelle – erinnert sei nur an den Regulierungsaufwand, den die zurückliegenden Privatisierungen von Post und Bahn mit sich gebracht haben – Notwendigkeit hoher Regelungsdichte und in die eigenständige demokratische Legitimation auch der Exekutive voraussetzt; zu beidem vgl. jüngst *v. Bogdandy* Gubernative Rechtsetzung, 2000.

[53] So *Wahl* NVwZ 1984, 401, 407.

[54] *Schuppert/Bumke* (Fn. 8) S. 66.

einbarkeit mit dem Grundgesetz zu überprüfen. Grundrechtsprüfung muss also zuerst Normenprüfung sein und kann sich im Regelfall darauf beschränken. Wird diese Maxime ernst genommen, so ist damit die Grundlage dafür geschaffen, dass sich die Fachgerichte auf die „einfache" Auslegung des Gesetzes beschränken können. Für sie gilt der Anwendungsvorrang des einfachen Rechts. Die Kontrolle der Fachgerichte durch das Bundesverfassungsgericht schließlich kann sich nach diesem Gefüge im Regelfall darauf beschränken, die Beachtung der Minimalanforderungen sicherzustellen, die das Grundgesetz für die Bindung des Richters an Gesetz und Recht bereithält.[55]

2. *Funktionswidrige Dominanz der Rechtsprechung – Ursachen und Abhilfe*

a) *Anlässe*

Nun ist allerdings kaum zu übersehen, dass die Praxis von diesem Modell inzwischen weit entfernt ist: Die Gesetzgebung kommt in wesentlichen Fragen ihren Regelungsaufgaben nicht nach,[56] das Bundesverfassungsgericht betreibt ganz überwiegend Einzelfall- anstatt Normenkontrolle, und die Fachgerichte sehen sich mit oder ohne verfassungsgerichtliche Handreichungen gezwungen, in unmittelbarem Rückgriff auf Grundrechte oder andere Grundsätze rechtsfortbildend und -ergänzend ihre tägliche Arbeit zu verrichten.

So hat das Bundesverfassungsgericht dem Bundesgerichtshof zugestanden, contra legem ein Schmerzensgeld zuzusprechen,[57] es hat trotz klarer gesetzlicher Regelungen im Wege fragwürdiger verfassungskonformer Auslegung die gesetzliche Lösung des Konflikts zwischen Kunstfreiheit und Jugendschutz einer gerichtlichen Einzelfallabwägung unterstellt,[58] und es hat keine Bedenken dagegen gehegt, dass die Strafgerichte bei unechten Unterlassungsdelikten auf der Grundlage einer Generalklausel

---

[55] Eine grundsätzlich ähnliche Tendenz findet sich bei *Oeter* AöR 119 (1994) 529ff.

[56] Die verfassungsrechtlichen Anforderungen an die „Dichte" normativer Vorgaben werden zwischenzeitlich teilweise durch sekundäres Gemeinschaftsrecht erfüllt, dessen Detailliertheit durch die Notwendigkeit verursacht ist, separate Rechtsordnungen zu harmonisieren.

[57] BVerfGE 34, 269ff. Darauf, dass dies trotz – oder gerade wegen? – zuvor gescheiterter parlamentarischer Initiativen geschah, weist *Berkemann* DVBl. 1996, 1028, 1034, hin. Auch *Canaris* AcP 184 (1984) 201, 231 rügt, dass „der Gestaltungsspielraum und -primat des einfachen Gesetzgebers" durch die BGH-Rechtsprechung nicht respektiert wurde; vgl. auch *Baston-Vogt* Der sachliche Schutzbereich des zivilrechtlichen allgemeinen Persönlichkeitsrechts, 1997, S. 29f.; *Oldiges* FS Friauf, 1996, 281, 283.

[58] BVerfGE 83, 130, 143.

strafbegründende Garantenstellungen kreieren.[59] Auch die Bürgschaftsfälle[60] gehören hierher. Wenn nämlich das Bundesverfassungsgericht selbst betont, verfassungsrechtlich sei ein Schutz nur dort geboten, wo es sich um eine „typisierbare Fallgestaltung" handele, die eine „strukturelle Unterlegenheit"[61] des einen Vertragsteils erkennen lassen, so stellt sich die Frage, warum diese typisierbaren Fallgestaltungen nicht in die Regelungszuständigkeit des Gesetzgebers fallen.[62] Als letzte wichtige Beispiele für die Abstinenz des Gesetzgebers und ihre aktive gerichtliche Kompensation[63] sei nur auf das Arbeitsrecht[64] und auf die Staatshaftung[65] verwiesen.

---

[59] BVerfGE 96, 68, 97ff.; einen Verstoß gegen Art. 103 Abs. 2 GG nehmen dagegen an z.B. *Schuermann*, Unterlassungsstrafbarkeit und Gesetzlichkeitsgrundsatz, 1986, insb. S. 188; *Seebode* FS Spendel, 1992, 317, 328ff.; *Baumann/Weber/Mitsch* Strafrecht AT, 10. Aufl. 1995, § 15 Rn. 40f. Vgl. im strafrechtlichen Zusammenhang auch BVerfGE 86, 288ff., wo in dem offensichtlichen Bemühen, die Verfassungswidrigkeit der Vorschriften über die Aussetzung des Restes einer lebenslangen Freiheitsstrafe zu vermeiden, die gesetzliche Regelung über die Verurteilung zu einer lebenslangen Freiheitsstrafe und ihre Vollstreckung ohne „Zwischenschaltung" des Gesetzgebers grundlegend umgestaltet wurde.

[60] Vgl. nur BVerfGE 89, 214, 229ff.; BVerfG (1. Kammer des Ersten Senats) NJW 1994, 2749f.

[61] BVerfGE 89, 214, 232.

[62] Die Rechtsprechung des Bundesverfassungsgerichts zu den Familienbürgschaften wird als die Ausfüllung einer Systemlücke interpretiert, die dadurch gekennzeichnet sei, dass die Einzelfallkontrolle am Maßstab des § 138 BGB nicht funktioniert, weil es um einen ganzen Vertragstyp geht, der der Richtigkeitskontrolle unterworfen wird; so *Spieß* DVBl. 1994, 1222, 1228. Auf dieser Ebene will *Teubner*, KritV 83 (2000) 388, 396f., die Bürgschaftsfälle – allerdings ohne Sensibilität für das Verhältnis zwischen Gerichten und Gesetzgeber – lösen durch ein „per se" geltendes Verbot „ruinöser Familienbürgschaften".

[63] In BVerfGE 84, 197ff., wird dem BGH vorgehalten, er habe unter Verstoß gegen Art. 3 I GG das soziale Mietrecht nicht im Wege der Analogie auf eine Zwischenvermietung erstreckt; dazu *Berkemann* DVBl. 1996, 1034. Die Grundrechtsentfaltung durch den Richter bei der Gesetzesanwendung und -auslegung unter Anleitung und unter der Oberaufsicht des Bundesverfassungsgerichts spart nach *Jestaedt* (Fn. 12) S. 58, eine notwendige Ebene des Normkonkretisierungsprozesses ein.

[64] Eine gesetzliche Regelung soll nicht erforderlich sein nach BVerfGE 84, 212, 226, und 88, 103, 115, wo zwischen der notwendigen Ausgestaltung des Grundrechts der Koalitionsfreiheit durch die „Rechtsordnung" (Richterrecht) und der nicht zwingenden „gesetzlichen" Regelung unterschieden wird; im Ergebnis so auch *Ipsen* DVBl. 1984, 1102, 1105. In den arbeitsrechtlichen Zusammenhang gehört auch, dass das Bundesverfassungsgericht in BVerfGE 86, 122ff., in Zusammenwirken mit dem Bundesarbeitsgericht der Meinungsfreiheit eines Berufsschülers im Konflikt mit dem ausbildenden Unternehmen durch das Medium eines gesetzlich nicht normierten Kontrahierungszwanges in durchaus problematischer Weise zur Durchsetzung verholfen hat; vgl. dazu *Oldiges* FS Friauf, 1996, 281, 294 mwN; *Hillgruber* ZRP 1995, 6ff.

Diese dominierende Rolle der Rechtsprechung entzog sich so lange größerer Aufmerksamkeit, wie sie im Konsens der Beteiligten erfolgte – vor allem im Konsens zwischen Bundesverfassungsgericht und Fachgerichten als den beiden „Nutznießern" dieser Entwicklung. Inzwischen sind allerdings die rechtsstaatlichen und vor allem die demokratischen Kosten dieser Entwicklung kaum noch zu übersehen. Die Suche nach den Ursachen und den notwendigen verfassungsrechtsdogmatischen Korrekturen ist deshalb unabweisbar.

b) Negatorisches Grundrechtsverständnis

Die erste Ursache ist in dem negatorischen Verständnis grundrechtlicher Freiheit zu finden, das in der deutschen Grundrechtsgeschichte des späten 19. Jahrhunderts seine Wurzeln hat.[66] Dieses abwehrrechtliche Verständnis hat es verhindert, die Relevanz der Grundrechte für das Verhältnis zwischen mehreren Grundrechtsberechtigten und die grundrechtskonkretisierende Rolle des Gesetzgebers in diesem Zusammenhang zu erkennen.[67] Dies gilt namentlich dort, wo sich diese Zuordnung in den Formen des Privatrechts vollzieht.[68]

Die Lüth-Rechtsprechung ist in ihrer weichenstellenden Abkehr von diesem negatorischen Grundrechtsverständnis deshalb auf halbem Wege stehen geblieben. Sie hat nämlich zunächst nur den Richter als denjenigen identifiziert, der die grundrechtlichen Prinzipien durch das „Medium" des Gesetzesrechts zu konkretisieren hat. Dass der Gesetzgeber derjenige sein könnte, der primär die grundrechtsrelevanten Konflikte zwischen Bürgern zu lösen hat, und dass er dazu sogar verfassungsrechtlich verpflichtet sein könnte, lag außerhalb des Blickfeldes.

---

[65] Angesichts der unbestrittenen Defizite des geltenden Staatshaftungsrechts überrascht es, dass die Notwendigkeit einer gesetzlichen Regelung nur selten angemahnt wird; z.B. von *Detterbeck/Windthorst/Sproll* Staatshaftungsrecht, 2000, S. 7.

[66] Vgl. dazu nur *Stolleis* Geschichte des öffentlichen Rechts in Deutschland, Bd. II, 1992, S. 373ff. mwN; dazu, dass die Wirkungsmacht des negatorischen Grundrechtsverständnisses bis hin zu der Formulierung im Lüth-Urteil, wonach die Grundrechte „ohne Zweifel" in „erster Linie" dazu bestimmt sind, „die Freiheitssphäre des einzelnen vor Eingriffen der öffentlichen Gewalt zu sichern", auf einer Fehlinterpretation (auch) der deutschen Grundrechtsgeschichte beruht, vgl. auch die Hinweise bei *Dreier* (Fn. 23) S. 27ff.

[67] So sollten sich in vermeintlichem Respekt vor den Eigengesetzlichkeiten des Privatrechts die Grundrechte nur durch das „Medium der dieses Rechtsgebiet unmittelbar beherrschenden Vorschriften" entfalten; BVerfGE 7, 198, 205. Zum Hintergrund gehört *Dürigs* FS Nawiasky, 1956, 157, 183f., Warnung vor einer „Verstaatlichung des Privatrechts".

[68] Die Rolle des Privatrechtsgesetzgebers bei der Konkretisierung der Grundrechtsgehalte betont etwa *Hesse*, Verfassungsrecht und Privatrecht, 1988, S. 27.

Der weitere – mühsame – Weg der Grundrechtsdogmatik führte von dieser mittelbaren Drittwirkung[69] zu der Erkenntnis, dass sich in dreipoligen Verhältnissen[70] der grundrechtliche Eingriffsabwehranspruch des einen und der grundrechtliche Schutzanspruch des anderen gegenüberstehen.[71] An den verbleibenden Ausläufern eines negatorischen Grundrechtsverständnisses – nämlich der Asymmetrie zwischen der „starken" Eingriffsabwehr auf der einen und der „schwachen" Schutzpflicht auf der anderen Seite – wird noch gearbeitet.[72] So ist seit langem die Frage unbeantwortet, warum aus grundrechtsdogmatischer Sicht ein Unterschied bestehen soll zwischen dem zivilgerichtlichen Urteil, das gestützt auf Bestimmungen des Deliktsrechts eine Meinungsäußerung untersagt,[73]

---

[69] Zu den Defiziten der Lehre von der mittelbaren Drittwirkung vgl. aus neuerer Zeit nur *Böckenförde* Der Staat 29 (1990) 1, 21ff.; *Oeter* AöR 119 (1994) 529, 558; *Oldiges* FS Friauf, 1996, 281ff.; *Wahl* (Fn. 1) 485f.

[70] Die „Entdeckung" dreipoliger Verhältnisse beschränkt sich nicht auf das Verwaltungsrecht (Nachbarklage). Auch im Zwangsvollstreckungsrecht hält man der Einordnung des Zwangsversteigerungsakts als Grundrechtseingriff in das Eigentum des Schuldners – so BVerfGE 49, 252, 256f. – entgegen, dadurch werde zu einseitig das Eingriffsverhältnis Staat-Bürger betont, während tatsächlich der Staat in der Zwangsvollstreckung zugleich in die Beziehungen der Vollstreckungsparteien eingreife; so etwa *Rosenberg/Gaul/Schilken* Zwangsvollstreckungsrecht, 11. Aufl. 1997, S. 24f., wo ausdrücklich die Rede ist von der „Dreiecksbeziehung" beider Parteien zum Staat und zueinander.

[71] Das Bundesverfassungsgericht spricht inzwischen zutreffend von einem „Schutzauftrag der Verfassung", den Grundrechten im Zivilrecht Geltung zu verschaffen; BVerfGE 81, 242, 256. Dem Staat obliege z.B. „eine aus dem Grundrecht folgende Schutzpflicht, der die geltenden Kündigungsschutzvorschriften Rechnung tragen"; so BVerfGE 97, 169, 175 mwN. Allerdings besteht bis heute keine dogmatische Klarheit darüber, wie in dreipoligen (privatrechtlichen) Verhältnissen grundrechtliche Eingriffsabwehr und Schutzpflicht zueinander in Beziehung stehen; vgl. dazu nur *Oeter* AöR 119 (1994) 529, 558.

[72] Aus zivilrechtlicher Sicht gegen die „Asymmetrie" insbesondere *Hager*, JZ 1994, 373, 381ff.; dagegen – am Beispiel einer „Umkehrung" des Lüth-Falles – *Canaris* (Fn. 26) S. 39ff.; vgl. im übrigen die allgemeine grundrechtsdogmatische Diskussion um das Verhältnis zwischen Über- und Untermaßverbot etwa bei *Dietlein* ZG 10 (1995) 131ff.; *Hain* ZG 11 (1996) 75ff. Zu den – unbewältigten – Folgeproblemen der mittelbaren Drittwirkung und ihrer Präzisierung durch die grundrechtlichen Schutzpflichten gehört insbesondere die Unterscheidung zwischen Vertrags- und Deliktsrecht: Zutreffend wird hier zunehmend die unterschiedliche Wirkungsweise der Grundrechte zur Kenntnis genommen etwa von *Pietzcker* FS Dürig (1990) 345ff.; *Classen* AöR 122 (1997) 65ff. *Oldiges* FS Friauf (1996) 307f.

[73] Als Grundrechtseingriff qualifiziert ein solches Urteil etwa *Oeter* AöR 119 (1994) 529, 535f.; ausführliche Nachweise dazu, dass das dem Lüth-Urteil zugrunde liegende gerichtliche Verbot eines Boykottaufrufs heute überwiegend als Grundrechtseingriff eingestuft wird, bei *Dreier* (Fn. 20) Vorb. Rn. 60 mit Fn. 255; zu der Einordnung anderer

ihrem behördlichen Verbot und schließlich der strafgerichtlichen Verurteilung wegen Beleidigung.[74] Der lange Weg der Erfassung und rechtsdogmatischen Verarbeitung von Nachbar-, Konkurrenten- und anderen drei- und mehrpoligen Verhältnissen[75] hat zu der berechtigten Frage geführt, warum sich in dem von der Verwaltung zu lösenden Konflikt nur die eine – eingriffsbelastete – Seite auf ihr Grundrecht berufen kann.[76] Hier hat sich die Erkenntnis durchgesetzt, dass hinter dem öffentlichen Interesse, das den Eingriff in dem zunächst als zweipolig erscheinenden Verhältnis zwischen Staat und Bürger legitimiert, tatsächlich mehr oder weniger stark individualisierbare Rechtspositionen Dritter verbergen[77] – dass oft also auch hier Grundrechtspositionen zum Ausgleich zu bringen sind.

In dieser Entwicklung der Abkehr von den grundrechtsdogmatischen Spätfolgen des 19. Jahrhunderts musste insbesondere die Wiederentdeckung der Schutzpflichtdimension[78] den Blick dafür öffnen, dass es die

---

Fälle wie Blinkfüer (BVerfGE 25, 256ff.), Böll/Walden (BVerfGE 54, 208) oder Springer/Wallfraff (BVerfGE 66, 116ff.) als Probleme der staatlichen Schutzpflicht vgl. nur *Oeter* AöR 119 (1994) 529, 536 mwN.

[74] Einen in grundsätzlich gleicher Weise wirkenden staatlichen Zwang konstatiert in diesem Zusammenhang etwa *Canaris* JuS 1989, 161, 162; ähnlich *Hager* JZ 1994, 373, 374f.; *Oldiges* FS Friauf, 1996, 281, 284.

[75] Es gehört zu den wichtigsten Entwicklungen des allgemeinen Verwaltungsrechts nach 1949, dass seine Funktion erkannt und in Gestalt der Dreiecksverhältnisse dogmatisch verarbeitet wurde, die darin besteht, Konflikte zwischen Bürgern untereinander zu einem Ausgleich zu bringen. Auch in traditionellen Bereichen des Verwaltungsrechts vermag deshalb die traditionelle abwehrrechtliche Konstruktion der Grundrechte diese nicht adäquat zur Geltung zu bringen. Vgl. dazu nur – zusammenfassend – *Wahl* Der Staat 38 (1999) 495, 497.

[76] Zur grundrechtlichen Schutzpflicht und dem korrespondierenden Schutzanspruch als Mittel zur Beseitigung der Asymmetrie im – vereinfachten – Dreiecksverhältnis zwischen Staat, Störer und Opfer, vgl. *Hermes* (Fn. 23) S. 204ff.

[77] Zutreffend hat *Dreier* (Fn. 23) S. 57 mit Fn. 240, darauf hingewiesen, dass in zunehmendem Umfang Rechtssätze der staatlichen Gewalten nichts anderes als Ausgleichsregelungen konfliktträchtiger und kompatibilisierungsbedürftiger Rechte „konkurrierender" oder „konfligierender" Privater sind; siehe dazu auch *Hermes* (Fn. 23) S. 200ff. Umgekehrt können – insbesondere als Folge von Privatisierungstendenzen – in den Formen des Privatrechts agierende private Akteure zugleich öffentliche Interessen wahrnehmen; zum „öffentlichen Interesse daran, dem Vollstreckungsgläubiger die Verwirklichung seines Anspruchs" zu ermöglichen, weil dieses Interesse der Wahrung des Rechtsfriedens und der Rechtsordnung dient, welche ihrerseits Grundbestandteil der rechtsstaatlichen Ordnung ist, siehe BVerfGE 61, 126, 136.

[78] Die Zusammenführung von grundrechtlicher Schutzpflichtdimension und Drittwirkung findet sich in BVerfGE 81, 242, 255, lediglich angedeutet; dazu *Hermes* NJW

primäre Aufgabe der Gesetzgebung ist, angesichts vielfältiger Gestaltungsmöglichkeiten die grundrechtliche Schutzpflicht zu erfüllen.[79] Diese grundrechtliche Gesetzgebungspflicht deckt sich gegenständlich mit dem Bereich, der aus Gründen grundrechtlicher Gesetzesvorbehalte und nach der Wesentlichkeitslehre ohnehin gesetzlicher Regelung vorbehalten ist.

c) Vorbehalt des Gesetzes und Rechtsfortbildung

Der Vorrang, den das Lüth-Urteil dagegen der *richterlichen* Verwirklichung grundrechtlicher Freiheit einräumt, wird verständlich vor dem Hintergrund einer langen deutschen Tradition, die durch großes Vertrauen in die Gerichtsbarkeit gekennzeichnet ist und politischer Gestaltung durch Parlament und Exekutive eher skeptisch-distanziert gegenübersteht.[80] Diese Tradition findet ihren bis heute unbearbeitet gebliebenen Niederschlag darin, dass der Angewiesenheit des Richters auf und seiner Bindung an das Gesetz allenfalls geringe Aufmerksamkeit geschenkt wird. Dies zeigt sich vor allem bei der Lehre vom Vorbehalt des Gesetzes und – in Zusammenhang damit[81] – bei den Grenzen richterlicher Rechtsfortbildung[82]. Das traditionelle Verständnis bringt die grundrechtlichen Gesetzesvorbehalte wie auch den allgemeinen Vorbehalt des Gesetzes ausschließlich gegen die Verwaltung in Stellung.[83] Zu-

---

1990, 1764ff.; deutlicher dann in BVerfGE 89, 276, 286; zuletzt in BVerfG, NJW 2001, 957, 958 mwN; vgl. auch *Dreier* (Fn. 20) Vorb. Rn. 60; *Höfling* (Fn. 36) S. 53ff.

[79] Dazu jüngst ausführlich *Ruffert* Vorrang der Verfassung und Eigenständigkeit des Privatrechts, 2001, S. 201ff. Zugleich öffnet die Schutzpflichtdimension den Blick für die Austauschbarkeit zivil-, verwaltungs- und strafrechtlicher Instrumentarien des Schutzes; vgl. dazu nur *Hermes* (Fn. 23) S. 38ff., 261ff., 268ff. Schließlich rückt für den Bereich des Zivilrechts die Frage nach der Schutzbedürftigkeit deutlicher in den Blickwinkel verfassungsgerichtlicher Kontrolle.

[80] Vgl. dazu nur *Stolleis* (Fn. 56) S. 116f.; Geschichte des öffentlichen Rechts in Deutschland, Bd. III, 1999, S. 44; *Ogorek* Richterkönig oder Subsumtionsautomat?, 1986.

[81] Zum Zusammenhang zwischen dem Vorbehalt des Gesetzes und den Grenzen richterlicher Rechtsfortbildung vgl. insbesondere *Hillgruber* JZ 1996, 118, 123; *Ruffert* (Fn. 79) S. 130ff.; w.N. zu diesem Zusammenhang bei *Voßkuhle* in: v. Mangoldt/Klein/Starck, GG-Kommentar, Bd. 3, 4. Aufl. 2001, Art. 93 Rn. 61 mit Fn. 301.

[82] Zu den verfassungsrechtlichen Grenzen der richterlichen Rechtsfortbildung *Wank* ZGR 1988, 314ff.; *Barth* Richterliche Rechtsfortbildung im Steuerrecht, 1996, S. 341ff.; *Hofmann* Das Recht des Rechts, das Recht der Herrschaft und die Einheit der Verfassung, 1998, S. 27ff.; *Bumke* (Fn. 46) S. 204ff.

[83] Vgl. dazu nur *Bumke* (Fn. 46) S. 201 mwN; *Horn* Die grundrechtsunmittelbare Verwaltung, 1999, S. 28ff.; explizit gegen die Anwendung der Wesentlichkeitslehre auf das Verhältnis Parlament-Gerichtsbarkeit *Haltern/Mayer/Möllers* Die Verwaltung 30 (1997) 51, 60ff.

lässigkeit und Grenzen richterlicher Rechtsfortbildung dagegen werden nicht als kompetenzielles Problem gesehen, sondern als eine Frage methodengerechter Rechtsanwendung behandelt.[84] Die Rechtsprechung erscheint nicht als gesetzlich gebundene Gewalt, sondern sie tritt gleichberechtigt neben den Gesetzgeber. Sie ist nach den Worten des Bundesverfassungsgerichts befugt, „das Fehlen einer ausdrücklichen und bestimmten normativen Regelung" im Wege der Rechtsfortbildung durch „eine hinreichend erkennbare und bestimmte, den Anforderungen des Gesetzesvorbehalts genügende Regelung" zu kompensieren.[85]

Ob man auf diese Weise der Stellung der Gerichte in der Funktionenordnung des Grundgesetzes[86] gerecht wird, erscheint zweifelhaft. Die besonders ausgestaltete Position des Richters[87] führt dazu, dass die demokratische Legitimation seiner Entscheidungen primär über das Gesetz vermittelt wird.[88] Dies spricht für eine uneingeschränkte Geltung des Vorbehalts des Gesetzes auch und gerade für die rechtsprechende Gewalt.[89] Die Suche nach Gegenargumenten führt im wesentlichen zu der Feststellung, der Richter sei zur Streitentscheidung verpflichtet[90] und müsse diese in Ermangelung ausreichender gesetzlicher Vorgaben notfalls unter Rückgriff auf allgemeine Grundsätze – nicht zuletzt die Grund-

[84] Vgl. aus der Rechtsprechung des Bundesverfassungsgerichts nur BVerfGE 63, 266 288f.; 65, 182, 190ff.; 69, 188, 204; 82, 6, 12f.; 87, 273, 280 sowie die knappe Übersicht bei *Voßkuhle* (Fn. 81) Art. 93 Rn. 61. Nach *Berkemann* DVBl. 1996, 1028, 1035, bleiben die Grenzen der Rechtsfortbildung einer nicht weiter aufgeschlüsselten „Vertretbarkeitsthese" verhaftet.

[85] BVerfGE 54, 224, 234f.; nach Art. 1 des ZGB der Schweiz soll das Gericht „nach der Regel entscheiden, die es als Gesetzgeber aufstellen würde", wenn gesetzliche Vorschriften und gewohnheitsrechtliche Regeln fehlen.

[86] Dazu *Voßkuhle* Rechtsschutz gegen den Richter, 1993, S. 50ff., 265ff.; *Zimmer* (Fn. 45) S. 196ff., 369ff.

[87] Vgl. dazu nur *Barbey* in: Isensee/Kirchhof (Hrsg.) Handbuch des Staatsrechts, Bd. III, 1988, § 74.

[88] *Herzog* FS Dürig, 1990, 431, 441; *Barth* (Fn. 82) S. 472ff.; *Zimmer* (Fn. 45) S. 369ff.

[89] So auch *Ossenbühl* (Fn. 50) § 62 Rn. 48; *Pieroth/Schlink* Grundrechte, 16. Aufl. 2000, Rn. 267; *Ruffert* (Fn. 79) S. 132; *Hillgruber* JZ 1996, 118, 123; *Thoma* in: Anschütz/Thoma (Hrsg.) Handbuch des deutschen Staatsrechts, Bd. II, 1932, § 76, behandelt unter „IV. Die Herrschaft des Gesetzes und das Problem der Rechtsfindung" Verwaltung und Gerichte grundsätzlich gleich. Wenn in BVerfGE 88, 103, 116, der Rechtsprechung ausdrücklich die Aufgabe zugewiesen wird, „sachgerechte Lösungen" zu entwickeln, wo es um „das Verhältnis gleichgeordneter Grundrechtsträger geht", wird dabei verkannt, daß auch durch hoheitliche Eingriffe Konflikte zwischen Gleichgeordneten entschieden werden.

[90] *Söllner* ZG 10 (1995) 1, 7f.; *Hergenröder* Zivilprozessuale Grundlagen richterlicher Rechtsfortbildung, 1995, S. 172ff.

rechte – treffen. So gilt nach der Entscheidung des Bundesverfassungsgerichts zur Koalitionsfreiheit aus dem Jahr 1991 zwar der Grundsatz, es sei Sache des Gesetzgebers, die Koalitionsfreiheit näher auszugestalten,[91] Folgerungen für die gerichtliche Entscheidung von Streitigkeiten zwischen Koalitionen sollen sich daraus aber nicht ergeben: „Die Gerichte müssen bei unzureichenden gesetzlichen Vorgaben das materielle Recht mit den anerkannten Methoden der Rechtsfindung aus den allgemeinen Rechtsgrundlagen ableiten, die für das betreffende Rechtsverhältnis maßgeblich sind. Das gilt auch dort, wo eine gesetzliche Regelung, etwa wegen einer verfassungsrechtlichen Schutzpflicht, notwendig wäre ... Nur so können die Gerichte die ihnen vom Grundgesetz auferlegte Pflicht erfüllen, jeden vor sie gebrachten Rechtsstreit sachgerecht zu entscheiden".[92] Diese kompensatorische Funktion der Gerichte erscheint auf den ersten Blick unausweichlich, sie ist es aber nicht. Dies zeigt bereits ein Blick auf die Durchsetzung des Gesetzesvorbehalts gegenüber der Verwaltung: Auch sie hat Streitigkeiten zu entscheiden und darf dennoch, wenn gesetzliche Entscheidungsgrundlagen fehlen, nicht tätig werden. Und wenn ihre Nichtentscheidung von dem dadurch nachteilig Betroffenen verwaltungsgerichtlich angegriffen wird, kann auch das Verwaltungsgericht in diesem Streit die fehlende gesetzliche Grundlage nicht ersetzen.[93] Hier wie dort stehen verfassungsprozessuale Wege zur Verfügung, mit denen der Gesetzgeber notfalls in seine Pflicht gerufen werden kann.[94]

Die Konsequenz der hier nur grob umrissenen Entwicklung ist nicht zu übersehen. Sie liegt in einer der grundgesetzlichen Funktionenordnung nicht gemäßen Macht der Gerichte – sowohl des Bundesverfas-

---

[91] BVerfGE 84, 212, 226, mit Verweis auf BVerfGE 50, 290, 368f.; 57, 220, 245ff.

[92] BVerfGE 84, 212, 226f.; ähnlich bereits – zu der sich aus Art. 2 I iVm Art. 1 I GG ergebenden Verpflichtung der Gerichte, im Hinblick auf Transsexuelle grundrechtsgemäß zu verfahren – BVerfGE 49, 286, 301ff. Der – angesichts der Regelungen im späteren Gesetz durchaus plausiblen – Auffassung des Bundesgerichtshofs, die Regelungsprobleme im Zusammenhang mit einer Geschlechtsumwandlung seien nicht im Wege richterlicher Rechtsfortbildung zu lösen, hält das Bundesverfassungsgericht entgegen, solange es an einer gesetzlichen Regelung fehle, stelle sich für die Gerichte keine andere Aufgabe als etwa im Falle der Gleichberechtigung von Mann und Frau vor Inkrafttreten des Gleichberechtigungsgesetzes. Sich dieser Aufgabe zu unterziehen, könne ihnen umso weniger versagt sein, als die Rechtsprechung unmittelbar an die Grundrechte gebunden sei (Art. 1 III GG).

[93] Vgl. dazu exemplarisch nur die Kritik an der Entscheidung des VGH Kassel, JZ 1990, 87ff., von *Sendler* NVwZ 1990, 231ff.; *Fluck* UPR 1990, 81ff.; *Rose* DVBl. 1990, 279ff.; *Graf Vitzthum* VBlBW 1990, 48ff.; *Wahl/Masing* JZ 1990, 553ff.

[94] Dazu unten 3. d).

sungsgerichts[95] als auch der Fachgerichte. Ein Teil dessen, was die Fachgerichte im Verhältnis zum Gesetz an Freiräumen seit langem in Anspruch genommen haben, ist im Laufe der Zeit zwangsläufig in den Lichtkegel der grundrechtlichen Ausstrahlungswirkung geraten. Das Bundesverfassungsgericht zieht an sich, was die Fachgerichte schon lange hatten. Hier wie dort werden fehlende oder allzu offene gesetzliche Regelungen durch allgemeine Prinzipien ergänzt oder überlagert[96] und dadurch politische Gestaltungsaufgaben wahrgenommen, die nach der verfassungsrechtlichen Funktionenordnung eigentlich nur den Gesetzgebungsorganen zukommen können. Deshalb muss, wer eine solche Tendenz zum Jurisdiktionsstaat[97] und die damit einhergehende Überanstrengung des Verfassungsrechts vermeiden will, den Gesetzgeber in die Pflicht nehmen.

3. *Folgerungen*

Welche konkreten Folgerungen lassen sich aus diesem Plädoyer für die primäre Verantwortlichkeit der Gesetzgebung im Prozess der Verfassungskonkretisierung ziehen?

a) *Normenkontrolle als primäre verfassungsgerichtliche Aufgabe*

Die erste und wichtigste Forderung bezieht sich auf das Verhältnis zwischen Bundesverfassungsgericht und Gesetzgeber. In dem Maße, in dem dieser seiner Verantwortlichkeit nachkommt, kann jenes sich auf seine primäre Aufgabe der Normenkontrolle konzentrieren. Gemeint ist damit nicht nur die verfassungsrechtliche Beanstandung bestehender Normen, die im Gegensatz vor allem zur verfassungskonformen Auslegung eine Neuregelung notwendig macht und so die gesetzgeberische Gestaltungsfreiheit wieder herstellt, sondern auch die Verpflichtung der Gesetzge-

[95] Auf dieses beschränkt sich die Kritik *Böckenfördes* Der Staat 29 (1990) 1 ff.; *Jestaedt* DVBl. 2001, 1309, 1310 mit Fn. 9, erkennt zutreffend die aus der verfassungsgerichtlichen Rechtsprechung folgende Stärkung der Fachgerichte im Verhältnis zum Gesetzgeber durch die grundrechtlich gebotene Einzelfallabwägung.

[96] Hinter dem häufig zu findenden Hinweis auf die filigranen Strukturen des einfachen Rechts – so z. B. *Jestaedt* (Fn. 12) S. 57 – verbergen sich bei näherem Hinsehen oft Generalklauseln, die in ihrer Unbestimmtheit den Grundrechten in nichts nachstehen (vgl. etwa § 185 StGB).

[97] Die von *Böckenförde* Der Staat 29 (1990) 1, 25, diagnostizierte Tendenz zum Jurisdiktionsstaat betrifft nicht allein das Bundesverfassungsgericht, sondern die rechtsprechende Gewalt insgesamt.

bungsorgane, fehlende normative Grundlagen für die Entscheidung grundrechtsrelevanter Konflikte erstmalig zu schaffen.[98]

Die verfassungskonforme Auslegung stellt demgegenüber ebenso wie alle anderen Instrumentarien zur Herstellung grundrechtskonformer Ergebnisse allein durch die Gerichte keineswegs die „schonendere" verfassungsrechtliche Reaktion dar.[99] Sie tendiert nämlich dazu, gesetzliche Alternativen auszuschließen und auf diese Weise die geltende Rechtsordnung zu zementieren. Gegen einen Vorrang der verfassungsgerichtlichen Normenkontrolle lässt sich auch nicht die Verfassungsbeschwerde als Individualrechtsschutz gegen richterliche Einzelentscheidungen ins Feld führen.[100] Sie bleibt nämlich unverzichtbares prozessuales Instrument zur Herbeiführung einer inzidenten Normenkontrolle, mit dessen Hilfe der Gesetzgeber zur Schaffung grundrechtskonformer Regelungen veranlasst wird.[101]

Nach dieser Struktur hat sich in der Vergangenheit der Prozess der grundrechtsgeleiteten Durchformung vieler Rechtsgebiete vollzogen. Auf dem Gebiet des Zivilrechts wurde eine Reihe überkommener Vorschriften für verfassungswidrig erklärt.[102] Vor allem die verfassungsrechtliche Grundentscheidung für die Ehe als eine partnerschaftliche Verbindung auf der Basis gleicher Rechte gibt ein Beispiel dafür, dass sich der Konstitutionalisierungsprozess fast ausschließlich zwischen Verfassungsgericht und Parlament anstatt zwischen Verfassungsgericht und Fachgerichtsbarkeit vollziehen kann.[103] Auch die Rechtsprechung zu Art. 14 GG zeigt, wie unter verfassungsgerichtlicher Führung das Recht und die Pflicht der Gesetzgebung, Inhalt und Schranken des Eigentums zu bestimmen, ge-

---

[98] Zu dem Arsenal bundesverfassungsgerichtlicher Entscheidungsaussprüche, die den Gesetzgeber zum Tätigwerden verpflichten, vgl. nur die Übersicht bei *Schlaich/Korioth* (Fn. 5) Rn. 366ff.

[99] Kritisch zur verfassungskonformen Auslegung jüngst *Voßkuhle* AöR 125 (2000) 177ff.

[100] Zur Bedeutung der Verfassungsbeschwerde vgl. etwa *E. Klein* in: Piazolo (Hrsg.) Das Bundesverfassungsgericht, 1995, 227ff.

[101] Deshalb muss der hier befürwortete Vorrang der Normenkontrolle nicht in die – zuletzt von *Voßkuhle* (Fn. 81) Art. 93 Rn. 166 mwN, erhobene – Forderung nach Abschaffung der Verfassungsbeschwerde münden, obwohl die Gründe für beide Vorschläge sich im Kern decken.

[102] Zur gesetzlichen Vertretungsmacht der Eltern, ihre Kinder in unbegrenzter Höhe zu verpflichten, BVerfGE 72, 155, 173f.; zur Nichtigerklärung (mit der regelmäßigen Folge einer notwendigen gesetzlichen Neuregelung) von §§ 1628, 1629 I BGB s. BVerfGE 10, 59, 66ff.; zu § 1671 IV Satz 1 BGB s. BVerfGE 61, 358, 371ff.; zu § 1934c I Satz 1 BGB s. BVerfGE 74, 33, 38ff.; zu § 1593, 1598 iVm 1596 I BGB s. BVerfGE 79, 256, 266ff.; zu § 1747 II BGB s. BVerfGE 92, 158, 176ff.

[103] Vgl. die knappe Zusammenfassung bei *Schuppert/Bumke* (Fn. 8) S. 10f.

genüber einer traditionsbewussten Zivilgerichtsbarkeit zur Geltung gebracht werden kann.[104]

b) *Vorrang der Anwendung einfachen Rechts durch die Fachgerichte*

Die zweite Folgerung betrifft das Verhältnis zwischen Gesetzgebungsorganen und Richterschaft: In diesem Verhältnis gilt der Anwendungsvorrang des einfachen Rechts.[105] Er muss seine Bedeutung als das bestimmende Prinzip für die Auswahl zwischen Gesetzes- und Verfassungsbindung zurückgewinnen. Der Richter darf und muss sich deshalb im Regelfall darauf beschränken, die Konkretisierungsentscheidungen des Gesetzes zu akzeptieren und sich mit deren Anwendung und Auslegung zu begnügen.[106] Diese Erinnerung ist nicht zuletzt an das Verwaltungsrecht zu adressieren, das etwa bei der Klagebefugnis Drittbetroffener oder in Fragen des baurechtlichen Bestandsschutzes erst jetzt dazu übergeht, den Blick in erster Linie auf die gesetzlichen Detailregelungen zu richten.[107]

c) *Kontrollaufgaben des Bundesverfassungsgerichts*

Drittens schließlich ist für das Verhältnis zwischen Bundesverfassungsgericht und Fachgerichten aus der verstärkten Inpflichtnahme des Gesetzgebers zu folgern, dass sich die verfassungsgerichtliche Kontrolle in aller Regel darauf beschränken kann zu prüfen, ob bei grundrechtsrelevanten Gerichtsentscheidungen die Grenzen der richterlichen Rechtsfortbildung beachtet wurden. Dies setzt freilich voraus, dass diesen Grenzen vor dem Hintergrund des auch für die Gerichte geltenden Vorbehalts des Gesetzes[108] größere Aufmerksamkeit geschenkt wird. Nur sekundäre Bedeutung kann einer darüber hinausgehenden Einzelfallkontrolle des Verfahrens der Entscheidungsfindung und der sachlichen Vertretbarkeit des Entscheidungsinhalts zukommen. Eine solche revisionsähnliche Prüfung

---

[104] Zur aktiven Rolle der Gesetzgebung vgl. bereits *v. Brünneck* Die Eigentumsgarantie des Grundgesetzes, 1984, S. 105ff., 125ff.; repräsentativ für den zivilrechtswissenschaftlichen Widerstand gegen die neue verfassungsrechtliche Eigentumsdogmatik *Baur* NJW 1982, 1734ff.

[105] Dazu *Maurer* Allgemeines Verwaltungsrecht, 13. Aufl. 2000, § 4 Rn. 42; *Bender* (Fn. 21) S. 300ff.; Ruffert (Fn. 79) S. 223ff.

[106] Ähnlich *Lerche* in: Kewenig (Hrsg.) Deutsch-Amerikanisches Verfassungsrechtssymposium, 1976, 67, 85; *Oeter* AöR 110 (1994) 529, 558.

[107] Für das Baunachbarrecht vgl. nunmehr BVerwGE 101, 364, 373; allgemein dazu *Wahl* FS Redeker, 1993, 245ff.; *ders.* in: Schoch/Schmidt-Aßmann/Pietzner (Hrsg.), VwGO-Kommentar, Vorb. § 42 Abs. 2 Rn. 75ff.

[108] S.o. bei Fn. 89.

insbesondere anhand der Erfordernisse des rechtlichen Gehörs[109] und in der Form einer weitmaschigen Willkürkontrolle[110] als „äußerste Grenze verfassungsrechtlicher Irrtumstoleranz"[111] führt dann allerdings unausweichlich zu der bekannten Frage, ob jede fehlerhafte Anwendung gehörspezifischen Verfahrensrechts zugleich eine Verletzung von Art. 103 Abs. 1 GG darstellt[112] und ob jede fehlerhafte Rechtsanwendung zugleich einen Grundrechtsverstoß bedeutet.[113]

d) Prozessuale Folgen bei ungenügendem gesetzlichen Programm

Als letztes bleibt in diesem wohlgeordneten Bild der kompetenziellen Beziehungen die Frage zu beantworten, wie der Richter zu verfahren hat, dem das Gesetz keine ausreichend konkreten Maßstäbe zur Verfügung stellt. Die Antwort kann nur in Art. 100 Abs. 1 GG gefunden werden. Den Gerichten bleibt in solchen Fällen nur die Möglichkeit einer Vorlage an das Bundesverfassungsgericht wegen des gesetzgeberischen Unterlassens grundrechtsgemäßer Konfliktlösungen.[114] Dieses hat dann die Reichweite des Vorbehalts des Gesetzes zu bestimmen und gegebenenfalls den Gesetzgeber zum Tätigwerden zu verpflichten. Unmittelbar aus

---

[109] „Die Aufgabe der Gerichte, über einen konkreten Lebenssachverhalt ein abschließendes Urteil zu fällen, ist in aller Regel ohne Anhörung der Beteiligten nicht zu lösen. Diese Anhörung ist daher zunächst Voraussetzung einer richtigen Entscheidung." (BVerfGE 9, 89, 95); ähnlich BVerfGE 39, 156, 168; 63, 332, 337; 70, 180, 188. Zum unbeschränkten Prüfungsumfang bei der grundrechtsprozeduralen Kontrolle (Art. 19 IV, 101 I 2, 103 I, 104 GG) vgl. *Berkemann* DVBl. 1996, 1028, 1031.

[110] Dazu *Weiß* Objektive Willkür, 2000; *Düwel* Kontrollbefugnisse des Bundesverfassungsgrichts bei Verfassungsbeschwerden gegen gerichtliche Entscheidungen, 2000, S. 160ff.; *Berkemann* DVBl. 1996, 1028, 1031; *Kirchberg* NJW 1987, 1988ff.; *Roth* AöR 121 (1996) 544, 574ff.

[111] *Bender* (Fn. 21) S. 326; zustimmend *Oeter* AöR 119 (1994) 529, 559f.

[112] Vgl. dazu nur *Schmidt-Aßmann* in: Maunz/Dürig, GG, Art. 103 Abs. 1 Rn. 20ff., 143ff.

[113] Die Literatur zu der daraus resultierenden Frage nach der Kompetenzabgrenzung zwischen Bundesverfassungsgericht und Fachgerichten ist unüberschaubar; vgl. aus neuerer Zeit nur *Bender* (Fn. 21); *Benda/Klein* Verfassungsprozessrecht, 2. Aufl. 2001, Rn. 651ff.; *Schlaich/Korioth* (Fn. 5) S. 186ff.; *Düwel* (Fn. 110); *Rennert* NJW 1991, 12ff.; *Berkemann* DVBl. 1996, 1028ff.; *Koch* GS Jeand'Heur, 1999, 135ff.; *Robbers* NJW 1998, 935ff.; *Roth* AöR 121 (1996) 544ff.; *Wieland* Der Staat 29 (1990) 333ff.; *Schulte* DVBl. 1996, 1009, 1015f.; *Starck* JZ 1996, 1033ff.

[114] So auch *Hillgruber* JZ 1996, 118, 120; *Oeter* AöR 119 (1994) 529, 548; *Dreier* (Fn. 23) S. 58 mit Fn. 244. Dass eine Vorlage gegen gesetzgeberisches Unterlassen nach Art. 100 Abs. 1 GG möglich ist, zeigt BVerfGE 81, 363, 375ff. Der in der Literatur – z.B. von *Wieland* in: Dreier (Hrsg.) GG-Kommentar, Bd. III, 2000, Art. 100 Rn. 12 – geforderte Verfassungsauftrag ergibt sich aus der grundrechtlichen Schutzpflicht. A.A. mwN *Ruffert* (Fn. 79) S. 226f.

den Grundrechten gewonnene Lösungen können dann vor diesem Hintergrund Übergangsregelungen darstellen.[115]

III. Die verbleibende Relevanz der Bindung der Fachgerichte an die Grundrechte

Die hier vorgeschlagene Rückbesinnung auf den Vorrang der Gesetzgebung im Prozess der Verfassungskonkretisierung vermag die Notwendigkeit einer verfassungs- und grundrechtsorientierten Auslegung und Anwendung des einfachen Rechts nicht zu völlig zu beseitigen.

1. Grundrechte als unverzichtbare Auslegungsprinzipien

Die Grenzen gesetzlicher Programmierung der Einzelfallentscheidungen von Verwaltung und Gerichten sind selbst dort unübersehbar, wo sich der Gesetzgeber von dem Ideal abstrakter Allgemeinheit[116] weit entfernt hat und stattdessen den ökonomischen und sozialen Prozessen der Gesellschaft kurzatmig, punktgenau und mit größtmöglicher Nähe zum Sachbereich folgen will.[117] Die Notwendigkeit, bei der Anwendung und Auslegung des Rechts auf allgemeine Prinzipien zurückzugreifen, oder – aus der Perspektive des einfachen Rechts formuliert – sein Maß an Eigenständigkeit ist abhängig von der Konkretisierungsleistung des Gesetzes[118].

---

[115] *Dreier* (Fn. 23) S. 58.

[116] Beispiele wie das Asylrecht oder der strafrechtliche Beleidigungstatbestand zeigen, wie die gesetzliche Konkretisierungsleistung gegenüber den auf Verfassungsebene existierende Konflikten und Vorgaben nahezu keinen „Mehrwert“ erbringt: Die gesetzliche Umschreibung der politischen Verfolgung in § 1 Abs. 1 AsylVfG ist dieselbe wie diejenige des Art. 16a GG. Der Konflikt zwischen Meinungsfreiheit einerseits und Schutz der Ehre andererseits wird durch den Begriff der „Beleidigung“ in § 185 StGB in keiner Weise klarer oder präziser gelöst als auf der Verfassungsebene.

[117] Vgl. zusammenfassend dazu *Hufen* in: Schuppert (Hrsg.) Das Gesetz als zentrales Steuerungsinstrument des Rechtsstaates, 1998, 11 ff.

[118] Die detaillierte Kontrolle gerichtlicher Einzelentscheidungen durch das Bundesverfassungsgericht findet ihren Grund in dem Freiraum, den die Gerichte bei der Auslegung und Anwendung der Gesetze ausfüllen; so zutreffend *Schuppert/Bumke* (Fn. 8) S. 42. Im öffentlichen Recht wird diese sach- und problembezogene Konkretisierungsleistung von dem besonderen Verwaltungsrecht erbracht, während das allgemeine Verwaltungsrecht als Ordnungsidee und Ordnungssystem in spezifischer Weise der Vermittlung der verfassungsrechtlichen Grundsätze in das gesamte Verwaltungsrecht hinein dient; so *Wahl* NVwZ 1984, 401, 407 mit Fn. 51. Wenn auf dem Gebiet des Strafrechts kritisiert wird, dass die verfassungsgerichtliche Differenzierung zwischen „Auseinandersetzung in der Sache“ und „Diffamierung der Person“ ohne Ansehung des § 193 StGB vor-

Im Ergebnis ist dieser Rückgriff und damit die relative Unselbständigkeit des einfachen Rechts unausweichlich.[119] Die Auslegungsprinzipien können – soweit sie im Gesetz nicht ausreichend deutlichen Niederschlag gefunden haben – in der durch das Grundgesetz konstituierten Ordnung nur aus der Verfassung, nicht aus Naturrecht, Weltanschauungen oder sonstigen Vorverständnissen gewonnen werden. Genau dies ist die Aussage von Art. 1 Abs. 3 GG, wenn dort neben der Gesetzgebung auch die vollziehende und die rechtsprechende Gewalt an die Grundrechte gebunden werden. Die verfassungsorientierte Auslegung und Anwendung des einfachen Rechts ist also unvermeidbar und verfassungsrechtlich geboten, wo das Gesetz die Lösung des Einzelfalles nicht ausreichend determinieren kann.

2. *Kompetenzkonflikt zwischen Bundesverfassungsgericht und Fachgerichten*

Dies führt mit Blick auf das Verhältnis zwischen Bundesverfassungsgericht und Fachgerichten zu der seit langem erkannten Aufgabenparallelität.[120] In exakt dem Umfang, in dem die Fachgerichte bei ihrer Rechtsauslegungs- und -anwendungstätigkeit Grundrechte beachten müssen, hat das Bundesverfassungsgericht eben diese Rechtsprechungstätigkeit auf die Verfassungsbeschwerde eines beteiligten Grundrechtsträgers hin zu überprüfen. Dies führt, da weder die Verfassung noch das Gesetz Abgrenzungsmaßstäbe bereithalten, zu dem bekannten und vielfach dargestellten Kompetenzkonflikt.[121] Jede Entscheidung des Bundesverfassungsgerichts über eine Urteilsverfassungsbeschwerde ist deshalb eine potenzielle Superrevisionsentscheidung und kann dort, wo Grundrechte die Tatsachenwürdigung beeinflussen, sogar eine Supertatsacheninstanz eröffnen.[122]

---

genommen werde – so etwa *Starck* (Fn. 16) S. O 27, 32, mit Bezugnahme auf BVerfGE 82, 272, 283 f. –, so schließt sich die Frage an, welche normativen Vorgaben zu dieser Frage § 193 StGB enthalten soll.

[119] Zur methodischen Sinnlosigkeit einer buchstäblich genommenen strengen Bindung des Richters an das Gesetz vgl. nur *Esser* AcP 172 (1972) 97 ff.; *Haverkate* Gewissheitsverluste im juristischen Denken, 1977, S. 137 ff.; von „Unhintergehbarkeit der Konkretisierung" spricht *Dreier* Hierarchische Verwaltung im demokratischen Staat, 1991, S. 165 ff.

[120] Dazu bereits *Bryde* (Fn. 15) S. 316; ausführlich *Düwel* (Fn. 110) S. 234 ff.

[121] Vgl. außer der oben in Fn. 113 nachgewiesenen Literatur zuletzt *Korioth* FS Bundesverfassungsgericht I, 2001, 55 ff.; *Jestaedt* DVBl. 2001, 1309 ff.

[122] So *Starck* (Fn. 16) S. O 27, 28.

Die vom Verfassungsgericht selbst angebotenen Kriterien zur Lösung dieses Kompetenzkonflikts sind ausführlich diskutiert und häufig kritisiert worden: Die Heck'sche Formel der Selbstbeschränkung auf die Überprüfung der Verletzung „spezifischen Verfassungsrechts"[123] benennt das Problem,[124] löst es aber nicht.[125] Seine einzelnen Konkretisierungen wie die grundsätzliche Respektierung der eigenständigen Feststellung und Würdigung des Sachverhalts durch die Fachgerichte,[126] die Kontrolle, ob grundrechtliche Einflüsse auf den Rechtsanwendungsvorgang überhaupt erkannt wurden,[127] die Prüfung, ob die Auslegung und Anwendung des einfachen Rechts auf einer grundsätzlich unrichtigen Anschauung von der Bedeutung eines Grundrechts – insbesondere vom Umfang seines Schutzbereichs – beruht[128], die nähere Bestimmung dieser Grundsätzlichkeit durch die Verallgemeinerungsfähigkeit im Sinne der „Schumannschen Formel"[129] und schließlich die alle diese Kriterien ausnahms-

---

[123] BVerfGE 18, 85, 92. Noch mit erfrischender Ahnungslosigkeit konnte das Bundesverfassungsgericht bereits im ersten Band – übrigens in einer Entscheidung über einen Mietprozess – formulieren, es habe eine rechtskräftige Entscheidung nicht allgemein, sondern nur daraufhin zu überprüfen, ob der Beschwerdeführer durch das Urteil unmittelbar in seinen verfassungsmäßigen Grundrechten verletzt ist; BVerfGE 1, 7, 8. Die weitere „Vorgeschichte" der Heck'schen Formel ist nachgezeichnet von *Herzog* FS Dürig, 1990, 433ff.

[124] Dass die Redeweise vom „spezifischen Verfassungsrecht" nicht auf einen Maßstab, sondern auf ein Problem verweist, ist seit langem bekannt; vgl. nur *Wahl/Wieland* JZ 1996, 1137, 1138 mwN.

[125] Die Formel verdeckt einen Dezisionismus, weil es selbstverständlich das Gericht selbst ist, das darüber entscheidet, was eine Verletzung des spezifischen Verfassungsrechts ist; so *Wahl/Wieland* JZ 1996, 1137, 1139; ähnlich *Schulze-Fielitz* AöR 122 (1997) 10 mwN in Fn. 43.

[126] Nachweise dazu bei *Korioth* (Fn. 121) 63f.; zur Differenzierung nach den verschiedenen Kontrollbereichen – Verfassungsmäßigkeit der Entscheidungsgrundlage, Feststellung und Würdigung des Tatbestandes, Einhaltung der Verfahrensgrundrechte, Auslegung und Anwendung einfachen Rechts etc. – vgl. insbesondere *Berkemann* DVBl. 1996, 1028, 1031f.; ihm folgend *Voßkuhle* (Fn. 81) Art. 93 Rn. 57ff.

[127] So zuletzt etwa BVerfGE 95, 28, 37; 97, 391, 401; 101, 361, 388; w.N. bei *Korioth* (Fn. 121) 66.

[128] Zuletzt etwa BVerfGE 99, 145, 160; 100, 214, 222; 101, 361, 388f.

[129] Die grundsätzlich unrichtige Anschauung von der Bedeutung eines Grundrechts wird danach bejaht, „wenn der angefochtene Richterspruch eine Rechtsfolge annimmt, die der einfache Gesetzgeber nicht als Norm erlassen dürfte"; s. *Schumann* Verfassungs- und Menschenrechtsbeschwerde gegen richterliche Entscheidungen, 1963, S. 207. Diese Formel dominiert nach der Einschätzung von *Voßkuhle* (Fn. 81) Art. 93 Rn. 61 mit Fn. 300, die verfassungsgerichtliche Praxis: BVerfGE 59, 231, 256f.; 63, 45, 67; 64, 261, 280; 68, 256, 267, 270; 69, 315, 372; 81, 29, 31f.; 82, 6, 15f.; 84, 212, 228f.; 85, 1, 16; 97, 12, 27; 99, 129, 139. Positiv aufgegriffen wurde sie insbesondere von *Rennert* NJW 1991, 12,

weise[130] überwölbende und gleichzeitig relativierende Orientierung an der Eingriffsintensität[131] und an dem „Rang und der Bedeutung des auf dem Spiele stehenden Grundrechtsgutes und der Eigenart des betroffenen Sachbereichs",[132] lassen sich verfassungsrechtsdogmatisch nicht in ein System bringen.[133] Die Praxis wird von Pragmatismus beherrscht, und in der Wissenschaft hat sich Resignation[134] breit gemacht.

Auch die funktionell-rechtliche[135] Frage nach der Aufgabenverteilung innerhalb der dritten Gewalt kann angesichts der beschriebenen Aufgabenparallelität kaum konkrete oder gar zwingende Gesichtspunkte hervorbringen.[136] Die Schwächen dieses funktionell-rechtlichen Ansatzes[137] liegen darin, dass eine Gesamtschau es ermöglicht, je nach Bedarf ganz unterschiedliche Aspekte des Kompetenzgefüges in den Vordergrund der Betrachtung zu rücken.[138] So lässt sich vor allem der Spezialisierung des Bundesverfassungsgerichts auf Verfassungs- und Grundrechtsfragen[139] die im Prozess der Grundrechtskonkretisierung zweifelsohne notwendige Fallanschauung der Fachgerichte entgegenhalten.[140] Man mag darauf ver-

---

13; *Starck* JZ 1996, 1033, 1039f.; *Oeter* AöR 119 (1994) 529, 559; *Broß* BayVBl. 2000, 513ff.; *Koch* (Fn. 113) 135ff., 140ff.; *Jestaedt* DVBl. 2001, 1309, 1321.

130 Bei Zugrundelegung des Intensitätskriteriums für den Umfang und die Intensität verfassungsgerichtlicher Kontrolle müssten strafgerichtliche Verurteilungen stets der höchsten verfassungsgerichtlichen Kontrollintensität unterliegen; *Berkemann* DVBl. 1996, 1028, 1039. Es fällt allerdings auf, dass eine intensive Prüfung strafgerichtlicher Verurteilungen nahezu ausschließlich bei Eingriffen in die Meinungs- oder Kunstfreiheit stattfindet; vgl. etwa BVerfGE 43, 130, 136f.; 67, 213, 223; 81, 278, 289f.; 82, 43, 50.

131 Aus neuerer Zeit BVerfGE 97, 169, 181; 98, 365, 389; aus der Literatur vgl. nur *Scherzberg*, Grundrechtsschutz und „Eingriffsintensität", 1989; *Lincke* EuGRZ 1986, 60ff.; *Düwel* (Fn. 110) S. 90ff.

132 BVerfGE 76, 1, 51f.; 81, 278, 289f.

133 Dies dürfte der allgemeinen Einschätzung entsprechen; vgl. nur *Korioth* (Fn. 121) 74.

134 Repräsentativ *Ossenbühl* FS Ipsen, 1977, 129, 139; *Schulze-Fielitz* AöR 122 (1997) 1, 10; zuletzt *Korioth* (Fn. 121) 74.

135 Zum funktionell-rechtlichen Ansatz s. etwa *Düwel* (Fn. 110) S. 224ff.; *Voßkuhle* (Fn. 81) Art. 93 Rn. 40; *Schulze-Fielitz* AöR 122 (1997) 1, 10; *Hesse* FS H. Huber, 1981, 261, 267ff.; *Kirchhof* NJW 1996, 1497, 1504.

136 So auch die Einschätzung von *Korioth* (Fn. 121) 77.

137 Dazu insbesondere *Böckenförde,* Der Staat 29 (1990), 1, 26f.; *Heun* (Fn. 24); *Schlaich/Korioth* (Fn. 5) Rn. 507ff.; *Jestaedt* (Fn. 12) S. 173ff., 201ff. mwN.

138 So z.B. *Voßkuhle* (Fn. 81) Art. 93 Rn. 41.

139 Entscheidender Ausgangspunkt für die Bestimmung der Befugnisse des Bundesverfassungsgerichts ist danach seine Stellung als spezifisches Fachgericht für Verfassungsfragen und das justizielle „neutrale" Verfahren der Entscheidungsfindung.

140 Hingewiesen wird in diesem Zusammenhang vor allem darauf, dass konkretisierende Regelbildung der Auseinandersetzung mit der Sachgesetzlichkeit des jeweiligen Lebensbereiches bedürfe und dass die Fachgerichte über mehr Fallmaterial zur Typi-

weisen, dass die „Zumutungen“ für die Mehrheit, die grundrechtlicher Minderheitenschutz mitunter mit sich bringt, das Bundesverfassungsgericht als oberstes Gericht besser „im Namen des Rechts“ aussprechen kann als ein Amtsgericht.[141] Man kann auch versuchen, die selektive verfassungsgerichtliche Aufmerksamkeit gegenüber bestimmten Konfliktbereichen zu erklären. Plausibel erscheint es insbesondere, den roten Faden in dem Bemühen des Gerichts zu sehen, die Bedingungen einer betont offenen Zivilgesellschaft zu sichern und sie auf diese Weise zu befähigen, die immer drängenderen Zukunftsaufgaben zu bewältigen.[142] Zu allgemeinen und vor allem zu zwingenden kompetenzbegrenzenden Maßstäben führt dies allerdings nicht.[143]

3. *Folgerungen aus der Erstzuständigkeit der Gesetzgebung*

Auch die notwendige Rückbesinnung auf die primäre Zuständigkeit der Gesetzgebung im Prozess der Verfassungskonkretisierung kann für das Verhältnis zwischen Bundesverfassungsgericht und Fachgerichten vor diesem Hintergrund keine Lösung, wohl aber Orientierung liefern. Dazu drei abschließende Bemerkungen:

Erstens besteht kein Grund zur Dramatisierung dieses Problems. Die erste und wichtigste Aufgabe liegt vielmehr darin, die Gesetzgebung wieder in die ihr zukommende Funktion einzusetzen. Wer dabei illusionslos die Grenzen der Kodifizierbarkeit einzelner gesellschaftlicher Konfliktbereiche akzeptiert, der muss auch anerkennen, dass bei der richterlichen Ausfüllung der verbleibenden Spielräume durch die Fachgerichte einerseits und durch das Bundesverfassungsgericht andererseits Richterrecht gegen Richterrecht steht. Die daraus folgenden Auseinandersetzungen um die richtige Zuordnung von Ehre und Meinungsfreiheit[144]

---

sierung verfügen; so insbesondere *Oeter* AöR 119 (1994) 529, 538f., 557 mwN; *Schenke* Verfassungsgerichtsbarkeit und Fachgerichtsbarkeit, 1987, S. 57f.

[141] Das gilt jedenfalls dann, wenn es zutrifft, dass die Rechtsprechung des Bundesverfassungsgerichts zum Ehrenschutz der Rechtsüberzeugung der Mehrheit der Bürger widerspricht, die die persönliche Ehre als wesentlichen Teil unserer Rechtskultur respektiert sehen will und deshalb für die Entscheidungen kein Verständnis aufbringt; so *Starck* (Fn. 16) S. O 33.

[142] So *Schulze-Fielitz* AöR 122 (1997) 22f., mit Bezugnahme vor allem auf *Frankenberg*, Verfassung der Republik, 1996, S. 54f., und *Rödel* ZPol. 6 (1996) 669ff.

[143] Skeptisch gegenüber „funktionell-rechtlichen Remeduren“ auch *Jestaedt* DVBl. 2001, 1309, 1312ff.

[144] Die Rechtsprechung des Bundesverfassungsgerichts dazu ist sowohl im Hinblick auf die Sachverhaltswürdigung als auch im Hinblick auf Kontrolle der Abwägung im Einzelfall singulär; so auch die Einschätzung von *Schulze-Fielitz* AöR 122 (1997) 1, 12.

oder das richtige Verständnis der Vertragsfreiheit sind unvermeidbar, aber sie bringen die verfassungsrechtliche Funktionenordnung nicht ins Wanken.

Zweitens wird sich das Kompetenzproblem in dem Maße verringern, in dem es gelingt, die Gesetzgebung zur Auflösung von Generalklauseln durch bereichsspezifische, sachzugewandte Regelungen zu veranlassen.[145] Dadurch wäre die Voraussetzung dafür geschaffen, dass sich der – mitunter ärgerliche, oft eher Hilfe suchende – auf Karlsruhe gerichtete Blick des Richters wieder den gesetzgebenden Instanzen in Berlin zuwendet, wenn er nicht ohnehin allein oder zumindest auch auf Brüssel[146] gerichtet ist.

Drittens legt es die primäre Normenkontrollaufgabe des Bundesverfassungsgerichts nahe, sich auf Grundsatzfragen der grundrechtsorientierten Auslegung des einfachen Rechts zu beschränken. Eine solche Beschränkung wird unterstützt durch die Stimmen, die das Bundesverfassungsgericht vor allem aus funktionell-rechtlichen Gründen zur Konzentration auf die Entscheidung von Grundsatzfragen mahnen.[147] Sie allein stellt sicher, dass das Bundesverfassungsgericht als höchstes Gericht seiner Aufgabe gerecht werden kann, die allein der Verfassung zu entnehmenden einheitlichen Gestaltungs- und Wertungslinien der Rechtsordnung zu bewahren.[148] Sie streitet gegen eine die Verlässlichkeit abstrakter Rechts-

---

Von besonderer Bedeutung ist hier die Gefahr, dass sich die Fachgerichte durch eine falsche Tatsachenwürdigung den strengen Prüfungsmaßstäben des Bundesverfassungsgerichts entziehen.

[145] Wenn auch dem Steuerrecht keineswegs Modellfunktion für gelungene Kodifikationleistungen zukommt, so fällt doch auf, dass der eindeutige Schwerpunkt der verfassungsgerichtlichen Rechtsprechung zum Steuerrecht – entsprechend dem hier vorgeschlagenen Vorrang der Normenkontrolle – bei der Kontrolle der Gesetzgebung und nicht der Rechtsprechung liegt; vgl. nur die Übersicht von *Kirchhof* FS Offerhaus, 1999, 83 ff.

[146] Zur gemeinschaftsrechtskonformen Auslegung und Anwendung nationalen Rechts vgl. nur *Nettesheim* GS Grabitz, 1995, 447 ff.

[147] Vgl. etwa *Wank* JuS 1980, 546 ff. Verbreitet ist zwischenzeitlich die Einschätzung, es sei ein Punkt konstitutioneller „Sättigung" und Absicherung erreicht, der es dem Gericht nunmehr erlaube, einen echten Schnitt zu machen und sich vor dem Hintergrund der bestehenden Aufgabenparallelität von Fachgerichtsbarkeit und Verfassungsgerichtsbarkeit in Bezug auf die Sicherung der Grundrechte wieder stärker auf Grundsatzfragen zu konzentrieren; so etwa *Voßkuhle* (Fn. 81) Art. 93 Rn. 66; ähnlich *Korioth* (Fn. 121) 81.

[148] *Dreier* (Fn. 23) S. 59 mit Verweis auf *Teubner* Das Recht als autopoietisches System, 1989, S. 123 ff.; ähnlich *Morlok* in: Bauer/Posch/Morlok (Hrsg.) Zivilrecht – Sonne oder Planet der Rechtsordnung?, 2000, 25, 46 ff.; vgl. auch die Beiträge in Schuppert/Bumke (Hrsg.) Bundesverfassungsgericht und gesellschaftlicher Grundkonsens, 2000.

sätze unterminierende Einzelfallorientierung, wie sie sich vor allem in der verfassungsgerichtlichen Mietrechtsprechung gezeigt hat.[149]

Als abschließendes Beispiel, das dieser notwendigen Orientierung an Grundsatzfragen gerecht wird, sei die Entscheidung des Bundesverfassungsgerichts zur Imagewerbung mit gesellschaftskritischen Themen[150] hervorgehoben. Der Bundesgerichtshof hatte die regelungstechnisch wohl kaum vermeidbare Generalklausel des § 1 UWG mit Hilfe des aus den „guten kaufmännischen Sitten" entnommenen Prinzips ausgelegt, wonach Mitgefühl mit schwerem Leid nicht zu Werbezwecken erweckt und ausgenutzt werden dürfe. Diese Auslegung wird aber den Rechtfertigungsanforderungen des Art. 5 GG nicht gerecht.[151] Da sie im Sinne der Schumann'schen Formel normähnliche Abstraktion aufwies, war sie von grundsätzlicher Bedeutung. Ihre einmalige verfassungsgerichtliche Korrektur liefert den Zivilgerichten für vergleichbare Fälle zukünftig ausreichende Orientierung.[152]

IV. Schluss

Dieses Beispiel steht für die Linie, die allein in der Lage ist, den Umfang verfassungsgerichtlicher Kontrolle fachgerichtlicher Entscheidungen sinnvoll zu begrenzen. Ihre Beachtung wird allerdings durch jede

---

[149] BVerfGE 68, 361 ff.; 79, 292 ff.; 89, 1 ff. Nach der Einschätzung *Sendlers* NJW 1994, 1518 – zustimmend *Schmidt* in: 61. Deutscher Juristentag, Bd. II/1, S. O 43, 45 f. – hat sich der Erste Senat des Bundesverfassungsgerichts zu einem obersten Amtsgericht für Eigenbedarfklagen entwickelt. Andere bezeichnen das „verfassungsgerichtliche" Mietrecht als Feld, auf dem auch fundierte wissenschaftliche Kritik nichts auszurichten vermocht habe; so *Berkemann* DVBl. 1996, 1028, 1031. Zur Kritik an der Mietrechtsprechung vgl. nur *Roellecke* NJW 1992, 1649 ff.; *Depenheuer* NJW 1993, 2561 ff; *Rüthers* NJW 1993, 2587 ff; *Sendler* NJW 1994, 709 ff.; verteidigend dagegen *Sonnenschein* NJW 1993, 161 ff. Zwischenzeitlich scheint der Zenit der verfassungsgerichtlichen Ausformung des Mietrechts überschritten; vgl. die zusammenfassende Darstellung der stattgebenden Kammerentscheidungen in Mietsachen bei *Höfling/Rixen* AöR 125 (2000) 428, 467 f., die nach 1995 nur noch sehr vereinzelte Entscheidungen ausweist.

[150] BVerfGE 102, 347 ff.

[151] BVerfGE 102, 347, 365. Deshalb komme die genannte Vorschrift „in dieser Auslegung" als Grundlage für einen Eingriff in die Pressefreiheit nicht in Betracht. Das allein auf die Auslegung des § 1 UWG im Sinne der genannten Regel gestützte Urteil war daher aufzuheben.

[152] Auch der verfassungsgerichtlichen Kontrolle der zivilgerichtlichen Rechtsprechung zur Inhaltskontrolle von Bürgschaftsverträgen hat eine Kammer des Ersten Senats, WM 1996, 148, mit dem Argument ein Ende gesetzt, dass die relevanten verfassungsrechtlichen Maßstäbe in der Grundsatzentscheidung des Senats formuliert sind.

Akte, die das BvR-Aktenzeichen trägt und täglich auf den Tischen der Richter und wissenschaftlichen Mitarbeiter des Bundesverfassungsgerichts landet, auf eine harte Probe gestellt. Wenn die Grundrechte da ankommen sollen, wo sie für den Einzelnen praktisch werden – bei seinem individuellen Fall –,[153] dann wird sich der Zugriff auf den krassen Einzelfall nicht ganz vermeiden lassen. Der Filter für diesen Zugriff ist nicht bestimmt und nicht bestimmbar.[154] Deshalb kann ich mich am Ende nur denjenigen anschließen, die in Anlehnung an die Praxis des Supreme Court ein freies Annahmeverfahren für Verfassungsbeschwerden fordern.[155]

---

[153] *Grimm* Die Zeit v. 27. 9. 2001, S. 11.

[154] Ein früherer Präsident gibt zu Protokoll, dass es lediglich „praktische Überlegungen" sind, die dem Verfassungsgericht insoweit die Feder führen: *Herzog* FS Dürig, 1990, 431.

[155] Vgl. nur *Wahl/Wieland* JZ 1996, 1137ff. mwN.

Leitsätze des 4. Berichterstatters über:

Verfassungsrecht und einfaches Recht – Verfassungsgerichtsbarkeit und Fachberichtsbarkeit

I. Das Verhältnis zwischen Verfassung und einfachem Recht als Problem der Harmonisierung von materiellem Verfassungsrecht und Kompetenzordnung

1. Grundrechtswirkungen im Einzelfall als Problem der Grundrechtsbindung aller staatlichen Gewalten

(1) Nach der auf das Lüth-Urteil zurückgehenden Weichenstellung haben alle Rechtsanwendungsinstanzen bei der Auslegung und Anwendung des einfachen Gesetzesrechts grundrechtlichen Anforderungen Rechnung zu tragen. Dies hat dazu geführt, dass sich jede Rechtsfrage auch als potenzielle Grundrechtsfrage stellt.

(2) Diese Entwicklung sieht sich zunehmender Kritik ausgesetzt, die vor allem die Autonomie des einfachen Rechts betont und die Rechtssicherheit gefährdet sieht.

(3) Da die Probleme des Verhältnisses von Verfassungsrecht und einfachem Recht ihren Ursprung in Art. 1 Abs. 3 und Art. 20 Abs. 3 GG haben, muss dort auch der Ausgangspunkt für deren Lösung gefunden werden.

2. Verfassungsreduktion und Autonomie des einfachen Rechts

(4) Der Ansatz, die Lösung in einer Reduktion der Grundrechte auf subjektive Abwehrrechte zu finden, ist gescheitert.

(5) Auch die Immunisierung des einfachen Rechts gegenüber dem Verfassungsrecht mit dem Verweis auf seine Autonomie und seine jeweils eigenen Prinzipien muss scheitern, weil sie die in Art. 1 Abs. 3 GG normierte Verdrängung solcher Vorverständnisse durch die Grundrechte als maßgebliche Leitlinien der gesamten Rechtsordnung verkennt.

3. Grundrechtswirkungen und Funktionenordnung

(6) Art. 1 Abs. 3 GG setzt die Kompetenzordnung voraus. Die Frage nach dem Verhältnis von Verfassungsrecht und einfachem Recht stellt sich deshalb

als ein Problem der Harmonisierung der Grundrechtsbindung aller staatlichen Gewalten und der Kompetenzordnung.

II. Die Erstzuständigkeit der Gesetzgebung im Prozess der Verfassungskonkretisierung

1. Primäre Kompetenz der Gesetzgebung als Ausgangspunkt

(7) Der Vorrang der Gesetzgebung im Prozess der Verfassungskonkretisierung ist unbestritten.

(8) Die demokratisch legitimierte Gestaltungsfreiheit von Parlament und Regierung, die in der „Sachzugewandtheit" des Gesetzesrechts ihren Ausdruck findet, ist das Prinzip, auf dem die Vorstellung von der Eigenständigkeit des einfachen Rechts fußt.

2. Funktionswidrige Dominanz der Rechtsprechung – Ursachen und Abhilfe

(9) Von dem aus der Erstzuständigkeit der Gesetzgebung folgenden Modell der Funktionszuordnung entfernt sich die Praxis zunehmend: Die Gesetzgebung kommt in wesentlichen Fragen ihren Regelungsaufgaben nicht nach, das Bundesverfassungsgericht betreibt ganz überwiegend Einzelfall- anstatt Normenkontrolle, und die Fachgerichte sehen sich gezwungen, rechtsfortbildend und -ergänzend tätig zu werden.

(10) Die Ursache liegt in den Fortwirkungen eines negatorischen Grundrechtsverständnisses, das die grundrechtskonkretisierende Rolle des Gesetzgebers nicht erkennt. Die Entwicklung von den Drittwirkungslehren zur Wiederentdeckung der Schutzpflichten öffnet erst allmählich den Blick für diese primäre Aufgabe der Gesetzgebung.

(11) Hintergrund ist ein historisch gewachsenes Vertrauen in die Justiz. Es findet seinen Niederschlag darin, dass das Verfassungsrecht der Angewiesenheit des Richters auf und seiner Bindung an das Gesetz geringe Aufmerksamkeit schenkt.

(12) Dabei wird übersehen, dass der Vorbehalt des Gesetzes auch gegenüber der rechtsprechenden Gewalt gilt. Er ist die Grundlage für die Entwicklung strengerer Grenzen richterlicher Rechtsfortbildung.

3. Folgerungen

(13) Primäre Aufgabe des Bundesverfassungsgerichts ist die Normenkontrolle.

(14) Der Anwendungsvorrang des einfachen Rechts muss seine Bedeutung als das bestimmende Prinzip in der Auswahl zwischen Gesetzes- und Verfassungsbindung der Fachgerichte zurückgewinnen.

(15) Die verfassungsgerichtliche Kontrolle der Fachgerichte kann sich dann in aller Regel auf die Prüfung beschränken, ob die Grenzen der richterlichen Rechtsfortbildung beachtet wurden.

(16) Wenn das Gesetz keine ausreichend konkreten Maßstäbe zur Verfügung stellt, liegt die Lösung in einer Vorlage an das Bundesverfassungsgericht wegen des gesetzgeberischen Unterlassens grundrechtsgemäßer Konfliktlösungen.

III. Die verbleibende Relevanz der Bindung der Fachgerichte an die Grundrechte

1. Grundrechte als unverzichtbare Auslegungsprinzipien

(17) Die verfassungsorientierte Auslegung und Anwendung des einfachen Rechts ist unvermeidbar und verfassungsrechtlich geboten, wo das Gesetz die Lösung des Einzelfalles nicht ausreichend determinieren kann.

2. Kompetenzkonflikt zwischen Bundesverfassungsgericht und Fachgerichten

(18) Der aus der Aufgabenparallelität zwischen Bundesverfassungsgericht und Fachgerichten folgende Kompetenzkonflikt ist weder durch die Verfassung noch durch Gesetz gelöst.

3. Folgerungen aus der Erstzuständigkeit der Gesetzgebung

(19) Der Kompetenzkonflikt zwischen Bundesverfassungsgericht und Fachgerichten ist von sekundärer Bedeutung, weil die erste und wichtigste Aufgabe darin liegt, die Gesetzgebung wieder in die ihr zukommende Funktion einzusetzen.

(20) Das Kompetenzproblem verringert sich in dem Maße, in dem es gelingt, die Gesetzgebung zur Auflösung von Generalklauseln durch bereichsspezifische, sachzugewandte Regelungen zu veranlassen.

(21) Das Bundesverfassungsgericht sollte sich – in Ergänzung seiner primären Normenkontrollaufgabe – auf Grundsatzfragen der grundrechtsorientierten Auslegung des einfachen Rechts beschränken.

IV. Schluss

(22) Die Notwendigkeit des Grundrechtsschutzes im Einzelfall und die Einsicht, dass der Filter für den verfassungsgerichtlichen Zugriff auf besondere Einzelfälle nicht bestimmt und nicht bestimmbar ist, führt zu der Forderung nach einem freien Annahmeverfahren für Verfassungsbeschwerden.

5. *Aussprache und Schlussworte*

Verfassungsrecht und einfaches Recht – Verfassungsgerichtsbarkeit und Fachgerichtsbarkeit

Vorsitzender (Ipsen): Ich versage es mir, wonach mir durchaus der Sinn stünde, mit einer Lobeshymne auf die vier überaus gelungenen Referate zu beginnen. Ich beschränke mich stattdessen auf einige Bemerkungen zur folgenden Diskussion. Sie sind alle gebeten, unmittelbar in das Mikrofon zu sprechen, damit der Mitschnitt hörbar und die Mitschrift leserlich werden. Es liegen knapp 30 Wortmeldungen vor, für die uns drei Stunden zur Verfügung stehen. Das begrenzte Zeitbudget verpflichtet uns deshalb zu unbedingter Einhaltung der für die einzelnen Diskussionsbeiträge vorgesehenen fünf bis sieben Minuten. Ich bitte um Verständnis, dass ich, wenn sechs Minuten überschritten sind, die rote Lampe leuchten lasse und ein entsprechend deutliches Signal gebe. Äußerstenfalls würde ich die neue Insignie der Macht des Vorsitzenden, nämlich die Glocke von *Hans Peter Ipsen* – meinem berühmten Namensvetter – benutzen, um den Diskussionsbeitrag „abzuläuten". Ich werde vorweg jeweils die drei folgenden Diskussionsredner nennen. Ich darf zunächst das Wort an Herrn Kollegen *Papier* geben, danach folgen Herr *Lerche* und Herr *Steiger.*

Papier: Das Thema Verfassungsgerichtsbarkeit und Fachgerichtsbarkeit, Verfassungsrecht und einfaches Recht, beschäftigt die Theorie und die Praxis seit Jahrzehnten. Ich kann mich erinnern, dass ich selbst vor 25 Jahren gebeten wurde, in der – man kann ja sagen – ersten Festschrift für das Bundesverfassungsgericht einen diesbezüglichen Beitrag zu leisten. Eines scheint mir sicher zu sein und die Referate des heutigen Vormittags haben das, glaube ich, auch bestätigt, dass mit einer theoretischen Großformel die anstehenden Abgrenzungsfragen nicht gelöst werden können, dass es mit anderen Worten allgemein gültige, vor allem für die Rechtsanwender und die Rechtsunterworfenen stets klar voraussehbare Abgrenzungskriterien nicht geben wird.

Das Bundesverfassungsgericht hat gemäß seiner tradierten Judikatur – das Stichwort Lüth-Urteil ist ja bereits gefallen, aber man kann vielleicht auch, um ein weiteres Beispiel einer in dieser Weise Richtung gebenden Judikatur zu nennen, die bundesverfassungsgerichtliche Version der Immanenzlehre anführen, Stichwort Mephisto-Urteil – schon relativ frühzeitig die Weichen dafür gestellt, dass die fachgerichtlichen Entscheidungen auch auf der Rechtsanwendungsebene überprüft werden. Es hat damit einerseits – das muss man deutlich sagen – sehr viel geleistet für die Durchsetzbarkeit, für die Effizienz der Grundrechte im täglichen Rechtsleben. Es hat aber auf der anderen Seite, das ist dem Gericht wiederholt vorgehalten worden, bewirkt, dass jedenfalls teilweise die traditionellen, auf Rationalität ausgerichteten logischen Prozeduren und Modi gesetzesanwendender Rechtsfindung ersetzt worden sind durch dem Grundgesetz entnommene Philosopheme, wie die Wertordnung, die Wechselwirkung von Grundrecht und Schranke, die grundrechtsgesteuerte Güter- und Interessenabwägung etc. Ich glaube nicht, dass es in dieser Frage ein prinzipielles Zurück geben wird und geben kann, aber ich meine, es muss ein gesundes Mittelmaß zwischen der Anerkennung der fachgerichtlichen Zuständigkeiten und Beurteilungskompetenzen einschließlich der fachgerichtlichen Sachverhaltsfeststellung einerseits und der Aufgabe des Bundesverfassungsgerichts, die Grundrechte im täglichen Leben, also in der täglichen Rechtsanwendungspraxis durchzusetzen, andererseits geben oder gefunden werden. Es wird also eine pragmatische Lösung nötig sein.

Theoretische Großformeln – ich wiederhole mich – wird es wohl zur Lösung dieser Problematik nicht geben und einzelne Vorschläge, die im Kontext zu dieser heutigen Beratung zu lesen waren, Vorschläge, die begrüßenswerterweise in dem Kreis der Referenten nicht aufgegriffen worden sind, etwa zwischen Kontrollkompetenz und Kontrolldichte des Bundesverfassungsgerichts einerseits und Kontrollmaßstab andererseits zu differenzieren, scheinen mir unbrauchbar zu sein. Denn die verfassungsgerichtliche Kontrollkompetenz und die Kontrolldichte werden meines Erachtens ausschließlich und allein durch die Kontrollmaßstäbe des Grundgesetzes bestimmt. Hier eine Differenzierung vorzunehmen, halte ich für unmöglich und verfassungsprozessual nicht belegbar.

Und ich will ein Weiteres sagen: Man darf das Thema beileibe nicht dramatisieren. Auch das ist in den Referaten erfreulicherweise deutlich geworden. Man sollte sich in diesem Zusammenhang einfach die Zahlen vor Augen führen, sie sind in diesem Kreise durchaus bekannt. Nicht einmal drei von Hundert der eingelegten Verfassungsbeschwerden, die ja ganz überwiegend Urteilsverfassungsbeschwerden sind, sind erfolgreich. Und ein ganz erheblicher Teil der Verfassungsbeschwerden, das scheint mir nun besonders wichtig zu sein, ist auf die Verletzung von Verfahrensgrundrechten, insbesondere auf die grundrechtliche Gehörsrüge gestützt, wo die bekannten Einwände einer angeblichen oder vermeintlichen Usurpation fachgerichtlicher Kompetenzen in dieser Form von vornherein gar nicht vorgebracht werden können. Von den Urteilsverfassungsbeschwerden sind schätzungsweise – ich sage es mit aller Vorsicht, weil das hausinterne Schätzungen sind, die nicht empirisch hinreichend valide sind – 40 von Hundert allein auf die Verletzung von Verfahrensgrundrechten und vor allem auf die Gehörsrüge nach Maßgabe des Art. 103 Abs. 1 des Grundgesetzes gestützt. Weitere rund 20 von Hundert der Verfassungsbeschwerden werden daneben auch auf die Verletzung materieller Grundrechte gestützt und nur der Rest der Verfassungsbeschwerden wird ausschließlich auf die Verletzung materieller Grundrechte gestützt.

Der besonders hohe Anteil der Gehörsrügen basiert ganz offenkundig zu einem erheblichen Teil auf der drastischen Einschränkung der ordentlichen Rechtsbehelfe in den fachgerichtlichen Verfahren, so dass bei einem vermeintlichen oder wirklichen Übergehen des Vorbringens oder eines Beweisantrages im Ausgangsverfahren der Weg zum Bundesverfassungsgericht sich gewissermaßen als einzige Rechtsschutzmöglichkeit anbietet. Nach hausinternen Schätzungen im Bundesverfassungsgericht sind etwa 15 von Hundert der gegen zivilgerichtliche Entscheidungen gerichteten Verfassungsbeschwerden gegen letztinstanzliche Entscheidungen von Amtsgerichten gerichtet. Wir haben also einen hohen Anteil an Verfassungsbeschwerden gegen gerichtliche Entscheidungen, die erstinstanzlich, aber eben auch letztinstanzlich ergehen. Und diese Entwicklung ist – das leuchtet jedem ein – außerordentlich misslich, ist doch die verfahrensrechtliche Kontrolle gegenüber Instanzgerichten, insbesondere gegenüber unteren Gerichten, am sinnvollsten im fachgerichtlichen Rechtsmittelverfahren zu leisten. Es ist deshalb dem Gesetzgeber immer wieder empfohlen worden, hier Abhilfe zu schaffen, also einen spezifischen Rechtsbehelf einzuführen, und zwar auch in dem Fall, in dem eine Entscheidung mit ordentlichen Rechtsmitteln im Übrigen nicht angreifbar ist, einen Rechtsbehelf also, der eben nur und allein die Rüge des Verfahrensfehlers betrifft. Der Gesetzgeber hat in dieser Hinsicht reagiert, es ist bereits die neue Vorschrift des § 321 a ZPO erwähnt worden, ein erster Schritt der Abhilfe ist also geleistet worden.

Lassen Sie mich zum Schluss Folgendes sagen: Wir nehmen die Kritik im Einzelfall ernst, aber ich glaube, wir kommen nur weiter, wenn wir spezifische Einzelpunkte diskutieren, also globale, allgemeine Kritik oder Einwände, wie Superrevisionsinstanz, Oberamtsgericht oder gar „Wohlfahrtsausschuss", um nur einige Schlagworte zu nennen, führen bei dem derzeitigen Stand der Dinge nicht weiter. Ertragreicher erscheint mir die Einzelauseinandersetzung in Bezug auf bestimmte Grundrechte und deren Handhabung.

Lerche: Die Anregungen, die wir durch die Referate bekommen haben, sind so reichhaltig, dass man sie längere Zeit auf sich wirken lassen müsste, bevor man sich überhaupt erkühnt, irgendeine Frage an irgendeinen Referenten zu stellen. In Missachtung dieser Einsicht wage ich eine kurze Anfrage an Herrn *Alexy*, auch unter Eindruck dessen, was Herr *Papier* gesagt hat. Bleibt in Ihrer so geschlossenen und glasklaren Theorie der Spielräume, insbesondere der strukturellen Spielräume, nicht doch die Einflussnahme des einfachen Rechts auf das Verständnis des Verfassungsrechts, also die umgekehrte Beziehung, gewissermaßen ohne Ort, ungeortet? Wo findet sie sich? Wenn ich etwa erinnere an das für mich so überzeugende Sondervotum in der Sache der DDR-Spione, da hat das Sondervotum der Mehrheitsentscheidung meiner Erinnerung nach, aber die Verfasser werden das ja nun genauer in Erinnerung haben, vorgeworfen, dass bei der notwendigen Abwägung die vorhandenen, die gegebenen Strukturen der einfachen Rechtsgebiete nicht hinreichend beachtet worden sind. Es ist gerade diese Seite der Sache, die man vielleicht doch auch ins Blickfeld nehmen müsste. Das wäre meine Frage, wie sich dies in Ihrer Theorie spiegelt?

Steiger: Vielen Dank Herr Vorsitzender. Ich habe auch eine Frage an Herrn *Alexy*. Ich habe Ihre Spielraumtheorie grundsätzlich positiv aufgenommen. Sie leuchtet mir sehr ein. Aber Spielräume sind beschränkbar und beschränkt. Sie haben verschiedene Beschränkungen aufgezeigt, in deren Rahmen Spielräume überhaupt bestehen. Meine Frage kommt aus einer ganz anderen Ecke, angeregt durch einen Vortrag des Frankfurter Neurologen *Wolf Singer* vor dem Historikerkongress vor einem Jahr, der auch in der FAZ abgedruckt war. Er macht uns darin auf Begrenzungen aus der Neurologie, also aus naturwissenschaftlicher Sicht, aufmerksam, die die Wahrnehmungsfähigkeit und die Aufnahmefähigkeit betreffen. Sie haben uns ein sehr stark mathematisches Modell entwickelt. Die Frage, die sich mir nun stellt und die ich hiermit weitergebe, ist, wie sich solche Erkenntnisse der Naturwissenschaften über gewissermaßen natürliche, also nicht soziale oder kulturelle Begrenzungen unserer Wahrnehmungs- und Aufnahmefähigkeiten, in diesem Falle der Neurologie, auf Ihre Theorie auswirken könnten und damit auf die praktische Handhabung der Spielräume – um die es letzten Endes ja geht – einerseits durch den Gesetzgeber und andererseits durch den Richter. Vielen Dank.

Schoch: Danke sehr. Ich möchte zunächst eine europarechtliche Perspektive wagen und fragen, wie sich die „Dogmatik der Spielräume" zum Europarecht verhält, genauer: zum Schutz der Grundrechte und der Grundfreiheiten im Europäischen Gemeinschaftsrecht. Herr *Alexy* hat uns ein Strukturmodell präsentiert, das nicht nur nach mehr juristischer Rationalität im Abwägungsprozess fragt, sondern zudem den Versuch unternimmt, einerseits eine „Rahmenordnung“ zu entwickeln und andererseits die Verfassung – begriffen als „Grundordnung“ – damit in Beziehung zu setzen. Wenn ich Sie, Herr *Alexy*, richtig verstanden habe, soll im Wege dieses Modells zugleich das, was Sie „materielle Normierungsdichte“ genannt haben, gleichsam in Kraft in gesetzt, aber auch begrenzt werden. Sie hatten ja in Ihrem Referat der Dogmatik des Übermaßverbots breiten Raum gewidmet und in diesem Zusammenhang die Abwägungsdogmatik auf eine rationale juristische Grundlage zu stellen versucht. Nach überkommener Dogmatik würde dies bedeuten, dass vom Gesetz(geber) verfassungslegitime Ziele mit geeigneten, erforderlichen und angemessenen Mitteln verfolgt werden (müssen).

Nun hat das Bundesverfassungsgericht in seiner (letzten) sog. Bananenmarktentscheidung einen – hier nicht zu bewertenden – gewissen „Rückzug“ angetreten und festgestellt, dass der Grundrechtsschutz im gemeinschaftsrechtlichen Kontext beim Europäischen Gerichtshof lokalisiert ist und überkommenen deutschen Standards genügt. Jetzt müssen wir uns einmal überlegen, was dies, ausgehend von Ihrem uns präsentierten Modell, bedeutet. Ich habe Sie so verstanden, dass Ihr Modell des Übermaßverbots auch fungiert als zentrales Element einer verfassungsrechtlichen „Rahmenordnung“, so dass wir uns nicht im Bereich von „soft law“ befinden und auch nicht in demjenigen Bereich, in dem der Gesetzgeber nach Ihrem Modell „freigestellt“ ist, sondern dass hier Grenzziehungen erfolgen. Wenn ich die Rechtsprechung des Europäischen Gerichtshofs zutreffend nachvollziehe, kommt bei Beschränkungen der Grundfreiheiten die letzte Stufe, also der „Angemessenheitstest“, nicht vor. Wenn nun aber Ihr Modell unter dem Aspekt der „Rahmenordnung“ die Steuerung zwischen der rechtlichen Maßstäblichkeit einerseits und den Freiräumen der Rechtsetzung andererseits versucht, stellt sich die Frage, wie sich unsere deutschen Grundrechtsstandards mit den entsprechenden Entwicklungen auf gemeinschaftsrechtlicher Ebene vertragen. Man geht mit der Feststellung wohl nicht zu weit, dass gerade der „Angemessenheitstest“ in vielen Fällen entscheidungserheblich ist. Anders gewendet: Wenn der „Angemessenheitstest“ ausfällt und die gerichtliche Überprüfung einer Maßnahme bei der Erforderlichkeit endet, hat die Rechtsetzung natürlich viel größere Spielräume.

Ein zweiter Punkt betrifft die Frage nach dem Verhältnis zwischen Verfassungsgerichtsbarkeit und sog. Fachgerichtsbarkeit. Beim Anhören der Vorträge kam mir die Frage, die ich offen zur Diskussion stellen möchte, warum keiner der Referenten untersucht hat, ob man nicht auf andere Weise als gewohnt der Unterscheidung zwischen Normenkontrolle und

Rechtsanwendung Herr werden könnte. Meine Frage ist, ob wir insoweit nicht vom Europarecht dergestalt lernen könnten, dass wir so etwas wie ein Vorlageverfahren brauchen. Vom Europarecht wissen wir, dass die Fachgerichtsbarkeit zur Klärung der Maßstäblichkeit den Europäischen Gerichtshof anrufen kann. Danach läge in unserem Zusammenhang die Maßstabsexegese in der Hand des Bundesverfassungsgerichts, die Rechtsanwendung bliebe nach Beantwortung der Vorlagefragen in der Hand der Fachgerichte. Ich frage die Referenten, ob man in diesem Sinne vom Europarecht lernen könnte und ob nicht durch Ergänzung unseres Systems um ein – Art. 234 EGV nachgebildetes – Vorlageverfahren ein Großteil der Probleme, die Sie unter kompetenzrechtlichen Gesichtspunkten diskutiert haben, gelöst werden könnte.

Ganz kurz noch ein Satz zu Herrn *Papier.* Ich habe Zweifel, ob das Bundesverfassungsgericht gut beraten ist, den Befund mit den vielen Verfassungsbeschwerden gegen erstinstanzliche Entscheidungen, den Sie beschrieben haben, aufzugreifen und sich sozusagen darum zu kümmern. Mir scheint, das Problem liegt insoweit in den fachgerichtlichen Prozessordnungen. Wenn ich mir ansehe, wie wir uns beispielsweise im Umweltrechtssenat in Mannheim (Verwaltungsgerichtshof Baden-Württemberg) im Berufungszulassungsverfahren mitunter „plagen", kommt man an der Feststellung nicht vorbei, dass man zur Annahme der Berufung an den §§ 124ff. VwGO manchmal etwas „drehen" muss. Die Lösung der Problematik liegt meines Erachtens eher in einer vernünftigen Ausgestaltung der Prozessordnungen als darin, zur Korrektur erstinstanzlicher Entscheidungen das Bundesverfassungsgericht in die Pflicht zu nehmen. Vielen Dank.

Calliess: Ich möchte insbesondere an die Vorträge von Herrn *Alexy* und Herrn *Hermes* anknüpfen. Beide haben zu Recht auf das Zusammenspiel von grundrechtlicher Abwehrdimension und grundrechtlicher Schutzdimension, wie es sich aus Art. 1 Abs. 1 S. 2 GG ergibt, hingewiesen. Was ist nun die Folge dieses Zusammenspiels? Die Folge ist, dass mehrpolige Verfassungsrechtsverhältnisse entstehen. Sie überlagern das einfache Recht, das eine konkretisierende Folie – so würde ich es nennen wollen – darstellt, die gem. Art. 1 Abs. 3 GG dann von allen drei Gewalten, also auch von der Rechtsprechung, zu berücksichtigen ist. Überzeugend hat Herr *Hermes*, wie ich finde, darauf hingewiesen, dass die Fachgerichte entstehende Lücken aber nicht unmittelbar über die Schutzpflichten lösen können, wenn eigentlich der Gesetzgeber gefordert ist; hier müssen die Fachgerichte daher dem Bundesverfassungsgericht vorlegen. Insoweit halte ich es – ebenso wie Herr *Schoch* – für sinnvoll, die europarechtliche Dimension des Vorlageverfahrens nach Art. 177 EGV als Anregung einzubeziehen. Ansonsten entstehen Konstellationen, wie wir sie im Fall des VGH Kassel, dem Gentechnik-Beschluss, hatten, in dem dann letztlich Fachgerichte die gesetzgeberische Aufgabe der Umsetzung der Schutzpflichten vornehmen. Das darf nicht sein. Meine Frage ist nun die folgende: Mir ist nicht ganz klar geworden, wie dieses von mir eben kurz skizzierte mehrpolige Verfassungsrechtsverhältnis nun eigentlich in die gerichtlichen Entscheidungen einbezogen wird. Insbesondere: Wie wird bei der dargestellten Abwägung – und das geht insbesondere an Herrn *Alexy* – das Zusammenspiel von Übermaß- und Untermaßverbot verarbeitet. Vielen Dank.

Kirchhof: Wir haben ein großes Thema und vier Referate, für die wir zu danken haben, die aber auch eine Fülle von Fragen aufwerfen. Ich stelle drei dieser Fragen und richte die erste an Herrn *Alexy*: Wenn Sie sich bemühen, unser Problem durch eine Methodenlehre zu präzisieren und voraussehbar zu machen, wird jeder Richter dieses Bemühen mit besonderer Hoffnung begleiten. Wenn es gelänge, alle an einem Rechtsprozess Beteiligten an bestimmte methodische Prinzipien zu binden, könnte der Streitstoff methodisch wesentlich reduziert werden, weil alle Verfahrensbeteiligten – der Antragsteller und der Antragsgegner, jeweils mit ihren Prozessbevollmächtigten – von vornherein diesen Rahmen der Methodenlehre nicht verlassen dürfen. Die Wirklichkeit allerdings ist eine andere: Vor Gericht gilt – und das ist vielleicht ein Glück – im Rechtsvortrag eine Art prozessuale Meinungsäußerungsfreiheit; nur im Tatsachenvortrag gibt es Wahrheitspflichten. In der Gerichtspraxis muss der Richter sogar nicht selten dem Versuch entgegentreten, die Verfassungsinhalte durch geplanten Sprachgebrauch zu ändern. Wer nicht über verfassungsändernde Mehrheiten verfügt, sucht durch gezielte Verwendung der Rechtsbegriffe deren Inhalt umzuwinden. Meine Frage lautet deshalb: Dürfen wir angesichts dieses offenen Gesprächs in einem Verfassungsgerichtsverfahren wesentliche Hoffnungen auf eine methodische Bindung richten, die für alle Verfahrensbeteiligten die gleichen sind, oder müssten wir, wenn wir eine methodisch griffige Grenze einführen wollen, eher beim Verfahren ansetzen. Wir haben etwa im Strafprozessrecht inzwischen Verfahrensregeln, die insbesondere bei Verletzung des rechtlichen Gehörs erlauben, derartige Fehler im Binnensystem des Strafprozesses zu korrigieren. Dazu hat Herr *Papier* das Wesentliche gesagt. Herr *Schoch* hat dem zugestimmt, wenn auch in der sprachlichen Form einer kritischen Bemerkung. Letztlich wird jede Aufgabenteilung zwischen Fachgerichtsbarkeit und Verfassungsgerichtsbarkeit bei der Zulässigkeit der Urteilsverfassungsbeschwerde und deren Grenzen ansetzen.

Meine zweite Frage richtet sich an die Herren *Alexy* und *Kunig*, die beide die Abwehrfunktion der Grundrechte und das Verhältnismäßigkeitsprinzip in den Mittelpunkt ihrer Erwägungen gestellt haben. Demgegenüber liegt es nahe, das Verhältnis von Verfassungs- und Fachgerichtsbarkeit primär vom Gleichheitssatz her zu verstehen. Nach Art. 3 GG sind alle Menschen vor dem Gesetz gleich. Dieser Gleichheitssatz bindet nach Art. 1 Abs. 3 GG alle Staatsgewalt, so dass wir die Gleichheit vor dem Gesetz auch als Rechtsanwendungsgleichheit verstehen. Bei diesem Maßstab wäre zunächst theoretisch jeder Rechtsfehler eine Ungleichbehandlung, das Bundesverfassungsgericht also für dessen Korrektur verantwortlich. Das Bundesverfassungsgericht versucht deshalb, den bloßen Gesetzesanwendungsfehler von der verfassungserheblichen Ungleichheit mit der „Willkürformel" zu unterscheiden. Dieses Stichwort ist sprachlich sehr unglücklich, weil es dem kontrollierten Richter fast Rechtsbeugung vorwirft – hier stimme ich Ihnen, Herr *Kunig*, zu. Deswegen vermeidet der Zweite Senat diesen Begriff und leitet aus Art. 3 GG ein Objektivitätsgebot ab oder zitiert nur diese Verfassungsvorschrift. Dennoch steckt hinter der Willkürformel und dem Objektivitätsgebot ein gemeinsamer richtiger Gedanke, der uns bewusst macht, dass der verfassungsrechtlich zu korrigierende Gleichheitsverstoß von dem hinzunehmenden zu unterscheiden ist. Hier gilt es zu entscheiden: Entweder ist der Irrtum auch in einem Gerichtsverfahren angelegt und deswegen muss auch ein alltäglicher Rechtsfehler des Fachrichters hingenommen und nur der grobe Rechtsfehler vom Bundesverfassungsgericht beanstandet werden. Oder die Verfassungsgerichtsbarkeit wird in einen Instanzenzug einbezogen, der die höchstmögliche Richtigkeitsgewähr bis hin zur Verfassungsgerichtsentscheidung bietet.

Meine dritte Frage zielt auf den Spielraum. Damit werden unsere Erwägungen – der Begriff sagt das bereits – ein wenig spielerisch. Wir müssen uns zunächst bewusst machen, dass die Verfassung, je mehr Staatszielbestimmungen sie enthält, desto geringere Entscheidungsräume für den Gesetzgeber eröffnet und um so dichter den Rechtsfindungsauftrag des Bundesverfassungsgerichts definiert. Das zeigt sich zum Beispiel für den – inhaltlich begrüßenswerten – Art. 20 a GG, der materielle Zielsetzungen in die Gesetzgebung hineinträgt und insoweit die verfassungsgebundenen Organe enger begrenzt. Deshalb stehen wir vor der Kernfrage, ob wir wieder die instrumentale Verfassung zurückgewinnen und nicht so sehr auf eine finale Verfassung überschwenken sollen, mögen diese Finalitäten auch materiell richtig sein. Auf dieser Grundlage habe ich dann allerdings – das wird Sie, Herr *Hermes*, nicht überraschen – eine große Sympathie für den Gedanken, der Gesetzgeber sei der Erstinterpret der Verfassung, der, wenn er eine Verfassungsaussage verdeutlicht und konkretisiert hat, diese Materie praktisch in die Fachgerichtsbarkeit mitnimmt. Auch mit dieser These sind allerdings keineswegs alle grundsätzlichen Weichen gestellt. Sie haben zu Recht auf das Beispiel der Privatrechtsordnung als Hort individueller Freiheit verwiesen. Das dieses Privatrecht prägende Prinzip, die Vertragsfreiheit, dient aber nicht nur der willentlichen Begründung privatwirtschaftlicher Rechtsverbindlichkeiten, sondern wird auch im staatlichen Eingriffsrecht, insbesondere im Steuerrecht als Instrument eingesetzt, um materielle Ungleichheiten zu begründen. Hier wird eine für die Zivilgerichtsbarkeit vielleicht stimmige Vertragsgestaltung geduldet, dann aber im Fachgebiet des Steuerrechts als verbindliche Vorgabe akzeptiert, obwohl die gesamte Vertragsgestaltung im Kern den Zweck hat, steuerliche Ungleichheiten herzustellen. Ein ähnliches Beispiel für eine zivilrechtlich formal vertretbare, in der gemeinten Steuerrechtsfolge aber verfassungswidrige Rechtsfolge bezeichnet das Oderkonto.

Überraschend erschien mir, Herr *Hermes*, dass Ihre Überlegungen letztlich in der These münden, das Bundesverfassungsgericht solle auch gesetzgeberisches Unterlassen kontrollieren, und die prozessuale Lösung liege im freien Annahmeverfahren. Beide Vorgaben dürften einen beachtlichen Kompetenzzuwachs an das Verfassungsgericht bewirken, vielleicht auch die Gefahr der Politisierung der Verfassungsjustiz begründen. Müsste nicht aus Ihrer Konzeption, die die Verfassungsgerichtsbarkeit eher zurücknehmen will, das freie Annahmeverfahren scharf gerügt und dringlich vor einer verfassungsgerichtlichen Kontrolle auch des gesetzgeberischen Unterlassens gewarnt werden?

Roellecke: Dank für vier formvollendete Referate. Leider habe ich mit allen eine Schwierigkeit. Die revolutionäre Idee *Montesquieus* bestand in der Einsicht, Freiheitsverbürgungen für sich nützten nichts; es komme darauf an, Freiheit durch Gewaltenteilung zu gewährleisten. Nach *Montesquieu* sind also nicht die Grundrechte das Wesentliche einer Verfassung. Im wesentlichen wird die Freiheit durch den organisatorischen Teil gesichert. Die Geschichte hat *Montesquieu* Recht gegeben. In Frankreich hat die Erklärung der Menschen- und Bürgerrechte von 1789 den Terror nicht verhindert. In England gab es nie Grundrechte. Trotzdem war England vom 17. Jahrhundert an der freiheitlichste europäische Staat. Deshalb wird man auch die Beschreibung der deutschen verfassungsrechtlichen Entwicklung im 19. Jahrhundert etwas anders akzentuieren müssen als die Referenten. Wie frei die Bürger waren, kann man nicht am Grundrechtskatalog ablesen, man muss es dem Organisationsrecht entnehmen, und das 19. Jahrhundert hat nun einmal die Grundlagen für den Parlamentarismus gelegt.

Wenn man an die klassische Gewaltenteilungslehre anknüpft, ist weiter zu fragen: Wo liegt eigentlich das Problem des Verhältnisses zwischen Verfassungsgerichtsbarkeit und Fachgerichtsbarkeit? Dass man Überkonstitutionalisierung ebenso vermeiden muss wie Unterkonstitutionalisierung, scheint mir keine ausreichende Problembeschreibung zu sein. Auch nicht, dass die Bundesrepublik kein Jurisdiktionsstaat und das Bundesverfassungsgericht kein oberstes Zivilgericht werden dürfe. Wenn das funktioniert, warum nicht? Wenn man von der Gewaltenteilungslehre aus denkt, ist die Unterscheidung zwischen Verfassungsgerichtsbarkeit und Fachgerichtsbarkeit ein internes Problem der Rechtsprechung, und dann käme es auf Gründe für die interne Differenzierung an. Das Problem hätte dann den gleichen Rang wie: Grundsatzrevision oder Rechtsschutzrevision? Da unser Rechtsschutzsystem nach meiner Überzeugung im großen und ganzen gut funktioniert, scheint es mir mehr auf die Dogmatik als auf die Funktionstüchtigkeit anzukommen. Sollte aber funktional etwas nicht in Ordnung sein, sollte beispielsweise das Bundesverfassungsgericht den Gesetzgeber tatsächlich kujonieren, dann wäre der Gesetzgeber aufgerufen, sich zu wehren. Die Mittel hätte er ja. Er könnte etwa das Bundesverfassungsgerichtsgesetz ändern und hätte dabei großen Spielraum. Die Frage wäre dann allein, warum er das nicht täte.

Rupp: Herr Vorsitzender, meine Kolleginnen und Kollegen. Ich möchte drei kleine Bemerkungen machen. Erster Punkt: Man sollte die – sicher ernst zu nehmende – Konstitionalisierung durch das Bundesverfassungsgericht nicht gar zu kritisch beurteilen, sondern bedenken, dass das Bundesverfassungsgericht nur punktuell und temporär entscheidet, nämlich immer nur dort und dann, wenn und in welcher Frage es angerufen wird – und dies zudem in der Sache – Herr *Papier* hat dies erwähnt – nur in einer verschwindend kleinen Zahl der ihm vorgelegten Streitigkeiten. Die den Gesetzgeber korrigierenden Judikate des Bundesverfassungsgerichts haben auch nur temporäre Wirkung, weil – wie das Bundesverfassungsgericht wiederholt betont hat – der Gesetzgeber nicht gehindert ist, in Zukunft von diesen Judikaten unter veränderten Verhältnissen abzuweichen. Dass davon kaum Gebrauch gemacht wird, kann nicht dem Bundesverfassungsgericht angelastet werden. Zweiter Punkt: Ich habe erhebliche Schwierigkeiten, der „Spielraumdogmatik", wie sie Herr *Alexy* vorgestellt hat, zu folgen. Abgesehen davon, dass der aus der überkommenen Verwaltungsrechtslehre entlehnte Begriff des „Spielraums" der legislativen Gestaltungsaufgabe des Gesetzgebers nach meiner Meinung nicht gerecht wird, stellt sich bei solchen Versuchen immer die rechtstheoretische, aber auch rechtspraktische Grundsatzfrage: Sind diese „Spielräume" der Legislative zugedacht, so ist damit nicht nur die Frage nach den Grenzen dieser „Spielräume" verbunden, sondern diejenige nach den „Spielräumen“ und Grenzen dessen, der über jene „Spielräume“ zu bestimmen und zu urteilen hat. Diese „Spielraumkette“ findet also kein Ende, es sei denn, sie bricht dort ab, wo sich ein Inhaber des Monopols der „einzig richtigen Entscheidung“ findet, die jede „Spielraumdiskussion“ erledigt. „Spielräume“ im hier in Betracht stehenden Sinn unterscheiden sich – ich wiederhole nur meine vor über drei Jahrzehnten zugrunde gelegten Bezugnahmen auf *Adolf Merkl* und *Hans Kelsen* – nicht prinzipiell, sondern nur graduell, nicht qualitativ, sondern nur quantitativ voneinander. Mir werden daher zumindest die österreichischen Kolleginnen und Kollegen darin zustimmen, dass die „Spielraumdogmatik“ keine handhabbare Abgrenzung von Verfassungsgerichtsbarkeit und Gesetzgeber erlaubt. Mir scheint, dass die Doppelfunktion einer Rechtsnorm, insbesondere des Verfassungsrechts, als Aktionsnorm einerseits und als Kontrollnorm andererseits doch noch Differenzierungsmöglichkeiten bietet. Dritter Punkt: Herr *Hermes* hat das Eindringen der Rechtsprechung inbesondere des Bundesverfassungsgerichts in die Domäne des Gesetzgebers unter anderem darauf zurückgeführt, dass dem Gesetzesvorbehalt gegenüber der richterlichen Gewalt zu wenig Aufmerksamkeit geschenkt werde (Thesen 11 und 12). Aus historischer Sicht ergibt sich allerdings ein anderer Befund: Die richterliche Gewalt nahm wegen ihrer Unabhängigkeit nicht teil an der aus der Monarchie stammenden Kronprärogative der Verwaltung, für deren „Rechtsschöpfung“ das Gesetz nur Schranke, nicht Legitimation ihrer Funktion war. Freiheiten unter dem Gesetz wurden nur ihr, nicht dem Richter zugebilligt. So beantwortete beispielsweise *Walter Jellinek* die Frage, ob auch dem Richter wie der Verwaltung irgendwelche Spielräume zustünden, bekanntlich mit einem schroffen und apodiktischen „Nein“. Vielen Dank.

Bryde: Ich habe mich sehr gefreut, dass Herr *Kunig* ganz am Ende seines schönen Vortrags die Wissenschaft in die Pflicht nahm. Ich habe mich auch gefreut, dass er die Ausbildungsreform erwähnt hat, das ist aber wirklich ein anderes Thema. Die Wissenschaft steht ganz sicher auch in der Pflicht. In den Referaten ist ja durchgehend angeknüpft worden an Kritik, an dem, was Herr *Alexy* plastisch als Gefahr der Überkonstitutionalisierung bezeichnet. Eine solche Kritik an einer möglichen Überkonstitutionalisierung durch das Bundesverfassungsgericht leuchtet mir auf einer Tagung der Zivilrechtslehrer ein. Auf einer Tagung der Staatsrechtslehrer kann das hingegen eigentlich nur ein selbstkritisches Thema sein, nicht eins der Kritik der Wissenschaft am Bundesverfassungsgericht. Ich meine das durchaus selbstkritisch, solange bin ich ja noch nicht am Gericht und viel länger war ich Wissenschaftler. Unsere gesamte Zunft arbeitet ununterbrochen an der Konstitutionalisierung mit. Ich vermute, dass in den meisten Habilitationsschriften der neu aufgenommenen Mitglieder irgendetwas für verfassungswidrig erklärt worden ist, was bisher noch niemand für verfassungswidrig gehalten hat. Konstitutionalisierung ist also unser Beruf. Ich weiß allerdings nicht, wie kritisch man das sehen kann. Im Referat von Herrn *Heun* ist sehr schön deutlich geworden, dass die Entwicklung auch wissenschaftlicher und dogmatischer Figuren in Beziehung steht zum institutionellen System. In einem System, wie wir es nun einmal wie wenige andere Staaten haben, mit nicht nur justiziabler Verfassung, sondern auch mit Verfassungsbeschwerde scheint mir dieser Prozess nämlich empirisch in gewissem Umfang unausweichlich. In diesem System muss jeder Anwalt, der sein Geld wert ist und zum Bundesverfassungsgericht will, konstitutionalisieren. Er muss in einem Arbeitsrechtsfall und einem Steuerrechtsfall und in einem Strafrechtsfall einen verfassungsrechtlichen Aspekt behaupten. Und Staatsrechtslehrer unterstützen das als Gutachter und insofern glaube ich, dass daran wenig zu ändern ist. Ich stimme mit Herrn *Heun* nicht ganz überein in seiner Bewertung, wenn er sagt am wenigsten Konstitutionalisierung gäbe es vielleicht in den USA. Mag sein, wenn man wiederum nur auf die Rechtsprechung abstellt. Aber in den USA ist es, anders als z.B. in Frankreich, in der Wissenschaft ein selbstverständlicher Teil des Geschäfts jedes, aber auch jedes Thema verfassungsrechtlich zu diskutieren. Irgendeinen Law-Review-Artikel, der in irgendeinem ganz verfassungsfernen Thema die Verfassungsfrage thematisiert, werden Sie immer finden. Also insofern eine selbstkritische Frage an die Wissenschaft. An der Aufgabe der Anwälte und Gutachter in diesem Gebiet die Konstitutionalisierung weiter vorwärts zu treiben, werden wir in einem sochen System nichts ändern können, aber dass die Staatsrechtslehre auch einmal versucht, etwas für verfassungsrechtlich erlaubt zu erklären, was bisher für verfassungswidrig gehalten wurde, das wäre vielleicht ein Fortschritt.

Hufen: Herr Vorsitzender, meine Damen und Herren, in der bisherigen Diskussion ist bereits mehrfach Skepsis angeklungen, ob es auf der Ebene der juristischen Methodik gelingen kann, die Probleme unseres Themas zu lösen (insbesondere durch *Herrn Kirchhof* und *Herrn Rupp*). Insofern finde ich es besonders positiv, dass Herr *Alexy* zu Beginn der vier eindrucksvollen Vorträge des heutigen Vormittags sehr klar gemacht hat, wie wichtig gerade eine fundierte Methodik der Verfassungsinterpretation in diesem Zusammenhang ist. Das gilt nicht nur für die Verfassungsgerichtsbarkeit selbst; es gilt auf allen Ebenen vom Gesetzgeber, der – wie richtig betont – auch an der Lösung von Grundrechtskonflikten beteiligt ist, bis hin zur Fachgerichtsbarkeit. Eingebettet in seine Theorie der Spielräume hat Herr *Alexy* sehr viel zur Abwägung gesagt, ja er hat eine Art „Rehabilitation der Abwägung" vorgenommen. Abwägung ist möglich; sie ist auch methodisch geleitet möglich. Das ist eine richtige Antwort auf die vielfältige Kritik, die der Abwägung unterstellt, sie sei im Grunde genommen unzuverlässig und ungenau und gebe der abwägenden Gerichtsbarkeit zu viel Macht. Gelegentlich kann man dann hören: Die Grundrechte müssten auf feste Kernpositionen zurückgenommen werden, um es gar nicht erst zu abwägungsbedürftigen Konflikten kommen zu lassen. Im Ergebnis läuft das aber auf eine Vorwegnahme der Schrankenproblematik auf die Interpretation der Schutzbereiche der Grundrechte hinaus. Das zeigen gerade die Fälle, in denen das Bundesverfassungsgericht auf Grund sorgfältiger Abwägung gegenläufiger Positionen – und dies nicht immer ohne Kritik – die Bedeutung der Grundrechte gerade auch in den komplexen Zusammenhängen der Organisation und des Aufeinanderprallens mehrerer Grundrechtspositionen vorgenommen hat. Nur ein Beispiel dazu: Ich weiß nicht, was uns in den Hochschulen blühen würde, wenn die Wissenschaftsfreiheit von vornherein auf den Kernbereich zurückgeführt werden würde, der vor dem Urteil des Bundesverfassungsgerichts zum niedersächsischen Vorschaltgesetz bestand. Auch auf anderen Ebenen haben wir es mit Grundrechtskonflikten zu tun. Die einzige kritische Anmerkung, die ich hier zu Herrn *Alexy* machen würde, ist, warum er eigentlich den Begriff der „praktischen Konkordanz" im Sinne *Konrad Hesses* an diesem Punkt nicht aufgenommen hat, denn es geht auf allen Ebenen um die Zuordnung unterschiedlicher Grundpositionen, die nicht nur das Bundesverfassungsgericht sondern auch die sonstigen Gerichte täglich leisten müssen. Ja insofern ist die Grundrechtsinterpretation und die Lösung von Grundrechtskonflikten Aufgabe aller Staatsgewalten. Aus eben diesem Grunde haben mir die Thesen 13 bis 16 von *Herrn Hermes*, wie ich gestehen muss, nicht gefallen. Wieso soll das Bundesverfassungsgericht nur auf die Kontrolle des Gesetzgebers beschränkt sein, dem wiederum die alleinige und primäre Kontrolle der Grundrechtsauslegung und Grundrechtskonkretisierung zukommen soll? Grundrechtsunrecht geschieht nicht allein auf der Ebene des Gesetzgebers. Grundrechtsunrecht geschieht gerade im Einzelfall, in der Zuordnung von Kunstfreiheit und Persönlichkeitsrecht beim Schadensersatzprozess, im Konflikt von Eigentum und Umweltschutz, im Konflikt von Berufsfreiheit und sozialstaatlicher Kostenreduzierung. Halten wir die Grundrechte aus den Falllösungen der ersten und zweiten Instanz der Fachgerichtsbarkeit heraus, dann gelten sie eben nicht und niemand darf sich wundern, wenn die Lösung letztlich beim Bundesverfassungsgericht gesucht wird. Herr *Hermes* hat auch gesagt, dass er es für richtig hält, dass das Bundesverwaltungsgericht den Konkretisierungsvorrang des Gesetzgebers beim Eigentumsgrundrecht jetzt in den Mittelpunkt gestellt hat. Wenig später aber musste das Bundesverfassungsgericht klar stellen, im Denkmalschutz habe der Gesetzgeber im Hinblick auf den Eigentumsschutz doch an einiges nicht gedacht. Ähnliche Beispiele lassen sich auch bei anderen Grundrechten benennen. Hätte das Verwaltungsgericht Berlin nicht erkannt, dass die Kunstfreiheit von Herrn *Christo* auch gegenüber architektonischen Trittbrettfahrern auf der anderen Seite des Platzes gilt, wäre dieses Grundrecht im konkreten Einzelfall leer gelaufen. Fazit: Die Abwägung, oder besser: die Zuordnung von Grundrechtspositionen ist der Kern der Grundrechtsdogmatik. Das gilt für das Bundesverfassungsgericht, aber es gilt im gleichen Maße für die Fachgerichtsbarkeit. Wenn diese die Grundrechtsdogmatik so anwendet, wie Herr *Alexy* uns hier vorgeführt hat, dann ist das ein großer Schritt vorwärts auch und gerade bei der Entlastung des Bundesverfassungsgerichts. Insofern haben Sie, Herr *Kunig* völlig recht, wenn Sie in Ihrem Vortrag das Thema der Juristenausbildung ansprechen. Gegenüber der immer weiter gehenden Einengung, Spezialisierung und Verflachung haben wir dafür Sorge zu tragen, dass die Studenten das Handwerkszeug der Grundrechtsdogmatik auf methodisch hochstehendem Niveau erlernen, damit sie es dann in allen Berufen auch anwenden können. Vielen Dank.

Murswiek: Ich habe zwei Bemerkungen zu dem Referat von Herrn *Alexy.* Herr *Alexy,* Ihr Modell scheint mir in sich völlig logisch und schlüssig. Es beruht freilich auf verschiedenen Voraussetzungen, die Sie zum Teil angesprochen haben, zum Teil unausgesprochen dem Ganzen zugrunde gelegt haben. Ich möchte eine Voraussetzung, die Sie gemacht haben, nennen. Bei Ihrem Abwägungsmodell gehen Sie davon aus, dass Grundrechtsfälle so zu lösen sind, dass zwischen zwei Grundrechtspositionen abzuwägen ist und derjenigen zur Geltung zu verhelfen ist, die im konkreten Fall schwerer wiegt. Es ist also die Vorstellung, dass zwischen zwei Positionen die gerechte Mitte zu suchen ist und dass bestimmt werden muss, welche von zwei Positionen größeres Gewicht hat. Sie kommen dann zu Spielräumen für den Gesetzgeber bzw. Gesetzesanwender immer nur dann, wenn Pattsituationen entstehen. Erste Frage: Ist diese Voraussetzung, die Sie hier machen, wirklich von Verfassungs wegen geboten? Mir scheint, dass man das bejahen kann für solche Fälle, in denen wirklich Grundrechtspositionen einander gleichberechtigt gegenüberstehen wie etwa im Konflikt zwischen Meinungsfreiheit und Persönlichkeitsrecht. Aber gilt das für alle Grundrechtsfälle? Gibt es nicht eine Vielzahl von Grundrechtsfällen, in denen der Gesetzgeber nicht lediglich private Rechtspositionen generalklauselartig einander zugeordnet hat, sondern in denen er ein Grundrecht beschränkt, um damit sonstige Gemeinwohlzwecke zu verfolgen? Muss nicht in solchen Fällen der Verhältnismäßigkeitsgrundsatz im engeren Sinne eine andere Gestalt haben, etwa eine bloße Missbrauchskontrolle, also nicht Herstellung optimaler Angemessenheit, sondern bloßer Ausschluss evidenter Unangemessenheit? Wenn das zu bejahen wäre, entstünden daraus nicht von vornherein größere Spielräume? Zweite Bemerkung: Die Pattsituationen, von denen Sie gesprochen haben, können nur dann entstehen, wenn man annimmt, dass es eine Stufenordnung von nur zwei oder drei oder jedenfalls einer begrenzten Zahl von Stufen gibt. Denn je größer die Zahl der Stufen ist, mit denen Schweregrade oder Intensitätsgrade von Eingriffen und Belastungen bezeichnet werden, desto geringer ist die Wahrscheinlichkeit, dass wir zu Pattsituationen kommen. Mit anderen Worten, hängt nicht die Frage, ob es überhaupt Gestaltungsspielräume gibt, davon ab, ob der Richter, der darüber entscheidet, eine geringe Zahl von Stufen annimmt oder eine hohe Zahl von Stufen? Woher nehmen Sie aus dem Grundgesetz heraus den Maßstab dafür, wie viele Stufen ich der Abwägung zugrunde zu legen habe?

Lange: Ich empfinde die Konzeption von Herrn *Alexy* als wichtigen Beitrag zur Strukturierung des schwierigen Verhältnisses von Verfassungsgerichtsbarkeit und Fachgerichtsbarkeit und möchte sie auch keineswegs grundsätzlich in Frage stellen. Ich möchte ähnlich wie Herr *Murswiek* auf den Abwägungsspielraum eingehen, bei dem es ja nicht nur um einen Spielraum, sondern ganz wesentlich gerade auch um die Grenzen dieses Spielraumes geht. Dabei frage ich mich, ob die Beschränkung des Abwägungsspielraums auf den Fall, dass ein Patt zwischen konfligierenden Prinzipien vorliegt, nicht wieder aufgeweicht wird durch den Gesichtspunkt der normativen Erkenntnisspielräume. Würden diese normativen Erkenntnisspielräume, die die an die Verfassung gebundene Fachgerichtsbarkeit haben soll, sich nicht gerade auch auf die Frage beziehen, ob ein Patt zwischen kollidierenden Prinzipien vorliegt, und würde dadurch nicht doch wieder eine sehr unterschiedliche Verfassungsinterpretation durch die Fachgerichte eröffnet werden? Damit stellt sich die Frage, wieweit es verfassungsrechtlich hinnehmbar ist, dass die Fachgerichte zu unterschiedlichen Interpretationen der Verfassung kommen, besonders auch, wenn man bedenkt, dass ja nicht alle unterschiedlichen Urteile von Fachgerichten zur Interpretation der Verfassung wieder harmonisiert werden können durch Entscheidungen der Verfassungsgerichte. Denn wenn etwa ein Fachgericht ein Grundrecht überdehnt und zu Lasten der staatlichen Gewalt entscheidet, dann hat der Staat nicht die Möglichkeit, sich im Wege der Verfassungsbeschwerde an das Verfassungsgericht zu wenden.

Das ist also die Frage: Wie löst man die Problematik der Divergenzen der Verfassungsinterpretation durch Fachgerichte auf? Ich glaube, dass das, was Herr *Schoch* gesagt hat – dass man möglicherweise unterscheiden müsste zwischen der Frage der Verfassungsinterpretation grundsätzlich und der Anwendung der Verfassung auf den Einzelfall, und im ersten Fall zu Vorlagen kommen könnte –, dass das ein denkbarer Vorschlag für die Lösung dieser Konflikte wäre. Ich finde auch sehr hilfreich in diesem Zusammenhang, das, was Herr *Hermes* dazu gesagt hat, dass die Aufgabe der Verfassungskonkretisierung wesentlich Sache des Gesetzgebers ist. Aber man muss sich darüber im Klaren sein, dass dies nur eine begrenzte Hilfe sein kann. Viele Einzelfallkonstellationen kann der Gesetzgeber nicht regeln. Dahingehende Versuche würden auch ganz im Gegensatz dazu stehen, dass wir in den letzten Jahren gerade bemüht gewesen sind, eine Vielzahl von Gesetzen auf einen wesentlichen Bestand zu reduzieren. Darüber hinaus stellt sich die Frage, wie es sich eigentlich auswirken würde, wenn sich die Verfassungsgerichtsbarkeit im Einklang mit ihrem Vorschlag, Herr *Hermes*, wesentlich auf die Rüge von Unterlassungen des Gesetzgebers konzentrieren würde. Würde es nicht darauf hinauslaufen, dass im konkreten Fall, der dem Verfassungsgericht vorgelegt wird, das Bundesverfassungsgericht oder ein Landesverfassungsgericht nur feststellen würde: „Hier ist die Verfassung verletzt, der Gesetzgeber muss nachbessern"? Dann hätte der Kläger zwar etwas Gutes für die künftige Entwicklung getan, aber dadurch in seinem Fall noch nicht Recht bekommen.

Lassen Sie mich noch zwei Bemerkungen zu den Landesverfassungsgerichten machen. Ich fand es sehr interessant, was Herr *Kunig* in seiner Gesamtanalyse darüber gesagt hat, dass die Zäsur zwischen Zulässigkeit und Begründetheit von Verfassungsbeschwerden, oder, wie es in Hessen heißt: Grundrechtsklagen, von den Landesverfassungsgerichten öfter nicht so ernst genommen werde. Beim Hessischen Staatsgerichtshof ist es so, dass grob geschätzt über 90 % der Grundrechtsklagen, wie die Verfassungsbeschwerden in Hessen heißen, als unzulässig zurückgewiesen werden, meistens mangels Antragsbefugnis, also hinreichend plausibler Darlegung der Möglichkeit einer Grundrechtsverletzung. Da ist die Frage eigentlich eher, ob nicht sogar zu viel in die Unzulässigkeit hineingenommen wird, was möglicherweise stattdessen auch als offensichtlich unbegründet angesehen werden könnte. Die Folgen wären allerdings nicht sehr unterschiedlich. In jedem Fall wäre eine mündliche Verhandlung entbehrlich.

Ein letzter Punkt: Ich stimme Ihnen, Herr *Kunig*, durchaus zu in der Analyse, dass die Landesverfassungsgerichte sich in ihrer Interpretation der Landesgrundrechte stark an der Rechtsprechung des Bundesverfassungsgerichts zu den Grundrechten des Grundgesetzes orientiert haben. Vielleicht wäre es aber auch eine überzogene Erwartung zu meinen, dass die Landesverfassungsgerichte sich aus dem Mainstream der Grundrechtsinterpretation hätten ausklinken sollen. Vielleicht kann man von ihnen auch nicht ohne weiteres erwarten, dass sie mit den Grundrechten des Grundgesetzes gleich lautende Grundrechte der Landesverfassungen restriktiver interpretieren, als das Bundesverfassungsgericht die Grundrechte des Grundgesetzes interpretiert, und damit in ihrer Rechtsschutzgewährung hinter dem Bundesverfassungsgericht zurückbleiben. Die neue Rechtsprechung des Bundesverfassungsgerichts, dass die Landesverfassungsgerichte bei der Kontrolle der Anwendung von Bundesrecht auf in Bund und Land inhaltsgleiche Grundrechte beschränkt seien, fördert eher noch diese Entwicklung zu einer gleichheitlichen Interpretation der Grundrechte, wenn die Landesverfassungsgerichte von einer verfassungsgerichtlichen Kontrolle der Anwendung von Bundesrecht nicht ganz Abstand nehmen wollen. Immerhin wird man überlegen können, ob die Landesverfassungsgerichte nicht doch noch mehr Spielräume in der Frage der inhaltsgleichen Grundrechte haben als zunächst angenommen, ob nicht vielleicht auch enger gefasste Landesgrundrechte oder weiter reichende die Möglichkeit geben können, dass die Landesverfassungsgerichte eine von der des Bundesverfassungsgerichts abweichende Grundrechtsinterpretation in die Kontrolle der Anwendung von Bundesrecht einbringen. Ich meine, das Nachdenken hierüber sollte nicht abgeschlossen sein. Vielen Dank.

Vogel: „Spielräume" – ich habe immer ein gewisses Unbehagen bei diesem Ausdruck, denn was in jenen Räumen geschieht, ist ja kein Spiel, sondern etwas sehr ernst zu Nehmendes. Aber das ist keine Kritik an Herrn *Alexy*; ich weiß selber keinen besseren Ausdruck und benutze ihn auch gelegentlich. Ich möchte nur die Kollegen sensibilisieren dafür, dass es vielleicht gut wäre, wenn irgendjemand auf eine bessere Bezeichnung käme. Im übrigen schätze ich die präzise Gedankenarbeit von Herrn *Alexy* sehr, auch das, was er uns heute vorgetragen hat.

Was ich dazu anmerken möchte, ist kein Widerspruch, sondern in Anlehnung an Herrn *Murswiek* eine Anregung, gewisse Fragen noch weiter zu bedenken. Dazu zwei Bemerkungen. Zum ersten: Sie haben, Herr *Alexy*, die Abwägung, von der Sie gesprochen haben, kurz in Verbindung gebracht mit der klassischen Prüfung der Verhältnismäßigkeit im engeren Sinne. Nun besagt der verwaltungsrechtliche Grundsatz der Verhältnismäßigkeit, der ja aus dem preußischen Polizeirecht kommt, dass ein Mittel erst dann unzulässig ist, wenn der vorzunehmende Eingriff unverhältnismäßig viel *schwerer* wiegt, als die Gefahr, die beseitigt werden soll. Es wird also nicht das Gleichgewicht zwischen zwei Gütern oder ein geringfügiges Übergewicht des einen ermittelt, sondern es zählt nur das starke, eben unverhältnismäßige Übergewicht. Ich weiß nicht, wie sich das in Ihr triadisches System, selbst in ein doppelt triadisches System einfügen ließe, ob es nicht doch eine gleitende Wertungsskala verlangt, wenn auch unter Verzicht auf Genauigkeit.

Zum zweiten: was bei der Verhältnismäßigkeit abzuwägen ist, sind traditionellerweise Mittel und Zweck. Der Zweck ist ein externer Zweck. Ich habe ihn früher definiert als eine zu bewirkende Wirkung in der außerrechtlichen Welt, also jedenfalls nichts als etwas Rechtliches, sondern etwas Tatsächliches, das erreicht werden soll. Nun gibt es aber auch innerrechtliche Abwägungen. Eine sehr gute Heidelberger Dissertation von *Stefan Huster*, die, ich gestehe, mir auch nur zufällig in die Hände gekommen ist, unterscheidet bei der Diskussion des Gleichheitssatzes zwischen der Abwägung des Ziels gegen externe und gegen interne Zwecke, wobei ein interner Zweck etwa eine angemessene Strafe wäre, oder eine gerechte Verteilung der Steuerlasten. Ich weiß nicht, wie sich solche Abwägungen in Ihre Systematik einfügen lassen, und ich kann natürlich nicht erwarten, dass Sie mir darauf schon heute eine Antwort geben. Aber es würde mich freuen, wenn ich gelegentlich eine Antwort darauf bekäme.

Scherzberg: Sehr geehrter Herr Vorsitzender! Ich habe eine längere Anmerkung zu Herrn *Alexys* Beitrag und eine kürzere zu Herrn *Hermes*. Zunächst zu Herrn *Alexy*: Ich habe mich sehr gefreut über den Vorschlag einer Spielraumdogmatik. Ich habe nur Zweifel, ob man sie so betreiben kann, wie Sie uns das vorgeschlagen haben. Ich möchte dies mit vier Punkten begründen. Ihre theoretische Grundlage fanden Sie in dem Begriffsduo Rahmenordnung und Grundordnung, das Sie um den Begriff einer qualitativen Grundordnung ergänzt haben, der diesen Gegensatz harmonisieren soll. Eine Verfassung ist nun eine Rahmenordnung, wenn sie dem staatlichen Handeln lediglich Grenzen setzt. Sie ist eine Grundordnung, wenn sie dessen Rechtsgrundlage ist, ihm Richtung gibt und in nuce alle Antworten auf die Frage nach der Gestaltung der Rechtsordnung enthält. Der Begriff der qualitativen Grundordnung in Ihrem Sinne kann diesen Gegensatz nicht aufheben. Eine qualitative Grundordnung soll Ihrem Vorschlag nach ja dasjenige in der Verfassung regeln, was einer Verfassungsregelung bedürftig ist. Diese Definition ist aber zirkulär. Denn was einer verfassungsrechtlichen Regelung bedürftig ist, das bestimmt sich gerade nach der jeweiligen Präferenz für eine Grundordnung oder eine Rahmenordnung. Der Gegensatz ist also nicht harmonisiert. Das kann man auch konkret nachweisen. Sie haben Kritik an den Abwägungsskeptikern geübt, sind auf deren wesentliches Argument aber nicht eingegangen. Soweit der Gesetzgeber Zwecke setzen darf und dann eine Abwägung zwischen dem gesetzlichen Schutzgut und dem verfassungsrechtlich geschützten Eingriffsgut erforderlich ist, dann bedarf es doch eines einheitlichen Maßstabs für die Gewichtung dieser Güter! Es genügt ja nicht, die Eingriffsintensität abzustufen, wie Sie das vorgetragen haben. Sie müssen auch den Eingriff selbst gewichten. Und wenn Sie diese Gewichtung auf der Ebene der Verfassung durchführen, also auch die politischen Zwecke des Gesetzgebers auf der Ebene der Verfassung bewerten und dem verfassungsrechtlichen Schutzgut gegenüberstellen wollen, dann können Sie das eben nur im Rahmen der Verfassungskonzeption einer Grundordnung, die für alle Fragen der gesetzlichen Ausgestaltung der Rechtsordnung in nuce bereits Maßstäbe vorhält. Eine Rahmenordnung gibt das nicht her. Dazu auch meine dritte Bemerkung: Sie schlagen ein Prinzipienmodell der Grundrechte mit Optimierungsgehalten vor und sehen dies für vereinbar mit dem Rahmencharakter der Verfassung an. Wenn aber der objektiv-rechtliche Gehalt eines Grundrechts mit dem objektiv-rechtlichen Gehalt eines anderen Grundrechts zu optimieren ist, dann gibt es doch logischerweise nur eine ganz bestimmte Lösung, die die beiden Grundrechtsgehalte zu ihrem optimalen Ausgleich bringt. Demgegenüber ist die heutige Dogmatik aber doch wohl differenzierter. Ich erinnere nur an die Figur des Untermaßverbots. Dem Gesetzgeber wird zwischen dem Übermaßverbot und dem Untermaßverbot ein Korridor der Gestaltung eingeräumt. Eine Verfassung, die sich so viel Mühe gibt mit der Ausgestaltung eines demokratischen Wahlverfahrens, mit der Kompetenzverteilung für die Gesetzgebung im Bundesstaat und mit dem Verfahren der Gesetzgebung geht doch offenbar davon aus, dass Gesetzgebung auch im grundrechtsrelevanten Bereich, und den betrifft sie ja regelmäßig, solche Gestaltungsspielräume hat und nicht bloßer Verfassungs- oder Grundrechtsvollzug ist. Optimierungsforderungen sind hier um so bedenklicher als, wie Sie richtig bemerken, auch noch hermeneutische Spielräume hinzutreten, so dass je mehr Sie der Verfassung Optimierungsgehalte entnehmen, umso eher die Gefahr besteht, dass das Verfassungsgericht den hermeneutischen Spielraum der Verfassungskonkretisierung in vollem Umfange für sich okkupiert. Daran schließt meine Bemerkung an Herrn *Hermes*: Ich teile die dort erkennbare Neugier auf die Frage, ob und wieweit der Vorbehalt des Gesetzes in dem Spannungsverhältnis zwischen Fachgericht und Gesetzgeber auf der einen Seite und Verfassungsgericht auf der anderen Seite nutzbar gemacht werden kann. Nehmen wir ihn mal in seiner zugegebenermaßen nicht präzisen Umschreibung als Wesentlichkeitsvorbehalt. Gegen die Fachgerichtsbarkeit gewendet, würde er in der Tat die richterliche Rechtsfortbildung beschränken und in diese Richtung tendiert ja auch das Referat. Aber durch die Fachgerichte wird ja die Konkretisierung der Verfassung keinesfalls abschließend prädestiniert. Der Gesetzgeber kann von richterlicher Rechtsfortbildung abweichen. Die Gerichte nehmen hier also nur eine Art vorläufige Notkompetenz in Anspruch, die ich ihnen nicht absprechen würde. Im Kern stellt die richterliche Rechtsfortbildung keine Beeinträchtigung der dem Gesetzgeber im Vorbehaltsgrundsatz eingeräumten Entscheidungskompetenzen dar, denn der Gesetzgeber kann die betreffenden Materien jederzeit an sich ziehen. Anders ist das aber bei einer verfassungskonkretisierenden Entscheidung durch das Bundesverfassungsgericht. Hier wird der Gesetzgeber sehr wohl determiniert. Deswegen die Frage, ob das Vorbehaltsprinzip nicht viel eleganter statt gegen die Fachgerichte gegen das Bundesverfassungsgericht in Stellung gebracht werden sollte. Muss nicht das Bundesverfassungsgericht zunächst die Verfassungskonkretisierung durch den Gesetzgeber abwarten und hat nur eine Kontrollkompetenz? Ist es nicht dem Gesetzgeber übertragen, im Wege einer Erstentscheidung soziale Gestaltungen vorzunehmen und damit die Verfassung zu konkretisieren, während dem Bundesverfassungsgericht nur die Aufgabe zugewiesen ist, diese ggf. zu falsifizieren? Damit würde man einer Tendenz in der Rechtsprechung des Bundesverfassungsgerichts einen gewissen Riegel vorschieben können, zweifelhafte neue Verfassungsrechtssätze zu erfinden wie den sog. Halbteilungsgrundsatz. Danke schön.

Hillgruber: Vielen Dank, Herr Vorsitzender. Ich würde gerne zwei Anmerkungen machen, einmal zum Vortrag von Herrn *Alexy* und einmal zum Vortrag von Herrn *Hermes*. Zunächst zum Vortrag von Herrn *Alexy*: Sie haben eine Theorie der Spielräume entwickelt und dabei versucht, den Abwägungsspielraum, den Sie dem Gesetzgeber zubilligen wollen, zu strukturieren durch die Entwicklung einer Wertungsskala, einer Skalierung von leicht, mittel bis schwer. Sie haben dafür zunächst ein Beispiel genannt, bei dem ich gestehen muss, dass ich Ihrer Wertung des Eingriffs als leicht nicht folgen kann. Es war der Fall des querschnittsgelähmten Soldaten, der sich vom Satiremagazin „Titanic" als geborener Mörder bezeichnen lassen musste. Es bleibt mir schleierhaft, wie dieser Eingriff als lediglich „leicht" qualifiziert werden kann. Die Tatsache, dass in derselben Entscheidung die Bezeichnung als „Krüppel" als schwerer Eingriff qualifiziert worden ist, legt eine andere, allerdings wenig schmeichelhafte Vermutung nahe, nämlich die, dass hier eben die Existenz einer Soldatenehre vom Verfassungsgericht verneint wird, die eines Schwerbehinderten allerdings bejaht wird, wobei ich letzteres selbstverständlich teile, im ersten Punkt aber nicht zustimme. Selbst wenn man aber annimmt, wir könnten uns darüber verständigen, was leichte, was mittlere, was schwere

Eingriffe sind, scheint mir dies das Problem der Abwägung noch nicht zu lösen. Denn diese Skalierung bezieht sich ja auf den Eingriff in ein und dasselbe Grundrecht. Wir mögen, wenn auch bei ideellen Eingriffen, wie dem eben genannten, möglicherweise nur mit erheblichen Schwierigkeiten, so doch bei materiellen Eingriffen möglicherweise mit dieser Skalierung hinkommen, wenngleich auch bei materiellen Eingriffen das Gewicht des Eingriffs häufig relativ ist. Ob jemand zu einer Zahlung von 100000 DM verurteilt wird, kann je nach Vermögenslage ein leichter, ein mittlerer oder ein schwerer Eingriff sein. Aber wie gesagt, selbst wenn wir die prinzipielle Möglichkeit einer solchen Abstufung konzedieren, ist damit das Problem nicht gelöst, denn in den dreipoligen Verhältnissen, von denen Sie gesprochen haben, geht es doch um die Frage, welche Schwere ein Eingriff haben darf im Verhältnis zu der Notwendigkeit des Schutzes für den anderen Grundrechtsträger. Also müssen wir fragen, wie leicht, mittel, schwer darf der Eingriff sein, wenn die Schutzbedürftigkeit klein, mittel, groß oder sehr groß ist. Und hier stellt sich das Bedenken, ob wir da nicht Äpfel mit Birnen vergleichen. In welcher Art und Weise kann ich die Schutzbedürftigkeit etwa bezüglich des allgemeinen Persönlichkeitsrechts in eine Beziehung setzen zu der Schwere des Eingriffs in die Meinungsfreiheit? Wo ist da der Maßstab? Das ist mir noch nicht ganz klar geworden. Eine zweite Bemerkung zu den zwei Arten epistemischer Spielräume, von denen Sie gesprochen haben: empirische und normative. Wenn ich Sie richtig verstanden habe, sagen Sie, das Charakteristikum dieser Spielräume sei, dass sie erkenntnistheoretisch bedingt sind. Man könne nicht erkennen, was in diesem oder jenem Fall das Grundrecht gebiete oder verbiete. Das leuchtet mir für die empirischen Spielräume ein, nicht aber für die normativen. Ich muss gestehen, ich kann mir ohnehin nicht so ganz vorstellen, was Sie darunter verstehen. Sie haben dazu auch kein Beispiel angeführt. Wenn mir ein Interpret eröffnen würde, er könne mir nicht sagen, was die Norm gebietet oder verbietet, dann würde ich an der Leistungsfähigkeit des Interpreten zweifeln. Jetzt noch eine kurze Bemerkung zum Referat von Herrn *Hermes*. Ich möchte Ihnen gerade in Ihrer Grundtendenz nachdrücklich zustimmen, teile mit Ihnen vollständig das Anliegen, den Gesetzgeber sozusagen wieder in seine angestammte Funktion einzusetzen und dabei auch die so selbstverständlich gewordene aber eigentlich gar nicht selbstverständliche, sondern rechtsstaatlich wie demokratisch höchst bedenkliche richterliche Rechtsfortbildung zurückzudrängen. Sie haben, glaube ich, eher beiläufig, aber im Ergebnis völlig zu Recht eine Vorschrift genannt, die in diesem Zusammenhang selten ins Auge gefasst wird, aber meines Erachtens den Schlüssel für die Beantwortung der Frage nach der Zulässigkeit richterlicher Rechtsfortbildung darstellt, nämlich Art. 100 Abs. 1 des Grundgesetzes. Mit dieser Vorschrift organisiert das Grundgesetz gewissermaßen das Verfahren der Rechtsfortbildung, und es organisiert es so, dass die Rechtsfortbildung genau bei dem Organ landet, schließlich wieder landet, wo sie auch hingehört, nämlich bei der Legislative. Sie haben zu Recht betont, dass die Fachgerichte an die Gesetze gebunden sind, davon dispensiert sie auch nicht die Verfassungsbindung. Wegen des Monopols der Normverwerfung beim Bundesverfassungsgericht kann das Fachgericht hier nur den Anstoß für eine verfassungsgerichtliche Überprüfung liefern. Das Verfassungsgericht selbst kann dann auch nur einen solchen Verfassungsverstoß feststellen und nicht selbst die dadurch entstandene Lücke ausfüllen, sondern die Sache geht an den Gesetzgeber zurück. Genau dahin, wo sie auch hingehört. Vielen Dank.

Waechter: Ich habe einige Anmerkungen zu Herrn *Alexy* auf eher rechtsphilosophischer Ebene. Wenn ich Sie richtig verstanden habe, dann haben Sie Ihre Spielraumdogmatik angesiedelt auf der Ebene der Konkretisierung der höherrangigen Norm und dann haben Sie unterschieden zwei Arten von Spielräumen, strukturelle und epistemische. Natürlich sind logisch die methodologischen Spielräume vorrangig, weil ja strukturelle Spielräume auch nur festgestellt werden können durch Auslegung. Ergo stellt sich die Frage, wo ist denn die Grenze dieser Spielräume und ich meine, da kann man dann auf *Kelsen* zurückgreifen und *Kelsen* ist an dieser Frage gescheitert. Er hat nämlich gesagt und das musste er auch sagen, um den Jurisdiktionsstaat zu vermeiden, die Grenze liegt im Wortlaut. Das hat er aber nicht zeigen können, wie es eine solche Grenze gibt. Und ich meine, auch Sie müssten das zeigen können, wie man eine solche Grenze begründen kann. Und so wie ich die Sache sehe, zeigt die Rechtsprechung des Bundesverfassungsgerichts, dass es nicht gewillt ist, früh Schluss zu machen. Beispielsweise die Entscheidung zum Streitkräfteeinsatz im Ausland. Man kann sagen, die Auslegung überschreitet die Wortlautgrenze, aber genau das beweist, dass es strittig ist, wo die Wortlautgrenze verläuft. Also meine ich, ist Ihre Dogmatik der Spielräume kein geeignetes Instrument gegen einen Jurisdiktionsstaat. Zweiter Punkt: Der Begriff der Grundordnung hat ja in der Weimarer Diskussion eine Verwendung insoweit gefunden, als er gebraucht worden ist, um eine vorrechtliche Verfassung auszuspielen gegen eine geschriebene Verfassung. Mir ist in dieser Frage Ihre Position nicht ganz klar, denn Sie haben davon gesprochen, dass Fundamentalentscheidungen einer verfassungsrechtlichen Normierung bedürftig sind. Ist das jetzt ein Hinweis darauf, dass es so etwas wie eine vorrechtliche Grundordnung gibt oder nicht? Ich vermute, Sie lehnen das ab. Wenn man das ablehnt, dann muss man sich über die Konsequenzen im Klaren sein, dass es nämlich keinen materiellen Maßstab mehr gibt für die Trennung zwischen Verfassungsrecht und einfachem Recht, sondern das kann ausschließlich formell durch das Zustandekommen beschrieben werden, so wie *Kelsen* das auch sagt. Dritter Punkt: Was mir ein bisschen zu kurz gekommen ist, ist die Frage, gibt es eigentlich eine Sonderstellung des Privatrechts? Rechtsphilosophisch gesehen beruht die Sonderstellung des Privatrechts jedenfalls nach einigen Theorien ja darauf, dass das Privatrecht in gleicher Weise vorstaatlich ist, wie das Menschenrechte sind. Das heißt, das Privatrecht ist nicht nachgeordnet den Grundrechten, sondern parallel. Das kann man natürlich in eine positivistische Dogmatik nicht abbilden. Die Frage ist also, gibt es für Sie eine Sonderstellung des Privatrechts, oder ist das, was als Autonomie der verschiedenen einfachen Rechtsgebiete angesprochen worden ist, für jedes Rechtsgebiet gleichzubehandeln? Und Fazit für mich, wenn man vom Jurisdiktionsstaat spricht, die einzige Grenze dafür scheint mir die öffentliche Meinung zu sein und ich glaube auch, dass man das in der letzten Zeit beobachten kann.

Pfersmann: Sehr geehrter Herr Vorsitzender, meine Damen und Herren. Ich möchte zunächst den Veranstaltern besonders herzlich danken, als Gast hier unter Ihnen sein zu dürfen und an diesem intellektuellen Vergnügen, das uns in vier ganz vorzüglichen Vorträgen geboten wird, teilhaben zu können. Ich bewundere die Vortragenden umso mehr, als sie bereits mit einer solchen Menge von Einwänden eingedeckt sind, dass ich eigentlich kaum mehr wage, weitere hinzuzufügen.

Herr *Alexy* bringt eine allgemeine Normentheorie, aber keine Epistemologie, die sie für die Analyse konkreter Rechtsordnungen anwendbar macht. Er spricht zwar auch von einem Gegenstand „Grundgesetz", aber seine Ausführungen erlauben nicht zu überprüfen, ob seine Aussagen bloß Rechtssysteme im allgemeinen betreffen, also der allgemeinen Rechtstheorie zuzuordnen sind, oder ob es sich um Aussagen der Rechtsdogmatik handelt, die eine bestimmte konkrete Normenordnung, etwa die deutsche, betreffen.

Das Argument ist zunächst einmal ein ontologisches. Das heißt, der Auffassung *Alexys* zufolge bestehen Rechtsordnungen aus Normen, die ein bestimmtes Verhalten gebieten, verbieten oder erlauben. Wenn wir von dieser Voraussetzung ausgehen, können wir freilich auch damit einverstanden sein, dass bestimmte Normen eben Organen die Erlaubnis oder die Ermächtigung erteilen, weitere Normen zu setzen. Und anderen Organen kann dann eventuell die Ermächtigung zuteil werden, die Normsetzung dieser ersten Organe zu kontrollieren. Wenn nun solche Erlaubnisnormen durch Gebots- und Verbotsnormen eingeschränkt werden, ergibt sich das, was man, um in der Terminologie von Herrn *Alexy* zu sprechen, als einen Spielraum oder als eine Menge von Spielräumen bezeichnen kann. Das ist Standard in der analytischen Rechtstheorie.

Wenn wir nun den Inhalt dieser Normen darstellen, wenn wir also Rechtsdogmatik betreiben, können wir gar nichts anderes tun, als Spielraumdogmatik zu betreiben. Rechtsdogmatik und im besonderen Verfassungsdogmatik ist in diesem speziellen Sinne Spielraumdogmatik. Dies ist völlig unproblematisch, aber eben bloß eine allgemeine ontologische Aussage, die für jedes beliebige Rechtssystem gültig ist. Das epistemologische Problem besteht dann aber darin, eine Methode zu entwickeln, die es erlaubt, den Spielraum zu beschreiben, den ein konkreter Normtext ausdrückt. Wie gelangen wir also zur wissenschaftlich korrekten Interpretation eines solchen Textes, etwa jener des Textes „Grundgesetz"? Und wie spezifizieren wir hier etwa ein Kollisionstheorem? Wir können das freilich in allgemeiner Weise für jede beliebige Rechtsordnung formulieren und sagen, jedes solche System regelt irgendwie, was geschieht, wenn es zu Norminkonsistenzen kommt. Aber wie steht es um die spezifischen Kollisionsregeln des deutschen (oder irgend eines anderen) Verfassungsrechts?

Das scheint mir also das spezifische Problem, denn auch jene, die im Sinne einer Überkonstitutionalisierung implizit oder explizit das Wort führen, berufen sich natürlich auf das Grundgesetz. Aber vielleicht ist ihre Interpretation einfach eine andere, und wenn man diesen Versuchen etwas entgegenhalten will, kann man es nicht, indem man feststellt, dass es Spielräume gibt – denn das können auch diese Ansätze nicht ernsthaft bestreiten –, sondern indem man zeigt, wie man Spielräume exakt abgrenzt und dies im Fall des Grundgesetzes exakt ausführt. Wenn hier also das methodologische Problem liegt, dann glaube ich sagen zu können, dass Herr *Alexy*, insofern er dieses Problem nicht als solches behandelt hat, selbst den Gegnern einer präzisen Spielraumeingrenzung zugearbeitet hat. Er hat dies außerdem in einigen früheren Schriften explizit getan – aber das ist hier gewiss kein sehr faires Argument –, etwa in „Begriff und Geltung des Rechts", wo Geltung über den gesetzten Spielraum hinaus ausgedehnt oder innerhalb des gesetzten Spielraumes eingeschränkt werden kann, so dass der durch die Rechtsordnung als solche eingeführte Spielraum plötzlich und unerklärterweise nicht der wirkliche Spielraum innerhalb dieser Rechtsordnung ist.

Eine Frage an Herrn *Hermes*. Ich stimme dem ersten Teil Ihres Referates vollkommen zu. Eine naturrechtliche Begründung der Zurücknahme von problematisch angewendeten Kompetenzen ist kein methodologisch zielführendes Mittel. Wie aber stellt sich die hier als Alternative angebotene Theorie dar? Sie sagen, der Gesetzgeber, das Bundesverfassungsgericht, die Fachgerichte sollen sich auf ihre Kompetenzen zurückziehen. Wenn ich diesen Satz analysiere, scheint das die Formulierung einer Norm zu sein (X soll p). Dann gibt es zwei Alternativen. Entweder es ist eine Norm, die bereits im Grundgesetz enthalten ist. Dann handelt es sich um eine schlichte Frage der Verfassungsdogmatik der Kompetenznormen – freilich unter Einschluss der Grundrechtsnormen, die ja die Prüfungskompetenz des Bundesverfassungsgerichts weitgehend festlegen. Dann wäre aber diese verfassungsdogmatische Frage auszuführen gewesen. Oder es ist keine Norm des Grundgesetzes, dann ist es aber wieder eine naturrechtliche Norm und dann stellt sich die Frage, wie sich solches begründen ließe. Danke.

Meßerschmidt: Ich habe eine Anmerkung und Frage an Herrn *Alexy* und eine Anschlussfrage an Herrn *Hermes*. Ich habe große Sympathie für das Anliegen, die Konstitutionalisierung des Rechts in demokratie- und gewaltenteilungsverträglichen Bahnen zu halten. Ich habe deshalb auch in meiner Habilitationsschrift keine neue Verfassungswidrigkeit entdeckt. Das einzige, was ich bedauere, Herr *Alexy*, ist, dass Sie bei Ihrer langen Synonymliste für Spielraum das Wort Gesetzgebungsermessen wohlweislich vermieden haben. Es hat mich dann getröstet, dass auch das Wort Spielraum nicht auf ungeteilte Sympathie stößt, aber beides sind eben Begriffe, die vom Bundesverfassungsgericht verwendet wurden und immer noch verwendet werden. Ich frage mich allerdings, ob Ihre Theorie zielführend ist. Ich greife eine halblaute Bemerkung von einem Sitznachbarn auf, welcher Spielraum denn noch bliebe, insbesondere bei Ihrer Vorführung des Abwägungsmodells, wenn es praktisch in Richtung eines Paretooptimums geht und das ist ja, ich will es deshalb hier nicht ausführen, auch schon von einigen Rednern kritisch angemerkt worden. Allerdings will ich auch sagen, wir dürfen nicht so tun, als seien Sie oder andere Theoretiker für die Existenz der Abwägung verantwortlich. Wir können nicht gegen die Abwägung sein, weil man sie nicht abschaffen kann. Das sollte man auch deutlich sagen. Ich glaube, es ist eine ungerechte Kritik, dass man Ihnen etwas vorhält, nur weil Sie es ansprechen, was unabänderlich ist. Aber meine erste kritische Frage setzt an bei dem Zusammenspiel von dem, was Sie epistemische Spielräume nennen, und der Unterscheidung von Maßstabs- bzw. Handlungs- und Kontrollnormen. Sie sagen in Ihrer These 13, dass das Vorhandensein epistemischer Spielräume die Divergenz von Handlungs- und Kontrollnormen begründe. Nun definieren Sie aber den epistemischen Spielraum so, dass man sich fragen kann, ob im Bereich des epistemischen Spielraums überhaupt noch von einer Norm die Rede sein kann. Meine weitere Frage, die nicht Sie allein trifft, gilt der Unterscheidung von Handlungs- und Kontrollnormen. Sie hilft uns sicherlich dabei, Kontrollrücknahmen zu erklären. Ich glaube, sie begründet aber auch die Gefahr, und das ist dann ganz kontraproduktiv zu dem Ziel, Spielräume des Gesetzgebers zu erhalten, eine Einladung an die Rechtswissenschaft, ziemlich verantwortungslos verfassungsrechtliche Phantasien weiter auszubauen und zu sagen, man bewege sich ja nur auf der Ebene der Formulierung von Handlungsnormen. Es werde ja nichts so heiß gegessen, wie es gekocht wird. Das Bundesverfassungsgericht wende es ja dann in milderer Form nur als Kontrollnorm an. Hier ist schon das Stichwort „soft law" gefallen. Ich sehe in einem solchen doppelten Verfassungsrecht eine Gefahr, und ich meine, wir müssten diese Theorie von Handlungs- und Kontrollnormen, die sich ohne zusätzliche Begründung zur herrschenden Meinung zu entwickeln scheint, doch noch einmal näher überprüfen. Allerdings entfernt sich dies doch ziemlich weit von dem Thema der heutigen Veranstaltung. Dennoch wage ich es, auf ähnlich allgemeiner Ebene noch eine Bemerkung zu Herrn *Hermes* zu machen. Für eine falsche Abhilfe halte ich auch den Begriff der Verfassungskonkretisierung. Ähnlich wie die Unterscheidung von Kontroll- und Handlungsnormen. Sie sagen in einer Ihrer Thesen, es sei heute unangefochten, dass dem Gesetzgeber die Prärogative über die Verfassungskonkretisierung gebühre. Das kann man so sagen, weil jeder unter Verfassungskonkretisierung etwas anderes versteht. Die Problematik beginnt mit dem Verhältnis von Verfassungskonkretisierung und Verfassungsinterpretation und ich meine, dass der Begriff der Verfassungskonkretisierung wiederum die Gefahr einer Spielraumverengung für den Gesetzgeber birgt, weil nämlich auf diese Weise das Ergebnis der Konkretisierung möglicherweise gleichgestellt wird mit der Verfassung. Über die Gefahr der Nivellierung von Verfassung und Gesetzesrecht ist in der Vergangenheit oft gesprochen worden. Ich meine, wir brauchen, bevor wir von Verfassungskonkretisierung sprechen – und zwar nicht in einem ganz trivialen Sinne als Synonym für Interpretation –, Auskünfte darüber, wann eine gesetzgeberische Aktivität Verfassungskonkretisierung darstellt oder ob etwa jeder nichtverfassungswidrige Gesetzgebungsakt schon Verfassungskonkretisierung ist. Vielen Dank.

Grimm: Herr *Alexy* hat das Problem, das wir heute diskutieren, zutreffend beschrieben. Es setzt sich aus drei Komponenten zusammen: dem Vorrang der Verfassung, der Einrichtung der Verfassungsgerichtsbarkeit und der Rundum-Wirkung der Grundrechte. Von diesen drei Komponenten liegen die beiden ersten fest. Sie ergeben sich unmittelbar aus dem Grundgesetz. Die dritte ist richterliche Hinzufügung – gut begründete Hinzufügung nach meiner Ansicht, aber eben doch Hinzufügung. Das heißt, es könnte auch anders sein, mit der Folge, dass das Problem sich wesentlich entschärfte. Weil erst die vom Verfassungsgericht entwickelte grundrechtliche Schutzpflicht sowie die Ausstrahlungswirkung der Grundrechte das Problem schaffen, wird diese Interpretation häufig unter dem Gesichtspunkt des institutionellen Eigeninteresses und der Machterweiterung der Verfassungsgerichtsbarkeit diskutiert. Vor allem bei Soziologen und Politologen ist das eine beliebte Erklärung. Ohne Zweifel hat sie auch etwas für sich. Denn jeder Sinngehalt, der der Verfassung im Wege der Auslegung hinzugefügt wird, erweitert zugleich den Kompetenzrahmen derjenigen Instanz, die bei der Bestimmung des Sinns von Verfassungsnormen das letzte Wort hat. Dennoch trifft diese Erklärung nur die halbe Wahrheit. Das wird sichtbar, wenn man zwischen Absicht und Wirkung unterscheidet. Die Wirkung der extensiven Verfassungsinterpretation besteht sicherlich in einem Machtgewinn der Verfassungsgerichtsbarkeit auf Kosten anderer Organe. Gleichwohl lässt sich schwer behaupten, dass Machtgewinn der Grund für die Wahl dieser Interpretation ist. Die extensive Interpretation ergibt sich vielmehr aus der Absicht, den Regelungsgehalt auszuschöpfen und durchzusetzen, der der Verfassung innewohnt. Gerade deswegen ist die Grundrechtsinterpretation des Verfassungsgerichts auch so schwer unter Kompetenzgesichtspunkten angreifbar, und deswegen sind die bisherigen Lösungsversuche so wenig hilfreich ausgefallen. Wenn die Grundrechte als oberste Prinzipien der Rechtsordnung „rundum" wirken und wenn sich diese Wirkung zum Teil über die Auslegung der Tatbestandsmerkmale des einfachen Rechts vollzieht, dann ist eine scharfe Grenze zwischen Verfassungsrecht und einfachem Recht, Verfassungsgericht und Fachgerichten nicht mehr zu ziehen.

Ich gebe also Herrn *Hermes* recht, wenn er alle Versuche, die Grenze zu ziehen, für gescheitert hält, und zwar nicht aus konzeptioneller Schwäche der Staatsrechtslehre, sondern weil die Sache keine klare Abgrenzung erlaubt. Auch Herr *Alexy* hat ja keinen grundlegenden Gegenentwurf unterbreitet, sondern uns mit seiner Theorie der Spielräume nur kleinere, freilich keineswegs unbedeutende Rationalitätsgewinne bei der Abwägung versprochen. Überraschenderweise kommt Herr *Hermes* nach seiner resignativen Anfangsaussage aber doch noch zu einem Vorschlag, der beim Gesetzgeber ansetzt und ihm Gestaltungsspielräume zurückgeben will, die das Bundesverfassungsgericht im Wege extensiver Grundrechtsinterpretation erobert hat. Diese Überlegung ist mir nicht unsympathisch. Auch glaube ich, dass sich aus dem Demokratieprinzip des Grundgesetzes einige Gründe dafür gewinnen lassen. Meine Bedenken liegen eher auf der empirischen Ebene. Ich frage mich, ob der Gesetzgeber in der Tat in die vom Bundesverfassungsgericht geräumten Gestaltungsspielräume hineinstoßen würde. Die Zweifel rühren aus der chronischen Überlastung des Gesetzgebers, seinen Kapazitätsgrenzen, dem wachsenden Anteil exekutivischer Rechtsetzung im Inland wie in Europa und den Imperativen der Parteipolitik her, unter denen er steht. Ob er die eröffnete Möglichkeit nützt, kann Herrn *Hermes* aber nicht gleichgültig sein. Er stellt ja nicht die grundrechtliche Handlungspflicht in Frage, sondern will sie nur vom Gesetzgeber statt vom Gericht erfüllt wissen. Deswegen halte ich es im Unterschied zu einigen Vorrednern auch nicht für widersprüchlich, dass Herr *Hermes* die grundrechtliche Schutzpflicht stark macht und die Fachgerichte sogar zu Unterlassungsvorlagen an das Bundesverfassungsgericht anhält. Er kann das nur tun, weil es ihm selbst an Zutrauen fehlt, dass der Gesetzgeber ohne die Nachhilfe des Bundesverfassungsgerichts das tut, was er von Verfassungs wegen zu tun hat.

Insgesamt ergibt sich für mich aus der Diskussion also der Eindruck, dass wir angesichts der Problematik zwar alle ein leises Unbehagen empfinden, aber doch kein allzu aufstörendes, weil uns die Ergebnisse der Verfassungsrechtsprechung, wenn auch nicht in jedem Fall, so doch im Ganzen befriedigen. Jedenfalls habe ich einen entschiedenen Impetus, Änderungen herbeizuführen, heute nicht beobachten können. Deswegen frage ich mich, ob nicht vielleicht hinter der Tendenz zur Konstitutionalisierung des einfachen Rechts doch stärkere Imperative stehen, als sie bisher erwähnt worden sind. Ich will ein paar Vorschläge dazu machen, welche Imperative das sein könnten, ohne auf Vollständigkeit aus zu sein. Der erste hat mit der Frage zu tun, ob es nicht primär die Verfassung und ihr Agent, das Verfassungsgericht, sind, die für die notwendige Flexibilisierung der Rechtsordnung sorgen, welche sich aus dem wachsenden Problemdruck und der beschleunigten Änderung der Verhältnisse ergibt, und zwar nicht nur gegenüber dem überlasteten oder zögernden Gesetzgeber, sondern auch gegenüber den stärker in den dogmatischen Traditionen ihres Gebiets befangenen Fachgerichten. Der zweite hängt mit der Überlegung zusammen, ob es nicht primär die Verfassung und ihr Agent, das Verfassungsgericht, sind, die in der immer differenzierter und disparater werdenden Rechtsordnung noch die nötige Einheit herzustellen vermögen. Der letzte rührt von der Beobachtung her, dass Verfassungen in säkularisierten Gesellschaften, in denen die Homogenität der Werthaltungen schwindet, mittlerweile diejenige Leerstelle einnehmen, die durch den Wegfall bisher gültiger außerrechtlicher Fundamente des Zusammenlebens entstanden ist. Wenn das zuträfe, wie ich vermute, dann hätten wir es mit einer Großtendenz zu tun, gegen die in der Tat rechtsdogmatisch wenig auszurichten ist, solange sich die Verhältnisse nicht ändern. Dann kann man wohl nur zu Herrn *Papiers* Vorschlag Zuflucht nehmen, Detailkritik an einzelnen Entscheidungen zu üben. Allerdings wird diese verhältnismäßig unverbindlich bleiben, wenn kein Prinzip mehr hinter ihr steht.

Isensee: Wenn wir erste Bilanz über die bisherigen Beratungen ziehen, so zeigt sich, dass die Reibungen und Widersprüche, die sich zwischen Verfassungsrecht und einfachem Recht, Verfassungsgerichtsbarkeit und Fachgerichtsbarkeit beobachten lassen, zwar allgemein beklagt werden, doch dass sie weniger stören, als die Bemühungen, ihnen abzuhelfen. Der einzige Vorstoß, leidlich energisch geführt von Herrn *Hermes*, den status quo aufzubrechen und der Gewaltenteilung wie dem Vorbehalt des Gesetzes mehr Effektivität zu vermitteln, findet, so sieht es bisher aus, allgemein Ablehnung. Vielleicht erklärt sich diese Zurückhaltung daraus, dass die Ursache des dogmatischen Problems in der Judikatur des Bundesverfassungsgerichts liegt, dass diese Judikatur aber auch die praktische Lösung des Problems bringt. Niemand traut sich, gegen die Judikatur frontal anzugehen.

Das Problem besteht darin, ob angesichts des Vorrangs der Verfassung das einfache Recht noch eigenständige Bedeutung behält und ob sich die Fachgerichte noch spezifische Kompetenzen behaupten können in dem Sog, der von der Verfassungsrechtsprechung ausgeht, und von dem Recht des letzten Wortes, das beim Bundesverfassungsgericht liegt. Ich versuche, ein paar einschlägige Topoi durchzumustern.

Ehrwürdig, aber mürbe ist der Topos der Rahmenverfassung: Das Grundgesetz gebe nur den Rahmen der Rechtsordnung; dieser werde gefüllt durch das einfache Recht. Die Theorie beschwört die Rahmenverfassung, die Jurisprudenz praktiziert die Vollverfassung. Fast jeder in diesem Saal neigt dazu, wenn er eine konkrete Frage des einfachen Rechts zu lösen hat, auf die Verfassung zurückzugreifen, und, auch wenn er ihr nicht die ganze Lösung entnimmt, diese doch am Maßstab der Verfassung zu überprüfen, sich von ihr bestätigen zu lassen, sich in ihr rückzuversichern. Die Formel des Rahmens entspricht nicht dem heute herrschenden Verständnis der Verfassung.

Ihm entspricht dagegen der von Herrn *Hollerbach* eingeführte, doch bisher kaum beachtete Begriff der Allbezüglichkeit der Verfassung. In der Tat wirkt die Verfassung auf alle Rechtsebenen und auf alle Rechtsmaterien ein. Das Verfassungsmodell, das Herr *Alexy* uns präsentiert, bestätigt die Allbezüglichkeit. Sollten noch dunkle Winkel der Rechtsordnung verblieben sein, in denen die Bezüge noch nicht aufleuchten, werden diese epistemischen Reste im Zuge der Verfassungsoptimierung über zwei noch ausstehende Habilitationsschriften oder neue Weistümer aus Karlsruhe bald aufgeklärt sein. Die Ubiquität der Verfassung ist unübersehbar. Das bedeutet aber nicht, dass sie auf alle Bereiche der Rechtsordnung mit gleicher Direktivkraft einwirkt. Hier ergeben sich Unterschiede aus der Thematik der Verfassungsnormen; spezifische Regelungen, wie sie das Grundgesetz für das Strafprozessrecht enthält, finden sich nicht für das Aktienrecht. Unterschiedlich ist aber auch die Intensität der normativen Steuerung durch die Verfassung, so wenn Grundrechte in ihrer Abwehrfunktion unmittelbar den Eingriff der Polizei begrenzen oder in ihrer Schutzfunktion, mediatisiert durch das Gesetz, das Opfer vor der Gefahr schützen.

Die Verfassung ist ihrerseits angewiesen auf das Gesetz. Die höchste Norm der staatlichen Rechtsordnung ist durchwegs auch die inhaltsärmste. Sie bedarf der Ergänzung, Auffüllung, Vermittlung und Verdeutlichung durch das einfache Recht. Das Topos lautet „Konkretisierung". Diese löst nicht das Problem, das uns beschäftigt; sie bildet es. Wer die Verfassung konkretisiert, reichert sie mit eigenen Zugaben an. Damit stellt sich die Frage, welches Staatsorgan dafür zuständig ist. Die demokratische Gewaltenteilung gibt die prinzipielle Reihung der Konkretisierungskompetenz: Vorrang der Legislative vor der Exekutive und vor der Judikative. Der Vorbehalt des Gesetzes schränkt die Kompetenz der Verwaltung ein. Doch darf man den Vorbehalt auf die Dritte Gewalt ausweiten? Ich habe Bedenken. Je nachdem, wie weit und wie dicht der Vorbehalt verstanden wird, könnte er zu einer Blockade der Verfassungsrechtsprechung und zu ständiger Rechtsverweigerung führen. Denn die abstrakten Formeln der Verfassung lassen sich ohne konkretisierende Anreicherung nicht auf den konkreten Fall anwenden. Vor diesen Großformeln wie Menschenwürde, Gleichheit, Demokratie müssen durch schöpferische Interpretation kleingearbeitet werden.

Damit stellt sich die Frage, wie das Verhältnis der Verfassungsgerichtsbarkeit zur Fachgerichtsbarkeit zu bestimmen ist. Als Sesam-öffne-Dich gilt heute der Topos der Kooperation. Nachdem die Kooperation drei Jahrzehnte die Theorie des Föderalismus beherrscht und die Praxis des Bundesstaates ruiniert hat, greift sie nun auf die Dritte Gewalt über, um auch hier Unheil anzurichten, nämlich die Kompetenzgrenzen zu verwischen und die rechtliche Zuweisung von Verantwortung zu beseitigen. Kooperation schafft keine Zuständigkeit, sondern setzt eine solche voraus. Sie ist kein Thema der Kompetenzverteilung, sondern der Kompetenzausübung. Aber auch hier hat sie im Verhältnis von Gericht zu Gericht keinen Ort. Was zwischen Staaten, Regierungen und Behörden legitim und üblich ist, lässt sich nicht auf Gerichte als Handlungsmaxime übertragen. Kooperation ist nur zwischen gleichgeordneten Partnern möglich, nicht aber für solche, die nach Zuständigkeiten voneinander geschieden sind und in Hierarchien operieren, die einseitig-hoheitlich entscheiden, was rechtens ist, aber nicht darüber verhandeln. Man mag aus der Sicht des Beobachters die Entscheidungen der Verfassungs- und Fachgerichte als Werk der Arbeitsteilung und der Kooperation deuten; die Akteure aber, das Bundesverfassungsgericht, der Bundesgerichtshof und andere Fachgerichte, können sich nicht auf eine Kompetenz zur Kooperation berufen, die außerhalb ihrer durch Verfassung und Gesetz begründeten Zuständigkeiten und Pflichten läge.

Der Vorrang der Verfassung verbietet, ein Eigenleben des einfachen Rechts gegen die Verfassung anzunehmen. Dem einfachen Recht kommt nur soviel an Eigenständigkeit zu, wie die Verfassung zulässt. Der Streit über die Selbstbehauptung des Privatrechts gegenüber dem Grundgesetz kann nur vom Grundgesetz her entschieden werden. Die Bedeutung, die es der Privatautonomie zuerkennt, und ihre abwehrrechtliche Sanktion bieten den Maßstab, um die inhaltliche Vertragskontrolle, die das Bundesverfassungsgericht übt, prinzipiell wie im einzelnen zu kritisieren. Dagegen gibt es keine materiellrechtliche Schranke für das Bundesverfassungsgericht, verfassungsrechtliche Maßstäbe zurückhaltend anzuwenden, damit die Fachgerichte geschont werden. Dieses Ziel wird nicht durch Restriktion der Kontrollmaßstäbe erreicht, sondern durch Restriktion der Kontrolldichte.

Was leistet dazu das Verfahrensrecht? Das Bundesverfassungsgerichtsgesetz nur wenig. Ihm fehlt schon die normative Stringenz, die der Zivilprozessordnung und anderen Verfahrensgesetzen eignet; es ist soft law, weil es nur für ein Gericht gilt und von diesem als Gericht in eigener Sache abschließend interpretiert wird. Dagegen enthalten die Regeln des allgemeinen Verfahrensrechts einiges an ungenutzten Möglichkeiten, um die Reibungen zu verhindern, die sich aus der Judikatur des Bundesverfassungsgerichts zur Meinungs-, Medien- und Kunstfreiheit ergeben, wenn es die Interpretation ehrenrühriger Äußerungen durch die Straf- und Zivilgerichte beiseite schiebt und von sich aus eigene Deutungsmöglichkeiten einführt, so dass es die Tatfrage an sich zieht und die fachgerichtlichen Verfahrensresultate ohne Not zunichte macht. In diesem Punkte treffe ich mich mit Herrn *Hermes* jedenfalls in der Gesamttendenz.

Häberle: Verehrte Kolleginnnen und Kollegen: Ich möchte mich zu *zwei* Themenkreisen äußern, zum einen zugunsten einer erbarmungslosen Verabschiedung des unseligen Terminus „Fachgerichte", leider gerade auch vom Bundesverfassungsgericht gerne gebraucht. Das bürgerliche Recht ist aber kein „Fach", der BGH kein Fachgericht. Zum anderen ein Wort zur Karlsruher Kreation des „Maßstäbegesetzes", die – ohne Rechtsvergleichung – einer „creatio ex nihilo" ähnelt. Doch zuvor eine Bemerkung: Vorweg müsste man in *Oppermann*scher Manier die vier trefflichen Referate miteinander vergleichen und insgesamt – auch heute gerne – loben, was leider aus Zeitgründen nicht im einzelnen möglich ist. Jetzt zum *ersten* Punkt, zur Abschaffung des missglückten Begriffs „Fachgerichte“. Dafür kämpfe ich seit mehr als einem Jahrzehnt ohne jeden Erfolg. Doch heute haben alle Referenten in der Sache gute Argumente dafür geliefert, diesen abwertenden Begriff aufzugeben. Ich nenne vier Argumente, die allesamt diesem Ziel dienen können, übrigens gibt es meines Wissens in anderen Sprachen keinen vergleichbar despektierlichen Begriff. Erstens erinnert uns der Vorrang der Verfassung i.S. von Art. 1 Abs. 3 und Art. 20 Abs. 3 GG daran, dass alle Gerichte in einem tieferen Sinne, materiell, Verfassungsgerichte sind, weil sie an das GG gebunden sind und oft von den unteren Instanzen her das GG schöpferisch auslegen. Zum zweiten hat Herr *Alexy* mit großem Recht von den einfachen Gerichten als „kleinen Verfassungsgerichten“ gesprochen, was meinen Standpunkt tendenziell unterstützt. Die sog. „Konstitutionalisierung“ ist drittens, hier stimme ich mit Herrn *Lerche* überein, kein einseitiger Vorgang, vor allem nicht im vom parlamentarischen Gesetzgeber ausgestalteten Grundrechtsbereich. Die „Wechselwirkung“ zwischen Verfassung und Gesetz ist hier ein früh diagnostizierter Vorgang. Schließlich viertens: Das freiheitliche Privatrecht samt Privatautonomie und seinen propria sind im Verhältnis zur Verfassung kein „Fach“. Zu Recht wurde der große Klassikertext von *R. Sohm* zitiert, wonach das Privatrecht öffentliche Freiheit garantiert. Auch sind die seit der Zwölftafelgesetzgebung in Rom, d.h. seit 450 v.Chr. entwickelten Rechtsweisheiten und Gerechtigkeitsprinzipien im Privatrecht nicht einfach ein „Fach“, sie konstituieren unser Gemeinwesen mit. Kurz: Alle Gerichte, auch das kleine Sozialgericht in Bayreuth, sind umfassend „Gerichte“ ohne abwertenden Zusatz, übrigens auch Gemeinschaftsgerichte, auch wenn es vielleicht derzeit keinen sprachlich treffenden Ausdruck gibt. Das Ganze ist keine bloß terminologische Frage.-

Jetzt ein Wort zum *zweiten* Punkt. Das vom BVerfG erfundene Wort der „Maßstäbegesetze“, in der Entscheidung zum Finanzausgleich in Band 101 kreiert, kann, wenn überhaupt, nur via offener Rechts*vergleichung* legitimiert werden. Ich frage alle vier Referenten, wie diese Maßstäbegesetze und ihre Ausführungsgesetze nach ihrer Meinung einzuordnen und ggf. vom BVerfG zu überprüfen sind. Maßstäbegesetze wären wohl im Rang *unter* der Verfassung und *über* dem einfachen Gesetz anzusiedeln, darüber wurde ja schon einmal als „Grundlagengesetz“ diskutiert. Eine rechtsvergleichende Umschau ist hilfreich. Das französische Recht kennt, Frau *Grewe* ist hier im Raum, die „lois organiques“. Im spanischen Verfassungsrecht begegnen uns die „leyes de bases“, im Grundgesetz selbst kennen wir die Grundsätzegesetze nach Art. 109 Abs. 3 und 91 a Abs. 2. Wir sollten uns schon zur Rechtsvergleichung in Europa als schöpferischer Methode der Verfassungsauslegung ausdrücklich bekennen, wenn wir die Kategorie der Maßstäbegesetze einfach „aus“ dem GG entnehmen zu können glauben, Art. 106 und 107 GG reichen nicht aus. Allgemein sollten wir stärker bereichsspezifisch arbeiten: im Grundrechtsfeld gelten wohl andere Kontrollintensitäten als im föderalen oder finanzverfassungsrechtlichen Bereich.

Hoffmann-Riem: Liebe Kolleginnen und Kollegen, es ist eine undankbare Aufgabe, direkt nach Herrn *Isensee* und Herrn *Häberle* zu sprechen, und sich dabei – wie ich es vorhabe – auf eine pragmatische Vorbemerkung zu unserem Thema zu begrenzen. Ich glaube nämlich nicht, dass unser Hauptaugenmerk der isolierten Frage gelten sollte, wie das rechtliche Verhältnis von Fachgerichtsbarkeit und Verfassungsgerichtsbarkeit ausgestaltet ist. Das Hauptproblem ist vielmehr die Klärung: Wie soll die Verfassung wirken, welche Art und Intensität der Grundrechtsgeltung soll gesichert werden? Will die Verfassung, wollen die Verfassungsausleger und -anwender, dass die Grundrechte in allen Lebensbereichen gelten, und zwar real? Das Bundesverfassungsgericht kann sich notgedrungen ja nur mit wenigen Fällen befassen. Ob die Grundrechte reale Wirksamkeit haben, entscheidet sich bei den Fachgerichten. § 31 BVerfGG soll sichern, dass die Fachgerichte die an wenigen Einzelfällen entwickelten Vorgaben des Bundesverfassungsgerichts für die Auslegung und Anwendung der Verfassung im übrigen berücksichtigen. Es gibt aber keinen „Gerichtsvollzieher“, der über die Einhaltung der Bindungswirkung des § 31 BVerfGG wacht. Notfalls bleibt nur das Bundesverfassungsgericht selbst, das einen neuen Fall aufgreift und die Grundrechte erneut zur Geltung bringt.

Das Bundesverfassungsgericht wird als Wächter der Verfassung und als Wahrer der Einheitlichkeit der Grundrechtsgeltung auch deshalb benötigt, weil im Recht Spielräume bestehen – dabei benutze ich diesen Begriff etwas untechnischer als Herr *Alexy*. Solche Spielräume gibt es nicht nur für das Bundesverfassungsgericht. Sie sind vor allem für die Fachgerichtsbarkeit verfügbar. Dort werden sie vielfältig genutzt, zum Beispiel auch mit dem Ziel, die eigene Autonomie der Fachgerichte zu wahren, auf eigenständigen Rationalitäten zu bestehen, vielleicht auch um eine „fachbrüderschaftliche“ Identität zu schützen, und dies manchmal in Verteidigung gegenüber der Instanz, die fachrichterliche Verengungen verhindern und eine andere Rechtsschicht zur Geltung bringen soll, etwa die Grundrechte. Rechtliche Spielräume verschaffen den Fachgerichten, wenn sie wollen, viele Möglichkeiten, um der Bindung an verfassungsgerichtliche Vorgaben auszuweichen, etwa schon bei der Feststellung des Sachverhalts, bei der Deutung des Geschehens, bei der zeitlichen Gestaltung von Verfahren – denken Sie nur an Eilverfahren mit der Möglichkeit später Entscheidung und damit der faktischen Vereitelung verfassungsgerichtlicher Interventionen – oder auch bei der Abwägung zwischen verschiedenen Rechtspositionen. In der großen Masse der Fälle werden die grundrechtlichen Vorgaben von den Fachgerichten in vorbildlicher Weise befolgt. Es gibt vereinzelt aber auch grundrechtsaushöhlende Entscheidungen, und zwar nicht nur als offensichtliches Versehen. Dann ist eine Gegenkraft wichtig, die interveniert und – häufig zum Ärger der betroffenen Gerichte – die Entscheidung aufhebt. Ohne solche gelegentlichen Interventionen gäbe es keine hinreichenden Anreize, die Grundrechte stets folgenreich werden zu lassen. Dabei kommen zum Bundesverfassungsgericht erheblich mehr Fälle mit Verfassungsverstößen als es die wenigen dokumentieren, in denen eine fachgerichtliche Entscheidung aufgehoben wird. Durch die Annahmekriterien und insbesondere die hohen Zulässigkeitshürden – angereichert durch das Jonglieren mit unterschiedlichen Zulässigkeitskriterien – kommt es in vielen Fällen aber gar nicht zur materiellen Prüfung und damit zur Ahndung von Verfassungsverstößen.

Wie zurückhaltend das Bundesverfassungsgericht mit der Intervention in die Fachgerichtsbarkeit ist, können Zahlen illustrieren. Beim Bundesgerichtshof gibt es jährlich rd. 7000 Erledigungen. Das Bundesverfassungsgericht hat im letzten Jahr 10 Entscheidungen des BGH beanstandet, also 10 von 7000. Das sind 0,15 Prozent oder: Ein siebtel Prozent. Wenn Sie bedenken, dass deutsche Gerichte jährlich etwa 4,8 Millionen Entscheidungen treffen, die zu ca. 4400 Verfassungsbeschwerden führen, von denen ca. 90 erfolgreich sind (diese Zahlen sind von 1998), dann können Sie leicht erkennen, dass es nur in einem verschwindend kleinen Bruchteil eines Prozents zur korrigierenden Intervention kommt. Anders formuliert: Das Bundesverfassungsgericht beschränkt sich auf eine eher symbolische Bestärkung der Grundrechtsgeltung aus Anlass exemplarisch entschiedener Fälle. Auf diese Weise soll gesichert werden, dass das Licht der Grundrechte nicht nur in Karlsruhe brennt, sondern ein wenig auch die unter Grundrechtsaspekten manchmal etwas dunkleren Räume der Amts- oder Verwaltungsgerichte erreicht. Dabei mag für Staatsrechtslehrer folgende Einsicht wichtig sein: Die Bedeutung, die Grundrechte im Hochschulunterricht haben, korreliert keineswegs mit ihrer Bedeutung in der Fachgerichtsbarkeit. Wenn gleichwohl die letzten 50 Jahre der deutschen Rechtsentwicklung von einem Durchdringen der Rechtsordnung durch die Grundrechte geprägt waren, dann ist dies auch der Impuls-, Stimulierungs-, Anreiz- und Sanktionsfunktion des Bundesverfassungsgerichts, also auch seiner Möglichkeit zur Intervention in die Fachgerichtsbarkeit, zu verdanken. Daher ist kein Raum für eine berechtigte Klage, dass hier in einer Art unlauterer Weise Gerichtskontrolle stattfindet. Eher sollte daran gearbeitet werden, diese Art der Grundrechtskontrolle noch besser zu fundieren. Oder es müsste eine Alternative benannt werden, wie anders gesichert werden kann, dass die Gerichte, die Verwaltungsbehörden und die anderen Instanzen stets auch die Grundrechte ernst nehmen. Natürlich wird es immer wieder Fehler im Einzelfall geben, auch beim Bundesverfassungsgericht. Das eingestanden zählt, ob das System der verfassungsrechtlichen Kontrolle insgesamt funktioniert. Als Erkenntnis aus der heutigen Diskussion scheint mir wichtig, dass keine grundsätzlich andere Alternative zu dem zu hören war, was seit langem beim Bundesverfassungsgericht praktiziert wird.

Koch: Ich möchte anknüpfen an Ausführungen, die Herr *Kunig* im Zusammenhang mit seiner These 20 und Herr *Hermes* im Zusammenhang mit seiner These 4 gemacht haben. Es ist heute mehrfach betont worden, dass die Grenzen der verfassungsgerichtlichen Überprüfbarkeit gerichtlicher Entscheidungen durch die Reichweite und damit „Wirkkraft“ der Grundrechte markiert werden. Dieser Gesichtspunkt ist dann aber im Laufe der Referate vielleicht etwas aus dem Blick geraten. Ich möchte darauf nochmals zurückkommen, weil mir dies ein Gesichtspunkt zu sein scheint, der gerade auch für das konfliktträchtige Verhältnis der Verfassungsgerichtsbarkeit zur Zivilgerichtsbarkeit fruchtbar gemacht werden kann. Die Präsidentin des Bundesverfassungsgerichts, Frau *Limbach*, hat in einem Interview aus Anlass des 50-jährigen Jubiläums des Bundesverfassungsgerichts unter ausdrücklichem Hinweis auf die Lüth-Entscheidung die Entwicklung des Gedankens einer Ausstrahlungswirkung der grundrechtlichen Wertordnung auf alle Gebiete des Rechts als eine der wichtigsten und herausragendsten Leistungen des Bundesverfassungsgerichts charakterisiert. Dem wird letztlich niemand widersprechen wollen. Auch dürfte kaum jemand fordern, etwa die Übertragung der „state action“-Doctrin ins deutsche Rechte vorzuschlagen, um auf diese Weise die Grundrechte aus der Entscheidung zivilrechtlicher Fälle wieder auszublenden. Andererseits sollte man beim Operieren mit einer Kategorie wie der grundrechtlichen Wertordnung im Auge behalten, dass nicht recht klar ist, unter welchen Voraussetzungen hieraus Rechtsfolgen abzuleiten sind und um welche es sich dabei handelt. Und das ermöglicht wiederum den Zugriff des Verfassungsrechts auf Sachverhalte, von denen fraglich ist, ob sie mit den Mitteln der herkömmlichen Dogmatik gleichermaßen erreichbar wären. Die daran anschließende Frage ist, ob nicht der Unmut, den einzelne verfassungsgerichtliche Entscheidungen bei Zivilgerichten und Zivilrechtlern in der Vergangenheit ausgelöst haben, gerade darauf zurückzuführen ist, dass sich die Ausstrahlungswirkung der Grundrechte gleichsam wie eine Kriechflüssigkeit in die hintersten Winkel der Rechtsordnung hineinarbeitet und dort eine nicht wirklich konturierte Wirkung entfaltet und damit zugleich – wenn man im Bild bleiben will – die herkömmliche Dogmatik auflöst. Das lässt sich insbesondere an Fällen aus dem Vertragsrecht ablesen: Man kann nämlich diskutieren, ob aus grundrechtlicher Perspektive ein Zugriff auf Rechtsverhältnisse, die Bürger freiwillig eingegangen sind, im Rahmen der üblichen Eingriffsdogmatik überhaupt möglich wäre oder nicht hier erst die Hintertür der grundrechtlichen Ausstrahlungswirkung einen Zugriff erlaubt. Es scheint mir deswegen erforderlich zu sein, die Voraussetzungen eines solchen Zugriffs erst einmal schärfer zu konturieren und damit auch handhabbarer zu machen, bevor an der Stellschraube der Kontrolldichte oder auch am Prozessrecht angesetzt wird, um einen zu weit gehenden Zugriff der Verfassungsgerichtsbarkeit auf das Zivilrecht zu vermeiden.

Engel: Ich muss selbstkritisch feststellen, dass es mir offensichtlich nicht gelungen ist, meine Stichworte so zu formulieren, dass daraus hervorging, was ich sagen wollte. Ich will sie gerade deshalb kurz nennen. Ich hatte geschrieben: Das unhintergehbare dezisionistische Element in der verfassungsgerichtlichen Entscheidung und seine Folgen für die Funktion der verfassungsgerichtlichen Kontrolle. Ich hätte wahrscheinlich plakativer schreiben sollen: Haben uns Herr *Alexy* und Herr *Hermes* nicht ein Bild der Wirklichkeit gezeichnet, das viel zu einfach ist? Zunächst an Herrn *Alexy* gewandt: Ich glaube, in Ihrem Bild der Rechtswirklichkeit des Bundesverfassungsgerichts gibt es keine Urteilskraft mehr, gibt es keine persönliche Verantwortung des Richters mehr. Die ist aber gleich aus zwei Gründen unhintergehbar. Zum ersten wird es uns nicht gelingen, die fundamentale normative Relativität zu beseitigen. Sie können z.B. ein utilitaristisches Argument nicht gegen ein freiheitliches Argument ausspielen. Die liegen nämlich kategorial auf verschiedenen Ebenen, und beide sind legitim. Den zweiten Grund haben Sie erwähnt, als sie von epistemischen Spielräumen gesprochen haben. Aber ich glaube, sie haben das Problem viel zu klein gemacht. Verfassungsgerichtliche Entscheidungen sind praktisch immer Entscheidungen unter Unsicherheit. Häufig stehen nicht einmal die Fakten fest. Sehr viel häufiger fehlt es an Zusammenhangswissen oder jedenfalls an Gewissheit über Zusammenhänge in der Vergangenheit. Notwendig fehlt der Prognose schließlich die Sicherheit, wie eine staatliche Intervention auf die zu ändernde Rechtswirklichkeit tatsächlich einwirken wird.

Dogmatisch bedeutet das – den Punkt hat vorher schon jemand in anderen Worten gemacht –, dass Ihre Vorstellung der Skalierung zu einfach ist. Sie brauchen nämlich eine Superskala, die Ihnen sagt, wie das eine Skalierte gegen das andere Skalierte zu verrechnen ist, und diese Superskala lässt die vorher erwähnte fundamentale normative Relativität schlechterdings nicht zu. Die zweite dogmatische Folge ist fast noch drastischer. Die von unserer Verfassungsrechtsprechung so hoch gehaltene Erforderlichkeit gibt es im Grunde nicht, wenn man ein bisschen näher darüber nachdenkt. Denn Erforderlichkeit ist ja dogmatisch als „gleich geeignet aber weniger belastend" definiert. In dem Moment, in dem Sie akzeptieren, dass die denkbaren normativen Maßstäbe kategorial verschieden sind, kann es das nicht mehr geben. Bereits die Erforderlichkeit zwingt zur Abwägung. Aus all diesen Gründen geht es nicht ohne die persönliche Verantwortung der einzelnen Richter.

Nun an Herrn *Hermes* gewandt: Ich glaube der Teil der Wirklichkeit, der in Ihrem Referat zu einfach gezeichnet ist, ist die Vorstellung von der Leistungskraft des Gesetzgebers. Es macht auch keinen Sinn, wenn wir uns hier hinstellen und lamentieren: Der Gesetzgeber macht immer schlechtere Gesetze. Das ist vielmehr Ausdruck der immer stärkeren Ausdifferenzierung unserer Gesellschaft in teilautonome Subsysteme. Und die Rationalität des Subsystems Politik sorgt nun einmal nicht dafür, dass der politische Prozess möglichst gut justiziable Gesetze produziert. Die Aufgabe dieses Subsystems ist eine ganz andere, nämlich politische Entscheidungen zu fällen, politische Konflikte zu schlichten, notfalls auch ganz bewusst einen Text zu verabschieden, von dem man schon weiß, dass er nicht justiziabel ist, Hauptsache, man hat das Problem erst einmal vom Tisch. Wenn wir das akzeptieren, wird klar, dass die Verfassungsgerichtsbarkeit nicht etwas usurpiert, wenn sie das tut, was ich den verfassungsrechtlichen Paralleldiskurs politischer Fragen nennen würde. Das ist vielmehr eine richtige und genuine Aufgabe der Verfassungsgerichtsbarkeit. Denn wir leben zwar in einem Staat, in dem Recht nicht mehr von der Natur gegeben, sondern positivistisch vom Gesetzgeber gesetzt wird. Wenn dieser Gesetzgeber nach seiner eigenen Systemrationalität aber nicht im Stande ist, ein anständig justiziables Gesetz zu produzieren, dann brauchen wir eine Scharnierinstanz zwischen den beiden Subsystemen. Das ist genau unsere Verfassungsgerichtsbarkeit. Sie rekonstruiert aus dem Text, den der Gesetzgeber vorgelegt hat, eine justitiable Norm.

Steiner: Liebe Kolleginnen und Kollegen, ich darf kurz vor allem in Bezug auf das Referat von Herrn *Kunig*, aber auch von Herrn *Hermes*, etwas sagen zum Thema Kammern, zugleich in der Absicht, um mildernde Umstände für unsere Arbeit als Richter in unserer Vereinigung zu werben. Wir haben ein Problem und das lautet: Die Kapazität unserer beiden Senate ist begrenzt. Man wird sie vielleicht steigern können, aber sie wird nie groß genug sein, dass alle Angriffe, die auf gesetzliche Vorschriften beim Bundesverfassungsgericht eingehen, auch angemessen von den Senaten bearbeitet werden können. Die Konsequenz dieser Situation ist die, wir haben, was gerichtsverfassungsrechtlich eigentlich nicht besonders ausgeprägt ist, als senatsnahe Entscheidung die Kammerentscheidung mit ausführlicher Begründung. Sie nimmt in der Rechtsprechung des Bundesverfassungsgerichts inzwischen eine große Bedeutung ein. Ich spreche deshalb auch ungern in diesem Zusammenhang von der Gefahr einer Verkammerung unseres Gerichts. Man kann das kritisieren, man kann auch die Kammern abschaffen, man kann vor allem die Begründung der Kammerentscheidung abschaffen, aber man muss sehen, dass die Rechtsprechungsleistung unseres Gerichts damit entscheidend sinken würde. Wir haben aber einen Bedarf nach solchen Entscheidungen, denn in der Bundesrepublik Deutschland ist es nicht allzu schwierig, kleine verfassungsrechtliche Feuer zu entfachen, die aber zu bekämpfen oft Sache dann der Kammern ist und nicht der Senate. Ich darf das an einem Beispiel deutlich machen. Ich bin mitverantwortlich für das Sozialrecht beim Bundesverfassungsgericht. Wir haben den Angriff auf ein Gesetz, das ein Jahr Gültigkeit hatte, das Sonderopfer für die Krankenhäuser betraf und die Betroffenen mit jährlich 20,00 DM belastete. Die Angriffe auf dieses Gesetz lassen sich lesen, sind nicht substanzlos. Frage: Soll man wegen eines solchen Gesetzes – das ich hier nicht abwerten will, aber wenn man das Gewicht des Gesetzes einmal vergleicht im Verhältnis zu dem, was wir sonst so zu entscheiden haben, doch von geringerem Gewicht ist –, sollten wir dafür die Senate bemühen oder ist da nicht die Kammerentscheidung die angemessene Antwort? D.h. wir produzieren meines Erachtens über die Kammern, auch wenn das gerichtsverfassungsrechtlich ein Grenzproblem ist, eine Menge Rechtsklarheit und Rechtssicherheit in der Bundesrepublik.

Dann darf ich noch etwas sagen, auch vor dem Hintergrund der Kammern, zum Verhältnis von Verfassungsgerichtsbarkeit und Fachgerichtsbarkeit. Anders als Herr *Häberle* würde ich den Begriff Fachgerichtsbarkeit nicht als ehrkränkende Begriffsbildung abwerten. Wir wissen zwar, dass der Bundesgerichtshof sich nicht als Fachgerichtsbarkeit versteht, deshalb verwenden wir sehr häufig den Begriff der allgemeinen Gerichte. Ich empfinde die Fachgerichtsbarkeit als einen Ehrentitel, denn er bedeutet: Das ist Rechtsprechung, die diejenigen produzieren, die von dem, was sie entscheiden, auch etwas verstehen. Interessanterweise haben wir mit den öffentlichrechtlichen Gerichtsbarkeiten wenig Spannungen. Das hängt mit Art. 1 Abs. 3 zusammen, der uns verbindet und zur Konsequenz hat, dass wir in gewisser Hinsicht alle Verfassungsgerichte sind. Im Verhältnis zur öffentlichrechtlichen Gerichtsbarkeit sind wir dann eine Instanz mehr, und wenn wir zu Aufhebungen kommen, führt das natürlich immer mal zu gewissen Verstimmungen, aber wir richten uns darauf in der Weise auch ein, dass wir im Prinzip die Entscheidung unserer obersten Bundesgerichte nicht über die Kammern mit drei Richtern aufheben. Das ist jedenfalls eine Linie, die ich immer sehr verteidigt habe. Man kann sie nicht ganz durchhalten, und das hängt mit einer interessanten psychologischen Erfahrung zusammen, dass nämlich unsere Richter-Richter, also diejenigen Kolleginnen und Kollegen, die aus der obersten Gerichtsbarkeit kommen, mit den ehemaligen Kollegen und deren Entscheidungen wesentlich robuster umgehen als wir dies als Staatsrechtslehrer gewohnt sind, selbst in den schneidigsten Anmerkungen. Natürlich hat der Bundesgerichtshof den größten Immunitätsbedarf unserer Rechtsprechung gegenüber. Das spüren wir auch und man empfindet dort das, was wir aus den Grundrechten ableiten, doch wohl als ein Stück Fremdherrschaft, und das führt zu mancher Spannung zwischen den beiden Gerichten. Was Art. 1 Abs. 3 des Grundgesetzes für das Zivilrecht bedeutet, ist eine Frage, die eben aus der Sicht der Zivilrechtler oft anders gesehen wird als von uns. Ich darf aber sagen, es kann und wird keinen Weg geben zurück hinter das Lüth-Urteil. Ich denke, dass manche Unstimmigkeit oder mancher, sagen wir mal, Einwand gegen unsere Rechtsprechung aus der Mitte der Zivilgerichte vielleicht auch ein bisschen damit zusammenhängt, dass wir etwas durch unsere Entscheidung korrigiert haben, was eigentlich die Zivilgerichte in eigener Verantwortung hätte korrigieren müssen, und da denke ich insbesondere an die Bürgschaftsentscheidung. Wir sind kein oberstes Billigkeitsgericht, so verstehen wir uns auch nicht, aber gelegentlich müssen wir dann doch in diese Rolle schlüpfen. Und dann enttäuschen wir die Kolleginnen und Kollegen von der Staatsrechtslehrervereinigung, noch mehr die Zivilrechtslehrer, aber wir haben natürlich nicht nur auf diesen Kreis Rücksicht zu nehmen, sondern wir haben auch die Erwartungen der Beschwerdeführer, und auch das ist für uns ein wichtiger Punkt. Danke sehr.

Sodan: Herr Vorsitzender, meine sehr verehrten Kolleginnen und Kollegen! Zum Vortrag von Herrn *Kunig* möchte ich, keinesfalls in Widerspruch, sondern nur mit einer kleinen Ergänzung einige Bemerkungen machen, welche die Landesverfassungsgerichtsbarkeit betreffen, die auch Herr *Lange* bereits erwähnte. Nach meinen Beobachtungen hat die Bedeutung der Landesverfassungsgerichte in den letzten Jahren deutlich zugenommen. Diese Entwicklung beruht nicht nur auf einigen inhaltlich wichtigen Entscheidungen, sondern gerade auch auf der deutlich gestiegenen Verfahrenseingangszahl. Unter allen Landesverfassungsgerichten in Deutschland lag im Jahre 2000 der Verfassungsgerichtshof des Landes Berlin mit etwa 170 neuen Verfahren vorn, gefolgt vom Staatsgerichtshof des Landes Hessen – Herr Lange berichtete mir von ca. 130 Verfahreneingängen – und vom Bayerischen Verfassungsgerichtshof mit etwa

100 neuen Verfahren. Bei allen 15 Landesverfassungsgerichten zusammen sind im Jahre 2000 annähernd 1000 Verfahren anhängig gemacht worden. Diese Summe entspricht immerhin rund 20 Prozent der Gesamtzahl neuer Verfahren, mit der das Bundesverfassungsgericht jährlich konfrontiert wird. Unter diesen Verfahren sind die allermeisten Verfassungsbeschwerden gegen gerichtliche Entscheidungen. Dies gilt auch für die Tätigkeit des Verfassungsgerichtshofs des Landes Berlin. Fast in jeder Sitzung dieses Gerichts stellt sich damit die heute thematisierte Frage nach dem Verhältnis von Verfassungsgerichtsbarkeit und Fachgerichtsbarkeit. Ich erlebe es immer wieder in den Beratungen, dass Entscheidungsentwürfe kritisch darauf überprüft werden, ob sich der Verfassungsgerichtshof mit seinen Ausführungen nicht doch zu stark in die Fachgerichtsbarkeit einmischt. Gegebenenfalls werden Korrekturen vorgenommen, um sich eben keine Kompetenzen anzumaßen, die einem Verfassungsgericht nicht zustehen. Zu beachten sind gewisse Maßstäbe, die in der Verfassungsrechtsprechung allgemein anerkannt sind. Ich erinnere etwa an die Judikatur zum Willkürverbot. Danach liegt ein diesbezüglicher Verstoß lediglich dann vor, wenn die fachgerichtliche Entscheidung unter keinem rechtlichen Gesichtspunkt vertretbar, geradezu abwegig ist. Nach meiner Erfahrung lässt sich eine Verletzung des Willkürverbots nur in ganz wenigen Fällen feststellen. Mit anderen Worten: Ich kann aus der Sicht eines Landesverfassungsgerichts nur bestätigen, was bereits einige Mitglieder des Bundesverfassungsgerichts ausgeführt haben. Es kommt auf jeden Einzelfall an, in dem ein Verfassungsgericht der Versuchung widerstehen muss, sich zum Fachgericht aufzuspielen, etwa durch eine zu detaillierte Überprüfung mietrechtlicher Fragen, die auch in Berlin häufig Gegenstand von Verfassungsbeschwerden sind. Dass die Akzeptanz der Verfassungsgerichtsbarkeit durch die Fachgerichtsbarkeit durchaus gegeben ist, lässt sich gerade für Berlin feststellen: Nach der Errichtung des dortigen Verfassungsgerichtshofs im Jahre 1992 war eine gewisse Unsicherheit verbreitet, ob denn nun die Kompetenzen, an deren Wahrnehmung man sich über Jahrzehnte gewöhnt hatte, durch die neue Landesverfassungsgerichtsbarkeit allzu sehr geschmälert würden. Ich glaube nicht, dass dies heute der vorherrschende Eindruck ist. Man hat offenbar den Respekt vor der Fachgerichtsbarkeit erkannt, der sich auch darin zeigt, dass nur wenige Verfassungsbeschwerden erfolgreich sind. Die Erfolgsquote liegt im Falle der Rechtsprechung des Berliner Verfassungsgerichtshofs – ebenso wie beim Bundesverfassungsgericht – bei nur etwa 3 Prozent. Vielen Dank.

Hohmann: Erstmal danke ich für vier sehr stimulierende Referate. Genauso wie Herr *Hoffmann-Riem* wäre ich dankbar, wenn vielleicht im

Rahmen der Schlussrunde Lösungen für die Praxis von den Referenten deutlich gemacht werden könnten. Und hierzu habe ich zwei Fragen:

Die erste geht vor allen Dingen an Herrn *Kunig*, weil ich hierzu einige Anklänge in seinen Thesen gefunden habe. In meiner beratenden Praxis auch von großen Firmen stelle ich fest, dass manchmal das Verfassungsrecht eine eher theoretische Rolle spielt, vor allem weil eine verfassungsrechtliche Überprüfung zu lange dauert. Alles was über eine Verfahrensdauer von zwei Jahren hinausgeht, ist in der Praxis des Wirtschaftsverwaltungsrechts kaum etwas, was Firmen akzeptieren; hinzu kommen die geringen Erfolgschancen. Meine Frage ist deswegen, Herr *Kunig*, glauben Sie auch, dass das Risiko der Unterkonstitutionalisierung in der Praxis etwas wahrscheinlicher ist als die Überkonstitutionalisierung? Und was wäre Ihr Praxismodell gegen eine solche Unterkonstitutionalisierung? Sie haben auch die WTO erwähnt. Deswegen kurze Zusatzfrage: Müssen eigentlich Verfahren vor dem Bundesverfassungsgericht zwischen etwa zwei und ca. fünf und sechs Jahren dauern, wenn man sich vergegenwärtigt, dass die WTO *dispute settlement*-Fälle alle innerhalb von 12 bis 15 Monaten (bei etwa gleicher Komplexheit) abgeschlossen werden müssen und auch tatsächlich abgeschlossen wurden?

Das bringt mich zur zweiten Frage an Herrn *Hermes*: Die Frage ist, ob Ihre Thesen 19 bis 21 nicht etwas zu theoretisch sind? Verlangen Sie nicht den motorisierten Gesetzgeber? Kann der das überhaupt? Hier knüpfe ich an die Bemerkung von *Christoph Engel* an, die ich unterstütze. Die Frage ist, um was geht es uns denn eigentlich? Doch wohl um eine höhere Effektivität der Verfassungsrechtsprechung. Die Alternative zur inhaltlichen Argumentation, nach welcher der Anwendungsbereich verfassungsgerichtlicher Überprüfung sehr begrenzt wird, könnte die prozedurale Argumenation sein. Ich sehe hierzu zwei Modelle. Das eine ist eine permanente Lösung, nämlich es wird ein dritter und evtl. vierter Senat eingerichtet. Ich weiß immer noch nicht genau, warum das häufig als unrealistisch bezeichnet wird. Ich möchte aber noch eine Alternative andeuten: Ich greife hierzu auf Erfahrungen der WTO zurück, die immerhin sehr effektiv ist, auch wenn Herr *Hilf* einmal gesagt hat, sie habe noch nicht ganz den Reifetest bestanden. Man könnte *ad hoc*-Lösungen dadurch schaffen, dass von der Bundesregierung eine Liste (ein *rooster*) von Leuten geführt wird, die für die Entscheidung von Verfassungskonflikten potenziell in Frage kommen. Hierfür würden sich vor allem ehemalige Bundesverfassungsrichter u.a. anbieten. Im Bedarfsfalle könnte dann – ebenso wie bei der WTO – auf solche Personen ad hoc zugegriffen werden. Gewisse Vorkehrungen für die Gewähr des gesetzlichen Richters wären vorzusehen. Wäre das vielleicht ein Modell? Wäre das nicht vielleicht vorzugswürdiger als ein Modell, das inhaltlich zu sehr in die Überprüfungskompetenz des Bundesverfassungsgerichts eingreift?

Kurze Zusatzbemerkung zum Vortrag von Herrn *Alexy*. Das amerikanische Verfassungsrecht kennt – wegen einer Zwischenstufe – vier bzw. fünf Stufen eines Verhältnismäßigkeitstestes: *strict scrutiny, heightened scrutiny, intermediate scrutiny* sowie der *non-deferential* bzw. der *deferential rational basis test*. Danke.

Bull: Herr Vorsitzender, meine Damen und Herren, ich will nur einige kurze Bemerkungen zum Thema „Unterlassungsvorlage" machen, also zu Herrn *Hermes*' These 16; auch These 20 hängt damit zusammen. Auf den ersten Blick ist es ja bestechend sich vorzustellen, dass der Gesetzgeber, also die Politik, wieder stärker in ihre Rechte eingesetzt und in die Pflicht genommen wird. Das erinnert ein wenig an die Innovation aus dem Länderfinanzausgleichsurteil, das eben diesen Versuch auch unternommen hat, die Gesetzgebung wieder stärker auf der höchsten Ebene, der politischen Ebene, statt auf der rein fachlichen Ebene der Finanzexperten zu installieren. Aber ich denke, wir haben es hier mit einem Danaergeschenk zu tun, wenn das denn kommt (ich nehme an, es ist nicht de lege lata gedacht, sondern de constitutione ferenda gemeint). Wir wollen doch nicht im Ernst die Gesetzesflut, die oft genug beklagt ist, weiter anschwellen lassen. Wir wollen doch wohl nicht einem Gesetzesperfektionismus das Wort reden, wie er auch in der Vergangenheit sich nie hat durchsetzen lassen. Wir wollen doch aber auch andererseits sicher anerkennen, dass die Gerichte über die ganze Zeit hin, seit es sie gibt, entschieden haben – immer auf der Grundlage letztlich unvollständiger, zum Teil widersprüchlicher Normen. Eine perfekte Rechtsordnung ist gar nicht denkbar, und das Mittel, den Gesetzgeber dazu zu nötigen, immer mehr konkreter zu regeln und z.B. auch Generalklauseln aufzulösen, wie Herr *Hermes* in These 20 verlangt, scheint mir ungeeignet. Der Gesetzgeber wird es nicht tun. Wir sollten Vertrauen haben in die Weisheit der Richter, grundrechtskonform zu entscheiden, und nicht den Parlamenten und Ministerialbürokratien noch mehr auflasten, was im Einzelfall von den Richtern wahrscheinlich gerechter entschieden werden kann. Dass die Vorlagepflicht kontraproduktiv wäre zur Entlastung des Bundesverfassungsgerichts, steht ja wohl auch fest. Anders zu beurteilen scheint mir – um das auch abzugrenzen – die Vorstellung, die Herr *Schoch* geäußert hat, nämlich die Urteilsverfassungsbeschwerde – wenn ich es denn richtig verstanden habe – durch eine Vorlagepflicht zu ersetzen. Dies könnte ja nun wirklich der Entlastung des Verfassungsgerichts dienen und das Verhältnis zur Fachgerichtsbarkeit verbessern.

Iliopoulos-Strangas: Gestatten Sie mir, drei Bemerkungen zum Referat von Herrn *Hermes* zu machen.

Erstens möchte ich darauf hinweisen, dass die Konstitutionalisierung unausweichlich ist, soweit Rechtsordnungen eine formelle Verfassung mit Vorrang vor allem sonstigen innerstaatlichen Recht besitzen und insbesondere auch eine Verfassungsgerichtsbarkeit eingerichtet haben. Aber selbst bei Rechtsordnungen, die – wie die französische – keine voll ausgebaute Verfassungsgerichtsbarkeit kennen, ist in neuerer Zeit eine Tendenz zur Konstitutionalisierung festzustellen. Außerdem mehren sich in Frankreich die wissenschaftlichen Stimmen, die für die Einführung einer „echten" Verfassungsgerichtsbarkeit plädieren. Im Übrigen gewinnt die mit der Konstitutionalisierung eng zusammenhängende Frage der „Drittwirkung" von Grundrechten in allen Mitgliedstaaten der Europäischen Union an Bedeutung und wurde neuerdings zum Teil auch auf Verfassungsebene geregelt. So wurde in Artikel 25 der griechischen Verfassung durch Verfassungsänderung von 2001 ausdrücklich vorgeschrieben, dass die Grundrechte auch auf Privatrechtsverhältnisse Anwendung finden, soweit letztere dazu geeignet sind.

Zweitens steht zwar die Erstzuständigkeit des Gesetzgebers zur Konkretisierung der Verfassung außer Zweifel. Diese These beschreibt jedoch mehr das „Sollen" als das „Sein". Tatsächlich macht der Gesetzgeber vielfach – oft sogar bewusst – von seiner Konkretisierungszuständigkeit keinen hinreichenden Gebrauch. Ein sachlicher Grund hierfür kann sein, dass der Gesetzgeber dem Rechtsanwender Spielräume belassen will; nicht selten scheut er sich freilich auch, die politischen Kosten bestimmter Entscheidungen zu übernehmen. In solchen Fällen ist dann vor allem die rechtsprechende Gewalt dazu berufen, die Verfassung zu konkretisieren. Der Weg, stattdessen den Gesetzgeber zur Ausübung seiner Konkretisierungszuständigkeit zu zwingen, bietet demgegenüber wenig Aussicht auf Erfolg. Das gilt selbst dann, wenn das Verfassungsrecht ausdrücklich eine dahin gehende Möglichkeit normiert. So sieht zwar Art. 283 der portugiesischen Verfassung vor, dass das Verfassungsgericht die Verfassungswidrigkeit gesetzgeberischen Unterlassens feststellen und davon dem zuständigen gesetzgeberischen Organ Mitteilung machen kann. Hierdurch entsteht jedoch für den Gesetzgeber lediglich ein politischer Druck; eine effektive rechtliche Erzwingungsmöglichkeit ist damit nicht verbunden.

Drittens erscheint die vorgeschlagene Lösung einer Vorlage an das Bundesverfassungsgericht in Fällen gesetzgeberischen Unterlassens grundrechtsgemäßer Konfliktlösungen nicht bedenkenfrei. Sofern eine bloße Möglichkeit zur Vorlage in Frage steht, liegt die Gefahr unterschiedlicher Handhabung durch die Fachgerichte auf der Hand. Selbst durch eine

Pflicht zur Vorlage könnten indessen Rechtssicherheit und einheitliche Rechtsanwendung nicht ohne weiteres gewährleistet werden; Fachgerichte könnten nämlich geneigt sein, unter Berufung auf die acte-clair-Theorie, die in Frankreich in anderem Zusammenhang entwickelt worden ist, sich der Vorlagepflicht zu entziehen. Zu bedenken ist außerdem die durch das jeweilige Vorlageverfahren bewirkte Verlängerung der Prozessdauer.

Schefold: Bitte gestatten Sie mir, auf einen Aspekt hinzuweisen, der heute früh verschiedentlich angeklungen, aber nicht eigentlich behandelt worden ist. Wenn zwischen den historisch-politischen Umständen des Erlasses der Verfassung und des Rechtsstoffs, der auf Verfassungsmäßigkeit zu prüfen ist, erhebliche Divergenzen bestehen, dann spitzt sich die Problematik der Kontrolldichte besonders zu. Wenn die Verfassung beansprucht, Grundlage der gesamten Rechtsordnung zu sein, setzt sie auch voraus, dass die gesamte Rechtsordnung verfassungskonform ausgestaltet ist. Das wirft vor allem Probleme der Homogenisierung des vorkonstitutionellen Rechts auf. Es mag sein, dass diese Gesetzgebung durch die Verfassung, etwa in Übergangsbestimmungen, vorweggenommen wird (z.B. Art. 132, 143 GG ursprünglicher Fassung). Es mag sein, dass die Verfassung Gesetzgebungsaufträge, etwa auch befristete, wie zur Gleichstellung von Mann und Frau (Art. 117 I GG), enthält. Oder es mag sein, und das ist die Regel, dass das vorkonstitutionelle Recht in Kraft bleibt, soweit es dem Grundgesetz nicht widerspricht (Art. 123 I GG). Aber dann stellt sich die Harmonisierungsproblematik, und sie stellt sich umso stärker, je unterschiedlicher das historisch-politische Umfeld der Entstehung des vorkonstitutionellen Rechts ist, und je intensiver die Anwendung dieses Rechts bereits vor 1949 konkretisiert worden ist. Ich meine, dass sich daraus auch erklären lässt, weshalb die Kontrolle von gesetzgeberischen Entscheidungen, in denen die Verfassungsproblematik eingehend diskutiert worden ist, zurückhaltender ausfallen kann. Aber umso intensiver muss die Kontrolle sein, wenn es sich um Recht handelt, das in ganz anderer historischer Grundlage wurzelt.

Das Bürgerliche Gesetzbuch beruht in seiner Grundstruktur auf einer völlig anderen anthropologischen und grundrechtlichen Ausgangssituation, als wir sie seit 1949 haben. Von da her stellt sich das Problem der Kontrollintensität gerade gegenüber den Normen des Bürgerlichen Rechts besonders brennend. Das lässt sich auch rechtsvergleichend aufweisen. Herr *Heun* hat darauf hingewiesen, dass im französischen Recht der Code civil eine maßgebende Position gehabt hat bis zum Anfang der siebziger Jahre, aber dass diese seitdem durch die Intensivierung der Verfassungskontrolle in Frankreich entfallen ist. Und für Italien lässt sich zeigen, dass die historische Nähe der Strukturprinzipien, die hinter dem Codice civile und die hinter der Verfassung stehen, in der Zivilistik eine besondere Reserve gegenüber Eingriffen der Verfassungsrechtsprechung in den Bereich des Bürgerlichen Rechts begründet. In Deutschland scheint mir demgegenüber, dass das BGB auf einer anderen historisch-sozialen Grundlage beruht als das Grundgesetz. Insoweit eine förmliche Anpassung nicht erfolgt ist, ist daher eine Kontrolle erforderlich. Hier sehe ich – ich würde da Herrn *Steiner* voll zustimmen – die Rechtfertigung der Bürgschaftsentscheidung. Soweit Normenkontrolle betroffen ist, hat ja das Bundesverfassungsgericht von Anfang an dem Fallrichter anheim gestellt, selbständig die Verwerfung vorkonstitutioneller Normen vorzunehmen. Soweit es aber um Rechtsanwendung geht, wird zwar der Fallrichter entscheiden müssen, aber auf Verfassungsbeschwerden in diesen Materien scheint mir eine Kontrolle besonders geboten und eine Einzelfallkontrolle des Bundesverfassungsgerichts in besonderem Maße gerechtfertigt.

Gurlit: Vielen Dank, Herr Vorsitzender. Ich möchte einige kurze Anmerkungen zum Referat von Herrn *Heun* machen, und zwar zu Ihren rechtsvergleichenden Ausführungen zur Konstitutionalisierung des Privatrechts. Der Antrieb für die Rechtsvergleichung ist ja nicht nur ein analytisches Interesse, sondern im Hintergrund steht doch auch immer die Frage: Was lässt sich von anderen Rechtsordnungen lernen? Sie hatten uns dargestellt, dass die amerikanische, die französische und die deutsche Rechtsordnung ganz unterschiedliche Ausgangspunkte hatten. Dies betrifft sowohl die materielle Durchsetzung des Verfassungsvorrangs als auch die Verfahren zu seiner Durchsetzung. Und Sie hatten sodann resümierend festgestellt, dass in langfristiger historischer Perspektive die Ergebnisse doch weitgehend konvergieren. Interessant bleiben aber jedenfalls für rechtsvergleichende Lernprozesse die Differenzen, die gleichwohl noch feststellbar sind. Hier meine ich, dass jedenfalls im Vergleich Deutschland – USA auch in den Ergebnissen der Rechtsanwendung nach wie vor ganz erhebliche Unterschiede bestehen, also nicht nur in der dogmatischen Konstruktion. Und ich meine außerdem, dass das deutsche Recht mit dem Entwicklungsstand, den es gegenwärtig erreicht hat, also insbesondere auf der Grundlage der Schutzpflichtenkonzeption, dem amerikanischen Recht überlegen ist. Ich will das an einem kurzen Beispiel verdeutlichen, das hier ja auch schon verschiedentlich erwähnt worden ist: die Abwägung von Meinungs- und Pressefreiheit mit dem allgemeinen Persönlichkeitsrecht. Wenn man sich die Lage in den USA ansieht, dann ist auf der Grundlage der state action doctrine die Rechtsprechung nicht in der Lage, einen grundrechtlichen

Ausgleich zwischen diesen divergierenden Grundrechtspositionen zu finden. Die state action doctrine mit ihren beiden Konstellationen des Staates als Mitverursacher, als „joint participant“ einer Grundrechtsbeeinträchtigung einerseits und der Zurechnung einer Grundrechtsbeeinträchtigung durch Private durch die Ausübung von „public functions“ andererseits sieht nämlich nicht das Dreiecksverhältnis, das im deutschen Recht die Schutzpflichtenkonzeption sichtbar macht: auf der einen Seite der grundrechtsverpflichtete Staat, auf der zweiten der schutzbedürftige Grundrechtsträger und auf der dritten Seite der „störende“ Grundrechtsträger. Die state action doctrine kann dieses Dreieck nicht aufspannen. Sie ist bipolar konzipiert und dem Eingriffsdenken verhaftet, und das führt letztlich dazu, dass ein Ausgleich zwischen divergierenden Grundrechtspositionen nicht zu treffen ist, jedenfalls nicht in den Formen, wie wir es tun würden. Bekannt ist die Judikatur des Supreme Court zur so genannten „hate speech“. Letztlich geht die Meinungsfreiheit so weit, dass sie auch rassendiskriminierende und hasserfüllte Rede deckt und dass Regelungen, die dazu geeignet sind, solche Meinungsäußerungen zu unterbinden, als verfassungswidrig angesehen werden. Dies liegt meines Erachtens vor allem daran, dass das amerikanische Verfassungsrecht nicht in der Lage ist, den Ausgleich verschiedener Grundrechtspositionen etwa mittels einer Schutzpflichtenkonzeption zu bewerkstelligen. In laienhafter Perspektive sieht es so aus, als ob das amerikanische Recht schlicht von einem sehr weiten Tatbestand von Meinungs- und Pressefreiheit ausgeht. Meines Erachtens ist aber der Fehler des amerikanischen Rechts, dass es weniger Möglichkeiten zum Ausgleich konfligierender Grundrechtspositionen gibt. Das wird deutlich, wenn man es dem deutschen Recht gegenüberstellt. Zur „Caroline“-Rechtsprechung könnte sicherlich Herr *Hermes* noch einiges sagen. Es lässt sich gewiss darüber streiten, ob der Ausgleich zwischen Persönlichkeitsrecht und Pressefreiheit richtig getroffen wird, wenn man der Prinzessin von Monaco auch noch einen Anspruch auf Gewinnabschöpfung als Element des allgemeinen Persönlichkeitsrechts zugesteht. Das entscheidende scheint mir jedenfalls die dogmatische Konstruktion zu sein, die ein Dreieck aufspannt zwischen den beiden jeweils Grundrechtsberechtigten und den staatlichen Instanzen, die im Rahmen ihrer Kompetenzen zur Durchsetzung und zum Ausgleich der Grundrechtspositionen verpflichtet sind. Der Ausgleich der grundrechtlichen Positionen durch Schutz und Eingriff scheint mir eher geeignet, die Konfliktlage zu bewältigen. Ich meine auch in Gesprächen mit amerikanischen Verfassungsrechtlern durchaus einen gewissen „Neid“ auf die deutsche grundrechtsdogmatische Entwicklung insbesondere der Schutzpflichtenkonzeption vernommen zu haben. Vielen Dank.

Sommermann: Herr Vorsitzender, meine Damen und Herren. Wenn ich eine gemeinsame Linie aus den Referaten herauslesen kann, so ist es der Befund einer Überkonstitutionalisierung der Rechtsordnung. Wir wissen, dass dieses Phänomen bereits früher kritisiert wurde; ich erinnere nur an das Wort der Hypertrophie der Grundrechte. Wenn eine Überkonstitutionalisierung tatsächlich besteht und dies ein kritikwürdiger Zustand ist, dann ist eine Dekonstitutionalisierung zu fordern. Wie ist diese zu bewerkstelligen? Auf dem ersten Weg wird die Dekonstitutionalisierung durch Änderung des Staatsorganisationsrechts, also indirekt, herbeigeführt; Herr *Roellecke* hat dazu das Nötige gesagt. Den zweiten Weg kann man als materielle Dekonstitutionalisierung bezeichnen. Er bedeutet, dass die normative Reichweite der Verfassungsbestimmungen neu definiert wird. Wenn man die von Herrn *Kunig* und Herrn *Heun* geschilderten Entwicklungstendenzen betrachtet, so erhebt sich die Frage, welche Spielräume einer materiellen Dekonstitutionalisierung heute überhaupt noch auf nationaler Ebene bestehen. Zum einen stehen die nationalen Verfassungen nicht nur bei ihrer Redaktion, sondern auch bei Änderungen und ihrer Auslegung in einem internationalen Kontext. Ich möchte hier nicht auf die wachsende Bedeutung der Rechtsvergleichung zu sprechen kommen, sondern vor allem auf die Zwänge hinweisen, die heute vom Völkerrecht ausgehen. Eine besondere Rolle spielt bekanntlich die Europäische Menschenrechtskonvention. Die Rechtsprechung des Europäischen Gerichtshofs für Menschenrechte, welche hinsichtlich des normativen Gehalts der Rechte keineswegs zurückhaltend, sondern durchaus dynamisch ist, prägt heute nachhaltig die Grundrechtsjudikatur in den Mitgliedstaaten. Sie muss deshalb auf die nationalen Rechtsordnungen zurückwirken, weil sich diese immer stärker dem Völkerrecht geöffnet haben. Man muss insoweit nicht das Beispiel Österreichs bemühen, welches die EMRK konstitutionalisiert hat, sondern kann auf eine Reihe von Staaten verweisen, welche Interpretationsklauseln in ihr Verfassungsrecht eingeführt haben, wonach eine Verpflichtung der Gerichte besteht, das Recht, also auch die nationalen Grundrechte, im Lichte der internationalen Menschenrechte und deren Auslegung durch die zuständigen Kontrollorgane zu interpretieren. In Deutschland hat das Bundesverfassungsgericht seit dem 74. Band das Prinzip menschenrechtskonformer Auslegung anerkannt, wenngleich nicht mit der gleichen Stringenz, wie die Verfassungsgerichte der Staaten, welche ausdrückliche Interpretationsklauseln im Verfassungsrecht kennen. Den Einfluss des Völkerrechts auf die nationale Rechtsprechung bis hin zu einer Steigerung der Bedeutung des nationalen Verfassungsrechts möchte ich abschließend an einem Beispiel des von Herrn *Heun* behandelten französischen Rechts zeigen. In Frankreich steht das Völkerrecht im Rang zwischen den einfachen Gesetzen und dem Verfassungsrecht. Die Prüfung der Vereinbarkeit der Gesetze mit dem Verfassungsrecht erfolgt allein durch den Conseil Constitutionnel, nicht hingegen durch die Fachgerichtsbarkeit. Die Fachgerichte, zunächst die Cour de Cassation, seit der Entscheidung „Nicolo“ (1989) auch der Conseil d'Etat, überprüfen die Gesetze aber am Maßstab des Völkerrechts, insbesondere der Europäischen Menschenrechtskonvention, und lassen bei Unvereinbarkeit Gesetze unangewendet. Da die Kontrolle des Conseil Constitutionnel eine vorgängige (präventive) ist, er mithin nicht nach Inkrafttreten des Gesetzes eingeschaltet werden kann, entfaltet in der Praxis das Völkerrecht, obwohl unter der Verfassung stehend, als Prüfungsmaßstab der Gesetze eine größere Bedeutung. Diese als unbefriedigend empfundene Lage wird über kurz oder lang zu einer Reform der Verfassungskontrolle führen, durch die die Bedeutung des Verfassungsrechts in der Praxis aufgewertet wird. Mit dieser Bemerkung zu einer Stärkung der Konstitutionalisierung durch Völkerrecht möchte ich es bewenden lassen. Vielen Dank.

Masing: Ich habe eine Bemerkung zu dem Referat von Herrn *Hermes.* Sehr eindrücklich und richtig erfasst schien mir die Bedeutung des Gesetzes für die Umsetzung und Effektivierung der Grundrechte. Interessant und überzeugend war hierbei insbesondere die Erkenntnis, dass die Vernachlässigung dieser Bedeutung in der traditionell übermäßigen Fixierung auf die Abwehrdimension der Grundrechte gründet. In dem Referat von Herrn *Heun* ist ja deutlich geworden, dass historisch die Grundrechte natürlich weit über diese Abwehrdimension hinauszielten. In Frankreich etwa lag die Verwirklichung der Grundrechte zunächst einmal im Code civil und den anderen Kodifikationen, die diese neuen Prinzipien mit Leben füllen sollten. Allerdings bleibt als Problem die Frage, ob durch den Gesetzgeber tatsächlich auch die starke Einmischung des Bundesverfassungsgerichts in die Fachgerichtsbarkeit abgefangen werden kann. Besteht hier nicht doch ein Grundkonflikt, der die materielle Wirksamkeit der Grundrechte betrifft: Der Konflikt zwischen Typisierung einerseits und Einzelfallentscheidung andererseits? Meines Erachtens steht hinter der Gesamtentwicklung der Grundrechtsinterpretation geradezu das Prinzip, Typisierungen aufzuweichen. Typisierungen scheinen wegen ihrer Härte immer weniger erträglich in unserer Gesellschaft. Ob man sich die Rechtsprechung zur Kunstfreiheit ansieht oder die zur Meinungsfreiheit, zur Religionsfreiheit, oder selbst zum Asylrecht – immer geht es um die Einforderung der Einzelfallbetrachtung. Auch für das im Referat genannte Beispiel der Bürgschaftsentscheidungen mag man sich vielleicht die Entwicklung von Regelbeispielen vorstellen, aber nach dem Entscheidungsduktus des Bundesverfassungsgerichts kaum einen abschließenden

Katalog. Hinter dem ganzen scheint mir das Verständnis der Grundrechte als Optimierungsgebote zu stehen: Grundrechte sind optimal in Ausgleich zu bringen. Gerade damit hat die Grundrechtsinterpretation ihre Durchschlagskraft entwickelt, und gerade das ist es, was an dieser Lehre so gefeiert wird. Optimierung aber heißt Einzelfallbetrachtung. Dies trifft sich genau mit dem, was Herr *Hoffmann-Riem* sagte: Die Grundrechte sollen nach dieser Lehre doch gerade in allen Bereichen je nach Einzelfall wirksam werden. Zurück zum Gesetz hilft nur, wenn man auf diese grundrechtliche Optimierung im Einzelfall substanziell zu verzichten bereit ist. Sonst wird das, was der Gesetzgeber schaffen kann, nur eine Zwischenschicht, die für das Verhältnis von Verfassungsgerichtsbarkeit und Fachgerichtsbarkeit nicht viel austragen wird. Mir scheint deshalb am Ende doch eine Grundentscheidung zu stehen, die tief in die Sache geht: Bleiben wir auf dem Weg der Einzelfalloptimierung, dann verändert sich unser Recht in Richtung eines case laws. Unter der Hand ist dieser Weg längst eingeschlagen. Vielleicht müssen wir davor auch gar nicht so sehr Angst haben. Denn das Mittel hier doch Grenzen einzuziehen, ist ja nicht allein das Annahmeverfahren, dem auch ich zustimmen würde, sondern zudem ein praktisches, die Kapazität des Gerichtes. Herr *Hoffmann-Riem* hat uns anschaulich berichtet, wie begrenzt letztlich die Zahl der Entscheidungen ist – wenngleich man über die Zahl nicht vergessen darf, dass dahinter Folgewirkungen stehen, die aber eben auch intendiert sind. Oder aber man geht wirklich zurück zum Gesetzgeber und damit zu einem dogmatischen Recht. Das heißt dann aber auch ein Verzicht auf verfassungsrechtliche Einzelfallkontrolle. Ist man dazu tatsächlich bereit? Danke schön.

Wolff: Ich freue mich, dass ich bei meiner ersten Wortmeldung hier in der Vereinigung gleich für einen Schlussakkord vorgesehen war. Schlussakkorde müssen kurz sein, sonst klingen sie nicht. Kurz zum Verhältnis des zivilgerichtlichen Urteils zum Vorbehalt des Gesetzes. Herr *Hermes*, wenn ich Ihren schönen Beitrag richtig verstanden habe, wurde dort das zivilgerichtliche Urteil in die Nähe des administrativen Eingriffs gerückt. Ich würde dem gern widersprechen. Ich bin der Meinung zwischen beiden besteht ein Unterschied. Die strenge Rechtsbindung des Richters, die vorhin Herr *Rupp* noch einmal betont hat, darf nicht dahin geführt werden, dass jedes Urteil als Eingriff verstanden wird und dann eine gesetzliche Grundlage benötigt. Zur Begründung ließe sich vieles vortragen. Erlauben Sie mir, mich auf zwei Gesichtspunkte zu beschränken. Sie sind nicht neu, ich möchte Sie trotzdem vortragen. Das erste ist die Geschichte. Die Gerichtsbarkeit als besondere Form der Ausübung der Hoheitsgewalt ist älter, als die förmliche Gesetzgebung von der wir sprechen und in der Folgezeit hat sich an dieser strukturellen Unabhängigkeit der Gerichtsbarkeit – Unabhängigkeit gemeint im Sinne von Nichtangewiesensein – nichts geändert, auch nicht durch den Erlass von Grundrechtskatalogen. Und das zweite Argument, das anzuführen ist, ist die Struktur des Rechts überhaupt. Recht ist mehr als nur förmlich gesetzte Rechtsnormen. Wenn Sie Recht verstehen als verbindliche Vorgaben für äußeres Verhalten für den zur Selbstorientierung aufgerufenen Menschen mit dem Ziel, möglichst allgemeine Freiheit für alle zu schaffen, dann hat das zur Folge, dass der Richter, der ja als Maßstab nur das Recht zugrunde legen darf, nicht darauf angewiesen ist, dass das Recht förmlich gesetzt ist. Vielen Dank.

Meyer: Mit Herrn *Isensee*, was mich gewundert hat und mich auch freut, und mit Herrn *Grimm* war ich ursprünglich der Meinung, dass der Vorschlag von Herrn *Hermes*, der ja der weitest gehende von den Referaten war – das lag auch an seinem Thema – sehr sympathisch ist. Und zwar unter demokratietheoretischen Gesichtspunkten. Im Laufe der Verhandlung sind mir erhebliche Zweifel gekommen, und ich will sie belegen. Wir haben von Anfang an nicht etwa eine Optimierung der Grundrechte, sondern eine Maximierung der Grundrechtswirkung betrieben, und zwar in jeder Hinsicht. Zur Maximierung durch Verfahren hat Herr *Lange* schon darauf hingewiesen, dass ein überzogener Grundrechtsschutz durch die Fachgerichte nicht mehr angegriffen werden kann. Was den Inhalt der Grundrechte und ihre Wirkungsweise angeht: die allgemeine Handlungsfreiheit steht nicht im Grundgesetz, wir haben sie hineingelesen; auch Einzelgrundrechte sind beliebig erweitert worden. Warum wurde das Grundrecht der Wohnungsfreiheit auf Geschäftsräume ausgedehnt? Und so fort. Wir haben also die Grundrechte maximiert. Dann darf man sich aber nicht wundern, dass diejenigen, die dafür zuständig sind, nun die Herrschaft über diesen Bereich gewonnen haben, nämlich die Gerichtsbarkeit. Insoweit haben wir einen Jurisdiktionsstaat. Herr *Roellecke* hat gesagt, wir seien mit ihm zufrieden. Ich bin auch mit ihm zufrieden. Aber ob das für das System als ganzes gut ist, ist eine andere Frage. Denn von den beiden großen Prinzipien, die wir in der Verfassung haben, Rechtsstaat und Demokratie, haben wir den Rechtsstaat maximal ausgebaut. Bei der Demokratie kann man eine ähnliche Entwicklung nicht feststellen. Daher ist die Frage, ob das, was Sie, Herr *Hermes*, vorschlagen, nun besonders demokratiefreundlich ist. Wie wollen Sie das machen? Der Gesetzgeber soll Generalklauseln auflösen. Ist es nicht eine elegante gesetzgeberische Technik, mit Generalklauseln zu arbeiten, damit die Verwaltung auch eigenständig agieren kann? Sollte der Gesetzgeber jetzt wirklich alle Generalklauseln auflösen, und wie soll er das machen? Nehmen Sie doch die Kontroverse zwischen dem Persönlichkeitsschutz im Strafrecht und der Meinungsfreiheit. Soll der Gesetzgeber ernsthaft regeln, in welcher Beziehung und unter welchen Bedingungen die Rede von den Soldaten als Mördern tolerabel ist und in welchen sie verboten ist? Da das unmöglich ist, werden die Konflikte, die in diesen Fällen entstehen, weiterhin entstehen, ohne dass der Gesetzgeber das verhindern kann. Und selbst wenn er tätig würde, wenn er die Konflikte alle regeln könnte, würde die Auflösung selbst wiederum der Grundrechtskontrolle durch das Verfassungsgericht unterliegen. Es ergäbe keinen Mehrwert. Wir würden den Gesetzgeber mit etwas belasten, das keine genuin politische Aufgabe ist. Seine Aufgabe ist nicht der Grundrechtsschutz, sondern die Gestaltung des gesellschaftlichen Lebens. Dabei muss er die Grundrechte beachten. In diesem Punkte geben sie ihm nicht mehr, als er vorher hatte. Sie belasten ihn vielmehr mit einer Arbeit, für die er relativ schlecht gerüstet ist.

Schachtschneider: Schönen Dank, Herr Vorsitzender, dass Sie mir noch die Gelegenheit geben, in aller Kürze etwas zu sagen. Liebe Kolleginnen und liebe Kollegen! Alle politischen Fragen sind letztlich Rechtsfragen. Das folgt aus dem Begriff der Freiheit. Herr *Kirchhof* hat diese These auf die Gleichheit gestützt. Das wichtigste Prinzip ist das Prinzip des rechten Maßes, das Verhältnismäßigkeitsprinzip der Praxis. Das Willkürverbot unterscheidet sich davon auch nicht wesentlich. Es ist das *Kirchhofsche* Objektivitätsgebot. Auch der Inhalt der Verträge, die im Rahmen der Privatheit geschlossen werden, sind Rechtsfragen, deren Gegenstand der Judiziabilität nicht entgegen steht. Es geht jedoch jeweils um die Zuordnung des letzten Wortes. Der Gegenstand, den die Gerichte zu entscheiden haben, insbesondere das Bundesverfassungsgericht, ist der gleiche Gegenstand, welchen der Gesetzgeber, die Verwaltung oder die privatheitliche Praxis zu bewältigen haben. Das Grundgesetz ordnet einen Verfassungsstaat und damit einen Verfassungsgerichtsstaat. Das Verfassungsgesetz besteht wesentlich aus den Grundrechten und den Grundprinzipien, welche nach Art. 20 Abs. 3 und nach Art. 1 Abs. 3, aber auch nach Art. 19 Abs. 2 GG alle staatliche Gewaltausübung binden. Folglich sind die Verfassungsrichter funktional Gesetzgeber. In gewisser Weise ist jeder Richter Verfassungsrichter. Das gebietet den Richtern um der gewaltenteiligen Funktionenordnung willen Zurückhaltung. Das Bundesverfassungsgericht praktiziert das Zurückhaltungsgebot in bestimmten Politikbereichen allzu stark, etwa bei Rechtsfragen der deutschen Wiedervereinigung, vor allem aber in der Europapolitik. Das gilt auch und vor allem für die Überprüfung der der Politik zugrunde gelegten Tatsachen. Die Tatsachen sind die Grundlage richtiger Politik und damit des Rechts. Das Bundesverfassungsgericht hat sich zunehmend zu einer apologetischen Instanz der parteienstaatlich geprägten Gesetzgebung entfaltet. Das hat starke Auswirkungen auf das politische Kräftefeld. Wenn das Gericht gesprochen hat, kommt der demokratische Diskurs meist zum Erliegen. Die Institution Bundesverfassungsgericht modifiziert die demokratische Kultur geradezu unvermeidlich durch ein autoriatives Element, welches ohne bestmögliche Rechtswissenschaftlichkeit autoritär wird. Dennoch bin ich nicht gegen, sondern für die Verfassungsgerichtsbarkeit, weil sie eine Essentiale des Verfassungsstaates und damit des Rechtsstaates ist. Wir sprechen jedoch über eine Dogmatik, welche nicht nur für die Verfassungsrechtsprechung in Deutschland, sondern für die weitaus folgenreichere Verfassungsrechtsprechung in Europa bedeutsam ist. Die Prinzipien der Rechtlichkeit der praktischen Vernunft gelten auch für den Europäischen Gerichtshof, über den bisher wenig gesprochen wurde. Er praktiziert Grundrechte, hat aber noch nicht einen Rechtsakt der Union an Grundrechten scheitern lassen. Allerdings praktiziert der Gerichtshof auch Rechtsgrundsätze, die praktisch geworden sind und in Deutschland als grundrechtliche Prinzipien dem Gesetzgeber entgegen gehalten werden. Die Macht zu bestimmen, was gemäß den Grundrechten und Rechtsgrundsätzen die praktische Vernunft gebietet, hat in unserem Leben auch und vor allem der Europäische Gerichtshof. Für diesen stellt sich sorgenvoll die Frage der demokratischen Legitimation. Ich habe Vertrauen zu jedem unserer Kollegen, der in einem hohen Gericht sitzt, aber in den Gerichten sitzen auch noch andere Richter. Die meisten Richter im Europäischen Gerichtshof kennen wir nicht. Die demokratische Legitimation der Richter des wichtigsten Gerichts unserer Staatlichkeit, des Europäischen Gerichtshofs, ist mehr als dünn. Ein Gericht mit der Macht, die praktische Vernunft, also den kategorischen Imperativ, zu materialisieren, bedarf einer starken demokratischen Legitimation, nicht einer derart schwachen wie der des völkerrechtlich konzipierten Europäischen Gerichtshofs. Das Grundgesetz hat durchaus das richtige Verfahren, die Verfassungsrichter auszuwählen, geschaffen, wenn auch zu beklagen ist, dass im realen Parteienstaat fast alle Richter politischen Parteien angehören. Auf der europäischen Ebene stellt sich das Problem viel schärfer. Die Richter des Europäischen Gerichtshofs werden im gegenseitigen Einvernehmen der Regierungen der Mitgliedstaaten ernannt. Dieses Ernennungsverfahren ist schlechterdings nicht geeignet, das Vertrauen der Völker in die unbekannten Richter zu begründen. Nur ganz kurz noch ein weiterer Aspekt: Ich folge Herrn *Hermes* darin, die Verfassungsrechtsprechung auf die Normenkontrolle zu fokussieren. Über die richtige Gesetzesanwendung sollten die Fachgerichte entscheiden. Sache des Bundesverfassungsgerichts ist die Verantwortung für die Rechtlichkeit der

Gesetze. Die konkrete Normenkontrolle nach Art. 100 GG überantwortet zu Recht das Normenverwerfungsmonopol dem Bundesverfassungsgericht und den Landesverfassungsgerichten. Freilich gibt es eine große Scheu der Fachgerichte, die konkrete Normenkontrolle zu betreiben. Demgegenüber hat jedes Fachgericht die Macht, nationale Vorschriften unangewendet zu lassen, wenn es der Meinung ist, dieses sei mit Rechtsakten des Europarechts, welches Vorrang vor dem nationalen Recht beansprucht und auch beanspruchen kann, unvereinbar. Das scheint mir ein verfassungspolitischer Widerspruch zu sein. Muss nicht die Befugnis, verbindlich zu entscheiden, nationale Vorschriften wegen ihres Widerspruchs zum Gemeinschaftsrecht unangewendet zu lassen, auf das Bundesverfassungsgericht und die Landesverfassungsgerichte beschränkt werden, aus den gleichen Gründen, welche Art. 100 GG rechtfertigen, letztlich auch Gründen des demokratischen Respekts vor den Parlamenten. Andere Bemerkungen, Herr Vorsitzender, spare ich mir, ich danke noch einmal für die späte Gelegenheit zu meinem Votum.

Vorsitzender: Schönen Dank, Herr *Schachtschneider.* Wir sind damit am Ende der Diskussion. Ich darf sagen, wir haben 36 Diskussionsmeldungen innerhalb eines Zeitraums von drei Stunden abarbeiten können dank Ihrer großartigen Disziplin, für die ich mich sehr herzlich bedanke. Der Tradition der Vereinigung folgend, werden die Schlussworte jetzt in umgekehrter Reihenfolge im Vergleich zu den Referaten erfolgen und ich darf als erstes dem Kollegen *Hermes* das Wort erteilen.

Hermes: Herr Vorsitzender, vielen Dank. Den Reigen der Schlussworte zu eröffnen, entlastet mich von der ohnehin nicht erfüllbaren Erwartung, auf alle oder auch nur auf alle mein Referat betreffenden Diskussionsbeiträge in der gebotenen Ausführlichkeit zu antworten. Umso wichtiger ist es mir, für die zahlreichen Anregungen und vor allem auch für die Kritik herzlich zu danken. Meine große Freude darüber, Kritik, Nachfragen wie auch Zustimmung provoziert zu haben, ist nur getrübt durch den Blick auf die Uhr. Sie zwingt mich zu der Beschränkung auf drei Komplexe und den Versuch einer zusammenfassenden Schlussüberlegung.

Der erste Komplex betrifft Begründung und Reichweite meines Plädoyers, den Gesetzgeber stärker in die Pflicht zu rufen. Abgeleitet habe ich diese Verpflichtung nicht – diese Klarstellung richtet sich an Herrn *Pfersmann* – aus naturrechtlichen Begründungen oder ähnlichem, sondern in erster Linie aus dem Demokratieprinzip, das verfassungsrechtlich seine Verankerung in Art. 20 GG findet und zugleich durch den Grundsatz des Vorbehalts des Gesetzes konkretisiert wird. Die zweite – grundrechtliche – Begründungslinie, die die Verarbeitung der Spätfolgen des negatorischen Grundrechtsverständnisses betrifft und die mit den Stichworten Eingriff, Schutzpflicht und Drittwirkung markiert werden kann, kann ich jetzt nicht weiter erläutern. Die Mehrzahl der Nachfragen bezogen sich ja auch auf meinen Vorschlag, den Vorbehalt des Gesetzes nicht nur gegenüber der Verwaltung, sondern auch gegenüber der Rechtsprechung in Stellung bringen. In diesem Zusammenhang greife ich die Anregung von Herr *Rupp* dankbar auf, den Blick noch einmal genau auf den historischen Verlauf der Ausformung und Wendung des Vorbehalts des Gesetzes gegen Exekutive und Judikative zu richten. Nach meiner bisherigen Wahrnehmung war es nämlich so, dass doch die Exekutive der primäre Adressat dieser Lehre war und dass dies zumindest nach 1949 so geblieben ist oder jedenfalls in dieser Zeit eine Verengung auf die Verwaltung sich vollzogen hat. Die Nachfrage von Herrn *Scherzberg* gibt mir in diesem Zusammenhang die Gelegenheit zu einer Klarstellung: In der Tat meine ich, dass der Vorbehalt des Gesetzes auch gegen die Rechtsprechung gewendet werden kann und dass dies auch das Bundesverfassungsgericht betrifft. Allein die Möglichkeit der Gesetzgebungsorgane, bislang richterlich „verwaltete" Bereiche an sich zu ziehen, scheint mir allerdings diesem Vorbehalt des Gesetzes nicht zu genügen, weil Grundrechte und Demokratieprinzip auch den „widerwilligen" Gesetzgeber in die Pflicht nehmen. Dort, wo eine nähere gesetzliche Ausgestaltung gesellschaftlicher Konfliktbereiche möglich und damit grundrechtskonkretisierende Detailregelungen zugleich erforderlich sind, hat das Bundesverfassungsgericht den Vorbehalt des Gesetzes – oder anders formuliert: die primäre Konkretisierungskompetenz des Gesetzgebers – zu respektieren und durchzusetzen. Diese primäre Konkretisierungskompetenz des Gesetzgebers – insofern fühle ich mich von Herrn *Isensee* teilweise etwas missverstanden und antworte zugleich Herrn *Koch* – bedeutet allerdings kein Konkretisierungsmonopol. So sind etwa Privatautonomie und Vertragsfreiheit nicht allein durch den Gesetzgeber auszugestalten. Dieser steht vielmehr unter verfassungsgerichtlicher Kontrolle. Deshalb sind gegen das in den Bürgschaftsentscheidungen zum Ausdruck kommende Konzept einer grundrechtlich moderierten Vertragsfreiheit in der Sache keine grundsätzlichen Einwände zu erheben. Dieses Konzept bedarf allerdings einer genaueren Ausgestaltung durch Gesetz, anstatt sie allein den Zivilgerichten zu überlassen – immer unter dem Vorbehalt weiterer Feinsteuerung durch das Bundesverfassungsgericht. Die in der verfassungsgerichtlichen Rechtsprechung zur Vertragsinhaltskontrolle in den Vordergrund gestellte strukturelle Überlegenheit oder Unterlegenheit – oder strukturelle Ungleichgewichtigkeit – scheint mir dafür zu sprechen, dass hier der Gesetzgeber regeln kann und auch regeln muss.

Was die Reichweite und vor allem die praktische Realisierbarkeit der primären Zuständigkeit der Gesetzgebung im Prozess der Verfassungskonkretisierung angeht, so ist mein Konzept natürlich getragen von einem gewissen Optimismus. Insofern kann ich anknüpfen an die skeptischen Bemerkungen von Herrn *Bull*, Herrn *Engel*, Herrn *Grimm*, Herrn *Hohmann* und einigen anderen. Das Problem scheint mir darin zu liegen, dass wir vielleicht in der bisherigen Abgrenzung zwischen dem, was grundsätzliche politische Bedeutung hat und was der parlamentarische Gesetzgeber folglich regeln muss – Stichworte sind hier die Grundsatzgesetzgebung und das von Herrn *Häberle* zu Recht ins Spiel gebrachte Maßstäbegesetz – und dem, was einer demokratisch legitimierten Exekutive zur Regelung überlassen werden kann, vielleicht noch zu sehr auf das Parlament fixiert sind. Mit anderen Worten: Mein Votum für stärkere Normierung und Regelungsdichte schließt ein die Bereitschaft, der Rechtsverordung und auch der außenwirksamen Verwaltungsvorschrift einen sehr viel größeren Bereich einzuräumen, als dies in Deutschland in der Vergangenheit der Fall war. Dies kann natürlich nur akzeptieren, wer die demokratische Legitimation der Exekutive ernst nimmt und nicht nur auf das Parlament schaut.

Die zweite Bemerkung betrifft die prozessualen Konsequenzen meines Konzepts. Herr *Bull*, in der Tat ist mein Vorschlag, die konkrete Normenkontrolle nach Art. 100 Abs. 1 GG auch bei verfassungswidrig unterlassener normativer Konkretisierung zu aktivieren, ein Vorschlag de constitutione lata. Meines Erachtens ist es kein unüberwindliches Problem, den Art. 100 Abs. 1 GG, so wie wir ihn vor uns haben, ergänzend so zu interpretieren, dass ein Gericht auch wegen gesetzgeberischen Unterlassens eine Vorlage an das Bundesverfassungsgericht formulieren kann. Dass mit diesem Vorschlag alle Probleme gelöst sind, wage auch ich nicht zu hoffen. Herr *Lange* hat in diesem Zusammenhang die Frage gestellt, was denn konkret passieren soll, wenn der Fachrichter – Herr *Häberle*, Sie entschuldigen diese Formulierung –, wenn der Amtsrichter oder der Richter am Landgericht nicht weiß, wie er mangels ausreichender gesetzlicher Grundlagen entscheiden soll. Für konkrete gerichtliche Verfahren, die keine langfristige Aussetzung erlauben, muss natürlich eine Übergangsregelung gefunden werden. Wir hatten diese Konstellation z.B. damals bei der berühmten Entscheidung VGH Kassel zum Einsatz der Gentechnologie, wo aus Schutzpflichten ein Grundrechtseingriff legitimiert wurde. Das Gericht hatte einen Grundrechtskonflikt vor sich, der gesetzlich nicht ausreichend konkret entschieden war. Es stand ebenso wie die Verwaltung vor der Situation, entscheiden zu müssen, ohne ausreichende Grundlagen zu haben. Eine Vorlage wegen gesetzgeberischen Unterlassens an das Bundesverfassungsgericht, das dann seinerseits nach der Feststellung einer Pflicht des Gesetzgebers zum Tätigwerden diesen –

evt. verbunden mit einer Fristsetzung – verpflichtet, schafft hier nur langfristig Abhilfe. Die offene Frage lautet dann, wer die vorübergehend nur aus den Grundrechten zu gewinnenden Übergangslösungen zu entwickeln hat. An dieser Stelle greife ich dankbar den Vorschlag von Herrn *Schoch* auf, dem sich auch Herr *Calliess* angeschlossen hat: In Anlehnung an das Vorlageverfahren zum EuGH ist zur Lösung des gerade erwähnten Problems fehlender gesetzlicher Regelungen während einer Übergangszeit denkbar (wohl de constitutione ferenda), dass die Gerichte dem Bundesverfassungsgericht die Frage vorlegen, welche Maßstäbe zur Lösung des konkreten Konflikts sich unmittelbar aus dem Grundgesetz gewinnen lassen. Gleiches gilt für die praktisch häufigeren Konstellationen, in denen eine detailliertere gesetzliche Regelung – auch bei Zugrundlegung meiner „strengen" Anwendung des Vorbehalts des Gesetzes – gar nicht möglich, jedenfalls verfassungsrechtlich nicht geboten ist.

Damit bin ich bei meiner dritten Bemerkung zum Verhältnis von Einzelfallgerechtigkeit und abstrakter Allgemeinheit des Gesetzes – und damit bei dem auch mir unlösbar erscheinenden Problem, wie die Kontrollbefugnis des Bundesverfassungsgerichts im Verfahren der Verfassungsbeschwerde gegen Gerichtsentscheidungen zwischen Grundsatzorientierung und Normenkontrolle auf der einen Seite und Durchsetzung der Grundrechte im Einzelfall auf der anderen Seite zu verorten ist. Die Bemerkungen von Herrn *Grimm*, Frau *Gurlit*, Herrn *Hoffmann-Riem*, Herrn *Hufen*, Herrn *Masing*, Herrn *Steiner* und anderen zu dieser Grundsatzfrage haben mich noch mal sehr nachdenklich werden lassen. Ganz sicher ist, dass Grundrechte sich im Einzelfall verwirklichen müssen. Die Konflikte zwischen Meinungsfreiheit und Ehrenschutz, zwischen Kunstfreiheit und Ehre oder die Grenzen des Versammlungsrechts in der konkreten Situation sind nur einige Beispiele dafür. Dies sind die Fälle, wo sich wirklich erst im Einzelfall zeigt, wie freiheitlich die Ordnung in der Bundesrepublik ist. Hier – das akzeptiere ich und ich glaube auch, dass die gesetzliche Programmierung kaum konkreter vorgenommen werden kann – hier ist der Ort, wo die Grundrechte mit Blick auf den Einzelfall, auf die konkrete Auslegung und Anwendung des Rechts ihre Wirkung entfalten müssen; hier ist auch der Ort, an dem das Bundesverfassungsgericht auch in Zukunft die Fachgerichte kontrollieren können muss und auch weiter kontrollieren wird. Welche abschließenden Konsequenzen man daraus dann zieht für das Annahmeverfahren, ist eine schwierige Frage. Herr *Kirchhof*, mein Votum für ein freies Annahmeverfahren war nicht mehr und nicht weniger als die ehrliche und wohl auch unausweichliche gesetzgeberische Anerkennung dessen, was in Karlsruhe nach meiner Erfahrung und meiner wissenschaftlichen Beobachtung tatsächlich passiert. Wenn Herr *Roellecke* angemahnt hat, die Annahmevoraussetzungen und – allgemein – den Konflikt zwischen der Entscheidung von Grundsatzfragen und der Kontrolle des Grundrechtsschutzes im Einzelfall gesetzlich zu regeln, so glaube ich nicht, dass irgendeine Änderung des Bundesverfassungsgerichtsgesetzes in der Lage wäre, die Annahmepraxis wirklich zu veränden. Was in Karlsruhe mit harten Einzelfällen gemacht wird, war und ist immer dasselbe: Wenn der Fall krass ist, dann greift man zu. Und das sollte man ehrlich akzeptieren. Insofern glaube ich nicht, dass das freie Annahmeverfahren an dem gegenwärtigen Zustand wesentliches ändern oder zu einer Politisierung führen würde.

Schlussbemerkung: Ich denke anknüpfend an das Fast-Schlusswort von Herrn *Meyer*, dass wir es in der Tat bei unserem Thema mit dem Grundkonflikt zwischen Rechtsstaat und Demokratie zu tun haben. Der Rechtsstaat ist bis in die letzten Feinheiten ausgebaut. Herr *Bull* hat in diesem Sinne zu Vertrauen in die Weisheit der Richter aufgerufen. Die Leistungsfähigkeit des Gesetzgebungsprozesses und damit das demokratische Element ist dagegen bislang eher unterbelichtet. Mein Versuch am heutigen Tage war, das Pendel zwischen Rechtsstaat und Demokratie ein kleines bisschen deutlicher in Richtung Demokratie zu verschieben. Wenn ich so verstanden worden bin und dazu auch noch ein bisschen Nachdenklichkeit ausgelöst haben sollte, dann war mein Bemühen erfolgreich. Vielen Dank.

Vorsitzender: Schönen Dank, Herr *Hermes*, für Ihr Schlusswort. Das Wort hat Herr Kollege *Heun*.

Heun: Da ich relativ wenig direkt angesprochen worden bin, möchte ich nur kurz zu drei Anfragen antworten und dann vielleicht noch einige allgemeine Bemerkungen zu den Überlegungen von Herrn *Grimm* anschließen. Zunächst zu Herrn *Schefold*. Vielleicht muss man noch einmal etwas präzisieren, dass der Code civil von dem Kassationshof nicht auf seine Verfassungsmäßigkeit überprüft wird. Der Kassationshof lehnt eine entsprechende Kontrolle früherer Gesetze nach der lex posterior-Regel am Maßstab der Verfassung gerade ab, allenfalls bei der Auslegung und Anwendung wird hier die Verfassung in Ansatz gebracht, und insofern bleibt der Code civil auch nach wie vor von den Kontrollen der Gerichte relativ unberührt, weil der Conseil Constitutionnel das ohnehin nicht kontrollieren kann. Andererseits muss man natürlich sagen: Der Code civil ist schon in weiten Teilen die Verwirklichung der ursprünglichen Menschenrechtserklärung und insofern ist das Bedürfnis für eine Verfassungsmäßigkeitskontrolle durchaus auch geringer.

Herr *Bryde*, Sie haben gemeint, es sei vielleicht doch nicht ganz richtig, dass in den USA die Konstitutionalisierung geringer sei. Ich möchte doch dezidiert an meiner These festhalten, dass sie deutlich geringer ist schon deswegen, weil eben die bei uns weit verbreitete Abwägung zwischen verschiedenen Grundrechtspositionen nicht stattfindet. Es wird natürlich immer wieder auch versucht, grundrechtlich zu argumentieren, wenn es um irgendwelche Rechtsfragen geht, auch von Anwälten und Professoren. Gleichwohl ist im Vergleich jedenfalls zu Deutschland die Konstitutionalisierung insgesamt geringer. Im übrigen spielen in Amerika Kompetenzfragen eine sehr viel bedeutendere Rolle als hier und auch diese Kompetenzfragen werden natürlich weitgehend aufgegriffen. Sie betreffen oder bewirken aber jedenfalls keine Konstitutionalisierung der Rechtsordnung. Sie dienen natürlich dazu, bestimmte Fragen und Entscheidungen des Gesetzgebers, sowohl des Bundesgesetzgebers als auch der einzelstaatlichen Gesetzgeber für verfassungswidrig zu erklären, aber das ist eben nicht das, was wir unter Konstitutionalisierung verstehen. Man kann, so wie das auch Frau *Gurlit* mit vielen anderen getan hat, kritisieren, dass es in den USA diese Abwägung im Bereich der Grundrechte nicht gibt. Das hat grundrechtlich gesehen manches für sich. Wenn man allein auf die Grundrechte sieht, dann ist in der Tat unsere Methode der Abwägung überzeugender. Man kann aber, und ich habe das ja auch schon versucht darzulegen, die Amerikaner nur davor warnen, die deutsche Abwägung und gar die Idee der Schutzpflichten zu übernehmen, weil dies bei ihnen die Kompetenzordnung völlig umwerfen würde, denn in letzter Konsequenz würde es bedeuten, dass der Bund ohne jede Einschränkung jedes Gesetz erlassen könnte. Und insofern muss aus Gründen systematischer Auslegung eine Abwägungsverpflichtung verneint werden. Das hindert den Supreme Court nicht, eine Abwägung in einem weiteren Sinn vorzunehmen. Er tut das ja seit dem Ende der 30er Jahre, er nimmt das so genannte *balancing* vor. Dies ist nur von den Grundrechten selbst gelöst und zwar wahrscheinlich aus diesen kompetenziellen Gründen gelöst, so dass eine Abwägung der allgemeinen betroffenen Interessen vorgenommen werden kann, nur eben ohne Konsequenz für die Kompetenzordnung. Insofern denke ich, ist der Supreme Court gut beraten, an seinem bisherigen Konzept insgesamt festzuhalten, so sehr man auch da natürlich, wie beim deutschen Bundesverfassungsgericht, Einzelentscheidungen immer kritisieren kann.

Nun noch einige allgemeine Bemerkungen zu den Überlegungen von Herrn *Grimm*, zunächst zu den Gründen der Konstitutionalisierung: Ich habe es bereits angedeutet. Ich denke, dass für diese insgesamt in den 60er Jahren einsetzende Konstitutionalisierung gesellschaftliche und politische Gründe verantwortlich sind. Ich denke allerdings, dass sie weniger in denen von Ihnen angedeuteten Gesichtspunkten liegen. Der Einheitsgesichtspunkt gilt etwa für die USA überhaupt nicht, weil es die

Einheitsgerichtsbarkeit gibt. Ob die Grundrechte überhaupt eine Flexibilisierung der Rechtsordnung insgesamt bewirken, kann man auch etwas bezweifeln, denn letztlich ist eine verfassungsrechtliche Verankerung immer auch eine nun nicht unbedingte Versteinerung, aber doch eine gewisse Festlegung auf Dauer, so dass ich mir nicht sicher bin, ob das der entscheidende Gesichtspunkt ist. Und dass die Verfassung inzwischen eine Leerstelle einnimmt, die früher von anderen Dingen eingenommen worden ist, und so etwas wie Verfassungspatriotismus auslöst, ist wahrscheinlich doch mehr Konsequenz als Ursache dieser Entwicklung. Ich denke, die wesentlichen Gesichtspunkte, die dahinter stehen, warum die Konstitutionalisierung etwa in den 60er Jahren einsetzt, hat schlicht und ergreifend mit dem erreichten Wohlstandsniveau zu tun, das dazu geführt hat, dass auch das Bedürfnis nach einer allgemeinen Liberalisierung Platz gegriffen hat. Dafür ist natürlich in erster Linie auch gerade deswegen, weil es sich um Minderheitsschutz, Individualschutz handelt, der Grundrechtsschutz der richtige Ort. Ich denke, dass die tieferen Gründe vor allem in dieser allgemeinen gesellschaftlichen politischen Entwicklung liegen, mehr als in denen von Ihnen angedeuteten Gesichtspunkten. Letzte Bemerkung ganz kurz: Sie haben diese institutionellen Gesichtspunkte, dass Gerichte gerne dazu neigen, ihre Kompetenzen zu erweitern, sehr in den Hintergrund geschoben. Ich denke, sie spielen durchaus eine ganz erhebliche Rolle, vielleicht stärker als Sie das für richtig halten. Zwar ist das natürlich auch immer gepaart mit sachlichen Gesichtspunkten. Natürlich steckt immer ein Anliegen dahinter, aber wenn man langfristig die Entwicklung solcher Institutionen sich ansieht, dann wird man feststellen können, dass praktisch alle Gerichte versuchen – und auch in der Regel diesen Zweck erreichen – ihre Kompetenzen zu erweitern durch alle möglichen interpretatorischen Maßnahmen. Man kann vielleicht als weiteres Beispiel anfügen, dass im 19. Jahrhundert der US Supreme Court, eben weil keine Grundrechte zur Verfügung standen, einfach schlicht angenommen hat, dass es so etwas wie ein *federal common law* gibt, und dass deswegen die einzelstaatlichen common law-Entscheidungen der Gerichte kontrolliert werden können. Er hat das in den 30er Jahren, durch die Erie-Entscheidung, aufgegeben und zwar deswegen, weil inzwischen die Grundrechte als Kontrollmaßstab zur Verfügung standen und er dieses Kontrollmaßstabs nicht bedurfte. Auch das ist aus meiner Sicht ein typisches Beispiel dafür, dass eben die erforderlichen Kontrollmaßstäbe herangezogen werden und von den Gerichten auch gefunden werden, wenn sie denn nur wollen. Und ich darf mit dieser Bemerkung, so skeptisch sie insgesamt ist, und die auch vielleicht ein etwas skeptisches Licht auf die methodischen Bemühungen, denen wir alle verpflichtet sind, wirft, hier meinen Beitrag abschließen.

Vorsitzender: Schönen Dank, Herr *Heun*. Das Wort hat Herr Kollege *Kunig*.

Kunig: Meine Damen und Herren, ich möchte mich für diejenigen Beiträge bedanken, in denen ich ein Echo auf die Überlegungen herausgehört habe, die ich heute Morgen vorgetragen habe. Ich gehe nicht auf jeden dieser Beiträge ausdrücklich ein, nicht nur aus den bekannten Gründen der fortgeschrittenen Zeit, die wir an dieser Stelle immer geltend machen, sondern auch deswegen, weil ich über das Eine oder Andere lieber noch einmal nachdenken möchte. Das gilt vor allem für Sie, lieber Herr *Hohmann*, mit der Frage, was Sie Ihren Mandanten zur Unterschiedlichkeit der Verfahrensdauer in Karlsruhe und vor WTO-Gremien sagen sollen. Darüber müsste ich wirklich nachdenken und für heute will ich es dabei bewenden lassen. Gefreut habe ich mich darüber, dass in einigen Beiträgen der Zusammenhang zwischen dem Zustand des jeweiligen Prozessrechts und dem Verhältnis der Verfassungsgerichtsbarkeit zur Fachgerichtsbarkeit angesprochen wurde, dem ich mich heute Morgen gewidmet hatte. Etwa Herr *Papier* hat dazu Bemerkungen gemacht. Der Zustand des Prozessrechts, des Fachprozessrechts, Fragen nach Konsequenzen der Veränderungen der Zivilprozessordnung, der reformierenden Rückgängigmachung von Reformen der Verwaltungsgerichtsordnung, die Ausweitung von Möglichkeiten zur Selbstkorrektur für Fachgerichte quer über die Gerichtszweige hin – dies alles kann mittelbar die Verfassungsgerichte entlasten. Ich hatte in diesem Zusammenhang auch einige Gedanken zu Art. 19 Abs. 4 des Grundgesetzes vorgetragen, der auf diesem Feld eine größere Rolle spielen sollte als weithin angenommen wird, und der auch durch die Hand des Bundesverfassungsgerichts ein größeres Potenzial für die Einforderung rechtsstaatlicher Effizienz im Fachprozess entfalten könnte. Ich werde mich darum bemühen, das an anderer Stelle noch einmal laut zu sagen, weil eine Diskussion darüber ja hier nicht zustande gekommen ist. Des weiteren stimme ich allen denjenigen zu, die – um es etwas schlicht auszudrücken – die Meinung geäußert haben, „hinter Lüth" können wir nicht mehr zurückgehen. Von Ihnen ist des weiteren wohl überwiegend der Eindruck geäußert worden, dass es eine neue theoretische Großformel zur Bewältigung des Problems der Abgrenzung der Verfassungsgerichtsbarkeit zur Fachgerichtsbarkeit nicht geben könne. Ich bleibe bei dieser auch von mir hier geäußerten Auffassung, auch wenn Herr *Hermes* in seinem Vortrag bemerkt hat, dies sei Resignation der Wissenschaft. Ich weiß nicht, ob er das traurig oder vorwurfsvoll gemeint hat. Ich bin der Überzeugung, dass man von Resignation nicht sprechen muss, wenn man zu dem Schluss kommt, ein Status Quo sei grundsätzlich billigenswert. Das schließt ja überhaupt nicht aus, zu weiteren Verbesserungen zu kommen, und meine These war, dies könne dadurch gelingen, dass die eigenen, die selbstgesetzten Formeln ernster genommen und disziplinierter verwendet werden. Damit bin ich bei Diskussionsbeiträgen aus dem Kreise von Richtern des Bundesverfassungsgerichts. Herr *Hoffmann-Riem*, wenn ich Sie grob zusammenfasse, dann haben Sie gesagt, es stimmt schon, wir jonglieren manchmal mit unseren Formeln, aber wir tun das verantwortungsbewusst und damit ist es dann auch gut. Herr *Steiner*, Ihre Ausführungen darf ich unter der von Ihnen selbst gewählten Überschrift zusammenfassen: Glanz und Elend der Kammern. Diese Gegenüberstellung nimmt mir noch nicht alle Sorgen. Ich fände es nicht glücklich, wenn man die Probleme primär unter Überlastungs- und Kostengesichtspunkten diskutiert. Es geht immerhin um die Genauigkeit und Einheitlichkeit in Praktizierung des Verfassungsprozessrechts, und ich möchte dabei bleiben, dass manche Handhabungen der Kammern etwa bei den Stattgabevoraussetzungen krtitikwürdig sind, wenn dort auf „Vorentscheidungen" Bezug genommen wird, schlicht mit einem Zitat, es aber eigentlich um ganz andere Probleme geht. Ich vergröbere wohl unzulässig, sehe aber eine derartige Tendenz. Ich möchte deshalb erneut betonen, dass in diesem Bereich mehr prozessuale Disziplin wünschenswert wäre. Möglicherweise würden dadurch ja sogar Kapazitäten freigesetzt. Das gilt auf jeden Fall, wenn man die Fülle der obiter dicta reduziert, die in letzter Zeit ja wohl eher zugenommen haben, auch und gerade in ablehnenden Kammerentscheidungen. Auch wenn ich – Herr *Sodan* hat über das Berliner Verfassungsgericht gesprochen – an meine eigenen Erfahrungen als Landesverfassungsrichter denke, sehe ich Entlastungspotenzial. Mit manchem kommt man gut zurecht durch die Nutzung des Instituts der A-limine-Abweisung. Wenn gerade auch in Karlsruhe die Fülle der Verfahren erfolglos bleibt, dann stellt sich mir die Frage, ob nicht auch auf diesem Weg dort Entlastungen erzielt werden können. Mit Herrn *Bryde* wäre ich ganz uneinig, wenn ich ihn in dem Sinne verstanden habe, dass ihm unser Tagungsthema besser eingeleuchtet hätte für eine Tagung der Zivilrechtswissenschaftler, aber nicht hier. Ich möchte deshalb betonen, dass wir uns m.E. nicht zu sehr als verschiedene Fachjuristen unterscheiden lassen und aufteilen lassen sollten auf Fachvertreter der einen oder anderen Teildisziplin. Das Übergreifende der Rechtswissenschaft sollte im Vordergrund stehen. Jedenfalls würde ich es nicht als meinen Beruf betrachten, immer weitere Beiträge zur Konstitutionalisierung zu leisten, bloß weil ich Verfassungsrechtler bin. Ich denke, die angemessenen Grenzen sollten wir suchen in der Kooperation mit denjenigen, die ihre Ausgangspunkte eher von der Zivilrechtswissenschaft, der Strafrechtswissenschaft oder auch der Wissenschaft vom Verwaltungsrecht nehmen. Vielen Dank.

Vorsitzender: Schönen Dank, Herr *Kunig*. Als letzter hat Herr *Alexy* das Wort.

Alexy: Ich danke für die zahlreichen und tief gehenden Einwände und Kommentare und entschuldige mich zugleich dafür, dass ich nicht nur nicht auf alle eingehen kann, sondern auch bei denen, die ich aufgreife, nicht auf alles antworten kann. Herr *Lerche* fragt, wie sich die Bedeutung des einfachen Rechts für das Verfassungsrecht in der Theorie der Spielräume spiegele. Wenn ich darauf eine kurze Antwort geben darf, was ich muss, dann kann ich nur das folgende sagen. In den strukturellen Spielräumen findet eine im Ergebnis ungebundene Konkretisierung statt, die allerdings durch Verfassungsprinzipien geleitet sein kann, aber nicht durch sie determiniert ist. In den epistemischen Spielräumen findet eine gebundene, aber nicht kontrollierte Konkretisierung statt. Dort schließlich, wo kein Spielraum waltet, findet eine gebundene und kontrollierte Konkretisierung statt, wenn man das denn noch Konkretisierung heißen will. Herr *Calliess* fragt nach dem Verhältnis von Abwehr und Schutz, von Übermaßverbot und Untermaßverbot. Meine Antwort lautet in grober Kürze: Das Übermaßverbot und das Untermaßverbot sind in ihrer Struktur identisch. Sie bringen beide nichts anderes als den Verhältnismäßigkeitsgrundsatz zum Ausdruck und unterscheiden sich allein darin, dass die Richtung Abwehr und Schutz jeweils eine andere ist und dass sich hieraus natürlich Differenzen ergeben. Jedenfalls, und nur darauf kann ich hier hinweisen, sorgt die Spielraumtheorie dafür, dass der Gesetzgeber aufgrund der zu strukturellen Spielräumen führenden Patts sowie der epistemischen Spielräume nicht in eine Klemme, wie einmal gesagt wurde, zwischen Übermaß- und Untermaßverbot gerät. Die Spielraumtheorie schafft Raum zwischen diesen beiden Verboten. Herr *Kirchhof* meint, das Gespräch über das, was die Verfassung gebietet, verbietet und freistellt, müsse offen bleiben und dürfe nicht zu sehr in methodologische Strukturen gebunden werden. Herr *Kirchhof*, ich stimme Ihnen ganz und gar zu. Ich gehe sogar gern so weit zu sagen, dass der Diskurs die letzte Kontrollinstanz letztlich für alles ist. Aber dieser Diskurs kann einerseits rhetorisch geführt werden und andererseits dogmatisch strukturiert sein. Die Spielraumtheorie ist nichts anderes als ein Versuch der dogmatischen Strukturierung des Diskurses über das, was die Verfassung gebietet, verbietet und freistellt. Herr *Rupp* meint, die Spielraumtheorie sei in der Praxis nicht verwendbar. Ich wende ein: Erstens, es gibt Spielräume. Oder sollte man das bezweifeln? Wenn es Spielräume gibt, dann ist es Aufgabe der Dogmatik, sie zu erforschen. Zweitens, es gibt verschiedene Arten von Spielräumen. Wenn es diese gibt, dann sind die Unterschiede ans Licht zu heben. Drittens, es gibt verschiedene Umfänge der Spielräume.

Mit einer bloßen Klassifikation der Spielräume sind natürlich deren Umfänge noch nicht determiniert. Aber die Spielraumtheorie ist das Theoriestück, das zu den Regeln führt, nach denen die Umfänge der Spielräume zu bestimmen sind. Es sind dies das materielle und das epistemische Abwägungsgesetz, was ich hier nicht näher explizieren kann. Herr *Bryde* hat auf die unbegrenzte Transformierbarkeit einfachrechtlicher in verfassungsrechtliche Fragen hingewiesen. Unter der Voraussetzung, dass wir zugleich der Lüth- und der Elfes-Linie folgen, scheint mir dies nicht nur ein fundamentaler, sondern auch ein zwingend wahrer Satz zu sein. Nur, und ich glaube, ich bin mit Ihnen auch hier einer Meinung, eine unbegrenzte oder universelle Relevanz der Verfassungsprinzipien, die die Konstruierbarkeit aller Fälle als Verfassungsfälle bedeutet, impliziert nicht eine unbegrenzte oder universelle Determination. Genau diese Differenz von universeller oder unbegrenzter Relevanz und begrenzter Determination versucht die Spielraumtheorie zu erfassen. Herr *Murswiek* fragt, wie aus dem Grundgesetz die Zahl der Stufen bestimmt werden könne. Ich will wieder in drei Schritten antworten. Mir scheint es erstens klar zu sein, dass das Grundgesetz voraussetzt, dass überhaupt skaliert wird. Wer dies bestreiten will, muss bestreiten, dass das Grundgesetz den Verhältnismäßigkeitsgrundsatz mit allen seinen drei Teilgrundsätzen fordert. Ich möchte hier annehmen, dass es dies tut. Die eigentliche Frage kann dann zweitens nur noch sein, wie intensiv skaliert wird. Die Antwort lautet: so intensiv, wie der Stoff es erlaubt. Ich habe nur grobe Hinweise geben können. Grundsätzlich gilt, dass möglichst intensiv zu skalieren ist. Aber das stößt schnell an Grenzen. Drittens scheint mir wichtig zu sein, dass in den Grenzbereichen die Skalierungsmöglichkeit wächst. Wir können uns sehr gut etwas unter einem sehr schweren Eingriff vorstellen oder unter einem sehr leicht wiegenden Grund, der nur einen sehr leichten Grundrechtseingriff rechtfertigen kann. Schwieriger ist es demgegenüber, sich etwas unter einem schweren leichten Grund oder einem leichten mittleren Grund vorzustellen. Es scheint so zu sein, dass es einerseits einen mittleren Bereich gibt, in dem nur sehr grobe Skalierungen möglich sind, und andererseits eine in Richtung auf die Extreme hin zunehmende Grenzrate der Diskrimination. Je näher man den Extremen kommt, desto feiner scheint man skalieren zu können. Wenn dies so sein sollte, wäre das von höchster Bedeutung für die Spielraumtheorie. Herr *Lange* fragt, ob nicht ein enges Verhältnis zwischen strukturellen Spielräumen und normativen Erkenntnisspielräumen besteht. Da sprechen Sie, Herr *Lange*, eines der tiefsten Probleme an. Ich wollte, ich wüsste mehr darüber. Es gibt Beziehungen, aber ich weiß nicht genau, wie sie zu bestimmen sind. Ich glaube nur, sehr genau zu wissen, dass es beides gibt. Hier ist weiter zu arbeiten. Herr *Vogel* fragt, ob nicht die Patts, zumindest partiell oder in einigen Bereichen, durch Höhergewichtigkeit ersetzt werden müssen. Darf immer schon dann eingegriffen werden, wenn ein konkret gleich wichtiger Eingriffsgrund vorliegt? Das ist kein großes Problem, wenn auf beiden Seiten Grundrechte stehen. Aber darf auch aufgrund eines konkret bloß gleich wichtigen kollektiven Gutes ein Grundrecht eingeschränkt werden? Wer eine Regel wie in dubio pro libertate vertritt, wird hier ein Patt niemals ausreichen lassen. Ich meine, dass bei den strukturellen Spielräumen per definitionem Gleichgewichtigkeit für die Eingriffsrechtfertigung ebenso wie für die Nichtschutzgewährsrechtfertigung stets ausreicht. Bei den epistemischen Spielräumen können demgegenüber Regeln wie die des Vorrangs der Freiheit durchaus eine Rolle spielen. Herr *Scherzberg* meint, dass eine Grundordnung nicht ohne unbegrenzte oder universelle Determination zu haben sei. Dieser Satz ist nur dann wahr, wenn eine Grundordnung nur aus Normen bestehen kann, die eine infinitesimale Skalierung fordern. Es ist nun gerade mein Punkt, dass die Normen der Grundordnung keine infinitesimale Skalierung fordern. Eine solche Forderung widerspräche der Natur des Verfassungsrechts. Deshalb treten all die negativen Konsequenzen, die Herr *Scherzberg* befürchtet, nicht ein. Herr *Hillgruber* spricht das Apfel-Birnen-Problem an, das man, wenn man will, auch das Problem der Kommensurabilität nennen kann. Sind die Dinge unter normativen Gesichtspunkten miteinander vergleichbar? Sie sind es, so wie sie in der Welt stehen, natürlich nicht. Die Vergleichbarkeit oder Kommensurabilität entsteht erst durch unsere Einstufungsurteile. Diese aber sind implizit Urteile über das, was die Verfassung gebietet, verbietet und erlaubt. So stiftet nicht die Welt, sondern die Verfassung Kommensurabilität. Herr *Pfersmann* meint, dass ich Änderungen gegenüber meinen Äußerungen in dem 1992 erschienenen Buch „Begriff und Geltung des Rechts" vorgenommen habe. Hierzu möchte ich folgendes bemerken. Heute ging es um die Determinationskraft, die Verfassungsprinzipien von Verfassungs wegen haben. Der entscheidende Punkt war, dass Verfassungsprinzipien, auch wenn sie überall einschlägig sind, nicht alles determinieren. Zwar gibt es, jedenfalls der Idee nach, immer eine einzig richtige Antwort im Verfassungsrecht, aber die einzig richtige Antwort kann sein, dass eine Sache im Spielraum liegt. Für die Wahl im Spielraum schreibt die Verfassung dem Entscheidenden definitionsgemäß keine einzig richtige Antwort vor. Täte sie es, läge die Entscheidung nicht in seinem Spielraum. Beim Spielraum des Gesetzgebers ist die definitive Entscheidung Sache der Politik. Beim Spielraum des Richters tritt zum Verfassungsrecht das einfache Recht hinzu, welches viel inhaltsreicher ist, so dass es zu einer Determination durch das Recht insgesamt, also durch Verfassungsrecht und einfaches Recht, kommen kann. Letzteres bedeutet, dass ich meine frühere Auffassung, die sich ganz allgemein auf das Recht bezieht, nicht zurücknehmen muss. Herr *Meßerschmidt* fragt, ob ich nicht die schon so oft kritisierte Unterscheidung von Handlungs- und Kontrollnorm wieder aufnehme. Jawohl, ich nehme sie wieder auf, und ich muss sie aufnehmen, wenn ich die Existenz normativer Erkenntnisspielräume einräume, denn hier kommt es notwendig zu einer nicht kontrollierten Bindung an die Verfassung und damit zu einer Divergenz von Handlungs- und Kontrollnorm. Diese Divergenz ist aber begrenzt, wie ich hoffe dargelegt zu haben. Vor allem aber bedeutet das durch die normativen Erkenntnisspielräume entstehende Kooperationsverhältnis von Fachgerichtsbarkeit und Bundesverfassungsgericht kein im vollen Umfang gleichberechtigtes Kooperationsverhältnis. In den Spielräumen darf sich das Bundesverfassungsgericht zwar überhaupt nicht einmischen. Insofern besteht volle Gleichberechtigung oder echte Kooperation. Aber über die Grenzen der normativen Erkenntnisspielräume wacht weiterhin das Bundesverfassungsgericht. Insofern besteht keine gleichberechtigte Kooperation. Die Spielraumtheorie erlaubt es, solche Strukturen klar zu formulieren. Herr *Isensee* meint, dass letzthin nur epistemische Reste blieben. Ich meine, dass es kräftige strukturelle Spielräume gibt. Die Verfassung lässt vieles offen. Der doppelte Blick kann weitaus mehr Freiheiten des Gesetzgebers, der Exekutive und der Fachgerichtsbarkeit entdecken, als manchmal grundrechtseuphorisch angenommen wurde. Mit Freude habe ich vernommen, dass Herr *Häberle* meine Charakterisierung der Fachgerichte als „kleine Verfassungsgerichte“ aufnimmt. Er will sogar weiter gehen und sie nicht „klein“ nennen, sondern schlicht und schlechthin „Verfassungsgerichte“. Das findet meine Zustimmung, solange ein Zusatz bleibt: innerhalb der Grenzen des normativen Erkenntnisspielraums. In ihm, aber auch nur in ihm, existiert so etwas wie ein echtes allgemeines Verfassungsrichtertum der Richter. Mein letzter Punkt betrifft Herrn *Engel.* Er sagt, dass wir letzthin von einer fundamentalen normativen Relativität ausgehen müssten und deshalb nur an die Verantwortung der Richter appellieren könnten. Das wäre das Ende einer rationalen Bestimmung des Inhalts der Verfassung und damit auch das Ende der Verfassungsrechtswissenschaft als Wissenschaft. Ich schließe mit der These, dass in einer ausgearbeiteten Spielraumdogmatik der Inhalt der Verfassung als Rahmenordnung auf rationale Weise dogmatisch bestimmt und so verhindert werden kann, dass die Rahmenvokabel im Katalog der großen Wörter leerer Formeln endet.

Vorsitzender: Herzlichen Dank, Herr *Alexy.* Meine Damen und Herren, mir bleibt zum Schluss nur ein Dankeswort zu sprechen. Zunächst ein Dankeswort an die Adresse der Referenten, die mit ihren ebenso präzisen wie brillanten Schlusswortèn diesem Tag noch einen besonderen Glanz verliehen haben. Der Dank gilt aber Ihnen allen, die sie entweder als Diskutanten oder als – wie ich sagen darf, weil man das hier vorne besonders gut feststellen kann – außerordentlich aufmerksame Zuhörer zum Gelingen dieses Nachmittags entscheidend beigetragen und mich der Notwendigkeit enthoben haben, von diesem Machtinstrument Gebrauch zu machen. Ich kann gleichwohl der Versuchung nicht widerstehen, die *Ipsensche* Glocke, wie ich Sie taufen möchte, wenigstens einmal zu benutzen, nämlich um das Ende der Diskussion einzuläuten.

Zweiter Beratungsgegenstand:

Primär- und Sekundärrechtsschutz im Öffentlichen Recht

1. Bericht von Prof. Dr. *Wilfried Erbguth*, Rostock

Inhalt

A. Einleitung

Die Bezeichnung Sekundärrechtsschutz findet, durchmustert man die Titel einschlägiger Standardwerke, bislang keine Verwendung als Oberbegriff für öffentlich-rechtliche Schadensersatz- bzw. Entschädigungsansprüche.[1] Ebenso wenig wird letzterer Rechtskreis in monographischen Abhandlungen zum Primärrechtsschutz mit erfasst – und umgekehrt.[2] Die Wahl und Akzentuierung des zweiten Vortragsthemas ist in Anbetracht dessen zu begrüßen, wird doch schon vom Begrifflichen her eine Relation betont, die bislang in dieser Konturenschärfe kaum herausgestellt worden ist.[3]

Freilich lässt sich selbst eine solche dem Verhältnis jener Rechtsschutzkategorien gewidmete Betrachtung ganz unterschiedlich angehen, u.a. aus europarechtlicher,[4] rechtsvergleichender[5] oder aus national-rechtlicher Perspektive.[6] Mit Blick auf die nachfolgenden Vorträge soll sich der Beitrag auf Akzente der deutschen Rechtslage richten. Dabei können europarechtliche und andere Implikationen naturgemäß nicht außen vor bleiben, allerdings nur nach Maßgabe ihrer Relevanz für eine systembildend[7] orientierte Vorgehensweise, die das schon in der Wortwahl unserer Themenstellung zum Ausdruck kommende Gefälle zwischen Primär- und Sekundärrechtsschutz für die gerichtliche Kontrolle[8] in den Mittel-

---

[1] Vgl. nur *Ossenbühl* Staatshaftungsrecht, 5. Auflage 1998, S. 1f.; *Maurer* Allgemeines Verwaltungsrecht, 13. Auflage 2000, 7. Teil.; zur Begrifflichkeit *Wolff/Bachof/Stober* Verwaltungsrecht, Bd. 2, 6. Aufl. 2000, § 66 Rn. 1f.

[2] Etwa *Hufen* Verwaltungsprozessrecht, 4. Auflage 2000, einerseits und *Steinberg/Lubberger* Aufopferung – Enteignung und Staatshaftung, 1991, andererseits.

[3] Ansatzweise *Krüger* in: Sachs (Hrsg.) Grundgesetz, 2. Auflage 1999, Art. 19 Rn. 104; deutlicher *Bonk* daselbst, Art. 34 Rn. 4f.; *Maurer* (Fn. 1) § 26 Rn. 95, 97ff.; vgl. aber – im Kontext eines übergreifenden Wiedergutmachungsanspruchs – *Schoch* DV 34 (2001) 261, 261, 274, 290.

[4] *Classen* Die Europäisierung der Verwaltungsgerichtsbarkeit, 1996.

[5] Dazu ansatzweise anhand des gemeinschaftsrechtlichen Staatshaftungsanspruchs *Ossenbühl* (Fn. 1) S. 495ff., allerdings bezogen auf den Sekundärrechtsschutz.

[6] *Bonk* (Fn. 3) Art. 34 Rn. 4f.

[7] Vgl. anhand des Verwaltungsrechts *Schmidt-Aßmann* Das allgemeine Verwaltungsrecht als Ordnungsidee. Grundlagen und Aufgaben der verwaltungsrechtlichen Systembildung, 1998, 1. Kap.

[8] Aufgrund dieses individualrechtliche Beziehungsgefüges geht es daher nicht um den – weiteren – Begriff der Verwaltungskontrolle iS allgemeiner Steuerung des Verwaltungshandelns und diesbzgl. Rechtsfragen, vgl. dazu die Beiträge in: Schmidt-Aßmann/Hoffmann-Riem (Hrsg.) Verwaltungskontrollen, 2001; zu alternativen und ergänzenden Kontrollmechanismen auch *Steinberg* Der ökologische Verfassungsstaat,

punkt der Betrachtung rückt,[9] auf seine rechtssystematische Berechtigung abklopft und – je nach Ergebnis – den hieraus sich ableitenden Konsequenzen nachspürt.

Dies setzt freilich voraus, dass ein derartiges Verhältnis weiterhin in wesentlichen Agenden vorfindlich ist und sich nicht zugunsten resp. zu Lasten eines seiner Pole aufgelöst hat oder in tief greifender Atomisierung befindet. Hierauf sei daher zunächst eingegangen.

B. Verhältnis des Primär- und des Sekundärrechtsschutzes

Der den allgemeinen Beseitigungsanspruch wegen Statusverletzungen[10] ausdifferenzierende Dualismus wird geleitet durch verfassungsrechtliche Vorgaben, die freilich mit Blick auf den Primärrechtsschutz eindeutiger und grenzziehender hervortreten, als es im Zusammenhang mit dem sekundären Rechtsschutz der Fall ist.

I. Befund

Dabei bedürfen die prozessrechtlichen Ausprägungen des Primärrechtsschutzes im öffentlichen Recht ebenso wenig näherer Beschreibung wie es bei dem Hinweis sein Bewenden haben kann, dass der Gerichtsschutz primärer Art seine bürgergerichtete grundgesetzliche Absicherung in Art. 19 Abs. 4 GG[11] findet, des weiteren im Recht der Verfassungsbeschwerde (Art. 93 Abs. 1 Nr. 4a GG), sofern man – wohl zutreffend – gesetzgeberisches Handeln nicht als solches der „öffentlichen Gewalt" iSd Art. 19 Abs. 4 GG ansieht.[12] Dessen auf effektiven Rechtsschutz und damit auch materiell ausgerichteter Gehalt[13] widerstreitet i.Ü. einem Rekur-

---

1998, S. 317, 344ff.; materiell-grundrechtsbezogen abweichende Begrifflichkeit bei *Roth* Faktische Eingriffe in Freiheit und Eigentum, 1994, S. 71ff., 85ff.

[9] Zur vor diesem Hintergrund nicht weiter verfolgten Ausbildung spezieller Schutzmechanismen *Schmidt-Aßmann* in: Isensee/Kirchhof (Hrsg.) Handbuch des Staatsrechts, Bd. III, 1988, § 70 Rn. 37.

[10] *Schoch* VerwArch 79 (1988) 1, 38; *Hermes* DV 26 (1998) 371, 385; auch *Hösch* DÖV 1999, 192, 196f.

[11] *Lorenz* FS Menger, 1985, 143; *Schoch* (Fn. 3) 262.

[12] BVerfGE 24, 33, 49; BVerfGE 24, 367, 401; BVerfGE 25, 352, 365; *Classen* (Fn. 4) S. 68, 59; gegenteilig etwa *Schulze-Fielitz* in: Horst Dreier (Hrsg.) Grundgesetz, 1996, Art. 19 IV Rn. 36; wN u.a. bei *Erbguth* Zur Vereinbarkeit der jüngeren Deregulierungsgesetzgebung im Umweltrecht mit dem Verfassungs- und Europarecht – am Beispiel des Planfeststellungsrechts, 1999, S. 25 mit Fn. 66ff.

[13] Näher *Lorenz* Der Rechtsschutz des Bürgers und die Rechtsweggarantie, 1973, S. 13ff.

rieren auf einzelne Grundrechtspositionen als primärrechtsschützende Grundlage(n).[14]

Diffuser stellt sich die verfassungsrechtliche Verortung des Sekundärrechtsschutzes dar,[15] verstanden als das Recht der staatlichen Entschädigungs- und Schadensersatzleistungen. Aufgrund von lediglich partiellen und konkret umrissenen, damit aber zugleich begrenzten Anspruchspositionen, wie Art. 34 und Art. 14 Abs. 3 GG betreffend Amtshaftung und Enteignung(sentschädigung),[16] führt die Suche nach weiteren Absicherungen durch das Grundgesetz und sonstiger (allgemeiner) Art in die Vagheit von Verfassungsprinzipien, nämlich demjenigen der Rechtsstaatlichkeit,[17] des Weiteren in den noch unsicheren Bereich richterrechtlicher Ausformungen resp. des kritikanfälligen Gewohnheitsrechts.[18]

Eine jenen Verästelungen akribisch nachgehende Analyse kann an dieser Stelle nicht geleistet werden. Ihrer bedarf es angesichts der verfolgten Perspektive, die der Relation des Sekundärrechtsschutzes zu demjenigen primärer Art verpflichtet ist,[19] auch nicht:

Dem lässt sich zum einen unschwer und exkursartig die thematische Irrelevanz der allein diskussionswürdigen[20] altruistischen Verbandsklage[21] entnehmen, also jener Konstellation, in der Verbände – insbesondere diejenigen des § 29 BNatSchG – gerichtlich Rechte anderer oder Belange der Allgemeinheit wie Umweltschutz, Naturschutz oder Denkmalschutz verfolgen (können sollen);[22] insoweit fällt der Dualismus zum Sekundärrechtsschutz, der Beeinträchtigungen eigener Rechtspositionen voraussetzt, aus. Eine Auseinandersetzung mit der im innerstaatlichen Bereich insbesondere auf Bundesebene kontrovers diskutierten – mate-

---

[14] *Papier* Rechtsschutzgarantie gegen die öffentliche Gewalt, in: Isensee/Kirchhof (Hrsg.) Handbuch des Staatsrechts der Bundesrepublik Deutschland, Bd. VI, 1989, § 154 Rn. 15; *Schulze-Fielitz* (Fn. 12) Art. 19 IV Rn. 112.

[15] Vgl. *Maurer* (Fn. 1) 7. Teil Rn. 1f., § 30 Rn. 1, 37.

[16] *Bonk* (Fn. 3) Art. 34 Rn. 4f.; *Wendt* daselbst, Art. 14 Rn. 148; allgemeine Zuordnung zum Rechtsstaatsprinzip hingegen bei *Krüger* daselbst, Art. 19 Rn. 104.

[17] *Krüger*, wie vor; zur individualrechtlichen Absicherung *Schoch* (Fn. 3) 274f.; *Axer* DVBl. 2001, 1322, 1327ff.

[18] *Ossenbühl* (Fn. 1) S. 3, 227.

[19] Vorstehend unter A.

[20] Zur in der Diskussion stark rückläufigen „egoistischen“ Variante *Kloepfer* Umweltrecht, 2. Auflage 1998, § 8 Rn. 30; *Hufen* (Fn. 2) § 14 Rn. 122.

[21] Zur variierenden Begrifflichkeit *Ziekow* in: ders. (Hrsg.) Planung 2000 – Herausforderungen für das Fachplanungsrecht, 2001, S. 197, 200.

[22] *Schenke* Verwaltungsprozessrecht, 7. Auflage 2000, Rn. 525.

riell-rechtlichen[23] – Verbandsklage[24] erscheint auch deshalb entbehrlich, weil ihre Einführung im Gefolge rechtsgrundsätzlicher Ingerenzen[25] des Europarechts, ferner aufgrund der Aarhus-Konvention[26] national kaum aufzuhalten ist[27] – nicht zuletzt auch deshalb, weil sehr konkret Sekundärrecht der EG die Dinge entsprechend richten wird.[28]

Zum anderen setzt die Interdependenz zwischen Primär- und Sekundärrechtsschutz hoheitliches Unrecht[29] voraus, das zudem unmittelbar angreifbar ist; ansonsten entfallen Möglichkeiten des Primärrechtsschutzes, so dass der Relation das Substrat verlustig geht. Von der Betrachtung ausgenommen sind demzufolge zum einen die auf rechtmäßigem hoheitlichem Handeln beruhenden Haftungsinstitute der Enteignung[30], der Aufopferung[31], des enteignenden Eingriffs[32], der Inhalts- und Schrankenbestimmung nach Art. 14 Abs. 1 S. 2 GG mit Ausgleichspflicht[33], zum anderen – mangels primärer Angreifbarkeit – jene aus verwaltungsrechtlichem Schuldverhältnis[34], der Geschäftsführung ohne Auftrag[35], im Ge-

---

23 In Abgrenzung von der § 29 Abs. 1 S. 1 Nr. 4 BNatSchG einfordernden „formell – rechtlichen" Verbandsklage, vgl. BVerwGE 87, 62; auch BVerwG, UPR 1996, 384, 385; kritisch *Dolde* NVwZ 1991, 960; gegen eine absolute Verfahrensposition auch *Ziekow/Siegel* Anerkannte Naturschutzverbände als „Anwälte der Natur", 2000, S. 114ff.; zu Ungereimtheiten der Rechtsprechung *Steinberg/Berg/Wickel* Fachplanung, 3. Auflage 2000, § 6 Rn. 94, 99f. mwN.

24 Vgl. dazu allgemein *Rehbinder* ZRP 1976, 157, 158 einerseits und *Redeker* ZRP 1976, 163 andererseits; ferner *Epiney* NVwZ 1999, 485; *Wegener* in: Cremer/Fisahn (Hrsg.) Jenseits der marktregulierten Selbststeuerung – Perspektiven des Umweltrechts, 1997, S. 183.

25 *Epiney* (Fn. 24) insbes. 490.

26 *Zschiesche* ZUR 2001, 177; eingehend *Epiney/Scheyli* Die Aarhus-Konvention, 2000.

27 Näher *Ziekow* (Fn. 21) S. 229f.; *Wegener* Rechte des Einzelnen. Die Interessentenklage im europäischen Recht, 1998, S. 197ff., 199ff.

28 Dazu *Falke* ZUR 2001, 198, 200.

29 Staatsunrecht, *Schoch* (Fn. 3) 274.

30 Bspw. *Grochtmann* Art. 14 GG – Rechtsfragen der Eigentumsdogmatik, 2000.

31 Dazu etwa *Rudolf* in: Erichsen (Hrsg) Allgemeines Verwaltungsrecht, 11. Auflage 1998, § 48 Rn. 82ff.

32 Eingehend zuletzt *Külpmann* Enteignende Eingriffe?, 2000.

33 Dazu allgemein *Maurer* (Fn. 1) § 26 Rn. 79ff.; in Abgrenzung zur Enteignung umfassend *Rozek* Die Unterscheidung zwischen Eigentumsbindung und Enteignung, 1998; *Lege* JZ 1994, 431; andersartige Zuordnung, nämlich zum Primärrechtsschutz bei *Axer* (Fn. 17) 1322.

34 Eingehend *Meysen* Die Haftung aus Verwaltungsrechtsverhältnis, 2000, S. 55ff., 277ff.

35 Schadensersatz bei unzulässiger oder fehlerhafter GoA, vgl. nur *Maurer* (Fn. 1) § 28 Rn. 14.

folge des Widerrufs bzw. der Rücknahme von Verwaltungsakten[36], der Plangewährleistung[37], der (öffentlich-rechtlichen) Gefährdungshaftung[38] und des „sozialstaatlich motivierten" Entschädigungsanspruchs[39].

Ferner geht es im Gefolge des thematischen Zuschnitts[40] allein um Ersatz leistende Artikulationen der Staatshaftung.[41] Darunter fallen weder der öffentlich-rechtliche Erstattungsanspruch[42] noch der sozialrechtliche Herstellungsanspruch[43] und auch nicht der Folgenbeseitigungsanspruch[44] in seiner herkömmlichen Ausprägung, weil sie auf Rückgewährung[45] bzw. Nachteilsausgleich[46] oder Wiederherstellung[47], nicht aber auf Schadensersatz oder Entschädigung gerichtet sind.[48] Tendenzen in Richtung Folgenentschädigungsanspruch,[49] vornehmlich in Konstellationen des Überbauens,[50] führen unabhängig von den insoweit eingenommenen Standpunkten nicht zu einer Einbeziehung des Instituts in den weiteren Gang der Überlegungen. Das versteht sich von selbst, wenn als dessen Grundlage auf den Anspruch aus enteignungsgleichem Eingriff verwiesen wird.[51] Im Sinne einer Fortentwicklung, eben als (Um-)Wandlung des Folgenbeseitigungsanspruchs begriffen,[52] fehlt dem Folgenentschädigungsanspruch das primärschützende Pendant – mit der Folge, dass er dem Kontext der zuvor ausgesonderten Gruppe an Haftungstatbeständen zugehört. Schließlich richten sich die (verbleibenden) grundrechtlichen

[36] Dazu *Rudolf* (Fn. 31) § 49 Rn. 4.

[37] Primär auf Planfortbestand u.Ä. gerichtet, Entschädigung nur subsidiär bei Umplanungen etc., *Maurer* (Fn. 1) § 28 Rn. 35.

[38] Hierzu *Rudolf* (Fn. 31) § 49 Rn. 59ff.

[39] Dazu *Maurer* (Fn. 1) § 28 Rn. 31ff.

[40] Vgl. vorstehend unter A.; näher nachfolgend unter II. 2.

[41] Wie vor.

[42] Vgl. dazu etwa *Hüttenbrink/Windmöller* SächsVBl. 2001, 133.

[43] Zusammenfassend *Waßer* JA 2001, 137.

[44] Näher *Steinberg/Lubberger* (Fn. 2) S. 375ff.; *Schoch* (Fn. 10) insbes. 15ff.; grds. andersartige, nämlich abwehrrechtliche Einordnung bei *Roth* (Fn. 8) S. 86f.

[45] *Maurer* (Fn. 1) § 28 Rn. 20.

[46] *Ossenbühl* (Fn. 1) S. 329f. mwN.

[47] *Maurer* (Fn. 1) § 29 Rn. 1.

[48] Nicht unzweifelhaft deshalb die überwiegend verfolgte Einordnung und Behandlung jener Institute als solche sekundärer (Staats-)Haftung; zurecht *Axer* (Fn. 17) 1322; zum Folgenbeseitigungsanspruch *Roth* (Fn. 8), S. 86 (bei abweichender Begrifflichkeit).

[49] Positiv *Gerhardt* in: Schoch/Schmidt-Aßmann/Pietzner (Hrsg.) Verwaltungsgerichtsordnung, Loseblatt, Std. 2001, Vorb. § 113 Rn. 9; *Schoch* (Fn. 3) 271f., 289.

[50] Vgl. etwa mwN *Erbguth* JuS 2000, 336.

[51] So wohl *Ossenbühl* (Fn. 1) S. 322ff.

[52] Dazu anhand der Rechtsprechung *Erbguth* (Fn. 50) 336.

Schutzansprüche[53] auf Vorverlagerung des (Primär-)Rechtsschutzes, nicht aber auf Kompensation[54] – womit auch diese aus dem Sieb der thematischen Betrachtung fallen.

Im Ergebnis verbleiben damit folgende, durchaus zentrale Institute des Sekundärrechtsschutzes als Gegenstand einer Relation zum primären Rechtsschutz: Die Amtshaftung, der enteignungs- bzw. aufopferungsgleiche Eingriff,[55] die Staatshaftung nach dem Polizei- und Ordnungsrecht,[56] jene aufgrund des übergeleiteten Staatshaftungsgesetzes der DDR[57] – und im supranationalen Kontext die Haftung der EG[58] sowie die gemeinschaftsrechtliche Staatshaftung,[59] schließlich die Staatshaftung wegen Verletzung der EMRK.[60]

II. Subsidiarität des Sekundärrechtsschutzes

Damit erweist sich ein in wesentlichen Bereichen vorfindliches Verhältnis unserer Rechtsschutzvarianten, das schon begrifflich aufscheint und plakativ mit der Subsidiarität des Sekundärrechtsschutzes bzw. spiegelbildlich mit dem Vorrang des primären Rechtsschutzes belegt werden kann – und wird.[61] Gemeint ist, dass ein Anspruch auf Schadensersatz o.Ä. in Abhängigkeit von einer vorgängigen Rechtsschutzverfolgung gegen den staatlichen Akt selbst steht, also von einem Vorgehen im Rahmen der Möglichkeiten des Primärrechtsschutzes.[62]

Dem sei zunächst, und zwar zur Vergewisserung, anhand der Anspruchsinstitute des Sekundärrechtsschutzes, allerdings nur kursorisch, nachgegangen (nachfolgend unter 1.), um sodann den Subsidiaritätsgedanken auf seine allgemeine rechtssystematische Berechtigung zu befragen (nachfolgend unter 2.).

---

[53] Vgl. *Ossenbühl* (Fn. 1) S. 286ff., der hierzu neben solchen auf Unterlassung und Herstellung auch den Folgenbeseitigungsanspruch zählt.

[54] Wie vor, S. 286, 301.

[55] Zu ersterem *Steinberg/Lubberger* (Fn. 2) S. 327ff.

[56] Dazu wie vor, S. 393ff.

[57] Näher *Peine* Allgemeines Verwaltungsrecht, 5. Auflage 2000, Rn. 469ff.

[58] Unter dem Aspekt einer Ausdehnung des nationalen Staatshaftungsrechts auf rechtmäßige Unionsakte *von Bogdandy* AöR 122 (1997) 268.

[59] Dazu *Koenig/Sander* Einführung in das EG-Prozessrecht, 1997, Rn. 381ff.; näher zu beiden Haftungsinstituten *Detterbeck* AöR 125 (2000) 202.

[60] Eingehend zu den zuletzt genannten drei Instituten *Ossenbühl* (Fn. 1) S. 560ff., 494ff., 527ff.

[61] Bspw. *Bonk* (Fn. 3) Art. 34 Rn. 4 mwN.

[62] Paradigmatisch § 839 Abs. 3 BGB, dazu *Ossenbühl* (Fn. 1) S. 92ff.; nachfolgend im Text.

1. Ausformungen der Subsidiarität in den Anspruchsinstituten des Sekundärrechtsschutzes

Eine ausdrückliche Anordnung der Subsidiarität des Sekundärrechtsschutzes findet sich im Amtshaftungsrecht, und zwar in § 839 Abs. 3 BGB.[63] Bei aller richterrechtlichen, insbesondere der gewandelten Funktion des Amtshaftungsrechts geschuldeten, ferner rechtsstaatlich motivierten einengenden Interpretation der Vorschrift[64] bleibt es doch bei ihrer anspruchsausschließenden Kraft für den Fall, dass der Versuch einer primärschutzrechtlichen Abwehr des Eingriffsaktes zurechenbar unterblieben ist.[65] Beredtes Beispiel bildet der Konkurrentenschutz im Beamtenrecht.[66] Nichts anderes gilt für den aufopferungsgleichen Eingriff[67] und, im Gefolge eines wenig geordneten Rückzugs der zivilrechtlichen Rechtsprechung vor der Enteignungsdogmatik des Bundesverfassungsgerichts,[68] für den enteignungsgleichen Eingriff, mag man dessen Subsidiarität gegenüber dem Primärrechtsschutz auch abschwächend dem flexibel differenzierenden Regime des § 254 BGB unterstellen.[69] Was die vielfach zu Unrecht vernachlässigte polizei- und ordnungsrechtliche Staatshaftung[70] anbelangt, so bildet der anerkannte primär(rechts)schützende Vorrang in der hier maßgeblichen Variante rechtswidrigen staatlichen Handelns die Konsequenz ihrer Einordnung als Spezialregelung des enteignungsgleichen Eingriffs. Im Geltungsbereich des einigungsvertragsrechtlich modifizierten Staatshaftungsgesetzes der früheren DDR ordnet § 2 des Gesetzes jene Subsidiarität ausdrücklich an. Trotz prinzipieller Selbstständigkeit der Haftung von Organen der EG nach Art. 288 Abs. 2 EG[71] tritt der Nachrang des Sekundärrechtsschutzes zwar weniger in der vom EuGH kaum überzeugend verfolgten Abhängigkeit von nationalen (Sekundär- und Primär-)Rechtsschutzmöglichkeiten zu Tage,[72] wohl aber im Zusammenhang mit der Schadensbemessung.[73] Deutlicher stellen sich die Dinge im kompetenziellen Ergänzungsver-

---

[63] Vgl. wie vor.

[64] *Ossenbühl* (Fn. 1) S. 92f.

[65] Vgl. nur *Wolff/Bachof/Stober* (Fn. 1) § 67 Rn. 110ff.

[66] BVerwG, NJW 1999, 2981 L.; umfassend *Schöbener* BayVBl. 2001, 321.

[67] Etwa *Maurer* (Fn. 1) § 27 Rn. 4.

[68] Vgl. nachfolgend unter D II. 1.

[69] Vgl. dazu *Peine* (Fn. 57) Rn. 460, 438; kritisch *Ehlers* VVDStRL 51 (1992) 211, 245.

[70] Treffend *Ossenbühl* (Fn. 1) S. 393, auch zum Nachfolgenden, S. 404f., 393f.

[71] Wie vor, S. 566f.

[72] Vgl. auch *Classen* (Fn. 4) S. 67, 69.

[73] *Ossenbühl* (Fn. 1) S. 611f.

hältnis[74] betreffend die gemeinschaftsrechtliche Staatshaftung dar: § 839 Abs. 3 BGB oder vergleichbare Vorschriften der Mitgliedstaaten werden vom diesbzgl. europäischen Richterrecht nicht absorbiert.[75] Der Haftung wegen Verletzung der EMRK schließlich ist der Subsidiaritätsgedanke ebenso wenig fremd – wenn es auch insoweit der Differenzierung bedarf.[76]

2. *Rechtssystematische Berechtigung des Subsidiaritätsgedankens*

Ist damit bei lediglich marginal variierender Striktheit eine Subsidiarität der bezeichneten Agenden des Sekundärrechtsschutzes zu konstatieren, bleibt die rechtssystematisch bedeutsame Frage nach der inneren Berechtigung jenes das Verhältnis der Anspruchsinstitute durchziehenden Gedankens.

Den rechtsgeschichtlichen Hintergrund bildet bekanntermaßen die Ablösung des gemeinrechtlichen Satzes vom „dulde und liquidiere" durch die Eröffnung von Möglichkeiten, den eingreifenden Staatsakt selbst und unmittelbar einer gerichtlichen Überprüfung auf seine Rechtmäßigkeit zuzuführen, m.a.W.: Wenn und soweit ein Schaden durch den Gebrauch von Rechtsmitteln und -behelfen im primären Rechtsschutz abgewehrt werden kann, besteht für eine Konstruktion im Sinne der Hinnahme des Schadens verbunden mit einem Anspruch auf Schadensersatz bzw. Entschädigung kein Anlass:[77] § 839 Abs. 3 BGB als Ausdruck eines allgemeinen Rechtsgrundsatzes.[78] Die hiermit, d.h. mit dem Primärrechtsschutz einhergehende Wahrung bzw. Wiederherstellung des ursprünglichen Status quo an Rechts(güter)bestand[79] stellt sich augenscheinlich als effektiverer Rechtsschutz dar als derjenige, der die Rechtsminderung bzw. den Rechtsverlust lediglich kompensiert, indem bloßer geldwerter Ausgleich gewährt wird. Das Credo also, die nähere

---

[74] National-rechtlich zu verfolgender Anspruch mit subsidiär gemeinschaftsrechtlicher Absicherung, vgl. *Weber* NVwZ 2001, 287, 288f.; EuGH, NVwZ 2000, 303 – Konle; eingehend *Gundel* DVBl. 2001, 95, 100ff.

[75] Deutlich *Hermes* (Fn. 10) 400; *Gromitsaris* SächsVBl. 2001, 157, 162; eher zweifelnd und auf § 254 BGB verweisend *Schoch* FS Maurer, 2001, 759, 770 mwN.

[76] Dazu eingehend *Ossenbühl* (Fn. 1) S. 527ff.

[77] So spätestens seit BVerfGE 58, 300, 324ff.; das steht der Annahme einer Lückenschließungsfunktion des Art. 34 S. 1 GG entgegen; anders wohl *Bonk* (Fn. 3) Art. 34 Rn. 4f.; vgl. auch *Schulze-Fielitz* (Fn. 12) Art. 20 (Rechtsstaat) Rn. 206.

[78] Deutlich *Ossenbühl* (Fn. 1) S. 92f.; BVerfG, DÖV 1999, 870, 872; EuGH, JZ 1996, 789; BGH, NJW 1996, 1897: ergänzende Heranziehung von § 254 BGB, kritisch dazu *Schoch* (Fn. 3) 285.

[79] Integritätswahrung, *Roth* (Fn. 8) S. 86 mwN.

Begründung lautet: Der Primärrechtsschutz wirkt eingriffsbereinigend, der sekundäre Rechtsschutz nur eingriffs(folgen)kompensierend[80] – und deshalb, nämlich aus Gründen geringerer (Rechtsschutz-)Effektivität, ist Letzterer mit Subsidiarität gegenüber Ersterem behaftet.

So wenig diese Herleitung in ihrer Allgemeinheit in Frage steht, kann es doch für unser Thema dabei nicht sein Bewenden haben. Denn die Tragfähigkeit jenes Argumentationsmusters steht und fällt – natürlich – mit der konkret festzustellenden, mithin überprüfungsbedürftigen Effektivität des Primärrechtsschutzes, d.h. seiner eingriffsbereinigenden Kraft. Hier erwächst eine der zentralen Herausforderungen an die rechtliche Behandlung des Primär- und Sekundärrechtsschutzes: Erweist sich insoweit eine unzureichende Leistungsfähigkeit primären Rechtsschutzes, so berührt dies die soeben angesprochenen Grundlagen seines Vorrangs im Verhältnis zum Sekundärrechtsschutz; jene Relation müsste möglicherweise gänzlich neu justiert werden – oder es gälte, andere Konsequenzen aus einem solchen Ergebnis abzuleiten.

Die Perspektive ist demnach eine solche der Systemüberprüfung bzw. -fortschreibung, orientiert sich mithin an allgemeinen Grundsätzen rechtlicher Systembildung.[81] Indem die einschlägigen einfachgesetzlichen Ausprägungen nicht nur an dem systembildenden Subsidiaritätsverhältnis von Sekundär- und Primärrechtsschutz gemessen, sondern dieses umgekehrt auch im Gefolge jener normativen Gegebenheiten möglicherweise überdacht werden muss bzw. zur Disposition steht, findet sich das hermeneutische Prozedere[82] und zugleich die Offenheit jeglicher rechtlichen Systembildung[83] exemplifiziert.

Ihre – notwendige[84] – verfassungsrechtliche Orientierung liefert hier, weil es um die eingriffsbereinigende Kraft des primären Rechtsschutzes geht, zuvörderst das Gebot effektiven (gerichtlichen) Rechtsschutzes in seiner nationalen Absicherung durch Art. 19 Abs. 4 GG,[85] freilich unter dem beschriebenen rechtssystematischen Blickwinkel, nicht also als

---

[80] Vgl. auch *Schoch* (Fn. 3) 262.

[81] Vgl. dazu *Larenz/Canaris*, Methodenlehre der Rechtswissenschaft, 3. Auflage 1995, S. 263ff.; *Peine* Das Recht als System, 1983, S. 29ff.; *Degenhart* Systemgerechtigkeit und Selbstbindung des Gesetzgebers als Verfassungspostulat, 1976.

[82] *Schmidt-Aßmann* (Fn.7) 1. Kap. Rn. 1.

[83] *Canaris* Systemdenken und Systembegriff in der Jurisprudenz, entwickelt am Beispiel des deutschen Privatrechts, 1969, S. 106.

[84] Vgl. dazu *Schmidt-Aßmann* (Fn. 7) 1. Kap. Rn. 3.

[85] Dazu eingehend *Schmidt-Aßmann* in: Maunz/Dürig (Hrsg.) Grundgesetz, Erl. zu Art. 19 Abs. IV (1985); daneben objektiv-rechtlich durch das Rechtsstaatsprinzip, vgl. etwa *Krüger* (Fn. 3) Art. 19 Rn. 104.

rechtsdogmatischer Maßstab[86] objektiv- oder individualrechtlicher Subsumtion.[87]

C. Zur eingriffsbereinigenden Kraft des Primärrechtsschutzes

Die Beurteilung der eingriffsbereinigenden Kraft des Primärrechtsschutzes hat bei der Funktionalität des gerichtlichen Rechtsschutzes mit Blick auf seinen Kontrollgegenstand anzusetzen, wie sie bereits Gegenstand der Verhandlungen der Staatsrechtslehrervereinigung war,[88] aber auch neuerer Erkenntnisse wie Entwicklungen ist[89] (nachfolgend unter I.). Dabei dürfen die Erörterungen indes nicht verharren. Die Abstraktionshöhe jener Deduktion verlangt vielmehr nach einer gerade auch rechtlichen Unterfütterung auf viel gepriesener mittlerer Konkretisierungsebene;[90] gemeint sind jüngere rechtsnormative Entwicklungen mit nicht zu unterschätzenden Auswirkungen auf die Wirksamkeit des Primärrechtsschutzes[91] (nachfolgend unter II.).

I. Primärrechtsschutz und (vertikale) Vernetzungserscheinungen

Die seit längerem geführte Diskussion um Stellenwert und Reichweite der verwaltungsgerichtlichen Kontrolle[92] hat in jüngerer Zeit eine prägnante Bewertung dahin gehend erfahren, die Verwaltungsgerichtslehre könne sich nicht mehr allein auf Art. 19 Abs. 4 GG konzentrieren.[93] Den Hintergrund bildet die individualrechtlich, d.h. punktuell ansetzende, folglich schon gegenständlich verengte gerichtliche Kontrolle[94]; ausgeblendet findet sich damit zugleich die nicht nur für komplexere Verwaltungsentscheidungen typische Einbettung in ein Geflecht zunehmend ho-

[86] Insoweit – und anhand weiterer verfassungsrechtlicher Maßstäbe – zur verfassungsrechtlichen Absicherung des Vorrangs primären Rechtsschutzes *Axer* (Fn. 17) 1327 (verneinend).

[87] Dazu *Lorenz* (Fn. 13) S. 150f.

[88] Vgl. etwa *Schmidt-Aßmann* VVDStRL 34 (1976) 221.

[89] *Ders.* (Fn. 7) 4. Kap. Rn. 71ff.

[90] Dazu *Schmidt-Aßmann*, wie vor, 1. Kap. Rn. 16.

[91] Dazu *Sparwasser* AnwBl. 2000, 658.

[92] Vgl. etwa die Beiträge in: FS Menger, 1985.

[93] *Schmidt-Aßmann* (Fn. 7) 4. Kap. Rn. 74; dem folgend *Schulze-Fielitz* FS Hoppe, 2000, 997, 1005f.; nachfolgend unter E. I. 1.

[94] Dazu nachfolgend unter E. II. 2. d.

rizontaler[95], vor allem aber, und deshalb hier weiter zu verfolgender, vertikaler Vorentwürfe[96]. Allgemeiner gewendet: Das national verfasste Rechtsschutzregime führe zu der Vernetztheit von Entscheidungsstrukturen in einer pluralistisch gegliederten Verwaltungsorganisation inadäquaten (Kontroll-)Ergebnissen; daran ändere auch ein fortgeschriebener Individualschutz durch extensive Anwendung der Schutznormlehre wenig.[97]

Dieser Befund lässt sich – und damit tritt seine Relevanz für die Effektivität des Primärrechtsschutzes endgültig hervor – nicht durch Aufwertung des Verwaltungsverfahrens bereinigen, indem diesem hinsichtlich Beteiligtenpositionen u.Ä. eine Kompensationsfunktion zugeschrieben wird.[98] Ungeachtet prinzipieller Bedenken gegenüber dem Kompensationsgedanken als solchem, insbesondere seiner verfassungsrechtlichen Ansiedlung[99] jenseits einfachgesetzlicher Akzeptanz,[100] können Restriktionen der gerichtlichen Überprüfung nicht durch verwaltungsverfahrensrechtliche Sicherungen ausgeglichen werden; das gilt selbst unter Einbeziehung derjenigen auf vorgelagerter (Entscheidungs-)Ebene:[101] Der das Verwaltungsverfahren nach näherer Maßgabe[102] treffende rechtswahrende Auftrag[103] unterscheidet sich qualitativ von der gerichtlichen Rechtsschutzgewährleistung ex post; indem beides nicht kompatibel ist, scheidet jegliche wechselseitige Kompensation aus.[104] Anders gewendet:

---

[95] Vgl. *Wahl/Groß* DVBl. 1998, 2, insbes. 12f. im supranationalen Kontext am Beispiel der Novel-Food-VO; *Becker* DVBl. 2001, 855; allgemein *Schmidt-Aßmann* JZ 1994, 832, 838f.

[96] Zu den diesbzgl. dogmatischen Problemen und deren Behandlung als Daueraufgabe des Verwaltungsrechts *Schmidt-Aßmann* in: Verwaltungsgerichtsordnung (Fn. 49) Einl. Rn. 202; auch *Classen* (Fn. 4) S. 191.

[97] *Schmidt-Aßmann* (Fn. 7) 4. Kap. Rn. 72, 78.

[98] Dazu *Wahl* VVDStRL 41 (1983) 151, 161, 180, freilich mit Ausnahmen; zu letzteren *Erbguth* Rechtssystematische Fragen des Umweltrechts, 1987, S. 249f.; insgesamt *Schwarze* Der funktionale Zusammenhang zwischen Verwaltungsverfahren und Verwaltungsprozess, 1974, insbes. S. 65ff.

[99] Vgl. dazu noch nachfolgend unter II. 1.

[100] Die – demgegenüber – im vorliegenden Zusammenhang hinsichtlich des Sekundärrechtsschutzes gegeben ist, vgl. vorstehend unter B. II. 1.; näher zum „gesetzlichen Totalvorbehalt" allgemein *Voßkuhle* Das Kompensationsprinzip, 1999, S. 342.

[101] Dazu unter Aspekten der primären Rechtsschutzeröffnung nachfolgend unter E. I.

[102] Vgl. nachfolgend unter E. I. 2. d. ee.

[103] Zuletzt *Schoch* Die Europäisierung des verwaltungsgerichtlichen Rechtsschutzes, 2000, S. 38.

[104] Näher *Erbguth* (Fn. 98) S. 238ff. mwN; tendenziell idS zuletzt *Ziekow/Siegel* (Fn. 23) S. 98; gegenteilig etwa *Gaentzsch* DVBl. 2000, 741, 743 mwN; differenzierend *Schmidt-Aßmann* in: Verwaltungsgerichtsordnung (Fn. 49) Einl. Rn. 197ff.

Nicht dem Verfahren kann eine derartige Ausgleichsfunktion zuwachsen, sondern ggfls. der gerichtlichen Kontrolle, genauer: der Kontrollierbarkeit des Verfahrensrechts.[105]

Zuzugeben ist freilich bei alldem die bedeutete[106] nicht geringe Abstraktion des argumentativen Konzepts. Überdies darf auch die Verwirklichungsebene selbst bei der rechtsschutzorientierten Betrachtung nicht außen vor bleiben. In Anbetracht dessen erscheint es nahe liegend, sich auf konkreter(er) Ebene[107] anhand von Entwicklungen im Recht des Primärrechtsschutzes zu vergewissern, wie es um seine Effektivität, sprich: um seine eingriffsbereinigende Wirkung gleichsam „vor Ort" bestellt ist. Erinnert sei an jüngere gesetzgeberische Vorstöße zur Beschleunigung verwaltungsgerichtlicher Verfahren mit Schwerpunkt im Planfeststellungsrecht,[108] exemplarisch und referenziell nicht zuletzt[109] aufgrund von Änderungen des allgemeinen Verwaltungs(verfahrens)rechts und des Verwaltungsprozessrechts.

II. Einengungen des Primärrechtsschutzes auf Verwirklichungsebene

1. Überblick

Rechtsschutzeinschränkend wirkt insoweit neben dem fachplanungsrechtlich,[110] in den neuen Bundesländern (außer Berlin)[111] und durch § 80 Abs. 2 Nr. 3 VwGO iVm Bundesrecht[112] oder Landesrecht bewirkten Ausschluss der aufschiebenden Wirkung von Widerspruch[113] bzw. Anfechtungsklage[114] die nunmehr für jegliche Planfeststellung in § 73 Abs. 4

---

105 *Pietzcker* FS Maurer, 2001, 695, 706; *Steinberg* (Fn. 8) S. 303; jeweils mwN; dazu nachfolgend unter E. II.

106 Vgl. vorstehend, eingangs dieses Kap.

107 Vgl. wie vor.

108 Dazu anhand höherrangiger Anforderungen *Erbguth* UPR 2000, 81; deutlich(st)e Kritik aus rechtsstaatlicher Sicht bei *Ipsen* NdsVBl. 1999, 225; vgl. auch *Püttner/Guckelberger* JuS 2001, 218; *Pietzcker* (Fn. 105) 695f.

109 Etwa auch für das Verwaltungsrecht in der Informationsgesellschaft, vgl. *Voßkuhle* in: Hoffmann-Riem/Schmidt-Aßmann (Hrsg.) Verwaltungsrecht in der Informationsgesellschaft, 2000, S. 349, 399ff. m. umfangr. Nachw.

110 Vgl. etwa *Steinberg/Berg/Wickel* (Fn. 23) § 6 Rn. 119 mit Fn. 422.

111 Zur Verlängerung des Verkehrswegeplanungsbeschleunigungsgesetzes insoweit *Wickel* NVwZ 2001, 16, 19.

112 Vgl. § 212a BauGB 1998 (BGBl. I S. 2141).

113 Sofern ein Widerspruchsverfahren – überhaupt – noch eröffnet ist, vgl. *Rennert* in: Eyermann, Verwaltungsgerichtsordnung, 11. Auflage 2000, § 68 Rn. 24.

114 Näher *Hoppe/Schlarmann/Buchner* Rechtsschutz bei der Planung von Straßen und anderen Verkehrsanlagen, 3. Auflage 2001, Rn. 920ff. m. zutr. Kritik.

S. 3 VwVfG eingeführte materielle Präklusion, dies unter Vernachlässigung der enteignungsrechtlichen Vorwirkung im Fachplanungsrecht als Besonderheit gegenüber dem Zulassungsrecht für Industrieanlagen.[115] Verwaltungsprozessuale Abwehrmöglichkeiten dezimieren ferner die geänderten Heilungs- und Unbeachtlichkeitsvorschriften der §§ 45, 46 VwVfG[116] – was durch §§ 94 S. 2, 87 Abs. 1 S. 2 Nr. 7 VwGO noch verstärkt wird; kompensatorische[117] Rechtfertigungsversuche in dem Sinne, der Vorteil der Heilung werde auf Kostenseite, d.h. im Erledigungsbeschluss, wieder ausgeglichen,[118] können nur als abenteuerlich bezeichnet werden.[119] Weitere rechtsschutzreduzierende Konsequenzen zeitigt das durch § 75 Abs. 1a S. 2 VwVfG in das Planfeststellungsrecht allgemein eingeführte nachträgliche Verfahren zur Fehlerbereinigung;[120] dem lässt sich durch Ausschluss der planerischen Grundkonzeption aus seinem Einsatzbereich[121] angesichts der Planungsentscheidungen typisierenden integrativen Vernetztheit der Belangverarbeitung[122] nicht entgehen.

2. *Kumulative Wirkung*

Man mag den verkürzt und ausschnitthaft skizzierten Bewertungen Überzeugungskraft abgewinnen oder – bspw. als Produkt „reiner Lehre"[123] – nicht[124] bzw. allenfalls partiell, indem etwa bestimmten Dere-

---

[115] *Solveen* DVBl. 1997, 803, 804ff.; eingehend hierzu und zu weiteren verfassungsrechtlichen Fragen *Oexle* Das Rechtsinstitut der materiellen Präklusion in den Zulassungsverfahren des Umwelt- und Baurechts, 2001, S. 70ff.; zuletzt *Thiel* DÖV 2001, 814.

[116] Vgl. etwa die – deutliche – Kritik bei *Steinberg* (Fn. 8) S. 303ff.; eingehend zu § 46 VwVfG *Schöbener* DV 33 (2000) 447; zur Bedeutung des § 45 VwVfG im kommunalen Abgabenrecht *Johlen* DÖV 2001, 582, 587.

[117] Vgl. etwa *Schmidt-Preuß* VVDStRL 56 (1997) 160; *Hoffmann-Riem* DÖV 1997, 433, 438; die allgemein-verfassungsrechtliche Herleitung des Kompensationsgedankens erscheint nebulös; „Funktionsmaxime der sozialen Rechtsstaatlichkeit", *Scholz* Wirtschaftsaufsicht und Konkurrentenschutz, 1971, S. 157; umfassend zuletzt *Voßkuhle* (Fn. 100).

[118] Kritisch *Sparwasser* (Fn. 91) 662; auch *Hatje* DÖV 1997, 477, 481.

[119] Näher im Zusammenhang des Art. 19 Abs. 4 GG zurecht *Hatje*, wie vor, 483; vgl. auch *Hufen* NJW 1982, 2160, 2165; ferner *Voßkuhle* (Fn. 109) S. 396f.; bezeichnend die mit Blick auf Anhörungsfehler ausgeschlossene Heilungsmöglichkeit nach § 41 SGB X; dazu, zu § 126 AO und zur Heilung nach anderen Gesetzen *Hufen* Fehler im Verwaltungsverfahren, 3. Aufl. 1998, Rn. 624.

[120] Zu aktuellen Entwicklungen *Gaentzsch* UPR 2001, 201.

[121] Vgl. BVerwGE 100, 370, 373; wN bei *Steinberg/Berg/Wickel* (Fn. 23) § 6 Rn. 166.

[122] *Hufen* (Fn. 119) Rn. 389b (S. 252); eingehend zuletzt *Kühling/Herrmann* Fachplanungsrecht, 2. Auflage 2000, S. 10ff.; *Hoppe/Schlarmann/Buchner* (Fn. 114) Rn. 540ff.

[123] *Gaentzsch* (Fn. 104) 749.

gulierungen geringe praktische Bedeutung beigemessen wird.[125] Jenseits des diametralen Gegensatzes zur europarechtlich-prozessualen Sensibilisierung des Verfahrensrechts[126] tritt das Gewicht der Befunde jedenfalls hervor, wenn sie aus der bisherigen additiven Auflistung gelöst und einer die kumulativen Wirkungen der Rechtsverkürzungen sichtbar machenden Gesamtschau[127] zugeführt werden, die zugleich materiell-rechtliche Konsequenzen nicht außer Acht lässt:

Die aufgrund fehlender aufschiebender Wirkung der Anfechtungsklage eintretenden Restriktionen werden im Verfahren einstweiligen Rechtsschutzes wie im Klageverfahren durch die materielle Einwenderpräklusion weiter geschmälert; was sich dann noch der gerichtlichen Überprüfung zuführen lässt, kann mit Blick auf formelle wie materielle Fehler unbeachtlich sein oder in formeller Hinsicht bis zum Abschluss des gerichtlichen Verfahrens geheilt werden – und bei Abwägungsmängeln sowie – im Gefolge fachplanungsrechtlicher Anordnung – gleichermaßen bei formellen Fehlern auch noch danach. Damit zeigen sich die zangenartig rechtsschutzbeschränkenden Wirkungen der Deregulierungen in ihrem besonderen, krassen Licht.

Hieraus ließe sich – wiederum i.S. der Kumulation – Zusätzliches aus (Neu-)Regelungen des Verwaltungsverfahrens ableiten, die bei isolierter Betrachtung verwaltungsprozessualer Relevanz entbehren. Insoweit verkürzen reduzierte Fristen[128] und neben der (formellen) Einwender- die Behördenpräklusion[129] im Planfeststellungsverfahren und in demjenigen der Plangenehmigung – bislang – der Ausfall von Umweltverträglichkeitsprüfung[130] und – weiterhin – der Verbandsbeteiligung[131] die Entscheidungsgrundlagen, weil Verfahrensbestimmungen, daran gilt es ange-

---

[124] Kritisch gegenüber den Bedenken an der materiellen Präklusion im Fachplanungsrecht etwa *Sendler* DÖV 2001, 90, 91; ähnlich zum einstweiligen Rechtsschutz unter europarechtlichem Blickwinkel *Kokott* DV 31 (1998) 335, 346ff.

[125] *Hufen* (Fn. 119) Rn. 623 (zu § 45 Abs. 2 VwVfG), Rn. 629 (S. 386, zu § 46 VwVfG); *ders.* JuS 1999, 313, 314 mwN in Fn. 7.

[126] *Kokott* (Fn. 124) 365ff.; *Classen* DV 31 (1998) 307, 323f.; dazu allgemein(er) nachfolgend unter E. I. 2. d. dd.

[127] Ansatzweise idS *Schulze-Fielitz* (Fn. 12) Art. 19 IV Rn. 84.

[128] Vgl. dazu *Erbguth* (Fn. 12) S. 36ff.

[129] Vgl. wie vor, S. 46f., auch zum Nachfolgenden mwN; *Steinbeiss-Winkelmann* DVBl. 1998, 809, 816.

[130] Abhilfe nunmehr durch Art. 1 Nr. 3. b), Art. 13 Nr. 1., Art. 14 Nr. 2., Art. 15 Nr. 1.; Art. 16 – 18, jeweils Nr. 1. des Gesetzes zur Umsetzung der UVP-Änderungsrichtlinie, der IVU-Richtlinie und weiterer EG-Richtlinien zum Umweltschutz v. 27. 7. 2001, BGBl. I S. 1950; zum europarechtlichen Hintergrund *Schink* DVBl. 2001, 321.

[131] Hierzu *Ziekow/Siegel* (Fn. 23) S. 87ff., 101ff.

sichts der Deregulierungswut zu erinnern,[132] neben ihrer formalen Bedeutung auch materielle Wirkung aufweisen.[133] Dann aber führen jene Verfahrensreduzierungen zu - weiteren[134] - Einengungen rechtsstaatlich gebotener umfassender Abwägung, wie sie das Planfeststellungsrecht nach überwiegender Auffassung prägt.[135]

Schon daraus folgt für den gewählten Schwerpunkt der Betrachtung, nämlich die notwendig eingriffsbereinigende Kraft des Primärrechtsschutzes, dass ihm diese spezifische Effektivität aufgrund jüngerer legislativer Restriktionen und deren Gesamtschau unter Berücksichtigung materiell-rechtlicher Konsequenzen kaum - mehr - zuzusprechen sein dürfte.

3. *Kausalitätsrechtsprechung*

Hierfür streitet schließlich die richterrechtliche[136] Einkesselungswirkung der sog. Kausalitätsrechtsprechung.[137] Bereits der bei Verfahrensrügen geforderte (hypothetische) Nachweis einer konkret möglichen anderen Entscheidung stellt - für Kläger wie für die Vorinstanz - eine praktisch unüberwindbare Hürde dar; denn mit „Entscheidung" ist die letzte Phase der Abwägung gemeint, der Ausgleich der Belange, eben das, was bei der Abwägung herauskommt[138] - und die durch den eigentlichen Gestaltungsspielraum gekennzeichnet ist, der nur im Extremfall evidenter Missachtung des Gewichts jener Belange seine Grenze findet.[139] Wie soll angesichts dessen und einer die so reduzierte Abwägungskontrolle noch zurücknehmenden Rechtsprechung[140] die „konkrete Möglichkeit" einer anderen Entscheidung im - gedachten - Fall ordnungsgemäßer Verfah-

---

[132] Vgl. *Sparwasser* (Fn. 91) 662f.

[133] *Steinberg* in: Hoffmann-Riem/Schmidt-Aßmann (Hrsg.) Konfliktbewältigung durch Verhandlungen - Informelle und mittlerunterstützte Verhandlungen in Verwaltungsverfahren -, 1990, S. 295, 299; anhand der Kontrolleröffnung näher nachfolgend unter E. I. 2.

[134] Vgl. vorstehend im Text.

[135] Dazu, allerdings kritisch, *Erbguth* DVBl. 1992, 398.

[136] Zum Richterrecht im Kontext der Rechtsquellenlehre etwa *Ossenbühl* in: Erichsen (Hrsg.) Allgemeines Verwaltungsrecht, 11. Auflage 1998, Zweiter Abschnitt, § 6 Rn. 77ff.

[137] BVerwG, UPR 1996, 228, 232; kritisch *Schoch* NVwZ 1999, 457, 458; *ders.* (Fn. 103) S. 38; ferner *Ekardt* Steuerungsdefizite im Umweltrecht, 2001, S. 143f.; näher *Wittkopp* Sachverhaltsermittlung im Gemeinschaftsverwaltungsrecht, 1999, S. 231ff.

[138] Dazu bspw. *Erbguth/Wagner* Bauplanungsrecht, 3. Auflage 1998, Rn. 235f.; auch zum Nachfolgenden.

[139] IdS auch BVerwG, NuR 1996, 402, 403.

[140] Dazu mwN *Schulze-Fielitz* (Fn. 93) S. 1003f.

rensgestaltung belegt werden?[141] Wenn überhaupt, lassen sich allenfalls Ermittlungs- oder Bewertungsdefizite im Gefolge des (Verfahrens-)Verstoßes substanziieren – wie dies auch das Bundesverwaltungsgericht nicht ausgeschlossen hat.[142] Dann aber greifen die Daumenschrauben der nächsten Kausalitätsrechtsprechung – mit Unterstützung des Beschleunigungsgesetzgebers, von § 17 Abs. 6c FStrG bis hin zu § 75 Abs. 1a VwVfG –, wobei freilich der letzte „Dreh" Elaborat unserer obersten verwaltungsgerichtlichen Instanz[143] ist: Fehler im Abwägungsvorgang (Ermittlung, Bewertung) sind nur erheblich, d.h. auf das Abwägungsergebnis von Einfluss (gewesen), „wenn die konkrete Möglichkeit besteht, daß die Planfeststellungsbehörde ohne den festgestellten Mangel eine andere planerische Entscheidung getroffen hätte. Eine nur abstrakte Möglichkeit einer anderen Entscheidung genügt dagegen nicht.":[144] Abwägungs(strukturell)bedingt nicht hinnehmbar,[145] aber ständige Rechtsprechung.

D. Fazit und konzeptionelle Folgerungen

I. Befund

In Anbetracht dessen verfehlt der Primärrechtsschutz seine den Vorrang gegenüber dem Sekundärrechtsschutz begründende Wirkung in wesentlichen Agenden des öffentlichen Rechts.[146] Das folgt zum einen aus seiner Ausschnittfixiertheit unter Vernachlässigung vorgelagerter Entscheidungen. Zum Zweiten rührt dies bereichsspezifisch, aber in für das öffentliche Recht essenziellen Bereichen,[147] aus einer – keineswegs nur marginalen[148] – gesetzgeberischen Ausdünnung des primären Rechtsschutzes, die ihn, jedenfalls unter Mitberücksichtigung verwaltungsge-

---

[141] Wenig befriedigend daher BVerwG, NVwZ 1994, 688, 690; hiermit eher einverstanden *Steinberg* DÖV 1996, 221, 228; berechtigte rechtsdogmatische Kritik anhand § 46 a.F. VwVfG bei *Schöbener* (Fn. 116) 464f.; kaum überzeugend OVG NRW, NWVBl. 2001, 134, 138.

[142] BVerwG, UPR 1996, 228, 233; auch *Steinberg* (Fn. 141) 221, 228; *von Danwitz* DVBl. 1993, 422, 426.

[143] Anhand § 46 VwVfG a.F. *Hufen* (Fn. 119) Rn. 625 (S. 383).

[144] BVerwG, NuR 1996, 589, 592; BVerwG, UPR 1996, 228, 232 mwN.

[145] Näher nachfolgend unter E. II. 2. d.; *Sauthoff* BauR 2000, 195, 205f. anhand enteignungsrechtlich Betroffener.

[146] Ansatzweise für den Planungsbereich *Schulze-Fielitz* (Fn. 93) S. 1010: tendenzielle Erschwernis des Rechtsschutzes; anders *Schoch* (Fn. 3) 262.

[147] Allgemein idS *Schmidt-Aßmann* in: Hoffmann-Riem/ders. (Hrsg.) Konfliktbewältigung durch Verhandlungen, 1990, S. 9, 21f.

[148] Vgl. vorstehend unter C. II.

richtlicher Flankierung, in der Diktion des Europäischen Gerichtshofs zumindest „übermäßig erschwert“[149] und ihm dergestalt seiner Effektivität nimmt. Erstgenannter Rechtsschutzausfall findet sich überdies dadurch verschärft, dass auf der Stufe unmittelbar bürgergerichteter Dezision die Möglichkeiten primären Rechtsschutzes gerade nicht erweitert, sondern deutlich verschlechtert worden sind. Erneut[150] treten mithin Gewicht und Reichweite der Rechtsschutzreduzierung in ihrer zangenartigen Verstärkung hervor.

II. Folgerungen

Als Reaktion auf diesen Befund liegen zwei Alternativen nahe: Zum einen die zumindest partielle Aufwertung des Sekundärrechtsschutzes in Relation zu demjenigen primärer Art – also ein ändernder Zugriff auf das systembildende Subsidiaritätsverhältnis selbst,[151] zum anderen eine Effektivierung des Primärrechtsschutzes, gerichtet auf die Wiedergewinnung seiner eingriffsbereinigenden Kraft, m.a.W.: (Re-)Stabilisierung jener Systembildung.[152]

1. Aufwertung des Sekundärrechtsschutzes?

Ersterer Strategie, der Befreiung des Sekundärrechtsschutzes aus den Fesseln der Subsidiarität, widerstreitet, dass sich die bezeichneten Schwachstellen des Primärrechtsschutzes durch die Institute der Staats(unrechts)haftung[153] nicht ausgleichen lassen. Auf Verwirklichungsebene schon deshalb nicht, weil sie die sekundären Anspruchspositionen gleichermaßen beschneiden[154], jedenfalls aber entsprechende Restriktionen bei der prozessualen Durchsetzbarkeit nach sich ziehen. Erinnert sei ferner an die gänzlich andersartigen Rechtsschutzziele bzw. -gewährleistungen.[155] Dem entspricht die verfassungsgerichtliche Remidur eines vorrangig über Entschädigungspflichten verwirklichten Eigentumsschutzes[156] –

---

[149] EuGH, Slg. 1995-I, 4615, Rn. 14 hinsichtlich europarechtlich bedingter Verfahrensvorschriften mit Wirkung auf das gerichtliche Verfahren.

[150] Vgl. dazu anhand der Beschleunigungsgesetzgebung vorstehend unter C. II. 2.

[151] Allgemein vorstehend unter B. II. 2.

[152] Auch dazu allgemein vorstehend unter B. II. 2.

[153] Zum diesbzgl., vorliegend relevanten Befund unter B. I.

[154] Vgl. etwa *Ossenbühl* (Fn. 1) S. 45 zur Amtspflichtverletzung anhand § 46 VwVfG; von vorneherein Ausschluss rein formeller Mängel als rechtswidrigkeitsauslösend beim enteignungsgleichen Eingriff, wie vor, S. 259 mwN.

[155] Vorstehend unter B. II. 2

[156] Dazu – referierend – *Roller* NJW 2001, 1003, 1004f.

wenn auch die nachfolgende Karriere der ausgleichspflichtigen Inhaltsbestimmung[157] nicht ohne weiteres in Einklang mit jener Konsequenz steht.

Überdies verharrt der sekundäre Rechtsschutz im Gefolge des Scheiterns der Staatshaftungsreform[158] weiterhin[159] in seinen historisch wie richterrechtlich bedingten Anachronismen, strukturellen Schwächen und Widerläufigkeiten, erweist sich mithin nicht nur als defizitär,[160] sondern auch gegenüber einer effektuierenden systematischen Durchdringung in weiten Bereichen als resistent.[161] Das hervorzuheben betritt kein Neuland. Zum betrüblichen Befund daher lediglich folgende Stichworte: Systemwidrigkeit und daraus resultierende Ungewissheiten im Zusammenhang mit der zivilgerichtlichen (Neu-?[162])Justierung des enteignungsgleichen Eingriffs im Aufopferungsgedanken,[163] Schutzgutdivergenzen und solche auf Rechtsfolgeseite,[164] staatliches Unterlassen als Eingriff,[165] Haftung für normatives Unrecht,[166] DDR-Staatshaftung und Maßgaben der bundesdeutschen Rechtsordnung,[167] nähere innerstaatliche Ausformung des gemeinschaftsrechtlichen Staatshaftungsrechts als eigenständiges Institut oder als Implantat des nationalen Haftungsrechts.[168] Rechtsfortbildung dürfte schon zivilgerichtlich nicht zu erwarten sein, so dass deren zulässige Reichweite[169] eine akademische Frage darstellt. Ob ein neues Staatshaftungsrecht auf der Grundlage des Art. 74 Abs. 1 Nr. 25 GG Abhilfe schaffen und dabei insbesondere[170] die gemeinschaftsrechtlichen Impulse[171] aufgreifen wird, erscheint mehr als zweifelhaft[172]. Keine Abhilfe vermag es jedenfalls hinsichtlich der Unzulänglichkeit primärer

[157] Zuletzt BVerfG, DVBl. 1999, 1498.

[158] *Bonk* (Fn. 3) § 34 Rn. 13ff., 22.

[159] Deutliche Kritik bei *Maurer* (Fn. 1) § 30 Rn. 6.

[160] Eingehend *Schoch* (Fn. 3) 264ff., auch zum Vorstehenden, 263, 272.

[161] Vgl. nur *Hermes* (Fn. 10) 382f.

[162] Treffend *Schoch* (Fn. 3) 279, 288.

[163] Etwa *Maurer* (Fn. 1) § 26 Rn. 87ff.

[164] *Schoch* (Fn. 3) 265f., 267ff.

[165] Bspw. *Peine* (Fn. 57) Rn. 457, 436.

[166] *Schoch* (Fn. 3) 266ff.

[167] *Peine* (Fn. 57) Rn. 469ff.

[168] Eingehend *Ossenbühl* (Fn. 1) S. 522ff. und vorstehend unter B. II. 1. mit Fn. 74.

[169] Zurückhaltend *Papier* in: Maunz/Dürig (Hrsg.) GG, Loseblatt, Art. 34 (1998) Rn. 98; anders *Schoch* (Fn. 3) 287ff. mwN in Fn. 190.

[170] Zu nationalen Reformkonzepten *Schoch* (Fn. 75) 775 mwN.

[171] *Schoch* (Fn. 3) 275ff.

[172] *Wolff/Bachof/Stober* (Fn. 1) § 66 Rn. 8f.

Justizgewährleistung gegenüber der vertikalen Vernetzung von Entscheidungen zu schaffen.[173]

2. *Effektivierung des Primärrechtsschutzes*

In Anbetracht dessen, zugleich potenziert durch den desolaten Zustand des Sekundärrechtsschutzes, führt kein Weg daran vorbei, denjenigen primärer Art – wieder – aufzuwerten, ihn also mit eingriffsbereinigender Kraft auszustatten, die diese Bezeichnung auch verdient.

a) Das um so mehr, als sich Vernetzungserscheinungen im öffentlichen Recht nicht nur quantitativ erhöhen werden, sondern es insoweit auch zu einem qualitativen Sprung kommen wird. Gemeint sind die Konsequenzen des Sustainability-Konzepts, das sich zwischenzeitlich von seinen Ursprüngen als internationales soft-law (insbesondere) der Konferenz von Rio aus dem Jahre 1992 zu verbindlichen Vorgaben des primären EU- und EG-Rechts[174] gemausert und Niederschlag im sekundären EG-Recht wie im nationalen räumlichen Gesamtplanungsrecht gefunden hat[175] – wobei die nationalrechtliche Begrifflichkeit der Nachhaltigkeit schon deshalb nicht (mehr) mit dem Vorwurf der Aussageunschärfe belegt werden kann, weil der Bundesgesetzgeber eine Definition mit geliefert hat.[176] Diese dem international- und europarechtlichen Verständnis entsprechende Beschreibung des Nachhaltigkeitsprinzips verlangt nach einer apriorischen und grundsätzlich gleichberechtigten, zudem durch eine Wegwägsperre[177] geschützten Mitberücksichtigung ökologischer, ökonomischer und sozialer Belange bei der staatlichen Entscheidungsfindung, gepaart mit deren Zukunftsgerichtetheit im Sinne einer Langzeitverantwortung für künftige Generationen.

Dass Derartiges das auch rechtliche Anspruchsniveau an hiermit implizierte Abwägungsvorgänge, und zwar deren (Belang-)Breite wie (Folgen-)Tiefe, deutlich(st) erhöht, liegt nun ebenso auf der Hand wie die Folgerung, dass aus einer solcherart übergreifenden und zukunftsgerichteten Sichtweise gewonnene Ergebnisse, sei es im Bereich der räumlichen Ent-

---

[173] Dazu vorstehend unter C. I.

[174] Vgl. etwa *Caspar* DÖV 2001, 529, 530f.; näher *ders.* ARSP 1997, 338.

[175] Vgl. dazu etwa *Schröder* WiVerw 1995, 65; *Frenz* ZG 1999, 143; eingehend *Runkel* in: Bielenberg/Runkel/Spannowsky, Raumordnungs- und Landesplanungsrecht des Bundes und der Länder, Loseblatt, K § 1 (2001) Rn. 58ff.; *Menzel* ZRP 2001, 221; insgesamt kritisch *Reinhardt* UTR 43 (1997) 73.

[176] Vgl. § 1 Abs. 2 S. 1 ROG; näher *Krautzberger/Stemmler* FS Hoppe, 2000, 317; skeptisch *Kuschnerus* ZfBR 2000, 15.

[177] Dazu *Erbguth* NVwZ 2000, 28, 31.

wicklung als Festsetzungen in Raumordnungs- oder Bauleitplänen, sei es außerhalb dessen etwa in Form von Finanzplanungsaussagen auf Bundes-, Landes- oder Gemeindeebene, in ganz anderer Weise nachfolgende Einzelentscheidungen (vor)prägen werden, die herkömmlich den Gegenstand des Primärrechtsschutzes bilden.

b) Die Ausrichtung, derzufolge sowohl auf vorgelagerter wie auf Verwirklichungsebene Möglichkeiten zur Wiedergewinnung der eingriffsbereinigenden Wirkung des primären Rechtsschutzes nachgegangen wird, rechtfertigt sich aus dem jeweils für sich betrachtet anzutreffenden Effektivitätsdefizit. Freilich bedarf es insoweit der gebührenden Einbeziehung anerkannter Maßgaben für einen wirksamen, d.h. ausgewogenen Rechtsschutz in den hier anzutreffenden mehrpoligen Rechtsverhältnissen.[178] Jenen Anforderungen[179] kommt Relevanz für eine rechtssystematisch orientierte Betrachtungsweise zu, wenn diese zur Fortschreibung des Rechts vordringt; indem damit der Bereich der Rechtsanwendung erreicht ist, überschneiden sich Rechtssystematik und Rechtsdogmatik.[180] Erstere muss den Vorgaben letzterer Rechnung tragen, freilich in einem der systematischen Orientierung entsprechenden, d.h. generalisierenden Sinne.

Das gilt für die Überlegungen zur Verwirklichungsebene, weil sich hier die besonders berücksichtigungsbedürftige Konfliktlage einander widerstreitender Grundrechtspositionen[181] stellt. Im Bereich vernetzter staatlicher (Vor-)Entscheidungsfindung lassen sich zwar ggfls. bereits rechtliche Betroffenheiten ausmachen, hiermit konfligierende Rechtspositionen hingegen allenfalls akzidentell,[182] überdies regelmäßig getragen durch die verfolgte öffentliche Zielsetzung – und damit nach vorstehender Maßgabe vernachlässigbar; das verbleibende (Allgemein-)Interesse[183] an der (auch) zeitnahen Umsetzung des jeweiligen gesetzlichen Auftrags kann einem etwa vorzuverlagernden Rechtsschutz nicht in gleicher Weise entgegengehalten werden, und zwar schon dem Grundsätzlichen nach

---

[178] Eingehend dazu *Schmidt-Preuß* Kollidierende Privatinteressen im Verwaltungsrecht, 1992, S. 20ff., 141ff.

[179] Mit Blick auf das Verwaltungsprozessrecht näher wie vor, S. 550ff.

[180] Vgl. *Schmidt-Aßmann* (Fn. 7) 1. Kap. Rn. 5f. mit Fn. 14; weiter gehend wohl *Brohm* FS Maurer, 2001, 1079, 1084.

[181] Näher *Schmidt-Preuß* (Fn. 178) S. 37ff.; vgl. auch *Sodan* NVwZ 2000, 601, 604.

[182] Vgl. zum Projektträger am Beispiel des Raumordnungsverfahrens *Brohm* in: Hoffmann-Riem/Schmidt-Aßmann (Hrsg.) Konfliktbewältigung durch Verhandlungen, 1990, S. 221, 226.

[183] Dazu allgemein *Steinberg* (Fn. 133) S. 295, 306f.; auch *Ruthig* BayVBl. 1997, 289, 292.

nicht;[184] überdies würde die Angreifbarkeit anderenfalls auf die nachfolgende Verwirklichungsebene transferiert, wodurch sich der Zeitgewinn wieder in Frage gestellt fände.

E. Konsequenzen

I. Vorverlagerung des Primärrechtsschutzes

1. Diskursmodell

Die zunächst zu behandelnde Vorstellung von einer Weiterung der Einzelfall- und zugleich Justizfixiertheit des Rechtsschutzes, und zwar in Richtung Handlungsebenen, auf denen Eckwerte festgelegt werden und über konkurrierende Interessenbündel entschieden wird, dies u.a. mit dem Ziel „einer angemessenen Berücksichtigung aggregierter ökonomischer, sozialer und finanzieller Interessen",[185] findet sich zunehmend als außerhalb der grundgesetzlichen Rechtsschutzgewährleistung angesiedelt verstanden.[186] Die neutral-kommunikative Komponente des Verfahrens vor Gericht trete hervor, und zwar als Basis für Akzeptanz, Einvernehmen und Verständigung zwischen den Beteiligten.[187]

Sosehr die hiermit verbundene Betonung der Überprüfung des administrativen Verfahrens als Vorgangskontrolle[188] überzeugt[189], weckt doch die weitere Vorstellung von einem „Fortdenken" des Verwaltungsverfahrens in dasjenige vor Gericht[190] Zweifel. Damit verschwimmen die rechtsdogmatischen Konturen im Verhältnis von administrativen und gerichtlichen Verfahren, was angesichts der angesprochenen qualitativen Unterschiede[191] nicht hinnehmbar erscheint.[192]

---

[184] *Röhl/Ladenburger* Die materielle Präklusion im raumbezogenen Verwaltungsrecht, 1997, S. 55.

[185] *Schmidt-Aßmann* (Fn.7) 4. Kap. Rn. 78; vgl. vorstehend unter C. I.

[186] *Schmidt-Aßmann* (Fn. 7) 4. Kap. Rn. 74; *Schoch* (Fn. 103) S. 12; ebenfalls vorstehend unter C. I.

[187] Näher *Gerhardt* (Fn. 49) Vorb. § 113 Rn. 20; diesbzgl. Darstellung auch bei *Rossen-Stadtfeld* NVwZ 2001, 361, 366ff.

[188] Vgl. bereits vorstehend unter C. I.; *Steinberg/Berg/Wickel* (Fn. 23) § 3 Rn. 63 mwN.

[189] Vgl. näher nachfolgend unter 2.

[190] *Gerhardt* (Fn. 49) Vorb. § 113 Rn. 20.

[191] Vgl. vorstehend unter C. I.; zur Rechtswahrungsfunktion insoweit pointiert *Schmidt-Aßmann* DVBl. 1997, 281, 288.

[192] Deutlich idS *Rossen-Stadtfeld* (Fn. 187) 370.

Daraus leiten sich zugleich Zweifel an der Berechtigung des tiefer liegenden Arguments spezifisch gerichtlicher Leistungsfähigkeit im Kontrollsystem ab. Begründungsbedürftig bleibt die funktional orientierte These, abwägungsbestimmte Vorentscheidungen entzögen sich a priori herkömmlicher judikativer Streitentscheidungskompetenz; letztere mutiere zu einem Mediatorenauftrag der dritten Gewalt.[193] Dem lässt sich schon die fehlende verfassungsrechtliche Absicherung oder auch nur Offenheit entgegenhalten[194]: Die (öffentlich-rechtliche) Kontrollaufgabe der Judikative erfährt ihre spezifische Ausprägung durch Art. 19 Abs. 4 GG;[195] kompetenzielle Weiterungen sind verfassungsrechtlich unbekannt.[196] Abwägungsentscheidungen entziehen sich zudem nicht von vornherein und keineswegs gänzlich materieller gerichtlicher Überprüfung.[197] Bereits die einschränkungslose Übertragung der zur Bauleitplanung entwickelten Abwägungsfehlerlehre auf sonstige Bereiche und Instrumente des Fach-[198] wie Gesamtplanungsrechts, auch hochstufiger Art,[199] – (symptomatischer Weise) bis hin zum gerichtlichen Kontrollvorgang selbst[200] – belegt dies.

2. *Individualrechtsschutz auf vorgelagerter Ebene*

Komplettiert wird solches durch zwischenzeitliche Weiterungen des prinzipalen Rechtsschutzes Einzelner gegenüber derart vorgelagerten Entscheidungen. Die Rechtsprechung zur individuellen Angreifbarkeit von Abfallentsorgungsplänen[201] und – nunmehr – der flughafenrechtlichen Festlegung von An- und Abflugstrecken[202] hat den Weg bereitet, der Gesetzgeber ist ihn zugunsten des Vorgehens von Vorhabenträgern gegen zielförmige Festlegungen in Regional- und landesweiten Raumordnungsplänen[203] weitergegangen. Aufgrund der Eröffnung von Formen

---

193 *Schmidt-Aßmann* (Fn. 7) 4. Kap. Rn. 78ff.

194 Vgl. auch *Pietzcker* in: Schmidt-Aßmann/Hoffmann-Riem (Hrsg.) Verwaltungskontrolle, 2001, S. 89, 104f.

195 Dazu etwa *Krüger* (Fn. 3) Art. 19 Rn. 104ff.

196 IdS anhand eines Vergleichs mit dem „Verhandlungsvollzug" auch *Rossen-Stadtfeld* (Fn.187) 369.

197 Zu Einschränkungen nachfolgend unter 2. a.

198 Eingehend *Hoppe/Schlarmann/Buchner* (Fn. 114) Rn. 514ff.

199 Vgl. nur *Kühling* Fachplanungsrecht, 1988, Rn. 9ff., 11 mwN.

200 Abwägung als Vorgang, näher *Schmidt-Aßmann* (Fn. 191) 288f.

201 BVerwGE 81, 131.

202 Nach § 27a Abs. 2 S. 1 LuftVO, BVerwG, DÖV 2000, 1005; dazu *Hufen* JuS 2001, 406.

203 § 4 Abs. 1 S. 2 Nr. 2 ROG; *Runkel* (Fn. 175) K § 4 (1999) Rn. 145ff.; nachfolgend d. bb.

der Drittbeteiligung im Aufstellungsverfahren der letztgenannten Pläne,[204] die nach früherer Rechtslage unbekannt waren, rücken entsprechende Möglichkeiten verwaltungsprozessualen Rechtsschutzes in den Bereich des rechtlich Denkbaren und Möglichen. Das wiederum wird und muss Anlass geben, die restriktive Rechtsprechung zu den hiermit verglichen ungleich bürgernäheren fachplanungsrechtlichen Vorentscheidungen der Linienbestimmungsverfahren[205] zu überdenken.

a) Wie ein auf früherer Ebene staatlich-programmatischer Dezision einsetzender, „phasenspezifischer"[206] Rechtsschutz greifen kann, ohne dass dabei Differenzierungen aufgrund der wachsenden Distanz zur Einzelfallentscheidung vernachlässigt werden,[207] dafür lassen sich der neueren Gesetzgebung nützliche Anhaltspunkte entnehmen. Wenn etwa die Umweltverträglichkeitsprüfung von Linienbestimmungs- und Raumordnungsverfahren nach dem UVPG ihrem Umfang nach unter den Vorbehalt der Grenzziehungen des Planungsstandes[208] gestellt ist und derartiges für die strategische Umweltprüfung, die im noch weiteren Vorfeld der Raumordnungsplanungen u. Ä. agiert, in national-rechtlicher Umsetzung vorzusehen sein wird,[209] kann dem das Element der Ebenenspezifik[210] als den gerichtlichen Kontrollauftrag insoweit charakterisierender und zugleich begrenzender Maßstab entnommen werden.[211] Die Einzelheiten der späteren Verwirklichungsfälle entziehen sich der judikativen Befassung; Gegenstand von Kontrolle und zugleich Rechtsschutzgewährleistung sind allein die typischerweise auf vorgelagerter Ebene zu treffenden und getroffenen Weichenstellungen in ihren sehr grundsätzlichen Auswirkungen auf individuelle Rechtspositionen, eben das, was

---

[204] § 7 Abs. 6 ROG.

[205] BVerwG, DÖV 1981, 921; ablehnend *Blümel* in: ders. (Hrsg.) Frühzeitige Bürgerbeteiligung bei Planungen, 1982, S. 50, 79ff.; differenzierend *Hoppe/Schlarmann/Buchner* (Fn. 114) Rn. 289ff.

[206] Zur Begrifflichkeit *Steinberg/Berg/Wickel* (Fn. 23) § 7 Rn. 17.

[207] Wie vor: einheitliche Lösung scheidet aus.

[208] §§ 15 Abs. 1 S. 1, 16 Abs. 1 UVPG idF v. 27. 7. 2001, BGBl. I S. 1950.

[209] Insoweit anhand des Vorschlags der Kommission vom 25. 3. 1997 und vom 18. 2. 1999 *Spannowsky* UPR 2000, 201; zur EG-RL 2001/42/EG vgl. Fn. 244.

[210] Dazu bereits *Schoeneberg* Umweltverträglichkeitsprüfung und Raumordnungsverfahren, 1984, S. 41f. mwN; anhand der strategischen UVP-RL(E) *Spannowsky*, wie vor, 208, 210.

[211] Zu der damit verfolgten Abschichtung – und Entlastung der Projektebene am Beispiel der Umweltverträglichkeitsprüfung *European Commission*, Directorate-General Environment, Nuclear Safety and Civil Protection, Environmental Impact Assessment – A study on Costs and Benefits, Final Report, Volume 1: Main Report, 1996, S. 120.

auf nachfolgender Entscheidungsstufe nicht – mehr – zur Disposition steht.[212]

b) Dem lassen sich Möglichkeiten der Inzidentkontrolle[213] nicht entgegenhalten. Effektivität des Rechtsschutzes ist selbstredend nicht nur auch, sondern gerade hervorgehoben eine Frage seines Zeitpunkts;[214] das gilt für die Gewährleistung des Art. 19 Abs. 4 GG[215] wie für die hier maßgebliche, nämlich rechtssystematisch gebotene eingriffsbereinigende Kraft des Primärrechtsschutzes. Setzt er in einer frühen Phase gestufter staatlicher Entscheidungsfindung ein, trifft er auf weit geringer verfestigte Vorgaben als dies anerkanntermaßen auf der Ebene von Verwirklichungsfällen im Gefolge deren Einbettung in vorgelagerte Dezisionen der Fall ist.[216] Die damit einhergehende Resistenz der trichterförmig abgeklärten Einzelfallentscheidung dürfte im Wege einer lediglich retrospektiv agierenden Inzidentprüfung kaum wirklich aufzubrechen sein, jedenfalls nicht in gleicher Weise wie eine in (früheren) Phasen relativer Offenheit einsetzende Rechtsschutzeröffnung.

In Anbetracht dessen stellt Inzidentkontrolle insoweit kein Äquivalent für effektiven Rechtsschutz iS der Wiedergewinnung seiner eingriffsbereinigenden Kraft dar. Die rechtliche Strategie muss sich daher auf erweiterte Möglichkeiten der prozessualen Angreifbarkeit vorgelagerter Entscheidungen richten.[217] Das wiederum wirft die Frage nach der diesbzgl. Erstreckung individualrechtlicher Betroffenheit auf. Es geht also auf vorgelagerter Ebene vorrangig um die Kontrolleröffnung.

c) Die solches offensichtlich in Abrede stellende Sichtweise von einer lediglich aggregierten Interessenwahrnehmung und Berücksichtigung(sfähigkeit) von Interessenbündeln im Vorfeld der Verwirklichungsfälle[218] dürfte kaum in Einklang mit dem eigenen argumentativen Ausgangspunkt zu bringen sein, nämlich, dass von jener Ebene wesentliche Wirkungen für spätere Einzelkonstellationen ausgehen. Dann aber stellt besagte Vorstellung von einer Interessenaggregation lediglich die

---

[212] Wie vor.

[213] *Steinberg/Berg/Wickel* (Fn. 23) § 7 Rn. 17; zur Inzidentkontrolle allgemein *Hufen* (Fn. 2) § 25 Rn. 19

[214] *von Danwitz* (Fn. 142) 428; anhand des Verwaltungsverfahrens *Brohm* VVDStRL 30 (1972) 245, 289.

[215] Bzw. des Landesverfassungsrechts, ThürVerfGH, DVBl. 2001, 1150, 1151 ff.

[216] Bereits *Schoeneberg* (Fn. 210) S. 15; zu letzterem vorstehend unter C. I.

[217] Tendenziell in diesem Sinne *von Danwitz* (Fn. 142) 428.

[218] Vgl. *Schmidt-Aßmann* (Fn. 7) 4. Kap. Rn. 72, 79; ähnlich *Wahl* in: Blümel (Hrsg.) Frühzeitige Bürgerbeteiligung bei Planungen, 1982, S. 113, 141 ff.

Umschreibung für eine additive Zusammenfassung gleich gelagerter, aber eben individueller Rechtspositionen[219] dar; das ebenfalls verwendete Bild der „gebündelten“ Interessenpositionen macht dies noch deutlicher.[220] Im Grunde findet sich damit umschrieben, dass der auf vorgelagerte Stufe zunehmende Abstraktionsgrad der Entscheidungsfindung naturgemäß eine entsprechende Verallgemeinerung und gleichgerichtete Zusammenführung berücksichtigungsbedürftiger Belange nach sich zieht.[221]

d) Das eigentliche Problem liegt mithin nicht bei einer etwa gebotenen Grenzziehung zwischen Individualrechtspositionen und Interessenbündeln, sondern in der Reichweite rechtlicher Betroffenheiten auf der Ebene von Vorentscheidungen.

aa) Wesentliche Anhaltspunkte müssen dabei Wertungen des Gesetzgebers sein,[222] aus denen abgelesen werden kann, dass bereits auf früheren Stufen als derjenigen des Einzelfalls Dezisionen mit Wirkung für Letztere fallen (sollen). Ein solcher normativer Befund liegt nahe, wenn auf jenen Ebenen zwingende Formen der (Individual-)Beteiligung vorgeschrieben sind[223] – und sie der Rechtswahrung dienen.[224]

Beteiligungsregelungen sind aufgrund landesrechtlicher Anordnung tlw. im Raumordnungsverfahren[225] anzutreffen,[226] bundesrechtlich etwa im Aufstellungsverfahren des Frequenzbereichszuweisungsplans[227] und des daraus zu entwickelnden Frequenznutzungsplans[228] nach dem Telekommunikationsrecht. Nichts Abweichendes gilt dort, wo der Gesetzgeber vorgelagerte Entscheidungsabläufe in den Bereich besonderer Prüf-

---

[219] In diese Richtung *Ziekow* (Fn. 21) S. 201; ansatzweise auch *Gaentzsch* (Fn. 104) 743; im Zusammenhang mit der Staatshaftung für legislatives Unrecht *Hermes* (Fn. 10) 394f.

[220] Allg. krit. auch *Schenke* (Fn. 22) Rn. 531b.

[221] Kritisch unter dem Aspekt fehlender klarer Abgrenzbarkeit im Verhältnis aggregierter und individueller Positionen *Erbguth* (Fn. 98) S. 382.

[222] IdS anhand von Art. 19 Abs. 4 GG *Steinberg/Berg/Wickel* (Fn. 23) § 7 Rn. 16; allgemein anhand der Drittbetroffenheit *Krebs* FS Menger, 1985, 191, 206.

[223] Allgemein bereits *Lorenz* (Fn. 13) S. 71 mit Fn. 91.

[224] Ansatzweise vorstehend unter C. I.

[225] Dazu aktuell etwa *Hopp* NuR 2000, 301.

[226] Vgl. etwa § 13 Abs. 7 bawüLPlG, § 15 Abs. 8 mvLPlG; bundesrechtlich: § 15 Abs. 6 ROG.

[227] § 45 Abs. 1 S. 3 TKG; näher *Holznagel* FS Hoppe, 2000, 767, 784f.

[228] § 46 Abs. 3 S. 1, 2 TKG iVm Verordnungserlass (der Bundesregierung); näheres bei *Holznagel*, wie vor, S. 786f.

verfahren mit Öffentlichkeitsbeteiligung einbezieht, wie dies nach § 15 UVPG mit Blick auf wegerechtliche Linienbestimmungsverfahren und die luftverkehrsrechtliche Genehmigung der Fall ist.

Begibt man sich auf allgemeinere Stufen vorgelagerter staatlicher Entscheidungen, so fallen verbindlich angeordnete Beteiligungen, und sei es auch nur der zuletzt genannten, vermittelten Art, regelmäßig aus.[229] Das gilt für infrastrukturelle Fachplanungen[230], etwa in Form der Verkehrswege(ausbau)planung, in gleicher Weise wie für die Fachplanungen des Umweltrechts, wie bspw. die Landschaftsrahmenplanung resp. das Landschaftsprogramm, die Luftreinhalte- und Lärmminderungsplanung und die wasserwirtschaftlichen Planungsformen.[231]

bb) Dieser Befund findet seine herkömmlich-rechtsdogmatische, angesichts mittelbarer Steuerungswirkungen nicht-regulativen Staatshandelns freilich keineswegs unumstößliche[232] Erklärung in der fehlenden Außenverbindlichkeit[233] der bezeichneten Pläne.[234] Rechtssystematisch – und zugleich ergiebiger – lässt sich die indizierte Annahme fehlender Rechtsbetroffenheit damit rechtfertigen, dass Fachplanungen mit ihren raumrelevanten Inhalten Gegenstand des überörtlich-gesamtplanerischen Koordinierungsvorgangs der Raumordnung sind[235] – und dessen Ergebnisse als Ziele der Raumordnung[236] hochstufig oder in Regionalplänen ihrerseits Rechtswirkung auslösen.[237] Im Gefolge der im Jahr 1998 neu eingeführten Bindungswirkung der Ziele gegenüber Planfeststellungsverfahren und solchen der Plangenehmigung, die private Vorhaben zum Gegenstand haben,[238] artikuliert sich die gesetzgeberische Akzeptanz einer vorentscheidenden Kraft raumordnerischer Ziele durch

[229] Abstrahierend *Steinberg/Berg/Wickel* (Fn. 23) § 7 Rn. 19.

[230] Dazu aus systematisierender Sicht *Battis* FS Hoppe, 2000, S. 303; allg. zu Planungsnormen *Di Fabio* daselbst, 2000, S. 75.

[231] Näher zu den umweltrechtlichen Planungsformen *Hoppe/Beckmann/Kauch* Umweltrecht, 2. Auflage 2000, § 7.

[232] Anhand zunehmend informalen Handelns auf europäischer Ebene *Schmidt-Aßmann* (Fn. 95) 833; allg. *ders.* in: Schmidt-Aßmann/Hoffmann-Riem (Hrsg.) Verwaltungskontrolle, 2001, S. 9, 25.

[233] *Steinberg/Berg/Wickel* (Fn. 23) § 7 Rn. 13.

[234] Vgl. anhand von § 1a BauGB *Erbguth* VR 1999, 119, 121f. mwN.

[235] Vgl. § 7 Abs. 3 ROG.

[236] Dazu etwa *Ronellenfitsch* FS Hoppe, 2000, 355; *Goppel* DVBl. 2000, 86.

[237] Vgl. § 4 ROG; näher *Koch/Hendler* Baurecht, Raumordnungs- und Landesplanungsrecht, 3. Auflage 2001, § 3 Rn. 9ff.

[238] § 4 Abs. 1 S. 2 Nr. 2 ROG.

zwingende Beteiligungsregelungen zugunsten der (privaten) Projektträger[239] – und wirkt daher potenziell rechtsschutzeröffnend.[240]

cc) Hinsichtlich der Position ansonsten Betroffener bleibt das Bild indes diffuser: Das Bundesrecht ermöglicht den Ländern lediglich, eine Einbeziehung oder Beteiligung der Öffentlichkeit im Aufstellungsverfahren von Raumordnungsplänen vorzusehen.[241] Solche rein fakultative Anordnungen dürften – zumindest allein – kaum die Annahme einer legislativen Wertung in dem hier verfolgten Sinne eröffnen.[242]

Dennoch haben wir es lediglich mit einem temporären Zwischenergebnis zu tun; richterrechtlich zu schaffender Klageeröffnungen[243] bedarf es daher nicht. Die EG-Richtlinie über die strategische Umweltprüfung[244] verpflichtet zu einer Öffentlichkeitsbeteiligung (u.a.) in der Raumordnungsplanung[245]; die dem entsprechende Änderung des nationalen Rechts hat zugleich für eine Rechtsschutzeröffnung Sorge zu tragen.[246]

dd) Es handelt sich mithin um ein Fortschreiten im Zuge der Europäisierung des nationalen Verwaltungs[247]- und Verwaltungsprozessrechts[248] – weitere Beispiele bilden die Öffentlichkeitsbeteiligungen im Gefolge der zwischenzeitlich in Kraft getretenen Wasserrahmenrichtlinie[249] und der Freisetzungsrichtlinie für gentechnisch veränderte Organismen.[250] Nicht nur die für eine Klagebefugnis Drittbetroffener nach

---

[239] § 7 Abs. 5 ROG; näher *Hendler* DVBl. 2001, 1233, 1240f.

[240] *Runkel* (Fn. 175) K § 4 (1999) Rn. 450ff., 452f.; *Hendler* (Fn. 239) 1241f.

[241] § 7 Abs. 6 ROG.

[242] Bemerkenswert aber der Hinweis von *Runkel* (Fn. 175) K § 4 (1999) Rn. 453, auf die Rügepflicht (und -frist) in § 12 ROG; bereits nach alter Rechtslage weiter gehend *Blümel* VerwArch 84 (1993) 123, 134ff.

[243] Vgl. allgemein *Wahl* DVBl. 1996, 641, 648ff.

[244] EG-RL 2001/42/EG über die Prüfung der Umweltauswirkungen bestimmter Pläne und Programme, ABl. EG Nr. L 197 v. 21. 7. 2001, S. 30; zur Entwurfsfassung *Steinberg* FS Hoppe, 2000, 493; *Spannowsky* (Fn. 209), 201.

[245] Art. 3 Abs. 2a, Art. 6 EG-RL 2001/42/EG, vgl. wie vor.

[246] Dazu *Falke* (Fn. 28) 200.

[247] Dazu eingehend *Kadelbach* Allgemeines Verwaltungsrecht unter europäischem Einfluss, 1999.

[248] Vgl. allgemein zu jenen Tendenzen *Laubinger* in: König/Merten (Hrsg.) Verfahrensrecht in Verwaltung und Verwaltungsgerichtsbarkeit, 2000, S. 47, 62; *Kadelbach* in: Schmidt-Aßmann/Hoffmann-Riem (Hrsg.) Verwaltungskontrolle, 2001, S. 205, 236f., 243f.; eingehend zu alldem *Schoch* (Fn. 103).

[249] Art. 14 der Richtlinie 2000/EG des Europäischen Parlaments und des Rates, ABl. EG 2000 Nr. L 327, S. 1; *Fassbender* NVwZ 2001, 241, 242.

[250] In Ersetzung der RL 90/220/EWG; vgl. UPR 2001, 183, 183.

Art. 230 Abs. 4 EG zentrale Maßgabe der Individualisierbarkeit kann in prozeduraler Fortschreibung der Plaumann-Formel[251] – eben – bereits durch weit zu verstehende Formen der Verfahrensbeteiligung, wie sie etwa Konkurrenten in der Beihilfekontrolle nach Art. 88 EG offen stehen,[252] erfüllt sein;[253] auch zeigt sich insoweit eine Parallele zu der ansonsten abweichenden europagerichtlichen Kriterienbildung[254] für die hier maßgebliche Interessen(ten)klage zur individuellen Durchsetzung von Gemeinschaftsrechtsnormen vor nationalen Gerichten,[255] und zwar gegen Administrativakte mit Entscheidungsspielräumen.[256]

ee) Entgegen anders lautenden Einschätzungen[257] muss daraus – jedenfalls für die hier maßgebliche prozessuale Zulässigkeitsstufe[258] – aber keine unüberwindbare Kluft zum deutschen (Prozess-)Recht erwachsen.[259] So ist schon materiell-rechtlich daran zu erinnern, dass der vom Bundesverwaltungsgericht akzeptierte Anspruch auf fehlerfreie planerische Abwägung[260] seine Grundlage bei (abwägungsrelevanten[261]) eigenen

---

[251] EuGH, Slg. 1963, 211, 238; auch *Schoch* (Fn. 137) 463; anders mit Blick auf materielle Betroffenheiten, vgl. *Gornig/Trüe* JZ 2000, 395, 398f.

[252] Zur daraus folgenden Klagemöglichkeit *Schneider* DVBl. 1996, 1301; enger EuGH, EuZW 2001, 19; zutr. Kritik bei *Epiney* NVwZ 2001, 524, 526; *Nowak* EuZW 2001, 293, 301f., 304f.

[253] Näher *Cremer* in: Calliess/Ruffert (Hrsg.) Kommentar zu EU-Vertrag und EG-Vertrag, 1999, Art. 230 EG Rn. 48ff., 51; auch *Schulze-Fielitz* (Fn. 12) Art. 19 IV Rn. 13; zu Parallelen im Umweltvölkerrecht *Kokott* (Fn. 124) 361.

[254] Vgl. *Wegener* (Fn. 27) S. 158ff.; kritisch *Schmidt-Aßmann* (Fn. 95) 834; *Halfmann* VerwArch 91 (2000) 74, 91f.

[255] EuGH, Slg. 1991, I-825, 878f.; zu Art. 6 II UVP-RL deutlich BVerwG, NVwZ 1996, 788, 792; *Ruthig* (Fn. 183) 295; ferner *Ossenbühl* (Fn. 1) S. 506; zu Grenzziehungen in der jüngeren EuGH-Rechtsprechung *Brenner/Huber* DVBl. 2001, 1013, 1019; anhand der Öffentlichkeitsbeteiligung nach der UVP-RL *Schoch* (Fn. 103) S. 39; insoweit auch *Schröder* in: Hohloch (Hrsg.) Richtlinien der EU und ihre Umsetzung in Deutschland und Frankreich, 2001, 113, 118.

[256] Näher *Wegener* (Fn. 27) S. 189f.

[257] *Schmidt-Aßmann* (Fn. 7) 4. Kap. Rn. 77; *Schulze-Fielitz* (Fn. 12) Art. 19 IV Rn. 12; *Wahl* in: Verwaltungsgerichtsordnung (Fn. 49) Vorb. § 42 Abs. 2 Rn. 128; *Halfmann* (Fn. 254) 83ff.; anschaulich *Classen* (Fn. 4) S. 191f.; auch *Winter* NVwZ 1999, 467, 468f.; zu Konsequenzen – materielle/prozessuale Lösung – *Kokott* (Fn. 124) 349ff.

[258] Vgl. dazu vorstehend unter b.; allgemein in diesem und dem nachfolgenden Sinne *Hufen* (Fn. 119) Rn. 551f.

[259] Zum „Konvergenzpotenzial" insoweit näher *Masing* Die Mobilisierung des Bürgers für die Durchsetzung des Rechts, 1997, S. 181; zu letzterem auch *Hirsch* VBlBW 2000, 71, 75; allgemein *Zuleeg* in: Magiera/Sommermann (Hrsg.) Verwaltung in der Europäischen Union, 2001, S. 223, 236f.

[260] Zu BVerwG, DVBl. 1999, 101 m. Anm. *Schmidt-Preuß* auch *Muckel* NVwZ 1999, 963; wN bei *Böhm* DÖV 2000, 990, 992 Fn. 20.

Interessen findet.[262] Und in – hier vorrangig verfolgter[263] – prozeduraler Sicht ist keineswegs zwingend auf eine Ankopplung des Verfahrens an materielle Rechts- bzw. Grundrechtspositionen verwiesen, wie es der weit verbreiteten Sichtweise von einer dienenden Funktion des Verfahrens[264] entspricht, der sich auch neuere Betrachtungen kaum gänzlich entziehen können.[265] Letzteres erscheint bereits in Anbetracht der Inkonsequenz jener Auffassung[266] bedauerlich, ferner aufgrund ihrer besagte Kausalitätsrechtsprechung befördernden (Aus-)Wirkung.[267] Andererseits kann es nicht um eine pauschale Grundrechtsinfizierung des Verfahrensrechts[268] gehen – und schon gar nicht um entsprechende Weiterungen im Reservat herkömmlich „absoluter" Verfahrenspositionen[269]. Vielmehr spricht – in Parallele zum theoretischen Konzept der sog. Prozeduralisierung[270] – vieles dafür, dass Verfahrensrechten jedenfalls auf vorgelagerten resp. komplexen Entscheidungsebenen[271] neben ihrem prozeduralen auch sachlich-inhaltlicher Gehalt[272] zukommt:[273] Janusköpfigkeit des

---

261 Dazu näher *Brohm* Öffentliches Baurecht, 2. Auflage 2000, § 16 Rn. 2.

262 BVerwG, DVBl. 1999, 101; hierauf Bezug nehmend BVerwG, DÖV 2000, 1005, 1007; BVerwG, DÖV 2001, 44, 45; *Schmidt-Preuß* FS Maurer, 2001, 777, 794; allgemein idS *Halfmann* (Fn. 254) 77f.; *Johlen* (Fn. 116) 585; jeweils mwN.

263 Vgl. vorstehend im Text.

264 *Lorenz* (Fn. 13) S. 71 unter Hinweis allerdings auf – bereits damalige – Gegenmeinungen, wie vor mit Fn. 91; anhand der Rechtsprechung *von Danwitz* (Fn. 142) 422ff. mwN; allgemein – und zugleich differenzierend – *Schmidt-Aßmann* in: Verwaltungsgerichtsordnung (Fn. 49) Einl. Rn. 212.

265 Etwa die multipolare Konfliktschlichtungsthese, *Schmidt-Preuß* (Fn. 178) S. 174ff., 520ff.; zurecht *Voßkuhle* (Fn. 109) S. 392 mwN in Fn. 242; kritisch bereits *Schwarze* (Fn. 98).

266 Weil offene Entscheidungsprogramme eine Aufwertung des Verfahrens bedingen, näher *Hufen* (Fn. 119) Rn. 589.

267 Deutlich *Gaentzsch* (Fn. 104) 743.

268 Kritisch zurecht *Hill* Das fehlerhafte Verfahren und seine Folgen im Verwaltungsrecht, 1986, S. 335f., 342, 355ff.; allgemein zur Grundrechtsabhängigkeit allein einfachgesetzlich oder richterrechtlich ausformbarer Individualpositionen *Wahl* (Fn. 243) 642ff.; bereichsspezifisch am Beispiel von Ermittlungsfehlern aufgrund übergangener Beteiligungsrechte *Gaentzsch* FS Redeker, 1993, 405, 411f.

269 Dazu etwa anhand § 29 BNatSchG *Ziekow/Siegel* (Fn. 23) S. 114ff.; allgemein *Schöbener* (Fn. 116) 461; zu § 42 S. 2 SGB X vgl. BSG (GrS), NJW 1992, 2444, 2444f.

270 Als Produkt unterschiedlicher Quellen der Diskurs-, System- und modernen Institutionentheorie, näher *Voßkuhle* (Fn. 109) S. 392f. mwN in Fn. 241, 243ff.

271 Zu den diesbzgl. Gegebenheiten vorstehend unter C. I., aber auch nachfolgend unter E. II. 2. a.

272 Zur letztlich nicht zu leistenden Unterscheidung zwischen Verwaltungsverfahrensrecht und materiellem Verwaltungsrecht *Pietzcker* VVDStRL 41 (1983) 193, 202.

Verfahrensrechts;[274] dies aus Gründen weitgehender Offenheit und entsprechend geringer Normierbarkeit[275] des inhaltlichen Entscheidungsprogramms mit spiegelbildlicher Gewährleistungsfunktion[276] des Verfahrens in materieller Hinsicht – vor allem zugunsten der Wahrung[277] bzw. Entstehung von Rechten.[278] Solches folgt mithin aus der Natur der Sache, nicht aber kompensatorischen Ableitungen.[279]

ff) Freilich bedingt die damit angesprochene – weitere – Maßgabe der Rechtswahrung[280] zugleich Differenzierungen hinsichtlich der subjektiv-kontrolleröffnenden Kraft jener Verfahrenspositionen.[281] Derartiges muss und wird die Prüfung auf das auch nach Europarecht notwendige[282] individualbegünstigende Schutzziel[283] der Verfahrensbestimmungen[284] nach sich ziehen. Diese hat zum einen an den jeweiligen gesetzlichen Ausprägungen anzusetzen.[285] Heilungs- und Unbeachtlichkeitsvorschriften[286] kann freilich kaum als Ausdruck gegenläufiger Gemeinwohlgründe[287] und schon gar nicht als solcher widerstreitender (Grund-)Rechtspositionen[288] Erkenntnisgehalt entnommen werden, wohl aber Pflichten zur

---

[273] Für letzteres *Schulze-Fielitz* DVBl. 1994, 657, 664; auch *von Danwitz* (Fn. 142) 427f.; jeweils mwN.

[274] Im Zusammenhang mit der Umweltverträglichkeitsprüfung *Erbguth* NuR 1997, 261, 265.

[275] Näher *von Danwitz* (Fn. 142) 425f.

[276] Und zugleich Legitimationsgewähr, vgl. *Hufen* (Fn. 119) Rn. 589; vgl. bereits *Zacher* Freiheitliche Demokratie, 1969, S. 54ff.

[277] Dazu ansatzweise vorstehend unter C. I.

[278] *Pietzcker* (Fn. 272) 228.

[279] Vgl. auch *Pietzcker* (Fn. 272) 204.

[280] Vgl. vorstehend unter aa., eingangs.

[281] IdS, freilich unter materiellen Aspekten des Entscheidungsgehalts, *Steinberg/Berg/Wickel* (Fn. 23) § 7 Rn. 17.

[282] Vgl. *Hirsch* (Fn. 259) 75; *Wegener* (Fn. 27) S. 182f., 193; zur Betroffenheit in der Rechtsprechung des EuGH *Ruthig* (Fn. 183) 297f.; *Schoch* (Fn. 137) 464f.; *Ehlers* Die Europäisierung des Verwaltungsprozessrechts, 1999, S. 52ff.; *Nowak* (Fn. 252) 304f.; bereits vorstehend im Text.

[283] Im Gefolge der Schutznormlehre, vgl. *von Danwitz* (Fn. 142) 426f.; zu deren Verteidigung *Sodan* NVwZ 2000, 601, 602; demgegenüber *Winter* (Fn. 257) 468; eingehend zum subjektiven Recht zuletzt *Roth* Verwaltungsrechtliche Organstreitigkeiten, 2001, S. 329ff.

[284] Allgemein dazu *Hufen* (Fn. 119) Rn. 540; *Schulze-Fielitz* (Fn. 12) Art. 19 IV Rn. 47.

[285] So zurecht *von Danwitz* (Fn.142) 426f.

[286] Vgl. im hier interessierenden Kontext insbesondere § 10 ROG iVm Länderrecht.

[287] Vgl. dazu vorstehend unter D. II. 2. b.

[288] Wie vor, dort auch und nachfolgend unter II. 2. zu den gegenteiligen Gegebenheiten auf Verwirklichungsebene.

ebenenspezifischen Berücksichtigung privater Belange[289] oder solchen zur Bekanntgabe der Entscheidung gegenüber Betroffenen und Einwendern[290]. Kriteriale Bedeutung wird zum anderen – und insbesondere – den verfolgten, etwa standortbezogenen Entscheidungs- resp. Planungsinhalten[291] im Einzelfall zukommen.[292] Vor diesem Hintergrund lassen sich prozedurale Positionen allgemein dann als kontrolleröffnend ansehen, wenn sie der verfahrensspezifischen[293] Vorklärung und Zuordnung möglicherweise verletzungsgefährdeter materieller Rechtspositionen bereits unterhalb der Eingriffsschwelle dienen[294] – in grundrechtsdogmatischer Diktion: Wenn deren Schutzbereich betroffen ist. Bei den nicht nur[295] hier maßgeblichen Abwägungsvorgängen reicht freilich bereits eine entsprechende Gefährdung eigener Interessen[296] aus – womit die Nähe zum europäischen Rechtsschutzkonzept[297] endgültig hervortritt. Und: Indem dergestalt den Sachgesetzlichkeiten der Entscheidungsgenese Rechnung getragen wird, verfängt letztlich auch der Einwand einer extensiven Anwendung der Schutznormtheorie[298] nicht.

gg) Unter jenen Maßgaben ist nun aber eine effektivitätssichernde – und zugleich europa(rechts)verträgliche – Erweiterung des Primärrechtsschutzes im Wege der Angreifbarkeit vorgelagerter Entscheidungen durchaus beleg- und erreichbar – um so der Gegebenheit vertikal vernetzten staatlichen Handelns Rechnung zu tragen. Die (noch) zu leistende rechtswissenschaftliche Vertiefung und Auffächerung wird neben Aspekten der Verfahrensrationalität[299] auch Konstellationen nor-

---

[289] § 7 Abs. 7 S. 2 ROG.

[290] Bspw. § 9 Abs. 2 UVPG mit näheren Modifizierungen.

[291] Vgl. etwa § 7 Abs. 2ff. ROG.

[292] Insbesondere mit Blick auf den jeweils verfolgten Konkretheitsgrad, dazu *Hoppe* DVBl. 2001, 81, 82ff.

[293] Vgl. vorstehend unter C. I.

[294] *Hufen* (Fn. 119) Rn. 551; Parallele zur Angreifbarkeit von „echten" Richtlinien nach Art 230 Abs. 4 EG, vgl. *Cremer* EuZW 2001, 453, 457, dort freilich in (allein) materieller Hinsicht.

[295] Vgl. zur Verwirklichungsebene mit Blick auf Entscheidungsspielräume nachfolgend unter II. 1.; insgesamt zu einem weiten Einsatzbereich der Abwägung *Koch* in: Erbguth/Oebbecke/Rengeling/Schulte (Hrsg.) Abwägung im Recht, 1996, 9.

[296] Vgl. vorstehend im Text; aus allgemeiner Sicht ähnlich im Ergebnis, freilich von einem materiellen Ansatz ausgehend *Winter* (Fn. 257) 474.

[297] Faktische Betroffenheit, vgl. *Halfmann* (Fn. 254) 82; *Wegener* (Fn. 27) S. 182f., 193.

[298] Vgl. dazu vorstehend unter C. I.

[299] Dazu *Pietzcker* (Fn. 272) 214f.

mativ vorenthaltener Beteiligtenpositionen[300] und informaler, vornehmlich programmatischer (Vor-)Entwürfe[301] zu erfassen haben. Der grundsätzliche Befund befördert freilich folgende Konsequenz: Soweit die (vor)entscheidungsnahe und ebenenspezifisch abschichtende Kontrolleröffnung den Rechtsschutz auf Verwirklichungsstufe entlastet, kann die Inzidentkontrolle zurückgenommen werden. Hierin liegt kein Abbau von Standards eingriffsbereinigenden Rechtsschutzes; das Gegenteil ist der Fall.[302]

Eine solche Rechtsschutzeröffnung auf vorgelagerter (Planungs-)Stufe enthebt natürlich nicht der Frage, wie der Effektivität primären Rechtsschutzes auf der Verwirklichungsebene selbst Rechnung getragen werden kann, damit ihm seine die Subsidiarität des Sekundärrechtsschutzes bedingende Wirkung zugesprochen werden kann.

II. Eingriffsbereinigender Primärrechtsschutz auf Verwirklichungsebene

1. Administrative Entscheidungsspielräume

Insoweit lässt sich zunächst konstatieren, dass die praktisch bedeutsamen Einzelfallentscheidungen durch materielle administrative Entscheidungsfreiräume, mag deren Bandbreite auch variieren,[303] gekennzeichnet sind.[304] Im Recht der Planfeststellung bzw. -genehmigung versteht sich dies nach vorherrschender Auffassung von selbst.[305] Ähnliches gilt für die Zuweisung oder -erkennung von Formen des Bewirtschaftungs- und Versagungsermessens.[306] Aber auch dort, wo trotz neuartiger Ansätze[307] überwiegend an der Rechtsfigur der – gebundenen – Kontrollerlaubnis festgehalten wird, eröffnen sich über unbestimmte Rechtsbegriffe auf die gerichtliche Kontrollwahrnehmung durchschlagende Freiräume dieser

---

300 Dazu anhand von § 7 Abs. 5 ROG mit Blick auf § 35 Abs. 3 S. 2, 3 BauGB *Hendler* (Fn. 239) 1240f.

301 *Schmidt-Aßmann* (Fn. 95) 833 anhand des EG-Rechts; anschaulich *Wahl* FS Blümel, 1999, 617, 627; ansatzweise vorstehend unter bb.

302 Vgl. vorstehend unter b.

303 Näher *Gerhardt* (Fn. 49) Vorb. § 113 Rn. 20.

304 Grundlegend und überzeugend *Gerhardt*, wie vor, Vorb. § 113 Rn. 24, 31; auch *Schoch* (Fn. 103) S. 13f.

305 Vgl. vorstehend unter I. 1 und C. II. 3.; eingehend hierzu und zum Nachfolgenden *Kühling/Herrmann* (Fn. 122) S. 10f.

306 Dazu bereits *Erbguth* (Fn. 98) S. 158ff.

307 *Sendler* in: Koch (Hrsg.) Aktuelle Probleme des Immissionsschutzrechts, 1998, S. 29, 32ff.; umfassend *Hoppe/Schlarmann* Die planerische Vorhabengenehmigung, 2000.

Art,[308] und zwar als Folge sachverhaltsbezogener Konkretisierungserfordernisse[309].

2. *Kontrolle des Verfahrensrechts*

a) Es handelt sich (bei graduellen Modifizierungen[310]) ebenfalls[311] um Aktionsfelder der Verwaltung, deren schwache gesetzliche Dirigiertheit[312] aus der (komplexen)[313] Natur der Sache[314] rührt, deshalb rechtsstaatliche Bedenken jedenfalls im Ergebnis nicht rechtfertigt,[315] umso mehr freilich den Blick auf das Verfahrensrecht[316] und dessen Aufwertung im und für den Rechtsschutz vor Gericht lenkt. Das ist verschiedentlich und hinlänglich gesehen, beschrieben und belegt worden,[317] so dass es vom Grundsätzlichen her an dieser Stelle keiner erneuten Befassung bedarf. Vonnöten erscheint indes angesichts des besagten gesetzgeberischen Aktionismus, an dem jene Einsichten offensichtlich vorbeigegangen sind, deren Konsequenzen für den Primärrechtsschutz aufzuzeigen – aus Platzgründen hier freilich nur exemplarisch.

Dabei geht es im Zeichen wirksamen, der Mehrpolarität[318] Rechnung tragenden Gerichtsschutzes[319] weniger um einen Ausbau prozeduraler Positionen,[320] sondern vorrangig um die Gewährleistung der (gericht-

---

[308] Bereits *Pietzcker* (Fn. 272) 223f.; insoweit auch *Brohm* (Fn. 214) S. 254.

[309] *Schöbener* (Fn. 116) 474f. anhand § 46 VwVfG.

[310] Etwa mit Blick auf den fehlenden großräumige(re)n, genauer: großflächige(re)n Bezugsrahmen des Auftrags; vgl. nachfolgende Fn.

[311] Insoweit zu den vorgelagerten Entscheidungen vorstehend unter C. I., E. I.

[312] Vgl. vorstehend unter I. 2.; näher *Schoeneberg* (Fn. 210) S. 25ff. mwN.

[313] *Gaentzsch* (Fn. 104) 742ff.; *Steinberg* (Fn. 133) S. 296.

[314] Allgemein – und überzeugend – bereits *Lorenz* (Fn. 13) S. 68.

[315] Vgl. allgemein *Kirchhof* FS Juristische Fakultät der Universität Heidelberg, 1986, 11, 23.

[316] Dazu unter konsensualen Aspekten umfassend *Pitschas* Verwaltungsverantwortung und Verwaltungsverfahren, 1990.

[317] Vgl. nur *Schoch* (Fn. 103) S. 41; anhand der Planfeststellung *Steinberg/Berg/Wickel* (Fn. 23), § 3 Rn. 63; *Würtenberger* VVDStRL 58 (1999) 139, 169f.; bereits *Hoppe* in: Isensee/Kirchhof (Hrsg.) Handbuch des Staatsrechts, Bd. III, 1988, § 71 Rn. 123; jeweils mwN.

[318] Vgl. aber zum die Unternehmerseite begünstigenden Wettbewerb der Interessengruppen in Genehmigungsverfahren *Schneider* in: Schmidtchen/Schmidt-Trenz (Hrsg.) Vom Hoheitsstaat zum Konsensualstaat, 1999, S. 80, 82f.; *Schoch* (Fn. 137) 458; umfassend zuletzt *Calliess* Rechtsstaat und Umweltstaat, 2001, S. 344ff.

[319] Zur auch rechtssystematisch gebotenen Mitberücksichtigung dessen der Ausgewogenheit verpflichteten Anforderungen vorstehend unter D. II. 2. b.

[320] Anders tendenziell *Steinberg* (Fn. 133) S. 311; auch vorstehend unter C. I.

lichen) Sanktioniertheit ihrer Einhaltung.[321] Unter jenem Aspekt gerät daher – anders als auf vorgelagerter Ebene[322] – der (diesbzgl.) Kontrollumfang[323] zum wesentlichen Ansatzpunkt einer Aufwertung primären Rechtsschutzes:

b) Durchmustert man nämlich das einschlägige Recht der Zulassungstatbestände – und zu diesen wird problemorientiert auch der Vorhaben- und Erschließungsplan,[324] ferner der in konkreto projektbezogene „normale" Bebauungsplan zu zählen sein –, so erweist sich, dass die Deregulierungsgesetzgebung überwiegend Beteiligungspositionen, Begründungserfordernisse u.Ä. dem Grunde nach verschont gelassen hat. Die – gegenüber den spezifisch verwaltungsprozessualen Erschwernissen (Entfall der aufschiebenden Wirkung etc.)[325] – wesentliche(re) Beschneidung der Rechtsschutzgewährleistung liegt in der Entwertung des Verfahrensrechts.[326] Dabei wären Fristverkürzungen u.a.m. angesichts gegenläufiger Grundrechtspositionen[327] für sich gesehen hinnehmbar, wenn nicht Restriktionen[328] der (diesbzgl.) gerichtlichen Kontrolle hinzuträten, neben der Anordnung materieller Präklusion die Erweiterung von Unbeachtlichkeits- und Heilungsvorschriften sowie die Einführung des ergänzenden Verfahrens zur Fehlerbehebung.[329] Schon in dieser kumulativen Wirkung liegt die Grenzüberschreitung ausgewogenen Rechtsschutzes.[330] Sie erweist sich weiter – und deutlich – verschärft unter Rückbesinnung auf die ohnehin reduzierte (materielle) Kontrolldichte bei den hier fraglichen Entscheidungen.[331]

---

321 Vgl. bereits vorstehend unter C. I.; in früheren Zusammenhängen mit Nachdruck *Ule* Verwaltung und Verwaltungsgerichtsbarkeit, 1979, S. 383, 400f.

322 Vgl. dazu vorstehend unter I. 2. b.

323 Zur Kontrolldichte umfassend aus rechtsvergleichender Sicht *Frowein* Die Kontrolldichte bei der gerichtlichen Überprüfung von Handlungen der Verwaltung, 1993.

324 Dazu allgemein *Busse/Grziwotz* VEP – Der Vorhaben- und Erschließungsplan, 1999.

325 Vorstehend unter C. II. 1.

326 Allgemein *Schoch* (Fn. 103) S. 11; zu entspr. neueren Entwicklungen im Bauplanungsrecht *Kläne* DVBl. 2001, 1031, 1037.

327 Vgl. zu deren Relevanz vorstehend unter D. II. 2. b.

328 IdS auch *Hoffmann-Riem* in: Schmidt-Aßmann/Hoffmann-Riem (Hrsg.) Strukturen des Europäischen Verwaltungsrechts, 1999, S. 317, 349; dem folgend *Voßkuhle* (Fn. 109) S. 399.

329 Vgl. dazu vorstehend unter C. II. 1.

330 Vgl. wie vor.

331 Vgl. vorstehend im Text und unter C. II. 3.; auch *Rossen-Stadtfeld* (Fn. 187) 370; andersartige Wertung und darauf gegründete Kritik bei *Halfmann* (Fn. 254) 88ff.

c) Die daraus resultierende Forderung richtet sich auf einen Abbau der Sanktionsfreistellungen.[332] Vice versa eröffnet dies zugleich – und durchaus – beschleunigende, mithin der Verfahrens- und Prozessökonomie dienende Vereinfachungen des Verwaltungsverfahrens;[333] wie solches aussehen kann, dafür bieten die neugefassten Vorschriften des Städtebaurechts zum Aufstellungsverfahren der Bauleitpläne gelungeneres Anschauungsmaterial als das primär mit Fristverkürzungen agierende Fachplanungsrecht. Gemeint sind allgemein Erleichterungen im Rahmen der Bürgerbeteiligung[334] und insbesondere der erweiterte Einsatz des vereinfachten Verfahrens.[335]

d) Das Fazit also lautet: Sanktionsbewehrtheit verschlankten Verfahrensrechts zwecks Sicherstellung der eingriffsbereinigenden Wirkung des Primärrechtsschutzes. Die individualrechtliche Seite folgt aus der Verletzung subjektiv-rechtlich zu verstehender oder verpflichteter Verfahrenspositionen im beschriebenen Sinne[336], im vorliegenden Kontext der Fehlerfolge(n)[337] natürlich nur bei Verschlechterung der Rechtsstellung im Gefolge des Verwaltungshandelns[338]. Die in aller Regel entscheidunginfizierende Wirkung[339] stellt sich als Konsequenz der „planulistischen" Einordnung des fraglichen Zulassungsinstrumentariums[340] dar, rührt aus der hiermit einhergehenden Vernetztheit der Belangeinbringung und -prüfung, anders gewendet: Aus dem hohen „Änderungspotenzial".[341] Abweichendes gilt etwa dann, wenn trotz Missachtung der prozeduralen Position ihr materieller Gehalt gewahrt worden ist.

---

[332] Und auf Bürgerseite der Sanktionsbeschwertheiten (materielle Präklusion); zugleich als Postulat des Europarechts, vgl. *Erbguth* (Fn. 12) S. 89ff.; dazu auch der Hinweis vorstehend unter C. II. 2; allgemein *Steinberg* (Fn. 8) S. 433.

[333] Angesprochen, aber letztlich verworfen bei *Pietzcker* (Fn. 105) 708.

[334] Vgl. *Koch/Hendler* (Fn. 237) § 15 Rn. 31f.

[335] Dazu *Brohm* (Fn. 261) § 15 Rn. 14, zu § 3 Abs. 1 S. 2 Ziff. 1 u. 2 BauGB, Rn. 4, zu § 13 BauGB; zu § 34 Abs. 4, 5 BauGB insoweit nur *Krautzberger* in: Battis/Krautzberger/Löhr, BauGB, 7. Auflage 1999, § 34 Rn. 59ff., insbes. 75ff.

[336] Vgl. vorstehend unter I. 2. d. ee; allgemein anderer Ansatz bei *Hill* (Fn. 268) S. 355ff.; dem folgend *Schmidt-Aßmann* (Fn. 9) § 70 Rn. 36; allgemein skeptisch *Pietzcker* (Fn. 105) 696.

[337] Vgl. vorstehend unter a.

[338] So – konsequent – *Hufen* (Fn. 119) Rn. 567.

[339] Zu den Konsequenzen im Falle eines zwar subjektiven, aber nicht materiellen Verständnisses von Verfahrensbestimmungen *Gaentzsch* (Fn. 268) 412.

[340] Vgl. vorstehend unter 1.

[341] *Hufen* (Fn. 119) Rn. 564; graduell weiter gehend *Steinberg/Berg/Wickel* (Fn. 23) § 6 Rn. 49f.; allgemein gegenteilig *Schmidt-Preuß* (Fn. 262) 786 unter Hinweis auf BVerfG, NVwZ-RR 2000, 487, 488.

Augenfällig wird damit zugleich dem Einwand einer subjektiv-rechtlich verengten Kontrolle umfassender(er) Entscheidungen nach nationalem Recht[342] begegnet – was nicht nur das Modell der Verbandsklage (auch[343]) rechtsdogmatisch[344] schwächt.[345] Vor allem findet sich erneut,[346] und zwar unter Aspekten des Prüfungsumfangs, die Flexibilität und damit prinzipielle europäische Rezeptionstauglichkeit des deutschen (Prozess-)Rechts[347] belegt – stichwortartig: Abwägungsbedingt zurückgenommene[348] materielle Kontrolldichte bei weit(er)reichender Überprüfung der Verfahrens- resp. Organisationsvorschriften[349].

So schließt sich der Kreis – oder gilt auch hier frei nach *Karl Kraus*: Je näher man die Sache anschaut, desto ferner sieht sie zurück?

---

342 *Classen* (Fn. 4) S. 193; *Winter* (Fn. 257) 468; *Pietzcker* (Fn. 272) 201f. mwN; ansatzweise vorstehend unter C. I.

343 Zur rechtssystematischen Irrelevanz der Verbandsklage vorstehend unter B. I.

344 Bzw. rechtspolitisch, vgl. zu den diesbzgl. Gründen *Kloepfer* (Fn. 20) § 8 Rn. 31.

345 Gegenteilig *Schmidt-Aßmann* VBlBW 2000, 45, 49; vgl. aber vorstehend unter I. 2. c.

346 Zur Kontrolleröffnung auf vorgelagerter Ebene insoweit vorstehend unter I. 2. d. ee.

347 *Classen* (Fn. 4) S. 87; *Schoch* (Fn. 137) 465ff.; *Kokott* (Fn. 124) 359.

348 Vgl. dazu vorstehend im Text und unter C.II. 3. (mit Hinweis auf zusätzliche gerichtliche Kontrollreduktionen); deutlich *Winter* (Fn. 257), 472; perspektivisch anders *Hoffmann-Riem* in: Schmidt-Aßmann/Hoffmann-Riem (Hrsg.) Verwaltungskontrolle, 2001, S. 325, 361; der vielfach anzutreffende Hinweis auf die im Verhältnis zu den europäischen Mitgliedstaaten hohe Intensität der Kontrolle nach deutschem Recht – vgl. etwa *Pietzcker* (Fn. 105) 706 – geht daher in weiten Bereichen fehl; zutreffend *Jannasch* in: Magiera/Sommermann (Fn. 259) 27, 31; entsprechendes gilt gegenüber der Warnung vor einer vorschnellen Rücknahme der Kontrolldichte angesichts der Europäisierung des Individualrechtsschutzes, *Schoch* (Fn. 137) 466f.

349 Es bedarf angesichts dessen nicht der grundsätzlichen (Kehrt-)Wende, dazu *Voßkuhle* (Fn. 109) S. 399ff. m. umfangr. Nachw.

Leitsätze des 1. Berichterstatters über:

Primär- und Sekundärrechtsschutz im Öffentlichen Recht

1. Die thematische Ausrichtung auf Primär- und Sekundärrechtsschutz im öffentlichen Recht fokussiert das rechtssystematische Verhältnis zwischen beiden Formen der Rechtsschutzgewährleistung.

2. Jene Relation ist charakterisiert durch die prinzipielle Subsidiarität des Sekundärrechtsschutzes als Emanation staatlichen Haftungsrechts.

3. Der Vorrang des Primärrechtsschutzes hat entwicklungsgeschichtliche Gründe und beruht auf dem Gedanken der Effektivität.

4. Die höhere Effektivität des Primärrechtsschutzes gegenüber demjenigen sekundärer Art rührt allgemein aus seiner eingriffsbereinigenden Kraft, während der Sekundärrechtsschutz lediglich kompensatorisch ausgerichtet ist.

5. Diese spezifische, das (Grund-)Verhältnis zwischen primärem und sekundärem Rechtsschutz rechtfertigende Effektivität des Primärrechtsschutzes lässt sich in zweierlei Hinsicht in Frage stellen:

- *Zum einen vermag die auf Verwirklichungsebene einsetzende gerichtliche Kontrolle die Vernetztheit staatlicher Entscheidungsfindung (insbesondere) mit Blick auf vorgelagerte Dezisionen nicht hinreichend einzubeziehen.*
- *Zum anderen folgen weitreichende Reduktionen der Justizgewährleistung aus der jüngeren Deregulierungsgesetzgebung, die das allgemeine Verwaltungsverfahrens- und Verwaltungsprozessrecht erreicht hat.*

6. Die rechtliche Reaktion hierauf kann nicht in einer Befreiung des Sekundärrechtsschutzes aus seiner Subsidiarität liegen, sondern in einer Wiedergewinnung der eingriffsbereinigenden Kraft des Primärrechtsschutzes, um die Beibehaltung seines Vorrangs zu rechtfertigen.

7. Dazu bedarf es zunächst der Rechtsschutzeröffnung auf vorgelagerten Ebenen staatlicher Entscheidungsfindung. Die Rechtsentwicklung zeigt Ansätze in dieser Richtung, die es unter Berücksichtigung des Europarechts aufzugreifen gilt. Das deutsche Prozessrecht erweist sich insoweit als hinreichend flexibel. Dergestalt vorverlagerter (gerichtlicher) Rechtsschutz macht die diesbezügliche Inzidentkontrolle auf Verwirklichungsstufe entbehrlich.

8. Auf letzterer Ebene lässt sich Rechtsschutzeffektivität insbesondere durch Beseitigung der beschleunigungsbedingten Sanktionsfreistellungen von Verfahrensfehlern u.Ä. zugunsten prozeduraler (gerichtlicher) Überprüfung erreichen; auch insoweit erweist sich eine Konvergenz mit dem europäischen

Kontrollkonzept. Vice versa kann das (Verwaltungs-)Verfahrensrecht flexibler und „schlanker" ausgestaltet werden.

9. Im Gefolge eines solchen zweispurigen Vorgehens wächst dem Primärrechtsschutz die seinen Vorrang gegenüber dem sekundären Rechtsschutz begründende eingriffsbereinigende Kraft – wieder – zu, m.a.W. eine hierauf gerichtete Effektivität, die diesen Namen auch verdient.

10. Der Einführung bzw. dem Ausbau der Verbandsklage kommt bei rechtssystematischer Betrachtung des Verhältnisses von Primär- und Sekundärrechtsschutz keine Relevanz zu.

Zweiter Beratungsgegenstand:

Primär- und Sekundärrechtsschutz im Öffentlichen Recht

2. Bericht von Prof. Dr. *Wolfram Höfling*, M.A., Köln

Inhalt

I. Alte Defizite und neue Herausforderungen – Einführung und Themenstrukturierung

1. Das Zerrbild vom hypertrophen Rechtsschutzstaat

Das System des öffentlich-rechtlichen Rechtsschutzes steht unter Anpassungsdruck. Alte Defizite und neue, noch unbewältigte Herausforderungen lassen die zyklisch wiederkehrende Kritik an der Hypertrophie des deutschen Rechtsschutzstaates, an seinem mit mokantem Unterton vermerkten „weltmeisterlichen" Format[1] als verzerrend[2] erscheinen.[3] Natürlich: Jeder kennt Beispiele instanzenseliger[4] Rechtsschutzexzesse wie den Kampf um die „ö-Tüpfelchen" im richtig geschriebenen Namen auf computergefertigten Telefonrechnungen.[5]

Doch lassen sich solche Befunde, die nicht selten Folge einer referenzgebietsbedingten Perspektivenverengung sind, mit etlichen Gegenbeispielen konfrontieren, die auf tieferreichende Strukturmängel verweisen.[6] Besonders augenfällig wird dies bei einem Blick auf den sog. sekundären Rechtsschutz, jene Materie also, die oftmals gleich bedeutend, indes irreführend mit dem Terminus „Staatshaftungsrecht" umschrieben wird.

2. Hypotrophie des sog. Staatshaftungsrechts

Dieses ist nicht *hyper*troph, sondern *hypo*troph: Defizitär in den Grundstrukturen, überkomplex und zugleich subrational in seinen be-

---

1 S. etwa *Sendler* NJW 1994, 1518; ferner auch *Wahl* Der Staat 1999, 495, 510f.; vgl. auch *Pietzcker* in: Schmidt-Aßmann/Hoffmann-Riem (Hrsg.) Verwaltungskontrolle, 2001, S. 89, 91.

2 Beispielhaft *Bettermann* Der totale Rechtsstaat, 1986.

3 S. auch *Huber* in: von Mangoldt/Klein/Starck, GG, Bd. 1, 1999, Art. 19 Abs. 4 Rn. 362.

4 S. *Zeidler* DRiZ 1983, 249, 253: „Instanzenseeligkeit" unter Bezugnahme auf *Sendler.*

5 VG Frankfurt DVBl. 1966, 383f.; Hessischer VGH DÖV 1968, 356f.; BVerwGE 31, 236, 237f.

6 So fallen ganze Bereiche des Besonderen Verwaltungsrechts als Kontrollgegenstände der Verwaltungsgerichtsbarkeit in wesentlichen Teilen aus, weil sanktionierende Bußgeldverfahren einfacher und für die Verwaltung risikoloser erscheinen (s. etwa zum Lebensmittelrecht *Hufen* in: R. Schmidt [Hrsg.] Öffentliches Wirtschaftsrecht, Bes. Teil 2, 1996, § 12 Rn. 142; ferner VGH Kassel, NVwZ 1988, 445, 446). – Im Steuerrecht kann der um Rechtsschutz Nachsuchende nicht selten geradezu kafkaeske Prozesserfahrungen sammeln (dazu jüngst *Seer* StuW 2001, 3ff. mwN). – Und die Zeiten, in denen das deutsche Vergaberecht weitgehend ein „gerichtsfreier Raum" (*Pietzcker* ZHR 162 [1988] 427, 468; zustimmend *Puhl* VVDStRL 60 [2001] 456, 470f.) war, liegen noch nicht lange zurück.

sonderen Bereichsdogmatiken, mit Anschlussproblemen behaftet sowohl im Blick auf das europäische Recht als auch die nationale Rechtsschutzdogmatik im ganzen.[7]

3. Neue Herausforderungen: Regulierte Selbstregulierung als Dekonstruktion des Rechtsschutzes

Sie wiederum sieht sich zusätzlich und fundamental herausgefordert durch die zunehmend komplexe Struktur einer zwischen Staat und Gesellschaft verantwortungsdiversifizierten Gemeinwohlkonkretisierung.[8]

Den skizzierten Problemen will ich in drei Schritten nachgehen:

- Der erste und zugleich Hauptteil unternimmt den Versuch, einige Bauelemente für eine (Re-)Konstruktion des sog. sekundären Rechtsschutzes zu erarbeiten.
- Es folgen Zwischenbemerkungen zum Verhältnis von Rechtsschutz und Rechtsweg,
- die überleiten zu einigen knappen Überlegungen zu der Frage, ob nicht die z.Z. viel erörterten Systeme „regulierter Selbstregulierung" sich als Dekonstruktion des (öffentlich-rechtlichen) Rechtsschutzes erweisen.

II. Der sog. Sekundärrechtsschutz im „System" des öffentlich-rechtlichen Rechtsschutzes – Defizitanalyse und Teilelemente einer Rekonstruktion

1. Klarstellende und abschichtende Vorbemerkungen

Das eine geläufige Redeweise[9] aufgreifende Thema „Primärer und sekundärer Rechtsschutz" mit der trügerischen Assoziation eines konsistenten Stufensystems bedarf allerdings angesichts des herrschenden terminologischen Wildwuchses[10] zunächst einiger Klarstellungen und Abschichtungen.

---

[7] Jüngst ist darauf nochmals eindringlich und mit dankenswert deutlichen Worten hingewiesen worden von *Schoch* DV 34 (2001) 261ff.

[8] Dazu s. vor allem die Referate von *Schmidt-Preuß* und *Di Fabio* auf der Dresdner Staatsrechtslehrertagung, VVDStRL 56 (1997) 160ff. und S. 235ff.; ferner den wichtigen Begleitaufsatz von *Trute* DVBl. 1996, 950ff.

[9] S. z.B. *Schmidt-Aßmann* in: Schoch/Schmidt-Aßmann/Pietzner (Hrsg.) VwGO-Komm., Einleitung, Rn. 230–232.

[10] S. *Morlok* DV 25 (1992) 371, 374.

1.: Sekundärer Rechtsschutz ist nicht gleichzusetzen mit „Staatshaftungsrecht“,[11] das jedenfalls in seiner weiten Deutung[12] ein Rechtsgebiet bezeichnet, in dem rechtsästhetische Schmerzgrenzen längst überschritten sind[13] und Inkonsistenzen geradezu konstitutiv für das „System“ zu sein scheinen. Die beiden „Säulen“, auf denen es vorgeblich ruht – nämlich: die Haftung für rechtswidriges und die Entschädigung im Zusammenhang mit rechtmäßigem Staatshandeln – vermögen aus rechtsstaatlicher Perspektive nie und nimmer gleiche Stützfunktionen zu erfüllen.[14] Die Zuordnung der Entschädigungsansprüche wegen rechtmäßigen Staatshandelns zum Staatshaftungsrecht lässt sich heute nur noch mit didaktischen Erwägungen einer an dogmengeschichtlichen und rechtsgenetischen Gesichtspunkten orientierten Darstellung erklären.[15] Das „binäre“ Ordnungsmodell der Rechtmäßigkeits-/Rechtswidrigkeits-Unterscheidung[16] markiert die dogmatische Grenze eines individualrechtszentrierten Rechtsschutzsystems. Deshalb sind Ausgleichsansprüche als Rechtmäßigkeitsbedingungen (etwa bei ausgleichspflichtigen Eigentumsinhaltsbestimmungen) von vornherein kein Thema des sog. sekundären Rechtsschutzes.[17] Geradezu das Gegenteil von Individualrechtsschutz

[11] S. die entsprechenden Bezeichnungen in den Darstellungen von *Ossenbühl* Staatshaftungsrecht, 5. Aufl. 1998, S. 1 f.; *Papier* in: HStR VI, 1989, S. 1353 ff. – Zum Teil wird auch zwischen primärem und sekundärem Staatshaftungsrecht unterschieden; s. etwa *Bethge* VVDStRL 57 (1998) 7, 39; *Ch. Bamberger* KritV 2001, 211 ff. (211). – S. aber auch die Kapitelüberschrift IX in Bd. VI des Handbuchs des Staatsrechts (insgesamt den Freiheitsrechten gewidmet): „Rechtsschutz und Staatshaftung“.

[12] Insoweit synonym mit bspw. „Recht der Entschädigungs- und Schadensersatzleistungen“; „öffentlich-rechtliches Entschädigungsrecht“ usw.

[13] Architektonische Bilder werden im vorliegenden Kontext nicht selten bemüht; s. besonders plastisch *Morlok* (Fn. 10) S. 375. – Wenn *Ossenbühl* in: 50 Jahre Bundesgerichtshof, Bd. 3, 2000, 887, 923 formuliert, das Staatshaftungsrecht in seiner gegenwärtigen Gestalt erfülle „gewiss nicht die ästhetischen Anforderungen an ein konsistentes System“, dann ist dies angesichts des „Goldjubiläums“ wohl mehr als vorsichtige Kritik.

[14] Plädoyer für eine deutliche Trennung bei *Steinberg/Lubberger* Aufopferung – Enteignung und Staatshaftung, 1991, S. 18 ff.; *Kluth* in: Wolff/Bachof/Stober, Verwaltungsrecht Bd. 2, 6. Aufl. 2000, § 66 Rn. 3 (S. 518); *Morlok* (Fn. 10) S. 375 f.

[15] S. auch *Ossenbühl* (Fn. 11) S. 1 f.

[16] S. auch *Voßkuhle* Das Kompensationsprinzip, 1999, S. 103; vgl. ferner *Ipsen* DVBl. 1983, 1029, 1037: „polare(r) Gegensatz“.

[17] Die Kompensationsansprüche etwa, die im Polizei-, Denkmal- und Naturschutzrecht der Minderung der Eingriffsintensität dienen und unter der Chiffre „ausgleichspflichtige Eigentumsinhaltsbestimmungen“ fungieren, aber auch der nachbarrechtliche Entschädigungsausgleich nach § 74 Abs. 2 Satz 3 VwVfG (dazu eingehend *Voßkuhle* [Fn. 16] S. 273 ff.) lassen sich als beschränkungsrechtfertigende Ansprüche qualifizieren, die auf der Primärrechtsebene zu verorten sind.

überhaupt ist schließlich jener Fremdkörper des sog. Staatshaftungsrechts, der in Wahrheit eine Staats*bürgerhaftung* begründet, also einen Unrechtsausgleich zugunsten des Staates (etwa Teile des sog. öffentlich-rechtlichen Erstattungsanspruchs; ferner der Aufwendungsersatz bei berechtigter öffentlich-rechtlicher Geschäftsführung ohne Auftrag).[18]

2.: Als möglicher Gegenstand des sog. sekundären Rechtsschutzes verbleiben somit nur die Institute der Staatsunrechtshaftung.[19] Was jedoch hierzu im einzelnen zählt, ist wiederum umstritten: Das gilt namentlich für den Folgenbeseitigungsanspruch, der zum Teil als Instrument des Primärrechtsschutzes,[20] zum Teil als Ersatzanspruch der Sekundärebene qualifiziert wird,[21] aber auch etwa für den öffentlich-rechtlichen Erstattungsanspruch.[22]

2. *Strukturelle Defizite im öffentlich-rechtlichen Rechtsschutz*

Diese und weitere Unsicherheiten lassen sich im Kern auf ein Zentralproblem zurückführen. Es ist charakterisiert durch einen fundamentalen Bruch in der Funktionslogik des sog. primären und sog. sekundären Rechtsschutzes.

---

[18] Näher hierzu *Bamberger* KritV 2001, 200ff.

[19] Anders wiederum jüngst *Axer* DVBl. 2001, 1322, 1323, der hierzu auch noch „Klagen aus ... enteignendem Eingriff sowie Aufopferung" zählt.

[20] So z.B. *Maurer* Allgemeines Verwaltungsrecht, 13. Aufl. 2000, § 29 Rn. 6; *Axer* (Fn. 19) S. 1322; *Ivo* Die Folgenbeseitigungslast, 1996, S. 84f.

[21] S. *Weyreuther* Gutachten B zum 47. DJT, 1968, S. B 146, für den allerdings „die Freiheitsgrundrechte selbst eine erste Stufe der Staatshaftung zum Inhalt haben ..." (ebda.); ferner etwa *Rüfner* in: Erichsen (Hrsg.) Allgemeines Verwaltungsrecht, 11. Aufl. 1998, § 49 Rn. 28: Der Folgenbeseitigungsanspruch habe inzwischen „den Charakter eines Ersatzanspruchs und ist zu einem Institut des Staatshaftungsrechts geworden". – § 3 Abs. 1 StHG 1981 qualifizierte den FBA als Unterfall des Schadensersatzanspruchs. – Zu der in Tat verwirrenden Vielfalt der Qualifikationen des FBA s. mit weiteren Nachweisen nur *Schoch* VerwArch 79 (1988) 1, 44ff.; ferner *Sproll* in: Detterbeck/Windthorst/Sproll, Staatshaftungsrecht, 2000, § 17 Rn. 36 iVm § 18 Rn. 8. Schon die grundlegende Studie von *Bachof* Die verwaltungsgerichtliche Klage auf Vornahme einer Amtshandlung, 1951 (2. Aufl. 1968) sah im FBA gleichsam eine Kombination von sog. primärem und sog. sekundärem Rechtsschutz: Er ziele primär auf Beseitigung, hilfsweise aber auf Herstellung eines gleichwertigen Zustandes oder Geldersatz, s. aaO S. 132; vgl. als Beispiel aus neuerer Zeit *Zöller* Sächsische Verwaltungsblätter 1995, 197ff. (197): Der Anspruch könne „auf eine Beseitigung, eine (Wieder-)Herstellung, einen Widerruf oder auf eine Unterlassung gerichtet sein".

[22] S. einerseits *Axer* (Fn. 19) S. 1322 (Primärrechtsschutz) und andererseits *Morlok* (Fn. 10) S. 373ff. (Unterfall des Folgenbeseitigungsanspruchs).

Der allgemeine Primärrechtsschutz ist von der Rechtsordnung als *Rechtsverletzungsreaktionsrecht(sschutz)* ausgestaltet.[23] Anders formuliert: Die Verletzung eines subjektiven öffentlichen Rechts löst grundsätzlich im Umfang der Rechtsverletzung gegenläufige Ansprüche aus. Vom auf Aufhebung des Verwaltungsaktes gerichteten Unrechtsbeseitigungsanspruch, wie er in § 113 Abs. 1 Satz 1 VwGO als „verallgemeinerungsfähiger Prototyp"[24] zum Ausdruck kommt, über die Abwehr rechtswidriger Realakte bis hin (mit gewissen Einschränkungen) zum kassatorischen Schutz durch das Institut der prinzipalen Normenkontrolle: Im Grundsatz sind die Ansprüche in Struktur und Umfang auf den reaktionsrechtlichen Zusammenhang hin konstruiert. Dies gilt, wohlgemerkt, als Prinzip, nicht als modifikationsresistente, strikte Junktimregel.[25]

Entwicklungsstand und Struktur des traditionell der Staats(unrechts)-haftung zugerechneten Rechtsschutzes unterscheiden sich hiervon grundlegend:

– Offenkundig ist dies für die *Amtshaftung* mit ihrer Verwurzelung in der Mandatstheorie des 19. Jahrhunderts[26] und in ihrer konstruktiven Rückbindung an einen verschuldensabhängigen Tatbestand der unerlaubten Handlung, an § 839 BGB – jenen, wie es schon 1920 bei einem namhaften Zivilrechtler heißt, „schlechtestkonstruierten, dazu für das Volk unverständlichsten aller Rechtssätze"[27].

– Aber auch der Anspruch aus enteignungsgleichem Eingriff, dessen „Schöpfungsgeschichte" unmittelbar mit der Antiquiertheit des Amtshaf-

---

[23] Hierzu instruktiv die Kölner Habilitationsschrift von *Grzeszick* Rechte und Ansprüche. Eine Rekonstruktion des Staatshaftungsrechts aus den subjektiven öffentlichen Rechten, 2001, S. 81ff.

[24] *Rupp* DVBl. 1972, 232f. (232).

[25] Modifikationen sind dabei in zwei Richtungen denkbar: Die Rechtsverletzungsreaktion kann beschränkt sein, d.h. hinter den dem Rechtsverstoß entsprechenden „Gegenmaßnahmen" zurückbleiben, wenn und soweit dies gerechtfertigt werden kann. Zum anderen ist eine Modifikation auch im Sinne einer Erweiterung denkbar, etwa beim kassatorischen Rechtsschutz gegen Normen, bei denen sich die (primäre) Verletzungsreaktion über den Kläger hinaus ausweitet. Abweichend ist infolge des Annahmeverfahrens auch das Verfassungsbeschwerdeverfahren konzipiert. Die Verletzung von Grundrechten löst keineswegs automatisch einen Anspruch auf Aufhebung des belastenden Aktes aus, sondern nur unter den Voraussetzungen des § 93a BVerfGG. Ist die Verfassungsbeschwerde aber angenommen, so entspricht der verfassungsprozessuale Grundrechtsschutz strukturell wieder dem allgemeinen primären Individualrechtsschutz; s. zum ganzen auch *Grzeszick* (Fn. 23) 107f.

[26] S. nur *Papier* in: Münchener Kommentar, § 839 Rn. 4f.; *Dagtoglou* BK, Art. 34 Rn. 12ff.

[27] *Hofacker* AcP 118 (1920) 281, 349.

tungsanspruchs zusammenhängt,[28] präsentiert sich von den Tatbestandsstrukturen her als ein fragmentarisches Rechtsschutzinstrument. Insuffizient ist der Haftungstatbestand in (mindestens) dreifacher Hinsicht: (1) Er schützt nur - folgt man dem BGH - das Eigentum, und dies auch nur gegen unmittelbare Beeinträchtigungen.[29] (2) Er wehrt legislatorisches Unrecht nur unzureichend ab[30] und (3) erfasst staatliches Verhalten in der Form des sog. schlichten Unterlassens überhaupt nicht.[31]

– Der Folgenbeseitigungsanspruch schließlich, wenn und soweit er zum Sekundärrechtsschutz gerechnet wird, setzt zwar bei der Verletzung eines subjektiven Rechts an und kennt insofern keine Privilegierung einzelner Schutzgüter,[32] steht aber unter einem allgemeinen Zumutbarkeitsvorbehalt.[33]

3. *Dreifacher Veränderungsdruck*

Dieser Zustand ist unbefriedigend;[34] er drängt auf Veränderung. Der Anpassungsdruck speist sich aus drei Quellen: aus dem Europarecht, dem Verfassungsrecht und den Rationalitätsanforderungen rechtswissenschaftlicher Dogmatik:

(1) Um mit dem letzten zu beginnen: Das Recht des Rechtsschutzes als Teilsystem vermag seine Anschlussfähigkeit an das System und die Dogmatik des öffentlichen Rechts ingesamt nur dann zu erlangen, wenn es über ein hinreichendes Niveau innerer Konsistenz und ein adäquates Maß an Verknüpfungspunkten verfügt.[35]

(2) Verfassungsrechtlich gebieten zum einen die Grundrechte eine Fortbildung; darauf ist sogleich näher einzugehen. Hinzu tritt aber die Rechtsschutzgarantie des Art. 19 Abs. 4 GG, die effektiven Rechtsschutz

---

28 S. auch *Ipsen* DVBl. 1983, 1029, 1035.

29 S. BGHZ 91, 243, 253; BGHZ 92, 34, 41; 125, 19, 21 = JZ 1994, 784ff. mit Anmerkung *Ossenbühl*.

30 BGHZ 100, 136, 145f. = JZ 1987, 1024ff. mit Anmerkung *Ossenbühl*; ferner zu dieser Entscheidung *Schenke* NJW 1988, 857ff.; BGHZ 111, 349, 352f. = JZ 1991, 36ff. mit Anmerkung *Maurer*. Entsprechendes gilt für die Amtshaftung; s. hierzu BGHZ 102, 350, 367f.; Bayerisches Oberstes Landesgericht NJW 1997, 1514, 1515.

31 BGHZ 102, 350, 364f.; BGHZ 120, 124, 132; zur Problematik s. aus jüngster Zeit auch *Schmidt* Staatshaftung für verzögertes Amtshandeln, 2001.

32 S. Nachweise bei *Schoch* (Fn. 7) S. 265f.

33 Beispielsweise: BVerwGE 94, 100, 105; OVG NW NVwZ 1994, 795 (795).

34 Deutlich harscher die Kritik von *Schoch* (Fn. 7) S. 283: „Die Lage ist trostlos".

35 Treffend *Morlok* (Fn. 10) S. 399 unter Bezugnahme auf *Schmidt-Aßmann* Das allgemeine Verwaltungsrecht als Ordnungsidee und System, 1982, S. 10ff.

nicht nur für die sog. Primärrechtsschutzansprüche garantiert.[36] Eine Norm, die ausweislich ihres Normtextes den Rechtsweg bei Verletzung eigener Rechte öffnet, kurzerhand interpretatorisch für den Sekundärrechtsschutz wieder zu schließen, wie es eine verbreitete Gegenansicht tut,[37] erscheint wenig überzeugend.

(3) Maßstabsbildend und richtungsweisend für eine Rechtsfortbildung wirkt schließlich das europäische Gemeinschaftsrecht,[38] das auf eine Parallelisierung des unionalen und nationalen Staatshaftungsrechts und damit auf dessen Weiterentwicklungdrängt.[39] Ohne dem Referat von Herrn Kollegen *Streinz* vorgreifen zu wollen oder gar zu können: Insofern ist europarechtskonforme Weiterentwicklung deutscher Anspruchsgrundlagen gefordert, nicht partiell gemeinschaftsrechtsresistente Versteinerung ohnehin defizitärer nationaler Haftungsinstitute,[40] wie sie leider der BGH praktiziert.[41]

4. Bauelemente für eine systematische Rekonstruktion der Rechtsschutzansprüche

Diesen dreifachen Anpassungsdruck aufnehmend sollen im folgenden in systematischer Absicht einige Bauelemente für eine Rekonstruktion der öffentlich-rechtlichen Rechtsschutzansprüche herausgearbeitet werden. Der (skizzenhafte) Bauplan für ein solches „Systemgebäude" folgt zwei erkenntnisleitenden Annahmen: (1) der These einer Rechtsgrundidentität und Funktionsparallelität der Rechtsschutzansprüche;[42] (2) der Deutung des Verhältnisses der Rechtsschutzansprüche zueinander als eines von gleichrangiger Komplementarität bei partieller Subsidiarität.[43]

---

[36] So zu Recht auch *Axer* (Fn. 19) S. 1328f.; (demnächst) ferner *Ibler* in: Friauf/Höfling (Hrsg.) Berliner Kommentar zum Grundgesetz, Art. 19.

[37] S. beispielsweise *Huber* in: von Mangoldt/Klein/Starck, Bonner Grundgesetz, Bd. 1, Art. 19 Rn. 459; *Ramsauer* in: AKGG, 3. Aufl. 2001, Art. 19 Rn. 95.

[38] Von „Funktionsidentität (bei Konstruktionsdisparität)" spricht *Schoch* (Fn. 7) S. 278, ferner, S. 276 von gleicher Anwendungsbreite und gleichen Schutzstandards).

[39] S. nur *Huber* FS Maurer, 2001, 1165, 1171f.; *Schoch* FS Maurer, 759ff.

[40] Die gemeinschaftsrechtlichen Vorgaben etwa zum gegenständlichen Umfang der sekundären Rechtsschutzansprüche oder zur „Schutzrichtung" – Stichwort: legislatives Unrecht – sind umzusetzen bei der rechtspraktischen Anwendung des deutschen Staatshaftungsrechts. S. nur *Schoch* (Fn. 39) mwN in Fn. 106.

[41] BGHZ 134, 30, 32ff.

[42] Dazu im folgenden a).

[43] Dazu im folgenden c).

a) *Rechtsgrundidentität und Funktionsparallelität der Rechtsschutzansprüche*

Die Rede von der Rechtsgrundidentität[44] meint dabei nicht nur gemeinsame rechtsstaatliche Wurzeln,[45] sondern verweist auf die Grundeinsicht, dass – wie *E. Schmidt-Aßmann* formuliert hat – „hinter allen Rechtsschutzfragen" die grundrechtliche Rechtsstellung steht.[46]

aa) *Struktur und Umfang des reaktionsrechtlichen Gehalts der Grundrechte*

Die Grundrechte als die elementaren subjektiv-öffentlichen Rechte bilden deshalb auch den zentralen Bezugspunkt für den Versuch einer Systematisierung der materiellen Sanktionsansprüche.

Die negatorische Seite der Grundrechte als die „Systemmitte der Grundrechtsdogmatik"[47] verweist dabei auf das Abwehrrecht als eine durch bestimmte strukturelle Merkmale charakterisierte Kategorie subjektiver Grundrechtsberechtigungen.[48] *Gegenstand* des abwehrrechtlichen Grundrechtsschutzes sind die je in den Grundrechtsnormen genannten „Schutzgüter";[49] abkürzend und unter Inkaufnahme gewisser Unschärfen gesprochen: die Freiheit von Fremdbestimmung.[50] Der *Inhalt* des Abwehrrechts kann gedeutet werden als eine Art „Beherrschungsrecht", ein Recht auf Ausübung der Freiheit.[51] Das Abwehrrecht

---

[44] S. *Schmidt-Aßmann* (Fn. 9) Einleitung Rn. 230; mit Nachdruck hat hierauf bereits in den 50er Jahren *Menger* GS Jellinek, 1955, 347ff., hingewiesen.

[45] Vgl. bereits *Walter Jellineks* vielzitierte Deutung der Amtshaftungsvorschrift der Weimarer Reichsverfassung (Art. 131) als „ultima ratio des Rechtsstaates"; s. Verwaltungsrecht, 3. Aufl. 1931, S. 321.

[46] So *Schmidt-Aßmann* (Fn. 9) Rn. 231.

[47] So treffend *Dreier* in: Dreier (Hrsg.) Grundgesetz-Komm., Bd. 1, 1996, Vorbemerkungen vor Art. 1 Rn. 45.

[48] S. dazu *Sachs* in: Stern, Staatsrecht III/1, 1988, S. 558ff.

[49] Der Begriff ist streitbefangen.

[50] S. auch *Th. Koch* Der Grundrechtsschutz des Drittbetroffenen, 2000, S. 72ff. mwN. Die Trennung der Freiheit von dem aus ihrer normativen Anerkennung resultierenden rechtlichen Anspruch erlaubt es, jene gesellschaftliche Sphäre undefinierter („beliebiger") Existenz zu scheiden von dem staatlich garantierten und zugleich staatsgerichteten Recht des Einzelnen, in seiner selbstbestimmten Entfaltung nicht rechtswidrig gehindert zu werden; dazu *Enders* in: Friauf/Höfling (Hrsg.) Berliner Kommentar zum Grundgesetz, Vorbemerkung vor Art. 1 Rn. 23.

[51] So *Sachs* (Fn. 48) S. 479ff.; *Alexy* Theorie der Grundrechte, 1986, S. 206, spricht von „Erlaubnisnorm". – Von anderen wird es dagegen verstanden als Recht auf (ständiges) Unterlassen unzulässiger Einwirkungen auf die jeweiligen Schutzgegenstände; dazu etwa *Koch* (Fn. 50) S. 85f.

räumt (in Verbindung mit „seinen" Hilfsrechten)[52] dem Einzelnen Ansprüche ein, um den Gegenstand seines Schutzes, die beliebige Freiheit in ihrer selbstbestimmten Integrität, gegenüber nicht rechtfertigungsfähigen Verkürzungen zu wahren.

Abwehrrechtliche Anspruchsgehalte können sich nun auf unterschiedlichen Ebenen entfalten:

(1) Bei drohender Beeinträchtigung aktualisiert sich das Abwehrrecht im *Unterlassungsanspruch*, der seit jeher zu den unangefochtenen subjektivierten Nichtstörungspflichten zählt.[53] Als weiterer Anspruch ergibt sich hieraus ein negatorischer *Beseitigungsanspruch*.[54] Die Beseitigung ist dabei als Mittel zu begreifen, der Pflicht zur Unterlassung nachzukommen.[55] Der Zustand ist herzustellen, der bestehen würde, wenn die Beeinträchtigung *nicht mehr* vorhanden wäre.[56] Diese „actio negatoria des öffentlichen Rechts"[57] zum Folgenbeseitigungsanspruch (FBA) zu rech-

---

[52] *Sachs* (Fn. 48) S. 671ff.; ähnlich *Alexy* (Fn. 51) S. 206ff.

[53] S. *Sachs* (Fn. 48) S. 680ff.; vgl. ferner *Weyreuther* (Fn. 21) B 83f.; *T. Schneider* Folgenbeseitigung im Verwaltungsrecht, 1994, S. 57ff.; eingehend zum Unterlassungsanspruch *Laubinger* VerwArch 80 (1989) 261ff.; kritisch aber wohl *Hufen* Verwaltungsprozessrecht, 4. Aufl. 2000, S. 27 Rn. 4.
Anders vor allem *Rupp* Grundfragen der heutigen Verwaltungsrechtslehre, 1965, S. 162ff. (dazu *Alexy* [Fn. 51], S. 277 mit Fn. 40).

[54] *Alexy* (Fn. 51) S. 237 Fn. 40 bezeichnet diesen als „sekundäres subjektives Recht"; andere Terminologie etwa bei *W. Roth* Faktische Eingriffe in Freiheit und Eigentum, 1994, S. 71ff. – Die argumentative Herleitung von Beseitigungsansprüchen bereitet bis heute nicht unerhebliche konstruktiv-dogmatische Probleme. Ein Grund hierfür mag in der nicht selten praktizierten Identifizierung des grundrechtlichen Abwehrrechts mit einem Unterlassungsanspruch gefunden werden, dessen Transformation in das Surrogat eines Beseitigungsanspruchs nicht unmittelbar einleuchtet, s. etwa *Weyreuther* (Fn. 21) B 85: „Im Kern der Dinge steht die Einsicht, dass der *Folgenbeseitigungsanspruch* (wie der Beseitigungsanspruch überhaupt) nichts anderes ist als ein *umgewandelter … Unterlassungsanspruch*"; zwar kritisch gegenüber der Transformationsthese, im Ergebnis aber eine vergleichbare Konstruktion vertretend: *M. Redeker* DÖV 1987, 194, 197, der annimmt, dass der Unterlassungsanspruch untergeht und „an seine Stelle … der Abwehr- und Ausgleichsanspruch (sc. FBA) als Hauptanspruch" tritt. – Zur Kritik vgl. etwa *Schneider* (Fn. 53) S. 62ff. mwN.

[55] S. auch das Beispiel bei *Schwabe* Probleme der Grundrechtsdogmatik, 1977, S. 199: „Wenn die Behörden jemanden zu Unrecht verhaftet haben, so vermögen sie ihrer Pflicht, niemanden rechtswidrig seiner Freiheit zu berauben, ausschließlich dadurch zu genügen, dass sie den Verhafteten freisetzen. Hier noch nach einer gesetzlichen Statuierung einer besonderen Beseitigungspflicht zu suchen, wäre abwegig".

[56] So *Schwabe* (Fn. 55) S. 199 unter Bezugnahme auf *W. Müller* Beseitigungs- und Unterlassungsansprüche im Verwaltungsrecht, 1967, S. 58ff.; ebenso *Schoch* (Fn. 21) S. 36; vgl. ferner *Rüfner* (Fn. 21) § 49 Rn. 22.

[57] So *Rüfner* (Fn. 21) § 49 Rn. 22.

nen, wie es vielfach geschieht, erscheint wenig sinnvoll;[58] denn dies bedeutet, einen unstrittigen grundrechtlichen Abwehranspruch[59] in den bis heute währenden Streit um Begründung und Struktur des FBA einzubeziehen.[60]

(2) Dieser dreht sich zentral um die Frage, ob und ggf. wie ein *restitutorischer Beseitigungsanspruch* als Element des grundrechtlichen Abwehrrechts begründet werden kann.[61] Insoweit ist immer wieder der Einwand erhoben worden, eine solche Konzeption laufe auf die nicht begründbare Anerkennung eines allgemeinen Wiedergutmachungsanspruchs[62] hinaus. Richtig hieran ist, dass das Abwehrrecht keinen Anspruch auf die Herstellung desjenigen hypothetischen Zustandes enthält, der ohne die Beeinträchtigung bestehen würde.[63] Ebenso aber ist festzuhalten, dass das grundrechtliche Abwehrrecht die Integrität des je geschützten Rechtsguts nach dessen Beeinträchtigung (auch) durch einen Anspruch auf Wiederherstellung schützt.[64] Wenn das Bundesverfassungsgericht im Blick auf den Rückübereignungsanspruch unmittelbar aus der Garantie des Art. 14 Abs. 1 Satz 1 GG einen Anspruch auf „Herstellung des verfassungsmäßigen Zustands"[65] ableitet,[66] so kann dies durchaus für alle grundrecht-

---

[58] Beispiele aus der Rechtsprechung für die terminologische Verwirrung bringt *Laubinger* (Fn. 53) S. 298f. mit Fn. 125.

[59] Abwehranspruch hier als Oberbegriff für Unterlassungs- und negatorischen Beseitigungsanspruch verstanden.

[60] Das geschieht, wenn man den FBA als „grundrechtlichen Schutzanspruch auf Unterlassung, Abwehr und Beseitigung" versteht; so z. B. *Ossenbühl* NJW 2000, 2945, 2948.

[61] Wichtige Stationen der dogmengeschichtlichen Entwicklung: *Bachof* (Fn. 21); *Bettermann* DÖV 1955, 528ff.; *Weyreuther* (Fn. 21) S. B 78ff.; *Schoch* (Fn. 21) S. 1ff.; Durchbruch in der Rechtsprechung: BVerwG, DVBl. 1971, 858ff. (Urteil vom 25. 8. 1971).

[62] Zum Versuch einer entsprechenden Begründung als „allgmeines Rechtsprinzip" s. vor allem die Arbeiten von *Haas* System der öffentlich-rechtlichen Entschädigungspflichten, 1955, S. 59 ff und *Menger* (Fn. 44) S. 350ff.; aus neuerer Zeit *M. Redeker* DÖV 1987, 194, 195.

[63] So etwa *M. Redeker* DÖV 1987, 194, 198; s. auch OVG NW, NJW 1986, 953f.; OVG NW, NVwZ 1988, 957, 958. Widersprüchlich BVerwGE 69, 366, 371.

[64] So namentlich *Schoch* (Fn. 21) S. 46f.; ferner *Papier* in: Münchener Kommentar, § 839 Rn. 58; *T. Schneider* Folgenbeseitigung im Verwaltungsrecht, 1994, S. 117ff.; vgl. auch *H. von Mangoldt* DVBl. 1974, 825ff.; *Kreßel* Öffentliches Haftungsrecht und sozialrechtlicher Herstellungsanspruch, 1990, S. 62ff.

[65] Die Formulierung findet sich wieder in der Naßauskiesungs-Entscheidung, BVerfGE 58, 300, 324.

[66] BVerfGE 38, 175, 181; anders noch BVerwGE 28, 184ff. – Art. 14 Abs. 1 Satz 1 GG gewährleistet also insoweit einen Anspruch auf Folgenbeseitigung, der beispielsweise in der Rückübereignung entzogener Sachen, in der Aufhebung dinglicher Rechte oder in der Beseitigung sonstiger Eigentumsbelastungen bestehen kann, so *Papier* in: Maunz/Dürig, Art. 14 Rn. 509; s. ferner *Kimminich* in: Bonner Kommentar, Art. 14 Rn. 403ff., 408:

lichen Abwehrrechte verallgemeinert werden.[67] Die Erfüllung des restitutorischen Beseitigungsanspruchs[68] schafft – darauf ist, gängiger Formulierung zum Trotz, hinzuweisen – nicht den status quo ante im Sinne des identischen „alten“ Zustands. Dies ist bereits durch die Veränderungen in der Zeitdimension in der Regel unmöglich,[69] steht andererseits aber einer Zuordnung des Anspruchs zum grundrechtlichen Abwehrrecht nicht entgegen. Der Herstellungsanspruch umfasst auch die Restitution eines gleichartigen Zustandes,[70] der durch die Rückbeziehung auf die konkrete Gestalt des „Schutzgutes“ hinreichend bestimmt ist.[71]

(3) Der entscheidende Schritt zur (Re-)Konstruktion der gesamten Rechtsschutzansprüche[72] aus den Grundrechten,[73] ist indes erst getan, wenn auch Ansprüche auf Entschädigung als Elemente des grundrechtlichen Abwehrrechts qualifiziert werden (können).[74] Soweit eine solche Problemperspektive überhaupt eingenommen wird, finden sich überwiegend skeptische Stimmen; sie machen vor allem geltend, der Inhalt des

---

„Das Rückerwerbsrecht ... nähert ... sich dem FBA“; aaO spricht er auch von einer „Umgestaltung“ des Abwehrrechts „in ein Restitutionsrecht“; s. ferner *Wendt* in: Sachs (Hrsg.) GG-Komm., 2. Aufl. 1999, Art. 14 Rn. 165 unter Bezugnahme auf BGH, NJW 1998, 222, 224; der BGH, aaO S. 223, spricht vom „Eigentumswiederherstellungsanspruch“..

67 So ausdrücklich *Sachs* (Fn. 48) S. 676.

68 Es wird auch von einem „verkürzte(n) Restitutionsanspruch“ gesprochen, der „zwischen der reinen actio negatoria und dem vollen Schadensausgleich im Sinne des § 249 BGB steht“, *Steinberg/Lubberger* (Fn. 14) S. 386.

69 S. auch *Steinberg/Lubberger* (Fn. 14) S. 386, die deshalb die Ausdehnung des FBA über die reine actio negatoria hinaus ablehnen, dafür im übrigen angesichts eines weit verstandenen Anwendungsbereichs des sog. enteignungsgleichen Eingriffs kein Bedürfnis erblicken. Unter Bezugnahme auf *Rüfner* glauben sie im übrigen, dass die Naturalrestitution in einer funktionierenden Geldwirtschaft nur noch eine untergeordnete Rolle spiele.

70 S. auch OVG Hamburg, NJW 1978, 658ff. – Sackgasse; vgl. auch VG Köln, NJW 1980, 799.

71 Völlig zu Recht hatte deshalb bereits der Württemberg-Badische VGH vor einem halben Jahrhundert dem Begehren eines Klägers stattgegeben, ein abgerissenes Gebäude wieder (in natura) aufzubauen. Wenn sein Nachfolger, der VGH Baden-Württemberg 1989 glaubt, ein entsprechendes Begehren auf Wiederherstellung einer abgerissenen Sandsteinmauer müsse daran scheitern, dass die alten Steine nicht mehr vorhanden seien und Schadensersatz nicht verlangt werden könne, so ist dies nur ein Beispiel für den gelegentlich in der Tat „trostlosen Zustand“ (so *Schoch* (Fn. 7) S. 283) des judiziellen Staatshaftungsrechts. VGH Baden-Württemberg, NVwZ-RR 1990, 449f. (449); dies zu Recht als „absurd“ kritisierend: *Bender* VBlBW 1990, 223, 225.

72 Im Blick auf ein solches Unterfangen spricht *Rüfner* (Fn. 21) § 49 Rn. 21 von „Revolutionieren“.

73 Dazu eindrucksvoll jüngst die Kölner Habilitationsschrift von *Grzeszick* (Fn. 23).

74 Scharf ablehnend *Schwabe* (Fn. 55) S. 198.

zu leistenden Ausgleichs lasse sich aus der Integrität des Abwehrrechts alleine nicht bestimmen.[75] Diese Kritik ist der Vorstellung verpflichtet, der Inhalt der negatorischen Ansprüche werde dadurch bestimmt, dass jedem positiven grundrechtsverletzenden Handeln ein „definitives verfassungsmäßiges Gegenteil" entspricht.[76] Und in der Tat: Die Anerkennung eines genau konturierten pekuniären Ersatzanspruchs dürfte den verfassungs*unmittelbar* ableitbaren Rechtsgehalt des grundrechtlichen Abwehrrechts überdehnen. Dies schließt indes eine grundrechtlich fundierte Rekonstruktion nicht schlechthin aus. Die Grundrechtsbestimmungen enthalten nämlich durchweg ein ganzes „Bündel von grundrechtlichen Positionen".[77] Das „Grundrecht als Ganzes", oder in subjektivierender Perspektive: der „grundrechtliche Berechtigungskomplex"[78] enthält vielfältige Normgehalte, die sich für das Abwehrrecht nicht in (begriffsnotwendigen Hilfs-)Ansprüchen auf Unterlassung und Beseitigung von Störungen erschöpfen. Daneben treten Schadensersatz- und Entschädigungsrechte als schützende „Sekundärrechte".[79]

Diese unterscheiden sich der Struktur nach von den Unterlassungs- und Beseitigungsansprüchen. Beide Arten umschreiben zwar subjektive Rechtspositionen „innerhalb des Grundrechtsbereichs", sind also nicht (nur) solche des einfachen Rechts; während aber Unterlassungs- und (negatorische wie restitutorische) Beseitigungsansprüche unmittelbare Grundrechtsberechtigungen darstellen, entfalten die (kompensatorischen) Entschädigungsansprüche Rechtswirkungen erst in Verbindung mit und durch ergänzende(n) Normen des einfachen Rechts, sind demnach *mittelbare Grundrechtsberechtigungen*.[80]

---

75 So etwa *Sachs* (Fn. 48) S. 683f.; er macht vor allem geltend, Ansprüche auf Schadensersatz oder Entschädigung könnten „*nicht als wesensnotwendige* Annexe zum Abwehrrecht ... anerkannt werden", bedürften vielmehr je besonderer Ableitungen aus dem Verfassungs- oder einfachen Recht. Ferner s. *Battis* Erwerbsschutz durch Aufopferungsentschädigung, 1969, S. 21.

76 So die Konstruktion von *Lübbe-Wolff* Grundrechte als Eingriffsabwehrrechte, 1988, S. 21ff.; darauf bezieht sich auch *Sachs* (Fn. 48) S. 683 mit Fn. 272. Allerdings räumt *Sachs* ein „Regelungsdefizit" des geltenden Staatshaftungsrechts (S. 684) und darüber hinaus die Möglichkeit ein, dass die Grundrechtsbestimmungen insoweit „Anlass für eine Begründung von Ansprüchen im Wege richterlicher Rechtsfortbildung sind" (S. 685).

77 S. *Alexy* (Fn. 51) S. 224; *Sachs* (Fn. 48) S. 587; s. auch *Höfling* Vertragsfreiheit, 1991, S. 12.

78 Einerseits Alexy (Fn. 51) S. 224ff., andererseits *Sachs* (Fn. 48) S. 588.

79 S. auch *Sachs* (Fn. 48) S. 588f.

80 Terminologie nach *Sachs* (Fn. 48) S. 597ff.

bb) Primärer und sekundärer Rechtsschutz – tertium non datur?

Die dem grundrechtlichen Abwehrrecht zuzuordnenden Berechtigungen lassen sich somit nach Maßgabe folgender *Trias*[81] systematisieren:

(1) Das grundrechtliche Abwehrrecht umfasst zunächst den Anspruch auf (in einem weiteren Sinne) Wahrung der grundrechtlichen Integrität, sei es präventiv durch den (vorbeugenden) Unterlassungsanspruch, sei es durch den negatorischen Beseitigungsanspruch.

(2) Genügt dies nicht, so richtet sich der Restitutionsanspruch auf die Wiederherstellung des vor der Beeinträchtigung gegebenen bzw. des dem entsprechenden Zustandes. Dieser Anspruch bezweckt „restitutio in integrum",[82] ist also kein Schadensersatzanspruch.[83]

(3) Kommen die genannten grundrechtsunmittelbaren Ansprüche etwa aufgrund tatsächlicher oder – verfassungslegitimierter – rechtlicher Unmöglichkeit nicht zum Zuge, steht als grundrechtsmittelbare Berechtigung ein pekuniärer Kompensationsanspruch zur Verfügung. Dieser gewährt nicht angemessene Entschädigung für ein obskures „Sonderopfer",[84] sondern zielt auf wertmäßigen Integritätserhalt.[85]

b) Zu einigen Konsequenzen für das überkommene „System" der Staatsunrechtshaftung

aa) Anschlussfähigkeit

Auch wenn Abgrenzungsschwierigkeiten verbleiben und die Integration der einfachrechtlichen subjektiv-öffentlichen Rechte noch zu leisten ist:[86] Die Konstruktion der Rechtsschutzansprüche aller Ebenen als (grundrechtliche) Verletzungsreaktionsansprüche fügt sich zu einem relativ konstistenten dogmatischen Gerüst, das auch im Blick auf den sog. sekundären Rechtsschutz

– *erstens* die Anschlussfähigkeit an das Europarecht ermöglicht, in dem sowohl auf unionaler als auch auf EMRK-Ebene[87] Entschädigungs-/

---

[81] Triadische Sanktionssysteme anerkennen auch: *Schmidt-Aßmann* in: Maunz/Dürig, Art. 19 IV Rn. 281ff.: Erfüllung, Restitution und Entschädigung; *Roth* (Fn. 54) S. 86ff.

[82] BVerwG, Buchholz 232, § 8 BBG Nr. 4.

[83] Hierzu bspw. *Maurer* (Fn. 20) S. 29 Rn. 1 (S. 791); ferner W. *Roth* (Fn. 54) S. 86f. mit zahlreichen Nachw.

[84] So aber der BGH.

[85] S. dazu *Grzeszick* (Fn. 23) S. 378ff.; *W. Roth* (Fn. 54) S. 87f.; *Ehlers* VVDStRL 51 (1992) 211, 243; ferner schon *Frowein* in: FS Partsch, 1988, 317ff.

[86] Dazu s. *Grzeszick* (Fn. 23) S. 483ff.

[87] S. dazu nur *Ossenbühl* (Fn. 23) S. 527ff.; zum Zusammenhang bereits *Frowein* (Fn. 85) S. 324ff.

Schadensersatzansprüche als Reaktionsansprüche auf die Verletzung individueller Rechtspositionen anerkannt sind;

– das *zweitens* die Kompatibilität mit der allgemeinen Grundrechtsdogmatik sichert und zugleich eine gewisse „Ent-Zivilisierung“[88] oder positiver formuliert: eine konsequentere Publifizierung der Ansprüche zum Schutze des öffentlichen Rechts bewirkt.

bb) Kompatibilität mit der allgemeinen Grundrechtsdogmatik

Grundrechtsdogmatische Kompatibilität bedeutet dabei

– Parallelisierung des Schutzes aller grundrechtlichen Schutzgüter,

– Haftungserstreckung auf die Staatsgewalt in jeder ihrer Erscheinungsformen,

– Anknüpfung an die Eingriffsdogmatik sowie Verzicht auf spezifisch staatshaftungsrechtliche Zurechnungslehren.

(1) Kompensatorischer Rechtsschutz für alle grundrechtlichen Schutzgüter

Die prinzipielle Anerkennung eines kompensatorischen Anspruchs (bei nicht rechtfertigungsfähigen Beeinträchtigungen grundrechtlicher Schutzgüter) bewirkt zunächst eine Beendigung der Privilegierung bestimmter Rechtsgüter, insbesondere des Eigentums.[89] Die starre Verweigerungsfront, welche der BGH gegen eine Erstreckung der Haftung für enteignungsgleichen Eingriff auf Verletzungen der Berufsfreiheit errichtet hat,[90] könnte aufgebrochen werden.[91] Indes ist hierbei nicht stehen zu bleiben. Es gibt keine von vornherein kompensationsuntauglichen grundrechtlichen Schutzgüter: Über die traditionell durch den sog. aufopferungsgleichen Eingriff[92] erfassten immateriellen Rechtsgüter hinaus[93] könnte beispielsweise auch die Versammlungsfreiheit geschützt werden.[94]

[88] *Morlok* (Fn. 10) S. 374. – Man kann auch formulieren, dass gegen öffentlich-rechtliches Handeln kein „privatrechtliches Kraut“ gewachsen ist; s. in anderem Zusammenhang *Laubinger* (Fn. 53) S. 263.

[89] Dazu nur *Schenke* NJW 1991, 1777ff.

[90] In diesem Sinne etwa BGHZ 111, 349, 355ff.; BGH, NJW 1994, 1468f.; BGH, NVwZ-RR 2000, 744, 745.

[91] Z.B. *Battis* Erwerbsschutz durch Aufopferungsentschädigung, 1969, S. 100; *Löwer* Staatshaftung für unterlassenes Verwaltungshandeln, 1979, S. 429ff.; *Maurer* JZ 1991, 38,39.

[92] Zum Begriff *Steinberg/Lubberger* (Fn. 14) S. 352

[93] Die inzwischen ja weitestgehend einfachrechtlichen Haftungsinstituten anvertraut sind.

[94] S. *Grzeszick* (Fn. 23) S. 381; *W. Roth* (Fn. 54) S. 87 m. Fn. 137; vgl. ferner *Steinberg/Lubberger* (Fn. 14) S. 352. – Ablehnend zur Versammlungsfreiheit jüngst LG Leipzig, NVwZ 2001, 469ff.

Deren Verletzung löst ggf. einen Anspruch auf Ersatz der frustrierten kommerzialisierten Aufwendungen aus.[95]

Die dogmatische Konstruktion als Grundrechtsverletzungsreaktionsanspruch ermöglicht auch eine Verabschiedung jenes – wie treffend formuliert worden ist – „Gewohnheitsunrecht(s)"[96], das auf den Namen „enteignungsgleicher Eingriff" getauft ist und so schon terminologisch seine „Geburtsfehler"[97] zu erkennen gibt. Seine Abkopplung von Art. 14 GG[98] könnte und müsste dann aber rückgängig gemacht werden. Nicht „Dekonstitutionalisierung",[99] sondern „Rekonstitutionalisierung" ist das Gebot.[100] Die Tarnung als „verdeckter Staatshaftungstatbestand"[101] ist insoweit aufzugeben.

(2) Schutz vor Ingerenzen der gesamten Staatsgewalt

Rechtsgrundidentität und Funktionsparallelität der Rechtsschutzansprüche gebieten ferner ein *kongruentes Schutzprofil* im Blick auf die erfassten staatlichen Ingerenzen. Es gibt also kein Staatsunrecht, das *a limine* dem sog. sekundären Rechtsschutz entzogen ist.[102] Namentlich die Judikatur zur (Nicht-)Haftung bei normativem Unrecht ist deshalb korrekturbedürftig. Im Kontext der Amtshaftung konnte die Behauptung fehlenden Drittbezugs der vom Gesetz- (und Verordnungs-)Geber einzuhaltenden „Amtspflichten" wegen des falsch gewählten Bezugspunktes noch nie überzeugen[103] und lässt sich bei Verstößen gegen das EG-Recht ohnehin nicht mehr aufrechterhalten.[104] Bei der Haftung aus so genanntem enteignungsgleichen Eingriff klammert der BGH legislatives Unrecht ebenfalls weiterhin aus. Auch diese Privilegierung etwa gegenüber verordnungsrechtlicher Normsetzung ist aufzugeben.[105]

---

[95] *Grzeszick* (Fn. 23) S. 381.

[96] So *Schmitt-Kammler* Festschrift E. Wolf, 1985, 595, 608.

[97] S. dazu nur *Wolff* Verwaltungsrecht I, 4. Aufl. 1961, S. 378.

[98] Sollte sie denn ernst gemeint sein „und keine verbale Irreführung der Fachöffentlichkeit", so *Schoch* (Fn. 7) S. 79.

[99] *Rozek* Die Unterscheidung von Eigentumsbindung und Enteignung, 1998, S. 73.

[100] S. hierzu auch *Kluth* (Fn. 14), S. 632; *Götz* DVBl. 1984, 395 (396); *Ehlers* VVDStRL 51 (1992) 211, 243 f.; *Maurer* FS Dürig, 1990, 293, 314; *dens.*, § 26 Rn. 87.

[101] *J. Ipsen* DVBl. 1983, 1029, 1034; ferner *Papier* NVwZ 1983, 258, 259; *Schmidt-Aßmann* DVBl. 1987, 216, 218; *Ossenbühl* (Fn. 11) S. 226 mwN.

[102] *Schoch* (Fn. 7) S. 281; tendenziell auch *Windthorst* in: Detterbeck/Windthorst/Sproll (Fn. 21) § 8 Rn. 9 f.

[103] S. nur *Schenke* Agrarrecht 1990, 184 ff.; *Maurer* (Fn. 20) § 25 Rn. 51 (S. 661); anders *Ossenbühl* (Fn. 11) S. 103 ff. mN.

[104] Dazu etwa *Böhm* JZ 1997, 53, 59; *Papier* in: Maunz/Dürig Art. 34 Rn. 199; *Ossenbühl*, NJW 2000, 2945, 2950.

[105] S. auch *Ossenbühl* (Fn. 11) S. 235; *Schenke* NJW 1988, 857 ff.; *E. Klein* in: Soergel, BGB, Bd. 5/2 Anhang § 839 Rn. 344; *Schoch* (Fn. 7) S. 282.

(3) Eingriffsdogmatik statt Zurechnungsbeliebigkeit

Die Konstruktion auch der pekuniären Kompensationsansprüche als (in weiten Teilen) Grundrechtsverletzungsreaktionsansprüche ermöglicht schließlich die Anknüpfung an die Eingriffsdogmatik[106] und den Verzicht auf – oft zivilrechtsdogmatisch geprägte – Zurechnungskriterien, mit deren Hilfe die Rechtsprechung haftungsbegrenzende Anforderungsprofile zu konturieren versucht. Dazu zählt der „Verlegenheitsbegriff"[107] der Unmittelbarkeit beim Folgenbeseitigungsanspruch[108] und beim enteignungsgleichen Eingriff[109] ebenso wie der Zumutbarkeitsvorbehalt, unter den der FBA gestellt wird.[110] Eine dem Staat zuzurechnende Beeinträchtigung des vom Abwehrrecht bewehrten Schutzgutes ist aber ausreichend, um einen Unterlassungs-, Beseitigungs- oder Kompensationsanspruch auszulösen.[111] Im System der Eingriffsdogmatik haben weder das Kriterium der Unmittelbarkeit[112] noch allgemeine Verhältnismäßigkeits- bzw. spezielle Zumutbarkeitsvorbehalte einen legitimen Platz.[113] Darüber hinaus ist die beim Haftungsinstitut des enteignungsgleichen Eingriffs praktizierte Differenzierung zwischen „schlichtem" und „qualifiziertem" Unterlassen aufzugeben.[114] Hier geht es darum, die nach allgemeinen Rechtsgrundsätzen geltende Gleichstellung einer Handlung mit einem trotz Rechtspflicht zum Handeln geübten Unterlassen auch auf die so genannten sekundären Rechtsschutzansprüche zu erstrecken.[115]

---

106 Hierzu eingehend *Grzeszick* (Fn. 23) S. 353ff.

107 *Ossenbühl* (Fn. 11) S. 251: „Das Tatbestandmerkmal der ‚Unmittelbarkeit' ist also ... zu einem Gehäuse geworden, in dem alle mehr oder weniger plausiblen Zurechnungskriterien und Zurechnungserwägungen angesiedelt werden".

108 S. etwa BVerwGE 69, 366, 372ff.; 54, 314, 316f.; VGH Baden-Württemberg, VBlBW 1988, 102, 103; *Rösslein* Der Folgenbeseitigungsanspruch, 1968, S. 33ff., 81f.; wN bei *Pietzko* Der materiell-rechtliche Folgenbeseitigungsanspruch, 1994, S. 433.

109 Beispiele: BGHZ 91, 243, 253; 92, 34, 41; 125, 19, 21.

110 BVerwGE 79, 254, 262f.; 94, 100, 114ff.; ferner etwa OVG Berlin, NVwZ 1992, 901, 902, vgl. hierzu auch *Schneider* (Fn. 53) S. 162ff.

111 Deshalb ist auch die frühere Rechtsprechung des BGH zum sog. feindlichen Ampelgrün, die mangels Unmittelbarkeit eine Haftung verneinte (BGHZ 54, 232, 338), zu Recht aufgegeben worden (BGHZ 99, 249, 254f.).

112 S. nur *Sachs,* in: Stern III/2, 1994, S. 143ff.

113 S. auch *Schenke* DVBl. 1990, 328, 334; *Erbguth* JuS 2000, 336, 338: „verfassungsrechtlich nicht haltbare Verkehrung").

114 S. zur Kritik nur mit Nachw. *Schoch* (Fn. 7) S. 283: „trostlos".

115 *E. Klein* (Fn. 105) Anhang § 839 Rn. 189 mwN.

c) Gleichrangige Komplementarität bei partieller Subsidiarität

aa) Komplementarität – Substituierbarkeit – Subsidiarität

Rechtsgrundidentität und Funktionsparallelität sprechen dagegen, die unterschiedlichen Rechtsschutzansprüche nach Maßgabe einer qualitativen Rangfolge in ein striktes Stufenverhältnis zu setzen. *Gleichrangige Komplementarität* kennzeichnet vielmehr Abwehr- (Unterlassungs- und negatorische Beseitigungsansprüche), Restitutions- und Kompensationsansprüche. Alle zielen auf den Schutz individueller Rechtspositionen und sind zugleich Instrumente zur Durchsetzung der Rechtmäßigkeit des Staatshandelns. Wo das eine Instrument ausfällt oder Funktionsdefizite aufweist, greift ein anderes; dies ist ein Gebot grundrechtlicher wie rechtsstaatlicher Teleologie.[116] Ob und inwieweit über die Komplementarität hinaus auch von einer Substituierbarkeit[117] der Rechtsschutzansprüche ausgegangen werden kann, hängt davon ab, ob den unterschiedlichen Ansprüchen durch die Rechtsordnung *phasenspezifische Funktionen* zugewiesen sind. Die hier vorgenommene dreifache Gliederung der Reaktionsansprüche auf Staatsunrecht fordert nun offenkundig den Abgleich mit der dualistischen Stufenarchitektur heraus, welche die Redeweise vom primären und sekundären Rechtsschutz insinuiert.

bb) Das Dogma vom Vorrang des Primärrechtsschutzes

Wenn der „Sturm im Wasserglas", als den *Ossenbühl* die Nassauskiesungsentscheidung des Bundesverfassungsgerichts charakterisiert hat,[118] bleibende Folgen – oder kann man sagen: Schäden? – hinterlassen hat, gehört zu diesen[119] zweifelsohne das inzwischen geradezu kanonisierte Dogma vom Vorrang des so genannten Primärrechtsschutzes.[120] Sprich-

---

[116] Zutreffend *Schoch* (Fn. 7) S. 27 unter Hinweis auf *Martens* FS Schack 1966, 85, 95; ferner *Hösch* DÖV 1999, 192, 196f.; *Morlok* (Fn. 10) S. 376ff.

[117] Allgemein hierzu *Krebs* Kontrolle in staatlichen Entscheidungsprozessen, 1984, S. 221.

[118] *Ossenbühl* FS W. Geiger, 1989, 475, 494.

[119] Neben der kompetenziellen Dimension („Wer ist Hüter des Eigentums?"), s. etwa *Ipsen* (Fn. 28) S. 1032.

[120] BVerfGE 58, 300, 324; s. auch *Schlichter* FS Sendler 1991, 241, 243: „Meilenstein für die Frage des Primärrechtsschutzes". Den 1981 thematisch durchaus begrenzten Anwendungsbereich einer solchen Vorrangregelung hat ein Kammerbeschluss des Bundesverfassungsgerichts aus dem Jahre 1999 kurzerhand generalisiert: Der Betroffene habe „kein Wahlrecht zwischen dem primären Rechtsschutz durch Geltendmachung verwaltungsgerichtlicher Rechtsbehelfe und der sekundären Geltendmachung von Entschädigungsansprüchen. Dem entspricht der Vorrang des Primärrechtsschutzes vor der Geltendmachung von Entschädigungsansprüchen", BVerfG (K), DVBl. 2000, 350, 351.

wörtliche Gewissheit scheint es zu vermitteln: „Wer den Rechtsschutz nicht ehrt, ist der Entschädigung nicht wert".[121]

Indes: Der Grundsatz versteht sich keineswegs von selbst,[122] was deutlich wird an der irritierenden Vielzahl der Angebote zu seiner argumentativen Abstützung: So soll die Rechtsschutzgarantie des Art. 19 Abs. 4 GG zugleich eine Rechtsschutzverantwortung des Bürgers begründen[123] und das materielle Verfassungsrecht eine Anfechtungslast.[124] Daneben werden angeführt: § 40 Abs. 1 VwGO[125], der zum Teil auf eine Analogie zu § 839 Abs. 3 BGB gestützte Verwirkungsgedanke[126] und § 254 BGB in entsprechender Anwendung.[127]

Keine dieser Erklärungen vermag eine strikte Vorrangregel mit umfassendem Geltungsanspruch zu begründen, erst recht nicht als eine von verfassungsrechtlicher Qualität.[128] So bleibt namentlich unklar, welche Bedeutungsschicht der Grundrechte einschließlich der Garantie des Art. 19 Abs. 4 GG eigentlich entsprechende Obliegenheiten enthalten soll.[129] Der Appell an eine mit der Subjektsqualität der Grundrechtsträger untrennbar verknüpfte Verantwortungsdimension[130] reicht zur Begründung jedenfalls nicht. Geht man darüber hinaus, wie hier, davon aus, dass Art. 19 Abs. 4 GG auch pekuniäre Ersatzansprüche als Elemente des grundrechtlichen Abwehrrechts in seinen Garantiebereich einbezieht, dann kann Art. 19 Abs. 4 GG den Vorrang des Primärrechtsschutzes nicht nur nicht begründen, sondern macht seine Realisierung rechtfertigungspflichtig.[131]

---

[121] So *Lege* NJW 1990, 864, 871.

[122] Wie auch ein Blick auf das (neue) Vergaberecht zeigt, s. etwa *Burgi* JZ 2001, 930, 931 mN. – Zu den Grenzen des Vorrangprinzips auch *Pietzcker* NVwZ 1991, 418, 426.

[123] S. *Schmidt-Aßmann* in: Maunz/Dürig, Art. 19 Abs. 4 Rn. 8; *dens.*, FS 600 Jahre Heidelberger Juristische Fakultät, 1986, 107, 119.

[124] So *Böhmer* NJW 1988, 2561, 2564 unter Bezugnahme auf BVerfGE 20, 230, 235f.

[125] So etwa *Lege* (Fn. 121) S. 871, der außerdem noch die Existenz der Fortsetzungsfeststellungsklage anführt.

[126] Ebenda; ferner *Ipsen* (Fn. 28) S. 1037f.

[127] S. etwa BGHZ 90, 17, 32; 110, 12, 14; 113, 17, 22f.; vgl. auch *Menzel* DRiZ 1990, 375ff. Der BGH bekommt damit ein Relativierungsinstrument in die Hand, das ihm die Prüfung der Zumutbarkeit der Rechtsschutzobliegenheit erlaubt; kritisch hierzu *E. Klein* (Fn. 105) Rn. 194ff.; *Ehlers* (Fn. 100) S. 245; *Schlichter* (Fn. 120) S. 245ff.; *Schoch* (Fn. 7) S. 285.

[128] Für „verfassungsrechtlich ‚notwendig'" hält die entsprechende Anwendung von § 839 Abs. 3 BGB aber *Ipsen* (Fn. 28) S. 1037.

[129] Kritisch auch *Scherzberg* DVBl. 1991, 84, 90.

[130] So etwa *Schmidt-Aßmann* (Fn. 123) Art. 19 Abs. 4 Rn. 8.

[131] So auch *Axer* (Fn. 19) S. 1329; entsprechendes gilt für Begründungen aus dem Rechtsstaatsprinzip, aaO, S. 1329f.

Solche Rechtfertigungen sind möglich, bedürfen indes der normativen Ausformung. Für den Amtshaftungsanspruch enthält § 839 Abs. 3 BGB – wiewohl historisch als Schutzvorschrift zugunsten des Beamten entstanden –[132] eine solche Vorrangregelung zugunsten des Primärrechtsschutzes. Daneben statuieren auch die gesetzlich positivierten besonderen Regelungen zum Rechtsschutz gegen den Eingriffsakt:

– Vorschriften zum Widerspruchsverfahren und zur Frist bei der Anfechtungsklage,

– die Subsidiarität richterrechtlich konkretisierter Haftungsansprüche.[133]

Für die hier vorgeschlagene Trias der Rechtsschutzansprüche lässt sich daraus ein prinzipieller Vorrang des negatorischen Beseitigungsanspruchs vor den Restitutions- und Kompensationsansprüchen ableiten,[134] der durch die Bindungswirkung von Verwaltungsakten zusätzliche Abstützung erfährt.[135] Jenseits dieser *partiellen Subsidiarität* wird man allerdings ohne nähere normative Vorgaben kein striktes Vorrangverhältnis „Restitution vor Kompensation" ableiten können.[136] Vielmehr erscheint ein auch im Schrifttum zum Teil befürwortetes Wahlrecht zwischen Restitutions- und Entschädigungsansprüchen, etwa zwischen restitutorischem Folgenbeseitigungsanspruch und Anspruch aus so genanntem enteignungsgleichen Eingriff,[137] sinnvoll.[138]

---

[132] Dazu nur RGZ 96, 143, 148; *v. Danwitz* in: von Mangoldt/Klein/Starck, Bonner Grundgesetz, Bd. 2, 2000, Art. 34 Rn. 103.

[133] Dazu s. *Grzeszick* (Fn. 23) S. 406f.

[134] Das entspricht nahezu einhelliger Auffassung. – Ohne Geltungsanspruch ist ein wie auch immer präzisiertes Vorrangmodell, darauf sei vollständigkeitshalber hingewiesen, für Ausgleichsansprüche bei rechtmäßigem Staatshandeln. Dies ergibt sich bereits aus deren Zugehörigkeit zur so genannten Primärrechtsebene, s. oben; im übrigen etwa *Sieckmann* in: Friauf/Höfling (Hrsg.) Berliner Kommentar zum Grundgesetz, Art. 14 Rn. 188ff.

[135] Dazu s. etwa *Schlichter* (Fn. 120); s. auch *Pietzcker* (Fn. 122) S. 426.

[136] S. aber etwa *Morlok* (Fn. 10) S. 385.

[137] So etwa *Ossenbühl* (Fn. 11) S. 333; *Rüfner* (Fn. 21) § 49 Rn. 28f.; weiter gehend noch *Grzeszick* (Fn. 23) S. 409f., der ein Wahlrecht zwischen Folgenbeseitigung und Folgenersatz annimmt und darüber hinaus korrespondierend einen Anspruch des Betroffenen auf Berücksichtigung seiner Wahl durch den Staat anerkennt.

[138] In der Tat ist darüber hinaus erwägenswert, dem Staat eine Rechtfertigungslast aufzuerlegen, wenn er statt Restitution nur Kompensation gewähren will (s. vorausgehende Fn.). Einer parallelen Wertung folgt auch das BVerfG, wenn es im Kontext der überaus prekären Situation des zu Unrecht übergangenen Bewerbers um ein öffentliches Amt verlangt, dem Betroffenen müsse die Möglichkeit integritätswahrenden Rechtsschutzes eröffnet werden (durch Mitteilungspflicht). Der Verweis auf einen Schadensaus-

5. *Rechtsschutzsystem und richterliche Rechtsfortbildung*

a) *Legislative Abstinenz als Kompetenzeinweisung der Justiz*

Kompensatorische Verletzungsreaktionsansprüche bedürfen, wie dargelegt, ergänzender Normen des einfachen Rechts. Das einfache Recht kann, bei legislativer Abstinenz, auch Richterrecht sein. Bedenken gegen eine solche Rechtsfortbildungskompetenz der dritten Gewalt[139] greifen nicht durch. Hier steht keine Kompetenz-Usurpation[140] in Rede; die jahrzehntelang unter Beweis gestellte Unfähigkeit des Gesetzgebers zur Kodifikation des „Rechts der Staatsunrechtshaftung"[141], erweist sich vielmehr nachgerade als „Kompetenztitel" für die Gerichte. Die verfassungsrechtliche Fundierung sowie der richtungsweisende europarechtliche Anpassungsdruck liefern ausreichende Bausteine für ein solches Gebäude, ohne dass die justiziellen Baumeister ihre (funktionellrechtliche) Rolle im „polyzentrischen System der Rechtserzeugung"[142] überstrapazieren müssten.[143] Die denkbaren finanziellen Folgekosten sind quantitativ eher unbedeutend und qualitativ kein normatives Gegenargument.[144]

b) *Zwei denkbare Wege*

Richterliche Rechtsfortbildung des sog. Staatshaftungsrechts ist indes keine Designerarbeit. Sie ist normativ eingebettet in positiv-rechtliche Regelungen wie die Amtshaftung, die allerdings nur ein „Minimum (an) Staatshaftung"[145] vorgibt und eine weiter gehende Haftung „nicht behindert"[146], sowie rechtskulturell eingebunden in das „gewachsene Chaos"

---

gleich in Geld genüge diesem Rechtsanspruch in der Regel nicht; BVerfG (K), NJW 1990, 501f. (501); dazu auch *Huber* JZ 1996, 149, 151.

[139] Grundsätzlich hierzu *J. Ipsen* Richterrecht und Verfassung, 1975, 178ff.

[140] Warnend *v. Danwitz* (Fn. 132) Art. 34, Rn. 25

[141] Begriff bei BVerfG (K), DVBl. 2000, 350f., 350.

[142] *Brohm* DÖV 1987, 265ff.

[143] Nicht zu überzeugen vermögen jedenfalls die ausgerechnet vom BGH vorgetragenen Bedenken gegenüber der richterlichen Rechtsfortbildungskompetenz (s. etwa BGHZ 100, 136, 145f.), nachdem dieser seine überaus variantenreiche Kreativität in der Entwicklung und argumentativen Herleitung etlicher Haftungsinstitute eindrücklich unter Beweis gestellt hat. Bereits 1955 formulierte *Dürig* JZ 1955, 521, 523 angesichts der zivilgerichtlichen Rechtsfortbildung: *„Jetzt hielt die Rechtssystematik den Atem an"*.

[144] Zum ersteren *E. Klein* (Fn. 105) Anh. § 839 Rn. 58 und 224; *Schoch* (Fn. 7) S. 290.

[145] So schon zu Art. 131 WRV: *Anschütz* Die Verfassung des Deutschen Reiches, unveränderter Nachdruck der 14. Auflage 1933, 1965, Art. 131 Anm. 14: „... und einer Ausdehnung derselben nicht entgegensteht."

[146] So BVerfGE 61, 149, 199; ferner etwa *Wieland* in: Dreier (Hrsg.) GG-Komm., 2. Bd. 1998, Art. 34, Rn. 23 jeweils mwN; in dieser Perspektive ist die geläufige Qualifizierung des Art. 34 GG als „institutionelle Garantie" in hohem Maße irreführend; zutref-

(*Ossenbühl*) des Staatshaftungsrechts. Die Reorganisation und Rekonstruktion eines relativ konsistenten Rechtsschutzmodells ist deshalb wohl nur möglich als sukzessive Anspruchsintegration[147] Hier ergibt sich allerdings ein *justizieller Binnenkonflikt*, der aus der Konkurrenz von Zivilgerichtsbarkeit und Verwaltungsgerichtsbarkeit erwächst.

aa) Die zivilgerichtliche Lösung

Eine zivilgerichtliche Lösung setzt entweder eine mutige und radikale Umdeutung des überkommenen Amtshaftungsanspruchs oder eine konsequente Erweiterung des Tatbestands einer Haftung für sog. enteignungsgleichen bzw. aufopferungsgleichen Eingriff auf alle rechtlich geschützten Individualinteressen voraus. Die Begründung einer umfassenden Rechtsverletzungsreaktionshaftung als Aufopferungshaftung[148] sieht sich dagegen mit dem Einwand konfrontiert, dass dieses Institut an rechtmäßiges Staatshandeln anknüpft(e). So wenig der sog. enteignungsgleiche Eingriff etwas mit Enteignung zu tun hat, so wenig gibt es dogmatische Berührungspunkte zwischen einer grundrechtlich fundierten Unrechtshaftung und der an ein rechtmäßig abverlangtes „Sonderopfer“ anknüpfenden Aufopferungshaftung, aus der die Enteignung sich entwickelt hat.[149] Vor allem aber besteht kaum Hoffnung, dass der BGH seine „Verweigerungshaltung“[150] aufgibt.[151]

Immerhin aber könnte der BGH fortschreiten auf dem Weg einer extensiven Deutung des Amtshaftungsanspruchs. Eine solche hätte zunächst den grundrechtsähnlichen Charakter der Amtshaftung[152] anzuerkennen,[153] sodann aber auch die Möglichkeiten des Normtextes des

---

fend *Bryde* in: v. Münch/Kunig (Hrsg.) GG-Komm., Bd. 2, 5. Aufl. 2001, Art. 34, Rn. 25. – Art. 34 GG steht im übrigen der Kreation des sog. enteignungsgleichen Eingriffs nicht entgegen, s. auch *Schoch* (Fn. 7) S. 279.

[147] S. auch *Sproll* in: Detterbeck/Windhorst/Sproll (Fn. 21) S. 380ff.

[148] So aber namentlich *Schenke* NJW 1991, 1777ff.

[149] Vgl. auch *Ipsen* (Fn. 28) S. 1034.

[150] *Schoch* (Fn. 39) S. 775.

[151] S. vor allem – im Anschluss an BVerfGE 53, 135, 143ff.: BGHZ 111, 349, 357f. = JZ 1991, 36ff. mit Anmerkung *Maurer*; ferner *Schenke/Guttenberg* DÖV 1991, 945ff.

[152] Diesen betonen etwa *Sachs* (Fn. 48) S. 378; *Dürig* in: Maunz/Dürig, Art. 1 Abs. 3 Rn. 100 Fn. 2; s. auch schon RGZ 102, 166, 171: „... sofortiges Grundrecht aller Deutschen“. – BVerfGE 2, 336, 338f. verneint lediglich die Verfassungsbeschwerdefähigkeit; gegen grundrechtsähnliche Qualität: *Pfab* Staatshaftung in Deutschland, 1997, S. 52ff. mwN.

[153] Die bereits in den Beratungen des parlamentarischen Rates ausführlich (nicht nur vereinzelt, wie dies die heutige Kommentarliteratur gelegentlich behauptet, s. z.B. *von Danwitz* [Fn. 132] Art. 34 Rn. 38) und keinesfalls ablehnend erörtert worden ist; vgl. vor

Art. 34 auszuschöpfen. Dieser spricht schlicht davon, dass bei einer Amtspflichtverletzung „die Verantwortlichkeit grundsätzlich den Staat" trifft; und hieran knüpft Satz 3 den „Anspruch auf Schadensersatz". Es vermag nicht zu überzeugen, dass es angesichts eines solchen Normtextes tatsächlich zwingend „verwehrt" sein soll, „aus dem Grundgesetz die Forderung nach einer Ablösung der Amtshaftung durch eine unmittelbare Staatshaftung abzuleiten", wie das Bundesverfassungsgericht unter Bezugnahme auf die entstehungsgeschichtlich dokumentierte Anknüpfung an § 839 BGB meint.[154] Der heutige Vizepräsident des Gerichts hat jedenfalls schon vor gut 30 Jahren Art. 34 GG als Institut einer unmittelbaren Staatshaftung gedeutet.[155] In deren Konsequenz aber läge es schließlich, das inzwischen richterrechtlich weitgehend entindividualisierte und objektivierte Verschuldenskriterium des § 839 Abs. 1 Satz 1 BGB[156] gänzlich zu verabschieden.

Doch auch insoweit bestehen berechtigte Zweifel an der Bereitschaft des BGH zu einem solch radikalen Schritt.

bb) Öffentlich-rechtliche Lösung

Vorzugswürdig erscheint – nicht nur deshalb – eine öffentlich-rechtliche Lösung: Die Verwaltungsgerichte entwickeln das System des öffentlich-rechtlichen Rechtsschutzes als Verletzungsreaktionsrecht weiter und konturieren auch die auf Geldersatz gerichteten Kompensationsansprüche entsprechend. Erste Schritte in diese Richtung hat die verwaltungsgerichtliche Judikatur mit dem „Folgenentschädigungsanspruch" inzwischen auch, wenngleich unter falscher dogmatischer Flagge, getan.[157]

---

allem die Erörterungen in: Der parlamentarische Rat 1948–1949, Akten und Protokolle, Bd. 3, S. 323ff.: Am Ende der Beratungen des Ausschusses für Zuständigkeitsfragen (8. Sitzung, 6. 10. 1948) heißt es zusammenfassend: „Dr. Laforet: Grundrecht als Teil der Gewährleistung des Rechtsstaates, unmittelbares Recht mit Bindung der Länder und Gemeinden. Vorsitzender [Wagner]: Das ist damit abgeschlossen ..."

[154] BVerfGE 61, 149, 198. – Dass der Reichsverfassungsgesetzgeber „§ 839 BGB, den schlechtestkonstruierten, dazu für das Volk unverständlichsten aller Rechtssätze, für würdig befunden hat, dem Inhalt nach in Art. 131 zum Verfassungsartikel zu erheben", konnte schon *Hofacker* AcP 118 (1920) 281, 349 nicht verstehen.

[155] S. *Papier* Die Forderungsverletzung im öffentlichen Recht, 1970, S. 37, 111ff. Er hätte dabei anknüpfen können an die Forderung des 9. DJT, der sich schon 1871 für eine originäre Staatshaftung aussprach; s. Verhandlungen des IX. DJT, Bd. III, S. 630.

[156] Dazu etwa *Ossenbühl* (Fn. 11) S. 72f., wonach die Amtshaftung dadurch „in die Nähe einer originären Staatshaftung gerückt" worden ist (unter Bezugnahme auf *Bender* Staatshaftungsrecht, Rn. 593); ferner *von Danwitz* (Fn. 132) Art. 34 Rn. 95.

[157] Während das Bundesverwaltungsgericht zunächst der Auffassung war, die Mitverantwortlichkeit des Betroffenen lasse den Folgenbeseitigungsanspruch in Gänze entfal-

Solchen Fortentwicklungen steht auch die Entscheidung der Dritten Kammer des Ersten Senats des Bundesverfassungsgerichts,[158] die die restriktive Judikatur des BGH zum enteignungsgleichen Eingriff „abgesegnet“ hat, nicht entgegen. Bei allem gebotenen und gerne geschuldeten Respekt vor dem Bundesverfassungsgericht: Der Beschluss berücksichtigt die komplexe Rechtslage nur unzureichend,[159] beruft sich in anfechtbarer Weise auf die ihrerseits im materiell-staatshaftungsrechtlichen Teil zweifelhafte Senatsentscheidung zum Staatshaftungsgesetz[160] und bestätigt damit erneut eine Kernproblematik der „Kammerjustiz“, nämlich ihre nicht selten unzureichende „Senatsakzessorietät“.[161]

III. Rechtsschutz und Rechtsweg – eine Zwischenbemerkung

Die Doppelgleisigkeit des Rechtsschutzes[162] gibt Anlass zu einigen grundsätzlichen Zwischenbemerkungen zur ambivalenten Beziehung zwischen Rechtsschutz und Rechtsweg. *Rechtswegfragen* sind auch *Macht-*

---

len (BVerwG, DÖV 1971, 859; kritisch hierzu *Rupp* DVBl. 1972, 232 [232f.]),ist es zwischenzeitlich von dieser Alles-oder-Nichts-Position abgerückt und verfolgt ein differenzierendes Lösungskonzept. Unter Bezugnahme auf eine entsprechende Anwendung des § 251 Abs. 1 BGB soll nunmehr bei nichtteilbaren Folgenbeseitigungen die Mitverantwortlichkeit zur Umwandlung des Anspruchs in einen gekürzten Ausgleichsanspruch in Geld führen, BVerwGE 82, 24, 27f.; dazu etwa *Schenke* JuS 1990, 370ff.; kritisch zu diesem Ansatz *Schoch* Jura 1993, 478, 486; der Entscheidung im Blick auf Überlegungen zur Anspruchsintegration zustimmend *Sproll* in: Detterbeck/Windthorst/Sproll, Staatshaftungsrecht, 2000, § 12 Rn. 51 mit Fn. 91. Darüber hinausgehend hat der Bayerische VGH inzwischen grundsätzlich eine Wandlung des Folgenbeseitigungsanspruchs entsprechend § 251 Abs. 2 Satz 1 BGB in einen Anspruch auf Geldausgleich anerkannt, BayVGH, NVwZ 1999, 1237f.; dazu *Erbguth* JuS 2000, 336ff.; ablehnend etwa OVG NW, NWVBl. 1994, 109, 111; *Franckenstein* Parallelen und Unterschiede des öffentlich-rechtlichen Folgenbeseitigungsanspruchs im Vergleich zum allgemeinen öffentlich-rechtlichen Erstattungsanspruch, 1998, S. 87ff.; s. ferner *Pietzko* Der materiell-rechtliche Folgenbeseitigungsanspruch, 1994, S. 417f.: Kein Kompensationsanspruch in Geld, es sei denn, „die rechtswidrig verursachte Rechtsverletzung (besteht) gerade in einer finanziellen Beeinträchtigung“, dabei bezugnehmend auf BVerwGE 69, 366ff.

[158] NVwZ 1998, 271ff.; hierzu s. auch *Hermes* DV 31 (1998) 371, 385f.

[159] So zu Recht *Schoch* (Fn. 7) S. 280.

[160] BVerfGE 61, 149, 198; s. hierzu auch *Hermes*, aaO.

[161] Dazu eingehender *Höfling/Rixen* AöR 125 (2000) 428, 431f. und 613, 637f.

[162] Sie zementiert allerdings kein dualistisches System nach dem Muster Primärrechtsschutz durch die Verwaltungsgerichte, Sekundärrechtsschutz durch die Zivilgerichte; so aber *Axer* (Fn. 19) S. 1322, 1323.

fragen.[163] Nichts zeigt dies eindringlicher als der Kampf um die Definitionshoheit über den Eigentumsbegriff[164] zwischen BGH und Bundesverfassungsgericht,[165] dessen kommentierende Begleitung durch die Literatur ohne Rückgriff auf ein bellizistisches Vokabular – „Flucht" und „Vertreibung", „Rückeroberung", „geschlagen" –[166] nicht auszukommen scheint.

1. Defizitäres Staatshaftungsrecht als Folge der Rechtswegspaltung?

Befriedungs- und Lösungsvorschläge zielen deshalb seit langem[167] für das Staatshaftungsrecht auf eine Konzentration der Entscheidungszuständigkeit bei den Verwaltungsgerichten.[168] Die Realisierung eines solchen Konzepts setzt (neben vielfältigen Anpassungen im einfachen Recht) auch eine Verfassungsänderung voraus, nämlich die Streichung von

---

[163] Dazu *Hoffmann-Riem* Urteilsanmerkung, JZ 1995, 402f., 402; vgl. auch die Analyse der BGH-Rechtsprechung zur Rechtswegabgrenzung durch *Schenke* 50 Jahre BGH, Bd. III, 2000, S. 45, 86: Der BGH tendiere dazu, öffentlich-rechtliche Handlungen „teilzuprivatisieren" und so „seinen Kompetenzbereich sehr weit zu erstrecken"; gegenläufig die Einschätzung durch (den Zivilrechtler) *Schumann* ebda., S. 3, 12: „vorbildliche extensive Rechtsprechung des BGH".

[164] Instruktiv *Bryde* Jahrbuch für Rechtssoziologie und Rechtstheorie 11 (1987) 384ff.

[165] Aber auch zwischen BGH und BVerwG. In der Kontroverse um den Rechtsweg bei ausgleichspflichtigen Eigentumsinhaltsbestimmungen sieht *Schoch* JZ 1995, 768ff. (768) eine sorgfältig vorbereitete „Provokation" des Bundesverwaltungsgerichts durch den BGH.

[166] S. etwa *Schmitt-Kammler* NJW 1990, 2515, 2518, 2519 mit Fn. 28; *Schoch* JZ 1995, 768ff. (768).

[167] S. schon 47. DJT, Bd. 2, L 145; *Klein* (Fn. 105) Rn. 19 und 49; zur Reformdiskussion auch *Ossenbühl* (Fn. 11) S. 441, 445f.

[168] Dezidiert *Schoch* (Fn. 7) S. 272f.: „ohne Rücksicht auf ‚Machtinteressen'", ferner aaO S. 286; s. auch *Kluth* (Fn. 21) § 66 Rn. 4; *von Danwitz* (Fn. 132) Art. 34 Rn. 150; demgegenüber *Ibler* Rechtspflegender Rechtsschutz im Verwaltungsrecht, 1999, S. 97: Der Gesetzgeber sei „zu warnen, die Zuständigkeit in Amtshaftungssachen den ordentlichen Gerichten wegzunehmen".
Der Rechtsgrundidentität von Primär- und Sekundärrechtsschutz am ehesten entsprechen würde ein Modell, das die Entscheidungskompetenzen bei dem je für den sog. primären Rechtsschutz zuständigen Gericht bündeln würde. So hatte es bereits § 24 Abs. 1 des Entwurfs eines Staatshaftungsgesetzes vorgeschlagen. „Soll wahrhaft eine Zusammenfassung des Zusammengehörigen erreicht werden, müssen künftig alle Gerichtszweige zur Entscheidung von Staatshaftungssachen zuständig sein", zitiert nach *Ossenbühl* (Fn. 11) S. 445. – Der Vorschlag wurde nicht Gesetz, weil eine dafür notwendige Verfassungsänderung (Art. 34 Satz 3 GG!) nicht erreicht werden konnte; dazu und zur späteren Regelung durch § 18 StGH 1981: *Bonk* in: Schäfer/Bonk, StGH, 1982, Einleitung §§ 18–20, Rn. 1ff. und § 18 Rn. 1ff.; vgl. ferner auch *Pfab* (Fn. 152) S. 153f., 165.

Art. 34 Satz 3 GG und Art. 14 Abs. 3 Satz 4, sinnvollerweise wohl auch von Art. 19 Abs. 4 Satz 2 GG.[169] Bis zu diesem – wohl fernen – Tag ermöglicht die (Re-)Konstruktion des Staatshaftungsrechts als (Grund-) Rechtsverletzungs-Reaktionsrecht eine stärkere Konzentration unrechtskompensatorischer Entscheidungskompetenz bei den Verwaltungsgerichten.[170]

2. *Konzentration des öffentlich-rechtlichen Rechtsschutzes bei der Verwaltungsgerichtsbarkeit?*

Was jene weiter gehenden, auf funktionelle und systematische Aspekte abhebenden Forderungen nach einer Konzentration aller öffentlich-rechtlichen Streitigkeiten bei den (allgemeinen) Verwaltungsgerichten[171] betrifft, ist folgendes anzumerken:

a) *Vielfalt nicht-verwaltungsgerichtlichen Rechtsschutzes im öffentlichen Recht*

In der Tat gibt es eine erstaunliche Vielfalt[172] im System des öffentlichen Rechtsschutzes:[173]

Vom Bundespatentgericht über die Kartellsenate bis zu den Landwirtschaftsgerichten, den Spruchkörpern der freiwilligen Gerichtsbarkeit und den Strafgerichten: Zahlreich sind die Konstellationen, in denen Gerichte der ordentlichen Gerichtsbarkeit zur Kontrolle von Behördenentscheidungen berufen sind. Die hiermit oftmals einhergehende Abkoppelung

---

[169] S. auch schon *Bettermann* AöR 96 (1971) 528, 548; *Sendler* WiVerw 1976, 2, 23f.; ferner *Ehlers* (Fn. 9) § 40 Rn. 883f.

[170] Näher hierzu *Grzeszick* (Fn. 23) S. 446ff.; s. auch *Hösch* DÖV 1999, 192, 199f.; anders (wohl) *Schenke* 50 Jahre BGH, Bd. III, S. 45, 77ff. Die Entscheidung über Ausgleichsansprüche zur „Abfederung" und Austarierung rechtmäßigen Staatshandelns gehört ohnehin in den Kontext des Primärrechtsschutzes und grundsätzlich in die Hand der Verwaltungsgerichte, so *Huber* (Fn. 39) Art. 19 Abs. 4 Rn. 461; vgl. hierzu auch die Kontroverse zwischen Bundesverwaltungsgericht (E 94, 1 [9f.] und BGH (JZ 1995, 788f.); *Schoch* JZ 1995, 768, 769ff.

[171] S. etwa *Schoch* JZ 1995, 768, 773; tendenziell auch *Ehlers* in: Schoch u.a. (Fn. 9) Rn. 885, wenn auch nicht für eine „Radikallösung".
Pitschas in: ders. (Hrsg.) Die Reform der Verwaltungsgerichtsbarkeit, 1999, S. 59, 86 hält gar die Aufspaltung der Verwaltungsgerichtsbarkeit in verschiedene Fachgerichtsbarkeiten für „mit Art. 19 Abs. 4 GG kaum vereinbar"; anders etwa *Stüer/Hermanns* DÖV 2001, 505ff.; vgl. auch *D. Felix* Die Einheit der Rechtsordnung, 1998, S. 336ff., 358f., 383ff.

[172] *Schoch* (Fn. 166) S. 773: „Wildwuchs".

[173] Näher hierzu *Ibler* (Fn. 168) S. 99ff.

von der Dogmatik des öffentlichen Rechts führt in Teilbereichen durchaus zu einem Verlust an rechtsstaatlicher Stringenz.[174] Aus solchen Befunden bezieht das Postulat organadäquater Entscheidungskompetenz durchaus Überzeugungskraft. Es sollen möglichst die sachnahen, zugleich aber problemsensiblen Richter entscheiden, und die sind – so eine verbreitete Auffassung – im Zweifel in der Verwaltungsgerichtsbarkeit zu finden.

b) Zivilgerichtliche „Inkompetenzkompensationskompetenz"

Abgesehen davon, dass das Bundesverwaltungsgericht selbst kühl beschieden hat, es gebe kein Recht auf den sachnäheren (Verwaltungs-)Richter,[175] und trotz einer organfunktionellen Vorrangposition der Verwaltungsgerichte: Es sprechen gute Gründe gegen eine Monopolisierung öffentlich-rechtlicher Streitigkeiten bei den (allgemeinen) Verwaltungsgerichten und für eine Art *binnenpluralistisches Gerichtsschutzmodell.*

Nützliche Elemente der Pluralisierung[176] sind die Reserve- und Ergänzungsfunktionen,[177] welche sich in der ggf. zusätzlichen[178] Kontrollmöglichkeit durch die ordentlichen Gerichte realisiert.[179] Diese kann sich gelegentlich gar – um ein schönes Wortungetüm *Odo Marquards* aufzugreifen – als zivilgerichtliche „Inkompetenzkompensationskompetenz"[180] erweisen. Die wettbewerbsrechtlichen Interventionen[181] in die

---

[174] Vgl. zum Strafvollstreckungs-/Strafvollzugsrecht namentlich die häufigen Interventionen der Zweiten Kammer des Zweiten Senats des Bundesverfassungsgerichts, dazu mit Nachweisen die Übersicht bei *Höfling/Rixen* AöR 125 (2000) 428, 436ff. und 613, 633f.; zum dogmatisch eher anspruchslosen Erscheinungsbild des sog. Nebenstrafrechts: *Schmidt-Aßmann* VBlBW 2000, 45, 46.

[175] S. BVerwGE 81, 226, 227f.; s. auch *Papier* in: Maunz/Dürig, Art. 34 Rn. 321.

[176] So *Pietzcker* in: Schmidt-Aßmann/Hoffmann-Riem (Hrsg.) Verwaltungskontrolle, 2001, S. 89, 90.

[177] S. schon *Menger* FS Jellinek, 347, 349.

[178] Es geht mithin nicht um Substituierbarkeit, sondern um Komplementarität; s. auch *Krebs* Kontrolle, S. 222.

[179] Dazu auch *Ibler* (Fn. 168) S. 36f.; weiter gehend allerdings *ders.* aaO S. 17: Wenn der Gesetzgeber die „Verwaltungsgerichtskontrolle immer weiter beschneidet, wird der Verwaltungsrechtsschutz mehr und mehr auch von Verfassungs- und Zivilgerichten gewährt werden (müssen)".

[180] *Marquardt* in: Philosophisches Jahrbuch 81 (1974) 341ff.

[181] S. vor allem OLG Düsseldorf, NWVBl. 1997, 353ff.; OLG Hamm, NJW 1998, 3504f.; LG Wuppertal, DVBl. 1999, 939; jetzt aber auch OLG Düsseldorf, Gew Arch 2001, 370ff.

etatistisch geprägte Judikatur der Verwaltungsgerichte zum Rechtsschutz gegen staatliche Konkurrenzwirtschaft[182] sind dafür nur ein Beispiel.[183]/[184]

IV. Selbstregulierung - Prozeduralisierung - Verantwortungsdiversifizierung: Neue Herausforderungen für den öffentlich-rechtlichen Rechtsschutz

Das Plädoyer für ein binnenpluralistisches Rechtsschutzmodell greift im übrigen einen zentralen Gedanken der gegenwärtigen verwaltungsrechtsdogmatischen Debatte auf, den vom Öffentlichen Recht und Zivilrecht als wechselseitigen Auffangordnungen.[185] Entsprechend könnte man formulieren: Verwaltungsgerichtsbarkeit und Zivilgerichtsbarkeit fungieren - zunehmend! - als wechselseitige prozessuale Auffangsysteme.

Mit dem Begriff der Auffangordnungen werden jene Herausforderungen für den Rechtsschutz in den Blick genommen, die bereits in den „Schlüsselbegriffen"[186] der neueren Verwaltungsrechtsdogmatik mitschwingen.

---

182 S. etwa die Übersichten bei *Wieland* DV 32 (1999) 217ff., sowie die Aufsätze von *Berg*, *Hösch* und *Kluth* in WiVerw 2000, 141ff., 159ff. und 184ff.; eingehend auch *Schliesky* Öffentliches Wirtschaftsrecht, 1997, S. 442ff.; kritisch zur verwaltungsgerichtlichen Rechtsprechung etwa *Schoch* VBlBW 2000, 41, 44: permanent versagende Rechtsprechung.

183 Bei aller Kritik an den Begründungen der Entscheidungen im einzelnen (s. dazu etwa *Tettinger* NJW 1998, 3473f.; s. auch *Wieland* (Fn. 182) S. 238f.) wird man dieser Entwicklung durchaus etwas Positives abgewinnen können; s. auch *Löwer* VVDStRL 60 (2001), 416 (444ff.) mwN; ferner *Kluth* (Fn. 182) S. 207; jüngst *Otto* Gew Arch 2001, 360ff.; ähnlich *Pietzcker* (Fn. 176) S. 90, der vor diesem Hintergrund auch die Zuweisung des Vergaberechtsschutzes an die Oberlandesgerichte (§ 116 GWB) keineswegs negativ bewertet (anders *Schmidt-Aßmann* (Fn. 174) 47. In beiden Fällen spielt auch das Zeitargument, das heißt die Schnelligkeit des Rechtsschutzes, eine wichtige Rolle; s. *Pietzcker* und *Kluth*, aaO.

184 Ein weiteres Beispiel ist die verwaltungsgerichtliche Überprüfung personalwirtschaftlicher Auswahlentscheidungen im öffentlichen Dienst; s. hierzu näher *Höfling* in: Bonner Kommentar, Art. 33 Abs. 1–3, Rn. 294ff.; *Wieland* FS Blümel, 1999, 647ff.; jüngst *Schöbener* BayVBl. 2001, 321ff. Einen durchaus konstruktiven Beitrag zur Verwaltungskontrolle und zum Schutz des subjektiven wie objektiven Rechts gewährleistet hier vor allem die Amtshaftungsjudikatur; s. BGH, JZ 1995, 146ff. mit Anmerkung *Huber*.

185 Dazu s. den von Hoffmann-Riem/Schmidt-Aßmann hrsg. Sammelband Öffentliches Recht und Privatrecht als wechselseitige Auffangordnungen, 1996.

186 Dazu *Voßkuhle* DV 34 (2001) 184ff.; s. auch *Hoffmann-Riem* DÖV 1997, 433, 438.

Um hier nur den wohl erfolgsgesättigsten Leitbegriff der letzten Jahre anzuführen: Wenn Kontrolle Korrelat von Verantwortung ist,[187] was bedeutet dann die viel diskutierte Verantwortungsteilung, in der manche ja schon Anfänge eines Systems regulierter Unverantwortlichkeit zu erkennen glauben? Für den Rechtsschutz, so wird man konstatieren müssen, erweist sich das staatlich-gesellschaftliche „Zwischenreich" mit all seinen neuartigen Zwischenwesen und Grenzgängern als in hohem Maße prekär:[188] Auch wenn man bei diesen Phänomenen nicht an Vampire und Zombies denkt, sondern sich hübschere Gestalten wie Nixen und Melusinen vor Augen hält: Die hybride Mischverwaltung[189] ermöglicht es dem Staat, sich partiell unsichtbar zu machen[190] und sich in erheblichem Maße gegen Rechtsschutzinterventionen zu immunisieren.[191]

Auf diese Entwicklung hat die Rechtsschutzdogmatik zu reagieren. Die Leitbegriffe der „neuen Lehre", deren Beschreibungs- und Analysekraft außer Frage steht, bedürfen der prozessualen Rückbindung. Die neuen Entsprechungsverhältnisse zwischen materieller Rechtsentwicklung und Gerichtskontrolle können dabei vielleicht in einer Art „Komplementär-Terminologie" strukturiert werden. Dazu nur einige wenige systematisierende Überlegungen, formuliert vor dem Hintergrund eines auf den ersten Blick vielleicht exotischen, bei genauem Hinsehen aber paradigmatischen Referenzgebietes aus dem Gesundheitsrecht.

1. Verantwortungsteilung – Rechtswegklarheit

Als zentral erweist sich zunächst das *Gebot der Verantwortungsklarheit.*[192] Verantwortungsdiversifizierung tendiert zur Arkanpraxis. Mischen sich fortlaufend privatrechtliche und öffentlich-rechtliche Elemente einer Handlungskette in einer Weise, dass dem eigentlichen Adressaten der Verwaltungsziele unerkennbar bleibt, wer mit welchen Programmen und Mitteln die Ordnung eines Sachbereichs bewirkt, dann ist der Grundsatz der Verantwortungsklarheit und das ihm korrespondierende, verfas-

---

[187] *Krebs* (Fn. 117) S. 43; *Scheuner* FS G. Müller, 1970, 379ff.

[188] S. auch die Einschätzung von *Di Fabio* VVDStRL 56 (1997) 235, 275.

[189] Zu den hybriden Institutionen s. *Engel* DV 34 (2001) 16ff.; *Callies* DV 34 (2001) 169, 198f.; ebenso schon *Di Fabio* VVDStRL 56 (1997) 235, 275.

[190] S. auch *Leisner* Der unsichtbare Staat, 1995; s. auch *Trute* DVBl 1996, 950, 957: Tendenz zur Arkanpraxis.

[191] S. *Engel* (Fn. 189) S. 22, dort, S. 1 auch die Zwischenreich-Methaphorik; ferner schon *Steiner* DVBl. 1981, 1134, 1140: „persona mixta"; „Kreuzung aus öffentlich-rechtlichen und zivilrechtlichen Erbanlagen"; ferner *Di Fabio* JZ 1997, 969ff. (969): „Grenzgänger".

[192] So *Schmidt-Aßmann* in: Hoffmann/Riem/Schmidt-Aßmann (Fn. 185) S. 35: „Grundsatz der Verantwortungsklarheit' als oberstes Gebot".

sungsrechtliche *Gebot der Rechtswegklarheit* (Art. 19 Abs. 4 GG) verletzt.[193]

Ein bedrückendes Negativbeispiel hierfür bietet das seit Ende 1997 gesetzlich strukturierte System regulierter Selbstregulierung in der Transplantationsmedizin.[194] Das TPG hat hier ein überaus kompliziert gesponnenes Netz von Kooperationsmustern und Entscheidungsprozessen geschaffen, in dem öffentlich-rechtliche und privatrechtliche Rechtsträger in einem wahren „public-private-crossover" agieren: Mit Implantationsmonopol[195] ausgestattete Transplantationszentren, die unter anderem auch über die Aufnahme von Patienten auf die Warteliste entscheiden (§ 10 Abs. 2 TPG) und insoweit durchaus Tätigkeiten verteilender Verwaltung ausüben;[196] eine privatrechtliche Stiftung niederländischen Rechts, nämlich Eurotransplant, die – von den Spitzenverbänden der Krankenkassen, der Bundesärztekammer und der Deutschen Krankenhausgesellschaft, also teils öffentlich-rechtlich, teils privatrechtlich verfassten Akteuren beauftragt – das Vermittlungsmonopol besitzt; und schließlich die Bundesärztekammer, ein nicht-rechtsfähiger Verein, dem durch § 16 TPG die zentrale Funktion zugewiesen ist, den Stand der Kenntnisse der medizinischen Wissenschaft unter anderem für die Regeln zur Aufnahme in die Warteliste und zur Organvermittlung festzustellen.[197]

Das Gesetz selbst enthält lediglich die Vorgabe, dass die Entscheidungen „insbesondere nach Erfolgsaussicht und Dringlichkeit" zu treffen sind, zwei allerdings oftmals geradezu gegenläufigen Kriterien. Die eigentlichen, ‚harten' Auswahlkriterien legen erst die Richtlinien der Bundesärztekammer fest.[198] Damit gilt hier, ein Bonmot *Salzwedels* aufgreifend, gleichsam die umgekehrte Wesentlichkeitstheorie. Alles Wesent-

---

[193] S. hierzu *Trute* (Fn. 190) 957; *Schmidt-Aßmann* (Fn. 185) S. 35; vgl. auch *Kübler* in: Hoffmann-Riem/Schmidt-Aßmann (Fn. 185) S. 225ff. (225): Es lasse sich nicht mehr feststellen, „wer wen unter welchen Bedingungen auffangen darf oder muss". – Allgemein zum Gebot der Rechtsschutz- bzw. Rechtsmittelklarheit: BVerfGE 87, 48 (65); *Schoch* in: FS Stree/Wessels, 1993, 1095ff.

[194] Zur entsprechenden Einordnung: *Holznagel* DVBl. 1997, 393ff.; kritisch zu den damit verknüpften euphemistischen Konnotationen: *Höfling* in: ders. (Hrsg.) TPG. Kommentar, im Erscheinen, § 16 Rn. 1.

[195] Dies gilt für die so genannten vermittlungspflichtigen Organe, § 9 Satz 2 TPG.

[196] S. auch *Schmidt-Aßmann* Grundrechtspositionen und Legitimationsfragen im öffentlichen Gesundheitswesen, 2001, S. 101.

[197] Näher hierzu *Höfling* (Fn. 194) Erläuterungen zu § 12 und § 16; ferner *Schmidt-Aßmann* (Fn. 196) S. 101ff.

[198] Eingehendere Kritik bei *Höfling* Stellungnahme für den Gesundheitsausschuss des Deutschen Bundestages, Öffentliche Anhörung am 3. 10. 1996, s. ferner *Schmidt-Aßmann* (Fn. 196) S. 83.

liche steht nicht im Gesetz – obwohl sich „grundrechtsexistenziellere“ Entscheidungen als solche über Leben und Tod nicht denken lassen.[199] Doch lassen wir dies beiseite, auch wenn es ein bezeichnendes Licht auf die „Gewährleistungsverantwortung“ des Staates wirft. Und beschäftigen wir uns allein mit dem Rechtsschutz.[200] Gegen wen aber und gegen was und wo soll ein nicht auf die Warteliste aufgenommener, ein fehlerhaft platzierter, ein schlicht übergangener Patient eigentlich klagen? Die ‚verkappte‘ Übertragung von Hoheitsrechten auf eine im Ausland ansässige Vermittlungsstelle[201] in Kombination mit dem hochkomplexen und intransparenten Entscheidungsprozess widerspricht dem Grundsatz der Verantwortungsklarheit und verfehlt die Mindestbedingungen, die das Bundesverfassungsgericht mit dem aus Art. 19 Abs. 4 GG folgenden Gebot der Rechtswegklarheit verknüpft,[202] deutlich.[203]

2. *„Privatisierung“ – verantwortungsidentifizierende Publifizierung*

Diesseits der Grenze „verantwortungsloser Verantwortungsfragmentierung“[204] drängt das Gebot wirksamen Rechtsschutzes auf eine *verantwortungsidentifizierende „Publifizierung“* öffentlichrechtlich-privatrechtlicher Zwischenwesen.[205] Dabei geht es nicht um eine funktionswidrige prozessuale „Re-Etatisierung“ von Privatisierungsprozessen, wie sie – nicht unter diesem Etikett, doch der Sache nach – im Blick auf die Genehmigungsfreistellung im Bauordnungsrecht vorgeschlagen worden ist: Als Reaktion auf die Übertragung der (präventiven) Kontrolle des Bauvorhabens von der Behörde auf den Bauherrn wird dieser z.T. als tauglicher Klage-

---

[199] Grundsätzlich *Höfling*, in: Feuerstein/Kuhlmann (Hrsg.) Rationierung im Gesundheitswesen, 1998, S. 143.

[200] Eingehend hierzu *Lang* demnächst in VSSR, (Heft 2/2002); ferner in: Höfling (Fn. 194) Erläuterungen zu § 10 Anm. II. 4. d., Rn. 126ff.; s. auch *Baltzer* SGB 1998, 437ff.

[201] Zur den deutschen Gesetzgeber treffenden Justizgewährleistungspflicht, wenn nicht-deutschen Stellen die Möglichkeit zur Rechtsbeeinträchtigung eröffnet wird: BVerfGE 58, 1, 40f.; 59, 63, 81ff., vor allem aber 89, 155, 174ff.; zum Problem auch *Schmidt-Aßmann* (Fn. 196) S. 106ff.

[202] BVerfGE 87, 48, 65.

[203] Dazu eingehend und zutreffend *Lang* (Fn. 200) S. 5ff.; damit übereinstimmend *Schmidt-Aßmann* (Fn. 196) S. 108ff.

[204] Zum Risiko von Systemen „missglückter Verantwortungsteilung“: *Hoffmann-Riem* FS Vogel, 2000, 47, 59.

[205] Sicherlich: Sinnvoll miteinander verknüpfte Teilelemente der verschiedenen Teilrechtsordnungen zu segmentieren, könnte die mit dem Zusammenspiel intendierten Steuerungsvorteile konterkarieren. Deshalb mag die Warnung verständlich sein, bei der Übertragung von Verwaltungskontrollstandards auf Systeme regulierter Selbstregulierung Vorsicht walten zu lassen. *Schmidt-Aßmann* (Fn. 185) S. 36.

gegner eines öffentlichrechtlichen Abwehranspruchs des Nachbarn qualifiziert.[206] Eine solche Konstruktion eines „Beliehenen in eigener Sache"[207] ist indes nicht nur dysfunktional zur angestrebten Deregulierung, sondern, und das ist entscheidend, grundrechtsdogmatisch inakzeptabel. Der Bauherr mutiert hier zur wirklichen persona mixta, zum grundrechtsverpflichteten Grundrechtssubjekt. Für den Nachbarn bleibt es deshalb weitgehend beim – unter Umständen kostenintensiveren – Zivilrechtsschutz; verfassungsrechtlich dürfte dies nicht zu beanstanden sein.[208]

Auch wenn also rigide Etatisierung keinen tauglichen Reaktionsansatz der Rechtsschutzdogmatik auf die Herausforderungen der „Privatisierung" – um diesen wenig aussagekräftigen Topos abkürzungshalber zu verwenden – darstellt: Wirksamer Rechtsschutz kann verlangen, diffundierende öffentliche Verantwortung zu identifizieren. Sie ist beispielsweise dort festzumachen, wo einzelne Organisationen des Selbstregulierungsgefüges Dritten gegenüber über normativ abgestützte Einwirkungsbefugnisse (auch nur faktischer Art) verfügen – und zwar unabhängig davon, ob man hierfür die Figur des Beliehenen erweitert oder den Typus des selbständigen Verwaltungshelfers neu konturiert.[209] Werden private Akteure in den Dienst unmittelbarer Gemeinwohlrealisierung genommen, sind sie auch Adressaten institutioneller Gemeinwohlbindungen.[210] In dieser Perspektive übt die Bundesärztekammer, wiewohl organisationsrechtlich privater Akteur und selbstregulatives Zentrum des transplantationsmedizinischen Systems, bei ihrer Richtlinientätigkeit (gemäß § 16 TPG) öffentliche Gewalt aus,[211] die Gegenstand verwaltungsgerichtlicher Kontrolle sein kann.[212]

---

[206] So *Ortloff* NVwZ 1998, 932ff.; zur Kritik etwa *Mampel* NVwZ 1999, 385ff.; *Sacksofsky* DÖV 1999, 946ff.

[207] *Callies* DV 34 (2001) 169, 200; s. auch schon *Steiner* DVBl. 1987, 1133, 1136.

[208] Den zivilgerichtlichen Rechtsschutz des Nachbarn für ausreichend haltend auch *Oeter* DVBl. 1999, 189, 195; a.A. etwa *Degenhart* NJW 1996, 1433, 1437; zur „Konkurrenz zwischen Zivil- und Verwaltungsprozess" im vorliegenden Kontext: *Uechtritz* BauR 1998, 719ff.

[209] S. auch *di Fabio* (Fn. 188) S. 272f. mN; ferner *Trute* DVBl. 1996, 950, 957. – Grundsätzlich zum Problemkreis „Funktionale Privatisierung und Verwaltungshilfe" die gleichnamige Habilitationsschrift von *Burgi*, 1999.

[210] *Trute* DV 32 (1999) Beiheft 2, 9, 11.

[211] *Schmidt-Aßmann* (Fn. 196) S. 101ff.

[212] Entsprechendes wird man auch für die gemeinschaftsrechtliche Kreation der „Benannten Stellen" annehmen müssen, deren Entscheidungsmacht im Recht der Produktsicherheit jedenfalls auch der verwaltungsgerichtlichen Kontrolle bedarf. Anders etwa *Röhl* Akkreditierung und Zertifizierung im Produktsicherheitsrecht, 2000, S. 95f.; vgl. auch *Hiltl* PharmaRecht, 1997, 408ff.

3. *Präventive Rechtswahrung sowie Verfahrens- und Entscheidungsstrukturkontrolle*

Rechtsschutz im komplexen Netzwerk öffentlicher und privater Akteure verlagert sich zunehmend von punktueller Endkontrolle hin zu präventiver Rechtswahrung und (antizipativer) Verfahrens- sowie Entscheidungsstrukturkontrolle. Nochmals illustriert am gesundheitsrechtlichen Referenzgebiet der Transplantationsmedizin: Auch in einem Artikel 19 Abs. 4 GG gerecht werdenden System wird die eigentliche Vermittlungsentscheidung für Rechtsschutzbegehren weitestgehend unzugänglich bleiben. Um so wichtiger ist deshalb ein vorverlagerter Rechtsschutz, der bereits auf der Stufe der Programmierungsentscheidungen der Bundesärztekammer ansetzt. Deren Richtlinien könnten zum Gegenstand einer Feststellungsklage nach § 43 VwGO werden, wenn man in Übereinstimmung mit der neueren Rechtsprechung des Bundesverwaltungsgerichts[213] den Begriff des Rechtsverhältnisses weit definiert. In diesem Fall öffnet sich die Feststellungsklage dem Rechtsschutz gegen normatives Unrecht dort, wo Normen bereits ohne Vollzugsakte zu Beeinträchtigungen von Rechtspositionen führen.[214]

Neben die präventive Rechtswahrung hat schließlich eine intensivierte Verfahrens- und Entscheidungsstrukturkontrolle zu treten. Ihre Etablierung im Rechtsschutzsystem Deutschlands sieht sich allerdings mit einer prinzipiellen Geringschätzung des Verfahrens und seiner angeblich nur dienenden Funktion (§§ 45, 46 Verwaltungsverfahrensgesetz) konfrontiert, eine Fehleinschätzung, die der Gesetzgeber fatalerweise in jüngerer Zeit bekräftigt hat.[215] Dass dabei nunmehr die zur Kontrolle berufenen Verwaltungsgerichte auch noch für „Heiltätigkeiten" in Dienst genommen werden – man denke an die Heilung von Form- und Verfahrensfehlern während des prozessualen Vorverfahren (§ 87 Abs. 1 Satz 2 Nr. 7 VwGO), die Aussetzung des Prozesses zum Zwecke dieser Heilung (§ 94 Satz 2 VwGO) und das Nachschieben von Gründen (§ 114 Satz 2 VwGO)[216] – führt zu einer verfassungsrechtlich bedenklichen Relativierung des rechtsstaatlichen Distanzgebotes.[217]

---

213 S. BVerwG DVBl. 2000, 1858f.

214 S. im vorliegenden Kontext *Schmidt-Aßmann* (Fn. 196) S. 111.

215 Vgl. auch das Referat von *Erbguth* in diesem Band; aus rechtsvergleichender Sicht: *Kokott* DV 31 (1998) 325, 365ff.

216 Zum ganzen s. die kritische Analyse bei *Tschentscher* Indienstnahme der Gerichte für die Effizienz der Verwaltung, in: Demel u.a. (Hrsg.) Funktionen und Kontrolle der Gewalten 2001, S. 165ff. mit zahlr. Nachw.

217 S. auch *Schmidt-Aßmann* (Fn. 174) S. 51f.

Gleichwohl: Eine verstärkte *Verfahrenskontrolle* ist zwingendes *Korrelat der Prozeduralisierung.* Im gewählten transplantationsrechtlichen Beispiel erstreckt sie sich zunächst darauf, ob die Entscheidungsorgane in Übereinstimmung mit den Anforderungen des Organisationsrechts richtig besetzt waren – an dieser Stelle konvergieren das Gebot hinreichend demokratischer Legitimation[218] und das Rechtsstaatsprinzip –; darüber hinaus ist die Einhaltung prozeduraler Garantien genau zu überprüfen.[219]

V. (Öffentlich-rechtlicher) Rechtsschutz im Gefüge der Verwaltungskontrolle: Ausblick und Schlussbemerkungen

Die hier nur angedeuteten Aspekte einer öffentlich-rechtlichen Rechtskontrolle in Systemen regulierter Selbstregulierung erfassen indes in der Regel nur Teilausschnitte des Gesamtgefüges und bedürfen ggf. der Ergänzung durch weitere und auch andersartige Kontrollleistungen. Insofern könnte man dann von *Kontrollteilung* sprechen. Jene können in manchen Bereichen im Sinne des binnenpluralistischen Gerichtsschutzmodells durch die Zivilgerichte erbracht werden. Dabei wird man aber – und damit komme ich zum Schluss – in Zukunft wohl nicht stehen bleiben können. Im Zuge europäischer Konvergenzen wird es zu einer die Schutznormlehre[220] transzendierende Öffnung des Gerichtszugangs und einer stärkeren Betonung objektiv-rechtlicher Kontrollmechanismen kommen.[221]

---

[218] Sie ist im Blick auf die Tätigkeit der Bundesärztekammer gemäß § 16 TPG unzureichend; s. *Höfling* (Fn. 194) Erläuterungen zu § 16; *Schmidt-Aßmann* (Fn. 196) S. 103ff.

[219] S. *Schmidt-Aßmann* (Fn. 196) S. 113. Auch im weiten Feld kooperativer bzw. konsensualer Aufgabenerfüllung kommt der antizipativen Rechtswahrung besondere Bedeutung zu. Das prekäre Mischungsverhältnis von staatlicher Induzierung und Freiwilligkeit, welches das Zustandekommen von Absprachen, etwa Selbstverpflichtungen, prägt, ist dabei genauer in den Blick zu nehmen (S. auch *Volkmann* UTR 58 [2001], 97, 121; *Di Fabio* JZ 1997, 969ff. [969]). Vorbeugender Rechtsschutz kann ansetzen bei den „im Schatten der Hierarchie" (*Engel* [Fn. 189] S. 23) mehr oder weniger offen in Aussicht gestellten Pressionen für den Fall der Nicht-Kooperation (s. auch *Volkmann* aaO S. 121f.; *Murswiek* JZ 1988, 988: „Vorzeigen der Folterinstrumente"; vgl. ferner *Schilling* Verwaltungsarchiv 87 [1996] 198ff. zum „unfreiwilligen Vertrag"; sehr kritisch auch *Bossong* DV 34 [2001] 145ff.: „Entrechtlichung durch Verfahren"). Unzulässig sind namentlich „nicht-konnexe Drohungen"(*Engel* [Fn. 189] S. 23). Hiergegen gerichtete Klagebegehren dürfen nicht unter Verweis auf die restriktiven Bedingungen vorbeugenden Rechtsschutzes (dazu s. nur mwN *Hufen* Verwaltungsprozessrecht, § 18 Rn. 33ff.) abgewiesen werden.

[220] Dazu vor allem *Bauer* Geschichtliche Grundlagen der Lehre vom subjektiven öffentlichen Recht, 1986; *ders.* AöR 113 (1988) 582ff.

[221] Dazu vgl. das Referat von *Epiney* in diesem Band.

Insoweit aber wird zu erwägen sein, ob nicht der systematischen Strukturierung eines „außenpluralistischen Modells“ der Verwaltungskontrolle[222] erhöhte Aufmerksamkeit gewidmet werden muss: Dabei wären die Erscheinungsformen und Kontrollmaßstäbe arbeitsteiliger Selbstkontrolle der Verwaltung (auch unter Einbeziehung Privater)[223] mit den unterschiedlichen Fremdkontrollen – von der Gerichtskontrolle bis zur Wirtschaftlichkeits- und Finanzkontrolle – zu einem differenzierten Gefüge zu vernetzen, das gegebenenfalls in Kombination mit qualifizierten Verwaltungsverfahren[224] ein hinreichend wirksames Kontrollniveau garantiert. Ein solcher, zweifelsohne langwieriger Prozess[225] wird sicherlich nicht ohne Auswirkungen auf Gestalt und Funktion des primären und sekundären Rechtsschutzes bleiben.

Doch auch dies gehört auf die ohnehin schon umfangreiche „Verlustliste“ am Ende meiner Ausführungen. So bleibt denn wohl wirklich nur der schwache Trost, den die resignative Einsicht in die Unausweichlichkeit jenes Dilemmas bereithält, das *Odo Marquard* (um ihn ein letztes Mal zu zitieren) gültig auf den Punkt gebracht hat: „Entweder man hält einen Vortrag, oder man bereitet ihn vor“.

---

[222] S. auch *Pietzcker* in: Hoffmann-Riem/Schmidt-Aßmann (Fn. 176) S. 116: „brauchbarer Kontrollpluralismus“; *Schmidt-Aßmann* (Fn. 174) spricht von der „Verwaltungsgerichtsbarkeit im Kontrollverbund“.

[223] Dazu *Schulze-Fielitz* in: Hoffmann-Riem/Schmidt-Aßmann (Fn. 176) S. 305ff., 313ff.

[224] Dazu *Schmidt-Aßmann* Das allgemeine Verwaltungsrecht als Ordnungsidee, 1998, S. 195, 297ff.

[225] Darauf verweist zu Recht *Schulze-Fielitz* (Fn. 223) S. 321.

Leitsätze des 2. Berichterstatters über:

Primär- und Sekundärrechtsschutz im Öffentlichen Recht

I.

1. Das System des öffentlich-rechtlichen Rechtsschutzes steht unter Anpassungsdruck, der sich aus alten Defiziten und neuen, noch unbewältigten Herausforderungen speist.

a) Zu den überkommenen strukurellen Defizitgebieten zählt insbesondere das sog. Staatshaftungsrecht.

b) Die Rechtsschutzdogmatik insgesamt sieht sich darüber hinaus fundamental herausgefordert durch die zunehmend komplexe Struktur einer zwischen Staat und Gesellschaft verantwortungsdiversifizierten Gemeinwohlkonkretisierung.

2. Das „binäre" Ordnungsmodell der Rechtswidrigkeits-/Rechtmäßigkeits-Unterscheidung markiert eine elementare dogmatische Grenze innerhalb des individualrechtszentrierten Rechtsschutzsystems. „Staatshaftungsrecht" als Systembegriff umfasst nur Institute des Rechts der Staatsunrechtshaftung. Kompensationsansprüche als Rechtmäßigkeitsbedingungen (z.B. ausgleichspflichtige Eigentumsinhaltsbestimmungen) gehören nicht hierzu.

3. a) Das Zentralproblem des öffentlich-rechtlichen Rechtsschutzes wird charakterisiert durch einen fundamentalen Bruch in der Funktionslogik des sog. primären und sog. sekundären Rechtsschutzes.

b) Der allgemeine Primärrechtsschutz ist von der Rechtsordnung prinzipiell als an Rechtsverletzungen anknüpfendes Reaktionssystem ausgestaltet. Die Verletzung eines subjektiven öffentlichen Rechts löst grundsätzlich im Umfang der Rechtsverletzung gegenläufige Ansprüche aus.

c) Hiervon unterscheidet sich die Struktur des traditionell zur Staatshaftung gerechneten Rechtsschutzes grundlegend.

Für die Amtshaftung als verschuldensabhängigen Tatbestand der unerlaubten Handlung ist dies offenkundig. Die Feststellung gilt aber auch für den enteignungsgleichen Eingriff und seine insuffizienten Tatbestandsstrukturen.

4. Der Veränderungsdruck, der auf diesem defizitären „System" lastet, speist sich aus drei Quellen: dem Europarecht, dem Verfassungsrecht und den Rationalitätsanforderungen rechtswissenschaftlicher Dogmatik.

II.

5. Der (skizzenhafte) Bauplan für eine Rekonstruktion des öffentlich-rechtlichen (Sekundär-)Rechtsschutzes folgt zwei Annahmen: (1) der These einer Rechtsgrundidentität und Funktionsparallelität der Rechtsschutzansprüche; (2) der Deutung des Verhältnisses der Rechtsschutzansprüche zueinander als das eines von gleichrangiger Komplementarität bei partieller Subsidiarität.

6. In diesem Bauplan bilden die Grundrechte als elementare subjektiv-öffentliche Rechte den zentralen Bezugspunkt eines Systematisierungsversuchs.

7. Das grundrechtliche Abwehrrecht (in Verbindung ggf. mit „seinen" Hilfsrechten) räumt dem Einzelnen Ansprüche ein, um den Gegenstand seines Schutzes, die beliebige Freiheit in ihrer selbstbestimmten Integrität, gegenüber nicht rechtfertigungsfähigen Verkürzungen zu wahren.

8. Die dem grundrechtlichen Abwehrrecht zuzuordnenden Berechtigungen lassen sich nach Maßgabe folgender Trias *systematisieren:*

a) Zunächst umfasst das grundrechtliche Abwehrrecht den Anspruch auf Wahrung der grundrechtlichen Integrität, sei es präventiv durch den Unterlassungsanspruch, *sei es durch den* negatorischen Beseitigungsanspruch.

b) Genügt dies nicht, so richtet sich ein Restitutionsanspruch *auf die Wiederherstellung des vor der Beeinträchtigung gegebenen bzw. eines gleichartigen Zustandes.*

c) Neben den genannten grundrechtsunmittelbaren Ansprüchen steht als grundrechtsmittelbare Berechtigung ein pekuniärer Ersatzanspruch *zur Verfügung. Dieser zielt auf wertmäßigen Integritätserhalt.*

9. Die Rückführung der Rechtsschutzansprüche auf einen identischen grundrechtlichen Rechtsgrund erlaubt eine Parallelisierung des Schutzes aller grundrechtlichen Schutzgüter und damit auch eine Verabschiedung des sog. enteignungsgleichen Eingriffs als eines eigenständigen Haftungsinstituts.

10. Rechtsgrundidentität der Rechtsschutzansprüche bedeutet ferner ein kongruentes Schutzprofil im Blick auf die erfassten staatlichen Ingerenzen; kein Staatsunrecht ist a limine dem sog. sekundären Rechtsschutz entzogen.

11. Schließlich ermöglicht die Deutung des pekuniären Kompensationsanspruchs als (mittelbarer) Grundrechtsverletzungsreaktionsanspruch auch die Anknüpfung an die Eingriffsdogmatik und den Verzicht auf Zurechnungskriterien wie „Unmittelbarkeit" und „Zumutbarkeit".

12. Abwehransprüche (Unterlassungs- und negatorische Beseitigungsansprüche), Restitutionsansprüche und Kompensationsansprüche sind gekennzeichnet durch gleichrangige Komplementarität. *Dies schließt nicht aus, dass ihnen durch die Rechtsordnung phasenspezifische Funktionen zugewiesen sind.*

13. a) Das Dogma vom Vorrang des Primärrechtsschutzes vermag eine solche Stufung jedenfalls nicht als strikte Regel mit umfassendem Geltungsanspruch zu begründen.

b) Der Rechtsordnung kann insoweit zwar ein prinzipieller Vorrang des negatorischen Beseitigungsanspruchs vor den Restitutions- und Ersatzansprüchen, nicht aber ein Vorrangverhältnis „Restitution vor Kompensation" entnommen werden.

14. Gegen eine Rechtsfortbildungskompetenz der Gerichte im Recht der Staatsunrechtshaftung bestehen – auch im Blick auf mögliche finanzielle Folgelasten – keine durchgreifenden Bedenken. Legislatorische Unfähigkeit wirkt vielmehr als Kompetenzeinweisung zugunsten der Judikative.

15. Insoweit ist allerdings ein justizieller Binnenkonflikt zwischen Zivilgerichtsbarkeit und Verwaltungsgerichtsbarkeit denkbar.

a) Die Zivilgerichte könnten den grundrechtsähnlichen Charakter der Amtshaftung anerkennen, den Normtext des Art. 34 GG als Basis einer unmittelbaren Staatshaftung ernst nehmen und das ohnehin bereits relativierte Verschuldenskritierium des § 839 Abs. 1 Satz 1 BGB gänzlich verabschieden.

b) Vorzugswürdig ist aber eine stärkere Konzentration unrechtskompensatorischer Entscheidungskompetenz bei den Verwaltungsgerichten.

III.

16. Nicht zu befürworten ist indes eine Monopolisierung des öffentlichrechtlichen Rechtsschutzes bei den Verwaltungsgerichten. Zivilgerichtliche „Inkompetenzkompensationskompetenz" spricht vielmehr für ein binnenpluralistisches Gerichtsschutzmodell.

17. Ein solches Modell greift einen zentralen Gedanken der gegenwärtigen verwaltungsrechtsdogmatischen Debatte auf, den vom Öffentlichen Recht und Zivilrecht als wechselseitigen Auffangordnungen.

18. a) Die damit thematisierte Verantwortungsdiversifizierung *im Prozess der Gemeinwohlkonkretisierung* hat erodierende Auswirkungen *auf den öffentlich-rechtlichen Rechtsschutz.*

b) Wenn Kontrolle Korrelat von Verantwortung ist, erfordert Verantwortungsteilung in gewisser Weise auch „Kontrollteilung".

19. Als zentral für einen wirksamen Rechtsschutz erweist sich zunächst der Grundsatz der Verantwortungsklarheit und das ihm korrespondierende verfassungsrechtliche Gebot der Rechtswegklarheit (Art. 19 Abs. 4 GG).

20. Diesseits der Grenze verantwortungsloser Verantwortungsfragmentierung drängt das Gebot wirksamen Rechtsschutzes auf eine verantwortungsidentifizierende „Publifizierung" *öffentlichrechtlich-privatrechtlicher Hybridwesen. Diffundierende öffentliche Verantwortung ist etwa dort zu identifizieren, wo Dritten gegenüber normativ abgestützte Einwirkungsbefugnisse zur Geltung gebracht werden.*

21. Rechtsschutz im komplexen Netzwerk öffentlicher und privater Akteure verlagert sich zunehmend von punktueller Endkontrolle hin zu präventiver Rechtswahrung und (antizipativer) Verfahrens- sowie Entscheidungsstrukturkontrolle. Vor diesem Hintergrund erweisen sich legislatorische Relativierungen des Verfahrensgedankens als Fehlentwicklungen.

22. Das deutsche System eines gerichtsgeprägten Individualrechtsschutzes wird sich in Zukunft nicht zuletzt auch aufgrund europäischer Konvergenzen stärker öffnen müssen. Dies bietet zugleich die Chance zu einer systematischen Strukturierung eines außenpluralistischen Modells der Verwaltungskontrolle, in dem Erscheinungsformen arbeitsteiliger Selbstkontrolle der Verwaltung mit den unterschiedlichen Arten der Fremdkontrolle – von der Gerichtskontrolle bis zur Finanzkontrolle – zu einem differenzierten Gefüge vernetzt werden können.

Zweiter Beratungsgegenstand:

Primär- und Sekundärrechtsschutz im Öffentlichen Recht

3. Bericht von Prof. Dr. *Rudolf Streinz*, Bayreuth

Inhalt

I. Themenabgrenzung - Der Einfluss des Europarechts

Das in Deutschland geltende Recht kann nur unter Einbeziehung des Europarechts erfasst werden. Dies ist mittlerweile ein Gemeinplatz. Während noch in den 80er Jahren deutsche Gerichte auf die Idee kamen, durch Einholung eines Sachverständigengutachtens gemäß § 293 ZPO Beweis über die Auslegung von Bestimmungen des Gemeinschaftsrechts als „über das in einem anderen Staate geltende Recht", das „dem Gericht unbekannt" ist, zu erheben,[1] oder die Berücksichtigung gemeinschaftsrechtlicher Vorgaben bei Tatbeständen des Steuerstrafrechts für schlicht abwegig hielten,[2] gehört die Einbeziehung des Gemeinschaftsrechts, ggf. mit entsprechenden Vorlagen gemäß Art. 234 EGV an den EuGH, heute zur regelmäßigen Praxis – freilich noch mit Ausnahmen.[3] In einigen Fällen half das BVerfG, dessen Haltung zum EuGH wohl als konstruktiv kritisch bezeichnet werden kann,[4] nach.[5] Das deutsche öffentliche Recht, dem insoweit anfänglich eine „Grundgesetzintrovertiertheit"

---

[1] OLG München, Beschl. v. 22. 6. 1988, EuR 1988, 409; Glosse dazu von *Nicolaysen* EuR 1988, 411. Vergleichsweise harmlos war der Beschluss eines Landgerichts, der dem Kläger aufgab, den Text einer EG-Verordnung beizubringen.

[2] Vgl. LG Bonn, Urt. v. 12. 6. 1986 (Az 20 W 12/84): „Die Kammer glaubt dem Angeklagten nicht, daß er bei seinen steuerlichen Fachkenntnissen auch nur im entferntesten davon ausging, daß die deutsche Steuergesetzgebung durch Europäische Gemeinschaftsrichtlinien außer Kraft gesetzt wird". Der BGH musste das Landgericht unter Hinweis ua auf EuGH, Urt. v. 19. 1. 1982, Rs. 8/81 – Becker/Finanzamt Münster-Innenstadt –, Slg. 1982, 53, 71ff. belehren, dass die darin zum Ausdruck kommende Rechtsauffassung „unzutreffend" ist (BGHSt 37, 168, 174f.).

[3] Zur Vorlagepraxis deutscher Gerichte vgl. die Statistik unter http://curia.eu.int/en/stat/st00cr.pdf, S. 23–25. Aus Deutschland kamen die ersten vier Vorlagen im Jahr 1965. Bis zum Jahr 2000 waren es insgesamt 1209 Vorlagen, seit 1990 im Durchschnitt ca. 50 im Jahr.

[4] Vgl. dazu zuletzt *Limbach* Die Kooperation der Gerichte in der zukünftigen europäischen Grundrechtsarchitektur. Ein Beitrag zur Neubestimmung des Verhältnisses von Bundesverfassungsgericht, Gerichtshof der Europäischen Gemeinschaften und Europäischem Gerichtshof für Menschenrechte, EuGRZ 2000, 417ff.; *G. Hirsch* Die Rolle des Europäischen Gerichtshofs bei der europäischen Integration, JöR nF 49 (2001) 79ff.; *U. Steiner* Richterliche Grundrechtsverantwortung in Europa, FS Maurer, 2001, 1005ff.; *Broß* Bundesverfassungsgericht – Europäischer Gerichtshof – Europäischer Gerichtshof für Kompetenzkonflikte, VerwArch 92 (2001) 425ff.

[5] Vgl. BVerfGE 75, 223, 233ff., 244f. und zuletzt BVerfG, Beschl. v. 9. 1. 2001, EuZW 2001, 255, 256. Zu dessen Einordnung in die Rechtsprechung des BVerfG zum „Kooperationsverhältnis zum EuGH" vgl. die Anm. von *Lindner* BayVBl. 2001, 342f. Vgl. auch die Anm. von *Voßkuhle* JZ 2001, 924, 926.

vorgeworfen wurde,[6] nahm sich, wie gerade die Beratungsgegenstände der Vereinigung der Deutschen Staatsrechtslehrer zeigen, trotz frühzeitiger Erkenntnis der Bedeutung des Gemeinschaftsrechts – erinnert sei hier an die Tagungen in Erlangen 1959[7] und Kiel 1964[8] – der tief greifenden Auswirkungen im Grundsätzlichen wie im Detail verstärkt erst in den 90er Jahren an.[9] Zunehmend wird auch der Einfluss des Gemeinschaftsrechts auf das Verwaltungsprozessrecht erkannt.[10]

---

[6] Vgl. *H. P. Ipsen* Der deutsche Jurist und das Europäische Gemeinschaftsrecht, Verhandlungen des 45. Deutschen Juristentages, Bd. II, 1964, L 5-L 27 (L 15).

[7] „Das Grundgesetz und die öffentliche Gewalt internationaler Staatengemeinschaften" mit Referaten von *Erler* und *Thieme* VVDStRL 18 (1959) 7–49 und 50–80.

[8] „Bewahrung und Veränderung demokratischer und rechtsstaatlicher Verfassungsstruktur in den internationalen Gemeinschaften" mit Referaten von *Kaiser* und *Badura* VVDStRL 23 (1964) 1–33 und 34–104.

[9] Erinnert sei an die Tagungen in Zürich 1990 „Der Verfassungsstaat als Glied einer europäischen Gemeinschaft" mit Referaten von *Steinberger, E. Klein* und *Thürer* VVDStRL 50 (1991) 9–55, 56–96, 97–139; Mainz 1993 mit den beiden Beratungsgegenständen „Europäische Union: Gefahr oder Chancen für den Föderalismus in Deutschland, Österreich und der Schweiz?" mit Referaten von *Hilf, T. Stein, M. Schweitzer* und *Schindler* VVDStRL 53 (1994) 8–26, 27–47, 48–69, 70–87 und „Deutsches und Europäisches Verwaltungsrecht – Wechselseitige Einwirkungen" mit Referaten von *Zuleeg* und *Rengeling* ebd., 154–201, 202–239; schließlich Leipzig 2000 „Europäisches und nationales Verfassungsrecht" mit Referaten von *Pernice, P. M. Huber, Lübbe-Wolf* und *Grabenwarter,* VVDStRL 60 (2001) 148–193, 194–245, 246–289, 290–349. Freilich wurden europarechtliche Aspekte auch bei anderen Themen berücksichtigt, vgl. dazu *Streinz* Der Verfassungsstaat als Glied einer europäischen Gemeinschaft, DVBl. 1990, 949, 950.

[10] Vgl. dazu insbesondere *Dörr* in: Sodan/Ziekow (Hrsg.) Nomos-Kommentar zur Verwaltungsgerichtsordnung (Loseblatt 1998) Europäischer Verwaltungsrechtsschutz, Rn. 349ff.; *Schmidt-Aßmann* in: Schoch/Schmidt-Aßmann/Pietzner (Hrsg.) Verwaltungsgerichtsordnung. Kommentar (Loseblatt, 1997) Einleitung, Rn. 100ff. mwN; *Wahl* ebd., Vorb. § 42 Abs. 2, Rn. 121ff.; *Wahl/Schütz* ebd., § 42 Abs. 2, Rn. 215f.; *Schoch* ebd., Vorb. § 80, Rn. 16ff., § 80, Rn. 157, 165, § 123, Rn. 91; *Kopp/Schenke* Verwaltungsgerichtsordnung, 12. Aufl. 2000, § 1, Rn. 16f., 20f., § 42, Rn. 152ff., § 80, Rn. 163f., § 94, Rn. 12; *Happ* in: Eyermann, Verwaltungsgerichtsordnung. Kommentar, 11. Aufl. 2000, § 42, Rn. 74, § 123, Rn. 6; *J. Schmidt* ebd., § 80, Rn. 2; *Redeker/von Oertzen* Verwaltungsgerichtsordnung. Kommentar, 12. Aufl. 1997, § 1, Rn. 13ff., § 80, Rn. 46a, § 123, Rn. 18; *P. M. Huber* in: von Mangoldt/Klein/Starck (Hrsg.), Bonner Grundgesetz Bd. 1, 4. Aufl. 1999, Art. 19 Rn. 532ff.; *Schulze-Fielitz* in: Dreier (Hrsg.) Grundgesetz. Kommentar, Bd. I, 1996, Art. 19 IV, Rn. 19. Neben zahlreichen Aufsätzen, zuletzt *P. M. Huber,* Die Europäisierung des verwaltungsgerichtlichen Rechtsschutzes, BayVBl. 2001, 577ff. mwN, *Burgi* Verwaltungsprozeß und Europarecht, 1996; *Classen* Die Europäisierung der Verwaltungsgerichtsbarkeit, 1996; *Ehlers* Die Europäisierung des Verwaltungsprozessrechts, 1999; *Röben* Die Einwirkung der Rechtsprechung des Europäischen Gerichtshofs auf das Mitgliedstaatliche Verfahren in öffentlich-rechtlichen Streitigkeiten, 1998; *Schoch* Die Europäisierung des verwaltungsgerichtlichen Rechtsschutzes, 2000; *Tonne* Effektiver

In Absprache mit dem Vorstand und den Mitreferenten, die sich im Schwerpunkt dem nationalen Recht bzw der Rechtsvergleichung widmen, soll der folgende Beitrag einen Überblick über die Einflüsse des Europarechts auf den primären und sekundären Rechtsschutz im deutschen öffentlichen Recht geben. Dabei ist nicht allein an das Gemeinschaftsrecht als Bestandteil des Rechts der Europäischen Union zu denken. Auch die Europäische Menschenrechtskonvention, auf die das Unionsrecht selbst Bezug nimmt,[11] enthält Vorgaben für den Rechtsschutz, die von den Mitgliedstaaten des Europarats[12] und damit auch von der Bundesrepublik Deutschland zu beachten und zu realisieren sind. Im Vordergrund steht aber das Gemeinschaftsrecht, das grundsätzlich von nationalen Behörden vollzogen wird, gegen deren Akte Rechtsschutz nach nationalem Recht gewährt wird, allerdings unter gemeinschaftsrechtlichen Vorgaben. Diese sind auf effektiven Rechtsschutz mit unterschiedlichen Funktionen gerichtet: Individualrechtsschutz und objektive Durchsetzung des Gemeinschaftsrechts, Sicherung gemeinschaftsrechtlich gewährleisteter Rechte (Implementierungsfunktion) und Abwehr grundrechtswidrigen Gemeinschaftsrechts (Abwehrfunktion), mit Folgen sowohl für den primären Rechtsschutz im deutschen Verwaltungsprozessrecht als auch für den sekundären Rechtsschutz im deutschen Recht, was seit dem Francovich-Urteil des EuGH[13] deutlich wurde. Letzteres gibt auch Anlass, über das Verhältnis zwischen primärem und sekundärem Rechtsschutz nachzudenken. Auch soll die Verbandskompetenz der EG für solche Vorgaben nicht einfach hingenommen, sondern hinterfragt werden, auf welcher Grundlage und inwieweit die verfahrensmäßige Au-

---

Rechtsschutz durch staatliche Gerichte als Forderung des Europäischen Gemeinschaftsrechts, 1997; *von Danwitz* Verwaltungsrechtliches System und Europäische Integration, 1996 (insbes. S. 75ff., 175ff., 230ff., 296ff.); *Schwarze* Deutscher Landesbericht, in: ders., Das Verwaltungsrecht unter europäischem Einfluß, 1996, 123, 175ff. Ferner zB die Lehrbücher *Hufen* Verwaltungsprozeßrecht, 4. Aufl. 2000, § 3, Rn. 13f.; *D. Lorenz*, Verwaltungsprozeßrecht, 2000, § 4, Rn. 16ff.; *Schenke* Verwaltungsprozeßrecht, 7. Aufl. 2000, Rn. 531a ff., 1036ff.; *Schmitt Glaeser/Horn* Verwaltungsprozeßrecht, 15. Aufl. 2000, Rn. 245a, 324a; *Würtenberger* Verwaltungsprozeßrecht, 1998, Rn. 68ff. Zur Berücksichtigung in der juristischen Ausbildung vgl. *Stern* Die Einwirkung des europäischen Gemeinschaftsrechts auf die Verwaltungsgerichtsbarkeit, JuS 1998, 769ff. mwN.

[11] Vgl. Art. 6 Abs. 2 EUV.

[12] Alle mittlerweile 43 Vertragsstaaten des Europarats sind auch Vertragsparteien der (Europäischen) Konvention zum Schutze der Menschenrechte und Grundfreiheiten vom 4. 11. 1950, allerdings haben Armenien und Aserbaidschan noch nicht ratifiziert. Vgl. Vertragsparteien in Fundstellennachweis B zum BGBl., 2001, 314ff. und Bulletin d'information sur les droits de l'homme Nr. 54, 2001, 40f.

[13] EuGH, Urt. v. 19. 11. 1991, verb. Rs. C-6 und C-9/90 – Andrea Francovich u.a./Italienische Republik –, Slg. 1991 I, 5357.

tonomie der Mitgliedstaaten eingeschränkt wird.[14] Bei der Beschränkung auf die „Europäisierung“ des deutschen Rechts wird nicht übersehen, dass die Entwicklung eines Europäischen Verwaltungsrechts einschließlich des dazugehörigen Rechtsschutzsystems mehr ist als die Summe der durch das EG-Recht überformten und in diesem Sinne „europäisierten“ nationalen Verwaltungsrechtsordnungen,[15] wenngleich auf dieses Europäische Verwaltungsrecht hier nur kurz und allein als Bezugs- und Vergleichsrahmen eingegangen werden kann. Abschließend wird die Frage nach möglichen Auswirkungen des gemeinschaftsrechtlichen Einflusses auf das deutsche Rechtsschutzsystem allgemein, dh ohne strikte gemeinschaftsrechtliche Vorgaben, gestellt, die in jüngster Zeit insbesondere hinsichtlich der Schutznormtheorie[16] und des sekundären Rechtsschutzes[17] aufgeworfen wurde. Dies führt zu der Frage, ob die Einflüsse des europäischen auf das innerstaatliche öffentliche Recht als Zeichen des Aufbruchs zu einer neuen, gemeineuropäischen Rechtskultur zu begrüßen oder als Bedrohung eines bewährten, verfassungsrechtlich verankerten Rechtssystems eher abzuwehren sind.[18]

---

[14] Vgl. dazu *von Danwitz* (Fn. 10) 430ff.; *Röben* (Fn. 10) 374ff.; *Schwarze* (Fn. 10) 221ff.; *Tonne* (Fn. 10) 241ff. Zum vorläufigen Rechtsschutz vgl. *Buck* Die Europäisierung des verwaltungsgerichtlichen vorläufigen Rechtsschutzes, 2000, 39ff.; *von Fragstein* Die Einwirkungen des EG-Rechts auf den vorläufigen Rechtsschutz nach deutschem Verwaltungsrecht, 1997, 126ff.; *Lehr* Einstweiliger Rechtsschutz und Europäische Union, 1997, 523ff.; *Rohde* Vorläufiger Rechtsschutz unter dem Einfluß des Gemeinschafsrechts, 1998, 140ff. Zum Beispiel des Umweltrechts vgl. *Ruffert* Subjektive Rechte im Umweltrecht der Europäischen Gemeinschaft. Unter besonderer Berücksichtigung ihrer prozessualen Durchsetzung, 1996, 319ff. Zur Verbandskompetenz der EG zur Dekretierung einer gemeinschaftsrechtlichen Staatshaftung vgl. *Schoch* Europäisierung des Staatshaftungsrechts, FS Maurer, 2001, 759, 760. Vgl. bereits *Rengeling* (Fn. 9) VVDStRL 53 (1994), 230ff.

[15] Vgl. *Schmidt-Aßmann* Das allgemeine Verwaltungsrecht als Ordnungsidee. Grundlagen und Aufgaben der verwaltungsrechtlichen Systembildung, 1998, 307.

[16] Vgl. *Hölscheidt* Abschied vom subjektiv-öffentlichen Recht? – Zu Wandlungen der Verwaltungsrechtsdogmatik unter dem Einfluss des Gemeinschaftsrecht, EuR 2001, 376ff.

[17] Vgl. *Schoch* Effektuierung des Sekundärrechtsschutzes. Zur Überwindung des Entwicklungsrückstands des deutschen Staatshaftungsrechts, Die Verwaltung 34 (2001) 261, 275ff.

[18] Vgl. *Kadelbach* Allgemeines Verwaltungsrecht unter europäischem Einfluß, 1999, Vorwort.

II. Grundlagen des Einflusses des Europarechts

1. Die Europäische Menschenrechtskonvention (EMRK)

a) Materielle Bestimmungen

Über die Gewährleistungen des allgemeinen Völkerrechts[19] hinaus enthält Art. 6 EMRK eine grundrechtliche Garantie, die – ungeachtet des missverständlichen Wortlauts (in der deutschen Übersetzung: „zivilrechtliche Ansprüche und Verpflichtungen"; in den authentischen Sprachen: „civil rights and obligations"; „droits et obligations de caractère civil")[20] – auch in weiten Bereichen des Verwaltungsrechts effektiven Rechtsschutz verbürgt.[21] Dies betrifft nicht nur den primären, sondern auch den sekundären Rechtsschutz, da der Europäische Gerichtshof für Menschenrechte (EGMR) die Anwendbarkeit des Art. 6 EMRK auf Schadenersatzklagen gegen den Staat hinsichtlich Ansprüchen, die dem deutschen Amtshaftungsanspruch vergleichbar waren, bejaht hat.[22] Art. 6 EMRK fixiert ge-

---

[19] BVerfGE 60, 303 mwN; 65, 90; 67, 58; 75, 19. Vgl. dazu *Tomuschat* Zu den völkerrechtlichen Grundlagen der Verwaltungsgerichtsbarkeit, FS Redeker, 1993, 273, 273ff.; *Kopp/Schenke* (Fn. 10) § 1, Rn. 17 mwN.

[20] Vgl. dazu *Frowein/Peukert* Europäische Menschenrechtskonvention. EMRK-Kommentar, 2. Aufl. 1996, Art. 6, Rn. 15ff.; *Grabenwarter* Verfahrensgarantien in der Verwaltungsgerichtsbarkeit. Eine Studie zu Artikel 6 EMRK auf der Grundlage einer rechtsvergleichenden Untersuchung der Verwaltungsgerichtsbarkeit Frankreichs, Deutschlands und Österreichs, 1997, 36ff. mwN; *Tonne* (Fn. 10) 154ff. mwN.

[21] Vgl. dazu *Grabenwarter* (Fn. 20) 355ff., 707; *Kley-Struller* Art. 6 EMRK als Rechtsschutzgarantie gegen die öffentliche Gewalt, 1993, 27ff., 50ff., 61ff.; *Tonne* (Fn. 10) 159ff.; *Wilfinger* Das Gebot effektiven Rechtsschutzes in Grundgesetz und Europäischer Menschenrechtskonvention, 1995, 137ff., 142ff.; *Dörr* (Fn. 10) Rn. 574ff.; *Kopp/Schenke* (Fn. 10) § 1, Rn. 16; *Schmidt-Aßmann* (Fn. 10) Rn. 135 mit Übersichten über verwaltungsrechtliche Angelegenheiten, denen der EGMR „zivilrechtlichen" Charakter zuerkannt hat. Vgl. auch *Frowein/Peukert* (Fn. 20) Art. 6, Rn. 51f., 55ff. Nach Ansätzen in EGMR, Urt. v. 16. 7. 1971 – Ringeisen/Österreich –, Series A 13, Nr. 4 brachte EGMR, Urt. v. 28. 6. 1978 – König/Deutschland –, Series A 27, Nr. 94f. (EuGRZ 1978, 406, 416) die grundsätzliche Klärung zur Einbeziehung der Verwaltungsgerichtsbarkeit. Vgl. dazu *Schwarze* Europäische Rahmenbedingungen für die Verwaltungsgerichtsbarkeit, NVwZ 2000, 241, 242; *ders.* Der Beitrag des Europarates zur Entwicklung von Rechtsschutz und Verfahrensgarantien im Verwaltungsrecht, EuGRZ 1993, 377, 378f. Ablehnend wegen des (deutschen) Wortlauts *Papier* in: Isensee/Kirchhof (Hrsg.) Handbuch des Staatsrechts, Bd. VI, 1989, § 153, Rn. 10.

[22] EGMR Urt. v. 8. 7. 1987, Barauna ua/Portugal, Series A 122, Nr. 18. Vgl. dazu und zu weiteren Fällen *Frowein/Peukert* (Fn. 20) Art. 6, Rn. 22, Rn. 51, Fn. 143. Vgl. zuletzt Schweizerisches Bundesgericht (BGer) Urt. v. 30. 3. 2000, BGE 126 I, 144, 150ff. (EuGRZ 2001, 324, 325f.) mwN.

nerell ein europäisches rechtsstaatliches Verfassungsprinzip[23] für die Gestaltung des Rechtsschutzsystems im öffentlichen Recht. Dieses lässt den durch die EMRK gebundenen Staaten zwar einen großen Spielraum[24] in der Organisation ihrer Rechtsschutzeinrichtungen und ermöglicht ebenso historisch gewachsene Ausprägungen der Gewaltenteilung[25] wie Differenzierungen des Rechtsschutzes (zB hinsichtlich Voraussetzungen, Zielen, Ebenen, Instanzen).[26] Das in Art. 6 Abs. 1 Satz 1 EMRK verankerte Gebot der angemessenen Verfahrensdauer („innerhalb einer angemessenen Frist")[27] fordert aber, jene Organisation des Rechtsschutzes zu wählen, die dem jeweiligen Vollzugsbereich am angemessensten ist. Dies hat Folgen für die Kumulation von Rechtsschutzmöglichkeiten, Kontrolldichte und Instanzen: Der Rechtsschutz muss jedenfalls so ausgestaltet werden, dass er in der gebotenen Zeit effektiv wird.[28] Freilich darf die Verfahrensbeschleunigung nicht so weit getrieben werden, dass die Wahrheitserforschung auf der Strecke bleibt. Der EGMR fordert, dass zumindest eine gerichtliche Instanz den Sachverhalt in vollem Umfang in tatsächlicher und rechtlicher Hinsicht überprüfen muss.[29] Die Abwägung zwischen diesen Postulaten und ihr Ausgleich in praktikablen Lösun-

---

[23] Zum Charakter des Art. 6 EMRK als „Verfassungsprinzip" vgl. *Frowein* Die Herausbildung europäischer Verfassungsprinzipien, FS Maihofer, 1988, 149, 153f.

[24] Zum vom EGMR verwendeten Begriff der „margin of appreciation", dem den nationalen Organen, insbesondere auch dem nationalen Gesetzgeber eingeräumten Beurteilungsspielraum, dessen Konkretisierung freilich dem EGMR obliegt, der auch seine Einhaltung überwacht, vgl. *Calliess* Zwischen staatlicher Souveränität und europäischer Effektivität: Zum Beurteilungsspielraum der Vertragsstaaten im Rahmen des Art. 10 EMRK, EuGRZ 1996, 293; *Yourow* The Margin of Appreciation Doctrin in the Dynamics of the Strasbourg Jurisprudence and the Construction of Europe, ZEuS 1998, 233. Er spielt insbesondere bei der Bestimmung der Schranken der Freiheitsrechte eine Rolle (vgl. *Frowein/Peukert* [Fn. 20] Vorb. Art. 8–11, Rn. 14), aber nicht nur dort (vgl. *Tonne* [Fn. 10] 189). Vgl. auch *Schwarze* (Fn. 21) NVwZ 2000, 244.

[25] Vgl. dazu Hofmann/Marko/Merli/Wiederin (Hrsg.) Rechtsstaatlichkeit in Europa, 1996.

[26] Vgl. die von *Fromont* Le débat à l'Etranger – Présentation générale, in : Dupuis (Hrsg.) Le contrôle juridictionnel de l'administration, 1991, 43ff. herausgearbeiteten Grundtypen („archétypes") und dazu *Schmidt-Aßmann* Europäische Rechtsschutzgarantien. Auf dem Weg zu einem kohärenten Verwaltungsrechtsschutz in Europa, FS Bernhardt, 1995, 1283, 1287f. und die rechtsvergleichende Untersuchung von *Tonne* (Fn. 10) 47ff.

[27] Vgl. dazu *Frowein/Peukert* (Fn. 20) Art. 6, Rn. 136ff.; *Dörr* (Fn. 10) Rn. 592f.; *Schmidt-Aßmann* (Fn. 10) Rn. 141f.

[28] Vgl. *Grabenwarter* (Fn. 20) 707f.

[29] Vgl. EGMR, Urt. v. 10. 2. 1983 – Albert und Le Compte/Belgien –, Series A 58, Nr. 29 (EuGRZ 1983, 190, 193); Urt. v. 26. 4. 1995 – Fischer/Österreich –, Series A 312, Nr. 28ff.

gen nach dem Gebot „praktischer Konkordanz"[30] stellen sowohl den EGMR[31] als auch die durch die EMRK in dessen Auslegung gebundenen Staaten vor schwierige Aufgaben.[32] An konkreten Anforderungen lassen sich ferner festhalten:[33] Zum einen die institutionellen Gewährleistungen eines „unabhängigen und unparteiischen, auf Gesetz beruhenden Gerichts",[34] was neben der Unabhängigkeit gegenüber der Exekutive und den Parteien des Rechtsstreits[35] ein Mindestmaß an richterlichen Kontrollbefugnissen hinsichtlich der zu entscheidenden Tat- und Rechtsfragen[36] und neben der (subjektiven) persönlichen Unparteilichkeit der Richter mit hinreichenden sichtbaren[37] Garantien (objektiv) eine entsprechende Verfahrensgestaltung erfordert.[38] Zum anderen die prozeduralen und materiell-rechtlichen Gewährleistungen: Der Zugang zu einem Gericht, der zwar im Interesse einer ordnungsgemäßen Rechtspflege nach den Kriterien legitimes Ziel, Verhältnismäßigkeit, Wahrung des Wesensgehalts („the very essence") eingeschränkt werden darf, aber grundsätz-

---

[30] Vgl. *Hesse* Grundzüge des Verfassungsrechts der Bundesrepublik Deutschland, 20. Aufl. 1995, Rn. 317ff.

[31] Vgl. EGMR, Urt. v. 12. 10. 1992 – Boddaert/Belgien –, Series A 235-D, Nr. 39.

[32] Vgl. dazu *Tonne* (Fn. 10) 175f. Zu den Folgen für das deutsche Recht s.u. II. 1. c).

[33] Vgl. dazu speziell bezogen auf den Rechtsschutz durch Verwaltungsgerichte *Grabenwarter* (Fn. 20) 355ff.; *Schwarze* (Fn. 21) NVwZ 2000, 242ff.; *Tonne* (Fn. 10) 164ff.; *Dörr* (Fn. 10) Rn. 578ff.; *Schmidt-Aßmann* (Fn. 10) Rn. 134ff.

[34] In den authentischen Sprachen: „independent and impartial tribunal established by law"; „tribunal indépendant et impertial, établi par la loi".

[35] Unzulässig wäre zB, dass Urteile durch die Exekutive aufgehoben oder sonst in ihrer Wirkung beeinträchtigt werden können, vgl. EGMR, Urt. v. 23. 10. 1985 – Benthem/Niederlande –, Series A 97, Nr. 43 (EuGRZ 1986, 299, 303); ferner zB die Zugehörigkeit eines Richters zu einer Verwaltungsbehörde, die selbst Partei des Rechtsstreits ist, vgl. EGMR Urt. v. 22. 10. 1983 – Sramek/Österreich –, Series A 84, Nr. 40–42 (EuGRZ 1985, 336, 340).

[36] Vgl. EGMR – Albert und Le Compte (Fn. 29) Series A 58, Nr. 29 (EuGRZ 1983, 193); EGMR – Fischer (Fn. 29) Series A 312, Nr. 28ff.; Urt. v. 24. 11. 1994 – Beaumartin/Frankreich –, Series A 296 – B, Nr. 34–39: Unzulässige Bindung des Conseil Constitutionnel an die – nicht selbständig anfechtbare – Auslegung bestimmter völkerrechtlicher Verträge durch das Außenministerium.

[37] Deutlich EGMR, Urt. v. 28. 6. 1984 – Campbell und Fell/Vereinigtes Königreich –, Series A 80, Nr. 81 (EuGRZ 1985, 534, 540): „justice must not only be done, it must also be seen to be done".

[38] Vgl. EGMR, Urt. v. 28. 9. 1995 – Procola/Luxemburg –, Series A 326, Nr. 5; Sondervotum Ganshof van der Meersch und Evrigenis im Fall Sramek (Fn. 35) Series A 84, S. 23 (EuGRZ 1985, 341f.), das einen „institutionalisierten Mangel an Unabhängigkeit und Unparteilichkeit" („une absence institutionnelle d'indépendance et d'impartialité") beanstandete. Zu den Folgediskussionen in Frankreich und Italien vgl. *Schwarze* (Fn. 21) NVwZ 2000, 242f. mwN.

lich auch gegenüber belastenden Verwaltungsentscheidungen eröffnet werden muss.[39] Dies kann ggf. erhebliche Auswirkungen auf die Gerichtsorganisation haben, wobei die Möglichkeit, bestimmte Bereiche durch Gesetz materiell-rechtlich von vornherein auszuschließen, problematisch ist.[40] Konsequenz der Rechtsprechung des EGMR ist die Verpflichtung aller Vertragsstaaten der EMRK, ein umfassendes System des Rechtsschutzes gegen staatliches Handeln aufzubauen,[41] ein kohärentes Rechtsschutzsystem, das dem Betroffenen hinreichende Klarheit im Hinblick auf die Anfechtungsmöglichkeiten und -modalitäten von belastenden Verwaltungsmaßnahmen verschafft und einen fairen Ausgleich zwischen den Interessen von Individuum und Allgemeinheit herbeiführt.[42] Es genügt allerdings, dass *eine* Instanz diesen Erfordernissen voll entspricht (kein Anspruch auf eine zweite Instanz),[43] wobei das Erfordernis eines insgesamt konventionskonformen Verfahrens differenzierte Anforderungen in Abhängigkeit von der Entscheidungsinstanz stellt.[44] Hinsichtlich der materiell-rechtlichen Prüfungsdichte wird gefordert, dass zumindest eine Gerichtsinstanz in vollem Umfang („full jurisdiction") zur Überprüfung der Rechtmäßigkeit von Verwaltungsentscheidungen in tatsächlicher und rechtlicher Hinsicht befugt ist.[45] Ermessenstatbestände

---

[39] Grundlegend EGMR, Urt. v. 21. 2. 1975 – Golder/Vereinigtes Königreich –, Series A 18, Nr. 26ff., 37ff. (EuGRZ 1975, 91, 92ff., 98f.). Zu den Kriterien für Einschränkungen EGMR, Urt. v. 28. 5. 1985 – Ashingdane/Vereinigtes Königreich –, Series A 93, Nr. 57 (EuGRZ 1986, 8, 12).

[40] Vgl. EGMR, Urt. v. 21. 2. 1990 – Powell und Rayner/Vereinigtes Königreich –, Series A 172, Nr. 36. Nach EGMR, Urt. v. 21. 9. 1994 – Fayed/Vereinigtes Königreich –, Series A 294-B, Nr. 65 ist jedenfalls der generelle Ausschluss ganzer Rechtsbereiche von der Klagbarkeit oder die Zuerkennung von Haftungsausschlüssen an große Personengruppen konventionswidrig. Vgl. dazu *Tonne* (Fn. 10) 168f.

[41] *Tomuschat* FS Redeker (Fn. 19), 282f. mwN der Folgen, die in den Niederlanden aus dem Urteil Benthem (Fn. 35) Series A 97, Nr. 16–18 (EuGRZ 1986, 300) und in Schweden aus EGMR, Urt. v. 27. 10. 1987 – Pudas –, Series A 125, Nr. 39–41 (EuGRZ 1988, 448, 451) und anderen Urteilen gezogen wurden.

[42] EGMR, Urt. v. 16. 12. 1992 – De Gouffre de la Pradelle/Frankreich –, Series A 253-B, Nr. 34.

[43] EGMR, Urt. v. 17. 1. 1970 – Delcourt/Belgien –, Series A 11, Nr. 25. Ggf. kann dies auch ein Verfassungsgericht sein, vgl. *Kley-Struller* (Fn. 21) 71. Vgl. demgegenüber Art. 2 des Protokolls Nr. 7 zur EMRK vom 22. 11. 1984 (Sartorius II, Nr. 135), das von Deutschland noch nicht ratifiziert wurde, der grundsätzlich ein Rechtsmittel in Strafsachen garantiert.

[44] Vgl. dazu *Grabenwarter* (Fn. 20) 355ff. mwN.

[45] EGMR – Albert und Le Compte (Fn. 29) Series A 58, Nr. 29 (EuGRZ 1983, 193); EGMR, Urt. v. 28. 6. 1990 – Obermeier/Österreich –, Series A 179, Nr. 70 (EuGRZ 1990, 209, 210).

müssen auf die Einhaltung der gesetzlichen Grenzen des Ermessens kontrollierbar sein („no unfettered discretion");[46] eine vollständige Kontrolle von Beurteilungsspielräumen,[47] unbestimmten Rechtsbegriffen und Ermessenstatbeständen wird aber auch nach einer tendenziellen Verschärfung der Kontrollmaßstäbe nicht verlangt.[48] Die extensive Auslegung des Begriffs „civil rights and obligations"[49] kann dazu führen, dass ein Vertragsstaat eine Vielfalt von umfassenden gerichtlichen Rechtsmitteln einführen muss.[50] Als Korrektiv gilt das Erfordernis eines direkten, nicht nur hypothetischen Zusammenhangs zwischen der angegriffenen Maßnahme des Staates und der Gefahr für ein „subjektives" Recht, die „nicht nur ernst, sondern auch spezifisch und vor allem auch immanent" sein müsse.[51] Art. 6 EMRK garantiert ausdrücklich die (grundsätzliche[52]) Öffentlichkeit des Verfahrens.[53] Obwohl nicht ausdrücklich angeordnet, im-

---

[46] EGMR, Urt. v. 25. 10. 1989 – Allan Jacobsson/Schweden –, Series A 163, Nr. 69 (Bericht der EKMR vom 16. 4. 1986 in EuGRZ 1988, 94, 95, Nr. 132).

[47] Diese kommen – wie im nationalen Recht (vgl. zB *Maurer* Allgemeines Verwaltungsrecht, 12. Aufl. 2000, § 7, Rn. 35ff., 37ff. mwN) – zB bei Prüfungsentscheidungen in Betracht, vgl. EGMR, Urt. v. 26. 6. 1986 – van Marle/Niederlande –, Series A 101, Nr. 36f. (EuGRZ 1988, 35, 38), wo die Mehrheit insoweit bereits einen „zivilrechtlichen Anspruch" im Sinne von Art. 6 EMRK verneinte; abwM Sondervotum Cremona, Series A 101, S. 16f. (EuGRZ 1988, 39f.).

[48] Vgl. *Tonne* (Fn. 10) 170f.; *Schmidt-Aßmann* FS Bernhardt (Fn. 26) 1294; *Frowein* Die Überprüfungsbefugnis im Rahmen von Art. 6 Abs. 1 EMRK, FS Ermacora, 1988, 141, 148. Bestrebungen, die „Grundsätze für die Ausübung von Ermessensbefugnissen durch die Verwaltung" (so der Titel der Empfehlung R (80) 2 des Europarats) zu harmonisieren (vgl. die Landesberichte, den Bericht über die EG und weitere Beiträge in Frowein [Hrsg.] Die Kontrolldichte bei der gerichtlichen Überprüfung von Handlungen der Verwaltung, 1993), wurden nicht weiter verfolgt, vgl. *Schwarze* (Fn. 21) EuGRZ 1993, 381f.

[49] Vgl. zu den Ansätzen und den Problemen einer dogmatischen Fixierung *Grabenwarter* (Fn. 20) 36ff. mwN.

[50] So der in EGMR, Urt. v. 25. 11. 1993 – Zander/Schweden –, Series A 279-B, Nr. 23 (EuGRZ 1995, 535, 536) erhobene Einwand der schwedischen Regierung. Der EGMR sah in der fehlenden gerichtlichen Kontrolle einer Bewilligung zur Müllablagerung die Rechte der unmittelbaren Nachbarn dieser Deponie, deren dem Eigentum unterfallender Trinkwasserbrunnen dadurch gefährdet wurde, aus Art. 6 Abs. 1 EMRK als verletzt an, ebd., Nr. 27.

[51] EGMR, Urt. v. 26. 8. 1997 – Balmer-Schafroth ua/Schweiz –, Reports of Judgments and Decisions 1997-IV, 1346, 1359 (EuGRZ 1999, 183, 185), Nr. 40. Daher wurde in diesem Fall die fehlende gerichtliche Kontrolle einer Bewilligung zur Verlängerung des Betriebs eines Kernkraftwerks nicht als Verletzung von Art. 6 Abs. 1 EMRK angesehen.

[52] Vgl. zu den Ausschlussgründen *Grabenwarter* (Fn. 20) 481ff.

[53] Zu (von EKMR und EGMR nicht aufgegriffenen) Ansätzen, das Gebot der Öffentlichkeit für den Verwaltungsprozess zu reduzieren, vgl. *Schmidt-Aßmann* Verfahrensgarantien im Bereich des öffentlichen Rechts: Darstellung der Rechtslage in der Bundesrepublik Deutschland mit vergleichenden Hinweisen auf die Bundesverwaltungs-

pliziert das Recht auf ein „public hearing" das Recht auf eine mündliche Verhandlung.[54] Zu den allgemeinen Ausprägungen des Fairnessgrundsatzes („in billiger Weise"; „fair"; „équitablement")[55] gehört zentral der sog. Grundsatz der Waffengleichheit,[56] aus dem auch für das verwaltungsgerichtliche Verfahren Beteiligungsrechte hergeleitet werden.[57] Zu den daraus folgenden Vorwirkungen für das Verwaltungsverfahren[58] gehört insbesondere das Recht auf Begründung von Entscheidungen, um den Betroffenen die Möglichkeit zu geben, diese in Kenntnis aller relevanten Umstände ggf. gerichtlich anzufechten.[59] Wegen des eingeräumten Gestaltungsspielraums sind die Staaten zwar nicht zur Einräumung eines vorläufigen Rechtsschutzes mit aufschiebender Wirkung, wohl aber zur Gewährleistung eines effektiven Rechtsschutzes im Ergebnis (Mindestmaß an „faktischer Effizienz") verpflichtet.[60] Dies kann zB durch den Erlass einstweiliger Anordnungen, ggf. aber auch durch sekundären Rechtsschutz (Schadenersatz) geschehen.[61] Die Menschenrechtsbeschwerde zum EGMR selbst gemäß Art. 34 EMRK soll keine aufschiebende Wirkung haben, da dessen Satz 2 den Vertragsparteien lediglich ein Behinderungsverbot, aber keine positive Pflicht auferlege.[62] Dies ist in Fällen problematisch, in denen dem Beschwerdeführer irreversible Rechtsverletzungen drohen[63] und die in Art. 41 EMRK vorgesehene „gerechte Entschädigung" leerläuft. Die unterlegene Minderheit hielt die Vertragsstaaten für verpflichtet, von der damaligen

---

rechtspflichten in der Schweiz mit Blick auf Art. 6 Abs. 1 EMRK, in: Matscher (Hrsg.) Verfassungsgarantien im Bereich des öffentlichen Rechts, 1989, 89, 124, 174; *Tonne* (Fn. 10) 173.

[54] So ausdrücklich EGMR, Urt. v. 23. 2. 1994 – Fredin (Nr. 2)/Schweden –, Series A 283-A, Nr. 21. Vgl. dazu eingehend *Grabenwarter* (Fn. 20) 469f., 478f. mwN.

[55] Vgl. dazu *Frowein/Peukert* (Fn. 20) Art. 6, Rn. 53ff.

[56] Vgl. dazu zB EGMR, Urt. v. 23. 6. 1993 – Ruiz-Mateos/Spanien –, Series A 262, Nr. 63 (EuGRZ 1993, 453, 457): „The principle of equality of arms is only one feature of the wider concept of a fair trial".

[57] Vgl. *Grabenwarter* (Fn. 20) 597ff. mwN.

[58] Vgl. *Tonne* (Fn. 10) 177f. mwN.

[59] EGMR, Urt. v. 22. 9. 1994 – Hentrich/Frankreich –, Series A 296-A, Nr. 56 (EuGRZ 1996, 593, 599). Vgl. dazu *Grabenwarter* (Fn. 20) 665ff. mwN.

[60] Vgl. EGMR, Urt. v. 27. 11. 1991 – Oerlemanns/Niederlande –, Series A 219, Nr. 26, 56; Urt. v. 5. 11. 1981 – X/Vereinigtes Königreich –, Series A 46, Nr. 53 (EuGRZ 1982, 101, 105).

[61] Vgl. *Grabenwarter* (Fn. 20) 394ff., insb. 396.

[62] EGMR, Urt. v. 20. 3. 1991 – Cruz Varas/Schweden –, Series A 201, Nr. 94–103 (EuGRZ 1991, 203, 213ff.) mit 10 gegen 9 Stimmen.

[63] So die unterlegene Minderheit, vgl. Series A 201, S. 39, Nr. 1 (EuGRZ 1991, 215). Vgl. dazu *Tonne* (Fn. 10) 179 mwN; *Frowein/Peukert* (Fn. 20) Art. 25, Rn. 52.

EKMR gemäß Art. 36 der Verfahrensordnung[64] „nahegelegte" „vorläufige Maßnahmen" zu befolgen.[65] Nach der Auflösung der EKMR käme jetzt eine entsprechende „Empfehlung" der Kammer des EGMR oder ihres Präsidenten gemäß Art. 39 Abs. 1 der Verfahrensordnung des EGMR[66] in Betracht, über deren Durchführung von der Kammer Informationen angefordert werden können.[67]

Die Verfahrensgarantie des Art. 13 EMRK[68] kann in Verwaltungsrechtsstreitigkeiten Bedeutung entfalten, die von Art. 6 EMRK nicht erfasst werden,[69] zB Streitigkeiten über Rechte und Pflichten aus einem Beamtenverhältnis[70] oder über asyl- und ausländerrechtliche Maßnahmen,[71] eventuell über Abhörmaßnahmen.[72]

Gemäß Art. 41 EMRK spricht der EGMR der durch einen Verstoß gegen die EMRK verletzten Partei eine „gerechte Entschädigung" („just satisfaction"; „une satisfaction équitable") zu, wenn dies notwendig ist und das innerstaatliche Recht nur eine unvollkommene Wiedergutmachung für die Folgen dieser Verletzung gestattet. Art. 5 Abs. 5 EMRK gibt jedem, der entgegen Art. 5 EMRK von Festnahme oder Haft betroffen worden ist, Anspruch auf Schadenersatz. Damit besteht neben der gemeinschaftsrechtlichen Eigenhaftung gemäß Art. 288 Abs. 2 EGV[73] und der gemeinschaftsrechtlich gebotenen Haftung der Mitgliedstaaten für Verstöße gegen das Gemeinschaftsrecht[74] eine dritte Säule des Europäischen Staatshaftungsrechts und damit des sekundären Rechtsschutzes.[75] Art. 5 Abs. 5 EMRK begründet einen Individualanspruch und ist damit ungeachtet seiner völkerrechtlichen Begründung ein spezifisches An-

[64] VerfO vom 4. 9. 1990, BGBl. 1991 II, 839. Abgedruckt in *Frowein/Peukert* (Fn. 20) 921ff. Aufgehoben durch Art. 2 des 11. Zusatzprotokolls zur EMRK vom 11. 5. 1994 (BGBl. 1995 II, 579).

[65] Series A 201, S. 39f. (EuGRZ 1991, 215f.).

[66] VerfO vom 1. 11. 1998. Sartorius II, Nr. 137.

[67] Art. 39 Abs. 3 VerfO EGMR.

[68] Vgl. zum Verhältnis Art. 6/Art. 13 EMRK *Schmidt-Aßmann* FS Bernhardt (Fn. 26) 1290ff.; *Tonne* (Fn. 10) 179ff.; *Frowein/Peukert* (Fn. 20) Art. 13, Rn. 7.

[69] *Schmidt-Aßmann* (Fn. 10) Rn. 144; *Dörr* (Fn. 10) Rn. 597.

[70] Vgl. *Frowein/Peukert* (Fn. 20) Art. 6, Rn. 52, Fn. 201 mwN. Kritisch zu den unklaren Abgrenzungskriterien ebd., Rn. 29ff., insb. Rn. 31.

[71] Vgl. *Frowein/Peukert* (Fn. 20) Art. 6, Rn. 52, Fn. 196, 198 mwN.

[72] Vgl. EGMR, Urt. v. 6. 9. 1978 – Klass ua/Deutschland –, Series A 28, Nr. 32 (EuGRZ 1979, 278, 282), der nicht auf Art. 6 Abs. 1 EMRK einging.

[73] S. dazu unten III. 2.

[74] S. dazu unten IV. 3.a).

[75] Vgl. *Ossenbühl* Staatshaftungsrecht, 5. Aufl. 1998, 527f.

spruchsinstitut des deutschen Staatshaftungsrechts,[76] das vom Typ dem aufopferungsgleichen Eingriff entspricht.[77] Art. 41 EMRK ist dagegen eine „Kompetenznorm" für den EGMR, die einen ungeschriebenen Entschädigungsanspruch voraussetzt[78]. Das Besondere liegt darin, dass durch einen völkerrechtlichen Vertrag nicht die Vertragspartei, sondern das Individuum selbst anspruchsberechtigt ist und diesen Anspruch jetzt auch selbst in einem völkerrechtlichen Verfahren vor dem EGMR geltend machen kann[79] (Durchbrechung des Grundsatzes der sog. Mediatisierung[80]). Das Verlangen von Entschädigung bzw. Schadenersatz ist – anders als im EG-Recht[81] – kein selbständiger Rechtsbehelf, der zur Schließung von Lücken im System des primären Rechtsschutzes dienen soll. Die Zubilligung einer Entschädigung gemäß Art. 41 EMRK ist vielmehr eine unselbständige Nebenentscheidung, die tatbestandlich notwendig die Feststellung einer Konventionsverletzung durch den EGMR voraussetzt und in das einheitliche Beschwerdeverfahren eingebunden ist.[82] Obwohl der Wortlaut auf den ersten Blick für eine Subsidiarität spricht, schließt ein Entschädigungsanspruch nach innerstaatlichem Recht die Anwendung des Art. 41 EMRK nicht aus, sondern kann in Konkurrenz dazu treten.[83] Wo allerdings ein Schadensausgleich vor innerstaatlichen Gerichten möglich oder sogar wahrscheinlich erscheint, setzt der EGMR das Verfahren insoweit aus[84] und handhabt den Subsidiaritätsgedanken des Art. 41 EMRK[85] dort flexibel, wo die individuelle Rechtsschutzbedürftig-

---

[76] BGHZ 122, 268, 280. Zum Verhältnis von Art. 5 Abs. 5 zu Art. 41 EMRK vgl. *Frowein/Peukert* (Fn. 20) Art. 5, Rn. 156f.

[77] *Ossenbühl* (Fn. 75) 532: Rechtswidrigkeit, aber kein Verschulden erforderlich.

[78] Vgl. *Ossenbühl* (Fn. 75) 530; *Frowein/Peukert* (Fn. 20) Art. 50, Rn. 3 mwN.

[79] Der direkte Zugang von Individuen zum EGMR wurde durch das Protokoll Nr. 9 zur EMRK vom 6. 11. 1990, in Kraft seit 1. 10. 1994 (BGBl. 1994 II, 491) eröffnet. Jetzt in Art. 34 EMRK geregelt.

[80] Vgl. dazu *Verdross/Simma* Universelles Völkerrecht, Theorie und Praxis, 3. Aufl. 1984, § 425.

[81] Vgl. Art. 235 iVm Art. 288 Abs. 2 EGV. S. dazu unten III. 2.

[82] *Ossenbühl* (Fn. 75) 535.

[83] Vgl. *Frowein/Peukert* (Fn. 20) Art. 50, Rn. 3; *Ossenbühl* (Fn. 75) 543 mwN; *Dannemann* Schadensersatz bei Verletzung der Europäischen Menschenrechtskonvention. Eine rechtsvergleichende Untersuchung zur Haftung nach Art. 50 EMRK, 1994, 49ff.

[84] Vgl. EGMR, Urt. v. 12. 12. 1991 – Clooth/Belgien –, Series A 225, Nr. 51f. und Endentscheidung Urt. v. 5. 3. 1998, Reports of Judgments and Decisions 1998-I, 486, 489ff., Rn. 4ff.

[85] Generell ist zu beachten, dass die Menschenrechtsbeschwerde ohnehin die Erschöpfung des innerstaatlichen Rechtswegs bis hin zum BVerfG voraussetzt, vgl. Art. 35 Abs. 1 EMRK und dazu *Frowein/Peukert* (Fn. 20) Art. 26, Rn. 1ff., 28 mwN.

keit des Beschwerdeführers darunter nicht Schaden leidet.[86] Für das Verhältnis von primärem und sekundärem Rechtsschutz generell interessant sind die relativ häufige Zuerkennung von Entschädigung für Verstöße gegen Art. 6 Abs. 1 EMRK,[87] gerade auch in Fällen, die das – nach deutschem Verständnis – öffentliche Recht betrafen,[88] sowie die Kriterien für die Zumessung einer Entschädigung[89] im Hinblick auf die Ergänzung von primärem und sekundärem Rechtsschutz im Rahmen eines Gesamtsystems effektiver, der Integrität des Bürgers und der Rechtsordnung dienender Rechtsschutzgewährung.[90]

b) *Geltung und Rang im deutschen Recht*

Die Stellung der EMRK im Recht der Vertragsparteien ist sehr unterschiedlich.[91] Während sie in Österreich Verfassungsrang hat[92] und in der Schweiz unmittelbar anwendbar ist und Grundlage für eine staatsrechtliche Beschwerde an das Bundesgericht sein kann,[93] kommt ihr in

---

[86] *Ossenbühl* (Fn. 75) 544 mwN. Vgl. auch *Dannemann* (Fn. 83) 53f., 299ff.

[87] Vgl. dazu *Frowein/Peukert* (Fn. 20) Art. 50, Rn. 40ff.; *Ossenbühl* (Fn. 75) 538ff. mwN.

[88] Vgl. *Frowein/Peukert* (Fn. 20) Art. 50, Rn. 47; *Ossenbühl* (Fn. 75) 539f. mwN in Fn. 26. Im Fall König (Fn. 21) wurde wegen überlanger Verfahrensdauer (insgesamt über zehn Jahre dauerndes Verwaltungsgerichtsverfahren um die Rechtmäßigkeit der Aufhebung der ärztlichen Approbation und Erlaubnis zum Betrieb einer Privatklinik) durch EGMR, Urt. v. 10. 3. 1980 – König/Deutschland –, Series A 36 (EuGRZ 1980, 598) eine Entschädigung von DM 30000,– zugebilligt. Der EGMR berücksichtigte, dass der Beschwerdeführer durch die unangemessene Verfahrensdauer veranlasst worden war, die Suche nach einer anderen Beschäftigung oder Karriere und auch die Entscheidung über einen eventuellen Verkauf oder eine Verpachtung seiner Klinik aufzuschieben, und auch einer psychischen Belastung unterlag.

[89] Vgl. dazu im einzelnen *Frowein/Peukert* (Fn. 20) Rn. 4ff.; *Ossenbühl* (Fn. 75) 545ff. mwN; *Dannemann* (Fn. 83) 79ff., 113ff., 201ff.

[90] Vgl. zu diesem Aspekt *Schoch* (Fn. 17) Die Verwaltung 2001, 290. S. dazu unten IV. 4.

[91] Vgl. dazu *D. Schmid* Rang und Geltung der Europäischen Konvention zum Schutze der Menschenrechte und Grundfreiheiten vom 3. November 1950 in den Vertragsstaaten, 1984; *Frowein/Peukert* (Fn. 20) Einführung, Rn. 6 mwN. Zur Änderung der Rechtslage im Vereinigten Königreich durch den Human Rights Act vom 9. 11. 1998 vgl. *Baum* Rights Brought Home, EuGRZ 2000, 281, 294ff.; *Grote* Die Inkorporierung der Europäischen Menschenrechtskonvention in das britische Recht durch den Human Rights Act 1998, ZaöRV 1998, 309ff.

[92] Klargestellt durch Art. II des BVG vom 4. 3. 1964 (BGBl. Nr. 59/1964). Vgl. dazu *Schmid* (Fn. 91) 98ff. mwN.

[93] Bundesgericht, Urt. v. 19. 3. 1975, BGE 101 Ia, 67, 69; Urt. v. 16. 7. 1976, BGE 102 Ia, 196, 199. Nach h. M. hat die EMRK einen Zwischenrang zwischen Bundesverfassung und dem übrigen Recht des Bundes und der Kantone, vgl. *Haeflinger* Die Europäische Menschenrechtskonvention und die Schweiz – Die Bedeutung der Konvention für die schweizerische Rechtspraxis, 1993, 34. Die Verfassungsnovelle vom 1. 1. 2000 hat inso-

Deutschland über die Transformation gemäß Art. 59 Abs. 2 GG zumindest formell der Rang eines einfachen Bundesgesetzes zu.[94] Ihre Verletzung kann mit der Verfassungsbeschwerde zum BVerfG nicht gerügt werden.[95] Wenngleich das BVerfG der EMRK keinen ausdrücklichen Verfassungsrang zuweist, nähert es sich diesem faktisch durch die Auslegung des Grundgesetzes im Einklang mit Inhalt und Entwicklungsstand der EMRK an, sofern dies nicht zu einer von Art. 53 EMRK ohnehin ausgeschlossenen Einschränkung oder Minderung des Grundrechtsschutzes nach dem Grundgesetz führt. Insoweit dient auch die Rechtsprechung des EGMR als Auslegungshilfe für die Bestimmung von Inhalt und Reichweite von Grundrechten und rechtsstaatlichen Grundsätzen des Grundgesetzes.[96] Auch später erlassene Gesetze sind im Einklang mit den völkerrechtlichen Verpflichtungen Deutschlands auszulegen und anzuwenden, da nicht anzunehmen sei, dass der Gesetzgeber, sofern er dies nicht klar bekundet hat, von völkerrechtlichen Verpflichtungen Deutschlands abweichen oder die Verletzung solcher Verpflichtungen ermöglichen will.[97] Dieses Gebot völkerrechtskonformer Auslegung wird zwar leider auch heute noch nicht immer,[98] aber doch zunehmend beach-

---

weit keine Klarstellung gebracht, vgl. *Koller/Biaggini* Die neue schweizerische Bundesverfassung/Neuerungen und Akzentsetzungen im Überblick, EuGRZ 2000, 337, 341.

[94] St. Rspr., BVerfGE 19, 342, 347; 22, 254, 265; 25, 327, 331; 35, 311, 320; 74, 358, 370; 82, 106, 114.

[95] St. Rspr., BVerfGE 10, 271, 274; 34, 384, 395; 41, 88, 105f.; 41, 126, 149; 64, 139, 157; 74, 102, 128. Allerdings werden fachgerichtliche Entscheidungen zur EMRK auf Willkür überprüft, so dass insoweit Art. 3 GG Ansatzpunkt für eine Verfassungsbeschwerde sein kann, vgl. *Uerpmann* Die Europäische Menschenrechtskonvention und die deutsche Rechtsprechung, 1993, 98f., 231f.

[96] So ausdrücklich BVerfGE 74, 358, 370. Zur Bindungswirkung von Urteilen des EGMR vgl. *Schmidt-Bleibtreu* in: Maunz/Schmidt-Bleibtreu/Klein/Ulsamer, Bundesverfassungsgerichtsgesetz. Kommentar, § 90, Rn. 14a, S. 29b mwN; *Dörr* (Fn. 10) Rn. 569 mwN; *D. Kilian* Die Bindungswirkung der Entscheidungen des Europäischen Gerichtshofs für Menschenrechte, 1994; *Polakiewicz* Die Verpflichtungen der Staaten aus den Urteilen des Europäischen Gerichtshofs für Menschenrechte, 1993; *Uerpmann* (Fn. 95) 172ff., 217ff. Vgl. auch *Iliopoulos-Strangas* Zur Vollstreckbarkeit von Urteilen des Europäischen Gerichtshofs für Menschenrechte, in: Beys (Hrsg.) Grundrechtsverletzungen bei der Zwangsvollstreckung, 1996, 595. Zur Beachtung der Urteile vgl. zuletzt die Mahnung des Ministerkomitees des Europarats vom 26. 1. 2001, EuGRZ 2001, 260.

[97] BVerfGE 74, 358, 370. Vgl. auch BVerfGE 82, 106, 122ff. (abwM Mahrenholz). Vgl. dazu *Lechner/Zuck* Bundesverfassungsgerichtsgesetz. Kommentar, 4. Aufl. 1996, § 90, Rn. 113; *Benda/Klein* Verfassungsprozeßrecht, 2. Aufl. 2001, Rn. 64ff.; *Schlaich/Korioth* Das Bundesverfassungsgericht, 5. Aufl. 2001, Rn. 357 mwN.

[98] Vgl. zuletzt LG Mainz, Beschl. v. 22. 10. 1998, NJW 1999, 1271f. und dazu *Dörr* JuS 2000, 287f.

tet.[99] Anders als dem Gemeinschaftsrecht[100] kommt der EMRK aber kein Anwendungsvorrang dahingehend zu, dass deutsche Gerichte eine vom EGMR für konventionswidrig erachtete gesetzliche Vorschrift nicht mehr anzuwenden hätten.[101]

c) Folgen für das Rechtsschutzsystem im öffentlichen Recht

Angesichts der in ihrer umfassenden Anlage europa-, ja weltweit singulären Rechtsschutzgarantie des Art. 19 Abs. 4 GG[102] wurde die praktische Bedeutung der Garantien der EMRK lange unterschätzt.[103] Für das öffentliche Recht ist dies insoweit in gewissem Maße auch deshalb verständlich, weil – im Gegensatz zum Zivilrecht und vor allem zum Strafrecht, für das Art. 6 Abs. 2 und 3 sowie Art. 7 EMRK spezielle Garantien enthalten – der Anwendungsbereich des Art. 6 Abs. 1 EMRK erst geklärt werden musste.[104] Der erste Deutschland betreffende Fall, in dem dies erfolgte, zeigte sogleich ein Konfliktpotential auf, dem gerade eine so umfassende und ausdifferenzierte Rechtsweggarantie wie die des deutschen Rechts ausgesetzt ist, nämlich das Problem der überlangen Verfahrensdauer.[105] Nicht von ungefähr sind Verstöße dagegen nach wie vor der Hauptkritikpunkt,[106] dem sich zuletzt mehrfach auch das BVerfG ausge-

---

[99] Vgl. zuletzt BVerwG, Urt. v. 16. 12. 1999, BVerwGE 110, 203, 205ff., 213f.: Pflicht zur vorrangigen Beachtung von Art. 6 Abs. 1 Satz 1 EMRK mit dem Inhalt, den die Vorschrift in der Entscheidungspraxis des EGMR gefunden hat, bei Ausübung des Verfahrensermessens nach § 47 Abs. 5 Satz 1 VwGO; BGH, Urt. v. 25. 10. 2000, BGHSt 46, 159, 171f.: Verfahrenshindernis bei konventionswidriger (vgl. Art. 6 Abs. 1 EMRK) Verfahrensverzögerung, allerdings nur in „ganz außergewöhnlichen Sonderfällen". Vgl. auch BGHSt 45, 321, 327ff. (unzulässige Tatprovokation); BGHSt 46, 93, 94ff. (Verkürzung des Fragerechts entgegen Art. 6 Abs. 3 lit. d EMRK). Zur Prägung des innerstaatlichen Rechtslebens durch die hohe Autorität der Urteile des EGMR vgl. *Uerpmann* Internationales Verfassungsrecht, JZ 2001, 565, 570.

[100] S. dazu II. 2. b).

[101] Vgl. *Uerpmann* (Fn. 96) 187ff., 214ff.; *Oppermann* Europarecht, 2. Aufl. 1999, Rn. 80; *Schlaich/Korioth* (Fn. 97) Rn. 356; BVerfGE 92, 91, 108 hat ausdrücklich offen gelassen, ob die aus Art. 53 (jetzt Art. 46) EMRK resultierende Beachtungspflicht zur Folge haben könnte, dass die Gerichte eine vom EGMR für konventionswidrig erachtete gesetzliche Vorschrift nicht mehr anzuwenden haben.

[102] Vgl. dazu *Papier* (Fn. 21) § 154, Rn. 1; *Brenner* Allgemeine Prinzipien des verwaltungsgerichtlichen Rechtsschutzes in Europa, Die Verwaltung 31 (1998) 1, 7.

[103] *Huber* (Fn. 10) Art. 19, Rn. 544, der als weiteren Grund die Einstufung als einfaches Bundesgesetz (vgl. Fn. 94) sieht.

[104] S. oben Fn. 20, 21.

[105] EGMR – König (Fn. 21) Series A 27 Nr. 105, 110f. (EuGRZ 1978, 406, 419f.).

[106] Vgl. insbes. EGMR, Urt. v. 29. 5. 1986 – Deumeland/Deutschland –, Series A 100, Nr. 90 (EuGRZ 1988, 20, 29f.). Zum Vergleich mit anderen Vertragsparteien vgl. die Fall-

setzt sah[107]. Freilich: Hier handelt es sich offenbar um ein generelles Problem, vor das sich auch die EG-Gerichte[108] und der EGMR selbst[109] gestellt sehen. Falls die im deutschen Verwaltungsprozessrecht erfolgten Verfahrensbeschleunigungen[110] auch eine Reaktion darauf gewesen sein sollten,[111] dokumentieren sie das beschriebene Dilemma, die verschiedenen Forderungen der EMRK in „praktische Konkordanz" zu bringen.[112] Als problematisch werden im Hinblick auf Art. 6 Abs. 1 Satz 2 EMRK der in § 116 Abs. 2, 3 VwGO vorgesehene Verzicht auf die Urteilsverkündung[113] und im Hinblick auf das Gebot der Mündlichkeit[114] das Institut des Gerichtsbescheides (§ 84 VwGO) und die Entscheidung durch Beschluss in der Berufungsinstanz (§ 125 Abs. 2 Satz 2, § 130a VwGO)[115] angesehen. Generell ist die Unterstellung einer selbstverständlichen Harmonie ebenso wenig angebracht[116] wie eine Vernachlässigung der den

liste bei *Frowein/Peukert* (Fn. 20) Art. 6, Rn. 153 und *Schwarze* (Fn. 21) EuGRZ 1993, 378. Bis Mitte 1999 ist in fünfzehn Fällen eine Konventionsverletzung durch die Bundesrepublik Deutschland vom EGMR bejaht worden, vgl. *Benda/Klein* (Fn. 97) Rn. 74. Vgl. zuletzt (überlange Dauer eines Strafverfahrens) EGMR, Urt. v. 31. 5. 2001 – Metzger/Deutschland –, EuGRZ 2001, 299, 300f.

107 Vgl. EGMR, Urt. v. 1. 7. 1997 – Pammel/Deutschland –, Reports of Judgments and Decisions 1997-IV, 1096, 1110ff. (EuGRZ 1997, 310, 315f.) Nr. 59ff.; Urt. v. 1. 7. 1997 – Probstmeier/Deutschland –, Reports of Judgments and Decisions 1997-IV, 1123, 1135ff. (EuGRZ 1997, 405, 408f.) Nr. 47ff.

108 Vgl. EuGH, Urt. v. 17. 12. 1998, Rs. C-185/95 P – Baustahlgewebe GmbH/Kommission –, Slg. 1998 I, 8417, 8498ff., wo dem EuG eine, gemessen an Art. 6 Abs. 1 EMRK, überlange Verfahrensdauer vorgeworfen wurde, wobei der EuGH für sein auf die Prüfung von Rechtsfragen beschränktes Urteil selbst drei Jahre brauchte, vgl. *Streinz* JuS 1999, 597, 598.

109 Vgl. zur Verfahrensdauer beim (alten) EGMR *Frowein/Peukert* (Fn. 20) Einführung, Rn. 16. Zum erheblichen Beitrag von (italienischen) Verfahren wegen überlanger Verfahrensdauer zur gefährlichen Überlastung des EGMR selbst vgl. *Meyer-Ladewig/Petzold* NJW 2000, 934f. Zur Gefährdung der Arbeitsfähigkeit des EGMR durch die zunehmende Zahl der Menschenrechtsbeschwerden vgl. EuGRZ 2001, 431.

110 Vgl. dazu *Schmidt-Aßmann* (Fn. 10) Rn. 93 mwN.

111 Vgl. *Schwarze* (Fn. 10) 203.

112 Vgl. oben Fn. 30.

113 Vgl. *Tomuschat* FS Redeker (Fn. 19) 284f.; *Dörr* (Fn. 10) Rn. 591 mwN: Konventionskonforme Auslegung dahingehend, dass dies nur mit Zustimmung der Parteien zulässig ist.

114 Vgl. oben Fn. 54.

115 Vgl. *Dörr* (Fn. 10) Rn. 588f.: Konventionskonforme Auslegung dahingehend, dass bei Bestehen einer Partei auf mündlicher Verhandlung diese durchgeführt werden muss.

116 Zutreffend *Tomuschat* FS Redeker (Fn. 19) 283. Vgl. auch *Burgi* (Fn. 10) 3.

Vertragsstaaten belassenen Gestaltungsspielräume.[117] Strikte Vorgaben der EMRK sind von Anregungen für rechtspolitisch wünschenswerte Innovationen zu unterscheiden.[118]

Erhebliche Bedeutung kann der EMRK als Korrektiv für EG-rechtliche Vorgaben für das nationale Recht zukommen.[119] Denn einerseits werden die Grundrechte der EMRK und damit auch die Rechtsschutzgarantien des Art. 6 EMRK über Art. 6 Abs. 2 EUV in das Gemeinschaftsrecht einbezogen,[120] andererseits entbindet der Vorrang des Gemeinschaftsrechts die Mitgliedstaaten der EG nicht von ihren durch die EMRK übernommenen Verpflichtungen.[121] Insoweit überlagert die durch den EGMR letztlich verbindlich ausgelegte EMRK auch das Gemeinschaftsrecht und das dadurch geprägte nationale Recht.

2. *Das Recht der Europäischen Union (Gemeinschaftsrecht)*

a) *Materielle Bestimmungen und ihr sachlicher Anwendungsbereich – die Kompetenzfrage*

Der Europäischen Gemeinschaft (EG) als wichtigster „Grundlage" der Europäischen Union (EU)[122] wurde außerhalb der gemeinschaftsunmittelbaren Vollziehung des Gemeinschaftsrechts,[123] wo dies selbstverständlich ist, durch den EG-Vertrag keine Kompetenz für das Verwaltungsverfahrens- und Verwaltungsprozessrecht übertragen. Nach dem Prinzip der begrenzten Ermächtigung hat die EG insoweit keine Verbandskompetenz, die Ausgestaltung der Verwaltungsgerichtsbarkeit und damit des Systems des Rechtsschutzes in den Mitgliedstaaten zu regeln.[124] Wie bei

[117] Vgl. dazu zuletzt EGMR, Urt. v. 18. 2. 1999 – Waite und Kennedy/Deutschland –, EuGRZ 1999, 207, 211, 213, Nr. 59, 73.

[118] Vgl. dazu *Schwarze* (Fn. 21) NVwZ 2000, 243f. Zur Anregungsfunktion Europäischen Rechts s.u. V.

[119] Darauf weist zutreffend *Huber* (Fn. 10) Art. 19, Rn. 545 hin.

[120] Vgl. dazu *Streinz* Europarecht, 5. Aufl. 2001, Rn. 358, 361.

[121] Vgl. EGMR, Urt. v. 18. 2. 1999 – Matthews/Vereinigtes Königreich –, EuGRZ 1999, 200, 201, Nr. 32.

[122] Vgl. Art. 1 Abs. 3 EUV.

[123] Vgl. zu den Typen des Verwaltungsvollzugs von Gemeinschaftsrecht *Streinz* (Fn. 120) Rn. 463ff.; *M. Schweitzer* Die Verwaltung der Europäischen Gemeinschaften, Die Verwaltung 17 (1984) 137, 139ff.; *Schoch* Die Europäisierung des Allgemeinen Verwaltungsrechts, JZ 1995, 109, 113 mwN; ausführlich *Suerbaum* Die Kompetenzverteilung beim Verwaltungsvollzug des Europäischen Gemeinschaftsrechts in Deutschland, 1998, 116ff. S. dazu u. III.

[124] Vgl. *Schoch* Europäisierung (Fn. 10) 15; *Schwarze* (Fn. 21) NVwZ 2000, 244.

vielen anderen Materien – genannt seien nur der Sport,[125] die Kirchen und Religionsgemeinschaften[126] und der Dienst in den Streitkräften[127] – begründet dies aber auch hier keine „Gemeinschaftsfestigkeit". Darüber darf auch nicht der Begriff der „Verwaltungsautonomie"[128] bzw „institutionellen und Verfahrensautonomie" der Mitgliedstaaten[129] hinwegtäuschen. Bereits die Tatsache, dass es sich dabei um einen „*Grundsatz*" handelt, deutet auf Ausnahmen und Grenzen hin, so dass im Rahmen seiner Anwendung allenfalls von einer *begrenzten* Autonomie gesprochen werden kann[130] – wenn überhaupt.[131]

Dieser Grundsatz soll die einschlägige Rechtsprechung des EuGH auf den Begriff bringen,[132] dass es grundsätzlich Sache der mitgliedstaatlichen Rechtsordnung sei, die zuständigen Gerichte zu bestimmen und das Verfahren für die Klagen auszugestalten, die dem Einzelnen den vollen Schutz seiner aus dem Gemeinschaftsrecht erwachsenden Rechte gewährleisten sollen.[133] Er wurde in der dem Maastrichter Vertrag beige-

---

[125] Vgl. dazu *Streinz* Die Auswirkungen des EG-Rechts auf den Sport, SpuRt 1998, 1, 3ff. mwN.

[126] Vgl. *Streinz* Auswirkungen des Europarechts auf das deutsche Staatskirchenrecht, Essener Gespräche zum Thema Staat und Kirche (31) 1997, 53ff. mwN.

[127] Vgl. EuGH, Urt. v. 11. 1. 2000, Rs. C-285/98 – Tanja Kreil/Bundesrepublik Deutschland –, Slg. 2000 I, 69 und dazu zB *Streinz* Frauen an die Front, DVBl. 2000, 585ff. mwN.

[128] Vgl. *Schwarze* (Fn. 21) NVwZ 2000, 244.

[129] So *Rodríguez Iglesias* Zu den Grenzen der verfahrensrechtlichen Autonomie der Mitgliedstaaten bei der Anwendung des Gemeinschaftsrechts, EuGRZ 1997, 289; *Dörr* (Fn. 10) Rn. 356 mwN; *Stettner* Verwaltungsvollzug, in: Dauses (Hrsg.) Handbuch des EU-Wirtschaftsrechts (Loseblatt), B. III, Rn. 30. Vgl. bereits *Rengeling* Europäisches Gemeinschaftsrecht und nationaler Rechtsschutz – unter besonderer Berücksichtigung der Rechtsprechung des Europäischen Gerichtshofs und deutscher Gerichte, GS Sasse, 1981, 197, 198.

[130] Vgl. *Schwarze* (Fn. 21) NVwZ 2000, 246; *Rodríguez Iglesias* (Fn. 129) EuGRZ 1997, 290ff.; *Kadelbach* (Fn. 18) 115ff.

[131] *Kadelbach* Gemeinschaftsrecht und (vorläufiger) verwaltungsgerichtlicher Rechtsschutz, KritV 1999, 378, 399, bezweifelt angesichts der bestehenden Realität, ob von einer verfahrensrechtlichen Autonomie der Mitgliedstaaten noch die Rede sein kann. Gegen das Konzept überhaupt *Kakouris* Do the Member States Possess Judicial Procedural Autonomy?, CMLRev 34 (1997) 1389f., 1405, 1411f.: Während der Begriff der „institutionellen Autonomie" der Realität entspreche, gebe es keine „prozedurale Autonomie". Kritisch zum Begriff *von Bogdandy* in: Grabitz/Hilf (Hrsg.) Kommentar zur Europäischen Union (Loseblatt) Art. 5 EGV, Rn. 43.

[132] Kritisch dazu *Kakouris* (Fn. 131) CMLRev 1997, 1405: Der Begriff „prozedurale Autonomie" erscheine nicht in der Rechtsprechung des EuGH.

[133] St. Rspr., vgl. zB EuGH, Urt. v. 16. 12. 1976, Rs. 33/76 – Rewe-Zentralfinanz/Landwirtschaftskammer des Saarlandes –, Slg. 1976, 1989, 1998, Rn. 5; Urt. v. 25. 7. 1991, Rs. C-208/90 – Emmott/Minister for Social Welfare and Attorney General –, Slg.

fügten Erklärung zur Anwendung des Gemeinschaftsrechts[134] fixiert und in der Erklärung zum Protokoll über die Anwendung der Grundsätze der Subsidiarität und der Verhältnismäßigkeit des Amsterdamer Vertrags[135] bekräftigt. Er wird als anschauliches Beispiel für die dezentrale Anwendung des Gemeinschaftsrechts „lange vor der formellen Proklamation des Subsidiaritätsprinzips" gesehen.[136] Dies trifft zwar insoweit zu, als die dezentrale gerichtliche Kontrolle nur die Fortsetzung des dezentralen („indirekten") Vollzugs des Gemeinschaftsrechts durch mitgliedstaatliche Behörden[137] ist[138] und die dabei grundsätzlich gebotene Anwendung nationalen Rechts – wie der EuGH selbst hervorgehoben hat – den allgemeinen Grundsätzen entspricht, auf denen das institutionelle System der Gemeinschaft beruht und die die Beziehungen zwischen der Gemeinschaft und den Mitgliedstaaten beherrschen.[139] Das Subsidiaritätsprinzip ist aber eine Kompetenz*ausübungs*schranke.[140] Bevor dieses in Art. 5 Abs. 2 EGV verankerte „gemeinschaftsverfassungsrechtliche Prinzip"[141] als Grenze für eine Angleichung der nationalen Verwaltungsrechte einschließlich des dazugehörigen gerichtlichen Rechtsschutzes in Stellung gebracht wird,[142] muss, entsprechend dem in Art. 5 Abs. 1 EGV verankerten Prinzip der begrenzten Ermächtigung, gefragt werden, wie der EuGH überhaupt dazu kommt, diese „Verfahrensautonomie" durch gemeinschaftsrechtliche Vorgaben einzuschränken, was nicht nur hinsichtlich der Verbandskompetenz der EG, sondern auch hinsichtlich der Organkompetenz des EuGH – in Abgrenzung zum

---

1991 I, 4269, 4298, Rn. 16; Urt. v. 26. 9. 1996, Rs. C-43/95 – Data Delecta/MSL Dynamics Ltd. –, Slg. 1996 I, 4661, 4675, Rn. 12; Urt. v. 9. 2. 1999, Rs. C-343/96 – Dilexport/Amministrazione delle Finanze dello Stato –, Slg. 1999 I, 579, 611, Rn. 25 mwN.

134 Erklärung Nr. 19, BGBl. 1992 II, 1317, 1322 (Sartorius II Nr. 148, S. 8).

135 Erklärung Nr. 43, BGBl. 1998 II, 438, 450 (Sartorius II, Nr. 147, S. 21) zum Protokoll Nr. 30 über die Anwendung der Grundsätze der Subsidiarität und der Verhältnismäßigkeit, BGBl. 1998 II, 434f. (Sartorius II Nr. 151, S. 30ff.). Vgl. auch die dort ausdrücklich erwähnten Schlussfolgerungen des Europäischen Rates von Essen vom 9./10. 12. 1994, BullEG 12/1994, 7ff. Zur Rechtsqualität dieser Erklärungen vgl. *Schmalenbach* in: Calliess/Ruffert (Hrsg.) Kommentar zum EU-Vertrag und EG-Vertrag, 1999, Art. 311, Rn. 3 mwN.

136 So *Rodríguez Iglesias* (Fn. 129) EuGRZ 1997, 289.

137 Dies ist der Regelfall, vgl. *Suerbaum* (Fn. 123) 113ff., 120.

138 Vgl. *Streinz* (Fn. 120) Rn. 574.

139 Vgl. EuGH, Urt. v. 21. 9. 1983, verb. Rs. 205–215/82 – Deutsche Milchkontor/Bundesrepublik Deutschland –, Slg. 1983, 2633, 2665, Rn. 17.

140 H. M., vgl. *Geiger* EUV/EGV. Kommentar, 3. Aufl. 2000, Art. 5, Rn. 6; eingehend *Pechstein/Koenig* Die Europäische Union, 3. Aufl. 2000, Rn. 159 mwN.

141 Vgl. dazu *Häberle* Gemeineuropäisches Verfassungsrecht, EuGRZ 1991, 261, 262f.

142 Dafür *Schwarze* (Fn. 21) NVwZ 2000, 246. Vgl. auch *Oppermann* (Fn. 101) Rn. 644.

Gemeinschaftsgesetzgeber Rat und Europäisches Parlament – zu klären ist.[143]

Für gemeinschaftsrechtliche Vorgaben für das nationale Rechtsschutzsystem gibt es zwei Ansatzpunkte: Zum einen die Entwicklung von Grundsätzen, die den effektiven und einheitlichen Vollzug des Gemeinschaftsrechts als Existenzbedingung dieser Rechtsordnung[144] durch die Mitgliedstaaten nach deren Recht sicherstellen sollen, zum anderen die durch eine stetige Erweiterung der EG-Kompetenzen erfolgte Europäisierung des materiellen Rechts,[145] dessen Gewährleistungen (insbesondere Begründung von Individualrechten wie zB Auskunftsansprüchen[146]) entsprechenden Rechtsschutz im nationalen Recht erfordern.[147] Die nationalen Gerichte fungieren insoweit als „Gemeinschaftsgerichte"[148] oder besser „Gemeinschaftsrechtsgerichte",[149] deren Aufgabe es ist, sicherzustellen, dass das Gemeinschaftsrecht in den Mitgliedstaaten angewandt und beachtet wird.[150] Das nationale Verfahrensrecht wird zum Instrument zur Durchsetzung des Gemeinschaftsrechts.[151]

Für die Anwendung nationalen Rechts bei mitgliedstaatlichem Vollzug des Gemeinschaftsrechts hat der EuGH zwei Schranken entwickelt: Die im nationalen Recht vorgesehenen Modalitäten dürfen nicht darauf hinauslaufen, dass die Verwirklichung der Gemeinschaftsregelung prak-

---

[143] Zutreffend *Schoch* Europäisierung der Verwaltungsrechtsordnung – einschließlich Verwaltungsverfahrensrecht und Rechtsschutz, VBlBW 1999, 241, 245; vgl. auch *von Danwitz* (Fn. 10) 444ff.; vgl. bereits *Rengeling* (Fn. 9) VVDStRL 53 (1994) 230ff.

[144] Vgl. dazu *Kahl* in: Calliess/Ruffert (Fn. 135) Art. 10, Rn. 11; *Nettesheim* Der Grundsatz der einheitlichen Wirksamkeit des Gemeinschaftsrechts, GS Grabitz, 1995, 447ff.

[145] Vgl. zB zum Kompetenzzuwachs der EG im Wirtschaftsrecht *Brenner* Der Gestaltungsauftrag der Verwaltung in der Europäischen Union, 1996, 77ff.; zum Umweltrecht *Schoch* Grundfragen der Umweltverträglichkeitsprüfung, in: Leipold (Hrsg.), Umweltschutz und Recht, 2000, 69ff. Die Überlagerung bzw Determinierung des nationalen Rechts durch das Gemeinschaftsrecht dokumentiert die zwar nicht im einzelnen belegte, aber sicherlich nicht aus der Luft gegriffene Einschätzung des damaligen Präsidenten der EG-Kommission, Jacques Delors, in „absehbarer" (mittlerweile schon erreichter) Zeit („in zehn Jahren") sollten 80 Prozent aller wirtschaftlichen und sozialen Entscheidungen nicht mehr von den nationalen Parlamenten, sondern von den Europäischen Gemeinschaften getroffen werden (BullEG Nr. 7/8–1988, 123, 124). Zitiert in BVerfGE 89, 155, 173.

[146] Vgl. zB den durch die Richtlinie 90/313/EWG des Rates vom 7. 6. 1990 über den freien Zugang zu Informationen über die Umwelt (ABl. 1990 Nr. L 158/56) geschaffenen „Umweltinformationsanspruch". Vgl. dazu *Kadelbach* (Fn. 18) 415ff.

[147] Vgl. *Schoch* Europäisierung (Fn. 10) 15f.

[148] Vgl. *Schoch* Europäisierung (Fn. 10) 25f.

[149] So *Burgi* (Fn. 10) 58f.

[150] Vgl. *Kadelbach* (Fn. 131) KritV 1999, 380.

[151] Vgl. *Schoch* Europäisierung (Fn. 10) 26f.

tisch unmöglich wird (Beeinträchtigungsverbot). Das nationale Recht ist im Vergleich zu den Verfahren, in denen über gleichartige nationale Fälle entschieden wird, ohne Diskriminierung anzuwenden (sog. Diskriminierungsverbot).[152] Da dieser Ausdruck missverständlich ist, weil wegen des Vergleichsmaßstabs die zwischen den Mitgliedstaaten bestehenden Unterschiede übernommen werden, spricht der EuGH jetzt treffender vom „Äquivalenzgrundsatz".[153] Das Beeinträchtigungs- bzw Vereitelungsverbot wurde ungeachtet der Formulierung („praktisch unmöglich") von Anfang an zwar flexibel, aber nicht zu eng gesehen[154] und nach und nach zu einem Effektivitätsgebot („Effektivitätsgrundsatz"[155]) im Sinne eines Koordinierungsinstruments mit positiven Ausgestaltungsbedingungen für das nationale Verfahrensrecht fortentwickelt bzw – wenn man so will – „umgemünzt".[156] Ansatzpunkt des EuGH dafür ist der berühmte – bzw berüchtigte[157] – „effet utile",[158] eine Argumentationsfigur, die letztlich alle vom EuGH entwickelten Strukturprinzipien des Gemeinschaftsrechts[159] trägt bzw tragen soll, auch den Vorrang des Gemeinschaftsrechts[160] und den gemeinschaftsrechtlich gebotenen Staatshaftungsanspruch bei Verstößen der Mitgliedstaaten gegen das Gemeinschaftsrecht.[161] Wenn man diesen Ansatz würdigt, muss man die „Funktionslogik" des Gemeinschaftsrechts im Auge haben, seine „Eigenrationalitäten", insbesondere seine Finalstruktur,[162] die auch dazu führt, dass Kompetenzvorschriften

---

[152] Vgl. EuGH, verb. Rs. 205–215/82 – Milchkontor (Fn. 139) Slg. 1983, 2633, 2666f., Rn. 22 bzw 23 bezogen auf das Verwaltungsverfahren. Für das gerichtliche Verfahren vgl. bereits EuGH, Rs. 33/76 – Rewe (Fn. 132) Slg. 1976, 1989, 1998, Rn. 5.

[153] EuGH, Urt. v. 15. 9. 1998, Rs. C-231/96 – Edis –, Slg. 1998 I, 4951, 4986, 4990f., Rn. 19, 34ff.; Rs. C-343/96 – Dilexport (Fn. 133) Slg. 1999 I, 579, 611f., Rn. 25, 27.

[154] Vgl. dazu *Streinz* Der Einfluss des Europäischen Verwaltungsrechts auf das Verwaltungsrecht der Mitgliedstaaten – dargestellt am Beispiel der Bundesrepublik Deutschland, in: M. Schweitzer (Hrsg.) Europäisches Verwaltungsrecht, 1991, 241, 270f.

[155] So EuGH, Rs. C-231/96 – Edis (Fn. 153) Slg. 1998 I, 4951, 4990, Rn. 35; Rs. C-343/96 – Dilexport (Fn. 133) Slg. 1999 I, 579, 611f., Rn. 25, 26.

[156] So *Schoch* Europäisierung (Fn. 10) 20. Zur Entwicklung der Rechtsprechung vgl. *von Danwitz* Die Eigenverantwortung der Mitgliedstaaten für die Durchführung von Gemeinschaftsrecht, DVBl. 1998, 421, 423ff.

[157] Vgl. BVerfGE 89, 155, 210 und zur Kontroverse dazu *Streinz* Der „effet utile" in der Rechtsprechung des Gerichtshofs der Europäischen Gemeinschaften, FS Everling, 1995, 1491, 1491f. mwN.

[158] Vgl. dazu im einzelnen *Tonne* (Fn. 10) 283ff. mwN.

[159] Vgl. dazu *Streinz* (Fn. 120) Rn. 374a; *ders.* FS Everling (Fn. 157) 1492ff. mwN.

[160] Dazu unten II. 2. b).

[161] Dazu unten IV. 3.

[162] Vgl. dazu *Schoch* Europäisierung (Fn. 10) 18ff. mwN; *Rengeling* (Fn. 9) VVDStRL 53 (1994) 222f.

weit ausgelegt werden können[163] und sich letztlich kaum „gemeinschaftsfeste" Materien finden lassen. Die Besonderheiten einer zwar nicht „fremden",[164] aber doch „anderen" Rechtsordnung, die die Rechtstraditionen von jetzt 15 und bald vielleicht 28 Mitgliedstaaten zusammenführen muss, müssen gesehen und als solche anerkannt werden, wenn man das mit den Strukturunterschieden verbundene Konfliktpotential für das nationale Rechtsschutzsystem[165] erfassen und bewältigen und die Kompetenzgrenzen bestimmen möchte.[166] Letzteres bezieht sich zum einen auf die Intensität der Vorgaben,[167] zum anderen auf ihren materiellen Anwendungsbereich. Dieser wurde auch im Zusammenhang mit der Charta der Grundrechte der Europäischen Union[168] diskutiert und geregelt, die – basierend auf der Rechtsprechung des EuGH – unter dem Titel „Recht auf eine gute Verwaltung" Verfahrensrechte (Art. 41 Abs. 1, 2, 4) und – durch Übernahme des Art. 288 Abs. 2 EGV – den Haftungsanspruch gegen die Gemeinschaft sowie – basierend auf Art. 13 und Art. 6 Abs. 1 EMRK – das Recht auf einen wirksamen Rechtsbehelf und ein unparteiisches Gericht bei Verletzung der durch das Recht der Union garantierten Rechte und Freiheiten (Art. 47) gewährleistet. Gemäß Art. 51 „gilt" – sie ist bekanntlich noch nicht rechtsverbindlich[169] – „diese Charta für die Organe und Einrichtungen der Union unter Einhaltung des Subsidiaritätsprinzips und für die Mitgliedstaaten ausschließlich bei der Durchführung des Rechts der Union". Dies entspricht der Rechtsprechung des

---

[163] Vgl. dazu *Öhlinger/Potacs* Gemeinschaftsrecht und staatliches Recht – Die Anwendung des Europarechts im innerstaatlichen Bereich, 1998, 32; *W. Schroeder* Zu eingebildeten und realen Gefahren durch kompetenzübergreifende Rechtsakte der Europäischen Gemeinschaft, EuR 1999, 452, 456.

[164] Vgl. oben Fn. 1.

[165] Vgl. dazu *Classen* Strukturunterschiede zwischen deutschem und europäischem Verwaltungsrecht, NJW 1995, 2457ff.; *Jarass* Konflikte zwischen EG-Recht und nationalem Recht vor den Gerichten der Mitgliedstaaten, DVBl. 1995, 954ff.

[166] Kritisch zum Ausmaß der Vorgaben, die der EuGH setzt, *Schoch* Europäisierung (Fn. 10) 42ff. Vgl. zum Erfordernis einer „verzahnten" Betrachtungsweise *von Danwitz* (Fn. 10) 478. Zu den unterschiedlichen Modellen des Verwaltungsprozesses vgl. *Kokott* Europäisierung des Verwaltungsprozeßrechts, Die Verwaltung 31 (1998) 335, 336ff.

[167] Vgl. *Schwarze* (Fn. 21) NVwZ 2000, 252.

[168] ABl. 2000 Nr. C 364/1. Mit Kommentar abgedruckt in EuGRZ 2001, 554ff., 559ff.; JöR nF 49 (2001) 31ff.

[169] Die Charta wurde auf dem Gipfel von Nizza vom 7.–9. 12. 2000 vom Europäischen Rat „begrüßt", vgl. BullEU 12–2000, Nr. I. 2. 1. In seinen Schlussanträgen vom 1. 2. 2001 zu Rs. C-340/99 – TNT Traco/Poste Italiane –, Tz 94 hat Generalanwalt Alber auf die Charta Bezug genommen, ebenso später die Generalanwälte Tizzano, Jacobs und Stix-Hackl. Vgl. dazu und zur (bisher) reservierten Haltung des EuGH *Alber* Die Selbstbindung der Organe an die Europäische Charta der Grundrechte, EuGRZ 2001, 349, 351ff.

EuGH.[170] Art. 51 Abs. 2 hebt hervor, dass die Charta weder neue Zuständigkeiten noch neue Aufgaben für die Gemeinschaft und die Union begründet.

b) *Geltung und Rang im deutschen Recht*

Das Gemeinschaftsrecht gilt zwar vermittels des deutschen Zustimmungsgesetzes,[171] aber nicht transformiert, sondern als solches und insoweit „eigenständig" in Deutschland. Kraft verfassungsrechtlicher Ermächtigung kommt ihm – abgesehen von latenten Verfassungsvorbehalten[172] – der vom Gemeinschaftsrecht geforderte Anwendungsvorrang vor deutschem Recht einschließlich Verfassungsrecht zu.[173] Für den Rechtsschutz durch deutsche Gerichte folgt daraus, dass diese entgegenstehendes nationales Recht unangewendet lassen müssen.[174] Ihnen kommt damit – anders als hinsichtlich Verfassungsrecht (vgl. Art. 100 Abs. 1 GG) – nicht nur ein Verwerfungsrecht, sondern eine Verwerfungspflicht zu.[175] Wird dagegen verstoßen, kommt jedenfalls in Extremfällen für den betroffenen Bürger ein Staatshaftungsanspruch wegen Verletzung primären Gemeinschaftsrechts in Betracht, wobei allerdings wegen der Durchbrechung der Rechtskraft von Urteilen bei der Haftung für judikatives Unrecht Zurückhaltung geboten ist.[176] Strittig ist, ob eine gegen

---

[170] EuGH, Urt. v. 13. 7. 1989, Rs. 5/88 – Wachauf/Bundesamt für Ernährung und Forstwirtschaft –, Slg. 1989, 2609, 2639f., Rn. 19; Urt. v. 13. 4. 2000, Rs. C-292/97 – Karlsson –, Slg. 2000 I, 2737, 2774, Rn. 37; st. Rspr.

[171] St. Rspr. des BVerfG, vgl. BVerfGE 73, 339, 374f. – Solange II; BVerfGE 89, 155, 187f. – Maastricht. Bestätigt in Beschl. v. 7. 6. 2000, BVerfGE 102, 147, 163= NJW 2000, 3124, 3125 – Bananen.

[172] Der Prüfungsvorbehalt des BVerfG wird zwar sowohl hinsichtlich des Übertragbaren (Schranke der Integrationsermächtigung) als auch hinsichtlich des Übertragenen (Schranke des Übertragungsgesetzes) aufrechterhalten. Die Eingriffsschwelle wird aber sehr hoch gesetzt, vgl. BVerfGE 102, 147, 161ff. Vgl. dazu *Streinz* Verfassungsvorbehalte gegenüber Gemeinschaftsrecht – eine deutsche Besonderheit? Die Schranken der Integrationsermächtigung und ihre Realisierung in den Verfassungen der Mitgliedstaaten, FS Steinberger, 2002, 1437 (1442, 1452ff., 1466). Vgl. auch Fn. 4.

[173] Vgl. dazu *Streinz* (Fn. 120) Rn. 179ff. mwN.

[174] So BVerfGE 31, 145, 174.

[175] Vgl. dazu *Streinz* „Gemeinschaftsrecht bricht nationales Recht". Verlust und Möglichkeiten nationaler politischer Gestaltungsfreiheit nach der Integration in eine supranationale Gemeinschaft, FS Söllner, 2000, 1139, 1151f. Zum Problem der Normverwerfung durch die Exekutive vgl. *von Danwitz* (Fn. 10) 209ff.

[176] Die Frage der Haftung für judikatives Unrecht hat der EuGH noch nicht ausdrücklich entschieden. In EuGH, Urt. v. 5. 3. 1996, verb. Rs. C-46/93 und C-48/93 – Brasserie du Pêcheur und Factortame –, Slg. 1996 I, 1029, 1145, Rn. 32 findet sich allerdings die Formulierung, dass es für den Grundsatz der Haftung nicht darauf ankomme, welchem

Gemeinschaftsrecht verstoßende Norm gemäß § 47 VwGO für nichtig erklärt werden kann.[177] Für das Verwaltungsverfahrens- und Verwal-

---

mitgliedstaatlichen Organ der Verstoß gegen das Gemeinschaftsrecht zuzurechnen ist, und wird in einem obiter dictum in Rn. 34 die Judikative ausdrücklich genannt. Die Frage ist umstritten. Bejahend *Lageard* in: Lenz (Hrsg.) EG-Vertrag. Kommentar, 2. Aufl. 1999, Art. 288, Rn. 47; *von Bogdandy* in: Grabitz/Hilf (Fn. 131) Art. 215, Rn. 153; *Seltenreich* Die Francovich-Rechtsprechung des EuGH und ihre Auswirkungen auf das deutsche Staatshaftungsrecht, 1997, 231f. Vermittelnd *Ruffert* in: Calliess/Ruffert (Fn. 135) Art. 288, Rn. 35 mwN: Der (sekundären) Staatshaftung für ein gemeinschaftsrechtswidriges Urteil sei dessen (primäre) Aufhebung vorzuziehen. Nur im Extremfall willkürlicher Nichtvorlage nach Art. 234 EGV durch ein letztinstanzliches Gericht sollten die Haftungsgrundsätze greifen, das Richterprivileg des § 839 Abs. 1 Satz 1 BGB durch den Vorrang des Gemeinschaftsrechts verdrängt werden. Ebenso *W. Berg* in: Schwarze (Hrsg.) EU-Kommentar, 2000, Art. 288, Rn. 86 im Hinblick auf die richterliche Unabhängigkeit, die Rechtskraft von Urteilen und die in allen Mitgliedstaaten geltende eingeschränkte Haftung (vgl. dazu *Zenner* Die Haftung der EG-Mitgliedstaaten für die Anwendung europarechtswidriger Rechtsnormen, 1995, 229ff. mwN). Näher dazu *Deckert* Zur Haftung des Mitgliedstaates bei Verstößen seiner Organe gegen europäisches Gemeinschaftsrecht, EuR 1997, 203, 225f. und *Zenner*, 236ff. mwN. Zur Rechtslage in Österreich und Italien vgl. *Schermaier* Der Gemeinschaftsrechtliche Staatshaftungsanspruch, 1999, 120f. Ablehnend *Ossenbühl* (Fn. 75) 513f., der § 839 Abs. 2 Satz 1 BGB in vollem Umfang anwenden möchte. Grundsätzlich ablehnend auch *Herdegen/Rensmann* Die neuen Konturen der gemeinschaftsrechtlichen Staatshaftung, ZHR 161 (1997) 522, 554f. Ebenso *Detterbeck* in *Detterbeck/Windhorst/Sproll* Staatshaftungsrecht, 2000, § 6, Rn. 66ff. Die konzedierte Ausnahme, dass ein Gericht seiner Vorlagepflicht nach Art. 234 Abs. 3 EGV nicht nachkommt und dadurch einen Schaden verursacht, sieht er wohl deshalb als nicht durchgreifend, weil die Frage der Gültigkeit oder der Auslegung nationalen Rechts nicht Vorlagegegenstand sein könne. Letzteres trifft zwar zu, hindert aber nicht entsprechende Vorlagen durch vertragskonforme Formulierung bzw Umformulierung, vgl. *Streinz* (Fn. 120) Rn. 559. Bejahend *Preiß-Jankowski* Die gemeinschaftsrechtliche Staatshaftung im Lichte des Bonner Grundgesetzes und des Subsidiaritätsprinzips, 1997, 128ff., da die Aufhebung der getroffenen Entscheidung und damit die Durchbrechung der Rechtskraft nicht Voraussetzung für die Entschädigung sei.

[177] Bejahend VGH Mannheim, Urt. v. 14. 5. 1992, VBlBW 1992, 333, 335; Urt. v. 18. 4. 1994, VBlBW 1994, 361, 363. Verneinend BayVGH, Urt. v. 25. 10. 1995, BayVBl. 1996, 240, 243; HessVGH, Urt. v. 29. 6. 1995, GewArch 1996, 233, 237f.; *Schmidt* in: Eyermann (Fn. 10) § 47 Rn. 38 mit dem hier wenig überzeugenden Argument, das Europarecht sei eine „eigenständige Rechtsordnung“ (vgl. insoweit aber auch BVerfGE 82, 159, 191). Verneinend auch *Rengeling/Middeke/Gellermann* Rechtsschutz in der Europäischen Union, 1994, Rn. 1122, weil dem Gemeinschaftsrecht lediglich Anwendungs- und nicht Geltungsvorrang zukomme. Vermittelnd daher *Burgi* (Fn. 10) 34f.; *Dörr* (Fn. 10) Rn. 415 mwN; *Kopp/Schenke* (Fn. 10) § 47, Rn. 99 mwN; *Koenig/Sander* Einführung in das EG-Prozeßrecht, 1997, Rn. 34; *Pache/Burmeister* Gemeinschaftsrecht im verwaltungsgerichtlichen Normenkontrollverfahren, NVwZ 1996, 979ff.: Abweichend von § 47 Abs. 5 Satz 2 VwGO, der insoweit vom vorrangigen Gemeinschaftsrecht modifiziert werde, könne das OVG nicht die Nichtigkeit, sondern lediglich die Unanwendbarkeit der Norm

tungsprozessrecht noch bedeutsamer ist die gemeinschaftsrechtskonforme Auslegung des nationalen Rechts als besondere Ausprägung des Anwendungsvorrangs.[178]

3. *Andere europäische Verträge*

Von den weiteren europäischen Verträgen, die sich auf den Rechtsschutz im deutschen öffentlichen Recht auswirken können,[179] ist insbesondere das auf den EUV gestützte Übereinkommen über die Errichtung eines Europäischen Polizeiamts (Europol-Übereinkommen) vom 26. 7. 1995[180] zu nennen. An diesem wird vor allem[181] ein mangelnder Rechtsschutz gegen Maßnahmen von Europol kritisiert, der den Vorgaben des Art. 19 Abs. 4 GG nicht gerecht werde.[182] Freilich müssen diese Vorgaben nach der Integrationsermächtigung des Art. 23 Abs. 1 GG nur „im wesentlichen" erfüllt sein, was systemgerechte Modifikationen zulässt.[183] Gleichwohl ist problematisch, dass Rechtsschutz insoweit nur vor einer Kontrollinstanz gewährt wird, die Europol zugleich überwachen und beraten soll, was den Vorgaben des Art. 6 Abs. 1 EMRK nicht entspricht.[184] Für einen durch fehlerhafte Daten, die von Europol gespeichert oder bearbeitet wurden, verursachten Schaden haftet derjenige Mitgliedstaat verschuldensunabhängig, in dem der Schadensfall eingetreten ist.[185] Näher kann darauf hier nicht eingegangen werden.[186]

---

im konkreten Fall aussprechen. A.A. *Rinze* Europarecht als Prüfungsmaßstab im Rahmen der Normenkontrolle nach § 47 VwGO, NVwZ 1996, 458, 460.

[178] Vgl. *Schoch* Europäisierung (Fn. 10) 21 mwN aus der deutschen Rechtsprechung. Eingehend *Dörr* (Fn. 10) Rn. 387ff. mwN. Siehe dazu unten IV. 2. a), b).

[179] Vgl. dazu *Dörr* (Fn. 10) Rn. 598ff.

[180] ABl. 1995 Nr. C 316/2; BGBl. 1997 II, 2153. Das Abkommen wurde auf Art. K. 3 Abs. 2 EUV a.F. gestützt. Vgl. jetzt Art. 30 EUV.

[181] Vgl. zu weiteren Kritikpunkten *Brechmann* in: Calliess/Ruffert (Fn. 135) Art. 30 EUV, Rn. 21 mwN; *Böse* in: Schwarze (Fn. 176) Art. 30 EUV, Rn. 9 mwN.

[182] Vgl. insbes. *Frowein/Krisch* Der Rechtsschutz gegen Europol, JZ 1998, 589ff.

[183] Vgl. BVerfGE 89, 155, 171 – Maastricht.

[184] Vgl. oben Fn. 35, 37.

[185] Vgl. dazu *Soria* Die polizeiliche Zusammenarbeit in Europa und der Rechtsschutz des Bürgers, VerwArch 89 (1998) 411, 429.

[186] Vgl. dazu *Brechmann* (Fn. 181), Art. 30 EUV, Rn. 21 mwN; *Böse* (Fn. 181) Art. 30 EUV, Rn. 9ff. mwN.

III. Primärer und sekundärer Rechtsschutz nach dem EG-Vertrag – Vorgabe oder Leitbild?

1. Überblick über den Individualrechtsschutz gegen Akte der Gemeinschaftsorgane

Primären Individualrechtsschutz gegen Akte der Gemeinschaftsorgane[187] sehen die Nichtigkeitsklage gemäß Art. 230 Abs. 4 EGV und die Untätigkeitsklage gemäß Art. 232 Abs. 3 EGV vor, vorläufigen Rechtsschutz Art. 242 Satz 2 EGV (Aussetzungsanordnung des EuGH) und Art. 243 EGV (einstweilige Anordnung). Sekundärer Rechtsschutz erfolgt durch den mit der Klage gemäß Art. 235 EGV durchsetzbaren Schadenersatzanspruch gemäß Art. 288 Abs. 2 EGV, wonach die Gemeinschaft im Bereich der außervertraglichen Haftung den durch ihre Organe oder Bediensteten in Ausübung ihrer Amtstätigkeit verursachten Schaden nach den allgemeinen Rechtsgrundsätzen ersetzt, die den Rechtsordnungen der Mitgliedstaaten gemeinsam sind. Innerhalb dieser Verfahren, wie auch in Verfahren vor nationalen Gerichten,[188] die die Frage der Gültigkeit der Norm des Gemeinschaftsrechts ggf. gemäß Art. 234 EGV dem EuGH vorlegen müssen,[189] ist eine konkrete Normenkontrolle von EG-Verordnungen und Richtlinien im Sinne von Art. 249 Abs. 2, 3 EGV gemäß Art. 241 EGV möglich, soweit der Kläger nicht durch die Versäumung eines zulässigen Rechtsbehelfs präkludiert ist.[190] Letzteres kommt für Individuen wegen deren eingeschränkter Klagebefugnis nur ausnahmsweise in Betracht,[191] gilt dann aber auch für Verfahren vor nationalen Gerichten und dort auch hinsichtlich bestandskräftiger Entscheidungen.[192] Für Individuen vervollständigt die Inzidentkontrolle somit die allgemeine Rechtmäßigkeitskontrolle im Rahmen des gemeinschafts-

---

[187] Vgl. dazu *Schmidt-Aßmann* (Fn. 10) Rn. 114ff. mwN.

[188] Vgl. EuGH, Urt. v. 27. 9. 1983, Rs. 216/82 – Universität Hamburg/HZA Hamburg-Kehrwieder –, Slg. 1983, 2771, 2787f., Rn. 10.

[189] Grundlegend EuGH, Urt. v. 22. 10. 1987, Rs. 314/85 – Foto-Frost/HZA Lübeck-Ost –, Slg. 1987, 4199, 4231, Rn. 15. Vgl. dazu *Streinz* (Fn. 120) Rn. 576f.

[190] EuGH, Urt. v. 6. 3. 1979, Rs. 92/78 – Simmenthal (IV)/Kommission –, Slg. 1979, 777, 800, Rn. 39f. Vgl. dazu *Borchardt* in: Lenz (Fn. 176) Art. 241, Rn. 2.

[191] Wegen der unklaren Tatbestände des Art. 230 Abs. 4 EGV ist hier Großzügigkeit geboten, vgl. EuGH, Rs. 216/82 (Fn. 188) Slg. 1983, 2771, 2787f., Rn. 10; *Borchardt* (Fn. 190) Art. 241, Rn. 2; *Cremer* in: Calliess/Ruffert (Fn. 135) Art. 241, Rn. 4. Zurückhaltender *Schwarze* in: Schwarze (Fn. 176) Art. 241, Rn. 6.

[192] EuGH, Urt. v. 9. 3. 1994, Rs. C-188/92 – TWD Textilwerke Deggendorf/Bundesrepublik Deutschland –, Slg. 1994 I, 833, 853, Rn. 17/18. Vgl. dazu *Streinz* (Fn. 120) Rn. 492.

rechtlichen Rechtsschutzsystems.[193] Für alle Klagen von Individuen ist das Gericht erster Instanz (EuG) zuständig, gegen dessen Urteile ein auf Rechtsfragen beschränktes Rechtsmittel zum EuGH eingelegt werden kann.[194]

2. *Besonderheiten des gemeinschaftlichen Rechtsschutzsystems*

Im EG-Vertrag fehlt zwar eine umfassende Rechtsschutzgarantie, wie sie die – singuläre[195] – Vorschrift des Art. 19 Abs. 4 GG enthält. Der EuGH hat aber die EG als Rechtsgemeinschaft[196] und das Gemeinschaftsrecht als System eines möglichst umfassenden Rechtsschutzes aufgefasst und seine Rolle als verwaltungsgerichtliche Rechtsschutzinstanz[197] entsprechend verstanden.[198] Weder die Mitgliedstaaten noch die Gemeinschaftsorgane sollen der Kontrolle darüber entzogen sein, ob ihre Handlungen in Einklang mit der „Verfassungsurkunde der Gemeinschaft", dem EG-Vertrag, stehen.[199] Insgesamt wird der erreichte Individualrechtsschutz gegen Gemeinschaftsakte als befriedigend bewertet, wenngleich noch Defizite beklagt werden.[200] Im Vergleich zum deutschen

193 *Borchardt* (Fn. 190) Art. 241, Rn. 3, 7; *von Danwitz* Die Garantie effektiven Rechtsschutzes im Recht der Europäischen Gemeinschaft, NJW 1993, 1108, 1110f. Nach EuGH, Rs. 92/78 (Fn. 190) Slg. 1979, 777, 800, Rn. 39f. erstreckt sich die Inzidentkontrolle gemäß Art. 241 EGV als Ausdruck eines allgemeinen Rechtsgedankens zum Zwecke des Rechtsschutzes auf alle Rechtshandlungen, die nicht unmittelbar vom Betroffenen angreifbar sind, zB auch auf Ausschreibungen. Zur Ausweitung der Prüfungsgegenstände vgl. *Scherer/Zuleeg* Verwaltungsgerichtsbarkeit, in: Schweitzer (Fn. 154) 197, 226f.

194 Art. 225 EGV; Art. 3 Abs. 1 lit. c des Beschlusses des Rates (88/591/EGKS, EWG, EURATOM) zur Errichtung eines Gerichts erster Instanz der Europäischen Gemeinschaften vom 24. 10. 1988, geändert durch Beschluss 93/350 vom 8. 6. 1993 (aktualisierte Fassung in Sartorius II, Nr. 248).

195 Siehe oben Fn. 102.

196 Der Begriff wird allgemein *Walter Hallstein* Die Europäische Gemeinschaft, 1973, 31ff., zugeschrieben. Er wird aber auch vom EuGH verwendet, vgl. zB Urt. v. 23. 4. 1986, Rs. 294/83 – Les Verts/Europäisches Parlament –, Slg. 1986, 1339, 1365, Rn. 23. Vgl. dazu *Zuleeg* Die Europäische Gemeinschaft als Rechtsgemeinschaft, NJW 1994, 545ff. mwN.

197 Vgl. dazu bereits *Schwarze* (Hrsg.) Der Europäische Gerichtshof als Verfassungsgericht und Rechtsschutzinstanz, 1983.

198 Vgl. *Schwarze* in: Schwarze (Fn. 176) Art. 220, Rn. 3 mwN; *Wegener* in: Calliess/Ruffert (Fn. 135) Art. 220, Rn. 3 mwN.

199 EuGH, Rs. 294/83 (Fn. 196) Slg. 1986, 1339, 1365, Rn. 23. Vgl. auch Rs. 314/85 (Fn. 189) Slg. 1987, 4199, 4231, Rn. 16.

200 Vgl. *Allkemper* Der Rechtsschutz des einzelnen nach dem EG-Vertrag. Möglichkeiten seiner Verbesserung, 1995; *von Danwitz* (Fn. 193) NJW 1993, 1111ff. Zum gerügten Fehlen primären Rechtsschutzes gegen EG-Verordnungen, die unmittelbare Wirkung

öffentlichen Recht zeigen sich Unterschiede vor allem in der Kontrolldichte, freilich nur tendenziell und durchaus differenzierend nach der Struktur des jeweiligen Sachgebiets und der Regelungsart.[201] Ermessensspielräumen,[202] die im Gemeinschaftsrecht im Gegensatz zur traditionellen deutschen Unterscheidung zwischen Ermessen und unbestimmtem Rechtsbegriff[203] sowohl die Tatbestands- als auch die Rechtsfolgenseite einer Norm erfassen,[204] steht eine relativ strikte Kontrolle der Einhaltung von Verfahrensvorschriften gegenüber.[205] Darin zeigt sich auch die Verbindung von Individualrechtsschutz mit objektiver Kontrolle der Einhaltung des Rechts.[206] Anders als im deutschen Verwaltungsprozess haben Klagen beim EuGH keine aufschiebende Wirkung (Art. 243 Satz 1 EGV); die Aussetzung des Vollzugs kann lediglich auf Antrag vom EuGH angeordnet werden (Art. 243 Satz 2 EGV).

Der Anspruch gemäß Art. 288 Abs. 2 EGV richtet sich im Gegensatz zum deutschen Recht, das die persönliche Haftung des Amtswalters überleitet (§ 839 BGB iVm Art. 34 Satz 1 GG), unmittelbar gegen das Rechtssubjekt „Gemeinschaft". Damit entfallen die speziell mit jener Konstruktion verbundenen Probleme.[207] Eine persönliche Haftung des

---

entfalten und doch nicht die Voraussetzungen des Art. 230 Abs. 4 EGV erfüllen, ist zu bemerken, dass der EuGH mittlerweile seine Rechtsprechung hier geändert hat, vgl. *Schwarze* in: Schwarze (Fn. 176) Art. 230, Rn. 32ff. mwN; *Wegener* in: Calliess/Ruffert (Fn. 135) Art. 220, Rn. 26 mwN, der auch auf das Problem der Koordination mit nationalem Rechtsschutz hinweist. Siehe dazu unten III. 3.

[201] Vgl. dazu *Schmidt-Aßmann* (Fn. 10) Rn. 105, 130f. mwN; *Schwarze* (Fn. 200) Art. 220, Rn. 33 mwN; *Wegener* (Fn. 200), Art. 220, Rn. 15 mwN; *Herdegen/Richter* Die Rechtslage in den Europäischen Gemeinschaften, in: Frowein (Fn. 48) 209, 244ff. Vgl. auch *Nolte* Der Wert formeller Kontrolldichtemaßstäbe, in Frowein (Fn. 48) 278, 287ff. Zu bedenken ist auch, dass EG-Verordnungen und Richtlinien Legislativakte sind und dem Gesetzgeber generell eine Einschätzungsprärogative zugestanden wird, vgl. *Pieroth/Schlink* Grundrechte. Staatsrecht II, 17. Aufl. 2001, Rn. 282, 287 mwN. Zum Problem defizitärer Grundrechtsprüfung gegenüber dem Gemeinschaftsgesetzgeber vgl. *Streinz* (Fn. 120) Rn. 366a mwN.

[202] Vgl. dazu *Wegener* (Fn. 200) Art. 220, Rn. 15 mwN in Fn. 60.

[203] Vgl. dazu eingehend *Maurer* (Fn. 47) § 7 mwN. Zur relativen Bedeutung vgl. *von Danwitz* (Fn. 10) 331.

[204] Vgl. *Wegener* (Fn. 200) Art. 220, Rn. 15 mwN in Fn. 60.

[205] Vgl. zB EuGH, Urt. v. 15. 6. 1994, Rs. C-137/93 P – BASF ua/Kommission –, Slg. 1994 I, 2555, 2652f.: Ein Verstoß gegen Rechtsvorschriften der Geschäftsordnung der Kommission, die die Rechtssicherheit gewährleisten sollen, stelle eine Verletzung wesentlicher Formvorschriften im Sinne von Art. 230 Abs. 2 EGV dar, die auch von Dritten (Individuen) gerügt werden könne.

[206] Siehe dazu unten IV. 1. c).

[207] Vgl. zu diesen *von Danwitz* in: von Mangoldt/Klein/Starck (Fn. 10) Art. 34, Rn. 149.

Amtswalters dem Geschädigten gegenüber besteht daneben nicht.[208] Der Verweis auf die „allgemeinen Rechtsgrundsätze, die den Rechtsordnungen der Mitgliedstaaten gemeinsam sind", ist rechtsquellendogmatisch interessant, da Art. 288 Abs. 2 EGV diesen in der Rechtsprechung des EuGH grundlegenden Begriff[209] vor dem erst mit dem Vertrag von Maastricht geschaffenen Art. 6 Abs. 2 EUV erwähnt, praktisch jedoch, verstünde man ihn als Rezeptionsnorm, wenig ergiebig, weil gerade das Rechtsgebiet der Staatshaftung in den Mitgliedstaaten nicht nur in den Einzelheiten, sondern bereits im grundsätzlichen Ansatz sehr unterschiedlich geregelt ist.[210] Der EuGH hat Art. 288 Abs. 2 EGV iVm dem Rechtsprechungsauftrag in Art. 235 EGV insoweit als Ermächtigung zur richterlichen Ausprägung des Haftungstatbestands aufgefasst.[211] Der (wertenden) Rechtsvergleichung kommt dabei, soweit sie überhaupt durchgeführt wird,[212] eher Anregungs- als Maßstabsfunktion, allenfalls Korrektivfunktion zu.[213] Dies ist nicht nur wegen der Unterschiede in den nationalen Rechtsordnungen, sondern auch wegen der spezifischen Be-

---

208 Vgl. *Ossenbühl* (Fn. 75) 563f. mwN. Art. 288 Abs. 4 EGV bezieht sich auf den Regress.

209 Vgl. dazu *Streinz* (Fn. 120) Rn. 354ff. mwN.

210 Vgl. dazu die (ältere) eingehende Untersuchung in Mosler (Hrsg.), Haftung des Staates für rechtswidriges Verhalten seiner Organe. Länderberichte und Rechtsvergleichung, 1967. Einen neueren Überblick gibt *Pfab* Staatshaftung in Deutschland. Die Reformaufgabe und ihre Vorgaben in der rechtsstaatlichen Garantie des Artikel 34 Grundgesetz und durch die Erfordernisse des Gemeinschaftsrechts, 1997, 172ff. Vgl. auch *Schockweiler/Wivenes/Godart* Le régime de la responsabilité extra-contractuelle du fait d'actes juridiques dans la Communauté européenne, RTDE 1990, 27ff. sowie zu einzelnen Punkten *Zenner* (Fn. 176) 154ff. (Vorrang des primären vor dem sekundären Rechtsschutz), 190ff. (Haftung für Verzögerungsschäden in den Fällen administrativen Unrechts), 229ff. (Haftung für judizielles Unrecht).

211 Vgl. *von Bogdandy* (Fn. 176) Art. 215, Rn. 29. Grundlegend Generalanwalt Gand in den Schlussanträgen zu EuGH, Urt. v. 14. 7. 1967, verb. Rs. 5, 7 und 13–24/66 – Kampffmeyer/Kommission –, Slg. 1967, 331, 361, 367.

212 Vgl. dazu *Gilsdorf/Oliver* in: von der Groeben/Thiesing/Ehlermann (Hrsg.) Kommentar zum EU-/EG-Vertrag, 5. Aufl. 1997, Art. 235, Rn. 12 mwN; *Lageard* (Fn. 176) Art. 288, Rn. 7f.; *Ossenbühl* (Fn. 75), 578ff.

213 Vgl. *von Bogdandy* (Fn. 176) Art. 215, Rn. 29. Ein Vergleich zeige, dass der EuGH bis auf wenige Punkte im Rahmen der nationalen Haftungsregeln bleibe, vgl. *Schockweiler/Wivenes/Godart* (Fn. 210) RTDE 1990, 72f. Nach Generalanwalt Roemer, Schlussanträge zu EuGH, Urt. v. 15. 7. 1963, Rs. 25/62 – Plaumann/Kommission –, Slg. 1963, 211, 243, 258f. ist der Gerichtshof zwar „in der dogmatischen Erfassung der Einzelprobleme verhältnismäßig frei", habe jedoch „im Ergebnis ... einen Rahmen zu respektieren, der allen Rechtsordnungen der Mitgliedstaaten gemeinsam ist". Zur rechtsvergleichenden Methode des EuGH bei der Gewinnung von allgemeinen Rechtsgrundsätzen vgl. *W. Weiß* Die Verteidigungsrechte im EG-Kartellverfahren, 1996, 23ff.

dürfnisse der im Vergleich mit den Staaten „eigenartigen" Gemeinschaft verständlich. Manche Defizite wie vage und inkonsistente Aussagen sind auch darin begründet, dass die Urteile zu sehr speziellen Problemfeldern wie Beamtensachen und besonders interventionistischen Bereichen wie Landwirtschaft und Stahl ergangen sind.[214] Als für den Vergleich mit dem deutschen Recht wesentliche Grundsätze lassen sich festhalten: Das Erfordernis der Verletzung einer – weit verstandenen – Schutznorm,[215] die Haftung auch für legislatives Unrecht der Gemeinschaft bei „hinreichend qualifizierter Verletzung einer höherrangigen, dem Schutz der einzelnen dienenden Rechtsnorm", was mit sehr restriktiven materiellen Haftungsvoraussetzungen verbunden ist,[216] Verzicht auf ein (über den hinreichend qualifizierten Verstoß hinausgehendes) Verschulden im Sinne persönlicher Vorwerfbarkeit,[217] Erfassung jeden Nachteils, den der Betroffene an seinem Vermögen oder an seinen sonstigen rechtlich geschützten Gütern erleidet, als Schaden, einschließlich entgangenen Gewinns und immateriellen Schadens.[218] Eine Haftung für bestimmte Folgen („Sonderopfer") rechtmäßigen Handelns wurde bisher nicht ausdrücklich anerkannt, aber auch nicht ausdrücklich ausgeschlossen. Es besteht die Tendenz, außergewöhnliche und besondere Schäden, die eine Gruppe von Wirtschaftsteilnehmern gegenüber anderen unverhältnismäßig belasten, zu ersetzen.[219]

3. *Subsidiarität des sekundären Rechtsschutzes?*

Die in Art. 235 iVm Art. 288 Abs. 2 EGV vorgesehene Gewährung von Schadenersatz ist eine Form des sog. sekundären Rechtsschutzes. Denn es wird, anders als bei der Nichtigkeitsklage (Art. 230 EGV) und der Untätigkeitsklage (Art. 232 EGV), die darauf gerichtet sind, das Schaden verursachende hoheitliche Verhalten zu beseitigen (sog. primärer Rechtsschutz), nicht die Schadensquelle bekämpft, sondern (nur) die

---

[214] *Von Bogdandy* (Fn. 176) Art. 215, Rn. 30.

[215] Vgl. dazu *Berg* (Fn. 176) Art. 288, Rn. 36ff.; *Lageard* (Fn. 176) Art. 288, Rn. 25f.; *Ruffert* (Fn. 176) Art. 288, Rn. 13; *Ossenbühl* (Fn. 75) 591ff. mwN.

[216] EuGH, Urt. v. 2. 12. 1971, Rs. 5/71 – Schöppenstedt/Rat –, Slg. 1971, 975, 984f., Rn. 11. Vgl. dazu *Berg* (Fn. 176) Art. 288, Rn. 42ff.; *Lageard* (Fn. 176) Art. 288, Rn. 28ff.; *Ruffert* (Fn. 176) Art. 288, Rn. 11, 14ff.; *Ossenbühl* (Fn. 75), 585ff. mwN; *Herdegen* Die Haftung der EWG für fehlerhafte Rechtssetzungsakte, 1983.

[217] Vgl. dazu *Berg* (Fn. 176) Art. 288, Rn. 57; *Gilsdorf/Oliver* (Fn. 212) Art. 215, Rn. 44ff.; *Detterbeck* (Fn. 176) § 5, Rn. 49 mwN.

[218] Vgl. *Berg* (Fn. 176), Art. 288, Rn. 58; *Ossenbühl* (Fn. 75) 607ff. mwN.

[219] Obiter dictum in EuG, Urt. v. 28. 4. 1998, Rs. T-184/95 – Dorsch Consult/Rat –, Slg. 1998 II, 667, 688, Rn. 59 mwN. Siehe zu diesem Problem unten III. 4.

Schadensfolge liquidiert.[220] Auch für die Haftung der EG stellt sich die Frage, ob der Geschädigte zunächst alle Möglichkeiten des Primärrechtsschutzes ausschöpfen muss, bevor er Schadenersatz geltend machen kann, oder ob der Schadenersatzanspruch selbständig neben den Rechtsbehelfen des Primärrechtsschutzes besteht oder ob zwischen Primär- und Sekundärrechtsschutz Zusammenhänge und Abhängigkeiten bestehen.[221] Nach ständiger Rechtsprechung des EuGH seit den Urteilen Lütticke und Schöppenstedt ist die Schadenersatzklage ein selbständiger Rechtsbehelf mit eigener Funktion im System der Klagemöglichkeiten.[222] Sie ist insoweit nicht subsidiär gegenüber den Klagearten des primären Rechtsschutzes.[223] Diese eigene Funktion besteht vor allem darin, Defizite beim primären Individualrechtsschutz, insbesondere hinsichtlich der Normenkontrolle, auszugleichen.[224] Eine Schadenersatzklage wird jedoch wegen Verfahrensmissbrauchs dann als unzulässig abgewiesen, wenn der Nachweis erbracht wird, dass mit ihr in Wirklichkeit die Aufhebung einer Einzelfallentscheidung begehrt wird.[225] Eine unzulässige Erschleichung des Rechtswegs wird insbesondere dann angenommen, wenn die Schadenersatzklage auf Ersatz derjenigen finanziellen Folgen einer Einzelfallentscheidung abzielt, die bei rechtzeitiger Inanspruchnahme der anderen vom EG-Vertrag vorgesehenen Klagemöglichkeiten (Nichtigkeits- und Untätigkeitsklage) hätte abgewendet werden können.[226] Insoweit wird somit durch das Verbot der sog. „konkreten Umgehung"[227] die Inanspruch-

---

[220] Vgl. zu dieser Differenzierung *Ossenbühl* (Fn. 75) 564; *Axer* Primär- und Sekundärrechtsschutz im öffentlichen Recht, DVBl. 2001, 1322, 1322f. mwN zu unterschiedlichen Zuordnungen zB des Folgenbeseitigungsanspruchs.

[221] Vgl. dazu eingehend *Ossenbühl* (Fn. 75) 564ff. mwN, auch zur Rechtslage nach dem EGKSV. Auf diesen, der am 23. 7. 2002 ausläuft, wird hier nicht eingegangen.

[222] EuGH, Urt. v. 28. 4. 1971, Rs. 4/69 – Lütticke/Kommission-, Slg. 1971, 325, 336, Rn. 6; Rs. 5/71 (Fn. 216) Slg. 1971, 975, 983f., Rn. 3, basierend auf Generalanwalt Roemer, Schlussanträge, Slg. 1971, 987, 989ff. Anders noch EuGH, Rs. 25/62 (Fn. 213) Slg. 1963, 211, 240. Vgl. dazu zB *Cremer* in: Calliess/Ruffert (Fn. 135), Art. 235, Rn. 7; *Berg* (Fn. 176) Art. 288, Rn. 17 mwN.

[223] *Borchardt* in: Lenz (Fn. 176) Art. 235, Rn. 9.

[224] Vgl. *Schwarze* in: Schwarze (Fn. 176) Art. 235, Rn. 3; *von Bogdandy* (Fn. 176) Art. 215, Rn. 42; *Rengeling/Middecke/Gellermann* (Fn. 177) Rn. 243; *Ossenbühl* (Fn. 75) 567.

[225] EuGH, Urt. v. 26. 2. 1986, Rs. 175/84 – Krohn/Kommission –, Slg. 1986, 753, 770, Rn. 33; EuGH, Urt. v. 12. 11. 1981, Rs. 543/79 – Birke/Kommission –, Slg. 1981, 2669, 2695, Rn. 28; EuG, Urt. v. 18. 9. 1995, Rs. T-167/94 – Nölle/Rat –, Slg. 1995 II, 2589, 2603f., Rn. 30.

[226] EuGH, Urt. v. 26. 10. 1995, verb. Rs. C-199/94 P und C-200/94 P – Pesquería Vasco Montañesa/Kommission –, Slg. 1995 I, 3709, 3720f., Rn. 27.

[227] *Gilsdorf/Oliver* (Fn. 212) Art. 215, Rn. 37.

nahme primären Rechtsschutzes gefordert, soweit diese zumutbar ist. Dies ist Ausdruck des allgemeinen Rechtsgrundsatzes der Schadensminderungspflicht des Geschädigten.[228] Die Schadenersatzklage ist demnach zwar selbständig, aber auf die Verfolgung echter Schadenersatzansprüche beschränkt (Alternativität primärer und sekundärer Ansprüche).[229] In diesem Rahmen kann die Schadenersatzklage mit der Nichtigkeits- oder Untätigkeitsklage verbunden werden.[230]

Ein weiteres Problem ergibt sich aus dem Vollzug des Gemeinschaftsrechts durch nationale Behörden, nämlich das Verhältnis der Schadenersatzklage gemäß Art. 235/Art. 288 Abs. 2 EGV zu nationalen Rechtsbehelfen. Eine sachgerechte Lösung muss hier im Gesamtkontext der gemeinschaftlichen und nationalen Rechtsbehelfe und der materiellen Rechtsinstitute gesucht werden.[231] Bei der Abgrenzung des Geltungsbereichs der jeweiligen Haftungssysteme und der Zuweisung der Lastentragung liegt es nahe, darauf abzustellen, wer für den Fehler verantwortlich ist. Fälle, in denen der nationale Vollzugsakt auf einer rechtswidrigen EG-Norm beruht (sog. „Beruhensfälle") und die verursachten Schäden nicht durch schlichte Rückerstattung gezahlter Gelder behoben werden können, offenbarten aber, dass sich diese Trennung nicht immer ohne weiteres durchführen lässt. Der Geschädigte droht zwischen die Fronten Gemeinschaft/Mitgliedstaat zu geraten, die jeweils ihr Haftungssystem für subsidiär erklären.[232] Nach Schwankungen und Unsicherheiten hat der EuGH eine Subsidiaritätsdoktrin dahingehend entwickelt, dass die gegen den Vollzugsakt unmittelbar zur Verfügung stehenden (primären) Rechtsbehelfe in Anspruch genommen werden müssen, wobei die Rechtswidrigkeit eines die nationalen Organe bindenden Gemeinschaftsakts (zB Verordnung oder Richtlinie) inzident gerügt werden kann (vgl. Art. 241 EGV), was ggf zur Vorlage gemäß Art. 234 EGV führt. Dies steht allerdings unter dem Vorbehalt der Effektivität und der Zumutbarkeit des konkreten mitgliedstaatlichen Primärrechtsschutzes. Genügt dieser nicht oder nicht gänzlich, kann wegen des rechtswidrigen Gemeinschaftsakts

---

[228] Vgl. dazu *von Bodgandy* (Fn. 176) Art. 215, Rn. 43ff.; zu den Folgen hinsichtlich des Ausschlusses von Naturalrestitution und Folgenbeseitigung vgl. ebd., Rn. 112. Ebenso *Gilsdorf/Oliver* (Fn. 212) Art. 215, Rn. 59. A.A. *Zenner* (Fn. 176) 150 mwN, der die Rechtsprechung des EuGH auf die entschiedenen Fälle von Beamtenklagen beschränken möchte.

[229] *Ossenbühl* (Fn. 75) 568f.

[230] Vgl. zB EuGH, Urt. v. 26. 6. 1990, Rs. C-152/88 – Sofrimport/Kommission –, Slg. 1990 I, 2477, 2507, 2510.

[231] Zutreffend *von Bogdandy* (Fn. 176) Art. 215, Rn. 47.

[232] Vgl. zu dem Problem am Beispiel des Falles Kampffmeyer (Fn. 211) *Ossenbühl* (Fn. 75) 569ff.

Klage gemäß Art. 288 Abs. 2 iVm Art. 235 EGV erhoben werden.[233] Für „hausgemachte", dh nicht gemeinschaftsrechtlich determinierte Vollzugsfehler haftet der Mitgliedstaat.[234]

4. *Mögliche Rechtsschutzlücken im Zusammenwirken von gemeinschaftlichem und nationalem Rechtsschutz in Gemeinschaftsrechtssachen*

Das eben angesprochene Problem möglicher Lücken zwischen dem gemeinschaftlichen und dem mitgliedstaatlichen Rechtsschutzsystem ist nahe liegend bei getrennten und doch „verzahnten" Rechtsordnungen[235] ohne eindeutige Kollisionsregeln,[236] ungeachtet des anerkannten Anwendungsvorrangs des Gemeinschaftsrechts. Hier je ein weiteres Beispiel aus den Bereichen primärer und sekundärer Rechtsschutz:

Im Urteil Foto-Frost hatte der EuGH erkannt, dass sein Verwerfungsmonopol hinsichtlich Gemeinschaftsrecht wegen der mit der Vorlage gemäß Art. 234 EGV verbundenen Zeitverzögerung Probleme im Verfahren der einstweiligen Anordnung bereiten könnte.[237] In den Urteilen Zuckerfabrik Süderdithmarschen und Atlanta hat der Gerichtshof daher sowohl die Aussetzung der Vollziehung eines auf einer EG-Verordnung beruhenden nationalen Verwaltungsakts als auch den Erlass einer positiven Anordnung, durch die eine EG-Verordnung vorläufig unanwendbar wird, zugelassen, sofern das nationale Gericht sich dabei von den Maßstäben leiten lässt, die für den gemeinschaftsrechtlichen vorläufigen Rechtsschutz durch den EuGH gemäß Art. 242/243 EGV gelten. Danach muss das Gericht auch unter Berücksichtigung des Ermessensspielraums, der nach der Rechtsprechung des EuGH den Gemeinschaftsorganen in den betroffenen Sektoren zuzuerkennen ist, erhebliche Zweifel an der Gültigkeit der EG-Verordnung haben, die Entscheidung dringlich sein, dem Antragsteller ein schwerer und nicht wieder gutzumachender Schaden drohen und das Interesse der Gemeinschaft an der Anwendung ihres Rechts angemessen berücksichtigt werden.[238] Dies gilt nach dem

---

[233] Grundlegend EuGH, Urt. v. 12. 4. 1984, Rs. 281/82 – Unifrex/Kommission und Rat –, Slg. 1984, 1969, 1982, Rn. 11; Urt. v. 19. 9. 1987, Rs. 81/86 – Debor Boisen/Rat und Kommission –, Slg. 1987, 3677, 3692, Rn. 9. Vgl. dazu *Ossenbühl* (Fn. 75) 571ff. in Auseinandersetzung mit dem kritischen Schrifttum; *Detterbeck* (Fn. 176) § 5, Rn. 54ff.

[234] Vgl. *Ossenbühl* (Fn. 75) 576f. mwN.

[235] Vgl. dazu *Streinz* (Fn. 120) Rn. 175ff.

[236] Vgl. dazu *Rohde* (Fn. 14) 112ff. („Exakte Kollisionsregeln für Gemeinschaftsrecht und nationales Recht – Schimären?").

[237] EuGH, Rs. 314/85 (Fn. 189) Slg. 1987, 4199, 4232, Rn. 19.

[238] EuGH, Urt. v. 21. 2. 1991, verb. Rs. C-143/88 und C-92/89 – Zuckerfabrik Süderdithmarschen/HZA Itzehoe –, Slg. 1991 I, 415, 542ff., 544, Rn. 33; Urt. v. 9. 11. 1995,

Urteil T-Port allerdings dann nicht, wenn das Gemeinschaftsrecht vorsieht, dass in Härtefällen die EG-Kommission die gebotenen besonderen Maßnahmen erlässt. Gegen deren Untätigkeit stünde nämlich der Rechtsschutz gemäß Art. 232 Abs. 3 EGV zur Verfügung, in dessen Rahmen der EuGH (bzw das EuG) auf Antrag des Klägers einstweilige Anordnungen nach Art. 243 EGV treffen könne. Im übrigen könnten der Mitgliedstaat oder der Kläger beim EuGH (bzw EuG) Nichtigkeitsklage (Art. 230 Abs. 2 bzw 4 EGV) erheben, falls die Kommission es ausdrücklich ablehnen oder einen anderen Rechtsakt erlassen sollte als den von den Betroffenen begehrten oder für erforderlich gehaltenen.[239] Dem ist zwar insoweit zuzustimmen, als im Interesse der Einheitlichkeit des Gemeinschaftsrechts nationaler Rechtsschutz generell subsidiär nur dann in Frage kommt, wenn auf Gemeinschaftsebene keine Abhilfemöglichkeit besteht oder diese den unerlässlichen verfassungsrechtlichen Anforderungen[240] nicht entspricht. Allerdings müsste der EuGH noch präzisieren, wann auf Gemeinschaftsebene keine Abhilfemöglichkeit besteht bzw inwieweit er hinreichenden vorläufigen Rechtsschutz in solchen Fällen gewährleisten kann.[241] Nicht ohne Grund gehört die Frage des vorläufigen Rechtsschutzes, auch wegen des damit verbundenen und noch anzusprechenden Methodenproblems, zu den am meisten diskutierten Themen der Europäisierung des Verwaltungsrechts und Verwaltungsprozessrechts.[242]

Ein spezielles Problem sekundären Rechtsschutzes offenbarte sich bei der Durchführung der Embargomaßnahmen gegen den Irak, nämlich die Entschädigung für bestimmte Folgen recht*mäßiger* nationaler Maßnahmen, die auf Vorgaben supra- und internationaler Organisationen zurück-

---

Rs. C-465/93 – Atlanta/Bundesamt für Ernährung und Forstwirtschaft –, Slg. 1995 I, 3761, 3790ff., Rn. 14ff.

[239] EuGH, Urt. v. 26. 11. 1996, Rs. C-68/95 – T-Port GmbH und Co. KG/BLE –, Slg. 1996 I, 6065, 6104ff., Rn. 53ff.

[240] Vgl. dazu *Lehr* (Fn. 14) 345ff.

[241] Zu Recht kritisch *Koenig* Gemeinschaftsrechtliche Unzulässigkeit einstweiliger Regelungsanordnungen gem. § 123 I VwGO im mitgliedstaatlichen Vollzug einer Gemeinsamen Marktorganisation?, EuZW 1997, 206ff.; *Ohler/Weiß* Einstweiliger Rechtsschutz vor nationalen Gerichten und Gemeinschaftsrecht, NJW 1997, 2221, 2221f.; *Schoch* Europäisierung (Fn. 10) 48.

[242] Vgl. neben den in Fn. 14 genannten Monographien von *Buck*, *von Fragstein*, *Lehr* und *Rohde*, *Gehrmann* Vorläufiger Rechtsschutz im Recht der Europäischen Gemeinschaft unter Berücksichtigung seiner Ausgestaltung in den Mitgliedstaaten, Diss. Bonn 1994; *Haibach* Gemeinschaftsrecht und vorläufiger Rechtsschutz durch mitgliedstaatliche Gerichte, 1995; *Krumbacher* Vorläufiger Rechtsschutz vor nationalen Gerichten in Fällen mit Gemeinschaftsrechtsbezug, 1998.

gehen.[243] Aufgrund einer verbindlichen (vgl. Art. 25 der Satzung der Vereinten Nationen) Resolution des Sicherheitsrats der Vereinten Nationen erließ der Rat der EG nach einem entsprechenden Beschluss der damaligen EPZ eine Verordnung zur Verhinderung des Irak und Kuwait betreffenden Handelsverkehrs der Gemeinschaft, die in Deutschland durch eine Rechtsverordnung ergänzt wurde, die die gemeinschaftsrechtlichen Vorgaben übernimmt und mit Strafe bewehrt.[244] Eine Klage eines betroffenen Unternehmens auf Entschädigung bzw Schadenersatz wegen vergeblicher Aufwendungen und entgangenen Gewinns wies der BGH schon deshalb ab, weil der Schaden mittelbar auf das von der EG ausgesprochene Verbot zurückzuführen und daher – unabhängig von der Frage der Rechtmäßigkeit der EG-Verordnung – allein der Gemeinschaft anzulasten sei.[245] Dies wurde als unbefriedigend empfunden, soweit die Voraussetzungen eines „Sonderopfers" tatsächlich gegeben sind, da der Verweis auf die EG leerliefe, weil das Gemeinschaftsrecht (bislang) keinen Haftungsanspruch wegen rechtmäßiger Rechtsbeeinträchtigungen, etwa ähnlich dem deutschen Aufopferungsgedanken, kenne. Die seitens der EG gelegentlich vorgenommene Milderung von Härten durch kompensatorisch ausgerichtete Beihilfen widerspreche einem erreichten rechtsstaatlichen Standard, der fordere, das Rechtssubjekt bei Rechtseinbußen mit Ansprüchen auszustatten, statt auf „hoheitliche Wohltätigkeit" zu verweisen.[246] Dem Ansatz, gegen die Gemeinschaftsorgane auf ergänzende Rechtssetzung im Hinblick auf eine Entschädigungsregel zu klagen, stehe die Zurückhaltung des EuGH bei der Annahme von Rechts-

---

[243] Vgl. dazu *von Bogdandy* Das deutsche Staatshaftungsrecht vor der Herausforderung der Internationalisierung: Zum Verhältnis von rechtlicher Gestaltungsmacht und Schadensverantwortung, AöR 122 (1997) 268 ff; *Kadelbach* Staatshaftung für Embargoschäden, JZ 1993, 1134ff.; ferner das publizierte Rechtsgutachten *Mestmäcker/Engel* Das Embargo gegen Irak und Kuwait. Entschädigungsansprüche gegen die Europäische Gemeinschaft und gegen die Bundesrepublik Deutschland – Ein Rechtsgutachten, 1991, das (aaO S. 17f.) auf weitere, nicht publizierte Rechtsgutachten verweist.

[244] Resolution des VN-Sicherheitsrats 661/90, ILM 1990, 1325; Verordnung 2340/90 des Rates vom 8. 8. 1990, ABl. Nr. L 213/1; 10. Verordnung zur Änderung der Außenwirtschaftsverordnung vom 9. 8. 1990, BAnz. 1990, 4065. Zu den Einzelheiten und ergänzenden Maßnahmen vgl. *Mestmäcker/Engel* (Fn. 243) 9ff. mwN. Kompetenzgrundlage der EG für Embargomaßnahmen ist seit dem Unionsvertrag von Maastricht Art. 301 (ex-Art. 228a) EGV, der die vorhergehende Praxis klarstellend kodifizierte.

[245] BGH, Urt. v. 27. 1. 1994, BGHZ 125, 27, 37.

[246] *Von Bogdandy* (Fn. 243) AöR 122 (1997) 284f., 286ff. Zu (fehlenden) Ansprüchen gegen die Vereinten Nationen oder gegen den Adressaten der Wirtschaftssanktionen vgl. *Kadelbach* (Fn. 243) JZ 1993, 1141f. Eine andere Frage sind Ausgleichsmaßnahmen gegenüber von Embargos besonders stark betroffenen Staaten aus politischen Gründen.

setzungspflichten entgegen.[247] Defizite auf Gemeinschaftsebene seien daher – unter Beachtung sonstiger gemeinschaftsrechtlicher Vorgaben, insbesondere des Beihilfeverbots – auf nationaler Ebene durch eine Ausdehnung des Anwendungsbereichs des deutschen Staatshaftungsrechts auszugleichen. Mit entsprechenden Differenzierungen müsse die EG angesichts der Pluralität der mitgliedstaatlichen Verfassungssysteme leben.[248] Allerdings hat das EuG jetzt, ebenfalls zu einem Irak-Embargo-Fall, die vom EuGH offen gelassenen Ansätze zur Entwicklung einer Art Aufopferungsanspruch für gravierende Nebenfolgen rechtmäßigen Gemeinschaftshandelns aufgegriffen und präzisiert, obwohl im konkreten Fall die tatsächlichen Voraussetzungen ersichtlich nicht gegeben waren.[249] Freilich bedarf dies noch weiterer Klarstellung, insbesondere hinsichtlich der Unterschiede zur Haftung für rechts*widriges* Handeln,[250] und Festigung.

5. *Vorgaben für das nationale Recht im Rahmen eines „kohärenten" Rechtsschutzsystems*

Im Urteil Süderdithmarschen hat der EuGH dem nationalen Rechtsschutz nicht nur die gemeinschaftsrechtlichen Schranken des Beeinträchtigungsverbots und des Äquivalenzgrundsatzes[251] vorgegeben, sondern ihn in das gemeinschaftsrechtliche Rechtsschutzsystem einbezogen. Die „Kohärenz des Systems des vorläufigen Rechtsschutzes" *verlange*, dass

---

[247] *Von Bogdandy* (Fn. 243) AöR 122 (1997) 84f. Zur Rechtswidrigkeit fehlender Entschädigungsregelungen vgl. auch *Detterbeck* (Fn. 176) § 5, Rn. 59.

[248] *Von Bogdandy* (Fn. 243) AöR 122 (1997) 285 unter Zurückweisung der Einwände aus EuGH, Urt. v. 27. 9. 1988, verb. Rs. 106–120/87 – Asteris AE ua/Griechische Republik und Europäische Wirtschaftsgemeinschaft –, Slg. 1988, 5515, 5529f., Rn. 17. Zu Lösungsmöglichkeiten siehe *von Bogdandy*, ebd., S. 288ff. Zu einer möglichen Entschädigung wegen Eigentumsverletzung in die Existenz bedrohenden Fällen vgl. auch *Kadelbach* (Fn. 243) JZ 1993, 1138.

[249] Rs. T-184/95 (Fn. 219) Slg. 1998 II, 667, 688, Rn. 59 mwN zur bisherigen Rechtsprechung des EuGH. Einen solchen Anspruch hatte bereits Generalanwalt Trabucchi in den Schlussanträgen zu EuGH, Urt. v. 4. 2. 1975, Rs. 169/73 – Compagnie Continentale –, Slg. 1975, 117, 141 bejaht. Vgl. dazu eingehend *Berg* (Fn. 176) Art. 288, Rn. 51ff. mwN; *Lageard* (Fn. 176) Art. 288, Rn. 39 f; *Haack* Die außervertragliche Haftung der EG für rechtmäßiges Verhalten, EuR 1999, 395ff. Sehr skeptisch *Ruffert* (Fn. 176) Art. 288, Rn. 18. Die Möglichkeit der Inanspruchnahme der EG unter dem Gesichtspunkt des Aufopferungsanspruches hatte bereits *Ress* in seiner Anmerkung zu BGHZ 125, 27, EuZW 1994, 223f. angesprochen. Vgl. auch *Kadelbach* (Fn. 243) JZ 1993, 1140f. und *von Bogdandy* (Fn. 243) AöR 122 (1997) 284, Fn. 73 mwN.

[250] Zutreffend *Haack* (Fn. 249) EuR 1999, 401.

[251] Siehe dazu oben Fn. 152 und 153.

das nationale Gericht den Vollzug eines auf einer EG-Verordnung beruhenden nationalen Verwaltungsakts aussetzen könne, wenn dessen Rechtmäßigkeit bestritten wird. Da diese Befugnis der nationalen Gerichte der Befugnis des EuGH nach Art. 242 EGV im Rahmen von Nichtigkeitsklagen nach Art. 230 EGV entspreche, könnten die nationalen Gerichte diesen Vollzug nur unter den Voraussetzungen aussetzen, die für den Erlass einer einstweiligen Anordnung durch den EuGH gelten.[252] Die Brisanz dieser Bindung an das EG-Prozessrecht und ihrer Auswirkungen auf die „Verfahrensautonomie" der Mitgliedstaaten wurde schnell erkannt.[253] Die Rechtsprechung des EuGH wurde und wird insoweit als kompetenzüberschreitend,[254] jedenfalls aber als methodisch wenig überzeugend kritisiert,[255] und zwar auch von vielen, die sie im Ergebnis für zutreffend halten.[256] Darauf kann hier nicht näher eingegangen werden. Eher einleuchtend erscheint das Argument des EuGH, dass er, wenn er schon seine Kompetenz zur Verwerfung, dh Nichtanwendung von Gemeinschaftsrecht – wenn auch nur vorübergehend – auf die nationalen Gerichte überträgt, was sich zwar im Urteil Foto-Frost andeutete, aber ebenso innovativ war,[257] die hier funktionell quasi als „Gemeinschaftsgerichte" und nicht nur als „Gemeinschafts*rechts*gerichte"[258] tätigen nationalen Gerichte an die Vorgaben „seines" EG-Prozessrechts binden möchte.[259] Allerdings hat der EuGH in seine „Kohärenz"-Argumentation auch die Vorgaben eingeschlossen, die er im Fall Factortame[260] für den nationalen vorläufigen Rechtsschutz nicht *gegen* Gemeinschaftsrecht, sondern zum Schutze gemeinschaftsrechtlich *verbürgter* Rechte gemacht hat.[261] Zwar war dort nicht auf Art. 242/243 EGV verwiesen worden; im

---

252 EuGH, verb. Rs. C-143/88 und C-92/89 (Fn. 238) Slg. 1991 I, 415, 540ff., Rn. 18, 27. Bestätigt in Rs. C-465/93 (Fn. 238) Slg. 1995 I, 3761, 3769, 27, 39 für „Verpflichtungsklagen" und einstweilige Anordnungen des EuGH gemäß Art. 243 EGV.

253 Vgl. zB *Gornig* Zum vorläufigen Rechtsschutz bei auf EG-Verordnungen beruhenden Verwaltungsakten, Anm. zu EuGH, 21. 2. 1991 – C-143/88, JZ 1992, 36, 39; *Nettesheim* GS Grabitz (Fn. 143) 462f.

254 Deutlich ablehnend *Schoch* (Fn. 10) Vor § 80, Rn. 26ff.; § 80 Rn. 270; *Rengeling/Middeke/Gellermann* (Fn. 177) Rn. 989 mwN.

255 Vgl. zum Streitstand eingehend *Lehr* (Fn. 14) 384ff.; *Rohde* (Fn. 14) 230ff.; *von Fragstein* (Fn. 14) 127ff. mwN.

256 So zB *Lehr* (Fn. 14) 528; *Rohde* (Fn. 14) 243.

257 Zutreffend erkannt von *Lehr* (Fn. 14) 386 mwN.

258 Vgl. zu dieser Differenzierung oben Fn. 148f.

259 Vgl. EuGH, verb. Rs. C-143/88 und C-92/89 (Fn. 238) Slg. 1991 I, 415/482, Rn. 27. Vgl. auch *Rohde* (Fn. 14) 239.

260 EuGH, Urt. v. 19. 6. 1990, Rs. C-213/89 – The Queen/Secretary of State for Transport, ex parte: Factortame, Slg. 1990 I, 2433, 2474, Rn. 21f.

261 Verb. Rs. C-143/88 und C-92/89 (Fn. 238) Slg. 1991 I, 415, 482, Rn. 23.

Süderdithmarschen-Urteil erfolgte aber keine Differenzierung.[262] Insoweit steht aber nicht die Verwerfung von EG-Sekundärrecht, sondern allein der einheitliche Vollzug von Gemeinschaftsrecht in Frage, zu dessen Sicherung bislang die vom EuGH der Verfahrensautonomie der Mitgliedstaaten gesetzten Schranken des Beeinträchtigungsverbots und des Äquivalenzgrundsatzes genügten. Das Argument des „effet utile", so berechtigt und übrigens auch geläufig es ist,[263] darf keine „Zauberformel" sein.[264] Es entbindet nicht davon, unter Beachtung der in Art. 5 EGV niedergelegten „Verfassungsprinzipien" der begrenzten Ermächtigung, der Subsidiarität und der Verhältnismäßigkeit zu begründen, inwieweit die einheitliche und effektive Durchsetzung des Gemeinschaftsrechts Beschränkungen der Verfahrensautonomie der Mitgliedstaaten erfordert. Gleiches gilt für das Argument der Kohärenz.[265] Sicherlich ist die Kohärenz eines Rechtsschutzsystems innerhalb einer Rechtsordnung und auch innerhalb so eng verzahnter Rechtsordnungen wie der des Gemeinschaftsrechts und denen der Mitgliedstaaten insoweit notwendig für deren Funktionieren, als die ungleiche Behandlung gleicher Sachverhalte und Wertungswidersprüche vermieden werden müssen.[266] Dies kann aber eine inhaltliche Begründung der konkreten Rechtsfolgen, der Erforderlichkeit der Einschränkung bis hin zur Beseitigung mitgliedstaatlicher Gestaltungsspielräume, nicht ersetzen.[267] Die Tendenz, nationales Recht, das zum Vollzug von Gemeinschaftsrecht eingesetzt wird, durch „Kohärenzargumente" zu „vergemeinschaften", setzte der EuGH hinsichtlich des sekundären Rechtsschutzes (gemeinschaftsrechtlich gebotener Staatshaftungsanspruch gegen die Mitgliedstaaten bei Verstößen gegen

---

[262] Vgl. *Lehr* (Fn. 14) 537f.

[263] Vgl. dazu *Streinz* FS Everling (Fn. 157) 1506ff.

[264] Vgl. *Kokott* Aussprache VVDStRL 53 (1994) 278.

[265] Dieses halten zB *Classen* (Fn. 165) NJW 1995, 2462, *Ukrow* Richterliche Rechtsfortbildung durch den EuGH, 1995, 270f. und *van Gerven* Bridging the gap between community and national laws: towards a principle of homogenity in legal remedies?, CMLRev 32 (1995) 679, 688 für durchgreifend. Vgl. zum Streitstand *Rohde* (Fn. 14) 223, Rn. 1125. Von einem Anspruch des einzelnen auf ein kohärentes Rechtsschutzsystem („un système cohérent") spricht auch der EGMR im Fall De Gouffre de la Pradelle (Fn. 42) Series A 253-B, Nr. 34.

[266] Vgl. *Rohde* (Fn. 14) 223. Das Problem stellt sich auch zB im Verwaltungsverfahrensrecht bei der Bestimmung des „Vertrauensschutzes" im Sinne von § 48 Abs. 2 VwVfG in Gemeinschaftsrechtsfällen (vgl. dazu *Streinz* [Fn. 120] Rn. 491) oder bei zugelassenen mitgliedstaatlichen Maßnahmen zur Beschränkung von Grundfreiheiten (vgl. dazu ebd., Rn. 366a).

[267] Vgl. auch *Schoch* Europäisierung (Fn. 10) 47f.; *Schenke* Der vorläufige Rechtsschutz zwischen Rechtsbewahrung und Flexibilitätsanforderungen, VBlBW 2000, 56, 65.

das Gemeinschaftsrecht) fort, indem er auf Art. 288 Abs. 2 EGV rekurrierte.[268] Sowohl beim primären wie beim sekundären Rechtsschutz ist jeweils zu fragen, ob und inwieweit die Übertragung der für das gemeinschaftsrechtliche Rechtsschutzsystem getroffenen Regelungen und Wertungen oder zumindest die Orientierung an diesen geboten ist.

IV. Vorgaben des Gemeinschaftsrechts für den nationalen Vollzug

1. Das Gebot effektiven Rechtsschutzes

a) Sekundärrechtliche Regelung – allgemeiner Rechtsgrundsatz

Während der EuGH es noch 1980 – allerdings in einer besonderen Fallkonstellation – abgelehnt hatte, die Mitgliedstaaten ohne besondere sekundärrechtliche Grundlage zur Gewährung gerichtlichen Rechtsschutzes zu verpflichten,[269] sah er sechs Jahre später im Fall Johnston in dem in Art. 6 der Gleichbehandlungsrichtlinie[270] vorgeschriebenen gerichtlichen Rechtsschutz, den die Mitgliedstaaten gewährleisten müssen, den „Ausdruck eines allgemeinen Rechtsgrundsatzes", der den gemeinsamen Verfassungstraditionen der Mitgliedstaaten zugrunde liege und auch in Art. 6 und 13 EMRK verankert sei.[271] Im Urteil Heylens wurde die „Gewährleistung eines effektiven Rechtsschutzes" durch gerichtlichen Rechtsschutz als „allgemeiner Rechtsgrundsatz" bestätigt.[272] In Fortführung dieser Rechtsprechung wurden die innerstaatlichen Gerichte für verpflichtet erachtet, ggf bei Fehlen entsprechender nationaler Vorschriften in eigener Initiative einen effektiven Rechtsweg zu eröffnen

---

[268] EuGH, verb. Rs. C-46/93 und C-48/93 (Fn. 176) Slg. 1996 I, 1029, 1046f., Rn. 40–42. Vgl. dazu *Streinz* Anmerkung zu dem EuGH-Urteil in der Rechtssache Brasserie du Pêcheur und Factortame, EuZW 1996, 201, 203. Zu den Orientierungen an Art. 288 Abs. 2 EGV im einzelnen vgl. *Beljin* Staatshaftung im Europarecht, 2000, 33f., 37f., 148ff.

[269] EuGH, Urt. v. 6. 5. 1980, Rs. 152/79 – Lee –, Slg. 1980, 1495, 1508f., Rn. 15ff. Vgl. dazu *Tonne* (Fn. 10) 201 mwN.

[270] Richtlinie 76/207/EWG zur Verwirklichung des Grundsatzes der Gleichbehandlung von Männern und Frauen hinsichtlich des Zugangs zur Beschäftigung, zur Berufsbildung und zum beruflichen Aufstieg sowie in Bezug auf die Arbeitsbedingungen vom 9. 2. 1976, ABl. 1976 Nr. L 39/40 (Sartorius II, Nr. 187a).

[271] EuGH, Urt. v. 15. 5. 1986, Rs. 222/84 – Johnston/Chief Constable of the Royal Ulster Constabulary –, Slg. 1986, 1651, 1682, Rn. 18.

[272] EuGH, Urt. v. 15. 10. 1987, Rs. 222/86 – Unectef/Heylens –, Slg. 1987, 4097, 4117, Rn. 14.

(Rechtswegegebot).[273] Ferner wurden aus diesem primärrechtlichen Gebot konkrete Forderungen für das nationale Recht (zB Pflicht, Verwaltungsakte zu begründen; Fristen)[274] abgeleitet. Daneben besteht eine Vielzahl sekundärrechtlicher Vorschriften zur obligatorischen Rechtswegeröffnung,[275] die subjektive Rechtswegegarantien begründen (zB Gleichbehandlungsrichtlinien; Zollkodex) oder – darüber hinaus – die Mitgliedstaaten zur Errichtung bestimmter Rechtsschutzinstanzen verpflichten (zB EG-Vergaberecht).[276]

b) Funktionen des effektiven Rechtsschutzes

Das Gebot effektiven Rechtsschutzes gilt zwar als allgemeiner Rechtsgrundsatz im Rahmen eines „umfassenden Rechtsschutzsystems" sowohl gegenüber den Gemeinschaftsorganen als auch gegenüber den Organen der Mitgliedstaaten.[277] Es hat aber in beiden Ebenen ungeachtet gemeinsamer Grundansätze unterschiedliche Funktionen. Es dient zwar in beiden Ebenen in einer Art Doppelfunktion dem Individualrechtsschutz und der Kontrolle der Einhaltung des Rechts. Während letzteres auf Gemeinschaftsebene aber vor allem das sog. institutionelle Gleichgewicht sichern soll,[278] geht es gegenüber den Mitgliedstaaten insoweit um die Aktivierung von Individuen im Rahmen der dezentralen Kontrolle der einheitlichen Anwendung des Gemeinschaftsrechts.[279] Damit wird einer

---

[273] Obiter dictum in EuGH, Urt. v. 3. 2. 1992, Rs. C-97/91 – Oleificio Borelli/Kommission –, Slg. 1992 I, 6313, 6334, Rn. 13. Vgl. dazu *Temple Lang* The Duties of National Courts under Community Constitutional Law, ELR 22 (1997) 3, 6.

[274] Vgl. zB EuGH, Urt. v. 12. 3. 1987, Rs. 178/84 – Kommission/Deutschland („Reinheitsgebot für Bier") –, Slg. 1987, 1227, 1274, Rn. 45f. Vgl. dazu *Tonne* (Fn. 10) 200ff.; *Dörr* (Fn. 10) Rn. 429, 431 mwN.

[275] Übersicht bei *Tonne* (Fn. 10) 363f. mwN.

[276] Vgl. dazu *Dörr* (Fn. 10) Rn. 430 mwN. Zu sekundärrechtlichen Regelungen verwaltungsprozessualer Detailfragen vgl. *Tonne* (Fn. 10) 64ff. mwN.

[277] Vgl. Rs. 294/83 (Fn. 196) Slg. 1986, 1339, 1359, Rn. 3 – Les Verts. Vgl. dazu *Lennaerts* The legal protection of private parties under the EC Treaty: a coherent and complete system of judicial review?, FS Mancini, Bd. II, 1998, 591ff. Gegenüber den Gemeinschaftsorganen vgl. EuG, Urt. v. 27. 6. 1995, Rs. T-186/94 – Guérin automobiles/Kommission –, Slg. 1995 II, 1753, 1765, Rn. 23; gegenüber den Mitgliedstaaten vgl. EuGH, Rs. C-97/91 (Fn. 273) Slg. 1992 I, 6313, 6334, Rn. 14. Vgl. dazu *Wegener* in: Calliess/Ruffert (Fn. 135) Art. 220, Rn. 26 mwN.

[278] Vgl. EuGH, Urt. v. 29.10.1980, Rs. 138/79 – Roquette Frères/Rat („Isoglucose") –, Slg. 1980, 3333, 3360, Rn. 32f.

[279] Eingehend dazu *Masing* Die Mobilisierung des Bürgers für die Durchsetzung des Rechts. Europäische Impulse für eine Revision der Lehre vom subjektiv-öffentlichen Recht, 1997, 19ff. Vgl. bereits *Rengeling* (Fn. 9) VVDStRL 53 (1994) 213f. mwN.

strukturell bedingten Vollzugsschwäche des Gemeinschaftsrechts entgegengewirkt.[280] Diese Instrumentalisierung des Bürgers als „Hilfspolizisten“[281] oder – eleganter – „Wächter über die Einhaltung der Gemeinschaftsverträge“[282] oder „procureur du droit“[283] steht aber der Funktion des Individualrechtsschutzes nicht entgegen, sondern tritt zu ihr hinzu. Mag die Rechtsprechung des EuGH manchmal auch dazu verleiten, das Gebot des effektiven Rechtsschutzes darf nicht „eindimensional“[284] verstanden werden. Es muss vielmehr im Sinne der Sicherung der Funktionsfähigkeit der „Gesamtgemeinschaft“ begriffen werden, die gegenläufige Interessen im Beziehungsgeflecht Gemeinschaft-Staat-Individuum ausgleicht.[285] Dabei sind freilich auch die dogmatischen und praktischen Folgen dieser Sichtweise zu beachten,[286] will man die Auswirkungen der gemeinschaftsrechtlichen Vorgaben für das deutsche öffentliche Recht sowohl im Primär- als auch im Sekundärrechtsschutz richtig erfassen und bewerten.

Gegenüber den Gemeinschaftsorganen kann durch Individualklagen zugleich das Kompetenzgefüge zwischen EG und Mitgliedstaaten gewahrt werden.[287] Klagen vor mitgliedstaatlichen Gerichten können zum

---

280 Vgl. dazu *Pühs* Der Vollzug von Gemeinschaftsrecht. Formen und Grenzen eines effektiven Gemeinschaftsrechtsvollzugs und Überlegungen zu seiner Effektuierung, 1997, 371 ff. Für das Umweltrecht vgl. *Albin* Die Vollzugskontrolle des europäischen Umweltrechts, 1999, 163 ff., differenzierend nach primärem und sekundärem Rechtsschutz.

281 So *von Danwitz* Normkonkretisierende Verwaltungsvorschriften, VerwArch 84 (1993) 73, 87.

282 So *Schwarze* Die gerichtliche Kontrolle der europäischen Wirtschaftsverwaltung, in: Schwarze/Schmidt-Aßmann (Hrsg.) Das Ausmaß der gerichtlichen Kontrolle im Wirtschaftsverwaltungs- und Umweltrecht – Vergleichende Studien zur Rechtslage in Deutschland, Frankreich, Griechenland und in der Europäischen Gemeinschaft, 1992, 203, 209.

283 So *von Danwitz* Zur Grundlegung einer Theorie der subjektiv-öffentlichen Gemeinschaftsrechte, DÖV 1996, 481, 484.

284 Vgl. *von Danwitz* (Fn. 10) 377 ff., 471 ff.; *Tonne* (Fn. 10) 269 f., 288 ff., 295 f.

285 Zutreffend *Tonne* (Fn. 10) 297 f. Vgl. auch *Schmidt-Aßmann* Empfiehlt es sich, das System des Rechtsschutzes und der Gerichtsbarkeit in der Europäischen Gemeinschaft weiterzuentwickeln?, JZ 1994, 832, 834 gegenüber *dems.* Deutsches und Europäisches Verwaltungsrecht – Wechselseitige Einwirkungen, DVBl. 1993, 924, 931. Vgl. bereits *Zuleeg* Hat das subjektive öffentliche Recht noch eine Daseinsberechtigung?, DVBl. 1976, 509, 521. Vgl. auch *Classen* Der einzelne als Instrument zur Durchsetzung des Gemeinschaftsrechts?, VerwArch 88 (1997) 645 ff.

286 Vgl. *Masing* (Fn. 279) 175 ff.

287 Soweit ersichtlich gibt es dazu zwar noch kein Beispiel. Nachdem der EuGH aber die Tabakwerbeverbotsrichtlinie durch Urt. v. 5. 10. 2000, Rs. C-376/98 – Deutschland/Europäisches Parlament und Rat –, Slg. 2000 I, 2247 wegen Kompetenzüberschreitung für nichtig erklärt hat, die Kommission aber in ihrem neuen Vorschlag dem Urteil nicht

einen der Durchsetzung von gemeinschaftsrechtlich garantierten Rechten („Implementierung" des Gemeinschaftsrechts), zum anderen aber auch der Abwehr gemeinschaftsrechtlicher Vorgaben dienen.[288] In beiden Fällen müssen die nationalen Institute des Rechtsschutzes gemeinschaftsrechtlich „aufgeladen"[289] werden. Während dies in ersterem Fall eher zu einer Aktivierung bzw Erweiterung führt, ist in letzterem Fall bei stark ausgebauten Systemen individuellen Rechtsschutzes tendenziell eine Reduktion geboten.[290]

c) *Folgen für das Recht der Mitgliedstaaten*

Die Vorgaben des gemeinschaftsrechtlichen effektiven Rechtsschutzes können erhebliche Folgen für das Recht der Mitgliedstaaten haben, und zwar nicht nur in Rand-, sondern in Zentralbereichen.[291] Dies betrifft andere Rechtsordnungen zum Teil stärker als die deutsche, wie der Fall Factortame zeigt.[292] Der EuGH forderte darin, dass in England entgegen der bestehenden Rechtslage vorläufiger Rechtsschutz zum Schutz gemeinschaftsrechtlich begründeter Rechte selbst gegen Parlamentsgesetze gewährt werden müsse.[293] Das Urteil erregte erhebliches Aufsehen, wurde aber rasch befolgt[294] und führte schließlich dazu, dass in England vorläufiger Rechtsschutz allgemein, dh auch ohne gemeinschaftsrechtliche Verpflichtung, gewährt wurde.[295]

---

hinreichend Rechnung trägt (vgl. *Dauses* EuZW 2001, 577), könnte es ggf neben einer erneuten Klage Deutschlands zu entsprechenden Klagen von Unternehmen kommen.

[288] Vgl. zur „Implementierungsfunktion" *Dörr* (Fn. 10) Rn. 358, 410ff., zur „Abwehrfunktion" ebd., Rn. 359, 497ff.

[289] Zum Begriff vgl. *Dörr* (Fn. 10) Rn. 453.

[290] Siehe zum deutschen Recht unten IV. 2.

[291] Vgl. *Schoch* Die Europäisierung des Allgemeinen Verwaltungsrechts, JZ 1995, 109ff. Vgl. auch Fn. 165.

[292] Zutreffend *Jannasch* Wechselwirkung zwischen nationalem Verwaltungsrecht und europäischem Gemeinschaftsrecht – aus deutscher Perspektive, in: Magiera/Sommermann (Hrsg.), Verwaltung in der Europäischen Union, 2001, 27, 33.

[293] EuGH, Rs. C-213/89 (Fn. 260) Slg. 1990 I, 2433, 2474, Rn. 21. Zum Einfluss auf das französische Recht vgl. *Woehrling* Wechselwirkung zwischen nationalem Verwaltungsrecht und Europäischem Gemeinschaftsrecht – aus französischer Perspektive, in: Magiera/Sommermann (Fn. 292) 45, 46ff.; zum Einfluss auf das italienische Recht vgl. *Galetta*, ebd., 63, 66ff.

[294] Vgl. dazu *Lehr* (Fn. 14) 140ff.

[295] House of Lords, Urt. v. 27. 7. 1993 M. v. Home Office, The Weekly Law Reports, Bd. 3/1993, 433, 466ff. Vgl. dazu *Craig* Administrative Law, 4. Aufl. 1999, 839; *Cane* The Constitutional Basis of Judicial Remedies in Public Law, in: Leyland/Woods (Hrsg.) Administrative Law Facing the Future, 1997, 241ff., 249; *Classen* (Fn. 10) 8. Zur „anregenden" Funktion des Gemeinschaftsrechts siehe unten V.

2. *Folgen für den primären Rechtsschutz im deutschen Verwaltungsprozessrecht*

Die gemeinschaftsrechtlichen Vorgaben wirken sich im Primärrechtsschutz des deutschen öffentlichen Rechts allgemein[296] vor allem bei der Klagebefugnis und im vorläufigen Rechtsschutz aus.

a) *Klagebefugnis*

Ungeachtet der „Verfahrensautonomie" der Mitgliedstaaten muss das nationale Prozessrecht die gerichtliche Durchsetzung gemeinschaftsrechtlicher Rechtspositionen ermöglichen.

Das auf den Individualrechtsschutz ausgerichtete deutsche System fordert für die Klagebefugnis gemäß § 42 Abs. 2 VwGO die Verletzung eines subjektiven öffentlichen Rechts („in seinen Rechten verletzt") und unterscheidet sich dadurch insbesondere vom französischen System der „Interessentenklage" (*nicht* Popularklage), an dem sich wohl auch der EuGH orientiert,[297] wenngleich die vielfach verwendete Abgrenzung zwischen Systemen objektiver Rechtskontrolle und subjektiven Individualrechtsschutzes die komplexen Systeme wohl materiell nur unzulänglich charakterisiert.[298] Da die Klagebefugnis an das Vorliegen eines *materiell*-rechtlichen subjektiven Rechts anknüpft, ergeben sich keine Besonderheiten, wenn der deutsche Gesetzgeber zur Umsetzung des Gemeinschaftsrechts solche subjektive Rechte begründet. Allerdings stellt sich bereits hier die Frage, ob man bei dieser Feststellung, legt man die deutsche „Schutznormtheorie" zugrunde, auf die Motive verzichten kann.[299] Problematischer sind die Fälle, in denen das Gemeinschaftsrecht die Klagbarkeit

---

[296] Zu besonderen Vorgaben, zB für das Vergaberecht, die sich sowohl im primären (Einräumung klagbarer Rechte) als auch im sekundären Rechtsschutz (Entschädigung bzw Schadenersatz bei festgestellten und nicht mehr behebbaren Schäden) auswirken, vgl. *Kokott* in: Byok/Jaeger (Hrsg.) Kommentar zum Vergaberecht, 2000, Einführung, Rn. 15ff. mwN und *Puhl* Der Staat als Wirtschaftssubjekt und Auftraggeber, VVDStRL 60 (2001) 456, 466f., 503f.

[297] Vgl. *Masing* (Fn. 279) 196ff.; *Halfmann* Entwicklungen des Verwaltungsrechtsschutzes in Deutschland, Frankreich und Europa, VerwArch 91 (2000) 74, 76ff.

[298] Vgl. Tonne (Fn. 10) 142f. im Anschluss an seine rechtsvergleichende Untersuchung ebd., 47ff. Vgl. auch den Rechtsvergleich bei *Wegener* Rechte des Einzelnen. Die Interessentenklage im europäischen Umweltrecht, 1998, 140ff. (deutsche Sonderstellung hinsichtlich der Ablehnung der Interessentenklage, ebd., 156f.). Näher dazu *Epiney* (in diesem Band).

[299] Vgl. *Schenke* (Fn. 10) Rn. 531b gegenüber *Wahl/Schütz* (Fn. 10) Rn. 216 zu § 4 Abs. 1 Umweltinformationsgesetz (UIG) vom 8. 7. 1994 (Sartorius I, Nr. 294), das die Richtlinie 90/313/EWG des Rates vom 7. 6. 1990 über den freien Zugang zu Informationen über die Umwelt (ABl. 1990 Nr. L 158/56) umsetzt.

von Rechtspositionen fordert, die nach deutschem Verständnis den Bürger bloß durch einen Rechtsreflex begünstigen.[300] Denn die Hervorhebung des Schutzzwecks einer Norm für die Bürger durch den EuGH[301] kann zwar als Absage an eine Popularklage, kaum aber als (vollständige) Übernahme der deutschen Schutznormtheorie gewertet werden.[302] Wegen des Vorrangs des Gemeinschaftsrechts muss in solchen Fällen jedenfalls die Klagbarkeit sichergestellt werden, aber nicht nur diese, sondern auch die gemeinschaftsrechtlich geforderte Kontrolldichte.[303] Dies kann über die sog. prozessuale Lösung des § 42 Abs. 2 Satz 1 VwGO erfolgen,[304] will man die „Aufladung" oder hier „Verwässerung" der Schutznormtheorie durch gemeinschaftsrechtliche Vorgaben vermeiden.[305] Andere sehen allerdings in der sog. materiellen Lösung[306] über die Bestimmung des subjektiven Rechts ausschließlich durch das Gemeinschaftsrecht nicht die Gefahr von radikalen Systemeingriffen in das deutsche Verwaltungsprozessrecht, sondern eher die Chance zur Bereinigung von Unstimmigkeiten im Detail.[307] Dabei muss freilich darauf geachtet werden, dass die Balance zwischen Klagebefugnis und Kontrolldichte, auf der die unterschiedlichen Systeme basieren, gewahrt bleibt.[308] Die Entscheidung für die prozessuale oder die materielle Lösung hat durchaus unterschiedliche Binnenfolgen.[309] Unzulässig ist es jedenfalls, unter Berufung auf die „deutsche" Interpretation der Schutznormtheorie entgegen

---

[300] Vgl. *Schwarze* (Fn. 10) 176 mwN; *Zuleeg* (Fn. 9) VVDStRL 53 (1994) 190.

[301] Vgl. zB EuGH, Urt. v. 11. 8. 1995, Rs. C-433/93 – Kommission/Deutschland –, Slg. 1995 I, 2303, 2317, Rn. 19.

[302] Vgl. *Hölscheidt* (Fn. 16) EuR 2001, 386 gegenüber *Stern* (Fn. 10) JuS 1998, 771 und *Triantafyllou* Zur Europäisierung des subjektiven öffentlichen Rechts, DÖV 1997, 192, 195f. Zu unterschiedlichen Ausprägungen desselben normativen Ansatzes im Gemeinschaftsrecht, das im Rahmen gemeinschaftsrechtlicher Vorgaben auch hinsichtlich der Auslegungskriterien maßgeblich ist, und dem nationalen Recht vgl. auch *Ehlers* (Fn. 10) 56ff. mwN.

[303] Vgl. *Halfmann* (Fn. 297), VerwArch 91 (2000) 86f.

[304] Vgl. *Ehlers* (Fn. 10) 64. Dafür zB *Wahl/Schütz* (Fn. 10) Vor § 40 Abs. 2, Rn. 127ff.; § 42 Abs. 2 Rn. 37; *Hufen* (Fn. 10) § 14, Rn. 108a.

[305] Darin dürfte kein Verstoß gegen das Äquivalenzprinzip liegen, da diese Lösung im deutschen Recht allgemein vorgesehen ist und die materiellen gemeinschaftsrechtlichen Vorgaben erfüllt werden können.

[306] Vgl. dazu *Ehlers* (Fn. 10) 63.

[307] *Schenke* (Fn. 10) Rn. 531b, der darüber hinaus auch diejenigen Fälle, in denen es an einer Norm fehlt, der eine subjektiv-rechtliche Relevanz im Wege der Auslegung beigemessen werden kann, über die Elfes-Konstruktion (BVerfGE 6, 32) einbezieht, vgl. ebd., 531c. Näher dazu *Schenke/Kopp* (Fn. 10) § 42, Rn. 154.

[308] Vgl. *Hölscheidt* (Fn. 16) EuR 2001, 393. Siehe dazu auch unten V.

[309] Vgl. dazu *Ehlers* (Fn. 10) 61f.

gemeinschaftsrechtlichen Vorgaben die Klagebefugnis zu verneinen.[310] Soweit das Gemeinschaftsrecht dies fordert, müssen auch Verfahrensrechte selbständig klagbar sein.[311]

b) Vorläufiger Rechtsschutz

aa) Vorläufiger Rechtsschutz zur Implementierung von Gemeinschaftsrecht

Das im Fall Factortame geforderte Instrumentarium vorläufigen Rechtsschutzes zur Implementierung gemeinschaftsrechtlich begründeter Rechte gegenüber entgegenstehenden innerstaatlichen Vorschriften oder Praktiken[312] steht im deutschen Verwaltungsprozessrecht zur Verfügung (§ 80 Abs. 5, § 80a, § 47 Abs. 6, § 123 VwGO). Ggf ergibt sich der Anordnungsanspruch unmittelbar aus dem Gemeinschaftsrecht. Bei der Interessenabwägung sind die Grundsätze des Vorrangs und der wirksamen Durchsetzung des Gemeinschaftsrechts zu beachten.[313]

bb) Vorläufiger Rechtsschutz zur Abwehr von Gemeinschaftsrecht

Mit der Vorgabe der Kriterien der Art. 242/243 EGV hat der EuGH in den Urteilen Süderdithmarschen und Atlanta die Verfahrensautonomie der Mitgliedstaaten beim vorläufigen Rechtsschutz gegen Vollzugsakte von Gemeinschaftsrecht, soweit diese gemeinschaftsrechtlich determiniert sind, materiell beseitigt. Nach dem Urteil T-Port sind einstweilige Anordnungen sogar gänzlich unzulässig, soweit gemeinschaftsrechtlicher Rechtsschutz gegen den Erlass oder die Unterlassung von Maßnahmen der Gemeinschaftsorgane möglich ist.[314] Die gemeinschaftsrechtlichen Vorgaben schließen zwar den Suspensiveffekt des § 80 Abs. 1 VwGO nicht pauschal, sondern nur bei konkreter Anordnung (zB im Beihilfenrecht) gemäß § 80 Abs. 2 Nr. 3 VwGO aus.[315] Jedoch kann bei einer Gefährdung der effektiven Durchsetzung gemeinschaftsrechtlicher Belastungen in gemeinschaftsrechtskonformer Auslegung des § 80 Abs. 2 Nr. 4 VwGO die Anordnung der sofortigen Vollziehung geboten sein. Das abzuwägende öffentliche Interesse ist gemeinschaftsrechtlich „auf-

---

[310] Zutreffend *Schenke* (Fn. 10) 531b gegen VGH Mannheim, Urt. v. 11. 6. 1993, DÖV 1994, 527; BayVGH, Urt. v. 26. 1. 1993, UPR 1993, 274.

[311] Vgl. zu sog. absoluten Verfahrensrechten im Hinblick auf § 44a Satz 1 VwGO *Dörr* (Fn. 10) Rn. 455 ff mwN.

[312] Siehe dazu Fn. 293.

[313] Vgl. dazu *Dörr* (Fn. 10) Rn. 468f. mwN.

[314] Siehe dazu oben Fn. 293.

[315] Vgl. *Dörr* (Fn. 10) 470 mwN.; Art. 14 Abs. 3 und Erwägungsgrund 13 der Verordnung Nr. 659/1999 des Rates vom 22. 3. 1999 über besondere Vorschriften für die Anwendung von Art. 93 des EG-Vertrags, ABl. 1999 Nr. L 83/1.

geladen", bei einem zwingenden, ausnahmslosen Gebot des Gemeinschaftsrechts wird die Ermessensentscheidung kraft Gemeinschaftsrecht zur gebundenen Entscheidung. Eindrucksvolles Beispiel dafür ist das Tafelwein-Urteil des EuGH.[316] Die Konkretisierung der fünf Kriterien des Süderdithmarschen-Urteils, die ggf Anordnungen gemäß § 80 Abs. 5 bzw § 123 VwGO bestimmen, wirft eine Reihe von Fragen auf.[317] Die Pflicht zur Sicherstellung der „vollen Wirkung" des Gemeinschaftsrechts birgt die Gefahr in sich, dass der EuGH unter Berufung auf das entgegenstehende Gemeinschaftsinteresse trotz Vorliegens der übrigen Voraussetzungen die Gewährung einstweiligen Rechtsschutzes ablehnt und damit „zum Fenster hereinholen könnte, was zur Tür hinausgeschafft worden war".[318] Immerhin spricht der EuGH hier von „angemessener Berücksichtigung" und nicht – wie in den Fällen der Rückforderung gemeinschaftsrechtswidriger Beihilfen – von Berücksichtigung „in vollem Umfang".[319] Ein wesentlicher Unterschied zum deutschen Recht besteht darin, dass ggf der Primärrechtsschutz durch vorläufigen Rechtsschutz durch den Hinweis auf sekundären Rechtsschutz als „funktionales Äquivalent" abgelehnt werden kann, wenn der dort vorgesehene Schadenersatz als hinreichend erachtet wird.[320]

3. *Folgen für den sekundären Rechtsschutz im deutschen Recht*

a) *Der gemeinschaftsrechtlich begründete Amtshaftungsanspruch (Urteile Francovich und Brasserie du Pêcheur)*

Der EuGH hat im Urteil Francovich aus Anlass der unterbliebenen Umsetzung von EG-Richtlinien einen „unmittelbar im Gemeinschaftsrecht begründeten" Anspruch auf „Entschädigung" gegen die Mitgliedstaaten bei Verstößen gegen das Gemeinschaftsrecht postuliert.[321] Im Urteil Brasserie du Pêcheur und Factortame wurde dies hinsichtlich der

[316] EuGH, Urt. v. 10. 6. 1990, Rs. C-217/88 – Kommission/Deutschland –, Slg. 1990 I, 2879, 2905f., Rn. 25f. Vgl. dazu *Lehr* (Fn. 14) 147ff.; *Dörr* (Fn. 10) Rn. 470ff. mwN.

[317] Vgl. dazu näher *Dörr* (Fn. 10) Rn. 474ff.

[318] So *Tesauro* Anm. zum Süderdithmarschen-Urteil, RIDPC 1992, 131, 137: „facendo rientrare dalla finestra ciò che era uscita dalla porta". Vgl. dazu und zur Praxis des französischen Conseil d'Etat *Lehr* (Fn. 14) 393 mwN.

[319] Vgl. EuGH, verb. Rs. C-143/88 und C-92/89 (Fn. 238) Slg. 1991 I, 415, 544, Rn. 33 gegenüber EuGH, Urt. v. 20. 3. 1997, Rs. C-24/95 – Land Rheinland-Pfalz/Alcan –, Slg. 1997 I, 1591, 1616, Rn. 24 mwN.

[320] Vgl. *Lehr* (Fn. 14) 511f. mwN.

[321] EuGH, verb. Rs. C-6 und C-9/90 (Fn. 13) Slg. 1991 I, 5357, 5415, Rn. 41.

Haftung für Verletzungen primären Gemeinschaftsrechts bestätigt.[322] In einer Reihe von Folgeurteilen[323] wurden Einzelfragen präzisiert, zB auch die nach möglichen innerstaatlichen Anspruchsgegnern neben den Mitgliedstaaten.[324] Die Literatur dazu ist nicht nur in Deutschland, sondern auch in anderen Mitgliedstaaten kaum mehr überschaubar.[325] Die praktischen Folgen sind jedenfalls potentiell nicht unerheblich, wie der Fall MP-Travel-Line zeigt,[326] konkret im übrigen schwer abzuschätzen, weil auch prohibitive Wirkungen berücksichtigt werden müssten.[327]

Wenn dieser Staatshaftungsanspruch als „Sanktionskategorie" im Dienste der Durchsetzung des Gemeinschaftsrechts bezeichnet wird,[328] was er zweifellos auch ist, darf seine individualschützende Wirkung nicht übersehen werden. Denn zu den vom EuGH abschließend umschriebenen Anspruchsvoraussetzungen[329] gehört neben dem „hinreichend qualifizierten Gemeinschaftsrechtsverstoß" und dem unmittelbaren Kausalzusammenhang, dass die verletzte Gemeinschaftsnorm – im gemein-

---

322 EuGH, verb. Rs. C-46/93 und C-48/93 (Fn. 176) Slg. 1996 I, 1029, 1145, Rn. 32.

323 Die wichtigsten Urteile zur Staatshaftung sind zusammengefasst in *Hummer/Simma/Vedder* Europarecht in Fällen, 3. Aufl. 1999, 283ff.

324 Vgl. EuGH, Urt. v. 4. 7. 2000, Rs. C-424/97 – Salomone Haim/Kassenzahnärztliche Vereinigung Nordrhein –, Slg. 2000 I, 5123, 5159f., Rn. 29ff. Vgl. dazu *Streinz* JuS 2001, 285, 285f. mwN.

325 Vgl. nur neben den in Fn. 176, 210 und 268 zitierten Monographien von *Beljin, Pfab, Preiß-Jankowski, Schermaier, Seltenreich* und *Zenner* die Monographien von *Cornils* Der gemeinschaftsrechtliche Staatshaftungsanspruch. Rechtsnatur und Legitimität eines richterrechtlichen Haftungsinstituts, 1995, *Albers* Die Haftung der Bundesrepublik Deutschland für die Nichtumsetzung von EG-Richtlinien, 1995, *J. Geiger* Der gemeinschaftsrechtliche Grundsatz der Staatshaftung, 1997, *Schwarzenegger* Staatshaftung. Gemeinschaftsrechtliche Vorgaben und ihre Auswirkungen auf nationales Recht, 2001 und *Wollgast* Das haftende Subjekt der gemeinschaftsrechtlich gebotenen Staatshaftung in der Bundesrepublik Deutschland, Diss. Köln 1998, sowie die Nachweise bei *Hidien* Die gemeinschaftsrechtliche Staatshaftung der EU-Mitgliedstaaten, 1999, 9ff. und *Ossenbühl* (Fn. 75) 492ff.

326 EuGH, Urt. v. 8. 10. 1996, verb. Rs. C-178 und 179/94, C-188, 189 und 190/94 – Dillenkofer ua/Bundesrepublik Deutschland –, Slg. 1996 I, 4845, 4879f., Rn. 29. Vgl. dazu *Streinz/Leible* Staatshaftung wegen verspäteter Umsetzung der EG-Pauschalreise-Richtlinie, ZIP 1996, 1832.

327 Zutreffend *Ossenbühl* (Fn. 75) 495. Zu Fallgestaltungen möglicher Staatshaftung vgl. *Schoch* FS Maurer (Fn. 14) 762 mwN aus der Rechtsprechung des EuGH.

328 *Von Danwitz* Die gemeinschaftsrechtliche Staatshaftung der Mitgliedstaaten, DVBl. 1997, 1, 3; vgl. auch *Ossenbühl* (Fn. 75) 495.

329 Vgl. EuGH, verb. Rs. C-46/93 und C-48/93 (Fn. 176) Slg. 1996 I, 1029, 1153, Rn. 66: „erforderlich und ausreichend". Vgl. dazu zB *Dörr* (Fn. 10) Rn. 487ff. Vgl. auch die Gliederung in drei Tatbestandsvoraussetzungen bei *Schoch* FS Maurer (Fn. 14) 766ff.

schaftsrechtlichen Sinne – individualschützend sein muss.[330] Die EG als Rechtsgemeinschaft besteht nicht um ihrer selbst Willen. Zu ihren integralen Elementen gehört der Schutz der Rechte des Bürgers und die Wiederherstellung materieller Gerechtigkeit nach einer Rechtsverletzung im Sinne eines wiedergutmachenden konsequenten Individualrechtsschutzes. Damit lässt sich die Staatshaftung wie im nationalen Recht auch im Europarecht letztlich nur rechtsstaatlich fundieren.[331]

b) *Realisierung im deutschen Recht – Modifikationen des Staatshaftungsrechts*

Nach der Rechtsprechung des EuGH ist dieser Staatshaftungsanspruch „unmittelbar im Gemeinschaftsrecht begründet" bzw findet „seine Grundlage unmittelbar im Gemeinschaftsrecht".[332] Andererseits rekurriert der EuGH auf Art. 10 EGV und die Pflicht der Mitgliedstaaten zur wirksamen Umsetzung des Gemeinschaftsrechts und verweist auch für die materiellen Haftungsvoraussetzungen grundsätzlich auf das nationale Recht.[333] Angesichts dessen bestand und besteht über die Verortung des Anspruchs ein dogmatischer Streit,[334] dessen praktische Konsequenzen allerdings nicht ersichtlich sind, es sei denn, man wolle die unzureichende Begründung des BGH bei der „Umsetzung" des Brasserie-Urteils des EuGH[335] auf dessen Ansatz eines „originären gemeinschaftsrechtlichen Schadenersatzanspruchs" zurückführen.[336] Vorzugswürdig erscheint die Umsetzung und Durchsetzung der gemeinschaftsrechtlich geforderten Staatshaftung auf der Basis der insoweit europarechtskonform ausgeleg-

---

[330] Vgl. *Dörr* (Fn. 10) Rn. 489 mwN.

[331] Zutreffend *Hidien* (Fn. 325) 14f. mwN; vgl. auch *Schoch* FS Maurer (Fn. 14) 763; *Hermes* Der Grundsatz der Staatshaftung für Gemeinschaftsrechtsverletzungen, Die Verwaltung 31 (1998) 371, 382ff. Zu (noch) bestehenden dogmatischen Defiziten in der Rechtsprechung des EuGH vgl. *Eilmansberger* Rechtsfolgen und subjektives Recht im Gemeinschaftsrecht. Zugleich ein Beitrag zur Dogmatik der Staatshaftungsdoktrin des EuGH, 1997, 200ff., 215f.: Beim derzeitigen Stand der Dogmatik der Rechte einzelner lasse sich ein Ableitungszusammenhang zwischen Rechtsverletzung und Entstehung sekundärer Ansprüche noch nicht überzeugungskräftig dartun.

[332] EuGH, verb. Rs. C-6 und C-9/90 (Fn. 13) Slg. 1991 I, 5357, 5415, Rn. 41; verb. Rs. C-46/93 und C-48/93 (Fn. 176) Slg. 1996 I, 1029, 1153, Fn. 67.

[333] EuGH, verb. Rs. C-6 und C-9/89 (Fn. 13) Slg. 1991 I, 5357, 5416, Rn. 43; verb. Rs. C-46/93 und C-48/93 (Fn. 176) Slg. 1996 I, 1029, 1153, Rn. 67. Weitere Nachweise bei *Dörr* (Fn. 10) Rn. 486, Fn. 7.

[334] Vgl. die Nachweise bei *Dörr* (Fn. 10) Rn. 486, Fn. 1 bzw 5 bzw 8. Demgegenüber hält *Detterbeck* (Fn. 176) § 5, Rn. 17 die Rechtsprechung für „eindeutig".

[335] BGH, Urt. v. 24. 10. 1996, BGHZ 134, 30.

[336] Vgl. *Schoch* FS Maurer (Fn. 14) 773f.

ten und angewandten Anspruchsgrundlagen des nationalen Rechts, da dadurch die „Verfahrensautonomie“ der Mitgliedstaaten beachtet und zugleich das gemeinschaftsrechtlich Geforderte verwirklicht wird.[337] Dem wird freilich entgegengehalten, dass die sog. dualistische Konzeption den gemeinschaftsrechtlichen Charakter des Staatshaftungsanspruchs augenfälliger macht und dadurch die Rechtseinheit fördert und das nationale Recht seinerseits von „unnötigen Eingriffen und Verbiegungen“, von einer „Tatbestands-Schizophrenie“, verschont bleibe.[338]

Für das deutsche Staatshaftungsrecht ergeben sich in gemeinschaftsrechtlichen Fällen folgende Modifikationen, um den Mindestforderungen des EuGH gerecht zu werden:[339]

Legislatives Unrecht darf von der Haftung nicht ausgeschlossen werden, da andernfalls die Verwirklichung des Anspruchs in einem wichtigen Bereich „praktisch unmöglich“ würde (Effizienzgebot). Geschützt wird jedes individuelle Recht, nicht nur das Eigentum.[340] Das Verschuldenserfordernis des § 839 Abs. 1 BGB entfällt als solches. In der Sache werden allerdings Elemente des objektivierten Verschuldens im Rahmen des „hinreichend qualifizierten Gemeinschaftsrechtsverstoßes“ geprüft, der als flexibles, *gemeinschaftsrechtlich* auszulegendes Korrektiv gegen eine uferlose Haftung dient.[341] Das Verweisungsprivileg (§ 839 Abs. 1 Satz 2 BGB) ist unter dem Gesichtspunkt des Erschwerungsverbots zumindest zweifelhaft.[342] Die Verjährungsregelung des § 852 BGB liegt im europäischen Vergleich eher an der unteren Grenze und stellt keine unzumutbare Erschwernis dar.[343] Das Richterspruchprivileg des § 839 Abs. 2 Satz 1 BGB ist, wie bereits gesagt, zumindest einzuschränken.[344] Auf der Rechtsfolgenseite wird trotz der uneinheitlichen Terminologie des EuGH

---

[337] Vgl. auch *Schoch* FS Maurer (Fn. 14) 771f.; *Bröhmer* Die Weiterentwicklung des europäischen Staatshaftungsrechts, JuS 1997, 117, 123.

[338] So *Ossenbühl* (Fn. 75) 526. Vgl. auch *Cornils* (Fn. 325) 132ff.

[339] Vgl. zum Folgenden *Seltenreich* (Fn. 176) 153ff.; 602ff.; *Streinz* Auswirkungen des vom EuGH „ausgelegten“ Gemeinschaftsrechts auf das deutsche Recht. Aufgezeigt an den Folgen des Francovich-Urteils für das deutsche Staatshaftungsrecht, Jura 1995, 6, 8ff.; *Ossenbühl* (Fn. 75) 515ff.; zu den Möglichkeiten der Anpassung vgl. *Schoch* FS Maurer (Fn. 14) 773f. Zur Rechtslage in Österreich vgl. *Schermaier* (Fn. 176) 145ff. und *Schwarzenegger* (Fn. 325) 343ff.

[340] Wie im deutschen Recht beim Anspruch aus enteignungsgleichem Eingriff, vgl. BGHZ 134, 30, 33.

[341] Vgl. dazu *Dörr* (Fn. 10) Rn. 490f. mwN; *Detterbeck* (Fn. 176) § 6, Rn. 35ff.; kritisch *Ossenbühl* (Fn. 75) 507f. Zweifelhaft angewandt in BGHZ 134, 30, 37ff.

[342] Vgl. *Ossenbühl* (Fn. 75) 518.

[343] Vgl. *Seltenreich* (Fn. 176) 204 mwN; *Ossenbühl* (Fn. 75) 520.

[344] Siehe dazu oben Fn. 176.

Schadenersatz und nicht lediglich eine „Entschädigung" gefordert. Eine Beschränkung auf Geldersatz besteht nicht, dem Grundsatz der Wiedergutmachung entspricht in erster Linie die Naturalrestitution.[345] Entgangener Gewinn darf „nicht völlig" ausgeschlossen werden.[346]

4. *Vorrang des primären Rechtsschutzes?*

Noch ausgelassen wurde die Frage, ob § 839 Abs. 3 BGB anwendbar ist. Danach führt die schuldhafte Versäumung primären Rechtsschutzes zum Haftungsausschluss. Der EuGH hat dazu im Brasserie-Urteil festgestellt, dass nach einem „allgemeinen, den Rechtsordnungen der Mitgliedstaaten gemeinsamen Grundsatz" sich „der Geschädigte in angemessener Form um die Begrenzung des Schadensumfangs bemühen" muss, „wenn er nicht Gefahr laufen will, den Schaden selbst tragen zu müssen".[347] Dies lässt sich auch auf die Fälle einer unmittelbaren Wirkung von Richtlinien übertragen, auf die sich der einzelne vor nationalen Gerichten, auch im Wege des vorläufigen Rechtsschutzes, berufen kann. Soweit die Möglichkeit eines primären Rechtsschutzes gegen die konkrete Maßnahme nicht besteht, die unmittelbare Wirkung der Richtlinie von den Gerichten verkannt wird oder ein Schaden trotz erfolgter Inanspruchnahme von Rechtsschutz bereits entstanden ist, bleibt der Rückgriff auf den sekundären Rechtsschutz möglich.[348] Ungeachtet dessen, dass sowohl im Gemeinschaftsrecht als auch im Recht anderer Mitgliedstaaten die Schadenersatzklage als „selbständige" Klageart angesehen wird und eine ausdrückliche dem § 839 Abs. 3 BGB entsprechende Norm nicht existiert, besteht – wie im deutschen Recht über § 839 Abs. 3 BGB hinaus seit dem Naßauskiesungs-Beschluss des BVerfG[349] – kein „Wahlrecht" zwischen Primär- und Sekundärrechtsschutz, sondern ein Vorrang des Primärrechtsschutzes, soweit dieser in zumutbarer Weise offen steht.[350] Durch

---

[345] Vgl. dazu *Pfab* (Fn. 210) 146. Zum grundsätzlichen Ausschluss der Naturalrestitution als „Hauptmangel" der personalen Konstruktion der gegenwärtigen Amtshaftung vgl. *Ossenbühl* (Fn. 75) 439, 443f.

[346] EuGH, verb. Rs. C-46/93 und C-48/93 (Fn. 176) Slg. 1996 I, 1029, 1156f., Rn. 82, 87.

[347] EuGH, verb. Rs. C-46/93 und C-48/93 (Fn. 176) Slg. 1996 I, 1029, 1157, Rn. 85.

[348] *Grzeszyck* Subjektive Wirtschaftsrechte als Grundlage des europäischen Staatshaftungsrechts, EuR 1998, 417, 431 mwN.

[349] Beschl. v. 15. 7. 1981, BVerfGE 58, 300. Näher dazu Ossenbühl (Fn. 75) 220ff. mwN.

[350] Vgl. dazu eingehend *Zenner* (Fn. 176) 146ff. mwN. Zur Pflicht, die Rechtsmittel auszuschöpfen, vgl. ebd., 182ff. Vgl. auch *Ehlers* Die Weiterentwicklung des Staatshaftungsrechts durch das Europäische Gemeinschaftsrecht, JZ 1996, 776, 780ff.

diese Obliegenheit wird zugleich allgemein die Effizienz des Rechts und hier die Effizienz des Gemeinschaftsrechts gefördert, weil der Verstoß quasi „an der Quelle“ beseitigt wird.[351] Daher stellt sich sogar die Frage, ob die Inanspruchnahme des Primärrechtsschutzes gemeinschaftsrechtlich nicht nur verlangt werden darf, sondern sogar verlangt werden muss.[352] Der Ersatzanspruch ist nicht ausgeschlossen, wenn der Schaden auch im Falle der Inanspruchnahme von Primärrechtsschutz eingetreten wäre, zB als Verzögerungsschaden.[353]

Nach dem vom EuGH aufgestellten Grundsatz ist auch die Berücksichtigung von Mitverschulden gemäß § 254 BGB zulässig.[354]

V. Auswirkungen auf das deutsche Rechtsschutzsystem allgemein

Die gemeinschaftsrechtlichen Vorgaben wurden über deren Bindungswirkung hinaus zum Anlass genommen, das System des primären und des sekundären Rechtsschutzes in Frage oder – neutraler formuliert – auf den Prüfstand zu stellen. Gefragt wird nach dem „Abschied vom subjektiv-öffentlichen Recht“,[355] die Impulse des Europäischen Rechts werden als Chance für eine konstruktive Weiterentwicklung des deutschen Verwaltungsrechts „aus der Enge des subjektiv-rechtlichen Ausgangspunkts“ gesehen, indem man dessen Relativität versteht, ohne tradierten Instituten und Institutionen von heute auf morgen den Boden zu entziehen.[356] Solche Impulse aus dem Europarecht erhofft man sich auch „zur Überwindung des Entwicklungsrückstands des deutschen Staatshaftungsrechts“, zur „Effektuierung des Sekundärrechtsschutzes“,[357] zur Einleitung eines Paradigmenwechsels durch Verabschiedung des bei der Amtshaftung ansetzenden Rechtsdenkens durch den Ansatz beim individuellen Recht und seinem Schutz, durch Fortentwicklung des Anspruchs auf Wiedergutmachung zu einem voll ausgebildeten Sekundärrechts-

---

[351] Vgl. *Streinz* (Fn. 339) Jura 1995, 12; *Seltenreich* (Fn. 176) 120ff., 198f. mwN; *Jarass* Haftung für die Verletzung von EU-Recht durch nationale Organe und Amtsträger, NJW 1994, 881, 886.

[352] Vgl. dazu *Hidien* (Fn. 325) 59f.

[353] Vgl. *Detterbeck* (Fn. 176) § 5, Rn. 69.

[354] Vgl. *Detterbeck* (Fn. 176) § 6, Rn. 70.

[355] *Hölscheidt* (Fn. 16) EuR 2001, 376ff.

[356] *Masing* (Fn. 279) 239. Vgl. bereits *Scheuing* Europarechtliche Impulse für innovative Ansätze im deutschen Verwaltungsrecht, in: Hoffmann-Riem/Schmidt-Aßmann (Hrsg.) Flexibilität und Innovationsoffenheit des Verwaltungsrechts, 1994, 289.

[357] *Schoch* (Fn. 17) Die Verwaltung 2001, 261, 275ff.

schutz.[358] Das deutsche Staatshaftungsrecht scheint ein geeignetes Anwendungsfeld zu sein, scheiterte doch seine Reform 1981 aus Kompetenzgründen[359] und wurde von der 1994 eingefügten Kompetenz des Bundes[360] kein Gebrauch gemacht, so dass sich „jenseits eines hoch entwickelten Primärrechtsschutzsystems … ein desolates Bild“ zeige. Von einer systemzerstörenden Wirkung des Gemeinschaftsrechts auf diesem Gebiet könne schon deshalb keine Rede sein, weil ein System hier nicht erkennbar sei.[361] Gegenüber solchen Ansätzen resistent zeigte sich allerdings der BGH, der wohl einen „Dominoeffekt“ befürchtete und durch den Rekurs auf eine unmittelbare Verankerung des Staatshaftungsanspruchs im Gemeinschaftsrecht jegliche „Infizierung“ des nationalen Staatshaftungsrechts vermeiden wollte.[362] Ob dies auf Dauer haltbar ist, ist eine andere Frage.[363]

Auf der Mainzer Tagung wurden 1993 im Rahmen der „wechselseitigen Einwirkungen“ von deutschem und europäischem Verwaltungsrecht die Rezeption fehlender Elemente in die jeweilige Rechtsordnung und die Anpassung behandelt.[364] Auch wurde auf den „Overspill-Effekt“[365] beim Gemeinschaftsvollzug durch nationale Behörden aufmerksam gemacht. Die Frage nach dem Sinn differenzierter Rechtsanwendung stellt sich nicht nur bei der sog. Inländerdiskriminierung und nicht nur, wenn diese *verfassungs*rechtlich unzulässig ist.[366] Die über das Gemeinschaftsrecht vermittelte Auseinandersetzung mit anderen Lösungsmöglichkeiten rechtlicher Probleme könnte die Praxis der Rechtsvergleichung als „fünfter Auslegungsmethode“ im Sinne Peter Häberles[367] steigern. Dies muss nicht zur Aufgabe, sondern kann auch zur Stärkung bewährter nationaler

358 *Schoch* FS Maurer (Fn. 14) 775.

359 BVerfG, Urt. v. 19. 10. 1982, BVerfGE 61, 149, 151: Das Staatshaftungsgesetz vom 26. 6. 1981 (BGBl. I, 553) ist mit Art. 70 GG unvereinbar und daher nichtig.

360 42. Gesetz zur Änderung des Grundgesetzes vom 27. 10. 1994, BGBl. I, 3146.

361 *Hermes* (Fn. 331) Die Verwaltung 1998, 282f. Vgl. auch *Ossenbühl* (Fn. 75) 2f.: Seine Darstellung mache „nicht den Versuch, dem gewachsenen Chaos des Staatshaftungsrechts den Mantel der Rechtssystematik überzuwerfen“.

362 BGHZ 134, 30, 36f. Siehe dazu Fn. 335.

363 Vgl. *Herdegen/Rensmann* (Fn. 176) ZHR 161 (1997) 555.

364 *Zuleeg* (Fn. 9) VVDStRL 53 (1994) 169ff.

365 So *Badura* Aussprache, VVDStRL 53 (1994) 242, 261; *Rengeling* ebd., 261.

366 So in Österreich, vgl. ÖVerfGH, Erk. v. 17. 6. 1997, Slg. 14.463, 759 (EuGRZ 1997, 362, 363f.).

367 *Häberle* Grundrechtsgeltung und Grundrechtsinterpretation im Verfassungsstaat – Zugleich zur Rechtsvergleichung als „fünfter“ Auslegungsmethode, JZ 1989, 913, 917f.

Institute – zB der aufschiebenden Wirkung[368] – führen, die durch eine solche Prüfung auch „gehärtet" werden können, zumal wenn sie durch partielle Anpassungen kompatibel gemacht werden. Auch singuläre deutsche Lösungen mögen zwar Anlass zu Überlegungen geben, müssen aber nicht schon deshalb schlecht sein. Bei der Übernahme von Elementen anderer Rechtsordnungen muss auf die jeweilige Balance der austarierten Interessen geachtet werden. Die hektische Gesetzgebung beweist, wie schnell juristische „Kollateralschäden" verursacht sind. Aber vielleicht wächst hier der Wissenschaft eine besondere Aufgabe zu. Geboten ist eine kritische Aufgeschlossenheit, keine tendenzielle Abwehrhaltung.[369]

Ob die Rechtsprechung des EuGH als Katalysator zur Harmonisierung des Staatshaftungsrechts[370] oder als Impuls zur Entwicklung eines Haftungsinstituts eines allgemeinen Wiedergutmachungsanspruchs – Folgenbeseitigung durch (Natural-)Restitution und (volle) Kompensation – zum Schutz der (grund-)rechtlichen Integrität der Bürger[371] führen wird, muss sich zeigen. Jedenfalls hat sie dazu geführt, sich der gemeinsamen rechtsstaatlichen und grundrechtlichen Grundlagen des Primär- und Sekundärrechtsschutzes stärker bewusst zu werden, die seit langem bekannt sind.[372]

VI. Schluss: Anpassung und Bewahrung nationaler Rechtskulturen im System europäischer Rechtskultur

Bewahrung und Veränderung nationaler Rechtsschutzsysteme im Rahmen der Europäisierung ist ein Teilgebiet des Themas Aufbau eines europäischen „ius commune".[373] Auch dabei sollte – wie generell – nicht allein der Ansatz der Harmonisierung, sondern auch der im Gemeinschaftsrecht selbst entwickelte Ansatz der gegenseitigen Anerkennung im Auge behalten werden. In diesem Zusammenhang kann auch der spezifische Sinn der Rechtsetzungsform der Richtlinie über deren eigentlichen

---

[368] Zu deren grundlegender Bedeutung für das deutsche Rechtsschutzsystem vgl. BVerfGE 35, 263, 272 und BVerfGE 35, 382, 402 („ein fundamentaler Grundsatz des öffentlich-rechtlichen Prozesses"). Vgl. auch bereits *Rengeling* (Fn. 9) VVDStRL 53 (1994) 228; *Scheuing* (Fn. 356) 40, Fn. 162.

[369] Zutreffend *Zuleeg* Beschränkung gerichtlicher Kontrolldichte durch das Gemeinschaftsrecht, in: Magiera/Sommermann (Fn. 292) 223, 237.

[370] *Herdegen/Rensmann* (Fn. 176) ZHR 161 (1997) 555.

[371] *Schoch* (Fn. 14) Die Verwaltung 2001, 290.

[372] Vgl. *Menger* Über die Identität des Rechtsgrundes der Staatshaftungsklagen und einiger Verwaltungsstreitsachen, GS Jellinek, 1955, 347, 350ff.

[373] Vgl. dazu bereits *Rengeling* (Fn. 9) VVDStRL 53 (1994) 230f.

Anwendungsbereich hinaus fruchtbar gemacht werden. Schließlich stellt sich auch die Frage des Fortbestehens spezifisch geprägter nationaler Rechtskulturen im Rahmen der europäischen Rechtskultur[374] – nicht nur deshalb, weil ansonsten der Rechtsvergleichung nur noch historisches Material bliebe.

---

[374] Vgl. dazu *Häberle* Europäische Rechtskultur. Versuch einer Annäherung in zwölf Schritten, 1994.

Leitsätze des dritten Berichterstatters über:

Primär- und Sekundärrechtsschutz im Öffentlichen Recht

I. Einleitung – Der Einfluss des Europarechts

(1) Das Rechtsschutzsystem des deutschen Öffentlichen Rechts wird von Vorgaben der Europäischen Menschenrechtskonvention (EMRK), vor allem aber des von den Mitgliedstaaten vollzogenen Gemeinschaftsrechts als Bestandteil des Rechts der Europäischen Union bestimmt. Dies betrifft den primären und (wie im Francovich-Urteil deutlich wurde) den sekundären Rechtsschutz.

II. Grundlagen des Einflusses des Europarechts

1. Die Europäische Menschenrechtskonvention (EMRK)

(2) Ungeachtet des missverständlichen Wortlauts verbürgt Art. 6 EMRK auch in weiten Bereichen des Verwaltungsrechts effektiven primären und sekundären Rechtsschutz. Art. 6 EMRK fixiert ein europäisches rechtsstaatliches Verfassungsprinzip für die Gestaltung des Rechtsschutzsystems im Öffentlichen Recht.

(3) Das Gebot der angemessenen Verfahrensdauer setzt der Kumulation von Rechtsschutzmöglichkeiten, Kontrolldichte und Instanzen Schranken.

(4) Konsequenz der Rechtsprechung des Europäischen Gerichtshofs für Menschenrechte (EGMR) ist die Verpflichtung aller Vertragsstaaten der EMRK, im Rahmen bestimmter Gestaltungsspielräume ein umfassendes kohärentes System des Rechtsschutzes gegen staatliches Handeln aufzubauen, das den Betroffenen Klarheit verschafft und einen fairen Ausgleich zwischen den Interessen von Individuum und Allgemeinheit herbeiführt.

(5) Die Verfahrensgarantie des Art. 13 EMRK kann in Verwaltungsstreitigkeiten Bedeutung entfalten, die von Art. 6 EMRK nicht erfasst werden.

(6) Art. 41 EMRK begründet mit der Zuerkennung einer „gerechten Entschädigung" bei Verstößen gegen die EMRK neben der EG-rechtlichen Eigenhaftung (Art. 288 Abs. 2 EGV) und der gemeinschaftsrechtlich gebotenen Staatshaftung (Francovich-Doktrin) eine dritte Säule des europäischen

Staatshaftungsrechts und damit des sekundären Rechtsschutzes. Die Zubilligung einer Entschädigung gemäß Art. 41 EMRK ist eine unselbständige Nebenentscheidung.

(7) Die Rechte der EMRK können von den Individuen selbst in einem völkerrechtlichen Verfahren vor dem EGMR geltend gemacht werden.

(8) Obwohl der EMRK in Deutschland (anders als in Österreich) formell nur der Rang eines einfachen Gesetzes zukommt, nähert sie die Rechtsprechung des BVerfG faktisch dem Verfassungsrang an. Anders als dem Gemeinschaftsrecht kommt der EMRK kein Anwendungsvorrang zu.

(9) Angesichts der Rechtsschutzgarantie des Art. 19 Abs. 4 GG wurde die Bedeutung der EMRK in Deutschland lange Zeit unterschätzt. Probleme bereitet die überlange Verfahrensdauer (selbst dem BVerfG); aber auch die in Reaktion darauf getroffenen Verfahrensbeschleunigungen sind ihrerseits nicht unbedenklich, was das Dilemma „praktischer Konkordanz" offenbart. Die Unterstellung einer selbstverständlichen Harmonie ist ebenso wenig angebracht wie die Verkennung der den Vertragsstaaten belassenen Gestaltungsspielräume.

(10) Erhebliche Bedeutung kann der EMRK als Korrektiv für EG-rechtliche Vorgaben zukommen.

2. *Das Recht der Europäischen Union (Gemeinschaftsrecht)*

(11) Der EG wurde außerhalb des gemeinschaftsunmittelbaren Vollzugs keine Kompetenz für das Verwaltungsverfahrens- und Verwaltungsprozessrecht übertragen. Gleichwohl wird die sog. „Verwaltungsautonomie" bzw „institutionelle oder Verfahrensautonomie" der Mitgliedstaaten beim Vollzug des Gemeinschaftsrechts durch die Rechtsprechung des Gerichtshofs der Europäischen Gemeinschaften (EuGH) begrenzt. Dies wirft ungeachtet der (gebotenen) Anerkennung in der Praxis Fragen der Verbands-, aber auch der Organkompetenz auf.

(12) Ansatzpunkte für gemeinschaftsrechtliche Vorgaben für das nationale Rechtsschutzsystem sind zum einen das Erfordernis eines effektiven und einheitlichen Vollzugs, zum anderen die Begründung materieller Gewährleistungen, die entsprechenden Rechtsschutz erfordern.

(13) Die nationalen Gerichte fungieren insoweit als „Gemeinschaftsgerichte" bzw „Gemeinschaftsrechtsgerichte". Das nationale Verfahrensrecht wird zum Instrument zur Durchführung des Gemeinschaftsrechts („Verwaltungsrecht als konkretisiertes Europarecht").

(14) Der EuGH hat für den mitgliedstaatlichen Vollzug die Schranken des Beeinträchtigungsverbots, ausgebaut zum Effektivitätsgrundsatz, und des Äquivalenzgrundsatzes (früher „Diskriminierungsverbot") entwickelt. Ansatzpunkt ist die Argumentationsfigur des „effet utile", die auch den Vorrang des

Gemeinschaftsrechts und den gemeinschaftsrechtlich gebotenen Staatshaftungsanspruch (Francovich-Doktrin) tragen soll.

(15) Bei der Würdigung dieses Ansatzes sind die „Funktionslogik", die „Eigenrationalitäten" und die „Finalstruktur" des Gemeinschaftsrechts zu berücksichtigen, wenn man die mit Strukturunterschieden verbundenen Konfliktpotentiale für die nationalen Rechtsschutzsysteme erfassen und die Kompetenzgrenzen bestimmen möchte.

(16) Die Europäische Charta der Grundrechte enthält Verfahrensrechte („Recht auf eine gute Verwaltung") und den Haftungsanspruch gegen die Gemeinschaft.

(17) Die Missachtung des Vorrangs des Gemeinschaftsrechts durch nationale Organe kann zu einer Staatshaftung (Amtshaftung) führen, wobei hinsichtlich der nicht generell ausgeschlossenen Judikative Zurückhaltung geboten ist.

3. Andere europäische Verträge

(18) Problematisch ist der Rechtsschutz gegenüber Europol.

III. Primärer und sekundärer Rechtsschutz nach dem EG-Vertrag – Vorgabe oder Leitbild?

1. Überblick über den Individualrechtsschutz gegen Akte der Gemeinschaftsorgane

(19) Der EG-Vertrag enthält für Individuen ein System primären und sekundären Rechtsschutzes, das durch die Inzidentkontrolle (Art. 241 EGV) vervollständigt wird.

2. Besonderheiten des gemeinschaftlichen Rechtsschutzsystems

(20) Sowohl die Mitgliedstaaten als auch die Gemeinschaftsorgane unterliegen der Kontrolle durch den EuGH auf Vereinbarkeit ihrer Handlungen mit dem EG-Vertrag als „Verfassungsurkunde" der Gemeinschaft.

(21) Der gemeinschaftsrechtliche primäre Rechtsschutz unterscheidet sich vom deutschen tendenziell im Individualrechtsschutz und in der Kontrolldichte. Die unmittelbare Haftung der Gemeinschaft vermeidet die Probleme der deutschen Amtshaftung. Bei der Ermittlung der allgemeinen Rechtsgrundsätze des Staatshaftungsrechts der Mitgliedstaaten kommt der Rechtsvergleichung eher Anregungs- als Maßstabsfunktion, allenfalls Korrektivfunktion zu.

3. Subsidiarität des sekundären Rechtsschutzes?

(22) Obwohl die Schadenersatzklage (Art. 235 EGV) als selbständige Klageart neben der Nichtigkeitsklage (Art. 230 EGV) und der Untätigkeitsklage (Art. 232 EGV) angesehen wird, besteht letztlich eine Obliegenheit zur Inanspruchnahme primären Rechtsschutzes vor dem EuGH/EuG (Europäisches Gericht erster Instanz) durch das Verbot der „konkreten Umgehung" sowie ggf. vor nationalen Gerichten.

4. Mögliche Rechtsschutzlücken im Zusammenwirken von gemeinschaftlichem und nationalem Rechtsschutz in Gemeinschaftsrechtssachen

(23) Die getrennten und doch „verzahnten" Rechtsordnungen der EG und der Mitgliedstaaten ohne eindeutige Kollisionsregeln bergen die Gefahr von Rechtsschutzlücken in sich. Diese zeigen sich beim vorläufigen Rechtsschutz durch EuGH/EuG unter Ausschluss mitgliedstaatlichen Rechtsschutzes und bei der Haftung für Nebenfolgen („Sonderopfer") rechtmäßigen Handelns (Embargo-Fälle).

5. Vorgaben für das nationale Recht im Rahmen eines „kohärenten" Rechtsschutzsystems

(24) Sowohl beim primären wie beim sekundären Rechtsschutz bedarf die Übertragung der für das gemeinschaftliche Rechtsschutzsystem getroffenen Regelungen und Wertungen der sachlichen Begründung. „Effizienz" und „Kohärenz" allein können die Beeinträchtigung bis hin zur Beseitigung der Verfahrensautonomie der Mitgliedstaaten nicht rechtfertigen.

IV. Vorgaben des Gemeinschaftsrechts für den nationalen Vollzug

1. Das Gebot effektiven Rechtsschutzes

(25) Das Gebot effektiven Rechtsschutzes gilt als allgemeiner Rechtsgrundsatz im Rahmen eines „umfassenden Rechtsschutzsystems" unabhängig von sekundärrechtlichen Anordnungen sowohl gegenüber den Organen der EG als auch gegenüber den Organen der Mitgliedstaaten, hat auf beiden Ebenen aber ungeachtet gemeinsamer Grundansätze unterschiedliche Funktionen. Es darf nicht „eindimensional", sondern muss im Sinne der Sicherung der Funktionsfähigkeit der „Gesamtgemeinschaft" verstanden werden, die gegenläufige Interessen im Beziehungsgeflecht Gemeinschaft-Staat-Individuum ausgleicht.

(26) Die Vorgaben des gemeinschaftsrechtlichen Gebots effektiven Rechtsschutzes können erhebliche Folgen für das Rechtssystem der Mitgliedstaaten

auch in Zentralbereichen haben, wobei andere Rechtsordnungen (zB England) zum Teil stärker als die deutsche betroffen sind.

2. Folgen für den primären Rechtsschutz im deutschen Verwaltungsprozessrecht

(27) Die gemeinschaftsrechtlichen Vorgaben wirken sich im Primärrechtsschutz des deutschen Öffentlichen Rechts allgemein vor allem bei der Klagebefugnis (subjektives öffentliches Recht – Schutznormtheorie/Interessentenklage) und im vorläufigen Rechtsschutz (Beseitigung der Verfahrensautonomie) aus. In der Angleichung von Systemen muss die Balance zwischen Klagebefugnis und Kontrolldichte gewahrt bleiben.

3. Folgen für den sekundären Rechtsschutz im deutschen Recht

(28) Der vom EuGH postulierte gemeinschaftsrechtliche Staatshaftungsanspruch bei Verstößen der Mitgliedstaaten gegen Gemeinschaftsrecht (Urteile Francovich und Brasserie du Pêcheur) ist zwar auch eine „Sanktionskategorie", lässt sich aber wie im nationalen Recht letztlich nur „rechtsstaatlich" (EG als Rechtsgemeinschaft) fundieren.

(29) Je nach der (nach wie vor umstrittenen) dogmatischen Verortung des Anspruchs im Verhältnis zum nationalen Staatshaftungsrecht ist das deutsche Staatshaftungsrecht für Gemeinschaftsrechtsfälle zu „europäisieren". In jedem Fall sind in Gemeinschaftsrechtsfällen hinsichtlich einiger Elemente des deutschen Staatshaftungsrechts (insbesondere legislatives Unrecht, Richterspruchprivileg, Verschulden) Modifikationen geboten.

4. Vorrang des primären Rechtsschutzes?

(30) Der Vorrang des primären Rechtsschutzes (vgl. § 839 Abs. 3 BGB) ergibt sich auch ohne ausdrückliche Anordnung letztlich als Obliegenheit der Schadensabwendung als allgemeiner Rechtsgrundsatz. Dies hat der EuGH im Urteil Brasserie du Pêcheur ausdrücklich bestätigt. Es lässt sich auch auf die Fälle einer unmittelbaren Wirkung von Richtlinien übertragen. Mit der Beseitigung des Verstoßes „an der Quelle" wird der Integrität der Rechtsordnung „primär" gedient, während Sekundäransprüche lediglich der Wiederherstellung dienen können. Daher ist fraglich, ob der Vorrang des primären Rechtsschutzes nicht nur gemeinschaftsrechtlich zulässig, sondern sogar geboten ist.

V. Auswirkungen auf das deutsche Rechtsschutzsystem allgemein

(31) Über die zwingenden Vorgaben hinaus werden vom Gemeinschaftsrecht Impulse für die Fortentwicklung des deutschen Systems primären (Überdenken des subjektiven Rechts) und sekundären Rechtsschutzes (Reform des „antiquierten" Staatshaftungsrechts) erhofft. Der BGH hat sich im Brasserie-Urteil dem gegenüber resistent gezeigt. Es ist fraglich, ob dies auf Dauer gegenüber einem Harmonisierungsdruck („spill over"-Effekt) haltbar ist.

(32) Wechselseitige Einwirkungen und Erkenntnisse aus der Rechtsvergleichung („fünfte Auslegungsmethode") können auch zur Erhaltung bewährter mitgliedstaatlicher Institute beitragen, indem diese verbessert und kompatibel gemacht werden. Bei der Übernahme von Elementen aus anderen Systemen muss die jeweilige Balance berücksichtigt werden, um juristische „Kollateralschäden" zu vermeiden.

(33) Das Francovich-Urteil des EuGH gibt Anlass zur Besinnung auf die seit langen erkannten gemeinsamen rechtsstaatlichen Grundlagen von Primär- und Sekundärrechtsschutz.

VI. Schluss: Anpassung und Bewahrung nationaler Rechtskulturen im System europäischer Rechtskultur

(34) Bei der Entwicklung eines „ius commune" sollten generell und auch im System des Rechtsschutzes die im Gemeinschaftsrecht entwickelten Grundsätze der gegenseitigen Anerkennung sowie der tiefere Sinn der Rechtsform der Richtlinie, schließlich die Eigenschaft des Rechts als spezifische kulturelle Ausprägung nicht übersehen werden.

Zweiter Beratungsgegenstand:

Primär- und Sekundärrechtsschutz im Öffentlichen Recht

4. Bericht von Prof. Dr. *Astrid Epiney*, Freiburg (Schweiz)*

Inhalt

* Herrn Rechtsassessor Robert Mosters sei herzlich für die kritische Durchsicht des Manuskripts und Herrn lic.iur. Kaspar Sollberger für die wertvollen Recherchen zum rechtsvergleichenden Teil gedankt.

A. Problemstellung und Konkretisierung des Themas

Bis vor noch nicht allzu langer Zeit galt der (Verwaltungs-) Rechtsschutz im Wesentlichen nicht nur als ausschließliche Kompetenz des nationalen Gesetzgebers, sondern darüber hinaus auch als Materie, die gegen wie auch immer geartete Einflüsse von außen besonders „immun" sei.[1] Zunehmend nimmt aber auch in diesem Bereich die „Europäisierung"[2] der nationalen Rechtsordnungen immer deutlichere Konturen an.[3] Betroffen sind – in mehr oder weniger starkem Ausmaß – zahlreiche Bereiche des Verwaltungsrechtsschutzes und natürlich auch des Verwaltungsrechts.[4]

Der Frage nach den Voraussetzungen der Eröffnung gerichtlichen Rechtsschutzes[5] dürfte in diesem Zusammenhang aber insofern eine zentrale Rolle zukommen, als der Zugang zu gerichtlichem Rechtsschutz den Ausgangspunkt des gesamten Verwaltungsrechtsschutzes darstellt – geht es hier doch darum, wer unter welchen Voraussetzungen gegen was[6] ge-

---

[1] Vgl. den Überblick über die Entwicklung mwN bei *Kadelbach* Allgemeines Verwaltungsrecht unter europäischem Einfluss, 1999, 2ff.

[2] So ist in den letzten etwa 10 Jahren immer mehr von der „Europäisierung" des Verwaltungsrechts und des Verwaltungsrechtsschutzes die Rede. Vgl. etwa *Buck* Die Europäisierung des verwaltungsgerichtlichen vorläufigen Rechtsschutzes, 2000; *Classen* Die Europäisierung der Verwaltungsgerichtsbarkeit. Eine vergleichende Untersuchung zum deutschen, französischen und europäischen Verwaltungsprozessrecht, 1996; *Classen* Die Europäisierung des Verwaltungsrechts, in: Kreuzer/Scheuing/Sieber (Hrsg.) Die Europäisierung der mitgliedstaatlichen Rechtsordnungen in der Europäischen Union, 1997, 107ff.; *Ehlers* Die Europäisierung des Verwaltungsprozessrechts, 1999; *Kokott* Verw 1998, 335ff.; *Ladeur* EuR 1995, 227ff.; *Schoch* Die Europäisierung der verwaltungsgerichtlichen Rechtsschutzes, 2000; *Suerbaum* VerwArch 2000, 169ff.; *Triantafyllou* DÖV 1997, 192ff.; *Wahl* Der Staat 1999, 495ff.

[3] Dieser Prozess der Europäisierung des Verwaltungsrechtsschutzes dürfte wohl einerseits auf den gemeinschaftsrechtlichen Vorgaben, die ein immer präziseres Profil bekommen, andererseits – und damit in engem Zusammenhang stehend – aber auch auf einer gewissen Annäherung der Konzepte des Verwaltungsrechtsschutzes jedenfalls in den Mitgliedstaaten der Europäischen Union beruhen, die wohl auch vor dem Hintergrund der Vorgaben der EMRK zu sehen ist. Vgl. etwa *Wahl* Der Staat 1999, 495f., der in diesem Zusammenhang von „zwei Ebenen der Internationalisierung" spricht.

[4] Vgl. die Nachweise in Fn. 2. Bezeichnend ist denn auch, dass bereits 1993 auf der Tagung in Mainz die Thematik „Deutsches und europäisches Verwaltungsrecht – wechselseitige Einwirkungen" behandelt wurde (mit Berichten von *Zuleeg* und *Rengeling*, VVDStRL 53, 1994).

[5] Wobei hier eine Beschränkung auf den Rechtsschutz gegen behördliche Entscheidungen unter Ausschluss desjenigen gegen Maßnahmen der Legislative erfolgt. Der gesamte Bereich der Verfassungsgerichtsbarkeit bleibt demnach ausgespart.

[6] Wobei im Folgenden nur hoheitliche Entscheidungen einbezogen werden.

richtlich vorgehen kann – und daher auch in engem Zusammenhang mit Funktionen und Charakteristika des Verwaltungsrechtsschutzes insgesamt steht. So soll denn auch im folgenden Beitrag dieser Aspekt – der in Deutschland mit dem Begriff der Klagebefugnis umschrieben wird, wobei hier in erster Linie die Individualklage[7] berücksichtigt wird – im Vordergrund stehen; andere Aspekte der Klagezulässigkeit werden ausgespart, und auf die Begründetheit (insbesondere die gerichtliche Kontrolle) soll nur insoweit – und dann nur sehr kurz – eingegangen werden, als sich dies im Hinblick auf das Verständnis des Gesamtsystems als notwendig erweist.[8] Im Übrigen erfolgt eine Konzentration auf die konkrete Ausgestaltung der Voraussetzungen, unter denen Einzelne klageberechtigt sind; obwohl die Antworten, die die verschiedenen Rechtsordnungen auf diese Frage geben, eng mit einer Reihe weiterer Faktoren verbunden sind (geschichtliche Entwicklung, Organisation der Staatsgewalt, Stellung der Verwaltungsgerichtsbarkeit, um nur einige zu nennen), können diese allenfalls am Rande erwähnt werden.

Der so umrissenen Thematik ist dabei einerseits aus rechtsvergleichender Sicht, andererseits vor dem Hintergrund der sich aus dem europäischen Gemeinschaftsrecht ergebenden Anforderungen nachzugehen. Die Auseinandersetzung mit anderen Rechtsordnungen ist dabei nicht nur Selbstzweck, sondern sie erlaubt es auch, eine gewisse kritische Distanz zu den eigenen Lösungen herzustellen und diese im Gesamtzusammenhang zu relativieren.[9] Eine gewisse Hinterfragung der in der eigenen Rechtsordnung vorzufindenden Konzepte dürfte insbesondere auch für die Auseinandersetzung mit den ja zwingend zu beachtenden[10] Vorgaben des europäischen Gemeinschaftsrechts – die nur allzu oft als „Einmischung in innere Angelegenheiten“ empfunden werden[11] – von einem gewissen Nutzen sein, wenn diese auch nicht verlangen – soviel sei vorweg genommen –, die eigene Konzeption des Verwaltungsrechtsschutzes „über Bord zu werfen“ (auch nicht in Deutschland). Im Übrigen wird es

[7] Im Gegensatz zur Verbandsklage.

[8] Ausgespart werden damit neben nicht gerichtlichen Streitbeilegungsmechanismen auch Aspekte des Sekundärrechtsschutzes allgemein und der Staatshaftung im Besonderen. Vgl. hierzu den Beitrag von *Streinz* in diesem Band.

[9] Zur Bedeutung der Rechtsvergleichung jüngst auch *Sommermann* DÖV 1999, 1017ff.

[10] Zum Vorrang des europäischen Gemeinschaftsrechts, der hier zugrunde gelegt und nicht weiter problematisiert wird, nur *Wegener* in: Calliess/Ruffert, EUV/EGV, 1999, Art. 220, Rn. 18, mwN; neuerdings *Niedobitek* VerwArch 2001, 58ff.

[11] Vgl. z.B. die Äußerungen von *Breuer* Entwicklungen des europäischen Umweltrechts – Ziele, Wege und Irrwege, 1993, 95ff.; s. auch *v.Danwitz* Verwaltungsrechtliches System und Europäische Integration, 1996, 242ff., 511f.

auf der Grundlage einer rechtsvergleichenden Untersuchung des gerichtlichen Zugangs auch möglich sein festzustellen, ob und inwieweit von einer „Konvergenz“[12] des Verwaltungsrechtsschutzes in diesem Bereich gesprochen werden kann.

B. Der gerichtliche Zugang im Rechtsvergleich

Im Folgenden können nur die Rechtslage in Frankreich und Großbritannien sowie der Schweiz untersucht werden. In der Darstellung wird dabei zunächst die eher individualschützende Konzeption in der Schweiz erörtert, woran sich dann das eher objektivrechtliche System in Frankreich und der „Sonderfall“ Großbritannien anschließen.[13]

I. Schweiz

In der *Schweiz* wird der Verwaltungsrechtsschutz gegen behördliche Maßnahmen, die sich auf Bundesrecht[14] stützen, auf Bundesebene[15] durch die Verwaltungsgerichtsbeschwerde gewährt.[16] Die Verwaltungsge-

---

[12] Vgl. den Ausdruck im Titel des von *Schwarze* herausgegebenen Bandes: Das Verwaltungsrecht unter europäischem Einfluss. Zur Konvergenz der mitgliedstaatlichen Verwaltungsrechtsordnungen in der Europäischen Union, 1996; speziell aus rechtsvergleichender Sicht auch *Groß* Verw 2000, 415ff.

[13] Vgl. zur Unterscheidung zwischen den Grundkonzeptionen des subjektiven und objektiven Rechtsschutzes schon *Duguit* Traité de droit constitutionnel, Bd. 2, 3. Aufl., 1928, 435f., 459ff.; s. auch *Gerstner* Die Drittschutzdogmatik im Spiegel des französischen und britischen Verwaltungsgerichtsverfahrens, 1995, 26. Vgl. für eine umfassendere rechtsvergleichende Untersuchung – deren Ergebenisse teilweise dann auch in die nachfolgende Bewertung miteinfließen – *Epiney/Sollberger* Zugang zu Gerichten und gerichtliche Kontrolle im Umweltrecht. Rechtsvergleich, völker- und europarechtliche Vorgaben und Perspektiven, 2001.

[14] Stützen sich behördliche Entscheidungen ausschließlich auf selbständiges kantonales oder kommunales Recht, ist auf Bundesebene nur der (außerordentliche) Rechtsbehelf der staatsrechtlichen Beschwerde eröffnet. Hier können allerdings nur „verfassungsmäßige Rechte“ geltend gemacht werden.

[15] Die kantonalen Rechtsmittel sollen im Folgenden außer Betracht bleiben. Für eine „Abstimmung“ der Klagebefugnis auf kantonaler und Bundesebene sorgt Art. 98a OG, hierzu BGE 125 II 10, 13.

[16] Der Klagegegenstand muss eine „Verfügung“ (vgl. die Definition in Art. 5 VwVG; dieser Begriff entspricht im Wesentlichen demjenigen des „Verwaltungsaktes“ im deutschen Recht) sein, so dass es keine der Verpflichtungs- oder Leistungsklage entsprechende Klageform gibt. Allerdings dürfte die Reichweite des gerichtlichen Rechtsschutzes hierdurch in der Regel nicht erheblich verringert sein, da die Beschwerdeführer

richtsbeschwerde dient ihrer Konzeption nach in erster Linie dem Individualrechtsschutz,[17] wobei aber auch auf die „begleitende Funktion"[18] der objektiven Rechtmäßigkeitskontrolle hinzuweisen ist, die sich in erster Linie in der Zulässigkeit von Verbandsbeschwerden in bestimmten Sachbereichen, so insbesondere im Umweltrecht, äußert.[19]

Die primär individualschützende Funktion des Verwaltungsrechtsschutzes im Allgemeinen und der Verwaltungsgerichtsbeschwerde im Besonderen schlägt sich auch in der Klagebefugnis Einzelner nieder: Nach Art. 103 lit. a OG können nur Personen, die ein „schutzwürdiges Interesse" an der Abänderung oder Aufhebung einer bundesrechtswidrigen behördlichen Verfügung haben und die durch die angefochtene Verfügung „berührt" sind, Verwaltungsgerichtsbeschwerde erheben.

Das entscheidende Kriterium der Schutzwürdigkeit eines Interesses[20] kann in Anknüpfung an die bundesgerichtliche Rechtsprechung[21] durch drei Elemente präzisiert werden:

- Zunächst muss ein praktisches und aktuelles Interesse der beschwerdeführenden Person vorliegen, das sowohl rechtlicher als auch tatsächlicher Natur sein kann.[22]

---

jeweils eine Verfügung „produzieren" können, indem sie einen Antrag stellen, der dann von der zuständigen Behörde beschieden wird bzw. werden muss.

[17] Zum Individualrechtsschutz in der Verwaltungsrechtspflege *Kley-Struller* Der richterliche Rechtsschutz gegen die öffentliche Verwaltung, 1995, 240ff.

[18] Vgl. *Kley-Struller* Rechtsschutz (Fn. 17) 254.

[19] Zum Verhältnis von Individualrechtsschutz und Wahrung öffentlicher Interessen im umweltbezogenen Verwaltungsprozess *Vallender/Morell* Umweltrecht, 1997, 420f.

[20] Das Erfordernis des „Berührtseins" ist nach überwiegender Lehre im Element des schutzwürdigen Interesses enthalten, vgl. *Gygi* Bundesverwaltungsrechtspflege, 2. Aufl., 1983, 156; *Kölz/Häner* Verwaltungsverfahren und Verwaltungsrechtspflege des Bundes, 2. Aufl., 1998, N 536; *Tanquerel* Les voies de droit des organisations écologistes en Suisse et aux Etats-Unis, 1996, 56; *Tanquerel/Zimmermann* Les recours, in: Morand (Hrsg.) Droit de l'environnement: mise en oeuvre et coordination, 1992, 127; differenzierend *Häner* Die Beteiligten im Verwaltungsverfahren und Verwaltungsprozess, 2000, N 519ff.; auch das Bundesgericht dürfte von dieser Annahme ausgehen, konzentriert sich doch seine Rechtsprechung hauptsächlich auf Konkretisierungen bezüglich der Schutzwürdigkeit des Interesses. Vgl. noch die Ausführungen sogleich im Text.

[21] Vgl. etwa BGE 121 II 39, 43f.

[22] Vgl. BGE 123 II 376, 378; BGE 119 Ib 179, 184; *Kölz/Häner* Verwaltungsrechtspflege (Fn. 20) N 538; *Häfelin/Müller* Grundriss des allgemeinen Verwaltungsrechts, 3. Aufl., 1998, N 1521; *Romy* URP 2001, 248, 252f.; *Tanquerel* Voies de droit (Fn. 20) 57. Allerdings reicht ein ausschließlich rechtlicher Nachteil ohne Beeinflussung auch der tatsächlichen Situation der beschwerdeführenden Person nicht zur Klagelegitimation aus, vgl. BGE 123 II 376, 381, in welchem es KonsumentInnen verwehrt blieb, sich unter Berufung auf die persönliche Freiheit gegen die Zulassung von Lebensmitteln, die gentechnisch

Das Erfordernis des praktischen Interesses bezieht sich auf dessen tatsächliches Vorliegen: Dies bedeutet etwa bei Klagen gegen Risikoanlagen oder der Vornahme umwelt- bzw. gesundheitsgefährdender Maßnahmen, dass die Verwirklichung der Gefahr zumindest nicht geradezu unwahrscheinlich sein darf[23] und die besondere persönliche Betroffenheit[24] bei Gefahreneintritt überwiegend wahrscheinlich sein muss.[25]

Ein aktuelles Rechtsschutzinteresse[26] liegt immer dann vor, wenn die rechtliche oder tatsächliche Situation der beschwerdeführenden Person durch den Ausgang des Verfahrens beeinflusst wird.[27] Dies bedeutet einerseits, dass das Interesse nicht bereits weggefallen sein darf, d.h. der drohende Nachteil vollständig und irreversibel eingetreten oder aber beseitigt ist. Andererseits darf das Interesse auch kein ausschließlich virtuelles sein,[28] das nur hypothetischen Charakter besitzt bzw. sich erst in Zukunft realisieren könnte. So besteht etwa dann kein schutzwürdiges Interesse, wenn ein angefochtener Eingriff in die Natur bereits auf nicht wieder gutzumachende Weise stattgefunden hat[29] oder aber eine klagewillige Person bloß in Erwägung zieht, in der unmittelbaren Umgebung des von ihr angefochtenen projektierten Bauobjekts (Land- bzw. Wohn-) Eigentum zu erwerben.[30]

---

veränderte Soja enthalten, der Verwaltungsgerichtsbeschwerde zu bedienen; eingehend zur Problematik *Häner* Beteiligte (Fn. 20) N 620ff.

[23] Das Bundesgericht stellt diesbezüglich auf ein „besonders hohes Gefährdungspotenzial" ab; vgl. etwa bezüglich Atomtransporten BGE 121 II 176, 178, bezüglich einer biotechnischen Anlage BGE 120 Ib 379, 388; schon an einer Gefährdung (der Versorgung mit kontaminiertem Trinkwasser) fehlte es in BGE 121 II 39, 45f., bezüglich der Festlegung von Grundwasserschutzzonen.

[24] Vgl. sogleich unten im Text, nächster Spiegelstrich.

[25] Eingehend zum Kausalzusammenhang zwischen Streitgegenstand und Nachteil *Häner* Beteiligte (Fn. 20) N 615ff., 636ff.

[26] Hierzu *Häner* Beteiligte (Fn. 20) N 653ff., 674ff.; *Kölz/Häner* Verwaltungsrechtspflege (Fn. 20) N 540; *Romy* URP 2001, 248, 253f.; *Tanquerel* Voies de droit (Fn. 20) 62f.; *Tanquerel/Zimmermann* Les recours (Fn. 20) 131f.

[27] *Häner* Beteiligte (Fn. 20) N 674.

[28] Vgl. insbesondere BGE 119 Ib 374, 378.

[29] Vgl. BGE 118 Ib 1, 7f. bezüglich Sondierbohrungen und Baggerschlitzen für das projektierte Kraftwerk Curciusa.

[30] Vgl. *Häner* Beteiligte (Fn. 20) N 654; für die Anerkennung eines virtuellen Rechtsschutzinteresses (insbesondere) in solchen Fällen plädieren *Tanquerel/Zimmermann* Les recours (Fn. 20) 131f.; *Tanquerel* Voies de droit (Fn. 20) 62f. Trotz fehlendem Rechtsschutzinteresse kann allerdings einer beschwerdeführenden Person in Ausnahmefällen dennoch eine Klagebefugnis eingeräumt werden, insbesondere wenn eine aufgeworfene (prinzipielle) Frage ansonsten kaum je rechtzeitig überprüft werden könnte (hierzu etwa BGE 123 II 285, 287f.) oder sich jederzeit – insbesondere in absehbarer Zunkunft (vgl. BGE 118 Ib 1, 8f. bezüglich zukünftiger Beschwerden gegen weitere vorgesehene Son-

- Die Betroffenheit des Klägers bzw. der Klägerin muss sich sodann in einem sog. Sondernachteil, der einen „objektiven“ Charakter aufweist, äußern: In Abgrenzung zu einer verwaltungsgerichtlichen Popularbeschwerde[31] verlangt das Bundesgericht, dass „der Beschwerdeführer durch den angefochtenen Entscheid stärker als jedermann betroffen ist“[32], wodurch eine richterliche Beurteilung von allgemeinen Risiken der Gesamtbevölkerung ausgeschlossen ist. Der erforderliche Sondernachteil ist beim primären Adressaten einer konkret-individuellen Verfügung[33] stets vorhanden, nicht immer jedoch bei sekundären Adressaten und Drittbetroffenen.[34] Die Rechtsprechung stellt hier in einer ausgeprägten Kasuistik auf das Vorliegen einer Art persönlicher[35] und objektiver „Sonderbelastung“ ab.

  Ein ausschließlich allgemeines, öffentliches oder ideelles Interesse – beispielsweise der Schutz der intakten Bergwelt[36] oder der Schutz des Lebensraums vor (zusätzlicher) Verstrahlung[37] bzw. Verkehrsbelastung[38] – kann damit keine individuelle Klagelegitimation begründen. Ebensowenig kann ein allgemeines Risiko für die Gesamtbevölkerung, wie z.B. bei der Zulassung von Lebensmitteln, die gentechnisch veränderte Soja enthalten,[39] geltend gemacht werden. Aber auch ein persönliches, jedoch bloss affektives Interesse, wie etwa eine besondere Verbindung zu einem bestimmten Ort,[40] ist unbeachtlich.
- Das Verhältnis zwischen der beschwerdeführenden Person und dem Streitgegenstand muss aber nicht nur gegenüber der Allgemeinheit qualifiziert sein, sondern auch eine gewisse Intensität erreichen: Es ist eine „besondere, beachtenswerte, nahe Beziehung zur Streitsache“[41]

---

dierbohrungen auf der Alp Curciusa) – wieder stellen könnte. Darüber hinaus kann eine Entscheidung in der Sache auch „aus anderen Gründen als angebracht“ erscheinen: BGE 118 Ib 1, 8; *Gygi* Bundesverwaltungsrechtspflege (Fn. 20) 154f.

[31] Vgl. hierzu insbesondere *Häner* Beteiligte (Fn. 20) N 558ff.

[32] BGE 120 Ib 379, 386.

[33] Als Anfechtungsobjekt kommt allerdings auch eine Allgemeinverfügung, d.h. ein konkret-genereller Akt, in Frage: BGE 112 Ib 249, 251f.

[34] Zur Komplexität des Adressatenkreises vgl. *Häner* Beteiligte (Fn. 20) N 536ff.

[35] Drittinteressen können nicht wahrgenommen werden: BGE 122 II 367, 369.

[36] Vgl. Verwaltungsgericht Graubünden vom 26. 2. 1997 (PVG 1997 Nr. 56), BR 2000, 24 (Nr. 86).

[37] Vgl. BG vom 26. 10. 2000 (1A.194/2000), URP 2000, 155, 160.

[38] Vgl. BG vom 7. 12. 1995 (E.62/63/1993), ZBl 1997, 136, 139f.

[39] BGE 123 II 376, 378ff.

[40] Vgl. etwa BGE 111 Ib 159, 160.

[41] Vgl. unter vielen BGE 123 II 376, 379.

erforderlich.[42] In der Regel ist diese Voraussetzung im Falle des Vorliegens eines Sondernachteils gegeben; bei gewissen Fallgestaltungen jedoch kann sie problematisch sein.[43]

In Bezug auf die Reichweite der gerichtlichen Kontrolle im Rahmen der Verwaltungsgerichtsbeschwerde[44] sind in unserem Zusammenhang in erster Linie zwei Aspekte von Bedeutung:

- Das klagelegitimierende schutzwürdige Interesse der beschwerdeführenden Person muss sich nicht mit der Schutzrichtung der angerufenen Norm(en) decken, womit durchaus auch die Verletzung von Bestimmungen im Dienste der Allgemeinheit oder im Interesse Dritter überprüft werden kann.[45] Demnach kann eine Einzelperson unter der Voraussetzung der individuellen Betroffenheit dennoch zu einem „défenseur privé de l'intérêt public“[46] werden.
- Auch das schweizerische Verwaltungsrecht kennt eine Unterscheidung zwischen unbestimmten Rechtsbegriffen und Ermessen, die sich im Grundsatz – auch im Hinblick auf die Reichweite der gerichtlichen

---

[42] Meistens ist deshalb ein „statischer“, überwiegend eigentumsrechtlicher Bezug zum Streitgegenstand notwendig, was jedoch nicht ausschließt, dass auch ein rein subjektiver Bezug genügen kann. Vgl. hierzu *Tanquerel* Voies de droit (Fn. 20) 60; *Tanquerel/Zimmermann* Les recours (Fn. 20) 129f.; *Romy* URP 2001, 248, 253.

[43] So insbesondere bei Nachbarschaftsklagen. Vgl. hierzu *Häner* Beteiligte (Fn. 20) N 712. Zu der damit im Zusammenhang stehenden Bestimmung der klagebefugten Personen bei Großprojekten mit hohem Gefährdungspotenzial für zahlreiche Personen BGE 121 II 176, 182; BGE 123 II 376, 380; BGE 120 Ib 379, 388f.; BGE 124 II 293, 303f. Kritisch zur Rspr. etwa *Trüeb* Rechtsschutz gegen Luftverunreinigung und Lärm, Das Beschwerdeverfahren bei Errichtung und Sanierung ortsfester Anlagen im Geltungsbereich des Umweltschutzgesetzes, 1990, 176ff.; *Flückiger/Morand/Tanquerel* Evaluation du droit de recours des organisations de protection de l'environnement, 2000, 64f., 68; *Tanquerel* Voies de droit (Fn. 20) 59; *Tanquerel/Zimmermann* Les recours (Fn. 20) 128f.; *Romy* URP 2001, 248, 256f.; *Häner* Beteiligte (Fn. 20) N 554ff., 712, 722ff.; *Kölz/Häner* Verwaltungsrechtspflege (Fn. 20) N 548.

[44] Für die grundsätzlich Art. 104 OG maßgeblich ist. Vgl. zur gerichtlichen Kontrolle *Gygi* Bundesverwaltungsrechtspflege (Fn. 20) 288ff.; *Kölz/Häner* Verwaltungsrechtspflege (Fn. 20) N 949; *Kälin* Das Verfahren der staatsrechtlichen Beschwerde, 2. Aufl., 1994, 286; *Häfelin/Müller* Verwaltungsrecht (Fn. 22) N 1510; *Kölz/Häner* Verwaltungsrechtspflege (Fn. 20) N 948; *Gygi* Bundesverwaltungsrechtspflege (Fn. 20) 313ff.; BGE 124 II 293, 307ff.; BGE 123 II 88, 92; BGE 120 Ib 400, 402; BGE 116 Ib 353, 356f.

[45] Vgl. etwa den bereits zit. BGE 108 Ib 92, 93, bezüglich der von einem Berufsfischer gerügten Verletzung des Bundesgesetzes über die Fischerei im Streit um eine Baubewilligung für einen Bootshafen und einen Badeplatz; vgl. auch BGE 111 Ib 159, 160; *Häner* Beteiligte (Fn. 20) N 563; *Romy* URP 2001, 248, 252f.

[46] *Tanquerel* Voies de droit (Fn. 20) 58; *Tanquerel/Zimmermann* Les recours (Fn. 20) 128.

Kontrolle[47] – mit der deutschen Konzeption deckt.[48] Allerdings dürfte die Kontrolldichte bei unbestimmten Rechtsbegriffen in der Schweiz insgesamt doch einiges weiter gezogen sein als in Deutschland: Das Bundesgericht billigt der Verwaltung aufgrund der nicht immer einfachen Abgrenzung zwischen Rechts- und Ermessensausübung[49] sowie unter Rücksichtnahme auf die Verantwortung und die Handlungsfähigkeit der Exekutive[50] einen gewissen „Freiraum" zu und hält sich unter bestimmten Umständen in seiner Kontrolle zurück.[51] Diese Zurückhaltung äußert sich in erster Linie bei spezifischen technischen bzw. fachlichen Fragen. Bei deren Würdigung überlässt das Bundesgericht die eigentliche Sachentscheidung in aller Regel den Fachinstanzen und überprüft einzig, ob alle wesentlichen Gesichtspunkte und berührten Interessen ermittelt und gewissenhaft geprüft sowie ob alle möglichen Auswirkungen der angefochtenen Anlage oder Maßnahme bei der Entscheidung berücksichtigt wurden.[52]

II. Frankreich

Das französische[53] System des Verwaltungsrechtsschutzes ist im Wesentlichen auf die Kontrolle der (objektiven) Rechtmäßigkeit des Verwaltungshandelns ausgerichtet; der Klage Einzelner kommt damit im Ergebnis die Funktion der Auslösung einer solchen Überprüfung zu, während

---

[47] Die unrichtige Anwendung ersterer ist als Rechtsverletzung zu qualifizieren und untersteht somit grundsätzlich der freien Kognition des Bundesgerichtes (vgl. nur *Gygi* Bundesverwaltungsrechtspflege, Fn. 20 301, 309), während bei Einräumung von Ermessen eine Rechtsverletzung immer nur dann vorliegt, wenn die Verwaltung ihr Ermessen nicht pflichtgemäß ausgeübt, sondern über- oder unterschritten oder aber missbraucht hat (Art. 104 lit. a OG; *Gygi* Bundesverwaltungsrechtspflege, Fn. 20 311ff.).

[48] Vgl. *Trüeb* Rechtsschutz (Fn. 43) 87.

[49] S. etwa den ausdrücklichen Hinweis in BGE 109 Ib 298, 300.

[50] Vgl. *Trüeb* Rechtsschutz (Fn. 43) 87.

[51] Zusammenfassend BGE 119 Ib 254, 265.

[52] BGE 125 II 591, 604; BGE 121 II 378, 384; BGE 117 Ib 114, 117; vgl. auch BGE 124 II 219, 231; *Beatrice Wagner Pfeifer*, Umweltrecht I, 1999, 147. Auch bei der Würdigung örtlicher Verhältnisse hält sich das Bundesgericht grundsätzlich zurück, vgl. BGE 121 III 75, 79f.; BGE 116 Ib 203, 208f.

[53] Es sei aber darauf hingewiesen, dass auch andere Rechtsordnungen diese Konzeption verfolgen, so insbesondere diejenigen Belgiens, Griechenlands, Luxemburgs und Portugals. Vgl. *Kadelbach* Allgemeines Verwaltungsrecht (Fn. 1) 380; *Ruffert* Subjektive Rechte im Umweltrecht der Europäischen Gemeinschaft, 1996, 133ff.; *Wegener* Rechte des Einzelnen, 1998, 148ff.

der Schutz von Rechten Einzelner in den Hintergrund tritt.[54] Daher stellt auch die Klageform des *recours pour excès de pouvoir* – auf die sich die folgenden Ausführungen beschränken[55] – die „Grundform" des verwaltungsgerichtlichen Rechtsmittels dar. Mit diesem Rechtsmittel kann die Aufhebung eines rechtswidrigen *acte administratif*[56] erreicht werden.[57]

Die „Klagebefugnis" im Rahmen des *recours pour excès de pouvoir*[58] ist – im Anschluss an die Funktion dieser Klageart, eine objektive Legalitäts-

---

[54] Vgl. hierzu *Woehrling* NVwZ 1999, 502. Vgl. darüber hinaus zu einigen weiteren Besonderheiten der französischen Verwaltungsgerichtsbarkeit, wie insbesondere die große Bedeutung der Rechtsprechung im Vergleich zum geschriebenen Verwaltungs(prozess)recht, die Furcht vor einem *„gouvernement des juges"*, die große Zurückhaltung des *Conseil d'Etat* bei der Ausübung gerichtlicher Kontrolle und die Bedeutung der Beachtung verfahrensrechtlicher Anforderungen *Riedel* VVDStRL 58 (1999) 180, 187ff. In Frankreich geht mit dieser objektivrechtlichen Ausrichtung des Systems des Verwaltungsrechtsschutzsystems eine relativ starke Stellung der Verwaltung einher: Ihre Funktions- und Leistungsfähigkeit soll nur soweit wie unbedingt für eine Rechtmäßigkeitskontrolle notwendig eingeschränkt werden. Auswirkungen entfaltet diese Konzeption nicht nur auf der Ebene des gerichtlichen Zugangs und der Kontrolldichte, sondern auch im Bereich des vorläufigen Rechtsschutzes und des (grundsätzlich fehlenden) Suspensiveffekts von Beschwerden. Vgl. hierzu etwa *Lehr* Einstweiliger Rechtsschutz und Europäische Union, 1997, 434ff.; *Hanicotte* RDP 1995, 1581ff.

[55] Diese Klageart steht beim Rechtsschutz gegen behördliches Verhalten im Vordergrund, während der *recours de pleine juridiction* in erster Linie bei Schadensersatzanforderungen oder bestimmten spezialgesetzlichen Bereichen zur Anwendung kommt. Zur Abgrenzung der beiden Klagearten *Koch* Verwaltungsrechtsschutz in Frankreich, 1998, 205ff.

[56] Ein solcher kann sowohl eine konkret-individuelle behördliche Entscheidungs als auch eine abstrakt-generelle Rechtsnorm sein, wobei letztere von der Verwaltung ausgehen müssen (so dass Anfechtgungsgegenstand nur behördliche Handlungen sein können, vgl. Art. R.102 I *Code des tribunaux administratifs et des cours administratives*), was Rechtsakte des Parlaments vom Anwendungsbereich des *recours pour excès de pouvoir* ausnimmt. Vgl. hierzu *Koch* Verwaltungsrechtsschutz (Fn. 55) 110ff.; *Bergmann* Der Schutz der Umwelt im französischen Recht, 1996, 133.

[57] Im Falle der Begründetheit der Klage wirkt die Aufhebung des *acte administratif* ex tunc und erga omnes. *Bergmann* Schutz der Umwelt (Fn. 56) 133, mwN.

[58] Ergänzend sei aber darauf hingewiesen, dass die Anforderungen an die Klagebefugnis im Rahmen des *recours de pleine juridiction* im Ergebnis in der Regel kaum höher sind als diejenigen im Rahmen des *recours pour excès de pouvoir*. So können z.B. im Geltungsbereich des Anlagegesetzes (Art. 14 *Loi n° 76-663 du 19 juillet 1976 relative aux installations classées pour la protection de l'environnement*) – das bei der Genehmigung einer Reihe potenziell umweltgefährdender Anlagen zur Anwendung kommt – behördliche Entscheidungen auch von Dritten bereits dann angefochten werden, wenn sie eine irgendwie geartete Beeinträchtigung von Mensch und/oder Umwelt rügen und in diesem Interesse direkt und persönlich betroffen sind. Im Ergebnis werden diese Begriffe ähnlich weit wie im Rahmen des *recours pour excès de pouvoir* ausgelegt. Vgl. etwa *Guillot* Droit de l'environnement, 1998, 178; *Bergmann* Schutz der Umwelt (Fn. 56) 145.

kontrolle zu garantieren – recht weit ausgestaltet. Allerdings handelt es sich auch hier nicht um eine Popularklage; vielmehr ist ein *intérêt pour agir* notwendig. Dieses muss – abgesehen davon, dass eine irgendwie geartete Beeinträchtigung notwendig ist[59] – nach ständiger Rechtsprechung[60] *direct, certain* und *personnel* sein. Insbesondere aus dem zuletzt genannten Erfordernis ist zu schließen, dass sich der Kläger bezüglich des Aktes in einer besonderen Lage befinden muss, d.h. als Angehöriger einer bestimmbaren Gruppe betroffen ist. Das vom Kläger verfolgte Interesse muss dabei jedoch nicht individuell, spezifisch oder rein persönlich sein und kann gemäß der weiten Auslegung des Rechtsschutzinteresses materiell-faktischer, ideeller oder rechtlicher Natur sein.[61] Auch ein potenzielles Interesse reicht für die Klagebefugnis grundsätzlich aus.

In der Rechtsprechung werden diese Anforderungen insgesamt relativ weit ausgelegt: So kann sich etwa ein Mitglied einer Wandervereinigung in seiner Eigenschaft als Camper gegen ein Campingverbot in einer Gemeinde wehren, da nicht grundsätzlich ausgeschlossen werden kann, dass der Kläger auf dem betroffenen Gemeindegebiet einmal campieren möchte.[62] Für den Nachweis eines persönlichen finanziellen Interesses reicht beispielsweise der Status als Steuerzahler auf Gemeinde- oder Departementsebene aus, um einen Beschluss, der die Finanzen der entsprechenden Körperschaft belastet, anfechten zu können.[63] Einzig die Eigenschaft als Staatsbürger wurde im Sinne einer Abgrenzung zur Popularklage nicht als für die Klagebefugnis ausreichend beurteilt.[64] Als ideelles Interesse kann z.B. der Schutz eines Landschaftsbildes oder eines Denkmals gelten.[65] Weder ein *intérêt direct* noch *certain* liegt allerdings in denjenigen

---

[59] Nur *actes de nature à faire grief* können Gegenstand eines *recours pour excès de pouvoir* sein. Als beeinträchtigend gilt ein Akt nur dann, wenn er verbindlich ist und unmittelbar die rechtliche Situation eines der Verwaltung unterworfenen Betroffenen verändert. Dies schließt einen *recours pour excès de pouvoir* für vorbereitende, nachfolgende oder innerdienstliche Akte in der Regel aus. Vgl. zum Ganzen *Koch* Verwaltungsrechtsschutz (Fn. 55) 133ff.

[60] Eine gesetzliche Umschreibung der Anforderungen fehlt hier, so dass die maßgeblichen Kriterien der Rechtsprechung entnommen werden müssen, die ihrerseits klare „Definitionen" im Hinblick auf eine möglichst flexible Handhabung vermeidet.

[61] *Woehrling* NVwZ 1999, 502; *Koch*, Verwaltungsrechtsschutz (Fn. 55) 146f.

[62] Urteil *C.E.* 14. 2. 1958, *Abisset, Rec.* 98.

[63] Urteil *C.E.* 29. 3. 1901, *Casanova, Rec.* 333, *Long/Weil/Braibant/Delvolvé/Genevois*, Les grands arrêts de la jurisprudence administrative, 11. Aufl., 1996, 47ff.; hingegen reicht die Eigenschaft als Steuerzahler einer Gemeinde nicht aus, eine Baugenehmigung für ein nicht benachbartes Grundstück anzufechten: vgl. Urteil *C.E.* 22. 1. 1988, *Laugt, Rec. T.* 946.

[64] Urteil *C.E.* 23. 11. 1988, *Dumont et autres, RFDA* 1988, 462.

[65] Urteil *C.E.* 4. 3. 1987, *Ass. pour la défense des sites et paysages, Rec.* 328 (Urteil hier allerdings auf Verbandsklage ergangen).

Fällen vor, in denen ein *acte administratif* erst eine Vorentscheidung und z.B. noch keinen definitiven Eingriff in Rechte bzw. die Natur darstellt.[66]

Ist die Zugehörigkeit zu einem entsprechenden „Interessentenkreis" gegeben, so kann – im Sinne der Sicherstellung einer objektiven Rechtsmäßigkeitsprüfung – jegliche Rechtswidrigkeit gerügt werden, unabhängig von der konkreten Betroffenheit der individuellen Rechte des Klägers.

Allerdings muss die eingeschränkte Zahl von Klage- bzw. Nichtigkeitsgründen beachtet werden: Die Aufhebung eines rechtswidrigen *acte administratif* kann also nur mittels eines solchen *moyen d'ouverture* erreicht werden.[67] Unterschieden werden fünf Nichtigkeitsgründe, die auf zwei Argumentationsebenen (*causes juridiques*) angesiedelt sind: Die beiden ersten Gründe betreffen die formelle (*légalité externe*), die drei weiteren die materielle (*légalité interne*) Rechtmäßigkeit[68]: *incompétence, vices de forme et de procédure, violation directe de la règle de droit, illégalité relative aux motifs* und *détournement de pouvoir.* Trotz dieser grundsätzlichen Eingrenzung möglicher Nichtigkeits- bzw. Klagegründe ist die Überprüfung der Rechtmäßigkeit des angegriffenen *acte administratif* im Ergebnis nicht beschränkt. Denn die fünf Nichtigkeitsgründe umfassen letztlich alle Fragen der Rechtmäßigkeit, da die Klagegründe der *violation directe de la règle de droit* und der *illégalité relative aux motifs*[69] eigentliche Auffangtatbestände darstellen.[70]

---

[66] Vgl. das (auf Verbandsklage ergangene) Urteil *T.A. Nantes* 23. 3. 1995, *Ass. Estuaire-Ecologie c/Préfet de la région des Pays de la Loire, Préfet de Loire-Atlantique et Conseil régional des Pays de la Loire, req. n[os]* 94–1479 und 94–1480, *RJE 1995 n[o] spécial*, 30. Hier ging es um den Abschluss eines Vertrages (*contrat de plan*) zwischen dem Zentralstaat und einer Region bezüglich raumplanerischer und ökologischer Aspekte, der zu seiner Umsetzung jedoch weiterer behördlicher Entscheidungen bedurfte.

[67] Die Klassifizierung der Nichtigkeitsgründe beruht auf einer historischen Entwicklung, zu deren Beginn die Verwaltung eine eigentliche Selbstkontrolle ausübte und erst nach und nach eine gerichtliche Kontrolle im Gefolge der kontinuierlichen Zulassung der einzelnen Klagegründe möglich wurde. Zu der historischen Entwicklung vgl. *Koch* Verwaltungsrechtsschutz (Fn. 55) 161f.; *Bergmann* Der Schutz der Umwelt (Fn. 56) 147f.

[68] Diese Unterscheidung ist auch (und gerade) für die gerichtliche Kontrolle von Bedeutung.

[69] Die teilweise auch unter der Bezeichnung *violation de la loi* zusammengefasst werden, s. etwa *Classen* Europäisierung (Fn. 2) 147; für eine Unterscheidung in fünf Klagegründe aber etwa *Lerche* Landesbericht Frankreich, in: Frowein, Jochen Abr. (Hrsg.) Die Kontrolldichte bei der gerichtlichen Überprüfung von Handlungen der Verwaltung, 1993, 1, 2f.

[70] Vgl. etwa *Classen* Europäisierung (Fn. 2) 147; *Koch* Verwaltungsrechtsschutz (Fn. 55) 161f. Eine umfassende Überprüfung des jeweiligen *acte administratif* ist auch insofern gewährleistet, als die Klagegründe die einzelnen Elemente, aus denen sich eine Verwaltungsentscheidung zusammensetzt, restlos umfassen. Vgl. *Schlette* Die verwal-

Von Bedeutung sind die Nichtigkeitsgründe daher in erster Linie bei der gerichtlichen Kontrolle und Kontrolldichte: Diese variiert zwischen den verschiedenen Kategorien, wobei sie aber auch innerhalb der verschiedenen Nichtigkeitsgründe unterschiedlich gehandhabt werden kann. Es ist hier nicht der Ort, um auf Einzelheiten dieser sehr komplexen Kasuistik einzugehen. Festgehalten werden können aber folgende Grundsätze:

- Bei *incompétence* und *vice de forme et de procédure* findet eine vollumfängliche und relativ genaue gerichtliche Überprüfung statt;[71] bei letzteren ist die Klage aber nur im Falle der Verletzung wesentlicher Form- oder Verfahrensvorschriften begründet.[72]
- Der *détournement de pouvoir* bezieht sich nur auf den relativ engen Bereich, in dem die Verwaltung ihren (rechtmäßigen) *pouvoir discrétionnaire* bewusst[73] dazu gebraucht, eine Maßnahme zu treffen, die nicht den eigentlichen Zweck der Ermächtigungsgrundlage, sondern andere Interessen verfolgt. Es geht demzufolge um die „subjektive Seite" des Ermessens.[74]
- Im Falle der *violation directe de la règle de droit* geht es um die *illégalité relative à l'objet*, d.h. um die Rechtswidrigkeit der in einer konkreten

tungsgerichtliche Kontrolle von Ermessensakten in Frankreich, 1991, 131. In Anbetracht dessen kommt den Klagegründen hauptsächlich eine prozessuale Funktion zu, was den *recours pour excès de pouvoir* diesbezüglich stark dem *recours de pleine juridiction* – bei dem allgemein die Rechtswidrigkeit der angefochtenen Entscheidung geltend gemacht werden kann – annähert, vgl. etwa *Bergmann* Schutz der Umwelt (Fn. 56) 137.

[71] Vgl. *Classen* Europäisierung (Fn. 2) 148; *Riedel* VVDStRL 58, 180, 189ff.

[72] Vgl. zum Ganzen *Bergmann* Schutz der Umwelt (Fn. 56) 150f.; *Koch* Verwaltungsrechtsschutz (Fn. 55) 170. Im Übrigen ist hier im Hinblick auf die Begründung von Bedeutung, dass der Klagegrund zum *moyen inopérant* werden kann, was immer dann der Fall ist, wenn die angefochtene Entscheidung jedenfalls hätte getroffen werden müssen, der Formfehler also m.a.W. nicht die materielle Rechtmäßigkeit der Entscheidung berührt. Vgl. *Bergmann* Schutz der Umwelt (Fn. 56) 135f., 150; *Koch* Verwaltungsrechtsschutz (Fn. 55) 164ff.; Urteil *C.E.* 22.02.1957, *Sté coopérative de reconstruction de Rouen, Rec.* 126.

[73] Handelt es sich um einen Irrtum, kann nicht von Missbrauch gesprochen werden. Ein behördlicher Irrtum betrifft den Klagegrund der *illégalité relative aux motifs* (siehe sogleich unten im Text).

[74] Ausführlich dazu *Rumpf* JöR 1989, 217, 237f. Werden entweder überhaupt keine öffentlichen (sondern persönliche) Interessen oder aber andere öffentliche Interessen anstelle derjenigen der Ermächtigungsgrundlage verfolgt, wird die angefochtene Maßnahme aufgehoben, vgl. *Bergmann* Schutz der Umwelt (Fn. 56) 135. Da die inneren Absichten und Intentionen der Verwaltung aber schwierig zu ermitteln sind, kommt diesem Klagegrund nur eine subsidiäre Bedeutung zu. Vgl. *Koch* Verwaltungsrechtsschutz (Fn. 55) 171ff.

Verwaltungsentscheidung ausgesprochenen Rechtsfolge.[75] Die gerichtliche Kontrolle beschränkt sich unter diesem Gesichtspunkt auf die Überprüfung der Übereinstimmung zwischen der Verwaltungsentscheidung (bzw. ihrer Unterlassung) und geltendem Recht – Ermessens- und Handlungsspielräume der Verwaltung bleiben hierbei ausgeklammert, so dass deren Wahrnehmung grundsätzlich nicht überprüft wird.

- Mit dem Klagegrund der *illégalité relative aux motifs* kann die Rechtswidrigkeit einer Verwaltungsentscheidung aufgrund fehlerhafter Beurteilung der rechtlichen oder tatsächlichen Gegebenheiten (und damit auch fehlerhafter Begründung) gerügt werden. Dieser Klagegrund stellt regelmäßig das zentrale Element einer Klage dar. Die in diesem Rahmen rügefähigen Entscheidungsgrundlagen (*motifs*) beziehen sich einerseits auf den Sachverhalt (*motifs de fait*), andererseits auf die der Entscheidung zugrunde liegenden Rechtsnormen (*motifs de droit*).[76]

Für die Überprüfung der *motifs* – insbesondere der *motifs de fait* – ist in der Rechtsprechung des *Conseil d'Etat* ein sich in ständiger Entwicklung begriffenes System unterschiedlicher Kontrolltiefe zu erkennen, wobei drei „Intensitäten" gerichtlicher Kontrolle unterschieden werden können[77]: Immer geprüft wird eine *erreur manifeste d'appréciation*, die sich auf einen offensichtlichen Beurteilungsfehler oder eine offensichtlich unrichtige Subsumtion von Tatsachen unter die normativen Handlungsvoraussetzungen bezieht, insofern also eine Art Willkürkontrolle darstellt (*contrôle minimum*). Wird die Subsumtion von Tatsachen unter die normativen Handlungsvoraussetzungen umfassend, d.h. über die angesprochene Offensichtlichkeit hinaus, auf ihre Rechtmäßigkeit überprüft, so handelt es sich terminologisch um den *contrôle normal*. Werden zuallerletzt noch Elemente der Verhältnismäßigkeit und ganz allgemein der Angemessenheit des behördlichen Entscheides überprüft, gelangen wir in den Bereich des *contrôle maximum*.

Die richterliche Abgrenzung zwischen den einzelnen Kontrollmaßstäben ist nicht immer leicht nachzuvollziehen. Neben der kasuisti-

---

[75] Vgl. *Bergmann* Schutz der Umwelt (Fn. 56) 151; *Schlette* Verwaltungsgerichtliche Kontrolle (Fn. 70) 131.

[76] Vgl. *Schlette* Verwaltungsgerichtliche Kontrolle (Fn. 70) 131. Dabei stellt nach französischer Terminologie die behördliche Subsumtion von Tatsachen unter die normativen Handlungsvoraussetzungen (*qualification juridique des faits*), bei der rechtliche und tatsächliche Elemente verschmelzen, ebenfalls ein *motif de fait* dar. Vgl. *Koch* Verwaltungsrechtsschutz (Fn. 55) 180.

[77] Vgl. die Übersicht der Prüfungsschritte bei *Lerche* in: Kontrolldichte (Fn. 69) 1, 7f.

schen Aufzählung einzelner Fallgruppen[78] kann der Rechtsprechung im Allgemeinen entnommen werden, dass die Kontrolldichte umso geringer ist, je mehr eine Verwaltungsentscheidung technisches Fachwissen oder politische Abwägungen voraussetzt, dagegen umso größer ausfällt, je mehr die Grundrechte der Bürger von einer Verwaltungsentscheidung betroffen sind.[79]

Insgesamt ist die gerichtliche Kontrolldichte sehr stark kasuistisch geprägt, und den Gerichten steht hier ein kaum nachprüfbarer Spielraum bei der Entscheidung zu, welchen Kontrollmaßstab sie anwenden wollen. Andererseits ist die Kontrolldichte im französischen Verwaltungsrecht aber auch nicht derart begrenzt, wie dies zunächst erscheinen könnte; vielmehr ist auf der Grundlage eines gewissen „Pragmatismus in der Methodik"[80] eine weitgehende Kontrolle durchaus möglich.[81] Dieser pragmatische Ansatz, der auch mit einer Billigkeitsrechtsprechung verglichen wird,[82] versetzt die Gerichte letztlich in die Lage, ihre Kontrolle nach und nach ausdehnen zu können, wie dies in den letzten Jahren geschehen ist.[83]

---

[78] So sind etwa die die Voraussetzungen für die Genehmigung des Baus und des Betriebs von Kernkraftwerken (vgl. die Urteile *C.E.* 28. 2. 1975, *Herr Rettig et Boss c/ EDF, CJEG* 1975, 80; *C.E.* 10. 2. 1984, *Ass. „Les Amis de la terre", Rec.* 686, *RJE* 1984, 208) oder Widerspruchsklagen Dritter im Baurecht (vgl. Urteil *C.E.* 23. 10. 1987, *M. et Mme Barnier, Rec. T.* 567; Urteil *C.E.* 24. 7. 1987, *Gouzou, Rec. T.* 566) einem *contrôle minimum* unterworfen; der *contrôle normal* wird z.B. bei Klagen der Bauherrn gegen eine Ablehnung der Baugenehmigung (Urteil *C.E.* 25. 1. 1974, *Rouquette, Rec.* 1214) angelegt, und der *contrôle maximum* kommt z.B. bei Streitigkeiten auf dem Gebiet des Enteignungsrechts (vgl. Urteil *C.E. Assemblée* 24. 1. 1975, *Gorlier et Bonifay, Rec.* 54) oder weiten Gebieten des (grundrechtsrelevanten) Polizeirechts (vgl. z.B. *C.E.* 12. 12. 1997, *Ass. „Les crapahuteurs de la Colombière", Rec. T.* 948, *RD imm.* 1998, 201) zum Zuge.

[79] Vgl. *Lerche* in: Kontrolldichte (Fn. 69) 1, 11; *Schlette* Verwaltungsgerichtliche Kontrolle (Fn. 70) 216f.

[80] *Woehrling* NVwZ 1999, 502, 504.

[81] Gerade unter dem Einfluss des Gemeinschaftsrechts dürfte sich denn auch in verschiedenen Bereichen eine Tendenz zur Ausweitung der Kontrolldichte abzeichnen. Vgl. mwN *Flauss* Rapport français, in: Schwarze, Jürgen (Hrsg.) Das Verwaltungsrecht unter europäischem Einfluss, 1996, 31, 85f.

[82] So bei *Lerche* in: Kontrolldichte (Fn. 69) 1, 29.

[83] Vgl. *Bergmann* Schutz der Umwelt (Fn. 56) 159; *Lerche* in: Kontrolldichte (Fn. 69) 1, 35f.; *Schwarze* NVwZ 1996, 22, 25. Darüber hinaus ist noch darauf hinzuweisen, dass eine u.U. geringere gerichtliche Kontrolldichte teilweise auch durch die Vorverlagerung der Verwaltungskontrolle kompensiert wird: Großprojekte werden dem *Conseil d'Etat* bereits in seiner Funktion als Berater der Regierung zur Rechtmäßigkeitsprüfung, die in der Praxis auch auf Opportunitätselemente des *pouvoir discrétionnaire* ausgedehnt wird, vorgelegt. Die Stellungnahmen des *Conseil d'Etat* werden – nicht zuletzt auch aufgrund der Verflechtung zwischen *Conseil d'Etat* und Verwaltungsspitze – in der Regel befolgt, was

Trotz der tendenziellen Ausweitung der richterlichen Kontrolle dürfte eine gewisse Begrenzung der gerichtlichen Nachprüfung aber (immer noch) im objektiven Charakter der Legalitätskontrolle und somit in der Natur des *recours pour excès de pouvoir* selbst liegen: Das Ziel der Überprüfung behördlicher Entscheidungen ist die Rechtmäßigkeit des Verwaltungshandelns und nicht in erster Linie der Schutz von individuellen Rechten der Bürger. Demnach gibt es im französischen Verwaltungsrecht im allgemeinen kein „Recht auf einen fehlerfreien Ermessensgebrauch".[84]

III. Großbritannien

Das System des Verwaltungsrechtsschutzes in Großbritannien[85] kann im Hinblick auf Ziel und Zweck des Verwaltungsrechtsschutzes im Allgemeinen und die Ausgestaltung der Klagebefugnis zwischen den beiden Grundformen des subjektiven und objektiven Rechtsschutzes angesiedelt werden, weist aber im Vergleich zu den gängigen kontinentaleuropäischen Systemen – abgesehen von der großen Bedeutung sog. Administrativtribunale in zahlreichen Sachbereichen[86] – einige Besonderheiten auf.[87]

---

als Grund dafür angesehen muss, dass Großprojekte von nationalem Interesse noch nie an der gerichtlichen Kontrolle gescheitert sind, vgl. *Bohbot* Droit de l'environnement 1994, 95f.; *Classen* Europäisierung (Fn. 2) 153 (mwN). Der *Conseil d'Etat* wird bei einer abermaligen Befassung mit derselben Materie kaum zu einem seiner früheren Stellungnahme entgegengesetzten Schluss kommen, auch wenn er dann in anderer Zusammensetzung entscheidet. Zur Beratungsfunktion des *Conseil d'Etat* und allgemein zum Verhältnis der Verwaltungsgerichtsbarkeit zur Exekutive vgl. *Woehrling*, Verwaltungsgerichtlicher Rechtsschutz in Frankreich auf dem Gebiet des Umweltrechts, 1986, 4ff.

[84] *Classen*, Europäisierung (Fn. 2) 158.

[85] Das Verfassungs- und Regierungssystem des Vereinigten Königreichs darf über weite Strecken als Einheit betrachtet werden, dennoch bestehen teilweise erhebliche Unterschiede zwischen dem englischen und dem schottischen Verwaltungsrecht; vgl. *Cane* Administrative Law, 1996, 3; *Spoerr* VerwArch 1991, 25, 29. Die folgenden Ausführungen beschränken sich auf die Rechtslage in England und Wales.

[86] Dieses System ist der gerichtlichen Verwaltungsrechtspflege „vorgeschaltet". Den Rechstweg an ein ordentliches Gericht garantiert *Section* 11 des *Tribunals and Inquiries Act* 1992. Der Instanzenzug kann je nach Sachgebiet über ein nächsthöheres Tribunal oder den zuständigen Minister führen; vgl. hierzu *de Smith/Woolf/Jowell* Judicial Review of Administrative Action, 5. Aufl., 1995, 33. Ausführlich zur Stellung der Tribunale im Verwaltungsrecht *Spoerr* VerwArch 1991, 25, 32ff.

[87] Hinzuweisen ist insbesondere auf den Umstand, dass die Judikative in ihrer Bedeutung traditionell hinter die Legislative und letztlich auch die Exekutive zurücktritt. So entwickelte sich in Großbritannien der gerichtliche Rechtsschutz der Einzelnen gegenüber der Verwaltung im Wesentlichen erst ab der Mitte des 20. Jahrhunderts. S. die Darstellung der geschichtlichen Entwicklung bei *Bradley* Judicial Protection of the Individual against the Executive in Great Britain, in: Mosler, Hermann (Hrsg.) Gerichts-

Im Verfahren der *application for judicial review*[88] – auf das sich die folgenden Ausführungen konzentrieren[89] – ist eine formelle Zulassung der

---

schutz gegen die Exekutive, 1969, 327ff.; s. auch *Gerstner* Drittschutzdogmatik (Fn. 13) 75ff. Dies dürfte in erster Linie auf der in Großbritannien der Krone beigemessenen Rolle und ihrer Verbindung zur Exekutive, aber auch auf der dem Parlament in Großbritannien traditionell zukommenden starken Stellung, aufgrund derer sich die Judikative einen gewissen *judicial self restreint* auferlegte, beruhen. Nach traditionellen Regierungsvorstellungen lag die Macht der Exekutive in der Krone begründet, deren Befugnisse nicht durch die einzelnen Bürger in Frage gestellt werden sollten. Verfassung und Gesetz sollten der Verwaltung vor diesem Hintergrund in erster Linie die rechtlichen Grundlagen zur Erfüllung der staatlichen Aufgaben liefern, nicht hingegen dem Bürger (gerichtlich durchsetzbare) Rechte einräumen. Vgl. hierzu *Cane*, Administrative Law (Fn. 85) 10f.; zur Bedeutung der Verwaltungsgerichtsbarkeit s. auch *Bradley/Ewing* Constitutional and Administrative Law, 12. Aufl., 1997, 767. Ganz allgemein war die gerichtliche Praxis des *judicial self restraint* stark verbreitet: Grundsätzlich – und insbesondere falls schnelles Handeln gefordert war – sollte die Tätigkeit der Verwaltung nicht durch langwierige Verfahren behindert werden. Demzufolge rückten die Gerichte die grundsätzliche Rechtmäßigkeitsvermutung behördlicher Maßnahmen in den Vordergrund. Unter dem Einfluss wachsender Regierungsaufgaben nach dem Zweiten Weltkrieg wurde die Notwendigkeit eines modernen verwaltungsrechtlichen Rechtsschutzes allerdings zunehmend anerkannt, so dass mittlerweile von einem weit entwickelten Rechtsschutzgefüge im öffentlichen Recht ausgegangen werden darf. Hieran ändert auch der Umstand nichts, dass das Verwaltungsverfahrensrecht weitgehend nicht kodifiziert ist. Vgl. *Spoerr* VerwArch 1991, 25, 26, 30. Zum *judicial self restraint* auch *Riedel* VVDStRL 58, 180, 197f. S. auch den Bericht des unabhängigen Komitees JUSTICE-All Souls von 1988, der in einer umfassenden Analyse eine „Inventur des britischen Verwaltungsrechts" erstellte, verbleibende Schwachpunkte klar herausstrich und Reformen vorschlug. Administrative Justice – Some Necessary Reforms, Report of the Committee of the JUSTICE-All Souls, Review of Administrative Law in the United Kingdom, Oxford 1988.

[88] Die *supervisory jurisdiction* eröffnet im Rahmen des *judicial review* allgemein eine gerichtliche Kontrolle behördlicher Entscheidungen oder behördlichen Verhaltens, vgl. *Cane* Administrative Law (Fn. 85) 8. Klagegegenstand der gemeinrechtlichen *judicial review* können grundsätzlich alle in Ausübung öffentlicher Hoheitsfunktionen vorgenommenen bzw. unterlassenen Maßnahmen sein. Vgl. *Herdegen* Landesbericht Großbritannien, in: Frowein (Hrsg.) Die Kontrolldichte bei der gerichtlichen Überprüfung von Handlungen der Verwaltung, 1993, 38, mit Hinweis auf *Council of Civil Service Unions v. Minister for the Civil Service* [1985] 1 AC 374, 409 *per Lord Diplock* (bekannt als *GCHQ*-Fall). Zur Passivlegitimation *Spoerr* VerwArch 1991, 25, 40. Entsprechend der grundsätzlichen Weite des möglichen Klagegegenstandes (hierzu *de Smith/Woolf/Jowell*, Judicial Review (Fn. 86) 300ff.) kann der Kläger im Rahmen der nunmehr als einheitliche Klageform ausgestaltete *application for judicial review* auch verschiedene Anliegen (*mandamus, certioari, prohibition, injunctions, declaration*) verfolgen, die sich auf unterschiedliche Rechtsschutzinteressen beziehen. Ausführlich hierzu *Riedel* Kontrolle der Verwaltung im englischen Rechtssystem, 1976, 22ff.

[89] Hinzuweisen ist jedoch darauf, dass gerichtlicher Rechtsschutz gegen Verwaltungshandeln in England auch im Rahmen der *statutory appellate jurisdiction* gewährt

Klage im Sinne eines Eintretensentscheides (*leave*) notwendig.[90] Diese Voraussetzung wird in einer gesonderten Verfahrensstufe (*leave procedure*) geprüft und bildet damit die Scharnierstelle für eine gerichtliche Kontrolle durch die Verfahren des *judicial review*.[91] Ausschlaggebend für die Klagezulassung ist danach das Vorliegen eines *sufficient interest*. Die Voraussetzungen, unter denen ein *sufficient interest* vorliegen soll, werden allerdings in der gesetzlichen Regelung nicht näher präzisiert. Die Gerichtspraxis dürfte im Ergebnis dahin gehen, ein solches ausreichendes Interesse jedenfalls dann anzunehmen, wenn der Kläger ein gewisses Interesse am Ausgang der Streitigkeit darlegen kann. Verlangt wird also nicht die Darlegung der Verletzung eigener, gesetzlich gewährter Rechte, sondern eine qualifizierte Betroffenheit kann schon ausreichen.[92] Indizien hierfür stellen auch die Bedeutung und Schwere des Eingriffs und die Tragweite des Begehrens hinsichtlich seiner Auswirkungen auf die Ver-

---

wird. Hier geht es um auf der Grundlage von spezialgesetzlichen Bestimmungen gewährten Rechtsschutz; die Voraussetzungen und Modalitäten der Gewährung gerichtlichen Rechtsschutzes – so auch die Klagebefugnis – figurieren in den einschlägigen Spezialgesetzen und variieren sehr zwischen den einzelnen Klagen. Insgesamt ist daher die grundsätzliche Bedeutung dieser spezialgesetzlichen Klagen für unsere Fragestellung weniger groß. Vgl. zur *statutory appellate jurisdiction Cane* Administrative Law (Fn. 85) 8; *de Smith/Woolf/Jowell* Judicial Review (Fn. 86) 681. Eine Aufzählung der verschiedenen Bestimmungen findet sich in: *Law Commission*, Administrative Law: Judicial Review and Statutory Appeals, Consultation Paper 126/1995, Anhang 2, 127ff. Im Übrigen spielt die judicial review beim Rechtsschutz gegen Verwaltungshandeln auch insofern eine große Rolle, als die Spezialgesetzgebung nur für eng begrenzte Konstellationen unter der Voraussetzung der ausdrücklichen gesetzlichen Verankerung zum Zuge kommen kann, *Ruffert* Subjektive Rechte (Fn. 53) 125.

[90] Die Einführung der *leave procedure* und insbesondere die Bedeutung der Zulassungserfordernisse werfen aber auch einige, wohl noch nicht abschließend geklärte Fragen auf. Zu erwähnen ist insbesondere das Verhältnis zwischen dem *sufficient interest* und der im Rahmen der Begründetheit der Klage zu klärenden Frage, ob der Kläger sich tatsächlich auf das jeweilige Recht berufen kann. Vgl. hierzu *Craig* Administrative Law, 1994, 489ff.; *Foulkes* Administrative Law, 1995, 329ff.; *House of Lords (Inland Revenue Commissioners v. National Federation of Self-Employed and Small Businesses Ltd.* [1982] AC 617, 663ff.); kritisch zu dieser Entscheidung *Lewis* Judicial Remedies in Public Law, 1992, 281; s. auch *R v. Legal Aid Board, ex parte Bateman* [1992] 1 W.L.R. 711.

[91] Die *leave procedure* wird in *Section* 31 (3) *Supreme Court Act 1981* (*SCA*) und fast gleich lautend in *Order* 53 (3) *RSC* umschrieben. Danach *„shall (the court) not grant leave to make (...) an application unless it considers that the applicant has a sufficient interest in the matter to which the application relates"*, *Supreme Court Act* 1981, *Section* 31 (3).

[92] *Tonne* Effektiver Rechtsschutz durch staatliche Gerichte als Forderung des europäischen Gemeinschaftsrechts, 1997, 136. S. auch *de Smith/Woolf/Jowell* Judicial Review (Fn. 86) 112.

waltung und Dritte dar.[93] Insgesamt dürfte damit eine eher „liberale" Tendenz bei der Zulassung von Klagen bestehen.

So wurde etwa die Berechtigung einer Vereinigung für eine Klage, mit der ein rechtmäßiges Verhalten der Steuerbehörde bei der Aufdeckung und Verfolgung von Steuerhinterziehungen verlangt wurde, bejaht, dies wohl auch vor dem Hintergrund eines gewissen öffentlichen Interesses an der Beantwortung der aufgeworfenen Fragen.[94] Auch die Klage eines Journalisten gegen die Geheimhaltung der Besetzung gerichtlicher Spruchkörper,[95] diejenige eines Steuerzahlers wegen Missachtung des Grundsatzes, dass keine Steuern ohne parlamentarische Genehmigung erhoben werden dürfen,[96] oder diejenige einer Gewerkschaft gegen Änderungen von staatlich gewährten Entschädigungen für die Opfer von Straftaten,[97] wurden als zulässig angesehen.[98] Auch Verbände können einen solchen *sufficient interest* haben, was nach der neueren Rechtsprechung immer dann der Fall ist, wenn nach den Umständen des jeweiligen Falles ein überwiegendes öffentliches Interesse für die Zulassung der Klage spricht.[99] Zu erwähnen ist etwa die Klage eines Verbandes zugunsten vernachlässigter Kinder[100] oder die Klage von *Greenpeace* gegen die probeweise Betriebsgenehmigung der atomaren Wiederaufbereitungsanlage Sellafield,[101] die in erster Linie vor dem Hintergrund der von der Organisation vertretenen öffentlichen und mitgliedschaftlichen Interessen, aber auch eher pragmatisch anmutender verfahrensrechtlicher Überlegungen zugelassen wurde. Hinzuweisen ist schließlich noch die Zulassung der Klage des *World Development Movement*[102] gegen Finanzhilfen an ein umstrittenes Staudammprojekt in Malaysia, was insofern von Be-

---

93 *Lewis* Judicial Remedies (Fn. 90) 269; *Tonne* Effektiver Rechtschutz (Fn. 92) 135.

94 *Inland Revenue Commissioners v. National Federation of Self-Employed and Small Businesses Ltd.* [1982] AC 617, 663ff.

95 *R v. Felixstone JJ, ex p Leigh* (1987) Q.B. 582.

96 *R v. Her Majesty's Treasury ex p Smedley* (1985) Q.B. 657.

97 *R v. Secretary of State for the Home Department, ex p Fire Brigades Union* (1995) 2 WLR 1 (C.A.) und 464 (H.L.). S. auch *R v. Secretary of State for Foreign and Commonwealth Affairs, ex parte World Development Movement Ltd.* (1995) 1 All. E.R. 611.

98 S. im Übrigen den Überblick über die Kasuistik bei *Bradley/Ewing* Constitutional and Administrative Law (Fn. 87) 815f.; *de Smith/Woolf/Jowell* Judicial Review (Fn. 86) 109ff.; s. auch *Ruffert* Subjektive Rechte (Fn. 53) 126ff.; *Wegener* Rechte des Einzelnen (Fn. 53) 144ff.

99 Vgl. *de Smith/Woolf/Jowell* Judicial Review (Fn. 86) 120f.

100 *Child Poverty Action Group,* [1989] All ER 1047, 1056.

101 *R v. Her Majesty's Inspectorate of Pollution and the Minister of Agriculture, Fisheries and Food, ex parte Greenpeace Ltd.* (No 2) [1994] 4 All ER 329.

102 *R v. Secretary of State for foreign Affairs, ex parte World Development Movement Ltd.* [1995] 1 All ER 611.

deutung ist, als es – im Gegensatz zur Sellafield-Entscheidung – keine unmittelbar betroffenen Nachbarn gab. Ausschlaggebend für die Zulassung war denn auch der Umstand, dass es sich beim *World Development Movement* um eine seit langem international anerkannte, fachlich ausgewiesene Entwicklungsorganisation handelte, die sich gegen die mögliche Rechtswidrigkeit einer Finanzhilfe wehrte, die sonst von niemandem ins Feld geführt worden wäre.

Trotz dieser dargelegten Entwicklung dürfte es aber (noch) nicht gerechtfertigt sein, von einem einheitlichen Bild in Bezug auf die für das Vorliegen eines *sufficient interest* maßgeblichen Kriterien zu sprechen. Denn neben der erwähnten Entwicklung in Richtung eines eher weiten Zugangs im Rahmen der *judicial review,* sind durchaus auch Entscheidungen zu verzeichnen, die tendenziell restriktiv ausfallen. Hinzuweisen ist insbesondere auf das Urteil *R v. Secretary of State for the Environment, ex parte Rose Theatre Trust Co.*[103], in dem der *High Court* u.a. betont, dass nicht jede Person, die am Ausgang eines Rechtsstreits interessiert ist, eine Überprüfung der Rechtmäßigkeit der Entscheidung beantragen könne; vielmehr sei ein (allerdings nicht näher beschriebenes) *right* notwendig.[104]

Vor diesem Hintergrund erscheint es schwierig, die für den gerichtlichen Zugang in Verwaltungsstreitigkeiten ausschlaggebenden Kriterien in konzeptioneller Hinsicht abschließend zu erfassen.[105] Vielmehr dürfte das englische Recht ein eher offenes Konzept zugrunde legen, das im Ergebnis dem Richter bei der Frage des Vorliegens eines *sufficient interest* einen erheblichen Entscheidungsspielraum einräumt.[106] Den Richtern wird im Ergebnis ein praktikables Mittel an die Hand gegeben, um im

---

[103] (1990) 2 WLR 186.

[104] Vgl. in diesem Zusammenhang auch die Ausführungen von *Schiemann* Public Law 1990, 342ff., der für eine Eingrenzung der Klagebefugnis eintritt. Zur Problematik dieses eingrenzenden Ansatzes aus der Literatur etwa *Gerstner* Drittschutzdogmatik (Fn. 13) 89ff.; *Geddes* JEL 1992, 29, 36; *Ward* JEL 1993, 221, 232f.; *Craig* Administrative Law (Fn. 90) 497f. Immerhin stammt das Urteil vom *High Court* und nicht vom *Court of Appeal* oder vom *House of Lords,* so dass seine Bedeutung nicht überbewertet werden sollte. Auch liegt das Urteil schon einige Jahre zurück.

[105] Zur weiterführenden Diskussion des hinreichenden Interesses vgl. *Bradley/Ewing* Constitutional and Administrative Law (Fn. 87) 815f.

[106] Die Klageannahme oder -zulassung nach dem Ermessen des Richters veranschaulicht den Charakter der unter *judicial review* verfügbaren Klageformen als *discretionary remedies*; *Tonne* Effektiver Rechtsschutz (Fn. 92) 135. Teilweise wird auch davon ausgegangen, dass mit dem *leave*-Erfordernis in erster Linie offensichtlich aussichtslose oder querulatorische Klagen herausgefiltert werden sollen, vgl. *de Smith/Woolf/Jowell* Judicial Review (Fn. 86) 118; *Tonne* Effektiver Rechtsschutz (Fn. 92) 135.

Einzelfall einen sachgerechten Entscheid fällen zu können.[107] Immerhin dürfte aber eine Tendenz eher hin zu einem liberalen Zugang in dem Sinn zu verzeichnen sein, dass gerichtlicher Zugang nicht von der Geltendmachung eines irgendwie gearteten gesetzlich gewährten eigenen Rechts abhängig ist, sondern letztlich auf eine (mehr oder weniger) qualifizierte tatsächliche Betroffenheit oder aber öffentliche Interessen an einer Sachentscheidung und „geeignete" Kläger abgestellt wird.[108]

Die Maßstäbe für die Ansatzpunkte und die Tiefe der gerichtlichen Kontrolle sind in Großbritannien weitgehend von der Rechtsprechung entwickelt worden. Entsprechend ist auch hier – in Anknüpfung an die sog. *grounds of review*[109] – ein kasuistischer Ansatz entscheidend.[110] Die im Rahmen der *supervisory jurisdiction* für die Bestimmung des Maßstabs und Umfangs der gerichtlichen Kontrolldichte maßgeblichen *grounds of review* wurden in einem vielbeachteten Entscheid aus dem Jahr 1984[111] in der Urteilsbegründung von Lord *Diplock* systematisiert:[112] Er unterscheidet drei verschiedene Kontrollmaßstäbe: *illegality, procedural impropriety* und *irrationality,* wobei allerdings nicht auszuschließen sei, dass in Zukunft noch weitere hinzukommen könnten, so insbesondere die *proportionality.*[113]

---

[107] Vgl. die Beispiele bei *Bradley/Ewing* Constitutional and Administrative Law (Fn. 87) 816.

[108] Vgl. *Craig* Administrative Law (Fn. 90) 513ff.; *Foulkes* Administrative Law (Fn. 90) 334ff.

[109] Wer klageweise durch einen Verwaltungsentscheid verursachte Nachteile abwenden oder ausgleichen will, muss die Gründe dafür vorbringen. Dieses Erfordernis gilt für *applications for judicial review* (*Order* 53 r. 6 (1) *RSC*) und *statutory applications* gleichermaßen, wenn auch jeweils anders formuliert; *de Smith/Woolf/Jowell,* Judicial Review (Fn. 86) 683.

[110] *de Smith/Woolf/Jowell* Judicial Review (Fn. 86) 299; *Spoerr* VerwArch 1991, 25, 30f.; *Tonne* Effektiver Rechtsschutz (Fn. 92) 140f.; *Herdegen* in: Kontrolldichte (Fn. 88) 39, 57.

[111] *Council of Civil Service Unions v. Minister for the Civil Service* (1985) AC 374.

[112] Die ausdrückliche Formulierung dieser Klagegründe stellt letztlich den vorläufigen Schlusspunkt einer Entwicklung hin zu einer kontinuierlichen Ausdehnung der richterlichen Kontrolle über das Verwaltungshandeln dar: Der Ausgangspunkt war die sog. *ultra vires*-Doktrin, wonach eine Behörde nicht außerhalb der ihr durch das (Parlaments-) Gesetz eingeräumten Befugnisse entscheiden darf. Vor diesem Hintergrund war die gerichtliche Kontrolle von Verwaltungsentscheidungen ursprünglich vor allem als Kompetenzprüfung ausgestaltet. Im Zuge der stetig wachsenden Aufgaben der Verwaltung erweiterten die Gerichte aber dann ständig die gerichtlichen Kontrollmöglichkeiten in einer schwer überschaubaren Kasuistik, die dann mit der erwähnten Systematisierung zusammengefasst wurde. Vgl. zu der Entwicklung *Schwarze* DÖV 1996, 771f., mwN.

[113] *Council of Civil Service Unions v Minister for the Civil Service* [1985] AC 374, 410f.: *„The first ground I would call ‚illegality', the second ‚irrationality' and the third ‚procedural im-*

Der Schwerpunkt der gerichtlichen Kontrolle – wobei sich die Kontrolldichte in den letzten Jahren eher verstärkt haben dürfte – liegt auf der *procedural impropriety*[114], in deren Rahmen die Einhaltung verfahrensrechtlicher Vorgaben überprüft wird. Ansonsten ist – insbesondere bei der *irrationality* – häufig eine gewisse Beschränkung der Kontrolle auf eine Art Willkürprüfung (sog. *Wednesbury*-Formel[115]) festzustellen, wenn auch in jüngerer Zeit vemehrt auf Elemente der Verhältnismäßigkeit – die möglicherweise dabei ist, sich als eigenständiger *ground of review* zu entwickeln[116] – zurückgegriffen wird.[117] Hintergrund dieser starken Zurückhaltung der Gerichte dürfte der im englischen Verwaltungsrechtsdenken tief verwurzelte Gedanke sein, dass Gerichte ihr Ermessen nicht an die Stelle des Verwaltungsermessens setzen dürfen.[118]

---

propriety'. That is not to say that further development on a case-by-case basis may not in the course of time add further grounds. I have in mind the possible adoption in the future of the principle of ‚proportionality' ...".

[114] Bei der *illegality* im Sinne der weiterentwickelten *ultra vires*-Doktrin des *Common Law* wird im Wesentlichen geprüft, ob sich die behördliche Maßnahme im Rahmen der einschlägigen gesetzlichen Grundlage bewegt. Dabei wird die Kontrolle hier teilweise bei sog. diskretionären Kompetenznormen zurückgenommen, hierzu *Herdegen* in: Kontrolldichte (Fn. 88) 38 (43f.); *Starck* Rechtsvergleichender Generalbericht, in: Bullinger (Hrsg.) Verwaltungsermessen im modernen Staat, 1996, 15, 19; *de Smith/Woolf/Jowell* Judicial Review (Fn. 86) 295ff.; *Craig* Länderbericht Großbritannien, in: Bullinger (Hrsg.), Verwaltungsermessen im modernen Staat, 1996, 79, 80. In Großbritannien ist im Übrigen die Unterscheidung zwischen Ermessen und Beurteilungsspielraum unbekannt. Vgl. nur *Herdegen* in: Kontrolldichte (Fn. 88) 38, 43.

[115] Danach könne eine Verwaltungsentscheidung nur dann aufgehoben werden, „*if it is so unreasonable that no reasonable authority could ever come to it*". M.a.W. wird nach der „Vertretbarkeit" der Entscheidung gefragt, so dass (nur) ein „*conduct which no sensible authority acting with due appreciation of its responsibilities would have decided to adopt.* Vgl. *Associated Provincial Picture Houses Ltd. v. Wednesbury Corporation* [1948] 1 KB 223 (229f.). *Secretary of State for Education v. Tameside Council* [1977] AC 1014, *per Lord Diplock*, in Anwendung der sog. „*Wednesbury unreasonableness*".

[116] Hierzu *Schwarze* Liber Amicorum Lord Slynn of Hadley, 2000, 447, 456f.; *Riedel* VVDStRL 58, 203ff.; ausführlich zu diesem Grundsatz im englischen Recht *Marauhn* VerwArch 1994, 52ff.; s. auch *Schwarze* FS Everling, 1995, 1355, 1369f.

[117] So wurde etwa auf „*objective*" bzw. „*demonstrable need*" einer Maßnahme im Strafvollzug abgestellt, vgl. *R. v. Secretary of State for the Home Department, ex parte Leech* [1993] 4 All ER 539, 551, was wohl dem Kriterium der Erforderlichkeit entsprechen dürfte. S. für das bislang kaum zum Zuge gekommene Kriterium der Geeignetheit *Arlidge v. Mayor of Islington* [1909] 2 KB 133. Das Verhältnis von Eingriffszweck und -wirkung (die Verhältnismäßigkeit ieS) wird in der gerichtlichen Prüfung im Wesentlichen unter dem Gesichtspunkt eines *balancing tests* geprüft, vgl. *de Smith/Woolf/Jowell* Judicial Review (Fn. 86) 595, 598.

[118] In gewisser Weise dürfte wohl auch die Erwägung eine Rolle spielen, eine zu „strenge" Verhältnismäßigkeitsprüfung komme letztlich einer Zweckmäßigkeitsprüfung

IV. Zusammenfassende Bewertung

Die Untersuchung der Ausgestaltung des gerichtlichen Zugangs in den verschiedenen berücksichtigten Rechtsordnungen lässt insgesamt erkennen, dass – je länger, desto mehr – die jeweils eigenen, teilweise recht unterschiedlichen Grundkonzeptionen etwas relativiert werden und insofern durchaus eine gewisse Konvergenz der Rechtsordnungen zu beobachten ist.[119] So haben sich die einzelnen Systeme durchaus (mehr oder weniger) weiter entwickelt, so dass insbesondere zu den ursprünglichen Funktionen der Verwaltungsgerichtsbarkeit noch weitere hinzugekommen sind oder sich deren Rolle verstärkt hat. Vor diesem Hintergrund sind die erwähnten Grundkonzeptionen des „subjektiven" oder „objektiven" Rechtsschutzes in ihrer „Reinform" nicht verwirklicht; vielmehr finden sich in den untersuchten Rechtsordnungen jeweils Elemente der einen und anderen Variante, wenn auch die Akzentsetzung teilweise beträchtlich variiert.[120]

Auffallend – und mit dieser Entwicklung wohl in engem Zusammenhang stehend – ist des Weiteren, dass in denjenigen Systemen des Verwaltungsrechtsschutzes (wobei hier auch Italien und Dänemark berücksichtigt werden)[121], in denen an sich der Rechtsschutz Einzelner im Vordergrund steht, bei der Klagebefugnis nicht oder (für Italien) nicht

---

gleich, vgl. *Herdegen* in: Kontrolldichte (Fn. 88) 38, 47. Immerhin wird in der Literatur auch teilweise darauf hingewiesen, dass der *proportionality*-Test nicht als Gefahr der Gleichsetzung mit dem eigentlichen Abwägungsvorgang der Behörde zu sehen sei, vgl. mwN *de Smith/Woolf/Jowell* Judicial Review (Fn. 86) 598.

[119] Vgl. hierzu allgemein schon die Nachweise in Fn. 12. So wurde in Frankreich etwa der gerichtliche Zugang durch das Erfordernis eines persönlichen und aktuellen Interesses in verschiedenen Bereichen (etwas) verengt, während die Kontrolldichte in einigen Bereichen bis auf einen *contrôle maximum* ausgeweitet wurde. In England erweiterte sich im Ergebnis der gerichtliche Zugang, und die Kontrolldichte wurde im Laufe der Zeit – trotz der ursprünglichen, geschichtlich bedingten Zurückhaltung – verschärft, dies insbesondere auch durch den (wenn auch noch nicht generell akzeptierten) Rückgriff auf Elemente der Verhältnismäßigkeit. Gerade in Frankreich und Großbritannien ist diese Verschärfung der Kontrolldichte wohl auch vor dem Hintergrund des Rückgriffs auf der Verhältnismäßigkeit zuzurechnende Kriterien zu sehen. Vgl. im Erg. ähnlich *Schmidt-Aßmann* DVBl. 1997, 281, 295; *Schwarze* NVwZ 1996, 22, 26; *Schwarze* DÖV 1996, 771; *Wahl* Der Staat 1999, 495, 509.

[120] Die jeweilige Konzeption entfaltet dabei (selbstverständlich) nicht nur Auswirkungen auf der Ebene des gerichtlichen Zugangs, sondern ist auch für andere Aspekte – insbesondere den vorläufigen Rechtsschutz, den Zusammenhang zwischen Zulässigkeit und Begründetheit einer Klage und die Kontrolldichte der gerichtlichen Prüfung – von Bedeutung. Diese sollen im vorliegenden Beitrag aber – wie bereits eingangs bemerkt – nur insoweit (kurz) berücksichtigt werden, als sie in engem Zusammenhang mit der Frage des gerichtlichen Zugangs stehen.

[121] Vgl. hierzu die Leitsätze am Schluss sowie die Bemerkungen und Nachweise in Fn. 13.

nur an die Auslegung der geltend gemachten Rechtsnorm als „Schutznorm“, sondern an eine – allerdings unterschiedlich intensive – Betroffenheit in eigenen Interessen abgestellt wird. Wenn dies auch in gewissen Staaten – so insbesondere in Italien, aber auch häufig in der Schweiz – zu ähnlichen Ergebnissen führt wie im Rahmen des § 42 II VwGO, ist doch der unterschiedliche Ansatz bemerkenswert: Maßgeblich ist nicht die rechtliche Zuerkennung eines irgendwie gearteten Rechts oder Anspruchs, sondern die tatsächliche Betroffenheit der klagenden Person in ihren Interessen, die allerdings ein gewisses Gewicht („wesentlich“) aufweisen und individualisierbar sein müssen, wobei die hier in Italien, Dänemark und der Schweiz herangezogenen Kriterien differieren. Von Bedeutung ist weiterhin, dass in den einen subjektiven Ansatz des Verwaltungsrechtsschutzes verfolgenden Rechtsordnungen – auch im Gegensatz zu der Rechtslage in Deutschland – kein Rechtswidrigkeitszusammenhang zwischen Zulässigkeit und Begründetheit der Klage festzustellen ist; vielmehr kann – wenn der Rechtsweg einmal eröffnet ist – jedwede Rechtswidrigkeit geltend gemacht werden. Insoweit ist der Gedanke eines auf den Schutz von Rechten Einzelner ausgerichteten Verwaltungsrechtsschutzes in den hier berücksichtigten Rechtsordnungen doch recht erheblich relativiert, so dass diese im Ergebnis eher als „Mischsysteme“ zu bezeichnen sind.

Zugespitzt formuliert weisen damit die untersuchten Rechtsordnungen insofern – trotz aller verbleibenden Unterschiede – strukturelle Gemeinsamkeiten auf, als es im Wesentlichen um (allerdings sehr unterschiedlich weit gehende) „Interessentenklagen“ geht, in deren Rahmen eine letztlich objektive Rechtmäßigkeitsprüfung erfolgt. Deutlich wird damit auch, dass die Ausgestaltung des gerichtlichen Zugangs eng verbunden ist mit der grundlegenden Stellung des Bürgers im Staat und dem in den jeweiligen Staaten zugrunde gelegten Verständnis der Rolle bzw. Funktion von Verwaltung und Gerichten, die ihrerseits wiederum auf unterschiedlichen geschichtlichen Erfahrungen und (verfassungsrechtlichen) Traditionen beruhen: Während insbesondere in Großbritannien und Frankreich ein Akzent auf die Funktionsfähigkeit der Verwaltung gelegt wird, die dann auch einen entsprechenden „Vertrauensvorschuss“ genießt, herrscht in Deutschland ein eher geringes Vertrauen in die Verwaltung, was dann aber in gewisser Weise durch die den Gerichten beigemessene wichtige Rolle „kompensiert“ wird. Damit einher geht dann auch ein unterschiedlicher Stellenwert von Verfahren und politischen Konfliktlösungsmechanismen:[122] Insbeson-

[122] Vgl. auch *Wahl* Der Staat 1999, 495, 510ff., der zudem noch darauf hinweist, dass etwa in Frankreich die Verwaltung als stärker demokratisch legitimiert gilt als die Gerichte.

dere in England, aber auch in Frankreich und der Schweiz, spielt die Kontrolle der Beachtung von Verfahrensanforderungen eine relativ wichtige Rolle.

Im Übrigen legen die Ausgestaltung und Entwicklung der gerichtlichen Kontrolldichte auch den Schluss nahe, dass ein gewisser Zusammenhang zwischen der konkreten Weite des gerichtlichen Zugangs und der angelegten Kontrolldichte besteht: Eine Erweiterung des gerichtlichen Zugangs dürfte tendenziell mit einer Verringerung der Kontrolldichte einhergehen, wenn hier auch – wie gezeigt – gewisse Relativierungen zu beobachten sind.[123] So kennen denn die berücksichtigten Rechtsordnungen – mit Ausnahme der Schweiz[124] – gerade keine Unterscheidung zwischen Ermessen und Beurteilungsspielraum.

C. Zu den gemeinschaftsrechtlichen Vorgaben für die Gewährung gerichtlichen Zugangs

Die möglichen Auswirkungen des europäischen Gemeinschaftsrechts auf die Ausgestaltung des gerichtlichen Zugangs auf nationaler Ebene rückten mit einer Reihe von Urteilen des EuGH aus den 90er Jahren, die

---

[123] Dieser Umstand dürfte auch und gerade einen theoretischen bzw. konzeptionellen Hintergrund aufweisen: Denn ein enger gerichtlicher Zugang beruht eben gerade auf dem Konzept des Individualrechtsschutzes. Vor diesem Hintergrund erscheint es denn auch ebenso sinnvoll wie notwendig, den Gerichten grundsätzlich eine vollumfängliche Prüfung jedenfalls der Verletzung der geltend gemachten Rechte zu übertragen, kann doch nur auf diese Weise ein effektiver Schutz der geltend gemachten individuellen Interessen sichergestellt werden. Umgekehrt ist in denjenigen Rechtsordnungen, die bei der Gewährung gerichtlichen Zugangs eher großzügig verfahren, eine Zurücknahme der Kontrolldichte zu beobachten, so insbesondere in Frankreich, aber auch in England. Auch hier ist dies theoretisch durchaus schlüssig, geht es doch (nur) allgemein um eine gewisse „Nachkontrolle" der Rechtmäßigkeit des Verwaltungshandelns, so dass im Falle gewisser gesetzlicher Gestaltungsspielräume eine Überprüfung weder notwendig noch – auf der Grundlage dieser Konzeption – möglich ist. Insgesamt stellt damit das deutsche Modell der grundsätzlich vollständigen Rechtsanwendungskontrolle und damit einer „gerichtsgeprägten Gewaltenteilung" (*Schmidt-Aßmann* DVBl. 1997, 281, 283; s. ähnlich auch *Wahl* Der Staat 1999, 495) im europäischen Kontext eher eine Besonderheit denn die Regel dar.

[124] Die Schweiz hat diese Unterscheidung wohl letztlich vom deutschen Verwaltungsrecht übernommen, und es ist bemerkenswert, dass die Gerichte sich bei der gerichtlichen Kontrolle unbestimmter Rechtsbegriffe eine wesentliche größere Zurückhaltung auferlegen als in Deutschland, wodurch die konzeptionelle Unterscheidung als solche (teilweise) wieder in Frage gestellt wird.

sich im Wesentlichen auf den Bereich des Umweltschutzes bezogen,[125] ins Bewusstsein. Seitdem wird die Frage, ob und inwieweit gemeinschaftsrechtliche Vorgaben einen (effektiven) gerichtlichen Zugang erfordern, auch in der Literatur intensiv debattiert.[126] Die Auffassungen über die Auslegung der erwähnten Urteile des EuGH gehen dabei teilweise zumindest konzeptionell recht weit auseinander,[127] was sicherlich auch darauf zurückzuführen ist, dass der EuGH selbst sich sehr knapp fasst und es daher schwierig ist, auf der Grundlage dieser Urteile allgemein gültige Grundsätze abzuleiten. Immerhin dürfte die in der Literatur inzwischen wohl herrschende Meinung davon ausgehen, dass die Voraussetzungen für die Klagebefugnis im Gefolge gemeinschaftsrechtlicher Vorgaben weiter sind als im Rahmen des § 42 II VwGO, jedenfalls jedenfalls, wenn man dessen Auslegung durch die Rechtsprechung zugrundelegt.[128] Welche Kriterien im Einzelnen jedoch für die Eröffnung gerichtlichen Rechtsschutzes nach den gemeinschaftsrechtlichen Vorgaben maßgeblich sind, dürfte noch weitgehend unklar sein.

Vor diesem Hintergrund soll im Folgenden der Versuch unternommen werden, die Voraussetzungen, unter denen das europäische Gemeinschaftsrecht die Mitgliedstaaten verpflichtet, gerichtlichen Zugang auf Überprüfung der Einhaltung bestimmter gemeinschaftsrechtlicher Vorgaben zu gewähren, zu präzisieren (II.), dies auf der Grundlage der Skiz-

---

[125] S.u. C.II.1.

[126] Vgl. insbesondere *Burgi* Verwaltungsprozess und Europarecht, 1996; *Classen* Europäisierung (Fn. 2) 77ff.; *Classen* VerwArch 1997, 645ff.; *v.Danwitz* Verwaltungsrechtliches System (Fn. 11); *Ehlers* Europäisierung (Fn. 2); *Gurlit* Umsetzungsverpflichtung der Mitgliedstaaten und subjektive Rechte der Gemeinschaftsbürger – subjektives Recht auf Umsetzung?, in: Krämer/Micklitz/Tonner (Hrsg.) Liber amicorum Norbert Reich, 1997, 55ff.; *Halfmann* VerwArch 2000, 74ff.; *Kokott* Verw 1998, 335ff.; *Masing* Die Mobilisierung des Bürgers für die Durchsetzung des Rechts, 1997; *Moench/Sander* Rechtsschutz vor deutschen Gerichten, in: Rengeling (Hrsg.) Handbuch zum europäischen und deutschen Umweltrecht, Band I (EUDUR I) 1998, § 46; *Reich* Bürgerrechte in der Europäischen Union, 1999; *Remmert* Verw 1996, 465ff.; *Rodriguez Iglesias* EuGRZ 1997, 298ff.; *Ruffert* Subjektive Rechte (Fn. 53); *Wegener* Rechte der Einzelnen (Fn. 53); *Schoch* Die europäische Perspektive des Verwaltungsverfahrens und Verwaltungsprozessrechts, in: Hoffmann-Riem/Schmidt-Aßmann (Hrsg.) Strukturen des Europäischen Verwaltungsrechts, 1999, 279ff.; *Schoch* Europäisierung (Fn. 2); *Schoch* NVwZ 1999, 457ff.; *Schwarze* NVwZ 2000, 241ff.; *Sendler* FS Feldhaus, 1999, 479ff.; *Triantafyllou* DÖV 1997, 192ff.; *Winter* NVwZ 1999, 467ff.

[127] S. etwa einerseits *Classen* VerwArch 1997, 645ff.; *Triantafyllou*, DÖV 1997, 192ff.; andererseits *Winter* NVwZ 1999, 467ff.; *Sendler* FS Feldhaus, 1999, 479, 490ff.; s. auch die Zusammenstellung der verschiedenen Ansichten bei *Beljin* Staatshaftung im Europarecht, 2000, 139ff.

[128] Hierzu die Beiträge von *Erbguth* und *Höfling* in diesem Band.

zierung der diesbezüglichen gemeinschaftsrechtlichen Grundlagen (I.). Diese Problematik stellt sich in erster Linie bei den Anforderungen an die Art und Weise der Umsetzung von Richtlinien, wird aber auch dann relevant, wenn es um die gerichtliche Geltendmachung eines unmittelbar wirksamen gemeinschaftlichen Rechts (das sich aus dem Primärrecht, aus Verordnungen oder unmittelbar anwendbaren Richtlinienbestimmungen ergeben kann)[129] geht.[130]

I. Grundlagen

Die Frage, ob sich aus dem Gemeinschaftsrecht klagefähige Rechtspositionen ableiten lassen, ist gerade in den Fällen problematisch, in denen keine diesbezüglichen ausdrücklichen gemeinschaftsrechtlichen Bestimmungen existieren, so dass die Auslegung der entsprechenden gemeinschaftsrechtlichen Bestimmungen eine zentrale Rolle spielt. Diese hat aber auch die Besonderheiten der gemeinschaftsrechtlichen Rechtsordnung zu berücksichtigen, wobei in unserem Zusammenhang in erster Linie drei Aspekte von Bedeutung sind:[131]

---

[129] Hierzu in unserem Zusammenhang etwa *Ehlers* Europäisierung (Fn. 2) 47f.; *Hölscheidt* EuR 2001, 376, 381ff. Im Ergebnis erscheint es zwingend, bei der Frage der Voraussetzungen, unter denen klagefähige Rechtspositionen einzuräumen sind, von einer einheitlichen Konzeption auszugehen (ebenso mit ausführlicher Begründung *Wegener* Rechte des Einzelnen, Fn. 53, 126ff.; wohl auch *Gellermann* Beeinflussung des bundesdeutschen Rechts durch Richtlinien der EG, 1994, 160f. AA aber *Ruffert* Subjektive Rechte, Fn. 53, 166ff.): Denn bei allen Konstellationen geht es letztlich um die gleiche grundsätzliche Frage, ob und inwieweit aufgrund einer bestimmten gemeinschaftsrechtlichen Bestimmung in den Mitgliedstaaten ein gerichtlich durchsetzbares Recht des Einzelnen zu gewähren ist. Ob dieses Recht seine Grundlage nun im Primärrecht, im Verordnungs- oder Richtlinienrecht oder aber in einer noch umzusetzenden Richtlinie findet, ist aus diesem strukturellen Blickwinkel nicht relevant. Bestätigt wird dieser Ansatz auch durch die Situation bei den Richtlinien: Es ist nicht ersichtlich, aus welchen Gründen die Frage der individuellen Berechtigung im Falle der unmittelbaren Wirkung einer Richtlinie einerseits und im Falle ihrer Umsetzung in nationales Recht andererseits unterschiedlich zu beantworten sein sollte; in beiden Fällen steht im Ergebnis die Frage zur Debatte, ob die jeweiligen Richtlinienbestimmungen Grundlage für Rechte Einzelner sein können oder nicht.

[130] Deutlich wird damit auch, worum es im Folgenden gerade nicht geht: Ausgespart werden der Rechtsschutz auf EG-Ebene selbst, aber auch die Vorgaben der EMRK.

[131] Dabei kann es im Rahmen dieses Beitrages nicht darum gehen, diese Grundsätze (nochmals) im Einzelnen zu entwickeln und zu begründen; vielmehr sollen sie hier nur als Ausgangspunkt der weiteren Überlegungen zusammengefasst werden.

1. Die „finale Ausrichtung" des Gemeinschaftsrechts

Der EG-Vertrag ist in seiner Grundstruktur final angelegt: So werden etwa die vertraglichen Kompetenznormen häufig nicht (nur) durch die Nennung bestimmter Bereiche umschrieben, sondern sie sind insofern funktional ausgerichtet, als sie auf die Verwirklichung bestimmter (mehr oder weniger umfassender) Ziele angelegt sind. Insgesamt ist denn auch die Verwirklichung der im Vertrag enthaltenen Zielsetzungen für die Tragweite zahlreicher gemeinschaftsrechtlicher Bestimmungen entscheidend.[132] Vor diesem Hintergrund dürfte auch die Rolle der teleologischen Auslegung und des diesem Ansatz zuzuordnenden Grundsatzes des „effet utile" zu sehen sein: Kommt es entscheidend auf die Verwirklichung von Zielsetzungen und Programmen an, so sind die diesbezüglichen Normen eben so auszulegen, dass die angestrebten Ziele verwirklicht werden können, was auch eine Auslegung im Sinne der größten Wirksamkeit bedingt.[133]

---

[132] Zu diesem Charakteristikum des Vertrages als „Planverfassung" und der „Finalstruktur" des Gemeinschaftsrechts jeweils mwN *Epiney* Umgekehrte Diskriminierungen, 1995, 79ff.; *Rengeling* VVDStRL 53, 202, 222f.; *Pühs* Der Vollzug von Gemeinschaftsrecht, 1997, 183ff.; *v. Danwitz* Verwaltungsrechtliches System (Fn. 11) 430ff.; *Schoch* Europäisierung (Fn. 2) 21ff.; *Wolf* Die Staatshaftung der Bundesrepublik Deutschland und der Französischen Republik für Verstöße gegen das Europäische Gemeinschaftsrecht, 1999, 80ff., der explizit auch auf die aus dieser Konzeption folgende Befugnis des EuGH zu einer gewissen „Lückenschließungskompetenz" hinweist.

[133] Vgl. zur Auslegung des Gemeinschaftsrechts neuerdings mwN *Hintersteininger* ZöR 1998, 239ff.; *Buck* Über die Auslegungsmethoden des Gerichtshofs der Europäischen Gemeinschaft, 1998, passim; speziell zu dem hier angesprochenen Aspekt des effet utile *Pühs* Vollzug von Gemeinschaftsrecht (Fn. 132) 73ff. Vor diesem Hintergrund sind denn auch Teile der Rechtsprechung des EuGH zu sehen: Dieser stützt sich häufig nicht auf einen (eindeutigen) Wortlaut des Vertrages oder der einschlägigen sekundärrechtlichen Bestimmungen, sondern entwickelt durch den Rückgriff auf der teleologischen Auslegung zuzurechnende Kriterien, insbesondere den „effet utile", bestimmte Grundsätze. Diese Art des Vorgehens des Gerichtshofs ist immer wieder Gegenstand von grundsätzlicher Kritik, wobei die Vorwürfe in erster Linie dahin gehen, der EuGH überschreite die Grenzen der Vertragsauslegung und maße sich quasi rechtsetzende Befugnisse an, da er sich letztlich nicht (genügend) am Wortlaut der einschlägigen Regelungen bzw. dem Regelungsgehalt des Vertrages orientiere. Vgl. besonders prononciert z.B. *Dänzer-Vanotti* RIW 1992, 733ff.; s. auch etwa *Mittmann* Die Rechtsfortbildung durch den Gerichtshof der Europäischen Gemeinschaften und die Rechtsstellung der Mitgliedstaaten der Europäischen Union, 2000, 183ff. S. zu dieser Diskussion im Zusammenhang mit den vom EuGH entwickelten gemeinschaftsrechtlichen Grundsätzen der Staatshaftung mit zahlreichen Nachweisen zu den hier vertretenen verschiedenen Auffassungen *Wolf* Staatshaftung (Fn. 132) 70ff.; *Beljin* Staatshaftung (Fn. 127) 5f. Im Ergebnis vermögen diese grundlegenden Einwände aber nicht zu überzeugen. Vgl. mit ausführlicher Begrün-

Dieser finale Ansatz des Gemeinschaftsrechts kommt notwendigerweise auch bei der Frage nach den gemeinschaftsrechtlichen Vorgaben für den gerichtlichen Zugang zur Geltung und entfaltet hier in erster Linie folgende grundsätzliche Implikationen:

- Ob und inwieweit durch gemeinschaftsrechtliche Bestimmungen (auch) Rechte Einzelner begründet werden (müssen), ist auf der Grundlage des europäischen Gemeinschaftsrechts zu bestimmen: Diesem ist zu entnehmen, inwieweit die Mitgliedstaaten verpflichtet sind, bei gemeinschaftsrechtlichen Rechtspositionen gerichtlich auf dem Klageweg durchsetzbare Rechte Einzelner zu gewährleisten.[134]
- Dabei ist auch und gerade die hauptsächliche Zielsetzung der zur Debatte stehenden Bestimmung zu berücksichtigen:[135] Sofern für deren möglichst effektive Verwirklichung die Anerkennung klagefähiger Rechtspositionen erforderlich ist, so spricht einiges für das Vorliegen solcher Rechtspositionen. Eine solche Ableitung gerichtlich durchsetzbarer Rechte Einzelner aus (einschlägigen) Sachnormen ist grundsätzlich auch ohne eine diesbezügliche ausdrückliche Regelung möglich.

2. *Zu den Vorgaben für Vollzug und Anwendung des Gemeinschaftsrechts: Diskriminierungs- und Effektivitätsgebot*

Im Rahmen des mitgliedstaatlichen Vollzugs des Gemeinschaftsrechts sind das Diskriminierungsverbot und das Effektivitätsgebot zu beachten.[136] In Bezug auf den (Individual-) Rechtsschutz implizieren diese Grundsätze, dass immer dann, wenn das Gemeinschaftsrecht Einzelnen individuelle Rechte einräumt, diese auch gerichtlich durchsetzbar sein

---

dung unter Berücksichtigung des „Maastricht"-Urteils des BVerfG auch *Epiney* Umgekehrte Diskriminierungen, 1995, 83f. Zu den Grenzen der zulässigen Rechtsfortbildung aus gemeinschaftsrechtlicher Sicht *Ukrow* Richterliche Rechtsfortbildung durch den EuGH, 1995, 68ff.

[134] So auch ausdrücklich *Schoch* NVwZ 1999, 457, 463f.; ebenso etwa *Kadelbach* Allgemeines Verwaltungsrecht (Fn. 1) 387ff.; *Gurlit* in: Recht und diffuse Interessen (Fn. 126) 55, 79; *Moench/Sandner* EUDUR I (Fn. 126) § 46, Rn. 65; *van Gerven* CMLRev 2000, 501, 526; *Albin* Die Vollzugskontrolle des europäischen Umweltrechts, 1999, 167f.; *Temple Lang* Liber Amicorum Lord Slynn of Hadley, 2000, 235, 238, 262; ausführlich *Wegener* Rechte des Einzelnen (Fn. 53) 100ff.

[135] Vgl. in diesem Zusammenhang i. Erg. in eine ähnliche Richtung *Wegener,* Rechte des Einzelnen (Fn. 53) 121.

[136] Vgl. zu diesen Grundsätzen *Epiney* in: Beutler/Bieber/Pipkorn/Streil, Die Europäische Union, 5. Aufl., 2001, Rn. 487, 491ff.; s. auch *Kakouris* CMLRev 1997, 139ff., jeweils mwN aus Rspr. und Lit.

müssen, da ansonsten ihre Effektivität in Frage gestellt würde.[137] Aus gemeinschaftsrechtlicher Sicht korrespondiert die Einräumung individueller Rechte also mit einer Rechtsweggarantie.[138] Die Eröffnung eines gerichtlichen Rechtsweges muss – so die gemeinschaftsrechtlichen Voraussetzungen für die Existenz eines Individualrechts, auf die noch einzugehen sein wird,[139] gegeben sind – auch dann gewährleistet sein, wenn (allein) in Anwendung des nationalen Prozessrechts kein Rechtsweg eröffnet wäre.[140] Daneben muss der Rechtsweg in Anwendung des Diskriminierungsverbots genauso wie bei vergleichbaren, auf nationalem Recht beruhenden Klagen ausgestaltet sein, und die gerichtliche Kontrolle muss hinreichend effektiv sein, was ein Mindestmaß an Kontrolldichte impliziert.

3. *Das „Konzept der dezentralen Vollzugskontrolle"*

Das Gemeinschaftsrecht wird in der Regel durch die Mitgliedstaaten angewandt und vollzogen.[141] Aufgeworfen wird damit aber die Frage nach der Kontrolle der tatsächlichen Anwendung des Gemeinschaftsrechts.[142] Angesichts der erheblichen strukturellen Defizite des durch den EG-Vertrag zur Verfügung gestellten „zentralen" Instrumentariums[143] kommt „dezentralen Durchsetzungsmechanismen"[144] eine entscheidende

---

[137] Vgl. in diesem Zusammenhang etwa *Rodriguez Iglesias* EuGRZ 1997, 289, 291, der betont, die „Effizienz" der durch das EG-Recht gewährten subjektiven Rechte gehöre zu den gemeinschaftsrechtlichen Grundanforderungen.

[138] Die Mitgliedstaaten haben daher den gerichtlichen Schutz der Rechte sicherzustellen, die den Gemeinschaftsangehörigen aufgrund des EG-Vertrages zustehen. Vgl. nur *Schilling* EuGRZ 2000, 3, 18.

[139] Unten C.II.

[140] EuGH, Slg. 1992, I-6313, Ziff. 13; *Remmert* Verw 1996, 465, 467, 473ff.; *v.Danwitz* DÖV 1996, 481, 483, 489; *Classen* VerwArch 1997, 645, 652f.; *Ruffert* DVBl. 1998, 69, 71f.

[141] Vgl. *Epiney* in: Beutler/Bieber/Pipkorn/Streil, Die Europäische Union, 5. Aufl., 2001, Rn. 476ff.

[142] Vgl. für einen Überblick über die verschiedenen Instrumente zur Durchführung des europäischen Umweltrechts *Scheuing* NVwZ 1999, 475ff.

[143] Das das Tätigwerden einer gemeinschaftlichen Institution voraussetzt. Zusammenfassend hierzu *Wegener* Rechte des Einzelnen (Fn. 53) 22ff.; *Krämer* Defizite im Vollzug des EG-Umweltrechts und ihre Ursachen, in: Lübbe-Wolff (Hrsg.) Der Vollzug des europäischen Umweltrechts, 1996, 7, 9ff.; vgl. auch die Vorschläge legislatorischer Änderungen, die aber nur bedingt die „Grundprobleme" zu beseitigen vermögen, bei *Nicklas* Implementationsprobleme des EG-Umweltrechts. Unter besonderer Berücksichtigung der Luftreinhalterichtlinien, 1997, 166ff.

[144] Diese zeichnen sich dadurch aus, dass sie unabhängig von dem Tätigwerden einer gemeinschaftlichen Institution oder der Einleitung eines gemeinschaftlichen Verfahrens auf der Ebene der Mitgliedstaaten zum Zuge kommen. Zum Begriff und den verschiedenen Formen *Epiney* ZUR 1996, 229ff.; *Wegener* Rechte des Einzelnen (Fn. 53) 25ff.

Rolle zu. Dabei ist insbesondere die Geltendmachung von Rechtspositionen durch Einzelne[145] von großer Bedeutung: Indem diese ihre eigenen und ggf. Allgemeinwohlinteressen in den Mitgliedstaaten gerichtlich geltend machen, wird auch die tatsächliche und effektive Beachtung gemeinschaftsrechtlicher Vorgaben gefördert. Insofern erscheint es gerechtfertigt, von einer gewissen „Funktionalisierung" des Bürgers zur tatsächlichen Durchsetzung des Gemeinschaftsrechts zu sprechen.[146]

Allerdings bedeutet diese „Funktionalisierung" des Einzelnen nicht, dass dieser auf eine Art Vollzugsorgan der Gemeinschaft reduziert würde; vielmehr geht mit dem Umstand, dass die Bürger ihre eigenen Rechte wahrnehmen, eben auch eine Kontrolle der effektiven Beachtung des Gemeinschaftsrechts einher. Diesem tatsächlichen Effekt wird aber durch das Gemeinschaftsrecht insofern Rechnung getragen, als dieses bei der Umschreibung der Voraussetzungen, unter denen individuelle Rechte vorliegen, auch und gerade die Sicherstellung der tatsächlichen Durchsetzung

---

[145] Neben den Verpflichtungen der mitgliedstaatlichen Verwaltungen und Gerichte. Hierzu *Epiney* DVBl. 1996, 409ff.; *Gellermann* DÖV 1996, 433ff.

[146] Zu dieser „Instrumentalisierung" des Bürgers etwa *Remmert* Verw 1996, 465ff.; *v.Danwitz* DÖV 1996, 481, 484; *Ruffert* DVBl. 1998, 69ff.; *Kokott* Verw 1998, 335, 353; *Kingreen/Störmer* EuR 1998, 263, 264; *Halfmann* VerwArch 2000, 74, 82f.; *Schoch* in: Strukturen des europäischen Verwaltungsrechts (Fn. 126) 279, 309f.; ausführlich *Masing* Mobilisierung des Bürgers (Fn. 126) 177ff., 196ff.; s. auch *Pernice* NVwZ 1990, 414, 423, der davon spricht, im Gemeinschaftsrecht sei es erkennbar, dass die Kontrollaufgabe „auf die kleinste soziale Einheit herabzuzonen" sei. Neben der noch im Einzelnen zu erörternden Frage der Einräumung individueller, klagbarer Rechte sind in diesem Zusammenhang insbesondere der Grundsatz der unmittelbaren Wirkung von Richtlinien und das Recht, unter bestimmten Voraussetzungen im Falle der Verletzung des Gemeinschaftsrechts vom Staat Schadensersatz zu verlangen, zu nennen. Diese wichtige Rolle der Geltendmachung von Rechten Einzelner im Zusammenhang mit der effektiven Kontrolle der Beachtung des Gemeinschaftsrechts beruht zunächst auf dem Umstand, dass der gemeinschaftliche Rechtsschutz schon im Ansatz (auch) einer objektiven Rechtskontrolle verpflichtet ist (hierzu etwa *Burgi* Verwaltungsprozess, Fn. 126, 52). Sie stellt aber auch eine (notwendige) Konsequenz der Kompetenzverteilung beim Vollzug des Gemeinschaftsrechts und des Systems des gemeinschaftlichen Rechtsschutzes dar: Wenn es den Mitgliedstaaten obliegt, die tatsächliche Anwendung des Gemeinschaftsrechts im Einzelfall sicherzustellen, müssen gerade auf dieser Ebene auch Durchsetzungsmechanismen bestehen, die diesbezüglichen Defiziten abhelfen können. Nahe liegend und am effektivsten sind hier aber gerichtliche Klagemöglichkeiten. Das Rechtsschutzsystem des Vertrages trägt diesem Gesichtspunkt insofern Rechnung, als es – ausgehend von der Annahme, dass die Anwendung des Gemeinschaftsrechts in erster Linie durch nationale Behörden und Gerichte erfolgt – ein eigenes Verfahren zur Sicherstellung der Einheitlichkeit von Anwendung und Auslegung des Gemeinschaftsrechts, das Vorabentscheidungsverfahren (Art. 234 EGV), vorsieht.

der gemeinschaftsrechtlichen Vorgaben im Auge hat.[147] Damit geht das Gemeinschaftsrecht von einer Doppelfunktion der Einzelnen und der Wahrnehmung ihrer Rechte aus: Einerseits geht es um den Schutz der Rechte der Individuen, andererseits aber werden diese individuellen Rechte auch im Hinblick auf eine gewisse Legalitätskontrolle verstanden und gesehen.[148] Insofern weist die Gemeinschaftsrechtsordnung auch eine gewisse Nähe zum französischen Verwaltungsrechtsrechtsschutz auf. Dieses Konzept entfaltet dann natürlich auch Auswirkungen auf die Frage, nach welchen Kriterien zu bestimmen ist, ob gemeinschaftsrechtliche Bestimmungen Individuen auf gerichtlichem Weg durchsetzbare Rechte einräumen oder nicht: Wenn diese Rechte nämlich jeweils auch im Hinblick auf eine objektive Rechtskontrolle geltend gemacht werden können, dürften an die Anerkennung einer Bestimmung als gerichtlich einklagbare Norm tendeziell nicht zu hohe Anforderungen zu stellen sein.[149]

II. Zu den gemeinschaftsrechtlichen Vorgaben für den gerichtlichen Zugang

1. Zur Rechtsprechung des EuGH

Im Hinblick auf die Anforderungen an die Umsetzung von Richtlinien[150] ist die Argumentation in den einschlägigen Urteile des EuGH[151] –

---

[147] S. etwa die Formulierung des EuGH in dem hier wichtigen Urteil *van Gend & Loos*: „Die Wachsamkeit der an der Wahrung ihrer Rechte interessierten Einzelnen stellt eine wirksame Kontrolle dar, welche die durch die Kommission (…) ausgeübte Kontrolle ergänzt."EuGH, Slg. 1963, 1, 26. Insofern erscheint es durchaus berechtigt, von einer gewissen Wechselwirkung zwischen beiden Bereichen zu sprechen, wobei dem Individualschutz aber durchaus eine gewisse Rolle zukommt, vgl. etwa *Classen* Verw 1998, 307, 319, mwN.

[148] Vgl. zu dieser Doppelfunktion etwa *Kokott* Verw 1998, 335, 363; *Hatje* Die gemeinschaftsrechtliche Steuerung der Wirtschaftsverwaltung. Grundlagen, Erscheinungsformen, verfassungsrechtliche Grenzen am Beispiel der Bundesrepublik Deutschland, 1998, 307; *Reich* Bürgerrechte (Fn. 126) 56f., der zutreffend darauf hinweist, dass dieses Konzept in der Gemeinschaftsrechtsordnung auch ein wichtiges Element von Demokratie (und damit Legitimation) und Rechtsstaat darstellt.

[149] Besonders deutlich formuliert von *Schoch* Europäisierung (Fn. 2) 22f.: „Es liegt auf der Hand, dass diese Eigenrationalität des EG-Rechts eine Ausweitung von Klageberechtigungen vor nationalen Gerichten bedingt, aber auch verlangt." Ebenso *Ehlers* Europäisierung (Fn. 2) 58.

[150] Vgl. ansonsten zusammenfassend zu den Anforderungen an die Umsetzung von Richtlinien *Epiney* Umweltrecht in der EU, 1997, 128ff.

[151] S. insbesondere EuGH, Slg. 1991, I-825; EuGH, Slg. 1991, I-2567; EuGH, Slg. 1991, I-2607; EuGH, Slg. 1991, I-4983; EuGH, Slg. 1996, I-6755. Zur Rspr. auch *Wegener* Rechte des Einzelnen (Fn. 53) 46ff.

die im Wesentlichen, aber nicht nur,[152] das Umweltrecht betreffen – weitgehend parallel gelagert: Zunächst stellt der Gerichtshof fest, dass es in der jeweiligen Richtlinie um einen effektiven Schutz des betroffenen Umweltmediums (Luft oder Wasser) gehe und die Mitgliedstaaten verpflichtet seien, unter Beachtung der Vorgaben der Richtlinien entsprechende Verbote, Genehmigungspflichten oder Überprüfungsverfahren zu erlassen. Daher sollten die entsprechenden Vorschriften der Richtlinie Rechte und Pflichten des Einzelnen begründen können.[153] Teilweise weist der EuGH darüber hinaus noch darauf hin, dass die einschlägigen Grenzwerte dem Schutz der menschlichen Gesundheit dienen sollen, und dass die „Betroffenen" im Fall einer potenziellen Gesundheitsgefährdung durch Überschreitung der Grenzwerte in der Lage sein müssten, sich auf zwingende Vorschriften zu berufen, um ihre Rechte geltend machen zu können.[154] Diese Linie wird in einem aus dem Jahr 1996 stammenden Urteil zu zwei Süßwasserrichtlinien[155] fortgesetzt.

Der EuGH formulierte die Anforderungen an die Umsetzung hier in Bezug auf die Frage des gerichtlichen Zugangs wie folgt:

„(...) eines der Ziele der fraglichen Richtlinien (besteht) darin, die Gesundheit von Menschen zu schützen, indem die Qualität der Gewässer überwacht wird, in denen das Leben von zum menschlichen Verzehr ge-

---

[152] Zu erwähnen ist insbesondere auch das Vergaberecht: Hier geht der EuGH im Ergebnis davon aus, dass die entsprechenden rechtlichen Vorgaben den Anbietern (auch) europaweit gleiche Rechte im Interesse einer transparanten Binnenmarktverwirklichung verschaffen sollen, so dass es nicht nur um das öffentliche Interesse eines sparsamen Umgangs mit Finanzmitteln geht. Daher vermitteln einschlägige Richtlinienbestimmungen den Bietern einklagbare Rechtspositionen. Vgl. EuGH, Slg. 1988, 4635; EuGH, Slg. 1995, I-2303; EuGH, Slg. 1997, I-4961, Rn. 43ff.; EuGH, DVBl. 2000, 118. Hinzuweisen ist zudem auf den Umstand, dass der EuGH auch im Zusammenhang mit der Staatshaftung wegen Verletzung des Gemeinschaftsrechts danach fragt, ob die jeweilige Bestimmung die Verleihung von Rechten Einzelner bezweckt und ob der Kläger zu dieser begünstigten Personengruppe gehört. Vgl. nur EuGH, Slg. 1991, I-4357; EuGH, Slg. 1996, I-1029; EuGH, Slg. 1996, I-4845; EuGH, Slg. 1997, I-4051.

[153] Vgl. so EuGH, Slg. 1991, I-825 (in Bezug auf RL 80/68 über den Schutz des Grundwassers gegen Verschmutzung durch bestimmte gefährliche Stoffe, ABl. 1980 L 20, 43).

[154] EuGH, Slg. 1991, I-2567 (in Bezug auf die RL 80/779 über Grenzwerte und Leitwerte der Luftqualität für Schwefeldioxid und Schwebestaub, ABl. 1980 L 229, 30); EuGH, Slg. 1991, I-2607 (in Bezug auf die RL 82/884 betreffend einen Grenzwert für den Bleigehalt in der Luft, ABl. 1982 L 378, 15); ähnlich auch EuGH, Slg. 1991, I-4983 (in Bezug auf die RL 75/440 über die Qualitätsanforderungen an Oberflächenwasser für die Trinkwassergewinnung in den Mitgliedstaaten, ABl. 1975 L 194, 34).

[155] RL 78/659 über die Qualität von Süßwasser, das schutz- und verbesserungsbedürftig ist, um das Leben von Fischen zu erhalten (ABl. 1978 L 222, 1); RL 79/923 über die Qualitätsanforderungen an Muschelgewässer (ABl. 1979 L 281, 47).

eigneten Fischen (...) erhalten wird oder erhalten werden könnte. Unter diesen Umständen ist es besonders wichtig, dass die Richtlinien durch Maßnahmen umgesetzt werden, deren zwingender Charakter außer Zweifel steht. Denn in allen Fällen, in denen die mangelnde Befolgung der durch eine Richtlinie vorgeschriebenen Maßnahmen die Gesundheit von Menschen gefährden könnte, müssen die Betroffenen die Möglichkeit haben, sich auf zwingende Vorschriften zu berufen, um ihre Rechte geltend machen zu können."[156]

Andererseits lehnte der EuGH den individualschützenden Charakter einer Notifizierungspflicht mit der Begründung ab, sie betreffe allein die Beziehungen zwischen den Mitgliedstaaten und der Kommission.[157] Das einzige Ziel dieser Verpflichtung bestand nach Auffassung des EuGH eben offenbar darin, der Kommission die Wahrnehmung ihrer Aufgabe als „Hüterin des Gemeinschaftsrechts" zu ermöglichen.

Damit kann festgehalten werden, dass der EuGH davon ausgeht, dass jedenfalls gesundheitspolitische Zielsetzungen den Schluss nahe legen, dass (bestimmten) Einzelnen ein Klagerecht zu gewähren sei, mittels dessen die Verletzung solcher Bestimmungen gerügt werden kann. Verallgemeinert man diesen Ansatz, so dürfte aus dieser Rechtsprechung der Schluss abzuleiten sein, dass im Zuge der Umsetzung von Richtlinien in nationales Recht immer (schon) dann klagefähige Rechte Einzelner geschaffen werden müssen, wenn die jeweilige Bestimmung (auch) Interessen Einzelner schützen soll, besteht doch die Eigenart des Gesundheitsschutzes gerade darin, eben die Einzelnen als solche in ihren Interessen berühren zu können.[158] Offen bleibt aber auf der Grundlage der bislang eben nur punktuellen Rechtsprechung, nach welchen (allgemeinen) Kriterien zu bestimmen ist, ob und inwieweit solche klagefähigen Rechtspositionen Einzelner zu gewähren sind. Im Übrigen müssen offenbar nur

---

[156] EuGH, Slg. 1996, I-6755, Ziff. 15f. Für die Bestimmung des Umfangs gemeinschaftsrechtlich zu begründender Klagerechte dürfte hingegen ein neueres Urteil (EuGH, Slg. 2000, I-10799, Ziff. 54) nicht einschlägig sein. Zwar erwähnt der EuGH hier die Möglichkeit natürlicher oder juristischer Personen, vor „nationalen Gerichten Interessen geltend zu machen, die mit dem Schutz der Natur und insbesondere der Vogelfauna zusammenhängen"; aus dem Zusammenhang dieser Aussage dürfte aber zu schließen, sein, dass der EuGH hiermit (nur) auf das Erfordernis der Rechtsklarheit bei der Umsetzung Bezug nimmt.

[157] EuGH, Slg. 2000, I-3743, Rn. 100f.

[158] Vgl. in diesem Zusammenhang auch zu den konzeptionellen und rechtsdogmatischen Aspekten der Stellung des Einzelnen in der Gemeinschaftsrechtsordnung *Wegener* Rechte des Einzelnen (Fn. 53) 59ff.; s. im Übrigen *Kingreen/Störmer* EuR 1998, 263ff., die die den Einzelnen zustehenden Rechte des geschriebenen Primärrechts auf der Grundlage der Rechtsprechung des EuGH zusammenfassen.

die „Betroffenen“ - wobei die Voraussetzungen für das Vorliegen einer solchen Betroffenheit aber nicht umschrieben werden - die Möglichkeit haben, sich auf diese zwingenden Vorschriften berufen zu können.[159]

2. *Klagefähige Rechte Einzelner im Gemeinschaftsrecht*

Auf der Grundlage der erwähnten und in unserem Zusammenhang relevanten Strukturprinzipien des Gemeinschaftsrechts[160] und in Anknüpfung an die Rechtsprechung des EuGH[161] soll im Folgenden der Versuch unternommen werden, die Voraussetzungen, unter denen gemäß Gemeinschaftsrecht klagefähige Rechte Einzelner vorliegen bzw. geschaffen werden müssen, zu entwickeln und damit auch dogmatisch einzuordnen sowie zu konkretisieren.[162] Dabei ist zwischen zwei Problemkreisen zu unterscheiden:

---

[159] Ergänzend sei in diesem Zusammenhang darauf hingewiesen, dass die Rechtsprechung des EuGH zur Frage, unter welchen Voraussetzungen sich Einzelne auf unmittelbar wirksame primär- oder sekundärrechtliche Bestimmungen berufen können müssen, in eine ähnliche Richtung geht: Der Gerichtshof stellt hier im Wesentlichen darauf ab, ob und inwieweit sich eine Vorschrift dazu eignet, solche Wirkungen auch zwischen den Mitgliedstaaten und den ihrem Recht unterworfenen Einzelnen - ggf. auch zwischen Privaten - zu erzeugen. Dies setze zunächst voraus, dass die jeweilige Bestimmung hinreichend bestimmt ist, so dass kein weiteres Handeln des staatlichen Gesetzgebers notwendig ist. Unerheblich sei jedenfalls, dass sich eine vertragliche Bestimmung (ausdrücklich) auch an die Mitgliedstaaten richtet, werde dadurch doch nicht ausgeschlossen, dass die entsprechende Bestimmung auch Rechte Einzelner begründen könne. Ob und inwieweit letzteres der Fall ist, sei vielmehr in Anknüpfung an die Zielsetzung der jeweiligen Bestimmung - die eben auch im Interesse Einzelner bestehen müsse - zu ermitteln. S. schon EuGH, Rs. 26/62 (van Gend & Loos), Slg. 1963, 1; s. auch EuGH, Slg. 1966, 239. S. sodann EuGH, Slg. 1976, 455, Ziff. 30/34 (in Bezug auf Art. 141 EGV); EuGH, Slg. 1974, 631, Ziff. 24/28; vgl. neuerdings im Zusammenhang mit der „Drittwirkung“ des Art. 39 EGV EuGH, Slg. 2000, I-4139, Ziff. 32ff. S. auch EuGH, Slg. 1982, 53, Ziff. 27ff.; EuGH, Slg. 1990, I-495; EuGH, Slg. 1990, I-3343; EuGH, Slg. 1991, I-4269; EuGH, Slg. 1996, I-2201; EuGH, Slg. 1998 I-3711. S. in der Literatur ausführlich *Gellermann* Beeinflussung (Fn. 129) 125ff.

[160] Oben C.I.

[161] Oben C.II.1.

[162] Von vornherein nicht in Betracht kommt dabei eine Übertragung der im Rahmen des Art. 230 IV EGV (Zulässigkeit der Nichtigkeitsklage Einzelner gegen nicht an sie gerichtete Rechtsakte) durch die Rechtsprechung des EuGH entwickelten Voraussetzungen. Denn hier geht es um eine ganz andere Problemstellung (nämlich den Rechtsschutz gegenüber europäischem Gemeinschaftsrecht), wohingegen es bei der Frage der Gewährung von Rechten Einzelner in den Mitgliedstaaten um die Gewährung und Durchsetzung von gemeinschaftsrechtlich garantierten Rechtspositionen auf mitgliedstaatlicher Ebene geht. Aufgrund dieser unterschiedlichen Problemstellung können auch die dargelegten Strukturprinzipien des Gemeinschaftsrechts - insbesondere die Funktionalisie-

a) *Schutz von Interessen Einzelner: die „normative Interessentenklage"*

Zunächst ist die Zielsetzung der fraglichen Bestimmung relevant: In Anknüpfung an die Rechtsprechung und in Verallgemeinerung ihres Ansatzes[163] kann festgehalten werden, dass die jeweilige Norm insofern personal ausgerichtet sein muss, als sie auch den Schutz personenbezogener Rechtsgüter zum Ziel und Gegenstand haben muss. M.a.W. müssen die Richtlinienbestimmungen auch solche Schutzziele verfolgen, die im Interesse von (natürlichen oder juristischen) Personen liegen.[164] Insofern ist es also durchaus zutreffend, von einer „Interessentenklage"[165] im europäischen Gemeinschaftsrecht zu sprechen. Diese Qualifizierung bezieht sich aber letztlich – und dies im Gegensatz zu der Rechtslage in Frankreich oder der Schweiz[166] – nicht auf die Frage der (faktischen) Beeinträchtigung von Interessen Einzelner durch ein bestimmtes Verhalten der Verwaltung, sondern auf diejenige nach der Schutzrichtung der fraglichen gemeinschaftsrechtlichen Verpflichtung. Es geht also m.a.W. um die normative Frage, ob eine bestimmte, gemeinschaftsrechtlich begründete rechtliche Vorschrift auch Interessen Einzelner zum Ziel hat oder nicht.[167]

---

rung der Geltendmachung der Rechte des Einzelnen zur effektiven Kontrolle der Einhaltung des Gemeinschaftsrechts durch die Mitgliedstaaten – im Rahmen des Art. 230 IV EGV keine Wirkung entfalten, so dass eine Parallelität auch aus diesem Grund ausscheiden muss. I. Erg. ebenso *Schoch* NVwZ 1999, 457,463; *Wegener* Rechte des Einzelnen (Fn. 53) 158ff.; in der Tendenz anders aber *Ehlers* Europäisierung (Fn. 2) 50ff.; *Albin* Vollzugskontrolle (Fn. 134) 169ff.

[163] Die Rechtsprechung beschränkte sich bislang im Wesentlichen – wie ausgeführt – auf Aussagen über Bestimmungen, die (auch) den Schutz der Gesundheit zum Gegenstand und Ziel hatten, oder auf drittschützende Vorschriften des Vergaberechts.

[164] Im Ergebnis ebenso *Wegener* Rechte des Einzelnen (Fn. 53) insbes. 281ff.; *Kadelbach* Allgemeines Verwaltungsrecht (Fn. 1) 385f.; *Steinberg* AöR 1995, 549, 586; *Krämer* Vom Rechte, das mit uns geboren, in: Krämer/Micklitz/Tonner (Hrsg.) Recht und diffuse Interessen in der Europäischen Rechtsordnung, Liber amicorum Norbert Reich, 1997, 741, 744ff.; *Winter* NVwZ 1999, 467, 469ff.; *Rengeling/Middeke/Gellermann* Rechtsschutz in der EU, 1994, Rn. 1090ff.; *Schoch* in: Strukturen des europäischen Verwaltungsrechts (Fn. 126) 309ff. Zu eng *Classen* VerwArch 1997, 645, 677.

[165] Soweit ersichtlich stammt dieser Begriff von *Wegener* Rechte des Einzelnen (Fn. 53) insbesondere 178ff.

[166] Oben B.I.3, II. Dies wird etwa von *v.Danwitz* DVBl. 1998, 421, 426, der davon spricht, dass auch das Gemeinschaftsrecht für den gerichtlichen Zugang ein *„intérêt d'agir"* wie das französische Verwaltungsrecht voraussetze, verkannt. Auch *Halfmann* Verw 2000, 74, 82, spricht von der Maßgeblichkeit einer „faktischen Betroffenheit". In diese Richtung wohl auch *Gellermann* Beeinflussung (Fn. 129) 48ff.

[167] Von diesem grundsätzlichen Ansatz – wobei allerdings gelegentlich der erwähnte „normative Ansatz" m.E. nicht hinreichend deutlich herausgestellt wird – dürfte (inzwischen) auch die ganz herrschende Literatur ausgehen; es dürfte insbesondere da-

Damit wird nach der Schutzrichtung / dem Schutzziel einer Bestimmung gefragt,[168] so dass man im Gemeinschaftsrecht von einer „normativen Interessentenklage" sprechen kann, dies im Gegensatz zu der auf eine faktische Beeinträchtigung abstellenden und damit prozessual begründeten Interessentenklage, wie sie in Frankreich oder der Schweiz zu finden ist.[169]

---

rüber Einigkeit bestehen, dass die Rechtsprechung des EuGH in diese Richtung auszulegen ist und dass die gemeinschaftlichen Grundsätze in Bezug auf die Frage, unter welchen Voraussetzungen eine Bestimmung grundsätzlich (zur Betroffenheit noch unten) Rechte Einzelner zu begründen vermag, um einiges weiter ausfallen als die deutsche Konzeption auf der Grundlage des § 42 II VwGO. Vgl. neben den schon genannten Autoren (Fn. 164) noch *Burgi* DVBl. 1995, 772, 778f.; *Kahl* Umweltprinzip und Gemeinschaftsrecht, 1993, 144ff.; *Zuleeg* NJW 1993, 31, 37; *Langenfeld* DÖV 1992, 955, 962; *Pernice* NVwZ 1990, 414, 425; *Sendler* FS Feldhaus, 1999, 479, 490ff.; *Ruffert* in: Calliess/Ruffert, EUV/EGV, 1999, Art. 249, Rn. 25ff.; *Tonne* Effektiver Rechtsschutz (Fn. 92), passim; *Eilmansberger* Rechtsfolgen und subjektives Recht im Gemeinschaftsrecht, 1997, 88ff.; *Schoch* Europäisierung (Fn. 2) 33ff.; *Pache* DVBl. 1998, 380,387; *Classen* Europäisierung (Fn. 2) 82ff.; *Hoppe/Otting* NuR 1998, 61, 65; *Kadelbach* Allgemeines Verwaltungsrecht (Fn. 1) 77ff., 370ff.; *Rengeling/Middeke/Gellermann* Rechtsschutz (Fn. 164) Rn. 1083ff.; *Krings* UPR 1996, 89ff.; *Wahl* in: Schoch/Schmidt-Aßmann/Pietzner, VwGO, Vorb. § 42 Abs. 2, Rn. 127; *Schmidt-Aßmann* DVBl. 1997, 281, 285, der in Bezug auf die hier relevante Fragestellung und mit einem vergleichenden Blick auf das deutsche Recht deutlich formuliert: „Die engere Fassung der Klagebefugnis wird sich auf Dauer nicht durchhalten lassen"; *Beljin* Staatshaftung (Fn. 127) 143f.; s. aber auch *v.Danwitz* Verwaltungsrechtliches System (Fn. 11) 230ff.; *Ukrow* Richterliche Rechtsfortbildung (Fn. 133) 329ff.; Eyermann/*Happ*, VwGO, 11. Aufl., 2000, § 42, Rn. 74, die zwar die Rechtsprechung des EuGH im Ergebnis wie hier auslegen dürften, ihr aber teilweise kritisch gegenüber stehen; in der Tendenz zurückhaltender *Moench/Sandner* EUDUR I (Fn. 126) § 46, Rn. 68ff., ohne jedoch im Einzelnen die Konsequenzen der einschlägigen Urteile des EuGH zu eruieren. Interessant ist im Übrigen, dass die hier relevante Rechtsprechung des EuGH im nicht deutschsprachigen Schrifttum erheblich weniger problematisiert wird und im Wesentlichen eine Beschränkung auf eine Zusammenstellung und Systematisierung erfolgt. Vgl. die Nachweise bei *Ruffert* in: Calliess/Ruffert, EUV/EGV, 1999, Art. 249, Rn. 33f.

[168] So wohl *Gurlit* in: Recht und diffuse Interessen (Fn. 126) 55, 62; *Pernice* EuR 1994, 325, 339; *Schoch* NVwZ 1999, 457, 464. Ausdrücklich auf die „Schutznormtheorie" zurückgreifen möchten *Ehlers* Europäisierung (Fn. 2) 55ff.; *Albin* Vollzugskontrolle (Fn. 134) 165ff., 175ff., die diese aber gemeinschaftsrechtlich geprägt sehen und dann im Ergebnis doch auf das Betroffensein im Gefolge der Beeinträchtigung bestimmter personaler Rechtsgüter abstellen, hierbei aber die Maßgeblichkeit der Auslegung der gemeinschaftsrechtlichen Bestimmungen betonen. Auch dieser (letztlich interpretatorische) Ansatz dürfte im Ergebnis mit dem hier vertretenen übereinstimmen. Der Ansatz von *Winter* NVwZ 1999, 467ff., der auf „die Beeinträchtigung eines Interesses, das zum allgemeinen Schutzbereich der Norm gehört" abstellen möchte, dürfte sich im Ergebnis mit der hier vertretenen Ansicht decken, geht es doch auch bei ihm letztlich um die Schutzrichtung der jeweiligen Norm.

[169] Diese dogmatische Grundlegung des Gemeinschaftsrechts wird treffend von *Schoch* Europäisierung (Fn. 2) 35, formuliert: „Auch nach EG-Recht ist eine normative

Dass es auf die Personenbezogenheit der geschützten Rechtsgüter ankommt, ergibt sich in erster Linie aus grundsätzlichen Überlegungen: Wenn das gemeinschaftliche Konzept der „Funktionalisierung" Einzelner so zu begreifen ist, dass die Geltendmachung von Rechten Einzelner auch der effektiven Kontrolle der Einhaltung des Gemeinschaftsrechts dient,[170] müssen klagefähige Rechtspositionen Einzelner immer schon dann bestehen bzw. gewährt werden, wenn es in der fraglichen Bestimmung zumindest auch um den Schutz solcher Rechtsgüter geht, die für den Einzelnen von persönlichem Interesse sind und hier mit dem Begriff „personale Rechtsgüter" bezeichnet werden. Auf der anderen Seite deutet gerade die Rechtsprechung darauf hin, dass nicht irgendein Interesse Einzelner ausreicht, sondern ein gewisser Bezug zum Individuum selbst gegeben sein muss; dieses muss daher eben in einem Rechtsgut betroffen sein, das einen Bezug zu seiner Person aufweist.

Damit sind bei der Frage, ob und inwieweit aufgrund gemeinschaftsrechtlicher Vorgaben klagefähige Rechtspositionen Einzelner zu gewähren sind, zwei Problemkreise zu unterscheiden:

- Erstens ist zu fragen, welche Interessen (allgemein) als solche personalen Schutzgüter anzusehen sind.

  Ausgangspunkt hierfür ist, dass es jedenfalls irrelevant sein muss, ob mit der fraglichen Bestimmung (auch) Allgemeinwohlinteressen oder nur Individualinteressen verfolgt werden, wie dies im deutschen Verwaltungsrechtsschutzsystem der Fall ist.[171] Denn ein Interesse der All-

---

Basis Entstehungsbedingung individueller Rechte; es geht um eine rechtlich zuerkannte Willensmacht." Ebenso ausdrücklich *Ehlers* Europäisierung (Fn. 2) 52ff.; *Albin* Vollzugskontrolle (Fn. 134) 178f. Hingegen dürfte es zu weit gehen, allein aus dem verbindlichen Charakter einer gemeinschaftsrechtlichen Norm zu folgern, diese müsse (von irgend jemandem) einklagbar sein (in diese Richtung aber wohl *Kokott* Verw 1998, 335, 356; *v.Danwitz* DÖV 1996, 481, 489f.). Denn damit ginge ein völliger Verzicht auf eine personale Schutzkomponente einher, was sich in dieser Form nicht aus der Rechtsprechung des EuGH ableiten lässt, der regelmäßig auf personale Schutzgüter Bezug genommen hat. Im Übrigen würde durch diesen Ansatz die auch dem Gemeinschaftsrecht zu entnehmende Zielrichtung des Individualschutzes verloren gehen, und der Bürger (nur noch) als „Vollzugsorgan" dienen.

[170] Oben C.I.1.

[171] Vor diesem Hintergrund vermag auch der Ansatz, der EuGH habe sich ja im Ergebnis für die deutsche Konstruktion entschieden, kaum zu überzeugen (vgl. in diese Richtung wohl *Triantafyllou* DÖV 1997, 192, 196), abgesehen davon, dass es von vornherein abwegig ist, dem EuGH eine Übernahme der Konzeption eines der Mitgliedstaaten unterstellen zu wollen. Aber auch die etwas schwächere Variante dieses Ansatzes, die letztlich vertritt, dass der EuGH im Ergebnis von dem (deutschen) Konzept subjektiver Rechte kaum in bedeutender Weise abweiche (vgl. *Classen* VerwArch 1997, 645ff., 661),

gemeinheit kann nach der gemeinschaftsrechtlichen Konzeption – wie sie auch vom EuGH angewandt wird[172] – immer auch ein Interesse einiger oder vieler Einzelpersonen, aus denen die Allgemeinheit zusammengesetzt ist, sein.[173] Insofern und in Anknüpfung an die dargelegte Rolle des Einzelnen im Hinblick auf die Beachtung des Gemeinschaftsrechts sind in der Gemeinschaft individuelle (Klage-) Befugnisse und objektive Rechtskontrolle verflochten. Diesem weiten Ansatz folgt auch die Rechtsprechung des EuGH, der es genügen lässt, dass eine bestimmte Norm „allgemein" Interessen des Gesundheitsschutzes verfolgt. Er ist aber auch eine notwendige Konsequenz aus der Funktionalisierung der Einzelpersonen: Wenn diese über die Wahrnehmung ihrer Rechte auch die Einhaltung des Gemeinschaftsrechts fördern sollen, müssen diese individuellen Rechte eben unabhängig davon einklagbar sein, ob die Personen in ihrer Funktion als Teile der Allgemeinheit oder aber, in „spezifischer" Form, als Individuen betroffen sind. Ebensowenig und auf der Grundlage paralleler Erwägungen kann es eine Rolle spielen, wie viele Personen an der Erhaltung des in Frage stehenden Schutzguts ein Interesse haben, so dass es durchaus auch sehr viele Personen sein können, wie etwa die Beispiele aus der Rechtsprechung (Qualitätswerte für die Luft oder für zur Gewinnung von Trinkwasser bestimmten Oberflächengewässern) zeigen.[174]

Ein „personaler Charakter" des Schutzguts liegt (auch auf der Grundlage der Rechtsprechung) sicherlich im Falle des Gesundheitsschutzes vor, dürfte aber auch bei anderen Zielsetzungen möglich sein. Im Einzelnen sind die hier möglicherweise maßgeblichen Kriterien in

---

trägt den europarechtlichen Ansätzen wohl nicht hinreichend Rechnung. In der Akzentsetzung aber anders und i. Erg. wohl wie hier *Classen* Europäisierung (Fn. 2) 82ff.

[172] Neben den schon erwähnten Urteilen (oben C.II.1.) ist noch auf die Rechtsprechung des EuGH in Bezug auf die Begründung einer Staatshaftung wegen Verletzung von Gemeinschaftsrecht hinzuweisen: In Bezug auf die Pauschalreise-Richtlinie etwa betonte der EuGH, dass sich der intendierte (allgemeine) Verbraucherschutz genau beim Einzelnen niederschlage, womit der von der Bundesrepublik erhobene Einwand, beim Richtlinienziel eines allgemeinen Verbraucherschutzes kämen Einzelne nur mittelbar zu bestimmten Rechten (offenbar eine Anspielung auf den „Rechtsreflex"), nicht überzeugen könne. Vgl. EuGH, Slg. 1996, I-4845, Rn. 40f.

[173] Insofern nicht überzeugend *Schoch* NVwZ 1999, 457, 466, der in Bezug auf Grenzwerte auf die Unterschiedung zwischen solchen Grenzwerten, „die eine individualschützende Vorsorge bezwecken, von Grenzwerten zum Schutz der Allgemeinheit" zurückgreifen will. Zutreffend nach der hier vertretenen Ansicht dagegen *Winter* NVwZ 1999, 467, 473, der wie folgt formuliert: „Dabei muss der Schutz des Interesses nicht durch Individualgerichtetheit der Norm ausgedrückt sein; vielmehr kommt es nur darauf an, ob das Klägerinteresse zu dem von der Norm geschützten öffentlichen Teilinteresse gehört."

[174] Ausdrücklich etwa *Albin* Vollzugskontrolle (Fn. 134) 169.

der Rechtsprechung noch nicht entwickelt; auf der Grundlage der „Funktionalisierung“ des Einzelnen dürfte es aber nahe liegend sein, hier auch weniger „vitale“ Interessen ausreichen zu lassen. Damit kommen als „personale Schutzgüter“ jedenfalls grundrechtsrelevante Interessen – wie z.B. der Schutz des Eigentums – in Betracht. Aber auch das Interesse Einzelner, in die Entscheidungsfindung der Verwaltung einbezogen zu werden – etwa durch Verfahrens- oder Beteiligungsrechte – ist zu nennen.[175]

Fraglich ist, inwieweit auch nur mittelbar den Einzelnen betreffende Zielsetzungen oder „ideelle“ Interessen – also z.B. Naturschutz oder Schutz der Ozonschicht – „personale Rechtsgüter“ darstellen können. Letztlich geht es hier um die notwendige Intensität des Bezuges zu den Interessen von Individuen. Soll das Kriterium des Schutzes von Interessen Einzelner nicht im Ergebnis aufgegeben werden, muss der Bezug zu einem oder mehreren Individuen jedenfalls insofern fassbar sein, als Einwirkungen auf das unmittelbar geschützte Rechtsgut tatsächlich auf den Menschen zurückwirken (können). Auf der anderen Seite dürfte es zu weitgehen, einen irgendwie gearteten „direkten“ Bezug zu Einzelpersonen zu verlangen: Denn ausgehend von dem Konzept der „Funktionalisierung“ Einzelner dürfte es schon ausreichen, wenn die Einzelnen in ihrer (persönlichen) Lebenssphäre tatsächlich betroffen sind bzw. sein können. Ob dies nun „unmittelbar“ durch eine (mögliche) Einwirkung auf die Person oder aber „mittelbar“ durch die Beeinträchtigung eines anderen Rechtsgutes, die aber dann wieder auf das Individuum zurückwirkt, geschieht, muss vor diesem Hintergrund irrelevant sein. M.a.W. genügt zwar ein mittelbares Betroffensein personaler

[175] Soweit Einzelne unter Beachtung bestimmter Modalitäten am Verfahren zu beteiligen sind, dürfte allein dieses Recht auf Verfahrensbeteiligung ein entsprechendes Interesse der Berechtigten begründen, das dann eben auch klageweise geltend gemacht werden können muss. I. Erg. ebenso *Winter* NVwZ 1999, 467, 470; *Krämer* Liber amicorum Norbert Reich (Fn. 164) 741, 750f.; *Schoch* Europäisierung (Fn. 2) 37ff.; *Reich* Bürgerrechte (Fn. 126) 407f., 411, in Bezug auf die UVP- und die IVU-Richtlinie; s. auch EuGH, Slg. 1991, I-825, Ziff. 61, wo der EuGH ausführt: „Die Verfahrensbestimmungen der Richtlinie enthalten, um den wirksamen Schutz des Grundwassers zu gewährleisten, genaue und detaillierte Vorschriften, die Rechte und Pflichten der einzelnen begründen sollen.“ S. insoweit auch BVerwG, ZUR 1995, 255, 259. Hintergrund dieses Ansatzes ist der Umstand, dass diese Verfahrensrechte Einzelner ja in der Regel auch und gerade eine gewisse Publizität und Transparenz der Verfahren und damit eine effektivere Anwendung des Gemeinschaftsrechts bezwecken. Wenn dies aber so ist, muss ihnen der individualschützende Charakter schon auf der Grundlage des Konzepts der Funktionalisierung der Rechte Einzelner zuerkannt werden: Das personale Interesse ist hier also (auch) in dem „persönlichen“ Recht auf Verfahrensbeteiligung zu sehen.

Rechtsgüter; die „Einwirkungskette" muss allerdings lückenlos nachvollziehbar sein. Nicht ausreichend ist es hingegen, wenn die Rückwirkungen auf den Menschen nur so mittelbar sind, dass erst ein ggf. sogar ungewisses Zusammenwirken ganz unterschiedlicher Faktoren die Interessen Einzelner berühren.

Dies bedeutet dann etwa, dass bei rein artenschutzrechtlichen Bestimmungen – wie z.B. der Vogel- oder Walschutz – ein Interesse Einzelner zu verneinen wäre, während bei der Erhaltung von Naturlandschaften, die auch als Erholungsgebiete genutzt werden können, Interessen Einzelner betroffen sein können. Denn die Möglichkeit der Begegnung mit der Natur dürfte durchaus grundsätzlich ein Interesse der Einzelnen begründen können;[176] ob und inwieweit dies im Einzelfall tatsächlich durch die zur Debatte stehenden Regelungen bezweckt ist, ist dann eine Frage der Auslegung.[177] Eine allgemeine Gefährdung der „natürlichen Lebensgrundlagen" dürfte damit allenfalls ausnahmsweise personale Rechtsgüter berühren.

- Zweitens ist zu eruieren, ob die betreffende konkrete Bestimmung auch wirklich den Schutz eines solchen personalen Rechtsguts bezweckt: In Anknüpfung an Inhalt und (objektiv erkennbare) Zielsetzung[178] ist zu ermitteln, ob (auch) ein Interesse Einzelner im dargelegten Sinn durch den fraglichen Rechtsakt geschützt wird.[179]

---

[176] Tendenziell auch positiv gegenüber der grundsätzlichen Möglichkeit der Begründung von Rechten Einzelner durch „ideelle Interessen" *Wegener* Rechte des Einzelnen (Fn. 53) 186ff.; *Gellermann* Natura 2000, 2. Aufl. 2001, 258, der darauf abstellt, dass es schließlich bei naturschutzrechtlichen Bestimmungen um den Schutz der „natürlichen Lebensgrundlagen" des Menschen gehe, so dass seine Interessen betroffen sein könnten, womit dieser Ansatz weiter gehen dürfte als der hier vertretene; auch *Winter* NVwZ 1999, 467, 474, hält es für grundsätzlich möglich, dass Naturschutzregelungen Interessen Einzelner betreffen können; grundsätzlich zweifelnd in Bezug auf die Möglichkeit, dass naturschutzrechtliche Bestimmungen als individualschützend angesehen werden können, *Scheuing* NVwZ 1999, 475, 484; eher zurückhaltend auch *Kahl* Umweltprinzip (Fn. 167) 144f., wobei bei beiden Autoren nicht ganz klar wird, ob die Zurückhaltung darauf beruht, dass schon grundsätzlich die Möglichkeit des Bestehens von Interessen Einzelner oder aber die Betroffenheit verneint wird.

[177] Vgl. sogleich nächster Spiegelstrich.

[178] Vgl. die entsprechenden, im Zusammenhang mit der Frage der Abgrenzung der Rechtsgrundlagen durch den EuGH entwickelten Kriterien, EuGH, Rs. C-45/86, Slg. 1997, I-1493, Ziff. 11; EuGH, Rs. C-62/88, Slg. 1990, I-1527, Ziff. 13; EuGH, Rs. C-155/91, Slg. 1993, I-939, Ziff. 7.

[179] Damit wird auch deutlich, dass dem Gemeinschaftsrecht keine allgemein abstrakten Kriterien entnommen werden können, aufgrund derer dann bei bestimmten Typen von Regelungen, z.B. Immissions- oder Emissionsnormen, grundsätzlich gesagt werden kann, sie begründeten Rechte Einzelner. Vielmehr ist jeweils im Einzelfall auf der

Illustriert werden kann dies am Beispiel von Verfahrensvorschriften im Umweltbereich: Diese dienen zum Teil nicht nur dem geregelten Ablauf des Verfahrens, sondern auch dem Schutz bestimmter Rechtsgüter. Im Ergebnis ist hier auf die inhaltliche Tragweite und die Zielsetzung des einzelnen Rechtsaktes bzw. der Bestimmung abzustellen: Legt diese es nahe, dass eben auch personale Schutzzwecke verfolgt werden (wie insbesondere der Gesundheitsschutz), so sind in entsprechendem Umfang Rechte Einzelner begründet.[180]

Ein Beispiel hierfür ist die UVP-Richtlinie[181]. Die Pflicht zur Durchführung einer UVP bezweckt wohl, durch die Beachtung bestimmter verfahrensrechtlicher Anforderungen und die Einbeziehung der durch sie gewonnenen Erkenntnisse in die Genehmigungsentscheidung einen verbesserten Umweltschutz zu erreichen, eine höhere Lebensqualität zu verwirklichen und damit (auch) den Gesundheitsschutz der Bevölkerung zu verbessern.[182] Gerade letzterer Aspekt zeigt, dass damit auch Interessen Einzelner über die Einhaltung bestimmter Verfahren geschützt werden sollen, was aber für die Existenz eines Individualinteresses im gemeinschaftsrechtlichen Sinn schon ausreichend ist.[183] Daher begründet jedenfalls die grundsätzliche Pflicht zur Durchführung einer UVP (Art. 2, 3 UVP-Richtlinie) entsprechende Rechte Einzelner.[184] Fraglich könnte hingegen sein, ob auch die Berücksichti-

---

Grundlage des Regelungsgehalts und der Zielsetzung der zur Debatte stehenden Bestimmung zu eruieren, ob tatsächlich Rechte Einzelner betroffen sein können. Insoweit ist *Schoch* NVwZ 1999, 457, 464, zuzustimmen, wenn er betont, Emissionsstandards könnten individualschützend im Sinne des Gemeinschaftsrechts sein, müssten es aber nicht zwingend sein.

[180] Ebenso *Wegener* Rechte des Einzelnen (Fn. 53) 179ff., 189ff.

[181] RL 85/337 über die Umweltverträglichkeitsprüfung bei bestimmten öffentlichen und privaten Vorhaben, Abl. 1985 L 175, 40.

[182] Vgl. die Präambel der RL 85/337.

[183] Ebenso *Gellermann* DÖV 1996, 438; *Kadelbach* Allgemeines Verwaltungsrecht (Fn. 1) 421f.

[184] In der Rechtsprechung werden diese Ansätze nicht immer hinreichend berücksichtigt. So ist das BVerwG vor noch nicht allzu langer Zeit davon ausgegangen, dass die UVP bloß verfahrensrechtliche Anforderungen begründe, die Dritten keine Klagerechte einräumen könnten, BVerwG, ZUR 1995, 255, 259; BVerwG, NVwZ 1996, 788. Demgegenüber betont GA *Gulmann* in seinen Schlussanträgen zu EuGH, Slg. 1994, I-3717, Ziff. 51ff., dass „nach der Richtlinie auch das Interesse der Einzelnen daran, dass durch die Umweltverträglichkeitsprüfung Umweltbelastungen vorgebeugt wird, zu schützen (ist), soweit jedenfalls feststeht, dass der Einzelne von der Durchführung der Projekte unmittelbar betroffen ist". S. auch EuGH, Slg. 1998, I-1651, Ziff. 33, wo der EuGH darauf hinwies, dass die RL 85/337 Rechte des Einzelnen enthalte, wobei der Zusammenhang

gungspflicht des Art. 8 UVP-Richtlinie Interessen Einzelner berührt.[185] Zwar zielt diese Pflicht in erster Linie darauf ab, die Einbeziehung von Umweltbelangen im Entscheidungsprozess zu fördern; vor dem Hintergrund des Gesamtsystems der UVP vermag dieser Gesichtspunkt jedoch nichts an der drittschützenden Wirkung zu ändern: Denn auch die Berücksichtigung im Genehmigungsverfahren bezweckt letztlich eine verbesserte Einbeziehung umweltpolitischer Belange bei der Projektgestaltung, so dass auch hier Interessen Einzelner berührt werden.

Soweit es aber um Bestimmungen - etwa im Umweltrecht - geht, die (nur) ein bestimmtes Verfahren zwischen Gemeinschaftsorganen oder Mitgliedstaaten und Gemeinschaftsorganen vorsehen, ohne Einzelnen (Beteiligungs-) Rechte einzuräumen, dürfte das Vorliegen individueller Interessen in der Regel zu verneinen sein. Denn auch wenn diese Bestimmungen mittelbar durchaus auch Interessen Einzelner berühren können (so etwa im Rahmen der Verfolgung umweltpolitischer Ziele), ist die Verbindung zu den möglicherweise betroffenen Interessen doch nicht hinreichend eng und konkret: Es kann in der Regel nicht präzisiert werden, welches personale Interesse hier konkret wie beeinträchtigt sein kann.[186]

---

dieser Aussage es nahe legt, dass damit jedenfalls auch das Recht auf Durchführung einer UVP als solche gemeint ist.

[185] Eher ablehnend etwa *Schink* NVwZ 1995, 953, 957.

[186] Im Übrigen kommt eine Verpflichtung zur Begründung von Individualrechten von vornherein nur unter der Voraussetzung in Betracht, dass die zu begründenden Pflichten hinreichend bestimmt sein müssen. Vgl. *Kadelbach* Allgemeines Verwaltungsrecht (Fn. 1) 386; i.Erg. ebenso wohl *Winter* NVwZ 1999, 467, 470; ausführlich - unter Berücksichtigung des Kriteriums der Unbedingtheit - *Wegener* Rechte des Einzelnen (Fn. 53) 206ff. Dabei kommt es aber nicht darauf an, ob schon das Gemeinschaftsrecht hinreichend bestimmt ist, um als solches Grundlage individueller Rechte sein zu können, sondern entscheidend ist, ob und inwieweit dem Gemeinschaftsrecht eine Pflicht der Mitgliedstaaten zu entnehmen ist, im nationalen Recht hinreichend bestimmte Vorschriften zu erlassen. Hintergrund dieses Erfordernisses - das auch in der einschlägigen Rechtsprechung des EuGH zum Ausdruck gekommen ist, insbesondere in Bezug auf die unmittelbare Wirkung des Gemeinschaftsrechts - ist der Umstand, dass nur hinreichend genaue Vorschriften einklagbare Rechte Einzelner begründen können; normativ zu unbestimmte Grundsätze eignen sich hierfür nicht, da die genauen Konturen der den Einzelnen ggf. zustehenden Rechte nicht umrissen werden können. Weiterhin und damit in engem Zusammenhang stehend ist das Erfordernis, dass die jeweiligen Bestimmungen unbedingt ausgestaltet sind in dem Sinn, dass die Pflicht zur Einräumung von Rechten Einzelner von keinen weiteren Bedingungen abhängig ist.

b) *Rechtsträger: die „Betroffenen"*

Der Umstand, dass ein personales Interesse durch die betreffende gemeinschaftsrechtliche Bestimmung (auch) verfolgt wird, sagt nur etwas darüber aus, dass grundsätzlich Rechte Einzelner betroffen sind bzw. sein können. Nicht beantwortet ist damit aber die Frage, wer diese Rechte geltend machen können soll. Denn dass der Kreis der Rechtsträger eingeschränkt werden soll, ergibt sich schon aus dem Umstand, dass dem Gemeinschaftsrecht eine Popularklage offenbar fremd ist.[187] Auch der EuGH geht von einer gewissen Einschränkung derjenigen Personen, die das individuelle Interesse auch geltend machen können sollen, aus, so wenn er auf die „Betroffenen" abstellt.[188]

Die Bestimmung der erfassten Personen ist immer dann problemlos, wenn die einschlägige gemeinschaftsrechtliche Norm selbst die Begünstigten nennt.[189] Häufig aber wird der Kreis der Begünstigten nicht weiter präzisiert. In Anknüpfung an die Rechtsprechung des EuGH – der von „Betroffenen" spricht, ohne allerdings bislang präzisiert zu haben, welcher Personenkreis damit genau gemeint ist – dürfte es im Ergebnis hier sinnvoll sein, an die tatsächliche Betroffenheit der Personen anzuknüpfen, die ein notwendiges, aber auch ein hinreichendes Kriterium bildet: Danach sind all diejenigen Personen Träger des jeweiligen Rechts, die selbst in dem jeweils geschützten personalen Rechtsgut betroffen sind, m.a.W. die im Gefolge der Verletzung der einschlägigen Bestimmung nachteilig

---

187 Eine Popularklage fügte sich schon nicht in das dargelegte Konzept der Funktionalisierung der Rechte Einzelner für die effektive Anwendung des Gemeinschaftsrechts ein, denn es trüge der Doppelfunktion des Einzelnen – der seine Rechte bzw. Interessen wahrnimmt und dabei gleichzeitig zur Kontrolle der effektiven Anwendung des Gemeinschaftsrechts beiträgt – nicht Rechnung. Vgl. hierzu *Kokott* Verw 1998, 335, 357; *Ruffert* DVBl. 1998, 69, 73; *Gellermann* Beeinflussung (Fn. 129) 50; *Wegener* Rechte des Einzelnen (Fn. 53) 163ff.; *Albin* Vollzugskontrolle (Fn. 134) 169f.

188 So auch die ganz hM. S. etwa *Albin* Vollzugskontrolle (Fn. 134) 169f.; *Ruffert* Subjektive Rechte (Fn. 53) 149; *Wegener* Vollzugskontrolle durch Klagerechte vor mitgliedstaatlichen Gerichten, in: Lübbe-Wolff (Hrsg.) Der Vollzug des europäischen Umweltrechts, 1996, 145, 164f.; *Kadelbach* Allgemeines Verwaltungsrecht (Fn. 1) 79f.; *Kahl* Umweltprinzip (Fn. 167) 144ff.; *Zuleeg* NJW 1993, 31, 37.

189 Dies ist etwa bei der Umweltinformationsrichtlinie der Fall, nach der „jedermann" Zugang zu Umweltinformationen erhalten soll, vgl. Art. 3 RL 90/313 über den freien Zugang zu Informationen über die Umwelt, ABl. 1990 L 158, 56. Aber auch Bestimmungen, die auf „die Öffentlichkeit" abstellen, wie dies bei diversen Verfahrensvorschriften der Fall ist, lassen eine Bestimmung der Rechtsträger zu. In beiden Fällen sind letztlich alle betroffen, so dass es in diesen eng begrenzten Fällen eine sekundärrechtlich verankerte Pflicht zur Eröffnung einer entsprechenden Popularklage gibt.

in ihren geschützten Individualinteressen betroffen sind.[190] Diese Maßgeblichkeit der tatsächlichen Betroffenheit drängt sich schon vor dem Hintergrund des Schutzzweckes der jeweiligen gemeinschaftsrechtlichen Bestimmungen auf: Wenn diese ein bestimmtes personales Interesse verfolgen, erscheint es zwingend, dass jedenfalls gerade diejenigen Personen, die hiervon auch tatsächlich betroffen sind, zum Kreis der Klageberechtigten gehören müssen. Eine darüber hinausgehende Ausweitung der berechtigten Personen zöge letztlich wohl eine Popularklage nach sich, ist doch in diesem Fall keine anderweitige Einschränkungsmöglichkeit ersichtlich. Auf der anderen Seite trüge eine weiter gehende Eingrenzung der Klageberechtigten – über das erwähnte Betroffenheitskriterium hinaus – wohl der Rolle der Einzelnen im Zusammenhang mit dem Vollzug des Gemeinschaftsrechts nicht Rechnung.

Bei der Frage, unter welchen Voraussetzungen eine solche Betroffenheit vorliegt, ist auf die Kongruenz des durch die jeweilige Norm verfolgten Interesses und des geschützten Personenkreises abzustellen: Betroffen ist also diejenige Person, die in den von der jeweiligen Norm verfolgten Interessen beeinträchtigt ist oder sein könnte. Insofern muss also eine Kongruenz zwischen den von der Norm geschützten Interessen Einzelner und denjenigen Interessen, in denen die Einzelnen betroffen sind, vorliegen.[191] Irrelevant ist dabei, wie viele andere Personen noch betroffen sein könnten, so dass es also durchaus möglich ist, dass es eine sehr große Zahl Betroffener gibt, wie etwa im Falle der Beeinträchtigung der Qualität des Trinkwassers. Die Betroffenheit ist dabei in jedem Einzelfall zu ermitteln. Immerhin darf verlangt werden, dass die Betroffenheit nicht nur geltend gemacht, sondern substanziiert dargelegt wird.

Die folgenden Beispiele können diese Konzeption etwas illustrieren: So ist etwa im Falle der Nichtbeachtung von Emissionsgrenzwerten durch eine Anlage der Nachbar betroffen, nicht aber eine sehr weit entfernt wohnende Person. Gegen die Erteilung der Genehmigung einer Anlage trotz Überschreitens der dem Gesundheitsschutz dienenden gemeinschaftlichen Emissionsgrenzwerte können sich diejenigen Personen wehren, denen daher eine Gesundheitsbeeinträchtigung droht, nicht aber der Anlieger, dem die Anlage die Aussicht „verbaut“. Bei der Erhaltung einer Landschaft ist (soweit hier ein Individualinteresse auf der Grundlage der

[190] Vgl. ähnlich *Ruffert* DVBl. 1998, 69, 72; *Schoch* NVwZ 1999, 457, 464; *Wegener* Rechte des Einzelnen (Fn. 53) 181 f., der darauf abstellt, dass der Einzelne einen „persönlichen, ihm durch die Verletzung des Gemeinschaftsrechts entstandenen Nachteil geltend machen kann“.

[191] Diesen Zusammenhang auch betonend *Winter* NVwZ 1999, 467, 472 ff.

Zielsetzung der betreffenden Bestimmung anzunehmen ist[192]) der potenzielle Benutzer betroffen; dies können auch viele Personen sein, wobei sie jedoch substanziiert darlegen müssen, dass sie diese Landschaft nutzen. Ein Anlieger/Nutzer eines Gewässers kann die Einhaltung von Immissionsbestimmungen einklagen, nicht aber jemand, der weit entfernt wohnt. Die Einhaltung der Grenzwerte für Oberflächengewässer können sämtliche Personen geltend machen, die Trinkwasser aus dem entsprechenden Gewässer beziehen. Dient eine gemeinschaftliche Regelung dem Verbraucherschutz, sind nur Verbrauchern[193] Klagerechte einzuräumen.

Ein besonderes Problem wirft die Geltendmachung langfristiger Interessen auf, wie etwa bei der Frage der Einhaltung von Bestimmungen über den Klimaschutz. Hier gibt es per definitionem in der Regel an sich keine gegenwärtig Betroffenen, geht es doch um die Interessen künftiger Generationen. Zwar führt eine grundsätzliche Verneinung der Betroffenheit zu empfindlichen Rechtsschutzlücken, denn allein im Gefolge der zeitlichen Komponente ist bei einer solchen Zielsetzung niemand der derzeit Lebenden betroffen. Die künftig Betroffenen aber können ihre Rechte ja auch nicht geltend machen, da sie noch nicht leben. Gleichwohl führt auf der Grundlage der gemeinschaftsrechtlichen Konzeption derzeit kein Weg daran vorbei, dass die Rechtsträgerschaft der derzeit Lebenden verneint werden muss: Denn es ist kein Anhaltspunkt ersichtlich, wer aus welchem Grund zur Zeit von künftigen Entwicklungen im Rechtssinn „betroffen" sein soll. Deutlich wird damit auch, dass die Ermöglichung der Geltendmachung von Interessen künftiger Generationen letztlich eine Aufgabe des Kriteriums der persönlichen, tatsächlichen Betroffenheit zur Folge hätte und eine Popularklage nach sich zöge, die das Gemeinschaftsrecht aber gerade nicht impliziert. Abhilfe kann hier nur über die legislatorische Verankerung spezifischer Klagerechte (z.B. Verbandsklagebefugnisse) geschaffen werden.[194]

Es ist aber nicht ausgeschlossen, dass es Betroffene bei mittelfristigen Auswirkungen bestimmter Tätigkeiten gibt oder dass langfristige Entwicklungen daneben auch die derzeit Lebenden betreffen; notwendig, aber auch ausreichend ist, dass die klagende Person selbst in dem jeweils geschützten Interesse beeinträchtigt sein kann.

---

192 Oben C.II.2.a).

193 Wobei dann noch genauer zu bestimmen ist, welche Verbraucher. Dies hängt dann von dem Regelungsgehalt der jeweiligen Norm ab.

194 Hinzuweisen ist in diesem Zusammenhang auch auf den Umstand, dass im Rahmen der EMRK ebenfalls keine Rechte künftiger Generationen geltend gemacht werden können, vgl. hierzu *Epiney/Scheyli* Umweltvölkerrecht, 2000, 168ff.

3. *Zu grundsätzlichen Einwänden: Verbandskompetenz und Subsidiaritätsprinzip*

Wie eingangs bereits erwähnt, sieht sich die erörterte Rechtsprechung des EuGH – die den erfolgten Präzisierungen der gemeinschaftsrechtlichen Vorgaben für die Ausgestaltung des gerichtlichen Zugangs Einzelner zugrunde gelegt wurde – gerade in der deutschen Literatur teilweise grundsätzlicher Kritik ausgesetzt. Diese problematisiert in unserem Zusammenhang in erster Linie[195] zwei Aspekte:

Erstens sei bereits die Verbandskompetenz fraglich, habe doch die Gemeinschaft keine Kompetenz, ein „Gemeinschaftsverwaltungsprozessrecht" zu schaffen,[196] so dass eine solche Rechtsvereinheitlichung logischerweise auch nicht auf dem Weg der Rechtsetzung erfolgen könne. Diese Argumentation ist zunächst insofern folgerichtig, als es grundsätzlich nicht möglich ist, in Verbindung mit sekundärrechtlichen Vorgaben Anforderungen an die Ausgestaltung der mitgliedstaatlichen Rechtsordnungen abzuleiten, wenn der Gemeinschaft keine diesbezügliche Kompetenz zusteht. M.a.W.: Wenn der Gemeinschaft keine Kompetenz zur Regelung eines bestimmten Sachbereichs zukommt, können für die entsprechenden Bereiche nicht durch Auslegung sekundärrechtlicher Bestimmungen – um die es hier im Wesentlichen geht – Vorgaben für die Mitgliedstaaten abgeleitet werden.[197] Auch dürfte die Aussage, der Gemeinschaft komme keine Kompetenz zu, bereichsübergreifend für verschiedene Gebiete Fragen des Rechtsschutzes zu regeln, durchaus zutreffen.[198]

Allerdings kann hieraus nicht abgeleitet werden, dass es grundsätzlich nicht möglich sei, aus dem Gemeinschaftsrecht Vorgaben für die Ausgestaltung des gerichtlichen Zugangs abzuleiten. Vielmehr ergibt sich eine

---

[195] Nicht eingegangen werden kann im Folgenden auf die grundsätzliche Debatte, ob und inwieweit der EuGH seine Befugnisse überschreitet. Jedenfalls das Anlegen nationaler Maßstäbe vermag hier nicht weiterzuhelfen. Vgl. insoweit die treffenden Bemerkungen zur Legitimität der Rechtsprechung des EuGH von *Ladeur* EuR 1995, 227, 241 ff.

[196] Vgl. so *Hölscheidt* EuR 2001, 376, 395.

[197] Vgl. insoweit auch *Ukrow* Richterliche Rechtsfortbildung (Fn. 133) 216 f.; hinzuweisen ist aber darauf, dass dem EuGH selbstverständlich – in den Grenzen seiner Befugnis zur Auslegung und Weiterentwicklung des Rechts – die Befugnis zusteht, gemeinschaftliches Primärrecht weiterzuentwickeln, so wie er es etwa im Bereich des Grundrechtsschutzes oder der Staatshaftung der Mitgliedstaaten getan hat. Vgl. zu diesem Aspekt *Wolf* Staatshaftung (Fn. 132) 86 ff.

[198] Dieser Problematik kann hier aber nicht weiter nachgegangen werden. Vgl. hierzu und i.Erg. wie hier *Wegener* Rechte des Einzelnen (Fn. 53) 85 f.; *Buck* Europäisierung (Fn. 2) 39.

solche Kompetenz der Gemeinschaft regelmäßig aus den einschlägigen Sachnormen. Aufgezeigt werden kann dies am Beispiel des Umweltrechts: Die gemeinschaftliche Kompetenz zur Regelung dieses Bereichs ergibt sich aus Art. 175 I EGV. Diese Bestimmung umfasst aber auch die Kompetenz, Verfahrensfragen zu regeln. Denn die Reichweite des Art. 175 EGV bestimmt sich aufgrund der Bezugnahme auf die Ziele des Art. 174 EGV in Anknüpfung an diese Vorschrift. Falls eine Maßnahme diese Voraussetzung erfüllt, also der Verwirklichung der Zielsetzungen des Art. 174 EGV dient, fällt sie - vorbehaltlich der Einschlägigkeit anderer vertraglicher (Kompetenz-) Vorschriften - in den Anwendungsbereich des Art. 175 EGV und damit in die Kompetenz der Gemeinschaft. Dies bedeutet insbesondere, dass kein Politikbereich von vornherein aus dem Anwendungsbereich dieser Vorschrift ausgeschlossen werden kann. Daher kann aus dem Umstand, dass die Regelung einer bestimmten Politik oder eines bestimmten Bereichs, z.B. des Rechtsschutzes, grundsätzlich in der Kompetenz der Mitgliedstaaten liegt, nicht geschlossen werden, dass der Gemeinschaft hier überhaupt keine Kompetenzen zustünden. Vielmehr kann sie - jedenfalls im Bereich des Umweltrechts[199] - aufgrund ihrer Sachkompetenz grundsätzlich auch Fragen des Rechtsschutzes regeln. Denn im Gefolge der finalen Struktur der Regelungsbefugnisse in der Gemeinschaft[200] schließt die Regelungsbefugnis in Sachbereichen im Grundsatz auch Maßnahmen ein, die der effektiven Beachtung materieller Vorgaben dienen (können), wozu auch und gerade Aspekte des Rechtsschutzes gehören.[201] Hieran ändert auch der Umstand nichts, dass damit ggf. weitreichende Konsequenzen für die Ausgestaltung des Rechtsschutzes (immer nur in den gemeinschaftsrechtlich relevanten Fragen) auf der Ebene der Mitgliedstaaten verbunden sein können.[202]

---

[199] Aber auch in gewissen anderen Bereichen. So enthalten z.B. zahlreiche Gleichstellungsrichtlinien auch Bestimmungen über den Rechtsschutz. S. z.B. Art. 6 RL 76/207, ABl. 1976 L 39, 40. S. aus dem Bereich des öffentlichen Auftragswesens RL 89/665, ABl. 1989 L 395, 33.

[200] Oben C.I.1.

[201] Soweit ersichtlich wird dieser Grundsatz in der Literatur auch nicht bestritten. S. *Ruffert* in: Calliess/Ruffert, EUV/EGV, 1999, Art. 249, Rn. 36; *Schoch* Europäisierung (Fn. 2) 15f., 22; i.Erg. wohl auch *v.Danwitz* Verwaltungsrechtliches System (Fn. 11) 431f.

[202] Dem entspricht auch die gemeinschaftliche Rechtsetzungspraxis, enthalten doch umweltrechtliche Regelungen häufig auch Bestimmungen, die dem Rechtsschutz und/oder der effektiven Durchsetzung der Vorgaben gewidmet sind. Vgl. z.B. Art. 4 RL 90/313 (Umweltinformationsrichtlinie), ABl. 1990 L 158, 56; Art. 23 RL 2000/60 (Wasserrahmenrichtlinie), ABl. 2000 L 327, 1.

Zweitens wird gelegentlich auf das Subsidiaritätsprinzip (Art. 5 II EGV) Bezug genommen: Mit diesem sei es nicht vereinbar, wenn die Durchsetzung des Gemeinschaftsrechts, „die mit Hilfe des nationalen Prozessrechts zu geschehen hat, in erheblicher Weise determiniert ist“[203]. Dieser – ansonsten nicht näher begründete Einwand – kann sich von vornherein nur auf die Frage beziehen, ob eine gemeinschaftliche Gesetzgebung in dem hier erörterten Bereich mit Art. 5 II EGV vereinbar ist; denn das Subsidiaritätsprinzip des Art. 5 II EGV bezieht sich nur auf die Kompetenzausübung durch den Gemeinschaftsgesetzgeber, so dass ihm nicht allgemein Grenzen der Auslegungsbefugnis des EuGH entnommen werden können.[204] Als Kompetenzausübungsregel ist das Subsidiaritätsprinzip aber bei der Auslegung gemeinschaftsrechtlicher Bestimmungen insbesondere insofern zu beachten, dass über die Auslegung keine Vorgaben des Gemeinschaftsrechts entwickelt werden dürfen, die der Gemeinschaftsgesetzgeber aufgrund des Subsidiaritätsprinzips in sekundärrechtlichen Regelungen nicht hätte erlassen dürfen, ist doch grundsätzlich anzunehmen, dass der Gemeinschaftsgesetzgeber kein primärrechtswidriges Recht erlassen wollte.

Die Frage, ob den Voraussetzungen des Art. 5 II EGV entsprochen wird oder nicht, lässt sich nur für einen konkreten Bereich, nicht aber in allgemeiner Form beantworten. In der Regel jedoch dürften sich aus diesem Prinzip keine grundsätzlichen Einwände gegen die Zuerkennung klagefähiger Rechtspositionen auf der Grundlage sekundärrechtlicher Bestimmungen ergeben, dies auch vor dem Hintergrund, dass den Gemeinschaftsorganen nach der Rechtsprechung hier ein denkbar weiter Beurteilungsspielraum[205] zukommt.[206]

---

203 Vgl. *Hölscheidt* EuR 2001, 376, 395.

204 Auch dieser Frage kann hier nicht im Einzelnen nachgegangen werden. Vgl. i.Erg. wohl ebenso GTE-*Zuleeg*, 5. Aufl., 1997, Art. 3b, Rn. 26.

205 Vgl. auch aus der Rechtsprechung die denkbar weitmaschige Prüfung des Subsidiaritätsprinzips in EuGH, Slg. 1997, I-2405, Ziff. 22ff.; EuGH, Slg. 1996, I-5755, Ziff. 46ff., wenn sich der EuGH auch nicht ausdrücklich auf die Verletzung des Art. 5 II EGV bezogen hatte, sondern diese Frage im Rahmen der Begründungspflicht bzw. als obiter dictum behandelte. S. jüngst EuGH, Rs. C-377/98, Urteil vom 9. 11. 2001, noch nicht in der amtlichen Sammlung.

206 Aufgezeigt werden kann dies wiederum am Beispiel des Umweltrechts: Die genannten Grundästze bedeuten für diesen Bereich, dass die Gemeinschaft den gerichtlichen Rechtsschutz nur insoweit normieren darf, als die effektive Durchsetzung der Ziele des Art. 174 EGV auf der Ebene der Mitgliedstaaten nicht ausreichend erreicht werden kann (erstes Kriterium) und daher (wegen des Umfangs oder der Wirkungen der in Betracht gezogenen Maßnahmen) besser auf Gemeinschaftsebene erreicht werden kann (zweites Kriterium). Dabei ist jedenfalls zu beachten, dass auch das Subsidiaritätsprinzip

III. Zum gerichtlichen Kontrollumfang

Abschließend zu diesen das Gemeinschaftsrecht betreffenden Betrachtungen ist darauf hinzuweisen, dass dem Gemeinschaftsrecht nur zu entnehmen ist, dass die jeweiligen individuellen Rechte von den „Betroffenen" geltend gemacht werden können müssen. Dies impliziert auch, dass ein Rechtswidrigkeitszusammenhang in dem Sinn, dass das zuständige Gericht eben nur die Verletzung dieser Rechte prüft, zulässig ist. Eine Erweiterung der gerichtlichen Kontrolle darüber hinaus wird damit aber auch nicht ausgeschlossen.

Die gerichtliche Kontrolldichte muss zwar effektiv sein; angesichts des Umstandes aber, dass – auf der Grundlage der Rechtsprechung des EuGH – auf Unionsebene den Gemeinschaftsorganen jedenfalls bei komplexen Entscheidungen ein gewisser Gestaltungsspielraum eingeräumt wird,[207] können auch an den Rechtsschutz in den Mitgliedstaaten keine

---

davon ausgeht, dass die gemeinschaftlichen Zielsetzungen jedenfalls verwirklicht werden können sollen. Wenn die Eröffnung einer gerichtlichen Kontrolle und bestimmte diesbezügliche Anforderungen für die effektive Durchsetzung der Ziele des Art. 174 EGV auf mitgliedstaatlicher Ebene nicht gewährleistet sind, kann das Gemeinschaftsrecht daher entsprechende Vorgaben formulieren, ohne gegen das Subsidiaritätsprinzip zu verstoßen. Die konkrete Ausgestaltung des Rechtsschutzes ist dabei soweit wie mit der effektiven Durchsetzung der Ziele von Art. 174 EGV zu vereinbaren den Mitgliedstaaten zu überlassen. Damit dürften den Rechtsschutz betreffende Regelungen dem Subsidiaritätsprinzip grundsätzlich jedenfalls dann nicht widersprechen, wenn sie der effektiven Durchsetzung des gemeinschaftlichen Umweltrechts dienen und/oder die einheitliche Anwendung des Gemeinschaftsrechts fördern (sollen). Denn das Vollzugsdefizit gerade des gemeinschaftlichen Umweltrechts dürfte zeigen, dass offenbar ein alleiniges Abstellen auf bestehende mitgliedstaatliche Maßnahmen nicht ausreicht (erstes Kriterium des Art. 5 II EGV). Einheitliche Kriterien in Bezug auf gewisse Fragen des Rechtsschutzes – so auch den gerichtlichen Zugang – dürften zumindest grundsätzlich insgesamt zu einer besseren Zielverwirklichung (effektive Beachtung des gemeinschaftlichen Umweltrechts, effektiver Schutz der Rechte der Einzelnen) beitragen können (zweites Kriterium des Art. 5 II EGV). Auch wenn man hier je nach dem betroffenen Sachbereich in Bezug auf gewisse Fragen durchaus unterschiedlicher Ansicht sein kann, dürfte daher einiges dafür sprechen, dass jedenfalls die rechtlichen Voraussetzungen des Art. 5 II EGV bei der sachbereichsbezogenen Regelung von Rechtsschutzfragen in der Regel erfüllt sind. Damit dürften aufgrund des Subsidiaritätsprinzips der Ableitung von Rechten Einzelner aus gemeinschaftsrechtlichen Bestimmungen keine grundsätzlichen Bedenken entgegen stehen.

[207] Vgl. ausführlich *Classen* Europäisierung (Fn. 2) 163ff.; *v.Danwitz* Verwaltungsrechtliches System (Fn. 11) 327ff.; *Pache* DVBl. 1998, 380ff.; *Kadelbach* Allgemeines Verwaltungsrecht (Fn. 1) 446ff.; *Kokott* Verw 1998, 335, 364f., jeweils unter besonderer Berücksichtigung der Rechtsprechung des EuGH zur anzulegenden Kontrolldichte. Aus der jüngeren Rechtsprechung insbesondere EuGH, Slg. 1999, I-223.

weiter gehenden Anforderungen gestellt werden.[208] Auf mitgliedstaatlicher Ebene ist daher eine Zurücknahme der gerichtlichen Kontrolldichte auf die Frage der offensichtlichen Überschreitung des durch die einschlägige Norm vorgegebenen Rahmens immer dann zulässig, wenn es um komplexe Entscheidungen mit gewissen bewertenden Elementen geht.[209]

IV. Zusammenfassende Bewertung

Die gemeinschaftsrechtliche Konzeption zeichnet sich damit in erster Linie durch vier bemerkenswerte Charakteristika aus:

- Erstens ist der Anknüpfungspunkt für die Frage, ob eine klagefähige Rechtsposition einzuräumen ist, die Auslegung der betreffenden Bestimmung. Dieser grundsätzliche Ansatzpunkt deckt sich also durchaus mit der in § 42 II VwGO zugrunde gelegten Konzeption.[210]
- Bei der inhaltlichen Bestimmung dieses notwendigen Schutzzwecks hingegen verfolgt das Gemeinschaftsrecht einen weiteren Ansatz: Ausschlaggebend ist der Umstand, dass die betreffende Bestimmung auch

---

[208] Ausdrücklich EuGH, Slg. 1999, I-223, Ziff. 35. S. auch *Sendler* FS Feldhaus, 1999, 479, 502f.

[209] Ein eigenes Problem ist die Frage, welche Folgen die Verletzung von Verfahrensvorschriften aus gemeinschaftsrechtlicher Sicht nach sich ziehen muss. Die Rechtsprechung zu dieser Problematik – die sich insbesondere im Zusammenhang mit dem Beihilferecht entwickelte – ist komplex, und es würde hier zu weit führen, dieser Frage im Einzelnen nachzugehen. Vgl. zu dieser Problematik jüngst mwN *Pietzcker* FS Maurer, 2001, 695ff. Festgehalten werden kann aber, dass jedenfalls eine allgemeine Unerheblichkeit von Verfahrensfehlern im Falle fehlenden (konkretisierbaren) Einflusses auf die Endentscheidung nicht mit den Vorgaben des Gemeinschaftsrechts in Einklang stehen dürfte, so wohl auch *Ruffert* DVBl. 1998, 69, 74f.); *Schoch* NVwZ 1999, 457, 466; *Classen* Die Europäisierung des Verwaltungsrechts, in: Kreuzer/Scheuing/Sieber (Hrsg.) Die Europäisierung der mitgliedstaatlichen Rechtsordnungen in der Europäischen Union, 1997, 107, 116f.; in diese Richtung auch nunmehr BVerwGE 100, 238, 252. Denn zunächst dürfte es kaum dem Charakter von Rechten Einzelner entsprechen, ihre Verletzung immer dann für unerheblich zu erklären, wenn konkrete Folgen ausbleiben: An der Rechtsverletzung an sich ändert das zunächst einmal grundsätzlich nichts. Sodann steht dem auch der Gedanke der Effektivität der den Einzelnen gewährten Rechte entgegen: Ist mit ihrer Verletzung nicht notwendigerweise eine effektive Sanktion verbunden, so leidet darunter auch die tatsächliche Beachtung des Gemeinschaftsrechts. Vor diesem Hintergrund muss jedenfalls immer dann, wenn die verletzten Verfahrensvorschriften auch und gerade der Einbeziehung von Interessen betroffener Personen dienen sollen, ihre Verletzung Auswirkungen auf die Legalität der Entscheidungen entfalten.

[210] *Rodriguez Iglesias* NJW 1999, 1, 7 (mit Fn. 55) spricht sogar davon, dass der Gerichtshof die Schutznormtheorie übernommen habe. Diese Aussage dürfte sich allerdings nur auf den normativen Ansatz der „Interessentenklage", nicht hingegen auf den materiellen Inhalt der Schutznormtheorie beziehen.

Interessen Einzelner schützen soll, die wiederum – wie ausgeführt – eher weit zu verstehen sind: Abzustellen ist auf die Betroffenheit eines personalen Rechtsgutes. Dieser Umstand erinnert an die in Frankreich praktizierten Grundsätze.

- Klagerechte müssen sodann nur den „Betroffenen" eingräumt werden, womit letztlich ein in allen untersuchten Staaten praktiziertes Kriterium aufgegriffen wird.
- Schließlich ist noch auf den auf der Grundlage des Gemeinschaftsrechts möglichen Rechtswidrigkeitszusammenhang hinzuweisen, der auch und gerade insofern einsichtig ist, als dem Gemeinschaftsrecht ja nur Vorgaben darüber zu entnehmen sein können, welche gemeinschaftsrechtlichen Bestimmungen zu überprüfen sind.

Insgesamt erscheint es vor diesem Hintergrund durchaus gerechtfertigt, in Bezug auf die Vorgaben des Gemeinschaftsrechts für den gerichtlichen Zugang von einer Verschmelzung verschiedener nationaler Verwaltungsrechtsschutztraditionen zu sprechen, wobei insbesondere die Anknüpfung an den dogmatischen Ansatz der Schutznormtheorie, die aber mit Elementen der „Interessentenklage" materiell gefüllt wird („normative Interessentenklage"), bemerkenswert ist.

D. Schluss

Abschließend werfen die angestellten Untersuchungen natürlich auch die Frage auf, inwieweit die deutsche Konzeption vor dem Hintergrund der Anforderungen des EG-Rechts und der in anderen Rechtsordnungen praktizierten Lösungen reformbedürftig ist, wobei solche Reformen entweder zwingend oder (nur) opportun sein können. Es ist hier nicht der Ort, auf diese komplexe Frage umfassend zu antworten.[211] Gleichwohl kann aber schlagwortartig auf einige Eckpunkte bzw. Fragen hingewiesen werden:

- Das grundsätzliche Konzept des Verwaltungsrechtsschutzes in Deutschland wird auf der Grundlage der gemeinschaftsrechtlichen Vorgaben nicht zwingend in Frage gestellt. Dies bedeutet insbesondere, dass § 42 II VwGO nicht modifiziert werden muss. Auf der Grundlage einer gemeinschaftsrechtskonformen Auslegung könnte man nämlich unter die in dieser Bestimmung vorausgesetzten „Rechte" auch die aus gemeinschaftsrechtlicher Sicht anzuerkennenden Rechte subsumieren; der Begriff des „Rechts" im Sinne des § 42 II VwGO wäre dann eben nicht

---

[211] Vgl. aus der Literatur jüngst die Einschätzungen von *Hölscheidt* EuR 2001, 376ff.; s. spezifisch für den Bereich des Umweltrechts *Epiney/Sollberger* (Fn. 13).

mehr nur auf der Grundlage der „Schutznormtheorie“, sondern ggf. auch ausgehend von den einschlägigen gemeinschaftsrechtlichen Vorgaben auszulegen.[212]

- Damit ist aber noch nicht die Frage beantwortet, ob es nicht opportun sein könnte, die entwickelten gemeinschaftsrechtlichen Anforderungen an den gerichtlichen Zugang ausdrücklich zu normieren. In Betracht kommt dies in erster Linie für spezifische Bereiche des Verwaltungsrechtsschutzes, so insbesondere das Umweltrecht.[213]
- Darüber hinaus wird der Gesetzgeber sich auch mit der Problematik befassen müssen, ob es opportun ist, dass der gerichtliche Rechtsschutz gegen Verwaltungshandeln für gemeinschaftsrechtlich begründete Rechte weiter ausfällt als für „nur“ im nationalen Recht verankerte Rechte. Hier könnte ein Blick auf die anderen Rechtsordnungen insofern interessant sein, als die deutsche Konzeption des sehr engen Zugangs in dieser Form wohl einzigartig ist, woran auch gewisse „Konvergenztendenzen“ wenig ändern. Auch dürften die gemeinschaftsrechtlich begründeten Rechte in Zukunft eher zunehmen, und schließlich ist es sicherlich der Rechtssicherheit nicht zuträglich, je nach „Ursprung“ der geltend gemachten Rechtsnorm unterschiedliche Rechtsschutzmöglichkeiten vorzusehen, ganz abgesehen von der konzeptionellen Ungereimtheit, dass möglicherweise bei inhaltlich parallel ausgestalteten materiellen Normen je nach „Ursprung“ unterschiedliche gerichtliche Klagemöglichkeiten bestehen. Insofern könnte sich jedenfalls für sachlich begrenzte Bereiche eine gewisse Anpassung auch des rein nationalen Verwaltungsprozessrechts aufdrängen.[214] Denken

---

[212] Im Erg. ähnlich *Schoch* NVwZ 1999, 457, 465; *Kadelbach* Allgemeines Verwaltungsrecht (Fn. 1) 391ff.; insoweit auch *Huber,* in: v.Mangoldt/Klein/Starck, GG I, 1999, Art. 19, Rn. 419f.; anders aber *Wahl,* in: Schoch/Schmidt-Aßmann/Pietzner, VwGO, Vorb. § 42 Abs. 2, der auf den „prozessualen Ansatz“ zurückgreifen möchte; insofern übereinstimmend *Schwarze* NVwZ 2000, 241, 248; s. auch *Steinberg* ZUR 1999, 126, 129. Vgl. zu dem Unterschied zwischen beiden Positionen *Kokott* Verw 1998, 335, 350f., die aber zutreffend darauf hinweist, dass die praktischen Unterschiede einer prozessualen und materiell-rechtlichen Lösung gering sein dürften. Die Relevanz in erster Linie für den Kontrollumfang betonend *Ehlers* Europäisierung (Fn. 2) 61f.

[213] Der von der Sachverständigenkommission unterbreitete UGB-Entwurf, der in § 44 ausdrücklich die Drittschutzbezogenheit von Vorsorgebestimmungen festschreibt (Bundesministerium für Umwelt, Naturschutz und Reaktorsicherheit (Hrsg.) Unabhängige Sachverständigenkommission, Entwurf für ein Umweltgesetzbuch - UGB-KomE, 1998, 527ff.), dürfte allerdings in allgemeiner Form kaum genügen, da sich diese Bestimmung auf einen bestimmten Bereich beschränkt; Fragen des Individualschutzes stellen sich aber auch in anderen Bereichen. I. Erg. ebenso *Lübbe-Wolff* ZAU 1998, 43, 53.

[214] Vgl. ausführlich und in der Tendenz ähnlich *Wegener* Rechte des Einzelnen (Fn. 53) 305ff.; s. auch *Classen* Europäisierung (Fn. 2) 8f.; *Halfmann* VerwArch 2000, 74,

könnte man hier – auch vor dem Hintergrund anderer Entwicklungen (Stichwort Aarhus-Konvention, die die Vertragsstaaten im Ergebnis zur Einführung einer altruistischen Verbandsklage im Bereich des Umweltschutzes verpflichtet)[215] – insbesondere an den praktisch wichtigen Bereich des Umweltrechts, für den eine derartige „Sonderlösung" jedenfalls ernsthaft geprüft werden sollte.[216]

- Schließlich wird man auch der Frage nachgehen müssen, ob ein erweiterter gerichtlicher Zugang nicht auch Auswirkungen auf das Ausmaß der gerichtlichen Kontrolldichte entfalten sollte; vieles spricht nämlich dafür, dass ein System des Verwaltungsrechtsschutzes einen gewissen Ausgleich zwischen der Ausgestaltung des gerichtlichen Zugangs und der Kontrolldichte andererseits finden muss.[217]

Im Ergebnis dürfte sich im Falle einer gewissen Zurücknahme der Kontrolldichte bei bestimmten Kategorien von Verwaltungsentscheidungen (eine generelle Zurücknahme kommt m.E. nicht in Frage und stünde auch nicht mit Art. 19 IV GG in Einklang) zudem eine „Kompensation" durch Verfahren aufdrängen: Die Art und Weise, wie die Behörde zu der jeweiligen Entscheidung gelangt, muss mittels entspre-

---

86f.; wohl auch *Winter* NVwZ 1999, 467, 473; *Kokott* Verw 1998, 335, 359f.; *Sendler* FS Feldhaus, 1999, 479, 490ff. A.A. aber etwa *Ruffert* Subjektive Rechte (Fn. 53) 316ff.; für eine „Zweispurigkeit" im Hinblick auf die Vermeidung von „Systembrüchen" aber *Steinberg* ZUR 1999, 126, 130.

215 Die Konvention ist im Oktober 2001 in Kraft getreten, jedoch von den meisten westeuropäischen Staaten (so auch Deutschland) noch nicht ratifiziert. Vgl. ausführlich zu der Konvention *Epiney/Scheyli* Die „Aarhus-Konvention". Rechtliche Tragweite und Implikationen für das schweizerische Recht, 2000.

216 Diesen grundsätzlichen Weg will denn auch für einige Fragen die unabhängige Sachverständigenkommission für ein UGB einschlagen. UGB-KomE (Fn. 213), §§ 43ff. Damit könnten die Einwirkungen des Gemeinschaftsrechts auch Anlass dafür sein, die Rechtsschutzkonzeption im Umweltrecht zu überprüfen. Vgl. zu den insgesamt wohl wenig sachgerechten Konsequenzen der Anwendung der „Schutznormtheorie" im Umweltrecht nur *Lübbe-Wolff* Stand und Instrumente der Implementation des Umweltrechts in Deutschland, in: Lübbe-Wolff (Hrsg.) Der Vollzug des europäischen Umweltrechts, 1996, 77, 103; *Steinberg* Der ökologische Verfassungsstaat, 1998, 308ff.; *Winter* NVwZ 1999, 467f.; *Steinberg* ZUR 1999, 126ff., der überzeugend nachweist, dass die „Struktur des verwaltungsgerichtlichen Rechtsschutzes", so wie sie derzeit in Deutschland gehandhabt wird, den Eigenarten des „ökologischen Rechts" nicht gerecht zu werden vermag.

217 Vgl. etwa die Bemerkungen in diese Richtung bei *Schoch* NVwZ 1999, 457, 466f.; *Halfmann* VerwArch 2000, 74, 88ff. Auch insofern dürfte der Vorschlag der unabhängigen Expertenkommission für ein UGB – die eine gewisse Erweiterung der Klagebefugnis mit der Zurücknahme der gerichtlichen Kontrolle bei bestimmten Prognose- und Bewertungsentscheidungen (die eben aufgrund der Funktion gerichtlicher Kontrolle nur sehr schwer von den Gerichten nachgeprüft werden können) kombiniert – in die richtige Richtung gehen, wenn man auch über die „Feinabstimmung" streiten mag.

chender Verfahrensvorschriften – die jedenfalls ggf. die Einbeziehung wissenschaftlichen Sachverstandes, die Beteiligung der Öffentlichkeit und die Unabhängigkeit der Verwaltungsstellen regeln müssen – „vorbestimmt“ werden.[218]

Insgesamt dürften sich auf die aufgeworfenen Fragen – so man sich ihnen stellt – wohl sinnvolle Lösungen finden lassen. Letztlich geht es weniger um einen wirklichen Systembruch, denn um eine „Anpassung“ bzw. inhaltliche Erweiterung der „Schutznormtheorie“ vor dem Hintergrund der gemeinschaftsrechtlichen Anforderungen.[219]

In dieser Perspektive nun Gefahren für die „nationale Demokratie“ zu sehen, weil die Auslegung des Gemeinschaftsrechts am Maßstab des „effet-utile“ demokratisch nicht hinreichend legitimiert sei oder aber eine Entfremdung der Bürger von „ihrem“ Staat zu prophezeien, weil die Bürger als „Instrumente“ gegen den eigenen Staat eingesetzt würden,[220] erscheint aus verschiedenen Gründen wenig überzeugend, die hier nur angerissen werden können: So verkennt die Kritik am „effet-utile“-Gedanken und der u.a. darauf beruhenden Konzeption des Individualrechtsschutzes in der Gemeinschaftsrechtsordnung die legitimierende Funktion der Gewährung von Rechten: Demokratische Legitimation kann nicht nur über Rückkopplungen zum „Volk“ stattfinden, sondern auch über die Einräumung von (Teilhabe-) Rechten; insofern stellt die Einräumung von Rechten Einzelner durch das Gemeinschaftsrecht einen Legitimationsfaktor dar. Dass sich der Einzelne durch die Geltendmachung von Rechten dem „eigenen“ Staat entfremden könne, erinnert letztlich an eine eher absolutistisch geprägte Vision des Verhältnisses Bürger-Staat und berücksichtigt weder die Stellung des Bürgers als Teilnehmer am Staatsgeschehen noch die Bindung der Hoheitsgewalt an Gesetz und Recht.

M.E. sollten die gemeinschaftsrechtlichen Einflüsse vor diesem Hintergrund nicht – unter Dramatisierung ihrer Auswirkungen – möglichst abgewehrt werden, sondern als Chance begriffen werden, die Ausgestaltung des gerichtlichen Zugangs in Deutschland zu überdenken: Es geht letzt-

---

[218] In diese Richtung etwa auch allgemein *Schmidt-Aßmann* DVBl. 1997, 281, 288. Auf diese Weise könnten auch mögliche Auswirkungen der Ausweitung der Klagebefugnis auf das Gewicht der verschiedenen Gewalten aufgefangen werden.

[219] S. in diesem Zusammenhang auch *Classen* Europäisierung (Fn. 2) 85ff., der ausführlich auf die (möglichen) Einwände gegen eine Relativierung des ursprünglichen deutschen Konzepts des Individualrechtsschutzes eingeht und diese letztlich entkräftet. S. auch *Blankennagel* Verw 1993, 1ff. Eine Zusammenfassung der Kritik an der Schutznormtheorie mwN findet sich im Übrigen bei *Kadelbach* Allgemeines Verwaltungsrecht (Fn. 1) 374ff.

[220] Vgl. die in diese Richtung gehenden Überlegungen bei *Halfmann* VerwArch 2000, 74, 91ff.

lich darum, die historisch bedingte Beschränkung des Bürgers auf die Verteidigung „subjektiver Rechte“ zu überwinden und ihn auch über die Eröffnung erweiterter Klagebefugnisse aktiver in die Wahrung öffentlicher Belange einzubinden. Dass dies ohne einen völligen „Systembruch“ und auch ohne ein „Abgleiten“ hin zur Popularklage möglich ist, dürften die Ausführungen gezeigt haben.

Leitsätze der 4. Berichterstatterin über:

Primär- und Sekundärrechtsschutz im Öffentlichen Recht

A. Problemstellung und Konkretisierung des Themas

B. Der gerichtliche Zugang im Rechtsvergleich

I. Italien

1. Obwohl sich die Gerichtsorganisation und die Verwaltungsrechtsordnung in Italien stark am französischen Vorbild orientierten, schlug die Rechtsschutzkonzeption gerade im Hinblick auf die Funktion verwaltungsgerichtlichen Rechtsschutzes (allmählich) eine andere Richung ein: In Italien geht es – letztlich in der Konzeption ähnlich wie in Deutschland – im Wesentlichen um den Schutz von Interessen bzw. Rechten Einzelner.

2. Ausschlaggebend für die Klagebefugnis ist in der Regel das Vorliegen eines interesse legittimo: *Im Ergebnis dürfte dabei die Abgrenzung zwischen rechtlich geschützten* interesse legittimi *und* interesse semplice *nach ähnlichen Kriterien vorgenommen werden wie die Bestimmung des individualschützenden Charakters einer Regelung im Rahmen des § 42 II VwGO, wenn es in Italien auch stärker auf die tatsächliche Betroffenheit denn auf die Auslegung der einschlägigen Rechtsnormen ankommt.*

3. Beim Umfang der gerichtlichen Überprüfung stellt die objektive Kontrolle auf Rechtsverletzungen den Regelfall der Verwaltungskontrolle dar.

II. Dänemark

4. Bei der Klage- und Beschwerdebefugnis wird darauf abgestellt, ob ein sufficient and individual interest *gegeben ist. In der Sache wird das Vorliegen eines solchen wesentlichen, individuellen Interesses dann angenommen, wenn ein hinreichender persönlicher Bezug in räumlicher, sachlicher oder finanzieller Hinsicht zum Klagegegenstand vorliegt.*

5. Während im Rahmen der (quasi-gerichtlichen) Beschwerdeverfahren im Ergebnis eine umfassende Rechts- und Zweckmäßigkeitsprüfung stattfindet, wird die Wahrnehmung behördlicher Gestaltungsspielräume von den Gerich-

ten nur zurückhaltend überprüft; im Ergebnis wird hier bei offenen Gesetzesformulierungen (nur) ein Willkürmaßstab angelegt. Dabei wird keine (theoretische) Unterscheidung zwischen Ermessen bzw. Gestaltungsspielräumen auf der Tatbestands- und der Rechsfolgenseite gemacht.

III. Schweiz

6. Das hier im Mittelpunkt stehende Rechtsmittel der Verwaltungsgerichtsbeschwerde dient seiner Konzeption nach in erster Linie dem Individualrechtsschutz, wobei aber auch auf die „begleitende Funktion" der objektiven Rechtmäßigkeitskontrolle hinzuweisen ist.

7. Nach Art. 103 lit. a OG können nur Personen, die ein „schutzwürdiges Interesse" an der Abänderung oder Aufhebung einer bundesrechtswidrigen behördlichen Verfügung haben und die durch die angefochtene Verfügung „berührt" sind, Verwaltungsgerichtsbeschwerde erheben. Als schutzwürdig wird ein Interesse dann betrachtet, wenn die betreffenden Personen in rechtlicher bzw. tatsächlicher Hinsicht in einer direkten oder (gegenüber anderen Personen) besonderen, beachtenswerten und nahen Beziehung zur Streitsache stehen und ihr derartig gelagertes Interesse von praktischer und aktueller Relevanz ist.

8. Das klagelegitimierende schutzwürdige Interesse der beschwerdeführenden Person muss sich nicht mit der Schutzrichtung der angerufenen Norm(en) decken, womit durchaus auch die Verletzung von Bestimmungen überprüft werden kann, die im Dienste der Allgemeinheit oder im Interesse Dritter stehen.

9. Auch das schweizerische Verwaltungsrecht kennt eine Unterscheidung zwischen unbestimmten Rechtsbegriffen und Ermessen; allerdings dürfte die Kontrolldichte bei unbestimmten Rechtsbegriffen in der Schweiz insgesamt doch einiges weiter gezogen sein als in Deutschland.

IV. Frankreich

10. Das französische System des Verwaltungsrechtsschutzes ist im Wesentlichen auf die Kontrolle der (objektiven) Rechtmäßigkeit des Verwaltungshandelns ausgerichtet.

11. Daher stellt die Klageform des recours pour excès de pouvoir *die Grundform des verwaltungsgerichtlichen Rechtsmittels dar. Mit diesem Rechtsmittel kann die Aufhebung eines rechtswidrigen* acte administratif *erreicht werden.*

12. Für die Zulässigkeit einer Klage ist ein intérêt pour agir *notwendig, das* direct, certain *und* personnel *sein muss. Der Kläger muss sich bezüglich des Aktes in einer besonderen Lage befinden, d.h. als Angehöriger einer bestimmbaren Gruppe betroffen sein. Das vom Kläger verfolgte Interesse muss dabei jedoch nicht individuell, spezifisch oder rein persönlich sein und kann materiell-faktischer, ideeller oder rechtlicher Natur sein.*

13. Gerügt werden kann jede Rechtswidrigkeit, wobei die eingeschränkte Zahl von Nichtigkeitsgründen zu beachten ist. Im Ergebnis wird die Überprüfung der Rechtsmäßigkeit eines acte administratif *hierdurch aber nicht beschränkt.*

14. Die gerichtliche Kontrolldichte ist sehr stark kasuistisch geprägt, und den Gerichten steht hier ein kaum nachprüfbarer Spielraum zu. Im Ergebnis ist die angewandte Kontrolldichte zwar insgesamt relativ weit, wurde aber in letzter Zeit insbesondere in grundrechtsrelevanten Bereichen intensiviert.

V. Großbritannien

15. Das System des Verwaltungsrechtsschutzes in Großbritannien kann im Hinblick auf Ziel und Zweck des Verwaltungsrechtsschutzes im Allgemeinen und die Ausgestaltung der Klagebefugnis im Besonderen zwischen den beiden Grundformen des subjektiven und objektiven Rechtsschutzes angesiedelt werden, weist aber im Vergleich zu den gängigen kontinentaleuropäischen Systemen einige Besonderheiten auf.

16. Im Verfahren der application for judicial review *ist eine formelle Zulassung der Klage im Sinne einer Eintretensentscheidung* (leave) *notwendig. Ausschlaggebend für die Klagezulassung ist dabei das Vorliegen eines* sufficient interest. *Die Voraussetzungen, unter denen ein solches Interesse vorliegt, sind konzeptionell (noch) nicht abschließend festgelegt; so ist es auch (noch) nicht möglich, in der Rechtsprechung eine eindeutige Linie festzustellen. Jedenfalls wird auf eine (mehr oder weniger) qualifizierte tatsächliche Betroffenheit abgestellt.*

17. Bei der gerichtlichen Kontrolle wird zwischen drei verschiedenen Kontrollmaßstäben unterschieden: illegality, procedural impropriety *und* irrationality. *Die* proportionality *hat sich noch nicht als eigenes Kriterium fest etabliert, wenn auch im Rahmen der anderen Maßstäbe immer häufiger auf Elemente der Verhältnismäßigkeit zurückgegriffen wird.*

18. Materiell konzentriert sich die gerichtliche Kontrolle auf die Beachtung von Verfahrensanforderungen, während der Verwaltung ansonsten ein relativ weiter Spielraum belassen wird.

VI. Zusammenfassende Bewertung

19. Die Untersuchungen belegen Konvergenztendenzen der Systeme verwaltungsgerichtlichen Rechtsschutzes, wenn hier auch zu differenzieren ist.

20. Die untersuchten Rechtsordnungen weisen – trotz aller verbleibenden Unterschiede – insofern strukturelle Gemeinsamkeiten auf, als es im Wesentlichen um (allerdings sehr unterschiedlich weitgehende) „Interessentenklagen" geht, in deren Rahmen eine letztlich objektive Rechtmäßigkeitsprüfung erfolgt.

21. Insgesamt besteht wohl ein gewisser Zusammenhang zwischen der Weite des gerichtlichen Zugangs und der angelegten Kontrolldichte: Eine Erweiterung des gerichtlichen Zugangs geht tendenziell mit einer geringeren Kontrolldichte einher.

C. Zu den gemeinschaftsrechtlichen Vorgaben für die Gewährung gerichtlichen Zugangs

I. Grundlagen

1. Die „finale Ausrichtung" des Gemeinschaftsrechts

22. Ob und inwieweit durch gemeinschaftsrechtliche Bestimmungen (auch) gerichtlich durchsetzbare Rechte Einzelner begründet werden bzw. durch die Mitgliedstaaten zu begründen sind, ist auf der Grundlage des europäischen Gemeinschaftsrechts zu bestimmen. Dabei ist auch und gerade die hauptsächliche Zielsetzung der in Frage stehenden Bestimmung zu berücksichtigen.

2. Zu den Vorgaben für Vollzug und Anwendung des Gemeinschaftsrechts: Diskriminierungs- und Effektivitätsgebot

3. Das „Konzept der dezentralen Vollzugskontrolle"

23. Das Gemeinschaftsrecht geht von einer Doppelfunktion der Einzelnen und der Wahrnehmung ihrer Rechte aus: Einerseits geht es um den Schutz der Rechte der Individuen, andererseits aber werden diese individuellen Rechte auch im Hinblick auf eine gewisse Legalitätskontrolle verstanden und gesehen. Dieses Konzept entfaltet dann natürlich auch Auswirkungen auf die Frage, nach welchen Kriterien denn zu bestimmen ist, ob gemeinschaftsrechtliche Bestimmungen Individuen auf gerichtlichem Weg durchsetzbare Rechte einräumen oder nicht.

II. Zu den gemeinschaftsrechtlichen Vorgaben für den gerichtlichen Zugang

1. Zur Rechtsprechung des EuGH

24. Aus der Rechtsprechung des EuGH dürfte allgemein der Schluss abzuleiten sein, dass im Zuge der Umsetzung von Richtlinien in nationales Recht immer (schon) dann klagefähige Rechte Einzelner geschaffen werden müssen, wenn die jeweilige Bestimmung (auch) Interessen Einzelner schützen soll. Im Übrigen müssen offenbar nur die „Betroffenen" die Möglichkeit haben, sich auf diese zwingenden Vorschriften berufen zu können.

25. Die genauen Kriterien für die Anwendung dieser Grundsätze sind in der Rechtsprechung bislang allenfalls ansatzweise entwickelt.

2. Klagefähige Rechte Einzelner im Gemeinschaftsrecht

a) Schutz von Interessen Einzelner: die „normative Interessentenklage"

26. Die Zielsetzung der fraglichen Bestimmung muss – in Anknüpfung an die Rechtsprechung und in Verallgemeinerung ihres Ansatzes – insofern personal ausgerichtet sein, als sie auch den Schutz personenbezogener Rechtsgüter zum Ziel und Gegenstand haben muss. Damit ist also die Schutzrichtung einer Bestimmung ausschlaggebend.

27. Ein personales Schutzgut bzw. Interesse kann immer schon dann betroffen sein, wenn ein „lückenloser" Bezug zu Individuen vorliegt, diese m.a.W. in ihrer (persönlichen) Lebenssphäre betroffen sind bzw. sein können. Ob und inwieweit eine bestimmte gemeinschaftsrechtliche Bestimmung (auch) ein solches personales Rechtsgut schützt, ist durch Auslegung zu ermitteln.

b) Rechtsträger: die „Betroffenen"

28. Abgesehen von den Fällen, in denen das Gemeinschaftsrecht die Klagebefugten ausdrücklich bezeichnet, muss nur den „Betroffenen" gerichtlicher Zugang gewährt werden. Betroffen ist diejenige Person, die in den von der jeweiligen Norm verfolgten Interessen beeinträchtigt ist oder sein könnte. Insofern muss also eine Kongruenz zwischen den von der Norm geschützten Interessen Einzelner und denjenigen Interessen, in denen die Einzelnen betroffen sind, vorliegen.

3. Zu grundsätzlichen Einwänden: Verbandskompetenz und Subsidiaritätsprinzip

29. Im Ergebnis können aus den Grundsätzen der Kompetenzverteilung zwischen der Gemeinschaft und ihren Mitgliedstaaten sowie dem Subsidiari-

tätsprinzip keine Einwände gegen die Rechtsprechung des EuGH und das vorgestellte Konzept abgeleitet werden.

III. Zum gerichtlichen Kontrollumfang

30. Ein Rechtswidrigkeitszusammenhang in dem Sinn, dass das zuständige Gericht eben nur die Verletzung der gemeinschaftsrechtlich zu begründenden Rechte prüft, ist zulässig.

31. Die gerichtliche Kontrolle muss zwar effektiv sein; eine Zurücknahme der gerichtlichen Kontrolldichte auf die Frage der offensichtlichen Überschreitung des durch die einschlägige Norm vorgegebenen Rahmens ist aber immer dann zulässig, wenn es um komplexe Entscheidungen mit gewissen bewertenden Elementen geht.

32. Jedenfalls eine allgemeine Unerheblichkeit von Verfahrensfehlern im Falle fehlenden (konkretisierbaren) Einflusses auf die Endentscheidung dürfte nicht mit den Vorgaben des Gemeinschaftsrechts in Einklang stehen.

IV. Zusammenfassende Bewertung

33. Insgesamt kann in Bezug auf die Vorgaben des Gemeinschaftsrechts für den gerichtlichen Zugang von einer Verschmelzung verschiedener nationaler Verwaltungsrechtsschutztraditionen gesprochen werden, wobei insbesondere die Anknüpfung an den dogmatischen Ansatz der Schutznormtheorie, die aber mit Elementen der „Interessentenklage" materiell gefüllt wird („normative Interessentenklage"), bemerkenswert ist.

D. Schluss

34. Die angestellten Untersuchungen werfen (auch) die Frage auf, inwieweit die deutsche Konzeption vor dem Hintergrund der Anforderungen des EG-Rechts und der in anderen Rechtsordnungen praktizierten Lösungen reformbedürftig ist.

35. Es können verschiedene Problemkreise unterschieden werden:

- *Das grundsätzliche Konzept des Verwaltungsrechtsschutzes in Deutschland wird auf der Grundlage der gemeinschaftsrechtlichen Vorgaben nicht zwingend in Frage gestellt.*
- *Allerdings sind im gemeinschaftsrechtlich bestimmten Bereich die materiellen Voraussetzungen des Vorliegens der Klagebefugnis entsprechend dem vorgestellten Ansatz der „normativen Interessentenklage" zu bestimmen. Dies bedeutet insbesondere auch, dass hier bislang anerkannte Folgerungen*

der „Schutznormtheorie" – so z.B. die Unterscheidung zwischen „Vorsorgebestimmungen" und drittschützenden Normen – nicht mehr herangezogen werden können und der „Schutznormcharakter" einer Norm ausschließlich nach den dargelegten gemeinschaftsrechtlichen Grundsätzen zu bestimmen ist.

- *Es könnte aber opportun sein, die gemeinschaftsrechtlichen Anforderungen zumindest für bestimmte Bereiche ausdrücklich zu formulieren.*
- *Ebenso kommt jedenfalls für bestimmte Bereiche – so insbesondere das Umweltrecht – eine „Ausdehnung" des gemeinschaftsrechtlichen Konzepts auch auf allein im nationalen Recht begründete Klagen in Betracht.*
- *Schließlich wird man auch der Frage nachgehen müssen, ob ein erweiterter gerichtlicher Zugang nicht auch Auswirkungen auf das Ausmaß der gerichtlichen Kontrolldichte entfalten sollte; vieles spricht nämlich dafür, dass ein System des Verwaltungsrechtsschutzes einen gewissen Ausgleich zwischen der Ausgestaltung des gerichtlichen Zugangs einerseits und der Kontrolldichte andererseits finden muss.*

5. *Aussprache und Schlussworte*

Primär- und Sekundärrechtsschutz im Öffentlichen Recht

Vorsitzender (Bauer): Verehrte Kolleginnen und Kollegen, die vier Berichterstatter haben den zweiten Beratungsgegenstand unserer Tagung durch hervorragende Referate aufbereitet, für die ich im Namen des Vorstands ganz herzlich danke. Für die Aussprache schlage ich vor, dass wir die Thematik im Schwerpunkt zunächst mehr aus der Sicht des deutschen Verwaltungsrechts erörtern und anschließend auf die mehr europarechtlichen und rechtsvergleichenden Aspekte übergehen. Ich hoffe auf ihr Einverständnis mit diesem Vorschlag und bitte Herrn *Rupp* um seinen Beitrag.

Rupp: Herr Vorsitzender, meine Kolleginnen und Kollegen, erlauben Sie mir drei kurze Anmerkungen. Zunächst: Der Unterschied zwischen der subjektrechtlichen Klagebefugnis und der Interessentenklage im verwaltungsgerichtlichen Anfechtungsprozess ist in der Praxis nicht so groß, wie man gelegentlich meinen könnte. Die Rechtsprechung des Bundesverwaltungsgerichts hat in jüngerer Zeit die Klagebefugnis des § 42 Abs. 2 VwGO sehr weitherzig gehandhabt, so dass sie sich kaum mehr von der Klagebefugnis des Europarechts bzw. des französischen Rechts unterscheidet. Beide Positionen haben sich, wie ich meine, einander angenähert. In diesem Zusammenhang muss man auch sehen, dass zwischen dem Schutz subjektiver Rechte und der Validität der objektiven Rechtsordnung keine kontradiktorischen Gegensätze bestehen: Schon *Rudolf von Jhering* hat in seiner berühmten Schrift „Der Kampf ums Recht" geradezu von einer moralischen Pflicht des Einzelnen gegenüber dem Gemeinwesen gesprochen, seine subjektiven Rechte durchzusetzen, um zur Realisierung des objektiven Rechts beizutragen. Zweite Bemerkung: Aus der Sicht der rechtswissenschaftlichen Systematik bestehen indes zwischen einer auf Durchsetzung subjektiver Rechte zielenden Klage und einer den Verstoß gegen die objektive Rechtsordnung rügenden Beanstandungsklage erhebliche Unterschiede. Die subjektivrechtliche Konzeption kommt meines Erachtens nicht so sehr in § 42 Abs. 2 VwGO, sondern in § 113 Abs. 1 Satz 1 VwGO zum Ausdruck, wonach eine Anfechtungsklage dann begründet ist, wenn in eigenartiger Doppelbenennung der angefochtene Verwaltungsakt „rechtswidrig und dadurch der Kläger in seinen Rechten verletzt ist". Eigenartig ist diese Doppelbenennung deshalb, weil die Verletzung jedes subjektiven Rechts als „rechtswidrig" von der objektiven Rechtsordnung nicht mehr getragen wird.

Jedenfalls stellt das derzeitige deutsche Verwaltungsrecht – wie der Zivilprozess – auf die Verfolgung subjektiver Rechte, genauer: materiellrechtlicher Reaktionsansprüche ab, was – wie die deutsche Verwaltungsprozessrechtslehre immer noch nicht erfasst hat – eine auf ebendiese subjektiven Rechte bezogene besondere Klagebefugnis als Prozessvoraussetzung sinnlos werden lässt. Jeder Zivilrichter würde nur verständnislos den Kopf schütteln, wenn von ihm etwa im Rahmen des § 823 I 2 BGB verlangt würde, das geltendgemachte subjektive Recht zweimal zu prüfen: Einmal summarisch als Prozessvoraussetzung und zum zweiten Mal gründlich und erschöpfend im Abschnitt über die Begründetheit der Klage. Auch der prozessökonomische Effekt solcher Unternehmungen ist – wie im einzelnen nachgewiesen – bestenfalls null. Dritte Bemerkung: Das Mitschleppen der besonderen Klagebefugnis des § 42 Abs. 2 VwGO ist ein Relikt vergangener Zeiten und lässt sich nur dadurch erklären, dass der deutsche Verwaltungsprozess bei seinem Beginn im 19. Jahrhundert eben nicht der Durchsetzung subjektiver Recht diente, sondern die objektive Rechtsordnung vor Verstößen zu bewahren suchte. *Rudolf von Gneist*, einer der wichtigsten Befürworter einer besonderen Verwaltungsgerichtsbarkeit in Deutschland, sah es geradezu als „civilistische petitio principii" an, den Verwaltungsprozess in den Dienst subjektiver Rechte zu nehmen. Der Verwaltungsprozess habe ausschließlich die Bewahrung der verwaltungsrechtlichen Normenordnung zum Ziel; der Anfechtungskläger erhalte nur eine „formelle Parteirolle", ohne dass ihm dadurch subjektive Rechte entstünden. Nur vor diesem Hintergrund war es jedenfalls überhaupt zu klären, dass vom Kläger eine gewisse Nähe, ein plausibles Interesse am Streitgegenstand, also eine prozessuale Klagebefugnis abverlangt wurde, um eine „Popularklage" auszuschließen. Will man in Deutschland wieder zu diesem System des 19. Jahrhunderts zurückkehren, so müsste streng genommen als § 113 Abs. 1 Satz 1 VwGO geändert, die Verletzung eines subjektiven Rechts gestrichen und die Klagebefugnis des § 42 Abs. 2 VwGO auf verletzte subjektive Interessen bezogen werden. Wie sich dies allerdings mit den anderen – etwa auf Leistung oder Unterlassung gerichteten – verwaltungsgerichtlichen Klagen vertrüge, steht dahin. Vielen Dank.

Schoch: Herr Vorsitzender, meine sehr verehrten Kolleginnen und Kollegen. Ich möchte drei Bemerkungen machen: eine erste Bemerkung zum allgemeinen Zustand des Primärrechtsschutzes, eine zweite Bemerkung zur Europäisierung und den Vernetzungen zwischen Europarecht und nationalem Recht sowie eine dritte Bemerkung zur Durchsetzung des uns von Herrn *Höfling* präsentierten Innovationspotenzials im Sekundärrechtsschutz.

Meine erste Bemerkung bezieht sich auf die Situation des primären Rechtsschutzes in Deutschland. Dazu muss man in aller Deutlichkeit sagen – und die Referate haben dies in begrüßenswerter Weise getan –, dass der Hauptsacherechtsschutz durch eine unglaubliche Atomisierung gekennzeichnet ist, dass das „Stammgesetz", d.h. die VwGO, zunehmend mit Erfahrungen aus dem Sonderprozessrecht angereichert wird (bekanntestes Beispiel ist das Asylverfahrensrecht), dass wir daher Inkonsistenzen im Verwaltungsprozessrecht zu beobachten haben und dass weithin auch noch eine Insuffizienz des Rechtsschutzes herrscht. Das ist der beklagenswerte Zustand in weiten Teilen des Verwaltungsprozessrechts. Herrn *Rupp* würde ich – am Beispiel des zuletzt erwähnten Punktes – leicht widersprechen wollen. Die Insuffizienz ist nicht nur eine Frucht gesetzgeberischer Aktivitäten, sondern auch der Rechtsprechung. Die Beispiele, die hier zum gerichtlichen Zugang, also zur Klagebefugnis, gebracht worden sind, waren vornehmlich dem Umwelt- und Planungsrecht entnommen. Schauen wir uns die privatisierten Bereiche an, sehen wir „Dreiecksverhältnisse" im Wirtschaftsverwaltungsrecht. Das aktuell prominenteste Beispiel ist das kommunale Wirtschaftsrecht. Die Verwaltungsgerichte erkennen vielfach den einschlägigen Vorschriften nach wie vor keine Drittwirkung zu; es ist auch nicht so, dass die Grundrechte ergänzend herangezogen werden, so dass der verwaltungsgerichtliche Rechtsschutz im Ergebnis an dieser Stelle fast komplett ausfällt. In Rheinland-Pfalz hat der Verfassungsgerichtshof jetzt versucht, den Rechtsschutz etwas nach vorne zu bringen. Die Zivilgerichtsbarkeit ist bemüht, die bestehenden „Räume" zu füllen (z.B. über § 1 UWG); allerdings kommen dann ganz andere Rationalitäten zum Tragen. In diesem hier nur exemplarisch herangezogenen Bereich sehe ich ein Versagen der Verwaltungsrechtsprechung; manifeste gesellschaftliche Konflikte werden nicht aufgegriffen und daher nicht im verwaltungsrechtlichen System verarbeitet. Meine Kritik richtet sich also an die Verwaltungsrechtsprechung.

Mein zweiter Punkt betrifft die Vernetzungen zwischen Europarecht und nationalem Recht. Insoweit ist meine These in Bezug auf den Sekundärrechtsschutz, dass die aus europarechtlicher Perspektive zu unserem Staatshaftungsrecht getroffenen Aussagen nur verdeutlichen, was wir über dessen beklagenswerten Zustand ohnehin bereits wissen und uns sowohl in der Analyse als auch in den Therapievorschlägen nur noch einmal unterstützen. Zum Primärrechtsschutz hat Herr *Streinz* auf den vorläufigen Rechtsschutz abgehoben. Dazu gibt es in der Tat reichhaltige Rechtsprechung des Europäischen Gerichtshofs, während zum Hauptsacherechtsschutz nur wenige Aussagen des Gerichtshofs z.B. zu Fristen, zur Kontrolldichte und mittelbar zur Klagebefugnis existieren. Ich bitte, den Blick einmal auf den Vernetzungsaspekt zu richten. Wir haben zum 01. 01. 2002 eine erneute Novellierung der VwGO zu erwarten. In dem vorliegenden Gesetzentwurf sehen die Pläne so aus, dass im Bereich des Hauptsacherechtsschutzes das Zulassungsverfahren für die Berufung bleibt; die zweite Instanz erreicht man – ohne Zulassung der Berufung durch das Verwaltungsgericht – nur über die Zulassungsbeschwerde. Im Bereich der Eilverfahren jedoch wird § 146 VwGO geändert; das Zulassungsverfahren fällt weg. Damit verfügen wir im Eilverfahren über zwei Instanzen. In der Praxis nun ist z.B. fast jeder zweite Fall, den ich am Verwaltungsgerichtshof Baden-Württemberg zu bearbeiten habe, schon jetzt im Bereich der Eilverfahren angesiedelt. In Zukunft werden viele Anwälte selbstverständlich die Chance zur Erreichung der zweiten Instanz suchen, dadurch noch stärker in den vorläufigen Rechtsschutz drängen und damit die Verfahren nach §§ 80 Abs. 5, 80a Abs. 3, 123 VwGO weiter aufwerten. Was den Instanzenzug betrifft, haben wir also eine Asymmetrie zwischen Hauptsacheverfahren und Eilverfahren festzustellen.

Nun präsentiert uns Herr *Streinz*, dem ich insoweit in der Analyse zustimme, die Einwirkungen des Europarechts auf das deutsche Verwaltungsprozessrecht in einem nochmals aufgewerteten System des vorläufigen Rechtsschutzes. Sie haben, Herr *Streinz*, die Übertragung der Kriterien von Art. 242 EGV auf § 80 Abs. 5 VwGO erörtert; ergänzend müssten wir – Stichwort „Atlanta"-Entscheidung des Europäischen Gerichtshofs – die Übertragung der Maßstäbe von Art. 243 EGV auf § 123 VwGO hinzufügen. In der Konsequenz dieser Einwirkungen des Europarechts haben wir bei Sachverhalten mit gemeinschaftsrechtlichem Bezug einen anderen Standard der Maßstäblichkeit als bei Sachverhalten mit rein innerstaatlichem Bezug. Frage: Kann das nationale Prozessrecht auf Dauer die beiden unterschiedlichen Standards durchhalten? Wir kennen die Problematik ja auch aus anderen Bereichen, z.B. § 48 VwVfG. Oder ist es nicht so, dass wir einem faktischen Europäisierungsdruck ausgesetzt sind, so dass wir diese Zweigleisigkeit bei der Maßstabsbildung auf Dauer nicht werden durchhalten können? Die Frage ist nun, Herr *Streinz*, auf die ich eine Antwort nicht kenne, woher nimmt der Europäische Gerichtshof sein – als rechtspolitisches Prinzip vielleicht anerkennenswertes – Kohärenzgebot, mit dem man das gesamte Verfahrensrecht im Grunde vereinheitlichen könnte, um Maßstäbe der eigenen Verfahrensordnung in das nationale Recht zu transponieren? Früher haben Diskriminierungsverbot und Effizienzgebot ausgereicht, um den Verwaltungsvollzug sicherzustellen. Was aber ist die rechtliche Grundlage, wenn wir diese faktische Europäisierung in den Blick nehmen?

Meine dritte Bemerkung, ganz knapp, zielt auf den Sekundärrechtsschutz. Ich stimme Ihnen, Herr *Höfling*, in der Analyse und weitgehend auch in der Therapie zu, habe aber nicht verstanden, warum Sie uns in These 16 ein Konzept anbieten, das auf Binnenpluralisierung setzt und nicht auf eine Konzentration des Rechtsschutzes. Meine Gegenthese ist: Nachdem sich der Bundesgerichtshof vielfach als „verfassungsresistent“ gezeigt hat, erweist er sich in jüngster Zeit (und dies nicht nur in einem Fall) auch als „europarechtsresistent“. Wenn Sie – die bestehenden Vorschläge haben Sie ja genannt – keine Rechtsschutzkonzentration vornehmen, garantiere ich Ihnen auf Grund von Erfahrungen aus anderen Bereichen, dass Sie Ihr Konzept nicht werden durchsetzen können. Welches sind die vorhandenen Möglichkeiten? Einmal gibt es den rechtspolitischen Vorschlag zur Streichung der Art. 19 Abs. 4 S. 2, 14 Abs. 3 S. 4, 34 S. 3 GG; Sie werden entgegnen, das sei politisch nicht durchsetzbar. Wenn wir aber nicht zu einer Rechtswegvereinheitlichung kommen, wird Ihr Konzept in der Praxis nicht durchsetzbar sein. Immerhin gibt es einen Gesetzentwurf Bayerns zur Änderung des § 40 Abs. 2 VwGO, der in die richtige Richtung zielt. Die Alternative, die mir – wenn wir einmal die in Ihrem Referat erwähnte Kammerentscheidung vergessen – eingefallen ist, besteht in der Fortentwicklung der Rechtsprechung des Bundesverfassungsgerichts. Ist es denkbar, dass Ihr Konzept über den „Hebel“ des sekundären Grundrechtsschutzes, wie ich es einmal nennen möchte, durchgesetzt werden kann, was dazu führen könnte, dass z.B. auch Eingriffe in Art. 12 Abs. 1 GG auf dieser Ebene schutzbewehrt sind und im Schadensfall hinreichen bis zu Kompensationsansprüchen? Oder welchen Vorschlag können Sie machen, um Ihr Konzept in der Praxis durchsetzen zu können? Vielen Dank.

Schuppert: Herr Vorsitzender, meine Damen und Herren, ich möchte versuchen, eine Brücke zu schlagen von der Thematik von heute zu der von gestern. Und von dem sehr schönen Referat von Herrn *Höfling* zu dem nicht minder schönen Referat von Herrn *Alexy*. Herr *Alexy* hat uns ja vorgetragen, und wer würde dem widersprechen wollen, dass wir eine Spielraumdogmatik brauchen. Eine solche Spielraumdogmatik aber muss – und jetzt bin ich bei Herrn *Höfling* – eingebettet sein in eine Kontrolldogmatik: denn es kann ja nicht nur darum gehen, Spielräume zu erforschen, so interessant sie auch sein mögen, sondern es geht ja auch darum, einen Blick darauf zu werfen, wie solche Spielräume ausgefüllt werden und welche Fehler dabei passieren. Von der Spielraumdogmatik führt also ein gerader Weg zu einer Ausfüllungsdogmatik mitsamt einer spezifischen Fehlerquellenlehre – die Stichworte bei Herrn *Alexy* lauten: „Abwägungsfehler bei strukturellen Spielräumen“ und „Erkenntnisfehler bei Erkenntnisspielräumen“ – und damit letztlich zu den Vorschlägen von Herrn *Höfling* zur Entwicklung einer Kontrolldogmatik und der Sicherstellung eines bestimmten Kontrollniveaus. Ich glaube, dass Herr *Höfling* vollkommen Recht hat, wenn er geltend macht, dass die Kontrolldogmatik auf Veränderungen in der Verwaltungswirklichkeit reagieren muss und insoweit unter Anpassungsdruck steht. Sie haben diese Verwaltungswirklichkeit zutreffend beschrieben und dabei auch auf so erfolgreiche Modebegriffe wie den der Verantwortungsteilung hingewiesen. Ich will jetzt aber nicht über Verantwortungsteilung reden, so schön ich diesen Begriff auch finde, auch nicht über Verantwortungsstufung oder Verantwortungsausdifferenzierung oder wie man sonst dies alles nennen könnte, sondern über den Tatbestand als solchen, der zu dieser Begriffsbildung animiert. Wir haben es bei der öffentlichen Aufgabenerfüllung offensichtlich mit einer Gemengelage von staatlichen, privaten und halbstaatlichen Akteuren zu tun – wie gerade auch Ihr schönes Beispiel des Transplantationsgesetzes mit einer Vielzahl von Akteuren belegt, die auf diesem Terrain mit verteilten Rollen agieren. Dies alles bedarf irgendwie der Kontrolle. Und ich teile auch Ihre Einschätzung, Herr *Höfling*, dass man innerhalb dieses – wie Herr *Di Fabio* es kritisch bezeichnet hat – Verantwortungsgebräus einer wie auch immer gearteten Verantwortungsidentifizierung bedarf. Aber wie kann man – das ist der Punkt, der mich interessiert – Verantwortung identifizieren, um sie sodann eindeutig zurechnen und kontrollieren zu können? Dazu möchte ich gerne einen Vorschlag machen: ein wichtiger Baustein für eine solche Verantwortungsidentifizierung könnte doch darin bestehen, dass man bereits bei der Strukturierung solcher Kooperationsbeziehungen rechtlichen Grund legt und mit Herrn *Bauer* die Entwicklung eines Verwaltungskooperationsrechts fordert. Ein solches Verwaltungskooperationsrecht mit dem Typ des Kooperationsvertrages als wichtigem Bestandteil könnte dabei helfen, die Rollen klarer zu machen, die die einzelnen Akteure wahrzunehmen haben. In einem solchen Verwaltungskooperationsrecht müsste festgehalten sein, welche Aufgaben der private Akteur erfüllt, welche Standards er dabei einzuhalten hat, wie die Qualitätssicherung der Aufgabenerfüllung gewährleistet wird, welche Kontrollrechte die Verwaltung hat und ob gegebenermaßen ein Rückholrecht besteht. Auf diese Weise würde bereits in einem sehr frühen Stadium eine deutliche Strukurierungsleistung der Rechtsordnung möglich und könnte so ein auskömmliches Kontrollniveau erreicht werden.

Breuer: Ich möchte zwei Punkte aufgreifen. Zunächst will ich einige grundsätzliche Bemerkungen zum System des Verwaltungsrechts und des Rechtsschutzes machen, zum zweiten einige Worte zum Staatshaftungsrecht sagen.

Zum ersten: Das Verwaltungsprozessrecht, also der Rechtsschutz, ist eigentlich nur die Speerspitze des Verwaltungsrechts. Die Unterscheidung zwischen den verschiedenen verwaltungsrechtlichen Prozesstypen bleibt meines Erachtens an der Oberfläche haften, wenn wir uns nicht darüber klar werden, dass das Verwaltungsrecht in Deutschland seit dem vorigen Jahrhundert eine besondere Richtung gewählt hat, und diese unterscheidet sich nun einmal vom französischen Verwaltungsrecht, vom britischen Verwaltungsrecht und heute auch vom europäischen Verwaltungsrecht, das weitgehend den Mustern des französischen und neuerdings auch des britischen Rechts folgt. Die Schlüsselbegriffe sind meines Erachtens das Verwaltungsrechtsverhältnis und das subjektive öffentliche Recht. Sie lassen sich an dem Gegensatz zwischen einer konditionalen oder finalen Struktur des Verwaltungsrechts festmachen. Das deutsche Verwaltungsrecht folgt dem Modell der konditionalen Rechtsordnung, und diese ist quasi zivilistisch ausgestaltet. Man denkt in den Kategorien der Rechtsansprüche und der Verpflichtungen. Man denkt des weiteren in den Kategorien rechtsbegrifflicher Tatbestände und der Justiziabilität, so dass ein Gericht darüber zu entscheiden hat, ob die Anspruchsvoraussetzungen namentlich zugunsten des Einzelnen erfüllt sind und entsprechend eine Verpflichtung des Staates eingreift. Diese quasi zivilistische Struktur hat tiefreichende historische Gründe. Herr *Rupp* hat *von Gneist* genannt, aber wenn man *von Gneist* nennt, muss man sofort darauf hinweisen, dass er im 19. Jahrhundert eine Ausnahmeposition eingenommen hat. Wenn man von *Otto Bähr, Carl Friedrich von Gerber* zu *Otto Mayer* kommt und dann zu *Walter Jellinek*, stellt man fest, dass im deutschen Verwaltungsrecht der Individualrechtsschutz an den Ansprüchen des Einzelnen festgemacht worden ist und dass die Hoffnung des Deutschen immer darauf gerichtet war, dass die Gerichte seinen Ansprüchen nachgehen. Ganz anders ist das final strukturierte Verwaltungsrecht in Frankreich und in Großbritannien aufgezäumt. Dort enthält nämlich das Gesetz Aufträge an die Exekutive, und damit sind auch die schon gestern und heute zitierten Spielräume der Exekutive angesprochen. Hier ist eher Misstrauen gegenüber der gerichtlichen Einmischung in die politischen Vorgänge der Gesetzgebung und der Gesetzesausführung durch die Exekutive festzustellen. Wir haben es also mit einem politischen Verwaltungsrecht zu tun, das durchaus ein rechtsstaatliches Verwaltungsrecht ist, aber die starke Stellung der Exekutive in der Gesetzesausführung ist prägend. Im britischen Verwaltungsrecht sind natürlich ganz andere Prämissen festzustellen, aber es ist doch so, dass auch hier die Exekutive mit einem besonderen Auftrag versehen ist. Die Gesetze bedienen sich oft einer so genannten subjective language, also einer subjektivierten Sprache, die ebenfalls darauf zielt, dass nach Einschätzung der Verwaltung die Gesetze zu vollziehen sind. Der Bürger hat hier also, wenn Sie so wollen, eine Hilfsfunktion, ja er wird funktionalisiert, wie mehrfach gesagt worden ist. Dies ist aber keine Erfindung des Europarechts, sondern das ist eine ganz konsequente Entwicklung, die man im englischen, im britischen und nun auch im europäischen Verwaltungsrecht feststellt. Ich will die Gegensätze nicht überzeichnen, man muss zur Annäherung kommen, damit hat Frau *Epiney* sicherlich recht. Aber man muss eben doch darauf hinweisen, dass es nicht nur um einige prozessuale Unterschiede, z.B. der Klagebefugnis und sonstiger prozessualer Prämissen, geht, sondern dass das Prozessrecht hier das materielle Verwaltungsrecht widerspiegelt. Ich fürchte deshalb, dass wir nicht um bestimmte Strukturentscheidungen herumkommen. Wollen wir eigentlich ein quasi zivilistisches, streng juristisches Verwaltungsrecht, oder wollen wir ein finales und letztlich politisches Verwaltungsrecht? Diese Frage muss man nicht für alle Streitigkeiten ein für allemal apodiktisch entscheiden, aber es ist doch eine Strukturentscheidung, an der man nicht vorbeikommt. Damit hängt zusammen, ob wir eigentlich die verfahrensrechtlichen Positionen stärken wollen, was Herr *Erbguth* gefordert hat, oder ob man bis zu einem gewissen Grade an materiell-rechtlichen, gerichtlich durchsetzbaren Positionen des Bürgers festhalten will. Hier ist meines Erachtens ein Synkretismus, also eine beliebige Vermischung der Ansätze, nicht möglich, insofern muss man Farbe bekennen. Damit hängt wiederum die Frage der gerichtlichen Kontrolldichte zusammen. Die großen Probleme, die wir im deutschen Verwaltungsrecht in den letzten Jahren haben, und die vielen Kompromisse, die wir auch schließen, beruhen darauf, dass wir immer größere Schwierigkeiten haben, den quasi zivilistischen, streng juristischen Ansatz durchzuhalten. Wir nähern uns da schon ausländischen Rechtsordnungen an, die Nähe zur Schweiz stelle ich ohnehin erfreut fest, und auch andere Rechtsordnungen sind vielleicht auf dem Wege dazu, ein Stück weit doch materielle Positionen aufzunehmen. Aber wir sind weit entfernt von einer einheitlichen harmonischen Lösung. Und es geht letztlich um die Frage „quis iudicabit?“, in unserem Rechtsstaat ist es im Zweifel die Verwaltung oder sind es im Zweifel die Gerichte. Erst wenn wir diese Fragen geklärt haben, kann man sich der Problematik stellen, wie die prozessuale Speerspitze geschliffen und aufgesetzt werden soll. An alle Referenten geht die Frage, ob ein solcher Strukturwandel des materiellen Verwaltungsrechts und des Prozessrechts ohne ein parlamentarisches Gesetz oder am parlamentarischen Gesetz vorbei erfolgen kann. Ich habe hier meine erheblichen Zweifel, der Vereinheitlichungsprozess ist meines Erachtens nicht ohne den parlamentarischen Gesetzgeber möglich.

Zum Staatshaftungsrecht nur einige Worte: Es ist von einem desolaten Zustand gesprochen worden, und jeder von uns könnte das, zwar nicht mit der gleichen Eloquenz wie Herr *Höfling*, aber doch mit ähnlichen Argumenten, belegen. Das Verblüffende ist nur, dass diejenigen, die im Schrifttum vom desolaten Zustand des Staatshaftungsrechts sprechen, zugleich die prägnantesten und brilliantesten Lehr- und Handbücher zu diesem Gebiet verfassen. So schlecht kann also das gewachsene Staatshaftungsrecht eben doch nicht sein. Etwas von einem gewachsenen System steckt offenbar darin. Die Frage, die ich daran anschließen möchte, ist die, ob es eigentlich heute nach wie vor möglich, sinnvoll oder sogar notwendig ist, ein Staatshaftungsgesetz in Deutschland zu konzipieren und zu erlassen, wie es 1981 ja schon einmal vom parlamentarischen Gesetzgeber verabschiedet worden ist, dann aber an Kompetenzgründen gescheitert ist. Wenn es einen desolaten Zustand gibt, dann beruht er ja darauf, dass die Rechtsgrundlagen weitestgehend dem Richterrecht entnommen werden. Man könnte hier durchaus auf die Idee kommen, es noch einmal zu versuchen, insbesondere angesichts der geänderten Kompetenzgrundlagen. Ich bin aber wiederum nicht ganz so sicher, ob man einfach abschreiben kann, was in dem seinerzeit verabschiedeten Staatshaftungsgesetz stand. Sind die Einflüsse des Europarechts und die notwendigen Annäherungsprozesse gegenüber den anderen Rechtsordnungen in Europa notwendiger Anlass, das Konzept noch einmal zu überdenken und vielleicht doch ein neues Gesetz zu konzipieren?

Klein: Ich kann partiell an den Beitrag von Herrn *Breuer* anknüpfen, der ja in einigen Wendungen von der Funktionalisierung oder auch der Instrumentalisierung des Einzelnen im Rechtsschutzsystem gesprochen hat, eine Begriffswendung die zumindest in den beiden letzten Referaten von Herrn *Streinz* und Frau *Epiney* aufgetaucht ist. Nun könnte man dieser Begriffsfindung natürlich etwas Negatives beilegen. Wer lässt sich schon gerne instrumentalisieren? Und erst recht dann hat das etwas Negatives, wenn man in einer Art Sanktionskategorie gepresst wird, wie das hier im Gemeinschaftsrecht der Fall ist. Aber man muss sich doch fragen, ob das so ungerechtfertigt ist, diese „Instrumentalisierung“ oder „Funktionalisierung“, weil ja immer jede Rechtsordnung darauf aus sein muss, dass Rechtsverletzungen rückgängig gemacht werden. Welche Mechanismen sie dabei anwendet, ist eigentlich zweitrangig, auch wenn das natürlich zu Folgen in der rechtlichen Gestaltung führen kann. Und gerade in einer Rechtsordnung, die in einem so prekären oder jedenfalls sehr lange doch sehr prekären Verhältnis zu den nationalen Rechtsordnungen stand, liegt es nahe, dass man sich bestimmter Mechanismen bedient, um Rechtsverletzungen besser beikommen zu können. Insofern glaube ich, ist zu diesem Zweck die Inanspruchnahme Einzelner absolut gerechtfertigt. Natürlich liegt insofern die unmittelbare Wirkung der Richtlinie auf derselben Ebene wie die Francovich-Entscheidung, wobei ich sogar im Hinblick auf letztere, das sei nur in Parenthese bemerkt, weniger Probleme habe, als mit der im Grunde contra legem angenommenen unmittelbaren Wirkung der Richtlinie. Wenn wir nun aber einen Blick ins nationale Recht werfen, dann stellen wir fest, dass diese Instrumentalisierung durchaus auch dem nationalen, also gerade auch dem deutschen Recht nicht fremd ist. Herr *Rupp* hat schon auf die historischen Wurzeln der Verwaltungsgerichtsbarkeit hingewiesen, und auch wenn sich das anders entwickelt hat, ist das ein interessanter Ausgangspunkt. Und wenn wir die Verfassungsbeschwerde nehmen, dann wird ja immer wieder auch die objektive Funktion der Verfassungsbeschwerde betont, also die Verfassungsbeschwerde als Instrument gesehen, das objektive Recht zu schützen. Natürlich geht dies durch einen Filter der Rechtsverletzung oder der behaupteten Rechtsverletzung. Aber dass dies eigentlich darüber hinausgeht, sieht man an der gestern freilich kritisierten Rechtsprechung des Bundesverfassungsgerichts, dass wenn eine Verfassungsbeschwerde einmal zulässig ist, das Bundesverfassungsgericht sich jedenfalls die Freiheit nimmt, auszugreifen und auch andere Normen für verfassungswidrig zu erklären, die nicht unmittelbar von dem tangierten Recht erfasst sind. Allerdings kann diese Instrumentalisierung nur, so verstehe ich das jedenfalls, auf den primären Rechtsschutz, wenn man in der herkömmlichen Terminologie bleibt, bezogen und angewendet werden, denn nur beim primären Rechtsschutz geht es gerade um die Beseitigung der Rechtsverletzung selbst. Und in allen Rechtsordnungen, vom nationalen Recht bis zum Völkerrecht, ist die primäre Rechtsfolge eines Normverstoßes, also einer Rechtsverletzung, zunächst einmal die Beendigung der Rechtsverletzung und die Rückkehr zum Recht. Genau das ist es, und das habe ich auch dem Referat von Herrn *Höfling* entnommen, was sich unmittelbar aus der Rechtsverletzung ergeben kann.

Eine letzte Bemerkung, und das ist eine ganz konkret an Herrn *Streinz* im Hinblick auf seine These 25 gerichtete Frage. Vor dem Hintergrund dessen, was ich eben ausgeführt habe, würde ich gerne wissen, wie es zu verstehen ist, wenn es im zweiten Teil dieser These heißt, dass das Gebot effektiven Rechtsschutzes nicht eindimensional verstanden werden darf, sondern auch im Sinne der Sicherung der Funktionsfähigkeit der Gesamtgemeinschaft verstanden werden muss. Bedeutet das eine Abschwächung des Rechtsschutzes im Hinblick auf die Funktionsfähigkeit der Gesamtgemeinschaft? Soll sich die Funktionsfähigkeit des Gemeinschaftsrechts als Beschränkung des Rechtsschutzes in ganz spezifischer Weise auswirken oder ist damit nur etwas gemeint, was freilich ganz generell gilt und daher auch den nationalen Rechtsschutz einbeziehen würde, dass nämlich ein Rechtsschutzmechanismus nie zur Aufhebung der Rechtsordnung und ihrer Funktionsfähigkeit führen darf. Das wäre ja gewiss nicht das, was das Recht und der von ihm gewährleistete Schutz sinnvollerweise zum Inhalt haben können.

Sachs: Ich bedanke mich bei allen vier Referenten, deren Referate mich sehr bereichert haben, möchte aber hier nur auf Herrn *Höfling* näher eingehen, weil ich mich bei ihm vielleicht nicht ganz so weit aufs Eis begeben muss, wie vielleicht beim Europarecht oder beim Planungsrecht. Ich stimme mit Herrn *Höfling* weitestgehend überein, möchte aber ein paar Punkte ansprechen, in denen ich unsicher bin. Einmal zu These 8 b und c. Ich habe Zweifel, ob wir den grundrechtlichen Abwehrrechten unmittelbar mehr entnehmen können, als die in Punkt 8 a genannten negatorischen Hilfsansprüche. Bei Punkt c würde ich allerdings wegen der Grundrechtsmittelbarkeit zustimmen, wenn er sich damit auf einen Verfassungsauftrag an den Gesetzgeber bezieht, wenn also erst die gesetzliche Regelung notwendig wäre, um dann die grundrechtsmittelbare Berechtigung zu schaffen. Zu These 11 dann noch ein Punkt. Gegenüber der dort vorgeschlagenen Anknüpfung an die Eingriffsdogmatik scheint mir fraglich, ob wirklich einheitliche Zurechnungskriterien für Unterlassungs- und Ersatzansprüche gelten können. Ich fürchte, dass doch Einengungen im Bereich des Schadensersatzes notwendig wären, die dann auch den negatorischen Schutz, den wir ja weiterentwickelt haben bis in die Beeinträchtigungen mittelbarer und faktischer Art hinein, zurückdrängen müssten. Der Gesetzgeber muss beim Ersatzanspruch wohl doch Gestaltungsfreiheit haben, die ihm im übrigen ja fehlt. Ich sehe das Verhältnis von negatorischen und Ersatzansprüchen ähnlich wie bei den Eingriffen von Privatpersonen. Das sage ich auch mit Blick auf grundrechtliche Schutzpflichten, die ja möglicherweise auch für das Privatrecht parallele Konsequenzen nach sich ziehen müssten. Zuletzt zu These 14: Die Kompetenzeinweisung zugunsten der Judikative müsste ja wohl trotz Art. 74 Abs. 1 Nr. 25 noch bundesstaatlich aufgeschlüsselt werden, also auf Bundes- und Landesgerichte verteilt werden, zumal es ja doch noch Länder gibt, deren Gesetze nicht ganz so unzureichend sind, wie das dem gemeindeutschen „Gewohnheitsunrecht“ entspricht. Ich habe dies alles möglichst wörtlich abgelesen, um einmal zu testen, was dann bei der Niederschrift noch an Korrekturen notwendig sein wird.

Maurer: Herr Vorsitzender, meine Damen und Herren, ich möchte kurz auf vier Punkte eingehen, werde mich aber kurz fassen. Zunächst große Zustimmung zum Referat von Herrn *Höfling*, übrigens auch zu den anderen drei Referaten, aber ich möchte in erster Linie zu dem Referat von Herrn *Höfling* Stellung nehmen. Ich finde die Begründung des Entschädigungsanspruchs aus den Grundrechten überzeugend. Man könnte geradezu von einer Dreistufentheorie sprechen. Die Grundrechte sind primär Abwehrrechte. Greift der Abwehranspruch nicht oder nicht mehr, weil der Eingriff erfolgt ist, dann kommt gleichsam auf der zweiten Stufe der Beseitigungsanspruch oder Folgenbeseitigungsanspruch zum Zuge, der auf die Beseitigung der Folgen des Eingriffs und die Wiederherstellung des vorherigen Zustandes zielt. Der Folgenbeseitigungsanspruch ist bekanntlich nach 1945 von Herrn *Bachof* – ich glaube, er ist sogar hier im Saal – entwickelt worden. Er hat sich auch rasch durchgesetzt. Fraglich und strittig blieb allerdings lange die Begründung. Inzwischen wird ganz überwiegend die Auffassung vertreten, dass er sich aus den Grundrechten ergibt. Vom Folgenbeseitigungsanspruch oder Beseitigungsanspruch ist es nur noch ein Schritt zur nächsten Stufe, zum Entschädigungsanspruch. Wenn der Eingriff und seine Folgen nicht mehr korrigiert werden können, muss eben ein Ausgleich in Geld geleistet werden. Dieser Grundgedanke bestimmte übrigens auch die frühere Rechtsprechung des BGH zur Entschädigung wegen enteignungsgleichen Eingriffs. Das Gericht hatte zunächst an Art. 14 Abs. 3 GG angeknüpft, zog dann aber immer mehr Art. 14 GG insgesamt zur Begründung heran. Irritiert durch die Rechtsprechung des BVerfG leitet es nunmehr die Entschädigung wegen enteignungsgleichen Eingriffs aus dem allgemeinen Aufopferungsanspruch ab. Diese Wendung war nicht erforderlich und ist nicht überzeugend. Verfehlt ist auch die Beschränkung des BGH auf die Entschädigung wegen Eigentumsbeeinträchtigungen. Konsequenterweise müssten alle erfolgten und nicht mehr korrigierbaren Eingriffe in grundrechtliche Rechtspositionen im Rahmen des Möglichen entschädigt werden.

Noch eine kurze Bemerkung zu Art. 34 GG. Er wird relativ kleingeschrieben, was vielleicht daran liegt, dass er zwischen dem Staatsrecht und dem Verwaltungsrecht liegt. Nach der Rechtsprechung und der wohl herrschenden Lehre ist er lediglich eine Haftungsüberleitungsnorm, indem er den den Beamten treffenden Haftungsanspruch des § 839 BGB auf den Staat überleitet. Dass dies nicht oder nicht mehr stimmt, zeigt schon die Tatsache, dass sich beide Vorschriften nicht mehr voll entsprechen. Denn Art. 34 GG geht einerseits über § 839 BGB hinaus und bleibt andererseits hinter ihm zurück. Die Überleitungsthese, die in historischer Sicht richtig sein mag, wird der wirklichen Bedeutung des Art. 34 GG im verfassungsrechtlichen Kontext nicht mehr gerecht. Er stellt eine selbständige verfassungsrechtliche Haftungsnorm dar, die durch die Bezugnahme auf den traditionellen Amtshaftungsanspruch lediglich ergänzt und konkretisiert wird. Verfassungssystematisch stehen Art. 19 Abs. 4 GG und Art. 14 GG in engem Zusammenhang, da sie primären bzw. sekundären Rechtsschutz gewährleisten und damit die in den Grundrechten verankerten subjektiven Rechte des Bürgers absichern. Sie bedürfen allerdings noch der gesetzlichen Ausgestaltung.

Dann noch ein dritter Gesichtspunkt: Es war viel von Primärrechtsschutz und Sekundärrechtsschutz die Rede, jedoch weniger vom Verhältnis beider, gleichsam vom Scharnier zwischen beiden. Warum trägt der Bürger durchweg die Anfechtungslast und das Anfechtungsrisiko, möglicherweise über mehrere Instanzen, wenn die Verwaltung den Fehler gemacht hat? Wo liegt die Zumutbarkeitsgrenze? Könnte man nicht in der Entschädigungsforderung zugleich den (eventuellen) Verzicht auf die betroffene Rechtsposition sehen? Im Enteignungsrecht hat ohnehin der freihändige Erwerb den Vorrang. Der Nassauskiesungsbeschluss des BVerfG, der sich für den strikten Vorrang des Primärrechtsschutzes aussprach, betraf einen relativ einfachen Fall. Fraglich bleibt die vom BVerfG intendierte und von der herrschenden Lehre ohne weiteres übernommene, ja sogar noch ausgedehnte Verallgemeinerung dieser Entscheidung.

Schließlich noch ein vierter und letzter Gesichtspunkt: Etwas knapp weggekommen ist die dogmatische Verankerung des gemeinschaftsrechtlichen Haftungsanspruches, der im Frankovich-Urteil des Europäischen Gerichtshofs erstmals präsentiert wurde. Die rechtsdogmatische Verankerung ist von erheblicher Bedeutung. Es gibt zwei Alternativen. Nach der ersten Alternative bildet der gemeinschaftsrechtliche Staatshaftungsanspruch einen selbständigen Anspruch, so etwa der Bundesgerichtshof. Neben den deutschen Haftungsansprüchen ist dann ggf. zusätzlich noch der gemeinschaftsrechtliche Haftungsanspruch zu prüfen. Nach der zweiten Alternative wird der gemeinschaftsrechtliche Haftungsanspruch in das deutsche Haftungssystem integriert. Einfacher mag die erste Alternative sein, besser ist die zweite Alternative. Sie hätte den Vorteil, dass es innerstaatlich bei einem einheitlichen, allerdings gemeinschaftsrechtlich überlagerten und modifizierten Haftungssystem bliebe. Zudem könnten durch die gemeinschaftsrechtlichen Impulse Defizite des deutschen Staatshaftungsrechts abgebaut und überwunden werden. Es sei nur auf das bereits erwähnte sog. legislative Unrecht oder auf das Subsidiaritätsprinzip im Amtshaftungsrecht verwiesen.

Schachtschneider: Schönen Dank, Herr Vorsitzender, liebe Kolleginnen und Kollegen! Die Freiheit wird durch allgemeine Gesetze verwirklicht. Also ist jede Gesetzesverletzung eine Verletzung der allgemeinen Freiheit, der Freiheit aller. Diese republikanische Logik müsste zur Popularklage führen. Das Unrecht in der Welt wird überall gespürt, hat *Kant* gesagt. *René Marcic* hat die Popularklage, welche von Juristen vehement abgelehnt zu werden pflegt, befürwortet. Die Referate gingen alle in die Richtung, das subjektive Recht mehr in die Nähe der Popularklage zu rücken, insbesondere die Hinweise von Frau *Epiney* auf die Praxis in Frankreich. Allemal kann man vertreten, dass eine Klagebefugnis habe, wer durch eine Rechtsverletzung betroffen ist. Normative Lehren vom subjektiven Recht im Sinne der Schutzzwecklehre scheinen mir fragwürdig zu sein. Für die Dogmatik vom subjektiven Recht sind die Anstöße der europäischen Rechtsentwicklung hilfreich. Mit Hilfe des Begriffs des subjektiven Rechts wird nach wie vor große Politik gemacht, vornehmlich im Bereich der europäischen Integration. Natürlich denke ich an den Euro-Beschluss. Mit keinem Wort etwa hat das Bundesverfassungsgericht den Schritt in die dritte Stufe der Währungsunion für rechtens erklärt. Es hat vielmehr gesagt, die Eigentumsgewährleistung, dort entgegen dem Wortlaut Eigentumsgarantie genannt, gehe nicht so weit, ein subjektives Recht darauf zu geben, den objektiv-rechtlichen Gehalt, nämlich das Stabilitätsprinzip, das auch in Art. 14 GG enthalten ist, mittels der Verfassungsbeschwerde geltend zu machen, um eine andere Stabilitätspolitik zu erwirken. Ich erinnere an unsere gestrige Erörterung. Das politische Ermessen oder eben der politische Spielraum soll so weit gehen, dass bei Entscheidungen, welche ökonomische Erkenntnisse zugrunde legen und die der politischen Gestaltung dienen, Rechtsschutz nicht beansprucht werden könne, d.h. dass ein subjektives Recht auf eine bestimmte Politik, eine Politik des Rechts nämlich, nicht bestehe, dass vielmehr diese Politik Verantwortung des Parlaments und der Regierung sei. Ich hoffe, dass ich diese für den Rechtsstaat verheerende Sentenz in etwa richtig wiedergegeben habe. Mit derartigen Sätzen zum subjektiven Recht kann man den Rechtsschutz in den großen politischen Fragen gänzlich beseite schieben. Betroffen sind wir alle. Jedenfalls durch die Währungsunion. Allemal gibt die allgemeine Handlungsfreiheit ein subjektives Recht auf vertragsgemäße, also rechtmäßige Politik, auch auf eine Integrationspolitik des Rechts. Allerdings hätte die Rechtlichkeit große politische Folgen gehabt. Jederzeit muss die Politik der Moral huldigen, lehrt *Kant*, und mit der Moral meint er das Recht. Die Richter müssen die Verantwortung auch für die Politik übernehmen, wenn das Gemeinwesen ein Rechtsstaat sein soll. Das Problem quält die Rechtswissenschaft nun schon seit der Praxis der römischen Prätoren. Die Richtung, die Sie, Frau *Epiney*, wenn auch nur mit Zurückhaltung, angedeutet haben, weist auf den richtigen Weg. Die anderen Referate haben sich ebenfalls von der engen Schutzzwecklehre abgewandt. Auch die Menschenrechtsbeschwerde wegen der Verletzung des Menschenrechts auf freie Meinungsbildung des Art. 10 EMRK vor dem Volksentscheid über den Beitritt Österreichs zur Europäischen Union 1994 ist mit dem Verdikt gegen die Popularklage vor der Kommission des Europäischen Gerichtshofs für Menschenrechte zurückgewiesen worden. Ich habe damals den Beitritt Österreichs für eine Wiener Gruppe, unter anderem den Künstler *Hundertwasser*, angegriffen, weil sich viele Österreicher durch die Propaganda für die Mitgliedschaft in der Europäischen Union, welche mitnichten der Wahrheit entsprach, verletzt fühlten. Diese Menschenrechtsbeschwerde, über die damals nicht öffentlich gesprochen werden durfte, wurde mit dem Argument der Popularklage abgelehnt, weil schließlich jeder Österreicher betroffen sei. Das ist untragbar. Jeder war betroffen, also hatte jeder ein subjektives Recht auf Recht. Ich plädiere für eine weite Zulassung von Klagen gegen das Unrecht. Das Unrecht muss wirksam bekämpft werden können, weil es alle zu spüren bekommen. Herr *Streinz*, vielen Dank für Ihre präzisen und hilfreichen Ausführungen zum europarechtlichen Fragenkreis des primären und sekundären Rechtsschutzes. Eine kleine Anregung: Es kann doch nicht richtig sein, dass wir nach Art. 100 GG das Normenverwerfungsmonopol für nachkonstitutionelle und formelle Gesetze haben, dass aber jeder Richter und sogar jeder Beamte ebenfalls nachkonstitutionelle formelle nationale Gesetze außer Anwendung lassen darf, wenn er der Meinung ist, dass sie dem Europarecht, sei es das Primärrecht, sei es eine Verordnung oder eine Richtlinie, widersprechen. Das wird aus der unmittelbaren Anwendbarkeit und dem Vorrang des Europarechts gefolgert. Der nationale Gesetzgeber, welcher immerhin durch Wahlen legitimiert ist, kann mehr Respekt erwarten. So stark ist das Gemeinschaftsrecht, welches man sogar der lex-posterior-Regel zu unterwerfen versucht hat, nicht. Ich empfehle die Analogie zu Art. 100 GG. Die Verfassungsgerichte hätten die unklaren Gemeinschaftsrechtsfragen dem Europäischen Gerichtshof vorzulegen. Die Vorlagepflicht besteht, aber nur, wenn das Gemeinschaftsrecht klärungsbedürftig ist. Die nationale Vorschrift steht zur Disposition jedes Gerichts und jedes Amtes. Herr *Höfling*, herzlichen Dank für Ihren unterhaltsamen Beitrag, bei dem Thema eine bewundernswerte Leistung. Erlauben Sie mir eine Bemerkung. Der Sekundärrechtsschutz steht nicht zur Wahl. Der Primärrechtsschutz geht vor. Jeder Bürger, gerade als Bürger der Republik, hat die Pflicht, für das Recht zu sorgen, also auch die Pflicht, die Gerichte für den Primärrechtsschutz zu bemühen. Sein Recht auf Recht folgt spezifisch aus dem Rechtsstaatsprinzip, welches freilich eine untrennbare Einheit mit dem Freiheitsprinzip und damit auch mit den materialen Grundrechten bildet. Ich bitte aber zu bedenken, dass, wenn wir mit dem vollen Beseitigungsanspruch oder einem rechtsstaatlichen Rechtsherstellungsanspruch das Verschuldensprinzip des § 839 BGB aus dem Sekundärrechtsschutz gegenüber dem Staat herausdrängen, sollte der Gesetzgeber bemüht werden, um diese bedeutsame Rechtsentwicklung demokratisch zu legitimieren. Ich befürworte eine solche Entwicklung. Herzlichen Dank.

Engel: Herr *Höfling* hat ein flammendes Plädoyer für die Befreiung des Rechts der öffentlichen Ersatzleistungen aus seinen zivilistischen Fesseln gehalten. Nicht, dass er Schützenhilfe nötig hätte. Aber ich will trotzdem versuchen, aus einer institutionenökonomischen Perspektive noch weitere Argumente hinzuzufügen. Ich glaube, dass das deshalb reizvoll ist, weil das zivile Haftungsrecht der Ort war, an dem die ökonomische Analyse des Rechts überhaupt entwickelt worden ist. An drei der Grundkategorien will ich zeigen, wie anders sich die Fragen im Recht der öffentlichen Ersatzleistungen stellen. Auch aus diesem Grunde liegt es deshalb nahe, die Rechtsmassen auch genetisch voneinander abzukoppeln. Drei konzeptionelle Bausteine will ich mir näher ansehen: das Verhältnis von Kompensationsfunktion und Anreizfunktion; die Erkenntnis, dass Haftungsrecht implizit Verfügungsrechte zuordnet; schließlich das berühmte Coase-Theorem.

Zunächst also die erste Einsicht. Anders als wir es in unseren Zivilrechtsvorlesungen normalerweise noch beigebracht bekommen haben, erfüllt Haftungsrecht unvermeidlich zwei Funktionen zugleich. Einmal soll es natürlich geschehenes Unrecht wiedergutmachen. Das ist die Kompensationsfunktion. Aber gleichzeitig hat die Androhung von Kompensation auch Vorwirkungen, genauer Anreizwirkungen. In unserem Zusammenhang müsste das heißen: Vom Staatshaftungsrecht, also der Gefahr, den Bürger entschädigen zu müssen, geht eine Anreizwirkung auf Beamte und Parlament aus. Aus Furcht etwas bezahlen zu müssen, lassen sie vom Bruch des öffentlichen Rechts ab. Zunächst kann man sich schon fragen, ob das überhaupt eine realistische Vorstellung ist. Es würde voraussetzen, dass diejenigen, die solche Entscheidungen zu treffen haben, eine Beschränkung des öffentlichen Budgets tatsächlich fühlen werden. Man kann zunächst einmal einwenden, wenn das zum ernsthaften Problem wird, können sie ja die Steuern erhöhen. Das ist unter den gegenwärtigen Verhältnissen allerdings wahrscheinlich keine besonders realistische Option. Denn die Staatsquote ist ohnehin schon so hoch, dass sie nicht mehr sonderlich leicht zu steigern ist. Diejenigen, auf die man dann vor allem zugehen müsste, nämlich die Unternehmen, können in Zeiten des Systemwettbewerbs relativ glaubhaft mit Abwanderung drohen. Aus faktischer Sicht ist also schon ein bisschen was dran, aber eben auch nicht mehr als ein bisschen. Das, was politische Entscheidungen oder Verwaltungsentscheidungen prägt, ist letztlich doch nicht der Blick darauf, dass man finanziellen Handlungsspielraum verlieren könnte. Vor allem gibt es aber einen normativen Einwand. Im privatrechtlichen Zusammenhang mag man sagen, gut, wenn das diese Anreizwirkungen hat, ist das eine erfreuliche Nebenwirkung. In geeigneten Zusammenhängen kann man die Anreizwirkungen vielleicht sogar zur Hauptwirkung machen. Im öffentlich-rechtlichen Zusammenhang ist es dagegen schlechterdings unerträglich sich vorzustellen, dass wir nicht offen auf die Bindung des Staats an das Recht setzen, sondern auf die indirekten Wirkungen, vermittelt durch die Folgen für den staatlichen Geldsäckel.

Zweite Einsicht, die uns die ökonomische Analyse des Zivilrechts vermittelt: Im Haftungsrecht ist die Zuordnung von Verfügungsrechten versteckt. Beim § 823 Abs. 1 BGB sieht man das besonders schön bei den sog. absoluten Rechten. Wenn man sich dann ein bisschen näher ansieht, was die Zivilrechtsprechung aus dem Haftungsrecht gemacht hat, entdeckt man, dass die Verfügungsrechte keineswegs stets beim Opfer liegen. So bewirkt die Ausgestaltung von Verkehrssicherungspflichten etwa gar nicht so selten, dass das Verfügungsrecht beim Schädiger liegt. Dann enthält das Haftungsrecht implizit die Befugnis, bestimmte Schädigungshandlungen sanktionslos vorzunehmen. Wir tun das, weil uns letztlich der soziale Nutzen bestimmter Übergriffe auf die Privatsphäre größer erscheint. Wir rechtfertigen es damit, dass wir eine staatliche Verteilungspolitik haben, die die Zufallsopfer schließlich entschädigt. Können wir diesen Gedanken aber auf das Recht der öffentlichen Ersatzleistungen übertragen? Die erste, impulsive Reaktion ist vermutlich vorschnell. Der Staat ist souverän. Er kann die Zuordnung der Verfügungsrechte deshalb ganz offen ändern. Aber im Verfassungsstaat sind Gesetzgeber und erst recht Verwaltung bei der Veränderung der Zuordnung von Verfügungsrechten nicht frei. Sie sind vielmehr an die Verfassung gebunden. Wir könnten das öffentliche Haftungsrecht deshalb scheinbar als einen zusätzlichen Schutzmechanismus für die verfassungsrechtlichen Regeln interpretieren, die etwas darüber aussagen, ob Verfügungsrechte dem Bürger weggenommen und dem Staat zugeordnet werden können. Wenn man näher hinsieht, stimmt das aber nicht. Denn die verfassungsrechtlichen Grenzen einer Neuzuordnung von Verfügungsrechten ergeben sich ja vor allem aus den Grundrechten. Wir müssen uns deshalb an das erinnern, was uns gestern Herr *Alexy* so eindrucksvoll vorgeführt hat: Die Grundrechte haben eben gerade keine konditionale, sondern eine finale Struktur. Sie enthalten nur eine Prinzipienordnung. Diese Prinzipienordnung wird erst im Einzelfall durch Abwägung konkretisiert.

Letzter Punkt: das berühmte Coase-Theorem. *Ronald Coase* hat es am Beispiel des Funkenflugs entwickelt, der von einer Eisenbahn ausgeht, die durch Kornfelder fährt. Er insistiert darauf, dass die Verfügungsrechte in diesem Fall reziprok sind. Diese These richtet sich gegen den juristischen Impuls: „Aha, die Bahn ist schuld“, sie muss dem Bauern für die verbrannte Ernte Ersatz leisten. *Coase* hält das aus einer Effizienzperspektive nicht für zwingend. Man kann genauso sagen: Der Bauer ist schuld. Er weiß doch, dass da eine Bahnlinie durchführt. Warum baut er seine Ähren gerade an dieser Stelle an? Die rechtspolitische Forderung ist dann, dass man sich im Einzelfall ansehen soll, welche Lösung die geringeren sozialen Kosten hat. Aus diesem Blickwinkel kann es dann wirklich besser sein, wenn in der Nähe von Eisenbahnlinien von vornherein keine Kornfelder angelegt werden. Frage: Lässt sich das auf unsere öffentlichrechtliche Situation übertragen? Es müsste dann einen rechtlich abgesicherten Anspruch des Staats darauf geben können, dass der Bürger einem vernünftigen Interventionsanspruch des Staats vorbeugend ausweicht. Das ist etwas, was im Rechtsstaat schlechterdings undenkbar ist. Auch ein Blick auf die entwickelte ökonomische Analyse des parallelen Instituts zeigt also, dass es an der Zeit ist, die historischen zivilistischen Wurzeln des Recht der öffentlichen Ersatzleistungen zu kappen.

Püttner: Herr Vorsitzender, ich möchte beginnen mit Herrn *Schachtschneider* und will ihm widersprechen, was ihn nicht wundern wird. Ich meine, die Popularklage hat in meinen Augen nicht dieses schöne Gesicht, was Sie ihr zugeschrieben haben, sondern Popularklage kann natürlich auch heißen, dass bestimmte Interessen, dass vielleicht auch sogar Querulanten die Dinge bestimmen. Also ich würde deshalb sagen, wenn schon Popularklage im Interesse der Überprüfung bestimmter staatlicher Akte, dann aber bitte schön eine limitierte Popularklage in dem Sinn, dass ein besonderes Annahmeverfahren vorzuschalten wäre. Ich könnte mir vorstellen, dass dies ginge. Aber wie gesagt, im übrigen würde ich Frau *Epiney* sagen: Auch bei uns gibt es schon gewisse Auflockerungen dieses strengen Prinzips rein subjektiven Rechtsschutzes, nämlich wie mir aufgefallen ist, bei der Allgemeinverfügung. Bei der Allgemeinverfügung (Beispiel etwa Schließung einer Schule) wird das Recht jedes Elternpaares anerkannt, sich gerichtlich gegen diese Schulschließung zu wehren und das liegt eigentlich schon ziemlich ähnlich den Fällen, die Sie aus der Schweiz berichtet haben. Also vielleicht kann man auf diesem Wege noch etwas weiterfahren und damit den Rechtsschutz auch in Deutschland, ohne dass man gleich den § 42 Abs. 2 VwGO abschaffen muss, etwas erweitern. Und ich bin auch der Auffassung, dass bei den Schutznormen kritisch nachgeforscht werden könnte, inwieweit man nicht doch auch da per Auslegung oder per gesetzlicher Präzisierung mehr Schutz einbauen könnte, als er bisher anerkannt wird. Nun also zum Föderalismus. Da besteht folgender Zusammenhang: Das Scheitern eines vernünftigen Sekundärrechts gegenüber dem Chaos, Herr *Höfling*, wie Sie es geschildert haben, hängt ja auch damit zusammen, dass es unserem föderalistischen

System bisher nicht gelungen ist, diese Materie in den Griff zu bekommen. Sie erinnern sich an § 839 BGB, ein einziger Klimmzug, um an der mangelnden Kompetenz des Reiches vorbeizukommen. Dann der Versuch mit dem Staatshaftungsgesetz, das ja dann am Kompetenzmangel gescheitert ist. Heute haben wir nun eine Bundeskompetenz, aber ich habe den Eindruck, dass das Nichtaufgreifen dieser Kompetenz auch wieder mit den föderalistischen Gegebenheiten zusammenhängt, denn Bund und Länder verständigen sich offensichtlich nicht auf eine Lösung (und wenn sie teuer ist, das ist ja auch schwer). Aber ich meine, wenn der Bundesstaat bei uns seine Hausaufgaben nicht macht, dann gerät er in Gefahr, und wenn wir ins Auge fassen, was im Augenblick von Brüssel alles gegen unser Staatssystem ins Werk gesetzt wird, – das fängt bei der Gewährträgerhaftung für Landesbanken und Sparkassen an und hört anderswo auf – dann ist diese Bedrohung doch für uns eigentlich ein Anlass, wenigstens unsere Hausaufgaben im Bundesstaat zu erledigen und endlich ein vernünftiges Sekundärrecht zu schaffen, das dann auch europaweit Anerkennung finden kann. Natürlich spielt dabei auch der BGH eine gewisse Rolle. Herr *Schoch* hat mit Recht darauf hingewiesen, dass der BGH gerne aushilft, wenn andere Möglichkeiten verweigert werden, wenn die Verwaltungsgerichte nicht genügenden Rechtsschutz gewähren. Aber in den Fragen des Sekundärrechts habe ich den Eindruck, dass der Starrsinn des BGH doch eine größere Rolle spielt und dass auch deshalb der Gesetzgeber aufgerufen ist, in diesem Punkte endlich eine vernünftige Ordnung zu schaffen.

Spannowsky: Sehr geehrter Herr Vorsitzender, sehr geehrte Kolleginnen und Kollegen, mit meiner Stellungnahme beziehe ich mich auf 4 Problemfelder, die die Referenten teilweise zum Gegenstand ihrer Thesen gemacht haben. Herr *Erbguth* hat als These formuliert, dass der verwaltungsprozessuale Rechtsschutz, den er mit eingriffsbereinigender Kraft verbindet, auf die vorgelagerten Entscheidungsebenen zu erstrecken sei. Als Beispiele führte er die Linienbestimmung und die Raumordnungspläne an. Ob diese These verallgemeinerungsfähig ist, ist indessen zweifelhaft, zumal sich die der These zugrunde liegende, aus der Plan-UVP-Richtlinie abgeleitete Logik, wonach die Standortalternativenprüfung auf die Ebene der Planung vorgezogen wird, weil sie bei der Vorhabenzulassungsentscheidung zu spät kommt, nicht auf sämtliche anderen Verwaltungsverfahren übertragen lässt. Zum einen besteht nicht immer eine Stufung wie im Planungsbereich, zum anderen besteht die Gefahr, dass den vorgelagerten Entscheidungen, deren verfahrensmäßige Rechtmäßigkeit durch das Gemeinschaftsrecht gewährleistet werden soll, durch den vorgezogenen Primärrechtsschutz eine materiell selbständige

Bedeutung beigemessen wird. Eine weitere Gefahr liegt darin, dass die verfahrensmäßige Abschichtungsproblematik auf den Verwaltungsrechtsschutz, der nach dem Vorschlag *Erbguths* ebenfalls gestuft werden müsste, ausgedehnt wird.

Auch soweit Herr *Höfling* für eine stärkere Konzentration unrechtskompensatorischer Entscheidungskompetenzen bei den Verwaltungsgerichten plädiert, halte ich dies für fragwürdig, wenn dabei eine Verlagerung der Zuständigkeit für Amtshaftungs- und Entschädigungssachen intendiert wird. Denn man muss sich dabei bewusst sein, dass die Verlagerung auch mit der Folge verbunden wäre, dass die Verwaltungsgerichte sich insbesondere auch mit zivilprozessualen Fragen der Beweislast sowie materiellrechtlichen Fragen des Schadensumfangs befassen müssten. Eine Lösung der Rechtswegproblematik könnte demgegenüber darin liegen, dass der Dualismus der Rechtsordnung, der sich in der Praxis in den Richterpersonen widerspiegelt, partiell dadurch aufgelöst wird, dass für Spezialzuständigkeiten, wie etwa Amts- und Staatshaftungsangelegenheiten, eine gemischte Senatsbesetzung, bestehend aus Zivil- und Öffentlichrechtlern geschaffen wird. Beispiele dafür gibt es in der Praxis bereits.

Das dritte Problemfeld, das ich ansprechen möchte, bezieht sich auf das denkbare Nebeneinander von Amtshaftungsansprüchen und Ansprüchen wegen enteignungsgleichen Eingriffs. Durch dieses Nebeneinander wird der Sekundärrechtsschutz dadurch gegen den Primärrechtsschutz mobilisiert, dass der richterrechtlich ausgeformte Anspruch wegen enteignungsgleichen Eingriffs auch dann noch gegeben sein kann, wenn der Amtshaftungsanspruch wegen der gesetzgeberischen Beschränkungen gemäß § 839 Abs. 1 S. 2 und Abs. 3 BGB ausgeschlossen ist. Während der BGH eine Korrektur über die Anwendung des § 254 BGB erwägt, sollte § 839 Abs. 1 S. 2 und Abs. 3 BGB analog angewendet werden. Dies dürfte der Rechtsprechungslinie des BVerfG, dem Primärrechtsschutz den Vorrang einzuräumen, eher entsprechen.

Das vierte Problemfeld, das ich zum Erörterungsgegenstand machen möchte, bezieht sich auf die These von Herrn *Streinz*, wonach der Vorrang des Primärrechtsschutzes auch gemeinschaftsrechtlich geboten sei. Diese These möchte ich zunächst nachdrücklich unterstützen, wenngleich ich meine, dass in der bisherigen Rechtsprechung des EuGH immer noch eine Dominanz des Sekundärrechtsschutzes angelegt ist. Denn soweit nach der bisherigen Rechtsprechung des EuGH auch dann, wenn wegen nicht fristgerechter Umsetzung einer drittbegünstigenden Richtlinie ein Staatshaftungsanspruch gegeben ist, kumulativ ein Amtshaftungsanspruch in dem Fall eröffnet ist, dass ein Beamter eine direkt wirkende Richtlinie unangewendet gelassen und statt dessen zum Nachteil eines Dritten noch nicht angepasstes, schärferes Landesrecht angewendet hat, ist der Sekundärrechtsschutz, der zu Sanktionszwecken gegen die Mitgliedstaaten eingesetzt wird, unangemessen verschärft. Mit einer derartigen Problematik war der 6. Zivilsenat des OLG Zweibrücken, dem ich angehöre, in einem Fall befasst, in dem überhöhte Gebühren für die Durchführung von Fleischhygienekontrollen erhoben worden sind. Die Klage war, nachdem die Gebührenbescheide aufgehoben waren, zur Geltendmachung des eingetretenen Zinsschadens auf einen Amtshaftungsanspruch wegen Nichtbeachtung des Anwendungsvorrangs des Gemeinschaftsrechts durch den Landesbeamten gestützt. Daneben wurde ein Staatshaftungsanspruch gegen das Land wegen nicht fristgerechter Richtlinienumsetzung geltend gemacht. Nachdem der EuGH inzwischen eine Staatshaftung wegen legislativen Unrechts infolge nicht fristgerechter Umsetzung von drittbegünstigenden EG-Richtlinien anerkannt hat, stellt sich die Frage, ob eine danebenstehende, zusätzliche Amtshaftung, noch sachgerecht erscheint. Dass dies problematisch ist, machte der fragliche Fall deutlich, wo die spätere Zurücknahme der Direktwirkung der Ausgangsrichtlinie durch eine Änderungsrichtlinie vom zuständigen Verwaltungsgericht nicht wahrgenommen worden war und dem Landesbeamten im anschließenden Amtshaftungsprozess wegen Zinsschäden zum Vorwurf gemacht wurde, dass er trotz der Direktwirkung der Richtlinie weiterhin entgegenstehendes Landesrecht angewendet hat.

Bei den geschilderten Problemfeldern handelt es sich um Einzelprobleme mit struktureller Bedeutung, die nur einen Ausschnitt der das Themenfeld im Verhältnis zwischen Primär- und Sekundärrechtsschutz prägenden komplexen Problematik abbilden, die aber – wie ich meine – bedacht werden sollten. Ich bedanke mich für Ihre Aufmerksamkeit.

Meyer: Es ist nicht nur ein Problem der richtigen Bezeichnung, sondern auch ein Problem des richtigen Denkens, dass man nicht von Sekundärrechtsschutz spricht. Es handelt sich nicht um Rechtsschutz, sondern um Kompensationsrecht, Haftungsrecht oder wie immer man es bezeichnen will. Durch die Bezeichnung primär und sekundär suggeriert man die Vorstellung, es handle sich ungefähr um dasselbe, es werde nach demselben Muster abgehandelt, habe dieselbe Zielsetzung usw. Das ist aber ein großer Fehler, und daher sollte man die Terminologie aufgeben.

Beim nächsten Punkt will ich eine Innovation in die Verhandlung einbringen, nämlich einen teilweise mittelbaren Beitrag. Herr *Pietzcker* und Herr *Wahl* haben mich nämlich „beim Italiener" ermächtigt zu sagen, dass sie in dem, was ich jetzt als Grundlage vortrage, mit mir völlig übereinstimmen. Herr *Höfling*, es wird Sie nicht wundern, dass es gegen ihr Referat gerichtet ist, weil es das innovationsfreundlichste war. Ich will auch die Verbindung zu gestern ziehen. Sie haben nichts weniger getan als der Maximierungstendenz der Grundrechte einen weiteren Schub zu verleihen. Jetzt sind sie nicht nur Bestandteil einer Wertordnung, die überall gilt und für unser gesamtes Handeln, sie sollen jetzt auch noch Anspruchsgrundlagen für Kompensationsansprüche werden, so habe ich Sie jedenfalls verstanden. Ich will Ihnen an dem Beispiel, das Sie selbst gebracht haben, zeigen, dass Sie ihre These nicht konsequent zu Ende gedacht haben und es auch gar nicht können. Das rechtswidrige Verbot einer Versammlung führt nach Ihrer Meinung zu einem Kompensationsanspruch in Höhe der frustrierten Aufwendungen, also der unnützen Aufwendungen. Der Sinn des Versammlungsrechts, das verletzt worden ist, besteht aber nicht darin, keine unnützen Aufwendungen zu tätigen, sondern offensichtlich darin, einen demonstrativen Beitrag zur Meinungsbildung zu leisten. Wenn Sie wirklich aus dem Grundrecht eine Kompensation, die einigermaßen adäquat ist, verlangen würden, dann die, dass die verbietende Behörde den Slogan dieser Versammlung in den örtlichen Blättern veröffentlichen müsste. Und was machen Sie eigentlich, wenn das Briefgeheimnis verletzt worden ist. Nach Ihrer Theorie bestünde der Kompensationsanspruch bei einem Standardbrief bei DM 1,10, dem Preis für die Briefmarke. (Zwischenruf) Ja eben, er hat gesagt: die frustrierten Aufwendungen. Es gibt keine wirkliche Kompensation bei all den Grundrechten, deren Wert man nicht finanziell bemessen kann. Beim Eigentumsgrundrecht oder bei anderen Grundrechten mit berechenbaren Werten ist das kein Problem, bei den anderen aber wohl.

In diesem Zusammenhang möchte ich auf etwas anderes kommen. Niemand bedenkt, welche Konsequenz es hat, wenn wir für jedes rechtswidrige Handeln des Staates, das ja immer irgendwie auch grundrechtseingreifend ist, volle Kompensation vorschreiben. Ich kann Ihnen – und Herr *Engel*, das zeigt, wie dumm manchmal die Ökonomie des Rechts ist – ein Beispiel dafür geben, dass Beamte, die für ihre Fehler nicht bezahlen müssen, gleichwohl außerordentlich vorsichtig sind. Als § 48 VwVfG eingeführt wurde, bestimmte der Gesetzgeber, dass bei der Aufhebung von bestimmten Typen rechtswidriger Verwaltungsakte Entschädigung zu zahlen sei. Das hatte die Konsequenz, dass seitdem rechtswidrige Verwaltungsakte nicht mehr aufgehoben worden sind, wenn man nur befürchtete, dass Entschädigungsansprüche geltend gemacht werden würden. Das Verwaltungshandeln wird also von solchen Regelungen enorm beeinflusst. Wir tun im übrigen so, als sei es immer klar, was rechtmäßig oder rechtswidrig ist. In den meisten Fällen ist das unklar, und wir streiten uns darüber. Klarheit wird dann erst durch die richterliche Entscheidung herbeigeführt. Wenn Sie von Verfassungs wegen eine solche finanzielle Kompensation verlangen, wird die Konsequenz der Verwaltung sein, dass sie nur noch handelt, wenn sie ganz sicher ist, dass keiner von unseren Kollegen auf die Idee kommt zu sagen, das ist vielleicht doch rechtswidrig. Wollen wir das wirklich? Das wäre eine Einschränkung der politischen Möglichkeiten, vor der ich gestern schon gewarnt habe, sie wäre nur noch gravierender.

Rauschning: Es ist die Frage, ob wir in der Begrifflichkeit wirklich Herrn *Meyer* folgen sollten. Es ist natürlich die Frage, welche Begriffe wir wählen. Ich darf nur sagen, wenn Sie es alles ins Englische übertragen, dann merken Sie „remedies“ ist viel weiter, nicht wahr, natürlich wir übersetzen auch die Europäische Menschenrechtskonvention mit Rechtsbehelf statt mit Rechtsmitteln. Die Österreicher verwahren sich dagegen gegen unsere Begrifflichkeit und insoweit, wenn wir die etwas unschärferen Begriffe der anderen befreundeten Nationen sehen, dann ist halt die Frage, ob wir in der Begrifflichkeit wirklich unsere Schärfe durchhalten. Nein, ich wollte eigentlich ganz kurz das Wort nur nehmen, um Sie hinweisen zu können, auf eine reichhaltige Praxis in der Entschädigung für Menschenrechtsverletzungen, in der Human Rights Chamber of Bosnien Herzegovina. Wir haben wahrscheinlich deutlich über 100 Entscheidungen, in denen wir einschließlich Schmerzensgeld für Menschenrechtsverletzungen geben mussten infolge der europäischen Rechtsprechung, aber dort sicherlich etwas dezidierter als auch als Durchsetzungsmöglichkeit für die Bereinigung von Menschenrechtsverletzungen, wobei es sicherlich fraglich ist, ob man Verletzungen des Briefgeheimnisses entschädigen kann. Vieles andere kann man sicher nicht entschädigen. Und die Praxis ist ja dann auch so in Straßburg jedenfalls, dass man sagt, die Entscheidung, dass dieses rechtswidrig sei oder menschenrechtswidrig sei, ist eine hinreichende Wiedergutmachung. Auf der moralischen Seite ist das ja durchaus auch eine Möglichkeit der Wiedergutmachung. Ich wollte dies nur sagen, damit im gedruckten Teil ich die e-mail-Seite oder die Internet-Seite angeben kann, wo man dieses Material, das man sonst nicht findet, mit abdrucken kann. Ich danke Ihnen sehr.

Götz: Zuallererst möchte ich dem zustimmen, was Herr *Meyer* gesagt hat. Dann komme ich zum Europarecht. Hier habe ich den beiden europarechtlichen Referenten, Herrn *Streinz* und Frau *Epiney*, zu danken. Sie haben große europarechtliche Kompetenz bewiesen, und zwar nicht nur, was selbstverständlich wäre, durch die Zuverlässigkeit ihrer europarechtlichen Befunde, sondern auch durch das große Augenmaß, mit dem sie das nationale Recht, den nationalen Rechtsschutz, in den Blick genommen haben. Herr *Streinz* hat die Verfahrensautonomie der Mitgliedstaaten zutreffend hervorgehoben, und er hat am Schluss seines schönen

Referates klargemacht, dass es um mehr geht als um einen kompetenzrechtlichen Grundsatz, nämlich insbesondere um die Bewahrung der Differenzierung, des Wertes und des Reichtums des nationalen Rechtsschutzes. Frau *Epiney* hat Rechtsvergleichung betrieben, die beste Methode, um sich im Europarecht vor Übertreibungen zu schützen. Die folgende Bemerkung betrifft die Klagebefugnis, über die Frau *Epiney* sehr eingehend berichtet hat. Die Referentin hat zutreffend aus den 1991 ergangenen Urteilen des EuGH zitiert, die die Umsetzung von Umweltschutzrichtlinien in Deutschland betrafen. Der EuGH verlangt die Klagbarkeit von Individualrechten, die sich aus der Verletzung der jeweiligen Umweltstandards ergeben und zwar auch, wenn es um Emissionswerte geht. Solche Rechte haben diejenigen Personen, die – so steht es dort – in ihrer Gesundheit beeinträchtigt sein könnten. Das kann dann, und darin folge ich Frau *Epiney* vollständig, die Zulässigkeit einer Interessentenklage zur Folge haben. Eine Interessentenklage, die man in Deutschland ohne weiteres an die Schutznormtheorie „anlagern" kann. Diese von Ihnen so bezeichnete normative Interessentenklage würde ich allerdings nicht in einem so strikten Gegensatz zu dem Erfordernis eines faktischen Betroffenseins des Klägers sehen. Ich würde von dem Erfordernis eines qualifizierten Betroffenseins sprechen. Geht es etwa um die Überschreitung der Emissionswerte, so kann, wie Sie auch ausgeführt haben, nicht etwa jeder klagen, sondern der Kläger muss ein faktisches Betroffensein darlegen oder, wie es vor Gericht heißt, „substanziieren". Eine weitere und letzte Bemerkung, die ich machen möchte, betrifft die Kontrolldichte. Es stellt sich die Frage: Wird es unter dem Einfluss des Europarechtes zu einer Reduktion der Kontrolldichte kommen? Das kann man prophezeien, jedenfalls wenn es um die Anwendung von Normen des unmittelbar anwendbaren Europarechts einschließlich umgesetzter Richtlinien geht. Dazu ein Beispiel. Ein englisches Gericht hat kürzlich den EuGH in einem Vorabentscheidungsersuchen gefragt, welche Kontrolldichte es im Arzneimittelzulassungsrecht anzuwenden habe (Fall *Upjohn*, 1999). Ein Pharmaunternehmen klagte gegen den Widerruf der Arzneimittelzulassung. Die maßgebliche Norm war die umgesetzte Arzneimittelrichtlinie. Diese Norm stellte in einer Bestimmung, die man in Deutschland – aber kaum irgendwo sonst in Europa – als unbestimmten Rechtsbegriff beurteilen würde, auf den Maßstab der Unbedenklichkeit (Unschädlichkeit, Wirksamkeit) des Arzneimittels ab, und das englische Gericht fragte insbesondere, ob es darüber selbst durch eigene Würdigung der herangezogenen wissenschaftlichen Beweise entscheiden müsse. Die Antwort des EuGH war sehr klar: Nein, das muss das Gericht nicht. Der EuGH führt aus, dass es ausreicht, wenn die nationalen Gerichte dieselben Kontrollstandards anwenden, die der EuGH selbst im Falle einer Nichtigkeitsklage gegen Entscheidungen der Kommission anwenden würde. Das bedeutet, etwas vereinfachend gesagt, dass alles, was die Anwendung jenes Begriffes betrifft, eine Ermessensfrage ist, und dass der Kontrollmaßstab, ich vereinfache etwas, nur die Frage nach offensichtlichen Ermessensfehlern ist. In der Entscheidung des EuGH ist offen geblieben, ob der nationale Richter etwa schärfere Kontrollmaßstäbe, eine höhere Kontrolldichte, anwenden könnte. Das kann er wohl, aber man muss nicht viel Phantasie haben, um zu folgern, dass dieses Urteil dennoch verstanden wird wie eine Aufforderung, es mit einer solchen Kontrolldichte, die nicht den deutschen Vorstellungen vom unbestimmten Rechtsbegriff entspricht, bewenden zu lassen.

Zuleeg: Herr Vorsitzender, ich habe vor, zu drei Referaten zu sprechen. Zunächst zu Ihnen, Herr *Höfling*. Ihr Referat schätze ich sehr. Ich bin auch grundsätzlich damit einverstanden, aber ich habe Schwierigkeiten, wenn Sie bei den Rechten nur oder vorwiegend die Grundrechte heranziehen. Ich meine, dass wir eine ganze Reihe von einfachen Rechten haben. Warum sollen sie nicht mit einbezogen werden? Es gibt die Leistungsrechte, die sozialen Rechte, es gibt politische Rechte. Der Europäische Gerichtshof hat in einem Gutachten, Gutachten EWR I, ausdrücklich gesagt, dass die Rechte Einzelner Bestandteil der Verfassung der Europäischen Gemeinschaft sind. Und ich meine, das sollte man auf Deutschland übertragen. Alle Rechte sind gleichmäßig zu schützen. Frau *Epiney*, ich habe mit Vergnügen Ihrem Referat gelauscht. Gegenwärtig haben wir allenfalls eine Zweiteilung bei der Klagebefugnis im deutschen Recht, nämlich auf der einen Seite die europäischen Rechte Einzelner und auf der anderen Seite die rein inländischen Positionen. Die erste Kategorie kann dadurch erfüllt werden, dass man § 42 Abs. 2 Verwaltungsgerichtsordnung gemeinschaftskonform auslegt. Aber Sie wollen ja mehr, und dazu möchte ich Sie weiterhin aufrufen. Ich meine, dass der Rechtsstaat ausgebaut wird, wenn nach dem Vorbild des Gemeinschaftsrechts auch für die zweite Gruppe, für die inländischen Verfahren, das übernommen wird, was das Gemeinschaftsrecht vorgemacht hat. Als Hindernis ist die Schutznormtheorie zu entdecken. Aber eigentlich ist das eine Schutzverhinderungstheorie, und ich meine, die Verfassung der Gemeinschaft sollte in diesem Punkt auch übertragen werden auf den Bereich des Zugangs zum Recht in Deutschland. Dann zu Ihnen, Herr *Streinz*. Sie haben ein umfassend gestaltetes Referat gehalten, und das findet auch meinen vollen Beifall, aber an einer Stelle habe ich dann doch etwas zu beanstanden. Sie haben so global gesagt, finale Kompetenzen zeichnen das Gemeinschaftsrecht insgesamt aus. Es ist zuzugestehen, dass Art. 94, 95 EG über die Harmonisierung eine solche Kompetenz ist, aber man muss gleich hinzufügen, sie ist angebunden an den Binnenmarkt. Man kann noch denken an Art. 308 EG, die Ergänzungsklausel, aber sonst bei den Kompetenzen werden erstens die Aufgaben gefordert, und das ist meines Erachtens ganz wichtig, weil dann der Zweck in dem Rechtsakt enthalten ist, und dann eine präzise Beschreibung, was unter dieser Kompetenz alles getan werden kann. Danke schön.

Classen: Ich möchte zwei Punkte ansprechen: Klagebefugnis und Haftung. Zur Klagebefugnis: Herr *Streinz,* Sie haben die Möglichkeit angesprochen, bei der Umsetzung von Richtlinien entweder subjektive Rechte auch im deutschen Recht zu schaffen oder nur einen prozessrechtlichen Weg durch Schaffung einer eigenständigen Klagebefugnis zu gehen. Die Frage, in welchen Punkten zwischen den verschiedenen Wegen jeweils praktische Unterschiede bestehen, kann man sicherlich nur differenziert beantworten. Einen Punkt hat Herr *Rupp* schon angesprochen: Auf den Prüfungsumfang ergeben sich Auswirkungen, ohne dass ich insoweit ein gemeinschaftsrechtliches Problem sehe. In jedem Fall weist der prozessrechtliche Weg den Nachteil auf, dass dann eine auf Art. 19 Abs. 4 GG gestützte Verfassungsbeschwerde nicht mehr möglich ist. Dann stelle ich mir die Frage, ob hier nicht aus Sicht des gemeinschaftsrechtlichen Diskriminierungsverbotes ein Problem besteht, weil aus gemeinschaftsrechtlicher Perspektive die unterschiedlichen Wege, die das deutsche Recht geht, eine Differenzierung wohl nicht rechtfertigen. An Frau *Epiney* habe ich in diesem Zusammenhang die Frage, ob die konkreten Beispiele, die sie dafür genannt hat, was in Zukunft nach Gemeinschaftsrecht alles eingefordert werden kann, subjektive Rechte begründet (Vorsorgewerte, Schaffung eines Erholungsgebietes), nach ihrer Einschätzung unmittelbar aus den Entscheidungen des EuGH aus dem Jahre 1991 abzuleiten sind, oder ob dies auf eigener Interpretation des Gemeinschaftsrechts beruht. Mit Blick auf das Erholungsgebiet vermag ich nicht zu erkennen, dass dies unter Hinweis auf den EuGH begründet werden kann, und auch bei den Vorsorgewerten habe ich erhebliche Zweifel.

Zum Thema Staatshaftung: Herr *Streinz,* Sie haben in Ihrer These 30 ausführlich dargelegt, dass jeder vor der Geltendmachung eines Haftungsanspruches Primärrechtsschutz in Anspruch nehmen müsse. Dies setzt voraus, dass dies überhaupt möglich ist. In bestimmten Bereichen gibt es insoweit Probleme. Im Fall von legislativem Unrecht etwa kommt allein eine Verfassungsbeschwerde in Betracht, die aber nur einen erheblich reduzierten Kontrollmaßstab eröffnet. Bei Richtlinien, die auf horizontale Wirkung abzielen, kann zwar ein privatrechtlicher Rechtsstreit im Einzelfall dazu führen, dass das zuständige Gericht ein Umsetzungsdefizit über eine richtlinienkonforme Auslegung „in den Griff bekommt". In anderen Fällen aber ist dies nicht möglich. Von daher muss der in Ihrer These genannte Grundsatz mit Sicherheit in irgendeiner Form eingeschränkt werden. Meine Frage geht dahin, ob man dies so formulieren kann, dass nur der Gebrauch von hinreichend effektiven Rechtsmitteln zu verlangen ist. Dieses Problem ist ja insbesondere auch aus dem Völkerrecht bekannt. Dabei ist insbesondere zu fragen, ob sich der fragliche Rechtsweg bei abstrakter oder auch bei konkreter Betrachtung als effektiv erweisen muss.

Eine zweite Frage zum Haftungsrecht. Sie haben das Problem des Richterprivilegs angesprochen und auf das Problem der Rechtskraft hingewiesen. Ein besonders wichtiges praktisches Beispiel, bei dem man sich eine richterliche Haftung vorstellen kann, ist der Bereich unterlassener Vorlagen trotz entsprechender Vorlagepflicht, wenn dadurch Entscheidungen zustande kommen, die im Widerspruch zur Rechtsprechung des EuGH stehen. Möglicherweise wird diese Konstellation in Deutschland in Zukunft zwar seltener als bislang vorkommen. Im 82. Band war das BVerfG bekanntlich recht zurückhaltend bei der Entwicklung von Fallgruppen, in denen die Verletzung der Vorlagepflicht auch eine Missachtung von Art. 101 GG sein sollte. Jüngst hat jetzt eine Kammer des BVerfG eine Entscheidung des BVerwG aufgehoben und dabei Formulierungen verwendet, die aus meiner Sicht sowohl in der Formulierung als auch in der Sache von dem abweichen, was der Senat als Leitentscheidung vorgegeben hatte. Hier haben wir also einen Fall, dass eine Kammer unter Abweichung von der Rechtsprechung des Senats eine Entscheidung eines obersten Bundesgerichts aufhebt, was es nach einer gestrigen Bemerkung von Herrn *Steiner* eigentlich nicht geben sollte.

Wenn man aber trotzdem einmal eine unterlassene Vorlage als Beispiel nimmt, so lautet meine Frage, ob eine im Rahmen des Haftungsprozesses erfolgte Vorlage an den EuGH ggf. eine hinreichende Rechtfertigung dafür darstellt, über die Rechtskraft des Vorurteils hinwegzugehen. Wenn also die Rechtskraft im Auge behalten werden muss, dann lautet meine Frage, ob nicht wenigstens eine zwischenzeitlich ergangene EuGH-Entscheidung rechtfertigen kann, die Rechtskraft ein wenig „bei Seite zu schieben".

Schließlich eine Bemerkung zu Herrn *Götz*, der sagte, er könne sich vorstellen, dass die Kontrolldichte nationaler Gerichte bei der Kontrolle des Vollzugs von Gemeinschaftsrecht in Zukunft großzügiger sein müsse. Ich bin da nicht ganz so sicher, weil ich nicht ohne Weiteres sehe, dass das Gemeinschaftsrecht hier eine Obergrenze der Kontrolldichte fordern könnte. Für eine Aussage, dass die Gewichte im Verhältnis zwischen Verwaltung und Gerichtsbarkeit in bestimmter Weise zu Gunsten der Verwaltung zu setzen seien, sehe ich im Gemeinschaftsrecht bisher nicht einmal im Ansatz einen Anknüpfungspunkt. Vielleicht liegt es an meiner begrenzten Phantasie, aber selbst aus dem „effet utile“ vermag ich insoweit nichts abzuleiten. Umgekehrt ist aus meiner Sicht zu fragen, ob nicht das Diskriminierungsverbot in diesem Fall zu folgender Konsequenz führen könnte: Der EuGH schreibt zwar nicht vor, wie dicht die Kontrolle sein muss; Gerichte aber, die im nationalen Bereich relativ intensiv kontrollieren, müssen auch beim Vollzug von Gemeinschaftsrecht ähnliche Kontrollstandards einhalten, so dass im Ergebnis die Deutschen ihr Modell beibehalten müssten. Vielen Dank.

Sommermann: Ich hatte zunächst eine kurze Frage an Herrn *Höfling*, die bereits von Herrn *Zuleeg* angesprochen wurde. Wo finden in Ihrem beeindruckenden Entwurf einer umfassenden Rekonstruktion des Rechtsschutzes aus den Grundrechten die Leistungsrechte ihren Platz? Vielleicht haben Sie diesen Aspekt ausgeklammert, indem Sie den Primärrechtsschutz als einen Eingriffsbereinigungsschutz definiert haben. Man könnte mit Ihrem Ansatz natürlich eine Reihe von Verpflichtungsbegehren erfassen, wenn man etwa die Ablehnung eines Genehmigungsantrags als einen Eingriff deutet. Damit erfasst man indes nicht alle Leistungsrechte. Mein nächster Punkt betrifft die Dichotomie zwischen der traditionell Frankreich zugeordneten, in der deutschen Geschichte vor allem von Preußen her bekannten Rechtsschutzkonzeption, in der die Wahrung der objektiven Rechtmäßigkeit des Verwaltungshandelns im Vordergrund steht, einerseits und dem innerhalb der Mitgliedstaaten der Europäischen Union bisher fast ausschließlich Deutschland und Österreich zugeschriebenen Modell eines subjektiven Rechtsschutzes andererseits; zu letzterem wird allenfalls noch Italien genannt, welches bekanntlich einen zweigeteilten Rechtsschutz besitzt, bei dem die Durchsetzung der subjektiven Rechte Sache der ordentlichen Gerichtsbarkeit und die Wahrung der legitimen Interessen Sache der Verwaltungsgerichtsbarkeit ist. Diese Zweiteilung zwischen objektiven und subjektiven Konzepten, die auch Herr *Streinz* ansprach, lässt sich so bis Mitte der 90er Jahre des 20. Jahrhunderts aufrechterhalten: Frankreich war tatsächlich ein Land, von dem man sagen konnte, dass das objektive Rechtsschutzkonzept überwog. Und das französische Konzept hat bekanntlich das Rechtsschutzverständnis zahlreicher europäischer, etwa auch das der iberischen Staaten geprägt. Seit Mitte der 90er Jahre deutet sich indes in vielen Ländern ein grundlegender Wandel hin zu einer Subjektivierung des Rechtsschutzes an. Dadurch erscheint die bisherige Außenseiterposition unseres Rechts in einem neuen Licht, womit ich nicht sagen will, dass sich Deutschland unter dem Einfluss des durch Rechtsvorstellungen aller Mitgliedstaaten geprägten Gemeinschaftsrechts überhaupt nicht bewegen müsse; bisher hat sich jedoch die eng mit dem Rechtsschutzkonzept verbundene gesetzliche Bestimmung über die Klagebefugnis als im Lichte des Gemeinschaftsrechts neu interpretierbar und damit adaptierbar gezeigt. Die Mitte der 90er Jahre einsetzende Subjektivierung des Rechtsschutzes lässt sich deutlich an den iberischen Staaten nachweisen. Nachdem ihre Verfassungen aus den 70er Jahren durch individuelle Rechtsschutzgarantien bereits eine entsprechende Weichenstellung getroffen hatten, erfolgte nunmehr auf einfachgesetzlicher Ebene eine nachholende Modernisierung. Die große Reform des Verwaltungsprozessrechts in Spanien von 1998 ist klar am subjektiven Rechtsschutz ausgerichtet. Man kann dies insbesondere an der Neuregelung des vorläufigen Rechtsschutzes zeigen, da dieser ein typisches Instrument des subjektiven Rechtsschutzes ist, und in Systemen, in denen die Wahrung oder die Wiederherstellung der Integrität der objektiven Rechtsordnung im Mittelpunkt steht, von zweitrangiger Bedeutung ist. Auch der derzeit in Portugal beratene Entwurf einer neuen Verwaltungsprozessordnung betont den subjektiven Rechtsschutz und soll insbesondere den vorläufigen Rechtsschutz stärken. Vielleicht am bemerkenswertesten ist die in Frankreich im Jahre 2000 verabschiedete Reform des Verwaltungsprozessrechts, die am 1. Januar 2001 in Kraft getreten ist. Dadurch werden die Anordnungsrechte des Richters im vorläufigen Rechtsschutzverfahren dem der deutschen Verwaltungsrichter angenähert, mit gewissen Einschränkungen, was die vorläufige Durchsetzung von Leistungsrechten anbetrifft. Die Reform ist im Kontext mit einer neuen Rechtsprechung des Conseil Constitutionnel zu Art. 16 der Erklärung der Menschen- und Bürgerrechte von 1789 zu sehen. Während diese Bestimmung früher hauptsächlich als Garantie des Prinzips der Gewaltenteilung in Erscheinung trat, gewinnt sie nunmehr als Garantie eines effektiven Individualrechtsschutzes Bedeutung. *Michel Fromont* hat in jüngeren Veröffentlichungen diese Subjektivierungstendenz im französischen Verwaltungsprozessrecht herausgearbeitet. Daraus ergibt sich: Man sollte zugunsten einer europäischen Rechtsangleichung nicht voreilig fordern, Deutschland müsse sich in Richtung eines objektiven Rechtsschutzes bewegen; es ist vielmehr auch zu bedenken, dass es zunehmend Bewegungen in die andere Richtung gibt. Vielen Dank.

Rengeling: Ich habe drei Punkte, die ich kurz ansprechen möchte. Der erste Punkt ist folgender. Es ist verschiedentlich gesagt worden, dass das Verfahren dienende Funktion habe und das sei mit dem Gemeinschaftsrecht nicht immer in Einklang zu bringen. Ich würde gerne wissen: Wie ist konkret die Rechtsprechung des Bundesverwaltungsgerichts zu beurteilen, nach der die Außerachtlassung der Öffentlichkeitsbeteiligung im Hinblick auf § 46 Verwaltungsverfahrensgesetz unschädlich ist? Hält das vor dem EuGH stand? Der zweite Punkt: Wir sagen, und das ist häufig vorgetragen und prognostiziert worden, der Rechtsschutz muss effektiv sein, und es ist eine Systemangleichung gefordert worden und prognostiziert worden, dass wahrscheinlich die Eröffnung der Streitigkeiten großzügiger gehandhabt wird unter dem Einfluss des Europarechts, während die Kontrolldichte zurückgeht. Wie ist das insgesamt eigentlich unter dem Blickwinkel des effektiven Rechtsschutzes zu beurteilen? Ist es für den Kläger letztlich nicht, ich will es mal etwas provozierend sagen, gleichgültig? Was nützt ihm der Zugang zu den Gerichten, wenn nachher in der Sache doch nicht geprüft wird? Also ist das unter dem Blickwinkel des effektiven Rechtsschutzes eigentlich wesentlich, jetzt nicht vom dogmatischen System her, sondern von der Effektivität des Rechtsschutzes aus gesehen? Und die dritte Frage, die ich hätte, ist folgende: Ich glaube auch, dass die Kontrolldichte unter dem Einfluss des Europarechts abnehmen wird. Ich möchte einen Punkt anschneiden, zu dem vielleicht etwas gesagt werden kann. Wir haben seit kurzem das so genannte Artikelgesetz und darin die Anforderungen des integrierten Umweltschutzes konkretisiert oder besser gesagt umgesetzt, konkretisiert werden müssen sie noch. Die Tendenz in der Bundesrepublik ist stark, das bisherige System beizubehalten, nämlich das System, durch untergesetzliche Regelwerke unbestimmte Gesetzesbegriffe zu konkretisieren, um Rechtssicherheit zu haben. Nun muss die Umwelt insgesamt geschützt werden. Keiner weiß so richtig, was das ist, aber ist da nicht schon vorgegeben, dass hier eine Entscheidung zu treffen ist, die so schwierig gerichtlich überprüfbar sein wird, dass auch insofern das europäische Recht zwangsläufig dazu führen wird, die Kontrolldichte zu begrenzen? Vielen Dank.

Iliopoulos-Strangas: Ich möchte eine ergänzende Bemerkung zur These Nr. 6 des eindrucksvollen Referats von Herrn *Streinz* machen. Grundsätzlich stimme ich mit dem Referenten darin überein, dass Art. 41 EMRK eine dritte Säule des europäischen Staatshaftungsrechts und damit des sekundären Rechtsschutzes begründet. Eine gewisse Relativierung erscheint jedoch angezeigt. Ein endgültiges Urteil des Europäischen Gerichtshofs für Menschenrechte, das der verletzten Partei gemäß Art. 41 EMRK eine gerechte Entschädigung zubilligt, stellt nämlich nach weit überwiegender Meinung im Schrifttum für die verletzte Partei keinen vollstreckbaren Titel dar. In der Tat fehlt in der EMRK eine den Art. 244 und 256 EG vergleichbare Regelung, wonach die Urteile des EuGH vollstreckbare Titel sind und ihre Zwangsvollstreckung nach den Vorschriften des Zivilprozessrechts des Staates erfolgt, in dessen Hoheitsgebiet diese Zwangsvollstreckung stattfindet. Auch kommt eine entsprechende Ergänzung der EMRK nicht in Betracht, weil es Vertragsstaaten gibt, die – dem Dualismus folgend – die EMRK nicht zum Bestandteil ihrer nationalen Rechtsordnung gemacht haben und machen wollen. So stellt nach einhelliger Auffassung im Schrifttum die in Art. 46 Abs. 1 EMRK festgelegte Verpflichtung der Vertragsparteien, die sie betreffenden endgültigen Urteile des Gerichtshofs zu befolgen, eine rein völkerrechtliche Verpflichtung dar, deren Nichterfüllung durch verurteilte Staaten lediglich deren völkerrechtliche Haftung nach sich zieht. Anders verhält es sich allerdings, wo das jeweilige nationale Recht von sich aus die innerstaatliche Vollstreckbarkeit solcher EGMR-Urteile eingeführt hat. Das ist aber nur in ganz wenigen Vertragsstaaten geschehen, zu denen etwa Malta gehört. Überdies häufen sich die Fälle, in denen verurteilte Staaten sich weigern, die vom EGMR zugebilligte Entschädigung zu zahlen. Somit kann es dazu kommen, dass ein Bürger zwar mit seiner Individualbeschwerde in Straßburg erfolgreich ist und durch EGMR-Urteil eine gerechte Entschädigung zugesprochen erhält, die Vollstreckung dieses Urteils aber nicht mit rechtlichen Mitteln durchsetzen kann, sondern auf die – durch ihn nicht erzwingbare – Bereitschaft des Vertragsstaates zur Erfüllung seiner völkerrechtlichen Befolgungsverpflichtung aus Art. 46 EMRK angewiesen bleibt. Wo es daher keine ausdrückliche gesetzliche Regelung über die innerstaatliche Vollstreckbarkeit von EGMR-Urteilen gibt (und, soweit ersichtlich, gibt es eine solche in Deutschland nicht), ist die Effektivität des Sekundärrechtsschutzes über Art. 41 EMRK rechtlich nicht gesichert.

Vorsitzender: Schönen Dank, Frau *Iliopoulos-Strangas.* Am Ende unserer Aussprache haben die Referenten Gelegenheit zu einem ausführlichen Schlusswort, und zwar – wie üblich – in der gegenüber den Referaten umgekehrten Reihenfolge. Dementsprechend darf ich zuallererst Frau *Epiney* das Wort erteilen.

Epiney: Ich möchte zu drei Punkten Stellung nehmen, die in verschiedenen Variationen in den Wortbeiträgen angesprochen wurden. Zunächst der erste Punkt: Ich möchte meinen Begriff der normativen Interessentenklage in Erinnerung rufen bzw. präzisieren: Mir ging es hier darum, insofern einen Gegensatz zu der Rechtslage in Frankreich und auch der Schweiz herzustellen, dass es im Gemeinschaftsrecht eben gerade nicht um die Betroffenheit bzw. ein Interesse an der Aufhebung einer Entscheidung geht, sondern darum, dass die geltend gemachte Rechtsnorm das Interesse des Einzelnen schützen muss und insofern eine gewisse Parallelität zu der Rechtslage in Deutschland besteht. In diesem Zusammenhang ist es auch noch interessant, dass ein Richter des Europäischen Gerichtshofs (es war nicht Herr *Zuleeg*) betont hat, der EuGH habe das deutsche Schutznormkonzept übernommen. Dies war sicherlich nicht so gemeint, dass der Inhalt übernommen wurde, aber vielleicht in dem Sinn, dass der dogmatische Ansatzpunkt aufgegriffen wurde. Der zweite Punkt, den ich hier erwähnen möchte, betrifft die Frage des Rechtswidrigkeitszusammenhangs. Es ist ja so, dass dem Gemeinschaftsrecht nur entnommen werden kann, dass die jeweiligen individuellen Rechte von den Betroffenen auch geltend gemacht werden können müssen. Dies impliziert dann aber auch, dass ein Rechtswidrigkeitszusammenhang in dem Sinn, dass das zuständige Gericht nur die Verletzung dieser Rechte prüft, zulässig ist. Eine objektive Rechtmäßigkeitskontrolle würde über die (zwingende) Reichweite der individuellen Rechte des Gemeinschaftsrechts hinausgehen, ist aber natürlich möglich. Darüber hinaus muss der Rechtsschutz effektiv sein, d.h. also insoweit die individuellen Rechte geltend gemacht werden können, muss entsprechend § 113 vielleicht nicht zwingend angepasst, aber jedenfalls gemeinschaftsrechtskonform ausgelegt werden. Damit komme ich auch in diesem Zusammenhang zu der Frage der durch das Gemeinschaftsrecht vorgesehenen Folgen der Verletzung von Bestimmungen über Öffentlichkeitsbeteiligung, die Frage von Herrn *Rengeling*. Effektiver Rechtsschutz heisst tatsächlich, dass in dem Fall, in dem die Rechte geltend gemacht werden, auch eine effektive Sanktion erfolgen muss. Es gibt hier Zitate aus der Rechtsprechung des Europäischen Gerichtshofs in Bezug auf die Folgen der Verletzung von Bestimmungen über die Öffentlichkeitsbeteiligung, die nach meiner Erinnerung auf die UVP-Richtlinie Bezug nehmen. In der Sache spricht sich der EuGH dort dafür aus, dass die Geltendmachung einer Verletzung dieser Rechte wirksam sein muss, und dann ist die logische Schlussfolgerung hieraus – und auch eine neuere Entscheidung des Bundesverwaltungsgerichts dürfte in diese Richtung gehen – natürlich schon, dass eine Verletzung der Beteiligungsrechte nicht allgemein ohne Folgen für die Rechtmäßigkeit der Verwaltungsentscheidung bleiben kann, so dass man nicht anführen kann, die Verletzung der Verfahrensrechte sei nicht so schlimm gewesen und die Entscheidung hätte so oder so gleich getroffen werden müssen. Eine andere Frage ist, ob bei verschiedenen Arten von Beteiligungsrechten nicht noch eine Differenzierung notwendig ist. Jedenfalls aber bei den im Umweltrecht typischen Beteiligungsrechten ist die Folge ihrer Verletzung grundsätzlich die Rechtswidrigkeit der jeweiligen Verwaltungsentscheidung. Damit komme ich zum dritten Punkt: die Frage des Strukturwandels bzw. Systemwandels. Selbstverständlich ist es so, dass die Ausgestaltung der Klagebefugnis in das jeweilige Verwaltungsrechtssystem einzubetten ist, wobei ich dies in der Kürze der Zeit nicht leisten konnte, die hier in erster Linie wichtigen

Aspekte aber im Wesentlichen bekannt sein dürften. Ich glaube aber nicht, dass die Gemeinschaft, wie es ja zumindest in der Diskussion teilweise vertreten wurde, das französische System übernommen hat. Vielmehr geht es hier – wie bereits im Vortrag erwähnt – wirklich um eine Art Verschmelzung verschiedener Traditionen. In diesem Zusammenhang ist sodann zu erwähnen, dass auch das deutsche Recht sowohl in Bezug auf die Klagebefugnis als auch in Bezug auf die Kontrolldichte nicht unflexibel ist, sondern dass hier in den vergangenen Jahren oder Jahrzehnten doch einige Entwicklungen zu beobachten sind. Man denke nur an die Anfechtung von Risikoanlagen oder an die Rechtsprechung zur normativen Ermächtigung bei der Zurücknahme der Kontrolldichte der Gerichte. Dabei beruht diese Rechtsprechung nicht auf zwingenden Vorgaben des Gemeinschaftsrechts. Vor diesem Hintergrund sollten wir wohl vorsichtig sein, jetzt sofort von einem grundlegenden Systemwandel zu sprechen. Ich glaube eher an eine Weiterentwicklung des geltenden Systems hin zu einer erweiterten Klagebefugnis, aber auch hin zu einer gewissen Zurücknahme der Kontrolldichte. Ich habe nicht den Eindruck, dass eine gewisse, „kontrollierte" Zurücknahme der Kontrolldichte dann zwangsläufig zur Ineffektivität des Rechtsschutzes führen muss, zumindest nicht im Vergleich zur jetzigen Rechtslage mit ihrer langen Verfahrensdauer. Dies ändert freilich nichts daran, dass es sinnvoll sein dürfte, die Zurücknahme der gerichtlichen Kontrolle normativ zu regeln. Ein m.E. gelungenes Beispiel haben wir ja im UGB-Entwurf formuliert. Die Frage, ob es nicht deshalb einen Rückgang der Effektivität gerichtlichen Rechtsschutzes geben wird, weil im Gemeinschaftsrecht sehr viele unbestimmte Rechtsbegriffe verwendet werden, ist berechtigt. M.E. ist dies aber keine zwangsläufige Entwicklung, sondern es kommt wesentlich auf die Umsetzung an. So ist etwa der Begriff des „integrierten Umweltschutzes" bzw. der „Schutz der Umwelt als Ganzes" sicherlich ein sehr diffuses Konzept, das ich im Übrigen auch nicht nur positiv einschätze. Es ist auch schwer vorstellbar, dass man solche Verpflichtungen in irgendeiner Form einklagt, da schlicht und ergreifend die Bestimmtheit fehlt. Daher ist hier der Umsetzungsgesetzgeber gefordert, der dann den ihm in den einschlägigen Rechtsakten eröffneten Spielraum nutzen und hier präzisere Handlungsvorgaben erlassen kann. Jedenfalls kommt eine Pflicht der Mitgliedstaaten, Einzelnen gerichtlich durchsetzbare Rechte einzuräumen, nur dann in Betracht, wenn diese (im Umsetzungsrechtsakt) hinreichend bestimmt sein müssen. Spielräume bei der Umsetzung hin zu präziseren Vorgaben bestehen aber in aller Regel. Danke schön.

Streinz: Zunächst möchte ich mich beim Vorstand und den Mitreferenten bedanken, dass ich das Thema so behandeln durfte und dabei manches gelesen habe, was mir bisher fahrlässigerweise entgangen ist. Dank auch für die vielen Diskussionsbeiträge. Ich möchte antworten, soweit ich direkt angesprochen worden bin oder indirekt, und soweit mir hier ein Wahrnehmungsmangel unterläuft, bitte ich dafür um Verzeihung. Zunächst zu Ihnen, Herr *Schoch.* Die Asymmetrie des Rechtsschutzes durch die Privilegierung der Eilverfahren, was zu einer Steigerung dieser Verfahren führt, ist ein interessantes Phänomen. Wenn ich das richtig gesehen habe, gibt es dazu in den Niederlanden bereits eine starke Tendenz. Es stellt sich die Frage, ob dies gewünscht wird, da die Verfahren schnell erledigt werden, oder ob dies eine unbeabsichtigte Nebenfolge ist. Differenzierte Regelungen sind in der Tat problematisch, zum einen für den Rechtsanwender, aber auch hinsichtlich der Rechtfertigung differenzierter Maßstäbe. Hier besteht ein Harmonisierungsdruck im Sinne eines Rechtfertigungszwangs für unterschiedliche Regelungen, zum Teil rechtlich, zum Teil tatsächlich. Ich möchte aber nicht generell ausschließen, dass unterschiedliche Regelungen auch ihren Sinn haben können. Ich möchte das so verstanden wissen, dass man prüfen soll, ob man unter Umständen etwas, was man gemeinschaftsrechtlich, in Gemeinschaftsrechtsfällen, nicht halten kann, aus unterschiedlichen Erwägungen für rein nationale Fälle noch bewahren soll. Die Frage Bewahrung oder Veränderung ist natürlich dann im Sinne letzterer zu beantworten, wenn ohnehin erkannte Defizite mitbeseitigt werden können. Über das Ausmaß der Defizite bestehen aber zum Teil unterschiedliche Auffassungen. Zum Kohärenzgebot: Meiner Ansicht nach hat der EuGH das Erfordernis der Kohärenz mehr behauptet als begründet, und zwar deshalb, weil er keine Mängel bei der Anwendung von Äquivalenzgrundsatz und Effizienzgebot, was ja zuvor offenbar genügt hat, dargetan hat. Ich kann es nur so erklären, dass der EuGH vielleicht meinte, wie ich es auch im Vortrag schon versuchte anzudeuten, dass in den Fällen, in denen es um die vorübergehende Nichtanwendung von Gemeinschaftsrecht geht, es sich eigentlich um eine Kompetenz des EuGH handelt und daher auch die für ihn vorgeschriebenen Maßstäbe gelten sollten, und er davon ausgegangen ist, dass die Regelungen in Art. 242, 243 EG-Vertrag Ausdruck eines allgemeinen Rechtsgrundsatzes sind. Ob dies der Fall ist, ist allerdings fraglich. Vor allem hat der EuGH auch noch das Urteil Factortame einbezogen, und da greift dieser Ansatz nicht. Entscheidend ist aus meiner Sicht, wie man damit umgeht, d.h., was es konkret bedeutet, das Gemeinschaftsinteresse in angemessenem Umfang zu berücksichtigen. Hier wird die Gefahr gesehen, dass der EuGH ein zu großes Gewicht darauf legt und keine richtige Abwägung vornimmt. Ob das so ist, kann man jetzt wohl noch nicht abschließend beurteilen, aber auf diesen Punkt werden wir sicher besonders achten müssen. Es ist eine Strukturentscheidung, was sie, Herr *Breuer*, angesprochen haben. Die Frage ist: Brauchen wir dafür den parlamentarischen Gesetzgeber? Inwieweit trägt der Rahmen, den wir parlamentarisch bereits legitimiert haben, dies noch, oder wann überschreiten wir ihn? Wenn man das Staatshaftungsrecht gesetzlich normiert, würde ich, wie in anderen Fällen auch, empfehlen, dass man beim Überdenken des Konzepts die seitherige Entwicklung auf internationaler und europäischer Ebene einbezieht, was man ja auch bei der Zivilrechtsreform und anderen Reformen getan hat oder jedenfalls tun sollte. Dabei kann man natürlich auch auf wissenschaftlichen Erkenntnissen aufbauen, was Herr *Maurer* hervorgehoben hat. Zu Herrn *Klein*: Ihre Ausführungen zur Instrumentalisierung finden meine volle Zustimmung. Denn subjektive Rechtsverfolgung und Instrumentalisierung schließen sich nicht aus. Man sollte dem Begriff Instrumentalisierung den negativen Touch nehmen, der zum Teil natürlich auch daher kommt, dass es nicht fein ist, einen Konkurrenten bei der Kommission anzuschwärzen. Aber das Recht kann oft nur so durchgesetzt werden, und dann ist das Einschreiten der Kommission auch eine Art Prämie für den einzelnen, der sich um das Recht kümmert, eigentlich auch irgendwie ein marktwirtschaftlicher Aspekt. Auch ich sehe „Francovich" nicht als so entscheidenden weiteren Schritt wie das Urteil zur unmittelbaren Wirkung, sondern eigentlich nur als eine Fortentwicklung desselben. Zu meiner These 25: Dass das Gebiet effektiven Rechtsschutzes nicht eindimensional verstanden werden soll, möchte ich nicht als Beschränkung verstanden wissen, sondern es bezieht sich darauf, dass die verschiedenen Funktionen gesehen werden sollen, dass man also nicht nur die Effektivität des Gemeinschaftsrechts als solche völlig losgelöst von den Werten sieht, die das Gemeinschaftsrecht selbst enthält, insbesondere die subjektiven Rechte, und die Weiterung zu einem Dreiecksverhältnis erkennt, da das Gemeinschaftsrecht als solches auch im gemeinsamen Interesse der Mitgliedstaaten liegt, was bei der Auslegung von Vorschriften ggf. mitberücksichtigt werden kann und vom EuGH auch, wenn entsprechend vorgetragen, oft mitberücksichtigt wird. Zu Herrn *Maurers* Frage nach dem primären und sekundären Rechtsschutz und wie das Francovich-Urteil umgesetzt werden soll. In der Tat gibt es hier die beiden Möglichkeiten. Einmal den Weg, den der Bundesgerichtshof gewählt hat, das Trennungsmodell, und zum anderen das Verbindungsmodell. Die Wahl des Letzteren liegt nahe, wenn man das deutsche Staatshaftungsrecht für defizitär hält, was ja verbreitete Ansicht ist, wenn auch viele, die es für defizitär halten, es dennoch ganz gut bewältigen, wie Sie sagten. Dann könnte man diese Defizite bei einer vereinheitlichten Lösung abbauen. Man müsste nur bedenken, ob hier neue Probleme oder Brüche entstehen könnten, aber das ist eine Frage, die man sich ja ohnehin bei jeder Reform stellen muss. Zu Herrn *Schachtschnei-*

der: In der Tat gibt es eine Reihe von Fällen, in denen eine europäische Rechtsentwicklung positive Anstöße gibt. Dass in großen politischen Fragen der Rechtsschutz reduziert ist, hängt zusammen mit dem Wesen einer politischen Entscheidung. In diesem Fall besteht der „Rechtsschutz" darin, dass man die Verantwortlichen abwählt. In der Tat: Je weiter die Klagemöglichkeit ist, um so reduzierter ist die Kontrolldichte, und das ist auch das, was Herr *Rengeling* angesprochen hat. Es stellt sich irgendwann die Frage: Ich kann zwar gegen alles klagen, ich werde an allem beteiligt, aber es ändert sich nichts. Das ist sicherlich auch keine befriedigende Lösung, und in diesem Sinne sollte ich mit meiner Forderung nach Ausbalancierung verstanden werden. Zum Problem Verwerfungsmonopol des Bundesverfassungsgerichts durch Art. 100 Abs. 1 GG und der Verwerfungspflicht von Gerichten, auch schon von Verwaltungsbeamten. Das ist durchaus ein Problem, aber es ist aus meiner Sicht eine zwingende Folge des Anwendungsvorrangs des Gemeinschaftsrechts. Man hat ja überlegt, ob man Instanzen vorschalten sollte. Das haben einige Staaten auch getan und der EuGH hat entschieden, das gehe nicht, und der Grund dafür ist, weil die Klärung durch den EuGH verzögert wird. Das Problem ist der Verzögerungseffekt. Es wird während dieser Zeit das Gemeinschaftsrecht nicht angewandt und daher fordert der Vorrang des Gemeinschaftsrechts, dass es unverzüglich, unter Außerachtlassung entgegenstehenden nationalen Rechts, angewandt werden muss. Interessant fand ich gerade auch aus Sicht meiner interdisziplinären Zusammenarbeit im Rahmen unserer Bayreuther Rechts- und Wirtschaftswissenschaftlichen Fakultät die Folgerungen aus der ökonomischen Analyse des Rechts, die Herr *Engel* gezogen hat. Diese Anreizfunktion trägt sicherlich auch sehr stark zur Effektivität des EG-Rechts bei. Nur ein Beispiel: Nach der MP-Travel-Line-Geschichte wird man es sich doch sehr überlegen, ob man noch öfter die Umsetzung von Richtlinien ohne weiteres verzögert, oder ob das nicht auf Dauer zu teuer wird. Die Frage ist: Wer haftet dafür? Nur der Steuerzahler? Aber man muss auch einräumen, dass es den Beamten, und das hat Herr *Meyer* angesprochen, nicht gleichgültig ist, wenn hier Rechtsfehler gemacht werden. Zu Herrn *Spannowsky*: Der Vorrang des Primärrechtsschutzes ist gemeinschaftsrechtlich geboten, soweit der Verstoß an der Quelle beseitigt werden kann, also ist in der Tat die unmittelbare Wirkung von Richtlinien vor „Francovich" zu prüfen. Der konkrete Fall wäre, wenn das in diese Richtung geht, auch so zu lösen. Ihr Beispiel zeigt auch wieder, dass iura novit curia manchmal doch noch eine widerlegliche Vermutung im Gemeinschaftsrecht ist, was aber auch in diesem Gebiet liegt, an seiner Unüberschaubarkeit. Man muss wirklich, auch wenn man meint, sich auf einem Gebiet gut auszukennen, in jedem Einzelfall erforschen, ob es im EG-Recht etwas (Neues) gibt. Wir haben ja jetzt moderne Hilfsmittel, die hoffentlich auch den Behörden zur Verfügung stehen werden. Und insoweit besteht auch wohl eine Sicherstellungspflicht der Mitgliedstaaten, dass ihre Behörden das Gemeinschaftsrecht kennen. Noch einmal zu Herrn *Meyer*: Die Frage nach dem Begriff „Primär- und Sekundärrechtsschutz“ habe ich mir auch gestellt. Denn der Begriff war ja nicht unbestritten, hat sich aber durchgesetzt. Ich glaube, das Problem liegt darin, dass man manchmal den sekundären Rechtsschutz als „sekundär“ ansieht. Das soll er ja nicht sein im Sinne einer Wertigkeit. Auch er ist eine Form des Rechtsschutzes, so dass der Begriff nicht mit einer Wertigkeitsvorstellung, sondern mit dem Vorrang des Primärrechtsschutzes, der aus den genannten Gründen der Abwendung der Rechtsverletzung an der Quelle geboten ist, verbunden werden sollte. Herr *Rauschning*, vielen Dank für den Hinweis zu dieser völkerrechtlichen Frage, die ich mit einbeziehen kann. Herr *Götz*, meine Schlussthese mit „Bewahrung und Veränderung“ von Strukturen knüpfte natürlich an das Thema der Tagung von 1964 an. Ich meine, dass diese maßvollen schonenden Elemente auch im Gemeinschaftsrecht selbst angelegt sind, man muss sie nur sehen und sehen wollen, gerade auch in der Rechtsprechung des Europäischen Gerichtshofs. Sehr interessant war Ihr Beispiel aus dem Arzneimittelrecht. Wenn man einen gemeinschaftsrechtlich einheitlich geregelten Bereich durch eine Arzneimittelrichtlinie hat, so hat man auch einheitliche Auslegungskriterien, jedenfalls soweit die Harmonisierungsdichte reicht. In den seltensten Fällen wird hier noch ein darüber hinausgehendes nationales Ermessen gegeben sein. Allerdings, wenn ich das an dieser Stelle sagen darf, nehmen in letzter Zeit die Urteile des Europäischen Gerichtshofs zu, die die Beurteilung der Einzelfälle ausdrücklich den nationalen Gerichten überlassen, was an sich richtig ist, aber nicht ohne gemeinschaftsrechtliche Vorgabe erfolgen darf, so dass über die Entscheidungsfreiheit der nationalen Gerichte Unsicherheit besteht. Herr *Zuleeg*, die finale Struktur ist mit Sicherheit kein Freibrief für Kompetenzüberschreitungen, da wäre ich ganz missverstanden worden. Sie haben völlig zu Recht den Binnenmarktbezug von Art. 94, 95 EG-Vertrag hervorgehoben, was der EuGH auch im Tabakwerbeverbotsurteil getan hat. Was Sie sagten, Herr *Sommermann*, bestätigt die wechselseitigen Einflüsse und auch die Relativität von Typisierung, vor allem von älteren Typisierungen, die immer wieder nachgetragen werden müssen. Herr *Classen*, die Lösung über § 42 Abs. 2 VwGO und Art. 19 Abs. 4 GG habe ich hinsichtlich der gemeinschaftsrechtlichen Zulässigkeit in einer Fußnote angesprochen, der Text ist der Zeit zum Opfer gefallen. Meiner Meinung nach, aber das wäre noch zu überdenken, genügt es dem Äquivalenzgrundsatz. Denn im deutschen Recht ist diese Lösung allgemein vorgesehen, und die gemeinschaftsrechtlichen materiellen Vorgaben können erfüllt werden. Anders sieht es allerdings aus, wenn man das sog. Diskriminierungsverbot soweit versteht, dass eine Maximallösung jedenfalls angestrebt werden muss. Da ist einiges noch umstritten. Zur These 30: Hier ist sicherlich folgende Einschränkung hinsichtlich der Zumutbarkeit zu machen: Es dürfen Unsicherheiten hier nicht zu Lasten des Klägers gehen. Dies war übrigens auch ein Problem im Brasserie-Fall mit der Frage, was für eine Klage denn erhoben werden hätte sollen. Dies ist letztlich nicht zum Tragen gekommen, weil der BGH die Klage aus anderen Gründen abgewiesen hat. Bei judikativem Unrecht kommt vor allem wohl ein möglicher Verzögerungsschaden im Betracht. Zu Herrn *Rengelings* Frage zu § 46 VwVfG. Wenn das Verfahrensrecht als solches vom Gemeinschaftsrecht als subjektiv klagbares Recht eingeräumt ist, dann muss das gewährleistet werden, und dann kann § 46 VwVfG das nicht aushebeln. Es kommt darauf an, wie weit die Dichte der gemeinschaftsrechtlichen Vorgabe ist. Bei der Balance, beim Ausbalancieren von Klagerechten und Kontrolldichte, ist in der Tat eine Gewinn- und Verlustbilanz aufzustellen. Denn das eine geht nicht ohne Rücksicht auf das andere, und da stellt sich die Frage, was für den Bürger wirklich von Vorteil ist. Die Kontrolldichte wird in manchen Bereichen abnehmen, aber das ist nichts Ungewöhnliches, denn wir typisieren bei der Kontrolldichte ja auch im deutschen Recht nach verschiedenen Sachbereichen und Sachverhalten. Zuletzt zu Ihnen, Frau *Iliopoulos-Strangas.* Vielen Dank für die wichtigen Hinweise zu Art. 41 EMRK, die auch zeigen, dass völkerrechtliche Institute auf andere Weise realisiert werden müssen. Wenn man freilich bedenkt, welche schwachen Sanktionsmöglichkeiten das Völkerrecht in vielen Bereichen hat, ist die Effektivität doch ganz beachtlich. Es gibt zum Teil Vollzugsprobleme bei Entscheidungen des EGMR. Wenn ich das richtig in Erinnerung habe, ist wegen Nichtbefolgung des Matthews-Urteils jetzt eine Mahnung erfolgt. Eine andere Lösung wäre, dass auch ohne Verpflichtung aus der EMRK das innerstaatliche Recht entsprechende Ansprüche klagbar stellt. Vielen Dank.

Höfling: Vielen Dank, Herr *Bauer.* Mir fehlt die Systematisierungskraft, das jetzt nach Sachgesichtspunkten wirklich zu strukturieren. Ich werde deshalb der Reihe nach versuchen, zu antworten. Zunächst zu Herrn *Schoch*, der weitgehend zugestimmt hat, was ja einfach ist, weil ich mich im Wesentlichen auf seine wegweisenden Vorarbeiten beziehen konnte. Was ich andeuten wollte mit diesem binnenpluralistischen Gerichtsschutzmodell, Herr *Spannowsky* hat es ja auch gesagt: Für den Bereich der sog. sekundären Unrechtshaftung glaube ich, dass vieles für eine Konzentration bei den öffentlich-rechtlichen Gerichten, also bei den Verwaltungsgerichten spricht. Dogmatisch sowieso, wenn man es so begründet, wie ich es versucht habe. Ich habe nur davor gewarnt, weiter gehend zu sagen, wir müssen auf dem Weg fortführen und das monopolisieren. Sie haben selbst eben auf ein Beispiel, das ich auch genannt habe, hingewiesen. Wo wären wir und ständen wir bei der Abwehr kommunaler oder staatlicher Wirtschaftstätigkeit, hätten wir nicht die wettbewerbsrechtlichen Interventionen der Zivilgerichte. Das Wettbewerbsrecht überhaupt, das gilt für einen weiten Teil deregulierter Gebiete, spielt eine ganz große Rolle und müsste weiter entwickelt werden als flankierender Rechtsschutz in diesen Gebieten. Der ganze Bereich der Selbstverpflichtungen im Umweltrecht und im Wirtschaftsrecht: Drittschutz ist z.T. nur zu erreichen über eine stärkere Aktivierung des Wettbewerbsrechts; das träte ergänzend hinzu und würde zusätzlich Kontrolldichte bringen, die wir brauchen. Man könnte weiterhin meinen, selbst ein Institut wie der Amtshaftungsanspruch bringt uns noch was, wenn wir die hochproblematische Praxis der Rechtskontrolle von personalwirtschaftlichen Entscheidungen im öffentlichen Dienst betrachten. Wenn wir da nicht wenigstens den Amtshaftungsanspruch hätten, bliebe alles ungerügt, was dort an rechtswidrigen Besetzungen und zwar unter Verstoß gegen eine grundrechtsgleiche Garantie, nämlich Art. 33 Abs. 2, passiert. Dass wir jetzt den Vergaberechtsschutz bei den Zivilgerichten haben, hat ja auch etwas damit zu tun, dass offenkundig die Verwaltungsgerichte nicht in der Lage sind, Rechtsschutz in angemessener Zeit zu gewähren. Ich glaube, wir kommen schon in diesen Gebieten nicht aus ohne die Zivilgerichte, und wir werden erst recht nicht auskommen in diesen Auffangordnungen, die wir in Zukunft haben. Deshalb war das mein Plädoyer, und das schließt an, an das, was Herr *Schuppert* gesagt hat; dem kann ich nur zustimmen. Nur weiß ich nicht, ob für alle Bereiche ein Verwaltungskooperationsrecht ausreichend wäre; im gerade eben angesprochenen Bereich der Selbstverpflichtungen, da glaube ich müssen wir auch auf andere Instrumente setzen. Herr *Breuer*, wenn ich ihn recht verstanden habe, hat versucht, das System des sog. Sekundärrechtsschutzes ein wenig in Schutz zu nehmen im Blick auf die in der Tat beeindruckenden Darstellungen unserer junggebliebenen Altmeister des Staatshaftungsrechts. Im Grunde genommen geht dies aber nur, weil aus didaktischen Gründen diese Darstellungen dogmengeschichtlich und rechtsgenetisch orientiert sind. Damit aber, so müsste man eigentlich sagen, wirken sie systemstabilisierend für ein Unsystem, das eigentlich so nicht existiert, wie es dort dargeboten wird. Zu Herrn *Sachs*: Keine Frage, mir fehlte die Zeit, diese grundrechtsdogmatischen Grundsatzfragen so angemessen zu reflektieren, wie das Ihnen angemessen wäre. Zwei Dinge dennoch: Ich habe wenig Bedenken mit dem, was ich in These 8 b angesprochen habe. Ich glaube schon, dass man den restitutorischen Beseitigungsanspruch als unmittelbaren abwehrrechtlichen Anspruch konstruieren kann. Es bleibt bei der Rückbeziehung auf das Schutzgut, dessen Integrität zweifelsohne im Zentrum des Abwehrrechts steht. Und ich halte es für schlechterdings, Herr *Schoch* hat dafür die nötigen deutlichen Worte gefunden, unvertretbar, dass der VGH in Baden-Württemberg sagt, die Mauer, die kannst du nicht wieder aufrichten lassen, die alten Steine sind nicht mehr da. Dass diese Art von Verneinung eines Restitutionsanspruchs mit Grundrechtsdogmatik nun gar nichts mehr zu tun hat und der Vorgänger dieses Gerichts schon vor 50 Jahren zu einem anderen Ergebnis gekommen ist ohne entwickelte Grundrechtsdogmatik, das sollte doch zu denken geben. Was die These 8 Nr. c angeht, da hatte ich eigentlich gedacht, ich sei eher in Ihren Gewässern gewesen, das als grundrechtsmittelbaren Berechtigungskomplex anzuerkennen. Vom Gesetzgebungsauftrag haben Sie gesprochen, ich habe versucht zu formulieren, es ist sozusagen auch ein Zwischenwesen: Der Gesetzgeber ist verfassungsrechtlich gezwungen, so was zu machen, aber es muss in einfaches Recht gegossen werden. Und wenn dieses einfache Gesetz oder dieses einfache Recht durch den Gesetzgeber nicht kommt, dann haben es die Gerichte zu machen. Von Herrn *Maurer* war weitgehend Zustimmung zu hören, ich kann nur noch mal unterstreichen, man sollte den Art. 34 in der Tat ernst nehmen. Er hat zu Recht auch auf einige Vorgänger und literarische Stimmen hingewiesen, die noch mal deutlich machen, dass wir es mit einem jubiläumsträchtigen Thema zu tun haben. Der 9. Deutsche Juristentag hat schon 1871 dafür plädiert, eine unmittelbare Staatshaftung einzuführen, das was man mit Art. 34 machen könnte und müsste heute. Er hat zu Recht auch auf *Bachof* hingewiesen, auch das ist ein Jubiläum, vor 50 Jahren ist die bahnbrechende Arbeit zum Folgenbeseitigungsanspruch erschienen und vielleicht nicht ganz so bahnbrechend, immerhin aber auch 20 Jahre alt, ist die Nassauskiesungsentscheidung. So ist es in der Tat ein sehr jubiläumsträchtiges Thema gewesen. Herrn *Engel* kann ich nur für die originelle Unterstützung der Konzeption danken, dem ist nichts hinzuzufügen. Ja, Herr *Püttner* hat den Starrsinn des BGH angesprochen, aber zu bedenken gegeben, ob wir nicht doch auf den Gesetzgeber warten müssen; ich habe keine Hoffnung, und ich weiß auch nicht ganz, ob es nur daran liegt, dass sich Bund und Länder nicht einigen können. Die Justizministerin hat im Moment, glaube ich, so viele Jahrhundertprojekte, dass das mit dem Staatshaftungsrecht einfach aus diesen Gründen noch etwas auf sich warten lässt. Und dann gibt es eben die Möglichkeit bei der Konstruktion der Staatsunrechtshaftung, dass das, was der BGH nicht leistet, dann eben die Verwaltungsgerichte leisten und nicht unbedingt auf den Gesetzgeber warten müssen.

Nun zu den letzten Beiträgen, die mich ja sozusagen in die Zange genommen haben, wenn ich das recht verstanden habe. Herr *Zuleeg* und auch Herr *Sommermann* haben gesagt, das war zu wenig; und die Konstitutionalisierungsgegner mit der geballten Kraft in der Person von Herrn *Meyer* haben gesagt, das ist alles viel zu viel. Um bei den ersteren anzufangen: Ich habe betont, dass es sich um einen skizzenhaften Bauplan handelt. Das schließt nicht aus, dass man auch darüber nachdenkt, ob Leistungsrechte, wenn sie definitive Ansprüche vermitteln, in dieses System zu integrieren wären und einfachrechtliche subjektiv-rechtliche Rechte ebenfalls, wenn diesen auch ein materialer Reaktionsanspruch entnommen werden kann. Das wäre zu leisten, darüber müsste man genauer nachdenken. Wie gesagt, dazu war ich dann nicht mehr imstande. Zu Herrn *Meyer* und Herrn *Wahl* und Herrn *Pietzcker* und Herrn *Götz*, wenn ich das recht verstanden habe, also erstens: Sie haben gesagt, das sei ein Fehler, das alles nach demselben Muster zu machen; das Gegenteil darzulegen habe ich versucht. Ich glaube auch nicht, dass es terminologisch schädlich ist, von Rechtsschutz zu sprechen. Es geht um den Schutz des Rechts, ob man den sekundär nennt oder nicht, es ist Rechtsschutz. Das eigentliche Problem, da wo Sie offenkundig die großen Bauchschmerzen haben: Steht das in der Verfassung drin. Das hat nun schon ein bisschen mit dem zu tun, was ich in Antwort auf Herrn *Sachs* gesagt habe. Wir haben der Rechtsprechung des Bundesverfassungsgerichts ganz andere Konstitutionalierungstendenzen und -schübe zu verdanken, über die man kritischer nachdenken müsste, als gerade über das, was hier nur schrittweise angedacht worden ist. Wir sehen gerade bei Art. 41 EMRK: Alle möglichen Menschenrechte sind als solche tauglich, Entschädigungsansprüche auszulösen; und was das Beispiel mit der Versammlungsfreiheit angeht: Ich vermag nicht einzusehen, warum jemand, der seine selbstbestimmte Freiheit zur Planung und Organisation einer Versammlung einsetzt, bei deren Verbot nicht wenigstens die für diese Freiheit realisierten Aufwendungen ersetzt bekommt. Das hat nichts mit versammlungsfremden Aspekten zu tun, es ist genau die von ihm selbstbestimmte Freiheit, die er opfert, um die Versammlungsfreiheit zu realisieren; und wenn man ihn daran hindert, dann ist das rechtswidrige Umverteilung von Freiheit, zu dem dieser Staat sanktionslos nicht in der Lage sein sollte.

Ich danke damit allen, danke nicht zuletzt dem Vorstand für die „Zwangsverpflichtung", mich – für mich jedenfalls gewinnbringend – mit einem Thema zu beschäftigen, mit dem ich mich freiwillig nie und nimmer beschäftigt hätte. Vielen Dank.

Erbguth: Danke schön. Sechs Punkte seien in aller Kürze angesprochen. Zunächst scheint es eine Konstante in der Diskussion über das Verhältnis von europäischem und deutschem Rechtsschutzkonzept zu geben, eine Konstante dahin gehend, das hat auch der heutige Tag gezeigt, dass wir national über eine hohe Kontrolldichte verfügten. Mir ging es darum, dies in meinem Vortrag – das sei noch einmal betont – für wichtige Bereiche des öffentlichen Rechts zu widerlegen. Überall dort, der gestrige Tag, gerade das Referat von Herrn *Alexy* bildet einen auch verfassungsrechtlichen Beleg, überall dort, wo es Entscheidungsspielräume gibt, erweist sich eine weit zurückgenommene Kontrolldichte. Insoweit gibt es daher nichts zu verlieren oder aufzugeben.

Zweitens: Der Kompensationsgedanke, der gerade im Verhältnis von Primär- und Sekundärrechtsschutz verstärkt eingebracht wird, dürfte in seiner allgemeinen Berechtigung keineswegs so überzeugend sein, wie das vielfache hiervon Gebrauchmachen nahe legt; dies stellt freilich ein Thema für sich dar. Wenn aber mit dem Kompensationsgedanken gearbeitet wird, dann gilt es sehr darauf zu achten, dass die angebotene Kompensation auch wirklich einen Ausgleich darstellt. Hier liegen, wie im Vortrag angedeutet, die Probleme.

Ferner ist die – zentrale – Frage gesetzlicher Strukturentscheidungen aufgeworfen worden. Aus der Sicht meiner Darstellung, die nur exemplarisch und damit weit über das Planungs- oder Umweltrecht hinaus gerichtet war, eben Entscheidungsstrukturen mit Dezisionsfreiräumen betraf, haben wir es mit einer großen Nähe zwischen deutscher und europäischer Rechtsschutzkonzeption zu tun; zumindest ist die Unsrige hinreichend flexibel, um ohne große Strukturentscheidungen auf die Herausforderungen des Europarechts reagieren zu können. Dazu gehört die Stärkung der Kontrolle von Verfahrenspositionen, wobei ich versucht habe zu verdeutlichen, dass sich hinter bestimmten, keineswegs seltenen Verfahrensrechten materielle Rechtspositionen verbergen, genauer gesagt: in ihnen stecken. Das eben sollte in der Wendung von der Janusköpfigkeit des Verfahrensrechts zum Ausdruck kommen. Dann aber bedarf es keiner oder allenfalls sparsamer parlamentarischer Strukturentscheidungen.

Des weiteren möchte ich mich vor dem Anwurf, das Verhältnis Primärrechtsschutz – Sekundärrechtsschutz sei gerade hinsichtlich der Subsidiarität unzulänglich behandelt worden, verwahren. Dies war Ausgangspunkt und systembildendes Element meines gesamten Vortrags.

Nun zur Kritik am Rechtsschutz auf vorgelagerter Ebene. Natürlich gibt es nicht überall derart vorgelagerte Ebenen, aber es gibt sie in weiten – und wichtigen – Bereichen des öffentlichen Rechts; auch war der Blickwinkel dahin gehend zu öffnen, dass es nicht nur um vorgelagerte Entscheidungen mit rechtlicher Bindungskraft gehen darf, sondern auch um programmatische Vorentwürfe, von denen ebenfalls Wirkungen ausgehen. Was die Frage der Abschichtung selbst anbelangt, so sind die Handlungsspielräume, dies im Materiell-Rechtlichen zu belassen und nicht verwaltungsprozessual einzubinden, denkbar gering. Die jüngere nationale Gesetzgebung hat hier prozessuale Angriffsmöglichkeiten auf jeden Fall von Vorhabenträgern geschaffen, das Gemeinschaftsrecht geht jetzt noch weiter, indem nicht nur besagte Umweltprüfung auf vorgelagerter Ebene als solche vorgeschrieben, sondern auch verwaltungsprozessualer Rechtsschutz gefordert wird, der national vorzusehen ist. Daran werden wir nicht herumkommen – und ich meine, dass solches in der Konsequenz der Entwicklung liegt.

Schließlich: Wie integrierter Umweltschutz im Gefolge des Artikelgesetzes zur UVP-Änderungsrichtlinie und anderen Richtlinien umzusetzen sein wird, ist natürlich auch ein Thema für sich. Ich meine allerdings nicht, dass hier der Fehler auf gemeinschaftsrechtlicher Ebene zu suchen ist. Zwar handelt es sich um einen weiten und vielleicht auch vagen Begriff. Nur bilden Erkenntnisse der Naturwissenschaften seinen Hintergrund, die damit Eingang in die Gesetzgebung gefunden haben. Überdies ist der Begriff keineswegs gänzlich konturenlos. Mit dem Kommissionsentwurf zum UGB liegen durchaus vollziehbare Vorschläge vor, u.a. dergestalt, im Wege von Planfeststellungsverfahren, i. ü. mit erweiterter Konzentrationswirkung die Dinge vom Rechtlichen her in den Griff zu bekommen. Danke.

Vorsitzender: Vielen Dank, Herr Erbguth, und nochmals ganz herzlichen Dank an alle vier Referenten, Dank aber auch an Sie alle für den intensiven wissenschaftlichen Gedankenaustausch. Die Aussprache zu unserem zweiten Beratungsgegenstand ist damit abgeschlossen, und ich darf den Vorsitz an Herrn *Frowein* übergeben.

Vorsitzender (Frowein): Ich möchte den Referenten dieser Tagung und allen denjenigen, die teilgenommen haben und aktiv mitgestaltet haben, sehr herzlich danken. Vor allem aber möchte ich denjenigen danken, von denen wir nur wenige gesehen haben; die uns diese Möglichkeit durch Organisation, Planung und laufende Überwachung ermöglicht haben, als erster steht dafür natürlich Herr *Knemeyer*, den wir gesehen haben, und dem wir ganz besonders danken. Aber hinter Herrn *Knemeyer* stehen viele junge Damen und Herren, wir haben sie gelegentlich mal mit einem Augenwinkel gesehen, aber kaum richtig bemerkt; aber ich denke, jeder, der so etwas schon einmal organisiert hat, der weiß, wie wichtig diese Tätigkeit ist und wenn Sie so freundlich sind, Herr *Knemeyer*, unseren Dank zu übermitteln und damit, das sollte man vielleicht auch ruhig mal laut sagen, die Einladung zu einem von Ihnen gestalteten Abendessen, zu dem

Sie auf Kosten der Staatsrechtslehrervereinigung alle diejenigen, die daran so intensiv mitgewirkt haben, in unserem Namen einladen. Ich glaube, es steht uns in dieser schönen Stadt und ihrer Umgebung noch sehr Schönes bevor. Ich hoffe, es werden doch noch eine ganz Reihe von uns daran teilnehmen, sowohl heute Abend als morgen auf dem Ausflug. Dann vertagen wir uns auf St. Gallen, aber ich möchte diese letzte Erscheinung vor dem schon etwas gelichteten Kreis der gesamten Vereinigung nicht beenden, ohne auch meinen beiden Vorstandskollegen, Herrn *Ipsen* und Herrn *Bauer*, sehr herzlich zu danken für die Zusammenarbeit in diesen letzten zwei Jahren. Sie werden gemerkt haben, dass wir in einer stark traditionsbestimmten Vereinigung ein paar kleine Tüpfelchen verändert haben, und ich hoffe sehr, dass diese Veränderungen Wirkung auch für die Zukunft haben mögen. Ich hoffe, dass der eine oder andere auch den Eindruck hat, dass sie sinnvoll sind. Wir sind davon sehr überzeugt, und ich hoffe, dass wir insofern einen kleinen Beitrag zu der erfolgreichen Geschichte der Vereinigung der Deutschen Staatsrechtslehrer geleistet haben.

Verzeichnis der Redner

Verzeichnis der Mitglieder der Vereinigung der Deutschen Staatsrechtslehrer

Stand: 1. Februar 2002

Vorstand

1. Schuppert, Dr. Gunnar Folke, Professor,
   Kaiserdamm 28, 14057 Berlin,
   (0 30) 30 61 21 68;
   Humboldt-Universität, Juristische Fakultät,
   Unter den Linden 6, 10099 Berlin,
   (0 30) 20 93 - 35 02, Fax (0 30) 20 93 - 33 44,
   E-mail: Gunnar=Folke=Schuppert@rewi.hu-berlin.de

2. Weber-Dürler, Dr. Beatrice, o. Professorin,
   Ackermannstraße 24, CH-8044 Zürich,
   (00 41-1) 2 62 04 20;
   Universität Zürich, Rechtswissenschaftliches Seminar,
   Wilfriedstraße 6, CH-8032 Zürich, (00 41-1) 6 34 44 40,
   E-mail: Beatrice.Weber.Duerler@rwi.unizh.ch

3. Schulze-Fielitz, Dr. Helmuth, Professor,
   Klara-Löwe-Straße 5, 97082 Würzburg,
   (09 31) 7 84 10 25, Fax (09 31) 7 84 10 34;
   Lehrstuhl für Öffentliches Recht, Umweltrecht und
   Verwaltungswissenschaften,
   Universität Würzburg, Domerschulstraße 16, 97070 Würzburg,
   (09 31) 31 23 31/2, Fax (09 31) 31 26 17,
   E-mail: L-Schulze-Fielitz@jura.uni-wuerzburg.de

Mitglieder:

1. *Abelein,* Dr. Manfred, o. Professor,
   Schafhofstraße 21, 73479 Ellwangen a.d.Jagst

2. *Adamovich,* DDr.Dr.h.c. Ludwig, Professor,
   Roosevelt-Platz 4, A-1090 Wien, (00 43-1) 4 08 55 70;
   Präsident des österreichischen Verfassungsgerichtshofs,
   Judenplatz 11, A-1010 Wien, (00 43-1) 5 31 22-4 15

3. *Alexy,* Dr. Robert, o. Professor,
Klausbrooker Weg 122, 24106 Kiel, (04 31) 54 97 42;
Universität Kiel, 24098 Kiel, (04 31) 8 80 35 43,
Fax (04 31) 8 80 37 45,
E-mail: alexy@law.uni-kiel.de

4. *Antoniolli,* Dr. Dr. h.c. Walter, Universitätsprofessor,
Hasnerstr. 3/I, A-3100 St. Pölten, (00 43) 27 42–7 59 17;
Universität Wien

5. *Appel,* Dr. Ivo, Privatdozent,
Cheruskerstraße 14, 10829 Berlin

6. *Arndt,* Dr. Hans-Wolfgang, o. Professor,
Waldstr. 34, 67434 Neustadt/Weinstr., (0 63 21) 3 33 85;
Universität Mannheim, 68131 Mannheim, (06 21) 2 92–51 95,
E-Mail: h-w.arndt@jura.uni-mannheim.de

7. *Arnim,* Dr. Hans Herbert v., o. Professor,
Im Oberkämmerer 26, 67346 Speyer, (0 62 32) 9 81 23;
Hochschule für Verwaltungswissenschaften,
67324 Speyer, (0 62 32) 6 54 3 43,
E-Mail: vonarnim@dhv-speyer.de

8. *Arnold,* Dr. Rainer, o. Professor,
Plattenweg 7, 93055 Regensburg, (09 41) 7 44 65;
Universität Regensburg, 93053 Regensburg,
(09 41) 9 43–26 54/5,
E-Mail: Rainer.Arnold@jura.uni-regensburg.de

9. *Autexier,* Dr. Christian, Professor,
Egon-Reinert-Str. 19, 66111 Saarbrücken, (06 81) 37 14 87;
Universität Saarbrücken, Postfach 15 11 50,
66041 Saarbrücken, (06 81) 3 02–21 85,
E-Mail: Christian.Autexier@mx.uni-saarland.de

10. *Axer,* Dr. Peter, Professor
Josef-Pütz-Str. 16, 52388 Nörvenich,
(0 24 26) 44 63;
Universität Siegen, Fachbereich 5,
Hölderlinstraße 3, 57068 Siegen,
(02 71) 7 40 32 14

11. *Baade,* Dr. Hans W., Professor,
6002 Mountain Climb Drive, Austin/Texas, USA, 78 731,
(0 01–5 12) 4 52 50 71; dienstl., (0 01–5 12) 4 71 51 51

12. *Bachof,* Dr. Dr. h.c.mult. Otto, o. Professor,
Auf dem Kreuz 3, 72076 Tübingen, (0 70 71) 6 11 44;
Universität Tübingen, Juristische Fakultät, Wilhelmstr. 7,
72074 Tübingen,
(0 70 71) 2 97 25 49

13. *Badura,* Dr. Peter,o. Professor,
Am Rothenberg Süd 4, 82431 Kochel am See, (0 88 51) 52 89;
Universität München, Professor-Huber-Platz 2, 80539 München,
(0 89) 21 80–35 76,
E-mail: Peter.Badura@jura.uni-muenchen.de

14. *Baer,* Dr. Susanne, Privatdozentin,
Pestalozzistr. 7, 10625 Berlin, (030) 31 50 39 13;
Humboldt Universität zu Berlin, Juristische Fakultät,
Unter den Linden 6, 10099 Berlin,
(030) 20 93 33 24, Fax (030) 20 93 33 45,
E-mail: susanne.baer@rewi.hu-berlin.de

15. *Baldus,* Dr. Manfred, Privatdozent,
Heidberg 27, 22301 Hamburg,
(0 40) 2 70 12 88;
Universität der Bundeswehr Hamburg, Holstenhofweg 85,
22043 Hamburg, (040) 65 41–32 96,
E-mail: Manfred.Baldus@unibw-hamburg.de

16. *Barfuß,* Dr. iur. Dr. rer. pol. Walter, a.o. Universitätsprofessor,
Tuchlauben 13, A-1014 Wien, (00 43–1) 5 34 37–1 22,
Fax (00 43–1) 5 33–25 21

17. *Bartlsperger,* Dr. Richard, o. Professor,
Schleifweg 55, 91080 Uttenreuth, (0 91 31) 5 99 16,
Fax (0 91 31) 53 33 04;
Friedrich-Alexander-Universität Erlangen, Institut für Staats- und
Verwaltungsrecht, Schillerstr. 1, 91054 Erlangen,
(0 91 31) 8 52 28 18, Fax (0 91 31) 8 52 63 82,
E-mail: Marion.Pohan@jura.uni-erlangen.de

18. *Battis,* Dr. Dr. h.c. Ulrich, Professor
Beiersdorfer Weg 42, 12589 Berlin-Rahnsdorf,
(0 30) 6 48 19 47;
Humboldt-Universität Berlin, Lehrstuhl für Staats- und
Verwaltungsrecht sowie Verwaltungswissenschaften,
Unter den Linden 6, 10099 Berlin,
(0 30) 20 93–35 33, Fax (0 30) 20 93–36 89,
E-mail: Ulrich.Battis@rewi.hu-berlin.de

19. *Bauer,* Dr. Hartmut, Professor,
Am Hegereiter 13, 01462 Cossebaude,
(03 51) 4 52 16 03;
TU Dresden, Juristische Fakultät, 01062 Dresden,
(0 35 1) 46 33 73 13 oder 46 33 73 14,
Fax (0 35 1) 46 33 72 07,
E-mail: Bauer@jura.tu-dresden.de

20. *Bayer,* Dr. Hermann-Wilfried, Professor,
Henkenbergstr. 45a, 44797 Bochum, (02 34) 79 17 44;
Universität Bochum, 44780 Bochum, (02 34) 3 22 57 24

21. *Becker,* Dr. Joachim, Privatdozent,
Kreuznacher Str. 6, 14197 Berlin, (0 30) 8 22 40 12;
Humboldt-Universität zu Berlin, Juristische Fakultät,
Unter den Linden 6, 10099 Berlin, (0 30) 20 93 33 83,
E-mail: Joachim.Becker@rewi.hu-berlin.de

22. *Becker,* Dr. Jürgen, o. Professor,
Kellerstr. 7, 81667 München;
GEMA, Rosenheimer Straße 11, 81667 München,
(0 89) 4 80 03–6 23, Fax (0 89) 4 80 03–6 20

23. *Becker,* Dr. Ulrich, LLM. (EHI), Professor,
Pfarrsiedlungsstr. 9, 93161 Sinzing, (0 94 04) 34 78;
Juristische Fakultät, Universität Regensburg,
Universitätsstr. 31, 93053 Regensburg,
(09 41) 9 43–26 07, Fax (09 41) 9 43–36 34,
E-mail: Ulrich.becker@jura.uni-regensburg.de

24. *Berchthold,* Dr. Klaus, Universitätsprofessor,
Bräunerstr. 4–6/22, A-1010 Wien, (00 43–1) 53 14 34

25. *Berg,* Dr. Wilfried, o. Professor,
Waldsteinring 25, 95448 Bayreuth, (09 21) 9 31 25;
Universität Bayreuth, 95440 Bayreuth, (09 21) 55 28 76,
E-mail: Wilfried.Berg@uni-bayreuth.de

26. *Berka,* Dr. Walter, o. Universitätsprofessor,
Birkenweg 2, A-5400 Hallein, (00 43–62 45) 7 67 58;
Inst. f. Verfassungs- und Verwaltungsrecht der Universität
Salzburg, Kapitelgasse 5–7, A-5020 Salzburg,
(00 43) 6 62–80 44 36 20, Fax (00 43) 6 62–8 04 43 03,
E-mail: Walter.Berka@sbg.ac.at

27. *Bernhardt,* Dr. Dr. h.c. Rudolf, o. Professor,
Gustav-Kirchhoff-Str. 2a, 69120 Heidelberg,
(0 62 21) 41 36 99;
MPI für Ausl. Öffentliches Recht und Völkerrecht,
Im Neuenheimer Feld 535, 69120 Heidelberg,
(0 62 21) 48 22 53,
E-mail: rbernhar@mpiv-hd.mpg.de

28. *Bethge,* Dr. Herbert, o. Professor,
Am Seidenhof 8, 94034 Passau, (08 51) 4 16 97;
Universität Passau, Lehrstuhl für Staats- und Verwaltungsrecht
sowie Wirtschaftsverwaltungsrecht und Medienrecht,
94030 Passau, (08 51) 5 09–22 20, Fax (08 51) 5 09–22 22,
E-mail: Bethge@uni-passau.de

29. *Bettermann,* Dr. Dr. h.c. Karl-August, o. Professor,
Alte Landstr. 173, 22339 Hamburg, (0 40) 5 38 40 64;
Universität Hamburg, (0 40) 41 23–45 57

30. *Beyerlin,* Dr. Ulrich, apl. Professor,
Luisenstr. 7, 69151 Neckargmünd;
MPI für Ausl. Öffentliches Recht und Völkerrecht,
Im Neuenheimer Feld 535, 69120 Heidelberg, (0 62 21) 48 22 30,
E-mail: ubeyerli@mpiv-hd.mpg.de

31. *Biaggini,* Dr. Giovanni, o. Professor,
Kantstraße 12, CH-8044 Zürich,
(00 41–1) 2 51 11 58;
Lehrstuhl für Staats-, Verwaltungs- und Europarecht,
Rechtswissenschaftliches Institut, Freiestrasse 15, CH-8032 Zürich,
(00 41–1) 6 34 30 10, Fax (00 41–1) 6 34 43 89,
E-mail: biaggini@rws.unizh.ch

32. *Bieber,* Dr. Uwe Roland, o. Professor,
5, chemin du Chateau Sec, CH-1009 Pully/Lausanne;
Universität Lausanne, CH-1015 Lausanne-Dorigny,
(00 41) 21–6 92 27 91, Fax (00 41) 21–6 92 27 85

33. *Binder,* Dr. Bruno, Universitätsprofessor,
Wischerstr. 30, A-4040 Linz,
(00 43) 732–71 77 72–0, Fax (00 43) 732–71 77 72–4;
Universität Linz, Altenbergerstr. 69,
A-4020 Linz, (00 43) 732–24 68–0, Fax (00 43) 732–24 68 10,
E-mail: vwrecht@jku.at

34. *Birk,* Dr. Dieter, o. Professor,
Borkumweg 43, 48159 Münster, (02 51) 21 84 78,
Fax (02 51) 21 84 78;
Universität Münster, 48143 Münster,
(02 51) 8 32 27 95, Fax (02 51) 8 32 83 86,
E-mail: Birk@uni-muenster.de

35. *Blanke,* Dr. Hermann-Josef, Universitätsprofessor,
Mayener Str. 14, 50935 Köln;
Universität Erfurt, Staatswissenschaftliche Fakultät,
Lehrstuhl für Staatsrecht und Europäische Integration,
Nordhäuser Straße 63, 99089 Erfurt,
(03 61) 7 37–47 51, (03 61) 7 37–47 50 (Sekr.)
Fax (03 61) 7 37–47 59,
E-mail: Herm.J.Blanke@uni-erfurt.de

36. *Blankenagel,* Dr. Alexander, Professor,
Türksteinstraße 10, 14167 Berlin, (0 30) 8 54 95 82;
Humboldt-Universität Berlin, Juristische Fakultät,
Unter den Linden 6, 10099 Berlin,
(0 30) 20 93–33 81, Fax (0 30) 20 93–33 45,
E-mail: Blankenagel@rewi.hu-berlin.de

37. *Bleckmann,* Dr. Dr. Albert, Universitätsprofessor,
Thomas-Morus-Weg 10f, 48147 Münster,
(02 51) 23 58 67;
Universität Münster, 48143 Münster, (02 51) 83 20 21
E-mail: Bleckmann@uni-muenster.de

38. *Blümel,* Dr. Willi, Universitätsprofessor,
Angelhofweg 65, 69259 Wilhelmsfeld, (0 62 20) 18 80;
Hochschule für Verwaltungswissschaften, 67324 Speyer,
(0 62 32) 6 54–3 62/3 60, Fax (0 62 32) 9 10–2 08 oder 9 10–2 90

39. *Blumenwitz,* Dr. Dieter, o. Professor,
Tannenstr. 2, 85598 Baldham, (0 81 06) 3 32 52;
Universität Würzburg,
(09 31) 31 23 08 Fax (09 31) 31 23 17,
E-mail: Blumenwitz@jura.uni-wuerzburg.de

40. *Böckenförde,* Dr. iur. Dr. phil. Dr. h.c. Ernst-Wolfgang, o. Professor,
Türkheimstr. 1, 79280 Au bei Freiburg, (07 61) 40 56 23;
Universität Freiburg, 79098 Freiburg,
(07 61) 2 03 22 63 oder –22 62

41. *Böckstiegel,* Dr. Karl-Heinz, Professor,
Parkstr. 38, 51427 Bergisch-Gladbach,
(0 22 04) 6 62 68;
Universität Köln, Albertus-Magnus-Platz, 50923 Köln,
(02 21) 4 70 23 37

42. *Bogdandy,* Dr. Armin v. M.A., Professor,
Fürstenbergerstr. 200, 60325 Frankfurt a.M.;
Institut für Öffentliches Recht,
Johann-Wolfgang-Goethe-Universität,
Senckenberganlage 31–33, 60054 Frankfurt a.M.,
(0 69) 7 98 2 80 72; Fax (0 69) 7 98 2 80 73
E-mail: Bogdandy@jur.uni-frankfurt.de

43. *Bogs,* Dr. Harald, o. Professor,
Dresdenerstr. 7, 37120 Bovenden, (05 51) 8 15 95, Fax (05 51) 8 35 98;
Universität Göttingen, (05 51) 39 73 92, Fax (05 51) 39 48 72,
E-mail: Bogs@jura.uni-goettingen.de

44. *Böhm,* Dr. Monika, Professor,
Lessingstr. 24, 65719 Hofheim/Ts., (0 61 92) 2 48 29,
Fax (0 61 92) 2 48 14;
Philipps-Universität Marburg,
Institut für Öffentliches Recht – FB 01,
Universitätsstraße 6, 35032 Marburg/Lahn,
(0 64 21) 2 82–31 32, –38 08, –30 16, –30 48,
Fax (0 64 21) 2 82–89 82,
E-mail: Boehm2@mailer.uni-marburg.de

45. *Bothe,* Dr. Michael, Universitätsprofessor,
Theodor-Heuss-Str. 6, 64625 Bensheim, (0 62 51) 43 45;
Universität Frankfurt a.M., Senckenberganlage 31,
60054 Frankfurt a.M., (0 69) 7 9 82 22 64,
E-mail: M.Bothe@jur.uni-frankfurt.de

46. *Brandt,* Dr. Edmund, Professor;
FB Umweltwissenschaften,Universität Lüneburg, Scharnhorststr. 1,
21332 Lüneburg, (0 41 31) 78 25 21, Fax (0 41 31) 78 25 29,
E-mail: brandt@uni-lueneburg.de

47. *Brenner,* Dr. Michael, Professor,
Bauerstr. 21, 80796 München, (0 89) 2 71 85 24;
Lehrstuhl für Deutsches und Europäisches Verfassungs-
und Verwaltungsrecht, Universität Jena, Carl-Zeiss-Str. 3,
07743 Jena, (0 36 41) 94 22 40 oder –41, Fax (0 36 41) 94 22 42

48. *Breuer,* Dr. Rüdiger, Professor,
Buschstr. 56, 53113 Bonn, (02 28) 21 79 72,
Fax (02 28) 22 48 32;
Universität Bonn, Adenauerallee 44, 53113 Bonn,
(02 28) 73 91 51, Fax (02 28) 73 55 82,
E-mail: r.breuer@jura.uni-bonn.de

49. *Britz,* Dr. Gabriele, Privatdozentin,
Lenaustr. 77, 60318 Frankfurt a.M.,
Johann-Wolfgang-Goethe-Universität Frankfurt a.M.,
Professur für Öffentliches Recht, Umweltrecht und
Verwaltungswissenschaft
Postfach 11 19 32, 60054 Frankfurt a.M.,
(069) 55 87 09, Fax (069) 79 82 33 55,
E-mail: Britz@jur.uni-frankfurt.de

50. *Brohm,* Dr. Winfried, o. Professor,
Wydenmööslistr. 11, CH-8280 Kreuzlingen,
(00 41) 71-6 88 15 25;
Universität Konstanz, Postfach 5560 D 100,
78434 Konstanz,
(0 75 31) 88 21 69 oder -21 76

51. *Brugger,* Dr. Wilfried, LL.M., Universitätsprofessor,
Blumenstr. 16, 69115 Heidelberg, (0 62 21) 16 13 19;
Universität Heidelberg, Friedrich-Ebert-Anlage 6-10,
69117 Heidelberg, (0 62 21) 54 74 62,
Fax (0 62 21) 54 76 54,
E-mail: Bruggerw@jurs.uni-heidelberg.de

52. *Brünneck,* Dr. Alexander v., Professor,
Blumenhagenstr. 5, 30167 Hannover, (05 11) 71 69 11;
Europa-Universität Viadrina, Frankfurt/Oder, Postfach 17 86,
15207 Frankfurt / Oder,
(03 35) 55 34-2 64 oder -2 95, Fax (03 35) 55 34-4 18,
E-mail: raue@euv-frankfurt-o.de
Internet: http://www.euv-frankfurt-o.de

53. *Brunner,* Dr. Dr. h.c. Georg, o. Professor,
Belvederestr. 94, 50933 Köln, (02 21) 4 97 35 94;
Institut für Ostrecht der Universität zu Köln,
Klosterstr. 79d, 50931 Köln, (02 21) 4 70-55 83
oder -55 75 oder -55 81, Fax (02 21) 4 70-55 82,
E-mail: aoo01@uni-koeln.de

54. *Bryde,* Dr. Brun-Otto, o. Professor, Richter
des Bundesverfassungsgerichts,
Stettiner Str. 10, 35435 Wettenberg, (0 64 06) 7 41 91;
Universität Gießen; Hein-Heckroth-Str. 5, 35390 Gießen,
(0 64 1) 99–2 10 60/61 Fax (06 41) 99–2 10 69,
E-mail: Brun.O.Bryde@recht.uni-giessen.de

55. *Bull,* Dr. Hans Peter, o. Professor,
Falckweg 16, 22605 Hamburg,
Tel./Fax (0 40) 8 80 56 52;
Universität Hamburg, Seminar für Verwaltungslehre,
Schlüterstraße 28, 20146 Hamburg,
(0 40) 4 28 38–35 03, Fax (040) 4 28 38–50 62,
E-mail: HP-Bull@jura.uni-hamburg.de

56. *Bullinger,* Dr. Dr. h.c. (Université de Dijon), Martin,
o. Professor,
Altschlößleweg 4, 79280 Au bei Freiburg,
(07 61) 40 23 89;
Universität Freiburg, 79085 Freiburg,
(07 61) 2 03 22 48 oder –47

57. *Burgi,* Dr. Martin, Professor,
Bernhard-Poether-Str. 59, 48165 Münster, (0 25 01) 92 88 93;
Juristische Fakultät, Lehrstuhl für Öffentliches Recht (Staats- und
Verwaltungsrecht, Europarecht, Öffentliches Wirtschaftsrecht)
Ruhr-Universität Bochum, 44780 Bochum,
(02 34) 3 22 52 75, Fax (02 34) 3 21 42 82,
E-mail: Martin.Burgi@jura.ruhr-uni-bochum.de

58. *Burkert,* Dr. Herbert, Privatdozent,
Uferstr. 31, 50996 Köln – Rodenkirchen,
(02 21) 39 77 00, Fax (02 21) 39 77 11;
MCM-HSG, Universität St. Gallen,
Müller-Friedberg-Str. 8, CH-9000 St. Gallen,
(00 41) 71–2 22 48 75, (00 49 2 21) 39 77 00
Fax (00 41) 71–2 22 48 75, (00 49 2 21) 39 77 11,
E-mail: Burkert@unisg.ch

59. *Bußjäger,* Dr. Peter, Privatdozent,
Institut für Föderalismus, Maria-Theresien-Straße 38b,
A-6020 Innsbruck,
(00 43) 512–57 45 94, Fax (00 43) 512–57 45 94–4,
E-mail: institut@foederalismus.at

60. *Butzer,* Dr. Hermann, Privatdozent,
Hainallee 61, 44139 Dortmund, Tel. (02 31) 1 38 48 55;
Ruhr-Universität Bochum, Juristische Fakultät,
44780 Bochum, (02 34) 3 22 22 39/41, Fax (02 34) 3 21 42 71
E-mail: Hermann.Butzer@ruhr-uni-bochum.de

61. *Calliess,* Dr. Christian, Privatdozent,
M.A.E.S. (Brügge), LL.M. Eur.,
Talstraße 24, 66119 Saarbrücken, (01 75) 2 05 75 22;
Europa-Institut der Universität des Saarlandes,
Rechts- und Wirtschaftswissenschaftliche Fakultät,
Postfach 15 11 50,
66041 Saarbrücken, (06 81) 3 02–46 18,
Fax (06 81) 3 02–48 79,
E-mail: Callies@mx.uni-saarland.de

62. *Campenhausen,* Dr. Axel *Frhr. v.,* Professor,
Oppenbornstr. 5, 30559 Hannover, (05 11) 52 81 74;
Kirchenrechtliches Institut der EKD, Goßlerstr. 11,
37073 Göttingen,
Tel. (05 51) 5 77 11, Fax (05 51) 53 10 51

63. *Caspar,* Dr. Johannes, Privatdozent,
Tronjeweg 16, 22559 Hamburg,
(0 40) 81 96 11 95, Fax (0 40) 81 96 11 21;
Universität Hamburg, Fachbereich Rechtswissenschaft,
Edmund-Siemens-Allee 1, Flügel West, 20146 Hamburg,
(0 40) 4 28 38–57 60, Fax (0 40) 4 28 38–62 80,
E-mail: J-Caspar@jura.uni-hamburg.de

64. *Classen,* Dr. Claus Dieter, Professor,
Jasmunder Weg 4, 17493 Greifswald,
(0 38 34) 84 49 63;
Ernst-Moritz-Arndt-Universität Greifswald, 17487 Greifswald,
(0 38 34) 86 21 21 oder 21 24, Fax (0 38 34) 86 20 02,
E-mail: rsw-lscl@mail.uni-greifswald.de

65. *Cremer,* Dr. Hans-Joachim, Universitätsprofessor,
Steinritzstr. 21, 60437 Frankfurt a.M.;
Universität Mannheim, Fakultät für Rechtswissenschaft,
Schloß, Westflügel, 68131 Mannheim,
(06 21) 1 81–14 28, –14 29 (Sekr.), Fax (06 21) 1 81–14 30,
E-mail: Hjcremer@rumms.uni-mannheim.de

66. *Czybulka,* Dr. Detlef, Universitätsprofessor,
Bergstraße 24–25, 18107 Elmenhorst,
(03 81) 7 95 39 44, Fax (03 81) 7 95 39 45;
Universität Rostock, Juristische Fakultät,
Lehrstuhl für Allgemeines und Besonderes Verwaltungsrecht,
Verwaltungslehre, Staats- und Finanzrecht,
Richard-Wagner-Str. 31 (Haus 1), 18119 Rostock-Warnemünde,
(03 81) 4 98–38 46, Fax (03 81) 4 98–38 54
E-mail: Detlef.Czybulka@jurfak.uni-rostock.de
sekretariat-allgverwr@jurfak.uni-rostock.de

67. *Dagtoglou,* Dr. Prodromos, Professor,
Hippokratous 33, GR-Athen 144, (00 30–1) 3 22 11 90;
dienstl.: (00 30–1) 3 62 90 65

68. *Danwitz,* Dr. Thomas v., Professor,
Klinkenbergsweg 1, 53332 Bornheim,
(0 22 27) 90 91 04, Fax (0 22 27) 90 91 05;
Lehrstuhl für Öffentliches Recht u. Europarecht,
Ruhr-Universität Bochum, 44780 Bochum,
(02 34) 32–2 28 18, Fax (02 34) 32–1 42 81,
E-mail: Thomas.vondanwitz@jura.uni-bochum.de

69. *Davy,* Dr. Benjamin, Universitätsprofessor,
Korte Geitke 5, 44227 Dortmund, (02 31) 77 99 94;
Fachgebiet Bodenpolitik, Bodenmanagement und kommunales
Vermessungswesen, Fakultät Raumplanung, Universität Dortmund,
44221 Dortmund, (02 31) 7 55 22 28, Fax (02 31) 7 55 48 86,
E-mail: Bdavy@www.raumplanung.uni-dortmund.de

70. *Davy,* Dr. Ulrike, Professorin,
Korte Geitke 5, 44227 Dortmund, (02 31) 77 99 94;
Universität Bielefeld, Postfach 10 01 31, 33501 Bielefeld,
(05 21) 1 06 44 00 oder –43 00,
E-mail: udavy@post.uni-bielefeld.de

71. *De Wall,* Dr. Heinrich, Professor,
Reichardtstraße 16, 06114 Halle,
(03 45) 5 20 12 26;
Hans-Liermann-Institut für Kirchenrecht der
Friedrich-Alexander-Universität Erlangen-Nürnberg,
Hindenburgstraße 34, 91054 Erlangen,
(0 91 31) 85–2 22 42, Fax (0 91 31) 85–2 40 64,
E-mail: hhdewall@jura.uni-erlangen.de

72. *Degenhart,* Dr. Christoph, Universitätsprofessor,
Stormstr. 3, 90491 Nürnberg,
(09 11) 59 24 62, Fax (09 11) 59 24 62;
Juristenfakultät, Universität Leipzig,
Otto-Schill-Str. 2, 04109 Leipzig, (03 41) 97-3 51 91,
Fax (03 41) 97-3 51 99,
E-mail: dres.degenhart@t-online.de

73. *Delbrück,* Dr. Jost, Professor,
Schoolredder 20, 24161 Altenholz; Universität Kiel,
24098 Kiel, (04 31) 8 80 21 49, Fax (04 31) 8 80 16 19,
E-mail: jdelbrueck@internat-recht.uni-kiel.de

74. *Denninger,* Dr. Erhard, Professor,
Am Wiesenhof 1, 61462 Königstein, (0 61 73) 7 89 88;
Lehrstuhl für Öffentliches Recht und Rechtsphilosophie II,
Universität Frankfurt, Senckenberganlage 31,
60325 Frankfurt a.M., (0 69) 7 98 2 26 54

75. *Depenheuer,* Dr. Otto, Professor,
Sürther Hauptstr. 190; 50999 Köln,
(0 22 36) 38 17 28, Fax (0 22 36) 38 17 29;
Universität zu Köln, Seminar für Staatsphilosophie
und Rechtspolitik, Albertus-Magnus-Platz, 50923 Köln,
(02 21) 4 70 22 30, Fax (02 21) 4 70 50 10,
E-mail: Depenheuer@uni-koeln.de

76. *Determann,* Dr. Lothar, Privatdozent,
1275 California Street, USA-San Francisco, CA 94109,
E-mail: Lothar.Determann@bakernet.com;
Freie Universität Berlin, Ehrenbergstr. 17, 14195 Berlin

77. *Detterbeck,* Dr. Steffen, o. Professor,
Stettinerstr. 60, 35274 Kirchhain, (0 64 22) 45 31;
Institut für Öffentliches Recht, Universität Marburg,
Universitätsstr. 6, 35032 Marburg,
(0 64 21) 28 31 23, Fax (0 64 21) 27 38 53,
E-mail: brechta@mailer.uni-marburg.de

78. *Di Fabio,* Dr. Dr. Udo, Professor, Richter
des Bundesverfassungsgerichts,
Theodor-Körner-Str. 8 a, 82049 Pullach, (0 89) 79 36 70 21;
Institut für Politik und Öffentl. Recht, Universität München,
Professor-Huber-Platz 2, 80539 München (0 89) 21 80 33 35,
E-mail: difabio@jura.uni-muenchen.de

79. *Dietlein,* Dr. Johannes, Professor,
Sonnenscheinstr. 18, 53175 Bonn-Bad Godesberg, (02 28) 3 86 80 39;
Heinrich-Heine-Universität, Lehrstuhl für Öffentliches Recht
und Verwaltungslehre, Universitätsstr. 1, 40225 Düsseldorf,
(02 11) 81-1 14 20, Fax (02 11) 81-1 14 55

80. *Dittmann,* Dr. Armin, o. Professor,
Karl-Brennenstuhl-Str. 11, 72074 Tübingen,
(0 70 71) 8 24 56;
Universität Hohenheim – Schloß,
Postfach 70 05 62, 70593 Stuttgart,
(07 11) 4 59-27 91, Fax (07 11) 4 59-34 82,
E-mail: adittmann@uni-hohenheim.de

81. *Doehring,* Dr. Dr. h.c. Karl, o. Professor,
Mühltalstr. 117/3, 69121 Heidelberg, (0 62 21) 40 98 80;
Universität: (0 62 21) 54 74 46;
MPI für Ausl. Öffentliches Recht und Völkerrecht,
Im Neuenheimer Feld 535, 69120 Heidelberg, (0 62 21) 4 82-2 64

82. *Dolderer,* Dr. Michael, Privatdozent,
Erwinstr. 48, 79102 Freiburg,
(07 61) 7 81 06;
Landessozialgericht Baden-Württemberg,
Hauffstraße 5, 70190 Stuttgart,
(07 11) 921-20 80, Fax (07 11) 921-20 00,
E-mail: dolderer@LSGStuttgart.justiz.bwl.de

83. *Dolzer,* Dr. Dr. Rudolf, Professor,
Am Pferchelhang 4/1, 69118 Heidelberg, (0 62 21) 80 33 44;
Rechts- und staatswissenschaftliche Fakultät,
Universität Bonn, Adenauerallee 24-42,
53113 Bonn, (02 28) 73 91 72, Fax (02 28) 73 91 71,
E-Mail: rdolzer@jura.uni-bonn.de

84. *Dörr,* Dr. Dieter, Professor,
Am Stadtwald 6, 66123 Saarbrücken;
Lehrstuhl für Öffentliches Recht, einschl. Völker-
und Europarecht, Universität Mainz, 55099 Mainz,
(0 61 31) 392 26 81 oder 392 30 44, Fax (0 61 31) 392 56 97,
E-mail: Doerr@jura1.uni-mainz.de
Direktor des Mainzer Medieninstituts (MMI):
Mainzer Medieninstitut e.V., Kaiserstr. 32,
55116 Mainz, (06131) 1 44 92 59,
E-mail: Doerr@mainzer-medieninstitut.de

85. *Dreier,* Dr. Horst, o. Professor,
Bismarckstr. 13, 21465 Reinbek, (0 40) 7 22 58 34;
Lehrstuhl für Rechtsphilosophie, Staats- und
Verwaltungsrecht, Universität Würzburg,
Domerschulstraße 16, 97070 Würzburg,
(09 31) 31 23 21, Fax (09 31) 31 29 11,
E-mail: dreier@mail.uni-wuerzburg.de

86. *Dreier,* Dr. Ralf, o. Professor,
Wilhelm-Weber-Str. 4, 37073 Göttingen, (05 51) 5 91 14;
Universität Göttingen, 37073 Göttingen, (05 51) 39 73 84

87. *Eberle,* Dr. Carl-Eugen, Professor,
Kapellenstr. 68a, 65193 Wiesbaden, (06 11) 52 04 68;
ZDF, 55100 Mainz, (0 61 31) 70–41 00,
Fax (0 61 31) 70 54 52,
E-mail: Eberle.ce@zdf.de

88. *Ebsen,* Dr. Ingwer, Professor,
Alfred-Mumbächer-Str. 19, 55128 Mainz,
(0 61 31) 33 10 20;
FB Rechtswissenschaft, Universität Frankfurt,
Postfach 11 19 32,
60054 Frankfurt am Main, (0 69) 7 98 2 27 03,
E-mail: Ebsen@jur.uni-frankfurt.de

89. *Eckhoff,* Dr. Rolf, Professor,
Im Hagen 14, 14532 Kleinmachnow,
(03 32 03) 77 12 60, Fax: (03 32 03) 77 12 70;
Lehrstuhl für Öffentliches Recht, insbesondere Finanz- und
Steuerrecht, Universitätsstr. 31, 93040 Regensburg,
(09 41) 9 43–26 56/57, Fax (09 41) 9 43–19 74,
E-mail: Rolf.Eckhoff@jura.uni-regensburg.de

90. *Ehlers,* Dr. Dirk, Professor,
Am Mühlenbach 14, 48308 Senden, (0 25 97) 84 15,
E-mail: Ehlers@uni-muenster.de
Institut für öffentliches Wirtschaftsrecht,
Westfälische Wilhelms-Universität Münster,
Universitätsstr. 14–16, 48143 Münster,
(02 51) 83–2 27 01, Fax (02 51) 83–2 83 15,
E-mail: wivwr@uni-muenster.de
Internet: http://www.uni-muenster.de/Jura.wivwr

91. *Ehmke,* Dr. Horst, o. Professor,
Am Römerlager 4, 53117 Bonn

92. *Ehrenzeller,* Dr. Bernhard, o. Professor,
Tannenstraße 21, CH-9000 St. Gallen, (00 41) 71-2 44 26 08;
Universität St. Gallen, Hochschule für Wirtschafts-, Rechts- und Sozialwissenschaften, Bodanstraße 4, CH-9000 St. Gallen,
(00 41) 71-2 24 24 40 oder -46, Fax (00 41) 71-2 24 24 41,
E-mail: Bernhard.Ehrenzeller@rwa.unisg.ch

93. *Eichenberger,* Dr. Dr. h.c. Kurt, o. Professor,
Bärenbrunnenweg 4, CH-4144 Arlesheim bei Basel,
(00 41) 61-7 01 33 86

94. *Enders,* Dr. Christoph, Universitätsprofessor,
Trufanowstr. 1, 04105 Leipzig, (03 41) 5 64 33 71, Fax (03 41) 5 64 33 72;
Universität Leipzig, Juristenfakultät,
Otto-Schill-Str. 2, 04109 Leipzig,
(03 41) 97 35-3 51, Fax (03 41) 97 35-3 59,
E-mail: skenders@rz.uni-leipzig.de

95. *Engel,* Dr. Christoph, Professor,
Königsplatz 25, 53173 Bonn, (02 28) 9 56 34 49,
Fax (02 28) 9 56 39 44;
Max-Planck-Projektgruppe Recht der Gemeinschaftsgüter,
Poppelsdorfer Allee 45, 53115 Bonn
(02 28) 9 14 16-10, Fax (02 28) 9 14 16-11
E-mail: engel@mpp-rdg.mpg.de, Internet: www.mpp-rdg.mpg.de

96. *Epiney,* Dr. Astrid, Professorin,
Avenue du Moléson 18, CH-1700 Fribourg,
(00 41) 26-323 42 24;
Universität Fribourg, Lehrstuhl für Europa-, Völker- und Öffentliches Recht,
Av. de Beauregard 11, CH-1700 Fribourg,
(00 41) 26-300 80 90, Fax (00 41) 26-300 97 76,
E-mail: Europarecht@unifr.ch

97. *Epping,* Dr. Volker, Professor,
Schöppingenweg 122, 48149 Münster,
(02 51) 8 71 53 40, Fax (02 51) 8 71 53 50;
Rechtswissenschaftliche Fakultät,
Westfälische Wilhelms-Universität, Universitätsstr. 14-16,
48143 Münster, (02 51) 8 32 20 21, Fax (02 51) 8 32 19 01,
E-mail: eppingv@uni-muenster.de

98. *Erbel,* Dr. Günter, Professor,
Burbacher Str. 10, 53129 Bonn;
Universität Bonn, Adenauerallee 24–42,
53113 Bonn, (02 28) 73 55 83

99. *Erbguth,* Dr. Wilfried, Professor,
Friedrich-Franz-Str. 38, 18119 Rostock-Warnemünde,
(03 81) 5 48 67 09, Fax (03 81) 5 48 67 15;
Universität Rostock, Juristische Fakultät, Richard-Wagner-Str. 31,
18119 Rostock-Warnemünde, (03 81) 4 98 38 44 oder
(03 81) 4 98 10 05 (Rektorat/Prorektor), Fax (03 81) 4 98 38 62,
E-mail: Wilfried.Erbguth@jurfak.uni-rostock.de

100. *Erichsen,* Dr. Hans-Uwe, o. Professor,
Falkenhorst 17, 48155 Münster, (02 51) 3 13 12;
Kommunalwissenschaftliches Institut, Universität Münster,
Universitätsstr. 14–16, 48143 Münster, (02 51) 83 27 41

101. *Faber,* Dr. Heiko, Professor,
Wunstorfer Str. 1, 30989 Gehrden, (0 51 08) 22 34;
Universität Hannover, Königsworther Platz 1,
30167 Hannover, (05 11) 7 62–82 06

102. *Faber,* Dr. Angela, Privatdozentin,
Am Dörnchesweg 42, 50259 Puhlheim,
(0 22 34) 64 370, Fax (0 22 34) 80 29 93,
E-mail: angelafaber@yahoo.de

103. *Fastenrath,* Dr. Ulrich, Professor,
Liliensteinstraße 4, 01277 Dresden, (03 51) 2 54 05 36;
Juristische Fakultät der TU Dresden, Bergstr. 53,
01069 Dresden, (03 51) 46 33–73 33, Fax (03 51) 46 33–72 13

104. *Fechner,* Dr. Frank, Professor,
Fischersand 57, 99084 Erfurt,
(03 61) 6 44 56 96;
TU Ilmenau, Institut für Rechtswissenschaft,
Postfach 100 565, 98684 Ilmenau, (0 36 77) 69–40 22,
E-mail: Frank.Fechner@tu-ilmenau.de

105. *Fehling,* Dr. Michael, Privatdozent, LL.M. (Berkeley),
Bucerius Law School, Hochschule für Rechtswissenschaft,
Junigiusstraße 6, 20355 Hamburg,
(0 40) 3 07 06–2 31, Fax (0 40) 3 07 06–2 35,
E-mail: Michael.Fehling@law-school.de

106. *Felix,* Dr. Dagmar, Professorin,
Ahornweg 16, 94121 Salzweg, (08 51) 9 44 21 11;
Universität Hamburg, Öffentliches Recht und Sozialrecht,
Fachbereich Rechtswissenschaft, Edmund-Siemers-Allee 1,
20146 Hamburg, Tel./Fax (040) 4 28 38–26 65,
E-mail: d-felix@jura.uni-hamburg.de

107. *Fiedler,* Dr. Wilfried, o. Professor,
Am Löbel 2, 66125 Saarbrücken-Dudweiler, (0 68 97) 76 64 01;
Rechts- und Wirtschaftswissenschaftliche Fakultät,
Fachbereich Rechtswissenschaften, Universität des Saarlandes,
Postfach 15 11 50, 66041 Saarbrücken,
(06 81) 3 02–32 00, Fax (06 81) 3 02–43 30,
E-mail: w.fiedler@rz.uni-sb.de
Internet: http://www.jura.uni-sb.de/FB/LS/Fiedler

108. *Fink,* Dr. Udo, Univ.-Professor,
Johannes-Gutenberg-Universität Mainz,
Fachbereich Rechts- und Wirtschaftswissenschaften,
55099 Mainz, (06131) 3 92 23 84,
E-mail: Fink@mail.jura.uni-mainz.de

109. *Fisahn,* Dr. Andreas, Privatdozent,
Hauptmann Böse Weg 5, 28213 Bremen,
(04 21) 2 23 94 64;
Universität Bremen, FB Rechtswissenschaft,
Postfach 33 04 40, 28834 Bremen, (04 21) 2 18 27 68,
E-mail: Fisahn@uni-bremen.de

110. *Fischer,* Dr. Kristian, Privatdozent,
Karlstraße 38, 68623 Lampertheim,
(0 62 06) 911 955;
Lehrstuhl für Öffentliches Recht und Steuerrecht,
Universität Mannheim,
Schloß, Westflügel, 68131 Mannheim,
(06 21) 1 81–14 35, Fax (06 21) 1 81–14 37,
E-mail: kfischer@jura.uni-mannheim.de

111. *Fleiner-Gerster,* Dr. Dr. h.c. Thomas, o. Professor,
rte. Beaumont 9, CH-1700 Fribourg, (00 41) 26–4 24 66 94;
Institut für Föderalismus, Universität Fribourg,
rte. Englisberg 7, CH-1763 Granges-Paccot,
(00 41) 26–3 00 81 25 oder –28, Fax (00 41) 26–3 00 97 24,
E-mail: Thomas.Fleiner@unifr.ch

112. *Folz,* Dr. Hans-Ernst, Professor,
Bispinger Weg 11, 30625 Hannover,
(05 11) 57 57 19 oder 56 28 92;
Universität Hannover, Königsworther Platz 1,
30167 Hannover, (05 11) 7 62–82 48 oder –82 49

113. *Frank,* Dr. Dr. h.c. Götz, Professor,
Cäcilienplatz 4, 26122 Oldenburg, (04 41) 7 56 89;
Carl von Ossietzky Universität Oldenburg,
Juristisches Seminar, Öffentliches Wirtschaftsrecht,
Birkenweg 5, 26111 Oldenburg,
(04 41) 7 98–41 43, Fax (04 41) 7 98–41 51,
E-mail: Goetz.Frank@uni-oldenburg.de

114. *Frankenberg,* Dr. Dr. Günter, Professor,
Buchrainweg 17, 63069 Offenbach;
Institut für Öffentl. Recht, Universität Frankfurt,
Senckenberganlage 31; 60054 Frankfurt a.M.,
(0 69) 7 98 2 29 91, Fax (0 69) 7 98 2 83 83,
E-mail: Frankenberg@jur.uni-frankfurt.de

115. *Friauf,* Dr. Karl Heinrich, o. Professor,
Eichenhainallee 17, 51427 Bergisch-Gladbach, (0 22 04) 6 19 84;
Universität Köln, 50923 Köln

116. *Fromont,* Dr. Dr. h.c. Michel, Professor,
12, Boulevard de Port Royal, F-75005 Paris,
(00 33 1) 45 35 73 71;
Universität Paris I Panthéon-Sorbonne, Études
Internationales et Européennes, 12, place du Panthéon,
F-75231 Paris Cédex 05, (00 33 1) 46 34 97 32

117. *Frotscher,* Dr. Werner, Professor,
Habichtstalgasse 32, 35037 Marburg/Lahn,
(0 64 21) 3 29 61;
Universität Marburg, Universitätsstr. 6, 35032 Marburg/Lahn,
(0 64 21) 2 82–1 22/126 (Sekr.), Fax (0 64 21) 2 82–38 40,
E-mail: Frotscher@mailer.uni-marburg.de

118. *Frowein,* Dr. Dr. h.c. Jochen Abr., o. Professor,
Blumenthalstr. 53, 69120 Heidelberg, (0 62 21) 47 46 82;
MPI für Ausl. Öffentliches Recht und Völkerrecht,
Im Neuenheimer Feld 535, 69120 Heidelberg,
(0 62 21) 4 82–2 58, Fax (0 62 21) 4 82–6 77,
E-mail: Frowein@mpiv-hd.mpg.de

119. *Funk,* Dr. Bernd-Christian, o. Professor,
Franz Grassler Gasse 23, A-1230 Wien,
Tel./Fax (00 43–1) 8 89 29 35;
Institut für Staats- und Verwaltungsrecht, Universität Wien – Juridicum –,Schottenbastei 10–16, A-1010 Wien;
Institut für Universitätsrecht und Universitätsmanagement, Johannes Kepler Universität Linz, Altenbergerstr. 69, A-4040 Linz,
(00 43) 7 32–24 68–93 36, Fax (00 43) 7 32–24 68 93 99,
E-Mail: unirecht.unimanagement@jk.uni-linz.ac.at,
Internet: www.uni-linz.ac.at/unirecht

120. *Gallent,* Dr. Dr. Kurt, Universitätsprofessor,
Obersenatsrat i.R.,
Pestalozzistr. 1/III, A-8010 Graz,
(00 43) 3 16–84 76 22

121. *Gallwas,* Dr. Hans-Ulrich, Professor,
Hans-Leipelt-Str. 16, 80805 München, (0 89) 32 83 66;
Universität München, Professor-Huber-Platz 2, 80539 München,
(0 89) 21 80–32 62

122. *Gassner,* Dr. Ulrich M., Mag.rer.publ.,M.Jur. (Oxon), Professor,
Scharnitzer Weg 9, 86163 Augsburg, (08 21) 6 32 50;
Universität Augsburg, Eichleitnerstr. 30, 86135 Augsburg,
(08 21) 5 98–45 46, Fax (08 21) 5 98–45 47,
E-mail: Ulrich.Gassner@jura.uni-augsburg.de

123. *Geis,* Dr. Max-Emanuel, o. Professor,
Mögginger Steig 20, 78315 Radolfzell, (0 77 32) 1 35 75;
Universität Konstanz, Postfach 55 60 D 115, 78434 Konstanz,
(0 75 31) 88–23 13 oder 34 58, Fax (0 75 31) 88–25 63,
E-mail: max-emanuel.geis@uni-konstanz.de

124. *Gellermann,* Dr. Martin, Privatodozent,
Hermann-Lüpping-Str. 15, 49492 Westerkappeln, (054 04) 20 47;
Universität Osnabrück, FB Rechtswissenschaften,
49069 Osnabrück

125. *Germann,* Dr. Michael, Privatdozent,
Karolinenstraße 50b, 90763 Fürth,
(09 11) 77 54 95;
Hans-Liermann-Institut für Kirchenrecht,
Hindenburgstraße 34, 91054 Erlangen,
(0 91 31) 85–2 28 26, Fax (0 91 31) 85–2 49 64,
E-mail: Michael.Germann@jura.uni-erlangen.de

126. *Gersdorf,* Dr. Hubertus, Professor,
Stationsweg 3, 53127 Bonn, (02 28) 3 91 96 29, Fax (02 28) 3 91 96 51;
Universität Rostock, Lehrstuhl für Kommunikationsrecht,
Gerd Bucerius-Stiftungsprofessur,
Möllner Straße 10, 18109 Rostock,
(03 81) 4 98–37 88, Fax (03 81) 4 98–37 70,
E-Mail: Hubertus.Gersdorf@jurfak.uni-rostock.de

127. *Giegerich,* Dr. Thomas, Privatdozent,
Hugenottenstraße 6, 68229 Mannheim;
MPI für ausländisches öffentliches Recht und
Völkerrecht,
Im Neuenheimer Feld 535, 69120 Heidelberg,
(0 62 21) 4 82–2 34, Fax (0 62 21) 4 82–2 88,
E-mail: Tgiegerich@mpiv-hd.mpg.de

128. *Goerlich,* Dr. Helmut, Professor,
Universität Leipzig, Juristenfakultät, Otto-Schill-Str. 2,
04109 Leipzig, (03 41) 97–3 51 71, Fax (03 41) 97–3 51 79

129. *Göldner,* Dr. Detlef, Privatdozent,
Wilhelmshavener Str. 20, 24105 Kiel, (04 31) 8 16 44

130. *Gornig,* Dr. Gilbert, Professor,
Pfarracker 4, 35043 Marburg-Bauerbach,
(0 64 21) 16 35 66, Fax (0 64 21) 16 37 66;
Institut für Öffentliches Recht, Universität Marburg,
Universitätsstr. 6, 35032 Marburg,
(0 64 21) 28–31 31 oder 28–31 27, Fax (0 64 21) 28–38 53,
E-mail: Gornig@voelkerrecht.com

131. *Götz,* Dr. Volkmar, o. Professor,
Geismarlandstr. 17a, 37083 Göttingen,
(05 51) 4 31 19;
Universität Göttingen, Abt. Europarecht des Instituts für Völkerrecht,
Platz der Göttinger Sieben 5, 37073 Göttingen,
(05 51) 39–47 61, Fax (05 51) 39–21 96,
E-mail: ujveuro@gwdg.de

132. *Grabenwarter,* Dr. Dr. Christoph, Universitätsprofessor,
Friedrich-Ebert-Str. 77, 53177 Bonn-Bad Godesberg, (02 28) 3 69 87 72
Lehrstuhl für Öffentliches Recht,
Rechts- und Staatswissenschaftl. Fakultät der Universität Bonn,
Adenauerallee 24–42, 53113 Bonn,
(02 28) 73–91 25, Fax: (02 28) 73–40 49,
E-mail: c.grabenwarter@uni-bonn.de

133. *Gramlich,* Dr. Ludwig, Professor,
Justus-Liebig-Str. 38 A, 64839 Münster;
Fakultät für Wirtschaftswissenschaften,
TU Chemnitz-Zwickau, Postfach 9 64, 09009 Chemnitz,
(03 71) 5 31 41 64, -65, Fax (03 71) 5 31 39 61,
E-mail: l.gramlich@wirtschaft.tu-chemnitz.de
Internet: http://www.tu-chemnitz.de/wirtschaft/jural/

134. *Gramm,* Dr. Christof Gerhard, Privatdozent,
Austraße 12 c, 53604 Bad Honnef, (0 22 24) 48 34;
Bundesministerium der Justiz, Jerusalemer Str. 24–28,
10117 Berlin, (030) 20 25 94 50

135. *Grawert,* Dr. Dr. h.c. Rolf, o. Professor,
Aloysiusstr. 28, 44795 Bochum, (02 34) 47 36 92;
Universität Bochum, 44721 Bochum,
(02 34) 3 22 28 09 Fax (02 34) 3 21 42 36,
E-mail: LS.grawert@jura.ruhr-uni-bochum.de

136. *Grewlich,* Dr. jur. Dr. sc.econ. (HEC Lausanne) LL.M. (Berkeley),
Klaus W., Privatdozent,
Prinz Albertstr. 31, 53113 Bonn, (02 28) 26 51 29;
Universität Freiburg, 79085 Freiburg i.Br.

137. *Griller,* Dr. Stefan, Universitätsprofessor,
Hungerbergstr. 11–13, A-1190 Wien, (00 43–1) 32 24 05;
Forschungsinstitut für Europafragen, Wirtschaftsuniversität
Wien, Althanstr. 39–45, A-1090 Wien,
(00 43–1) 3 13 36–41 35 oder 41 36,
Fax (00 43–1) 3 13 36 -7 58

138. *Grimm,* Dr. Dieter, o. Professor,
Bayerische Straße 5, 10707 Berlin,
(0 30) 88 72 57 99, Fax (0 30) 88 72 58 99;
Humboldt-Universität zu Berlin, Juristische Fakultät,
Unter den Linden 6, 10099 Berlin,
(030) 2093–3566 (Büro), 3567 (Sekretariat), 3536 (Mitarbeiter),
Fax (030) 2093–3478
E-mail: Dieter.Grimm@rewi-hu-berlin.de
Wissenschaftskolleg zu Berlin, Institute for Advanced Study,
Wallotstr. 19, 14193 Berlin, (0 30) 8 90 01–0 (Zentrale),
(0 30) 8 90 01–117 (Sekretariat),
(0 30) 8 90 01–226 (Büro), Fax (0 30) 8 90 01–3 00,
E-mail: Grimm@wiko-berlin.de

139. *Gröpl,* Dr. Christoph, Privatdozent,
Universität Regensburg, Juristische Fakultät,
93040 Regensburg,
(09 41) 943-26 63, Fax (09 41) 943-49 93,
E-mail: Christoph.Groepl@jura-uni-regensburg.de

140. *Gröschner,* Dr. Rolf, o. Professor,
Stormstr. 39, 90491 Nürnberg, (09 11) 59 14 08;
Rechtswissenschaftliche Fakultät, Universität Jena,
Carl-Zeiss-Straße 3, 07743 Jena,
(0 36 41) 94 22 20 oder -21, Fax (0 36 41) 94 22 22,
E-mail: r.groeschner@recht.uni-jena.de

141. *Groß,* Dr. Thomas, Professor
Diezstr. 8, 35390 Gießen, Tel./Fax: (06 41) 3 01 23 81;
Justus-Liebig-Universität, Fachbereich Rechtswissenschaft,
Licher Straße 64, 35394 Gießen,
(06 41) 99-2 11 20 /-21, Fax: (06 41) 99-2 11 29,
E-mail: Thomas.Gross@recht.uni-giessen.de

142. *Grupp,* Dr. Klaus, Universitätsprofessor,
Stephanienufer 5, 68163 Mannheim,
(06 21) 82 21 97, Fax (06 21) 82 21 97;
Universität des Saarlandes, Am Stadtwald, 66041 Saarbrücken,
(06 81) 3 02-35 08 oder -35 48, Fax (06 81) 3 02-42 13,
E-mail: K.Grupp@rz.uni-sb.de

143. *Gurlit,* Dr. Elke, Privatdozentin,
Schmiljanstr. 2, 12161 Berlin, (030) 95 99 56 22, Fax (030) 852 00 17,
E-mail: EGurlit@aol.com;
Freie Universität Berlin, FB Rechtswissenschaft,
Boltzmannstr. 3, 14195 Berlin, (0 30) 8 38 30 10,
Fax (0 30) 8 38 30 11

144. *Gusy,* Dr. Christoph, Professor,
Schuckertstraße 55, 33613 Bielefeld, (04 21) 2 57 45 73;
Universität Bielefeld, Fakultät für Rechtswissenschaft,
Universitätsstr. 25, 33615 Bielefeld, (05 21) 1 06 43 97,
E-mail: christoph.gusy@uni-bielefeld.de

145. *Häberle,* Dr. Dr. h.c. mult. Peter, o. Professor,
Universität Bayreuth, Universitätsstraße 30,
95447 Bayreuth, (09 21) 55 29 47, Fax (09 21) 55 29 85,
E-mail: Peter.Haeberle@uni-bayreuth.de

146. *Häde,* Dr. Ulrich, Universitätsprofessor,
Bergstraße 146, 15230 Frankfurt/Oder,
(03 35) 6 85 74 38;
Europa-Universität Viadrina, Lehrstuhl für Öffentl. Recht,
insbes. Verwaltungsrecht, Finanzrecht und Währungsrecht,
Postfach 17 86, 15207 Frankfurt/Oder,
Hausanschrift: Große Scharrnstr. 59, 15230 Frankfurt/Oder,
(03 35) 55 34-6 70, Fax (03 35) 55 34-5 25,
E-mail: haede@euv-frankfurt-o.de

147. *Häfelin,* Dr. Ulrich, o. Professor,
Müseliweg 1, CH-8049 Zürich, (00 41-1) 56 84 60

148. *Hafner,* Dr. Felix, Professor,
Hirzbrunnenschanze 67, CH-4058 Basel,
(00 41) 61-6 91 40 64;
Titularprofessor f. öffentl. Recht, insbes. Kirchenrecht
der Universität Basel,
Justizdepartement des Kantons Basel-Stadt, CH-4001 Basel,
(00 41) 61-2 67 81 19, Fax (00 41) 61-2 67 81 37,
E-mail: Felix.Hafner@unibas.ch

149. *Hahn,* Dr. Dr. h.c. Hugo J., LL.M.(Harvard), o. Professor,
Frankenstr. 63, 97078 Würzburg, (09 31) 28 42 86;
Universität Würzburg, (09 31) 31 23 10,
Fax (09 31) 31 23 17

150. *Hailbronner,* Dr. Kay, o. Professor,
Toggenbühl, CH-8559 Fruthwilen, (00 41) 71-6 64 19 46;
Universität Konstanz, (0 75 31) 88 22 47,
E-mail: webmaster.migration@uni-konstanz.de

151. *Hain,* Dr. Karl-E., Privatdozent,
Burgstr. 4, 37073 Göttingen, (05 51) 5 82 23;
Juristisches Seminar der Georg-August-Universität,
Platz der Göttinger Sieben 6, 37073 Göttingen,
(05 51) 39 21 22,
E-mail: khain@gwdg.de

152. *Haller,* Dr. Herbert, Universitätsprofessor
Felix-Mottl-Str. 48, Haus 2, A-1190 Wien,
(00 43-1) 3 42 93 82;
Wirtschafts-Universität Wien, (00 43-1) 3 13 36-46 68,
E-mail: Dekan.Haller@wu-wien.ac.at

153. *Haller,* Dr. Walter, o. Professor,
Burgstr. 264, CH-8706 Meilen, (00 41-1) 9 23 10 14;
Universität Zürich, Institut f. Völkerrecht u. ausländ. Verfassungsrecht, Hirschengraben 40, CH-8001 Zürich, (00 41-1) 6 34-20 52, Fax (00 41-1) 6 34-49 93

154. *Hammer,* Dr. Felix, Privatdozent,
Im Kleinen Feldle 18, 72072 Tübingen,
(0 70 71) 79 22 57, Fax (0 70 71) 79 22 58;
Eberhard-Karls-Universität Tübingen,
Lehrstuhl für Öffentliches Recht und Kirchenrecht,
Wilhelmstr. 7, 72074 Tübingen

155. *Hangartner,* Dr. Yvo, o. Professor,
Am Gozenberg 2, CH-9202 Gossau, (00 41) 71-85 15 11;
Hochschule St. Gallen

156. *Hänni,* Dr. Peter, o. Professor,
Stadtgraben 6, CH-3280 Murten, (00 41) 26-6 70 58 15;
Lehrstuhl für Staats- und Verwaltungsrecht, Universität Fribourg, Les Portes de Fribourg, Route d'Englisberg 7, CH-1763 Granges-Paccot, (00 41) 26-3 00 81 29,
Fax (00 41) 26-3 00 97 24,
E-mail: Peter.Haenni@unifr.ch

157. *Hase,* Dr. Friedhelm, Professor,
Sodalenruh 6, 96049 Bamberg, (09 51) 6 24 79;
Universität-Gesamthochschule Siegen, Fachbereich 5, Wirtschaftswissenschaften, Hölderlinstr. 3, 57068 Siegen, (02 71) 7 40-32 19 oder 7 40-32 08,
Fax (02 71) 7 40-24 77

158. *Hatje,* Dr. Armin, Professor,
Sauerbruchstr. 36, 32049 Herford,
Tel./Fax (0 52 21) 27 03 10;
Universität Bielefeld, Fakultät für Rechtswissenschaft,
Postfach 10 01 31, 33501 Bielefeld,
(05 21)1 06 44 12, Fax (05 21) 1 06 60 37,
E-Mail: armin.hatje@uni-bielefeld.de

159. *Haverkate,* Dr. Görg, Universitätsprofessor,
Klingenweg 26, 69118 Heidelberg, (0 62 21) 80 05 81;
Universität Heidelberg, Friedrich-Ebert-Anlage 3,
69117 Heidelberg, (0 62 21) 54 77 23

160. *Heckel,* Dr. iur. Dr. theol. h.c. Martin, o. Universitätsprofessor, Lieschingstr. 3, 72076 Tübingen, (0 70 71) 6 14 27

161. *Heckmann,* Dr. Dirk, Universitätsprofessor, Am Wimhof 33, 94034 Passau, (08 51) 75 38 83; Universität Passau, Innstraße 40, 94032 Passau, (08 51) 5 09–22 90, Fax (08 51) 5 09–22 92, E-mail: Heckmann@uni-passau.de

162. *Heintschel von Heinegg,* Dr. Wolff, Professor, Hegelstr. 22, 45219 Essen-Kettwig, (0 20 54) 47 77, Fax (0 20 54) 1 67 82; Europa-Universität Viadrina, Frankfurt/Oder, Lehrstuhl für Öffentl. Recht, August-Bebel-Str. 12, 15234 Frankfurt/Oder, (03 35) 55 34–9 16, Fax (03 35) 55 34–9 15, E-mail: Heinegg@euv-frankfurt-o.de

163. *Heintzen,* Dr. Markus, Professor, Freie Universität Berlin, FB Rechtswissenschaft, Van't-Hoff-Str. 8, 14195 Berlin, (0 30) 8 38–5 24 79, Fax (0 30) 8 38–5 21 05

164. *Heitsch,* Dr. Christian, Privatdozent, Zurmaiener Straße 18, 54292 Trier, (06 51) 9 91 62 08; FB Rechtswissenschaft, Universität Trier, Universitätsring 15, 54268 Trier, (06 51) 2 01–25 57, Fax (06 51) 2 01–39 03, E-mail: Heitsch@uni-trier.de

165. *Hellermann,* Dr. Johannes, Universitätsprofessor, Am Pappelkrug 3, 33619 Bielefeld, (05 21) 16 00 38; Westfälische Wilhelms-Universität Münster, Rechtswissenschaftliche Fakultät, Universitätsstr. 14–16, 48143 Münster, (02 51) 83–22 7 15 oder 83–28 4 11, Fax (02 51) 83–22 7 94, E-mail: Johannes.Hellermann@uni-muenster.de

166. *Hendler,* Dr. Reinhard, Universitätsprofessor, Laurentius-Zeller-Str. 12, 54294 Trier, (06 51) 9 37 29 44; Universität Trier, Fachbereich Rechtswissenschaft, Universitätsring 15, 54286 Trier, (06 51) 2 01–25 56 oder 25 58, Fax (06 51) 2 01–39 03, E-mail: Hendler@uni-trier.de

167. *Hengstschläger,* Dr. Johann, o. Universitätsprofessor,
Altenbergerstr. 5, A-4040 Linz, (00 43) 7 32–28 10 81;
Johannes-Kepler-Universität, Altenbergerstr. 69, A-4040 Linz,
(00 43) 7 32–24 68–4 01, Fax (00 43) 7 32–2 46 4 3

168. *Herdegen,* Dr. Matthias, Professor,
Friedrich-Wilhelm-Str. 35, 53113 Bonn;
Rechts- und Staatswissenschaftliche Fakultät,
Universität Bonn, Adenauerallee 44, 53113 Bonn,
(02 28) 73 55 70/-80, Fax (02 28) 73 79 01,
E-mail: Herdegen@uni-bonn.de

169. *Hermes,* Dr. Georg, Professor,
Egenolffstr. 21, 60316 Frankfurt a.M.,
(0 69) 43 05 77 50, Fax (0 69) 49 08 40 58;
Universität Frankfurt, FB Rechtswissenschaft,
Postfach 11 19 31, 60054 Frankfurt a.M.,
(0 69) 7 98–2 38 63, Fax (0 69) 7 98–2 87 50,
E-mail: G.Hermes@jur.uni-frankfurt.de

170. *Herrmann,* Dr. Günter, Professor,
Wankweg 13, 87642 Buching/Allgäu, (0 83 68) 16 96;
Universität München, Professor-Huber-Platz 2, 80539 München

171. *Herzog,* Dr. Roman, Professor, Bundespräsident a.D.,
Postfach 86 04 45, 81631 München

172. *Hesse,* Dr. Dr. h.c. mult. Konrad, o. Professor,
Schloßweg 29, 79249 Merzhausen, (07 61) 40 38 11;
Universität Freiburg, 79085 Freiburg,
(07 61) 2 03 35 14

173. *Heun,* Dr. Werner, Professor,
Bürgerstraße 5, 37073 Göttingen, (05 51) 70 62 48;
Universität Göttingen, Institut für Allgemeine Staatslehre
und Politische Wissenschaften, Goßlerstraße 11,
37073 Göttingen, (05 51) 39–46 93, Fax (05 51) 39–22 39,
E-mail: staatsl@gwdg.de

174. *Heyen,* Dr. iur. lic. phil. Erk Volkmar, Universitätsprofessor,
Arndtstraße 22, 17489 Greifswald, (0 38 34) 50 27 16;
Ernst Moritz Arndt-Universität, Domstr. 20,
17489 Greifswald,
(0 38 34) 86–21 08, Fax (0 38 34) 86–20 02,
E-mail: lsheyen@uni-greifswald.de

175. *Hidien,* Dr. Jürgen W., Professor,
Königsstr. 37, 48143 Münster,
(02 51) 4 78 77

176. *Hilf,* Dr. Meinhard, Universitätsprofessor,
Schelpsheide 12, 33613 Bielefeld,
(05 21) 88 92 82, Fax (05 21) 88 92 10;
Universität Hamburg, Seminar für Öffentliches Recht
und Staatslehre,
Rothenbaumchaussee 41, 20148 Hamburg,
(0 40) 4 28 38–45 64, Fax (0 40) 4 28 38–68 58,
E-mail: Hilf@uni-hamburg.de

177. *Hill,* Dr. Hermann, Professor,
Habichtstr. 15, 67373 Dudenhofen;
Hochschule für Verwaltungswissenschaften,
Postfach 14 09, 67324 Speyer, (0 62 32) 6 54–3 28,
E-mail: Hill@dhv-speyer.de

178. *Hillgruber,* Dr. Christian, Professor,
Weide 8, 96047 Bamberg;
Universität Erlangen-Nürnberg, Juristische Fakultät,
Lehrstuhl für Öffentliches Recht, Völkerrecht, Rechtsphilosophie,
Schillerstr. 1, 91054 Erlangen, (0 91 31) 8 52 22 60,
E-mail: christian.hillgruber@jura.uni-erlangen.de

179. *Hobe,* Dr. Stephan, LL.M., Universitätsprofessor,
Heideweg 40, 53229 Bonn, (02 28) 9 48 93 00;
Universität zu Köln, Institut für Luft- und Weltraumrecht und
Lehrstuhl für Völker- und Europarecht, europäisches und
internationales Wirtschaftsrecht,
Albertus-Magnus-Platz, 50923 Köln,
(02 21) 4 70 23 37,
E-mail: Stephan.Hobe@uni-koeln.de

180. *Hoffmann,* Dr. Dr. h.c. Gerhard, o. Professor,
Ernst-Lemmer-Str. 10, 35041 Marburg,
0 64 21 – 8 16 45;
Universität Marburg, 35037 Marburg

181. *Hoffmann-Riem,* Dr. Wolfgang, Professor,
Bundesverfassungsrichter,
Bundesverfassungsgericht, Postfach 17 71, 76131 Karlsruhe

182. *Höfling,* Dr. Wolfram, Professor, M.A.,
Bruchweg 2, 52441 Linnich, (0 24 62) 36 16;
Universität zu Köln, Institut für Staatsrecht,
Albertus-Magnus-Platz, 50923 Köln,
(02 21) 4 70–33 95, Fax (02 21) 4 70–50 75,
E-mail: Sekretariat@institut-staatsrecht.de

183. *Hofmann,* Dr. Dr. Rainer, Universitätsprofessor,
Bergstr. 83, 69121 Heidelberg, (0 62 21) 40 10 04;
Direktor des Walther-Schücking-Instituts für Internat.
Recht der Christian-Albrechts-Universität zu Kiel,
Olshausenstr. 40, 24098 Kiel,
(04 31) 8 80–21 89 oder –17 33, Fax (04 31) 8 80–16 19
E-mail: Hofmann-thies@internat-recht.uni-kiel.de

184. *Hofmann,* Dr. Hasso, o. Professor,
Christoph-Mayer-Weg 5, 97082 Würzburg, (09 31) 8 73 88,
oder Torstr. 176, 10115 Berlin, (0 30) 2 81 30 75;
Humboldt-Universität zu Berlin, Unter den Linden 6,
10099 Berlin, (0 30) 20 93–25 68, Fax (0 30) 20 93–29 36

185. *Hohmann,* Dr. Harald, Privatdozent,
Furthwiese 10, 63654 Büdingen,
(0 60 49) 95 29 47, Fax (0 60 49) 95 29 48,
E-mail: Harald.Hohmann@t-online.de;
Kanzlei White & Case, Feddersen,
Stiftstraße 9–17, 60313 Frankfurt a.M.,
(0 69) 2 99 94–2 65, Fax (0 69) 28 26 15,
E-mail: hhohmann@whitecase.com

186. *Hollerbach,* Dr. Alexander, o. Professor,
Runzstraße 86, 79102 Freiburg i.Br.,
(07 61) 2 17 14 14;
Universität Freiburg, Europaplatz, 79085 Freiburg,
(0761) 2 03 22 58, Fax (07 61) 2 03 22 97

187. *Holoubek,* Dr. Michael, Universitätsprofessor,
Liechtensteinstr. 25/15, A-1090 Wien, (00 43–1) 3 17 73 72;
Institut für Staats- und Verwaltungsrecht,
Wirtschaftsuniversität Wien, Althanstraße 39–45,
A-1090 Wien, (00 43–1) 3 13 36/46 60,
Fax (00 43–1) 3 13 36/7 13,
E-mail: michael.holoubek@wu-wien.ac.at

188. *Hölscheidt,* Dr. Sven, Regierungsdirektor,
Westfälische Straße 45, 10711 Berlin,
(0 30) 89 06 09 78;
Deutscher Bundestag, WF IV A1,
Platz der Republik 1, 11011 Berlin,
(0 30) 2 27-3 59 90, Fax (0 30) 2 27-3 60 21

189. *Holzinger,* Dr. Gerhart, Sektionschef, Universitätsdozent,
Mitglied des Verfassungsgerichtshofs,
Judenplatz 11, A-1010 Wien,
(00 43-1) 02 22-5 31-22/4 12, Fax (00 43-1)
02 22-5 31-22-5 18

190. *Holznagel,* Dr. Bernd, LL.M., Professor,
Ahrensburger Weg 129 B, 22359 Hamburg,
(0 40) 6 09 57 35, Fax (0 40) 60 91 16 47;
Inst. für Informations-, Telekommunikations- und
Medienrecht (ITM),
FB Rechtswissenschaften, Universität Münster,
Universitätsstr. 14–16, 48143 Münster, (02 51) 83–28 4 11,
Fax (02 51) 83–21 8 30,
E-mail:Holznagel@uni-muenster.de

191. *Hoppe,* Dr. Werner, o. Professor,
Erphostr. 36, 48145 Münster,
(02 51) 39 18 99, Fax (02 51) 39 24 71;
c/o RAe Gleiss, Lutz, Hootz, Hirsch & Partner, Stuttgart,
(07 11) 8 99 73 29, Fax (07 11) 85 50 96

192. *Horn,* Dr. Hans-Detlef, Professor,
Oberölschnitz Nr. 2b, 95517 Emtmannsberg, (0 92 09) 14 38;
Philipps-Universität Marburg, FB Rechtswissenschaften,
Institut für Öffentliches Recht,
Universitätsstr. 6, 35032 Marburg,
(0 64 21) 2 82 38 10 oder 2 82 31 26, Fax: (0 64 21) 2 82 38 39,
E-mail: Horn@mailer.uni-marburg.de

193. *Hösch,* Dr. Ulrich, Privatdozent,
Lehrstuhl für Öffentliches Recht und Wirtschaftsrecht,
Universität Bayreuth, 95440 Bayreuth,
(09 21) 55–28 77

194. *Hotz,* Dr. Reinhold, Professor,
Rötelistr. 12, CH-9000 St. Gallen, (00 41 71) 24 67 77;
dienstl., (00 41 71) 22 03 03

195. *Huber,* Dr. Peter M., o. Professor,
An der Osterwiese 12, 07749 Jena, (0 36 41) 36 33 80;
Universität Bayreuth, Lehrstuhl für Öffentliches Recht und Recht der Europäischen Integration,
Universitätsstraße 30, Gebäude RW, 95447 Bayreuth,
(09 21) 55–29 42, Fax (09 21) 55–29 96

196. *Hufen,* Dr. Friedhelm, o. Professor,
Backhaushohl 62, 55128 Mainz,
(0 61 31) 3 44 44; Fax (0 61 31) 36 14 49;
Johannes-Gutenberg-Universität Mainz,
FB Rechts- und Wirtschaftswissenschaften,
55099 Mainz, (0 61 31) 39–2 23 54 oder –2 30 45,
Fax (0 61 31) 39–2 42 47,
E-mail: Hufen@jura1.jura.uni-mainz.de

197. *Ibler,* Dr. Martin, Professor,
Lindauer Straße 3, 78464 Konstanz,
Universität Konstanz, FB Rechtswissenschaften,
Postfach D 106, Universitätsstraße 10, 78457 Konstanz,
(0 75 31) 88–24 80/-23 28,
E-mail: Martin.Ibler@uni-konstanz.de

198. *Ipsen,* Dr. Jörn, o. Professor,
Luisenstr. 41, 49565 Bramsche,
(0 54 61) 44 96, Fax (0 54 61) 6 34 62;
Institut für Kommunalrecht, Universität Osnabrück,
49069 Osnabrück,
(05 41) 9 69–61 69 oder –61 58, Fax (05 41) 9 69–61 70,
E-mail: instkr@uos.de

199. *Ipsen,* Dr. Dr. h.c. mult. Knut, o. Professor,
Nevelstr. 59, 44795 Bochum, (02 34) 43 12 66;
Deutsches Rotes Kreuz (DRK), Königswinterer Str. 29,
53227 Bonn

200. *Isensee,* Dr. Josef, o. Professor,
Meckenheimer Allee 150, 53115 Bonn, (02 28) 69 34 69;
Universität Bonn, Adenauerallee 24–42, 53113 Bonn,
(02 28) 73 79 83

201. *Jaag,* Dr. Tobias, o. Professor,
Bahnhofstr. 22, CH-8022 Zürich, (00 41–1) 2 11 25 50;
Universität, (00 41–1) 2 57 31 70,
E-mail: Jaag@umbricht.ch

202. *Jachmann,* Dr. Monika, Universitätsprofessorin,
Meichelbeckstr. 5, 85356 Freising;
(0 81 61) 6 92 71, Fax (0 81 61) 6 92 73;
Universität Hamburg, Seminar für Finanz- und Steuerrecht,
Schlüterstraße 28, 20146 Hamburg,
(0 40) 4 28 38–30 27/30 26, Fax (0 40) 4 28 38–30 28,
E-mail: Monika.Jachmann@jura.uni-hamburg.de

203. *Jaenicke,* Dr. Günther, Professor,
Waldstr. 13, 69181 Leimen, (0 62 24) 7 25 71;
Universität Frankfurt, 60054 Frankfurt a.M.

204. *Jakob,* Dr. Wolfgang, o. Professor,
Wilhelmstr. 25, 80801 München, (0 89) 39 05 06;
Universität Augsburg, Lehrstuhl für Öffentliches Recht, Finanzrecht und Steuerrecht, Juristische Fakultät, Haus 86159,
Universitätsstr. 2, 86159 Augsburg,
(08 21) 5 98 45 40 oder –45 41, Fax: (08 21) 5 98 45 42,
E-mail: wolfgang.jakob@jura.uni-augsburg.de

205. *Janssen,* Dr. Albert, apl. Professor, Landtagsdirektor,
Langelinienwall 16, 31134 Hildesheim, (0 51 21) 13 11 12;
Niedersächsischer Landtag, Hinrich Wilhelm Kopf-Platz 1,
30159 Hannover, (05 11) 30 30–20 61

206. *Jarass,* Dr. Hans D., LL.M. (Harvard), o. Professor,
Baumhofstr. 37 d, 44799 Bochum, (02 34) 77 20 25;
Institut für Umwelt- und Planungsrecht, Universität Münster,
Universitätsstr. 14–16, 48143 Münster,
(02 51) 83 297 93, Fax (02 51) 83 292 97,
E-mail: iup@uni-muenster.de

207. *Jestaedt,* Dr. Matthias, Privatdozent,
Alte Bonner Straße 1 d, 53757 Sankt Augustin, (0 22 41) 33 43 30;
Institut für Öffentliches Recht,
Rheinische Friedrich-Wilhelms-Universität,
Juridicum, Adenauerallee 24–42, 53113 Bonn,
(02 28) 73 79 25, Fax (02 28) 73 48 68,
E-mail: Matthias.Jestaedt@web.de

208. *Kadelbach,* Dr. Stefan, LL.M., Professor,
Neuhaußstraße 6, 60322 Frankfurt a.M.;
Universität Münster, Lehrstuhl für Öffentliches Recht einschl.
Völker- und Europarecht, Universitätsstr. 14 – 16, 48143 Münster,
(02 51) 83–2 20 21, Fax (02 51) 83–2 20 43,
E-mail: Kadelba@uni-muenster.de

209. *Kägi-Diener,* Dr. Regula, Titularprofessorin,
Berghaldenplatz 7, Postfach 73, CH-9010 St. Gallen,
(00 41) 71-2 44 45 50, Fax (00 41) 71-2 44 45 51,
E-mail: kaegi-diener@swissonline.ch

210. *Kahl,* Dr. iur. Wolfgang, Universitätsprofessor,
Raiffeisenstr. 4b, 86836 Untermeitingen, Tel./Fax (08232) 7 84 18;
Justus-Liebig-Universität Gießen, Professur für Öffentliches Recht II,
Hein-Heckroth-Str. 5, 35390 Gießen (06 41) 99-2 10 90,
Fax (06 41) 99-2 10 99,
E-mail: Wolfgang.Kahl@recht.uni-giessen.de

211. *Kämmerer,* Dr. Jörn Axel, Professor,
Hudtwalckertwiete 10, 22299 Hamburg, (0 40) 48 09 22 23;
Bucerius Law School, Hochschule für Rechtswissenschaft,
Jungiusstraße 6, 20335 Hamburg,
(0 40) 3 07 06-1 90, Fax (0 40) 30 70 6-1 95,
E-mail: axel.kaemmerer@law-school.de

212. *Karpen,* Dr. Ulrich, Professor,
Ringstr. 181, 22145 Hamburg, (0 40) 6 77 83 98;
Universität Hamburg, Schlüterstr. 28, 20146 Hamburg,
(0 40) 4 28 38-30 23 oder -45 14 od. -45 55,
E-mail: U.Karpen@jura.uni-hamburg.de

213. *Kästner,* Dr. Karl-Hermann, o. Professor,
Alt-Rathausstr. 5, 72511 Bingen, (0 75 71) 32 23, Fax (0 75 71) 32 12;
Universität Tübingen, Juristische Fakultät,
Wilhelmstraße 7, 72074 Tübingen,
(0 70 71) 29 72 971, Fax (0 70 71) 29 50 96,
E-mail: Kaestner@jura.uni-tuebingen.de

214. *Kaufmann,* Dr. Marcel, Privatdozent,
Kleine Hamburger Straße 25A, 10115 Berlin, (0 30) 28 09 37 37,
E-mail: mkaufma@gwdg.de

215. *Kempen,* Dr. Bernhard, Universitätsprofessor,
Am Kreuter 1, 53117 Bonn (Bad Godesberg),
(02 28) 3 50 38 97, Fax (02 28) 3 50 38 98,
E-mail: Bernhard.Kempen@t-online.de;
Institut für Völkerrecht und ausländisches öffentliches Recht,
Universität Köln,
Gottfried-Keller-Straße 2, 50931 Köln,
(02 21) 4 70 23 64, Fax (02 21) 4 70 51 46,
E-mail: Bernhard.Kempen@uni-koeln.de

216. *Khol,* Dr. Andreas, Universitätsprofessor,
Cuviergasse 23, A-1130 Wien, (00 43-1) 84 15 73;
dienstl., (00 43-1) 40 11 0-44 00

217. *Kilian,* Dr. Michael, Professor,
Am Burgwall 15, 06198 Brachwitz;
Juristische Fakultät, Universität Halle-Wittenberg,
Universitätsplatz 3-5, Juridicum, 06099 Halle (Saale),
(03 45) 2 31 70, Fax (03 45) 2 72 69,
E-mail: Kilian@jura.uni-halle.de

218. *Kirchhof,* Dr. Ferdinand, o. Professor,
Walther-Rathenau-Str. 28, 72766 Reutlingen,
(0 71 21) 49 02 81, Fax (0 71 21) 47 94 47;
Universität Tübingen, Juristische Fakultät,
Wilhelmstr. 7, 72074 Tübingen,
(0 70 71) 2 97-25 61 oder -81 18, Fax (0 70 71) 2 97 43 58,
E-mail: Kirchhof@uni-tuebingen.de

219. *Kirchhof,* Dr. Paul, o. Professor,
Am Pferchelhang 33/1, 69118 Heidelberg, (06221) 80 14 47;
Universität Heidelberg, 69117 Heidelberg, (06221) 54 74 57,
E-mail: Kirchhof@jurs.uni-heidelberg.de

220. *Kirn,* Dr. Michael, o. Professor,
Rummelsburgerstr. 3, 22147 Hamburg, (0 40) 6 47 38 43;
Universität der Bundeswehr, Institut für Öffentliches Recht,
Postfach 70 08 22, 22043 Hamburg,
(0 40) 65 41-27 82 oder (0 40) 65 41-25 90

221. *Kisker,* Dr. Gunter, Universitätsprofessor,
Waldstr. 74, 35440 Linden, (0 64 03) 6 10 30;
Universität Gießen, 35394 Gießen, (06 41) 7 02 50 25

222. *Klein,* Dr. Eckart, Universitätsprofessor,
Heideweg 45, 14482 Potsdam, (03 31) 70 58 47;
Lehrstuhl für Staatsrecht, Völkerrecht und Europarecht,
Universität Potsdam, Postfach 90 03 27, 14439 Potsdam,
(03 31) 9 77-35 16, oder-35 11, Fax (03 31) 9 77-32 24,
E-mail: Klein@rz.uni-potsdam.de

223. *Klein,* Dr. Hans Hugo, o. Professor,
Heilbrunnstr. 4, 76327 Pfinztal-Söllingen, (0 72 40) 73 00;
Universität Göttingen (05 51) 39 46 35,
E-mail: H.H.Klein@jura.uni-goettingen.de

224. *Kley,* Dr. Andreas, Professor,
Institut für Öffentliches Recht,
Hochschulstr. 4, CH-3012 Bern,
(00 41) 31-6 31 88 96, Fax (00 41) 31-6 31 38 83

225. *Kloepfer,* Dr. Michael, o. Professor,
Davoser Str. 13 a, 14199 Berlin,
(0 30) 8 25 24 90, Fax (0 30) 8 25 26 90;
Institut für Öffentliches Recht und Völkerrecht,
Humboldt-Universität zu Berlin,
Unter den Linden 9–11 (Palais),
10099 Berlin, (0 30) 20 93–33 40 oder –33 31,
Fax (0 30) 20 93–34 38,
E-mail: Michael.Kloepfer@rewi.hu-berlin.de

226. *Kluth,* Dr. Winfried, Professor,
Blumenstr. 17, 06108 Halle (Saale) (03 45) 2 90 85 10;
Martin-Luther-Universität Halle-Wittenberg, Juristische Fakultät,
Lehrstuhl für Öffentliches Recht Universitätsplatz 10 a,
06099 Halle (Saale) (03 45) 5 52 32 22,
Fax (03 45) 5 52 72 65,
E-mail: kluth@jura.uni-halle.de

227. *Knemeyer,* Dr. Franz-Ludwig, o. Professor,
Unterdürrbacher Str. 353, 97080 Würzburg, (09 31) 9 61 18;
Universität Würzburg, 97070 Würzburg,
(09 31) 31 28 99, Fax (09 31) 31 23 17

228. *Knies,* Dr. Wolfgang, o. Professor,
Am Botanischen Garten 5, 66123 Saarbrücken, (06 81) 39 98 88;
Universität Saarbrücken, Postfach 11 50, 66041 Saarbrücken,
(06 81) 3 02 31 58, Fax (06 81) 3 02–31 98,
E-mail: rw35wk@rz.uni-sb.de

229. *Knöpfle,* Dr. Franz, em. Professor,
Höhenweg 22, 86391 Stadtbergen;
Universität Augsburg, Eichleitnerstr. 30,
86159 Augsburg, (08 21) 5 98–45 45

230. *Koch,* Dr. Hans-Joachim, Professor,
Wendlohstr. 80, 22459 Hamburg, Tel./Fax (0 40) 5 51 88 04;
Universität Hamburg, FB Rechtswissenschaft II,
Edmund-Siemers-Allee 1, 20146 Hamburg,
(0 40) 4 28 38–39 77 oder –54 43, Fax (0 40) 4 28 38–62 80,
E-mail: hj-Koch@jura.uni-hamburg.de

231. *Koch,* Dr. Thorsten, Privatdozent,
Emanuel-Geibel-Straße 4, 49143 Bissendorf, (0 54 02) 77 74,
E-mail: tkoch@uos.de

232. *Köck,* Dr. Wolfgang, Professor,
UFZ-Umweltforschungszentrum Leipzig-Halle GmbH,
Permoserstraße 15, 04318 Leipzig,
Universität Leipzig, Juristenfakultät,
Burgstraße 27, 04109 Leipzig,
(03 41) 2 35–31 40, Fax (03 41) 2 35–28 25,
E-mail: Koeck@alok.ufz.de

233. *Koenig,* Dr. Christian, LL.M. (London), Universitätsprofessor,
Zentrum für Europäische Integrationsforschung,
Rheinische Friedrich-Wilhelms-Universität,
Walter-Flex-Str. 3, 53113 Bonn,
(02 28) 73-18-91/-92/-95, Fax (02 28) 73–18 93,
E-mail: sekretariat.zeia@uni-bonn.de
Internet: http://www.zei.de

234. *Kokott,* Dr. Dr. Juliane, LL.M. (Am. Un.),
S.J.D. (Harvard), Universitätsprofessorin,
Mönchhofstr. 42, 69120 Heidelberg, (0 62 21) 45 16–16;
Lehrstuhl für Völkerrecht, Internationales Wirtschaftsrecht und Europarecht, Forschungsgemeinschaft für Rechtswissenschaften,
Tigerbergstr. 21, CH-9000 St. Gallen,
(00 41) 71–2 24–21 61, (0 62 21) 45 16 17,
(00 41) 71–2 24–21 60 (Sekr.)
Fax: (00 41) 71–2 24–21 62, (0 62 21) 46 16 18,
E-mail: Juliane.Kokott@unisg.ch

235. *König,* Dr. Doris, Professorin,
Bucerius Law School
Hochschule für Rechtswissenschaft
Jungiusstr. 6, 20355 Hamburg
(0 40) 3 07 06–2 01 Fax (0 40) 3 07 06–1 90
E-mail: Koenig@law-school.de

236. *König,* Dr. Dr. Klaus, Universitätsprofessor,
Albrecht-Dürer-Str. 20, 67346 Speyer, (0 62 32) 29 02 16;
Hochschule f. Verwaltungswissenschaften Speyer,
Postfach 14 09, 67324 Speyer, (0 62 32) 6 54–3 69 oder –3 50 oder –3 55,
E-mail: k.koenig@dhv-speyer.de

237. *Kopetzki,* DDr. Christian, Universitätsdozent,
Institut für Staats- und Verwaltungsrecht, Universität Wien,
Schottenbastei 10–16, A-1010 Wien

238. *Korinek,* Dr. Karl, o. Professor,
Vizepräsident des Österreichischen Verfassungsgerichtshofs,
Auhofstr. 225–227, A-1130 Wien, (00 43–1) 8 76 48 76;
Institut für Staats- und Verwaltungsrecht, Universität Wien,
Schottenbastei 10–16, A-1010 Wien,
(00 43–1) 42 77–3 54 42, Fax (00 43–1) 42 77–3 54 49

239. *Korioth,* Dr. Stefan, Professor,
Institut für Politik und Öffentliches Recht der Universität München
Professor-Huber-Platz 2/III, 80539 München,
(089) 21 80–27 37, Fax (089) 21 80–39 90,
E-mail: Korioth@jura.uni-muenchen.de

240. *Kotulla,* Dr. Michael, Professor, M.A.
Universität Bielefeld, Fakultät für Rechtswissenschaft,
Postfach 10 01 31, 33501 Bielefeld,
(05 21) 1 06–43 06 oder 44 35, Fax (05 21) 1 06–60 37,
E-mail: Michael.Kotulla@uni-bielefeld.de

241. *Krause,* Dr. Peter, o. Professor,
Weinbergstr. 12, 54317 Korlingen, (0 65 88) 73 33;
Universität Trier, 54286 Trier,
(06 51) 2 01–25 87, Fax (06 51) 2 01–38 03,
E-mail: Krausepe@uni-trier.de

242. *Krawietz,* Dr. Werner, o. Professor,
Nienbergweg 29, 48161 Münster, (02 51) 86 14 51;
Lehrstuhl für Rechtssoziologie, Universität Münster,
Bispinghof 24–25, 48143 Münster, (02 51) 83 25 91,
E-mail: Krawiet@uni-muenster.de

243. *Krebs,* Dr. Walter, Professor,
Kaulbachstraße 33–35, 12247 Berlin, Tel/Fax (030) 7 71 07 58;
Freie Universität Berlin, Boltzmannstr. 4, 14195 Berlin,
(0 30) 8 38–59 21, Fax (0 30) 8 38–59 22,
E-mail: Erckert@zedat.fu-berlin.de

244. *Kreßel,* Dr. Eckhard, Professor,
Körschtalstr. 21, 73760 Ostfildern, (09 31) 3 13 05;
Juristische Fakultät der Universität Würzburg
Domerschulstr. 16, 97070 Würzburg,
E-mail: Eckhard-Kressel@daimlerchrysler.com

245. *Kriele,* Dr. Martin, o. Professor,
Dorf 11, A-6900 Möggers, (00 43) 55 73-8 37 72,
Fax (00 43) 55 73-8 37 72;
Universität Köln, Albertus-Magnus-Platz 1, 50923 Köln,
(02 21) 4 70-22 30, Fax (02 21) 4 70-50 10

246. *Kröger,* Dr. Klaus, Universitätsprofessor,
Hölderlinweg 14, 35396 Gießen, (06 41) 5 22 40;
Universität Gießen, 35394 Gießen,
(06 41) 99 23-1 30, Fax (06 41) 99 23-0 59

247. *Küchenhoff,* Dr. Erich, Professor,
Dachsleite 65, 48157 Münster, (02 51) 24 72 71;
Universität Münster, 44780 Münster,
(02 51) 83-27 06 oder -27 05

248. *Kugelmann,* Dr. Dieter, Privatdozent,
Eschenweg 13, 55128 Mainz, (0 61 31) 3 69 1 89;
Johannes-Gutenberg-Universität Mainz,
FB Rechts- und Wirtschaftswissenschaften,
55099 Mainz,
(0 61 31) 3 92-34 57, Fax (0 61 31) 3 92-54 39,
E-mail: Kugelmann@mail.jura.uni-mainz.de

249. *Kühne,* Dr. Jörg-Detlef, Professor,
Münchhausenstr. 2, 30625 Hannover,
(05 11) 55 65 63;
Universität Hannover, Königsworther Platz 1,
30167 Hannover,
(05 11) 7 62-82 25 oder -82 26, Fax
(05 11) 7 62-82 28,
E-mail: Kuehne@oera.uni-hannover.de

250. *Kunig,* Dr. Philip, Professor,
FU Berlin, Institut für Staatslehre,
Boltzmannstraße 3, 14195 Berlin,
(0 30) 8 38 53 0-10, Fax (0 30) 8 38 53 0-11,
E-mail: Kunig@zedat.fu-berlin.de

251. *Ladeur,* Dr. Karl-Heinz, Professor,
Universität Hamburg, FB Rechtswissenschaft,
Schlüterstraße 28, 20146 Hamburg,
(0 40) 4 28 38-57 52, Fax (0 40) 4 28 38-26 35,
E-mail: kh-ladeur@jura.uni-hamburg.de

252. *Lange,* Dr. Klaus, Universitätsprofessor,
Lilienweg 22, 35423 Lich, (0 64 04) 56 81;
Universität Gießen, FB Rechtswissenschaften,
Hein-Heckroth-Straße 5, 35390 Gießen,
(06 41) 9 92 11–80 oder –81, Fax (06 41) 9 92 11–89,
E-mail: Klaus.Lange@recht.uni-giessen.de

253. *Langenfeld,* Dr. Christine, Professor,
Irisweg 2, 61381 Friedrichsdorf,
(0 61 72) 73 75 78, Fax (0 61 72) 73 75 80,
E-mail: dr.langenfeld@nikocity.de;
Juristisches Seminar der Georg-August-Universität,
Platz der Göttinger Sieben 6, 37073 Göttingen,
(05 51) 39–47 23, Fax (05 51) 39–79 78,
E-mail: enomiko@gwdg.de

254. *Laubinger,* Dr. Hans-Werner, M.C.L., Professor,
Philipp-Wasserburg-Str. 45, 55122 Mainz, (0 61 31) 4 31 91;
Universität Mainz, 55099 Mainz, (0 61 31) 39 59 42,
E-mail: Laubinger@mail.jura.uni-mainz.de

255. *Laurer,* DDr. Hans René, a.o. Universitätsprofessor,
Scheffergasse 27a, A-2340 Mödling, (00 43–26 36) 2 04 02;
Wirtschafts-Universität, Augasse 2–6, A-1190 Wien,
(00 43–1) 31 336 oder 46 69 oder 41 58

256. *Lecheler,* Dr. Helmut, o. Professor,
FU Berlin, Institut für Völkerrecht, Europarecht
und ausl. öffentl. Recht, Ehrenbergstr. 17, 14195 Berlin,
(0 30) 83 85 49 49, Fax (0 30) 83 85 20 71,
E-mail: Lecheler@zedat.fu-berlin.de

257. *Lege,* Dr. Joachim, Professor,
George-Bähr-Str. 18, 01069 Dresden, (03 51) 4 70 04 73;
Juristische Fakultät der Technischen Universität,
Bergstr. 53, 01069 Dresden, (03 51) 4 63–73 68,
E-mail: jlege@jura.tu-dresden.de

258. *Lehner,* Dr. Moris, Universitätsprofessor,
Kaiserplatz 7, 80803 München, (0 89) 34 02 06 46;
Ludwig-Maximilians-Universität, Lehrstuhl für Öffentliches Recht,
insbesondere öffentliches Wirtschaftsrecht und Steuerrecht,
Ludwigstr. 28 (Rgb.), 80539 München,
(0 89) 21 80 27 18, Fax (0 89) 33 35 66,
E-mail: Moris.Lehner@jura.uni-muenchen.de

259. *Leisner,* Dr. Anna, Privatdozentin,
Georgenstraße 26, App. 36, 80799 München,
(0 89) 30 90 52, Fax (0 89) 30 92 52,
E-mail: Anna.Leisner@t-online.de

260. *Leisner,* Dr. Dr. Walter, o. Professor,
Pienzenauerstr. 99, 81925 München, (089) 98 94 65;
Universität Erlangen, 91054 Erlangen, (091 31) 85 22 60

261. *Lepsius,* Dr. Oliver, LL.M. (Chicago), Professor,
Eckenheimer Landstraße 11, 60318 Frankfurt a.M.,
(0 69) 95 15 69 35;
Juristisches Seminar der Universität Heidelberg,
Friedrich-Ebert-Anlage 6–10, 69117 Heidelberg,
(0 62 21) 54 77 17 oder 54 74 34

262. *Lerche,* Dr. Peter, o. Professor,
Junkersstr. 13, 82131 Gauting, (0 89) 8 50 20 88;
Universität München, Professor-Huber-Platz 2,
80539 München, (0 89) 21 80–33 35

263. *Lienbacher,* Dr. Georg, Privatdozent,
Slavi-Soucek-Straße 20/3, A-5026 Salzburg;
Institut für Verfassungs- und Verwaltungsrecht,
Kapitelstraße 5–7, A-5020 Salzburg,
(00 43) 6 62–80 44 36 32, Fax (00 43) 6 62–8 04 43 03,
E-mail: Georg.Lienbacher@sbg.ac.at

264. *Link,* Dr. Heinz-Christoph, o. Professor,
Rühlstraße 35, 91054 Erlangen,
(0 91 31) 20 93 35, Fax (0 91 31) 53 45 66;
Hans-Liermann-Institut für Kirchenrecht, Hindenburgstr. 34,
91054 Erlangen, (0 91 31) 85 22 42

265. *Lipphardt,* Dr. Hanns-Rudolf, apl. Professor,
Auf der Weide 7, 69126 Heidelberg, (0 62 21) 38 23 12;
Universität Heidelberg, 69120 Heidelberg,
(0 62 21) 41 11 98, Fax (0 62 21) 40 06 75

266. *Listl,* Dr. Joseph, o. Professor,
Universitätsstr. 10, 86159 Augsburg, (08 21) 5 98 27 20 oder –30;
dienstl. (stets für die Post benutzen!):
Institut für Staatskirchenrecht der Diözesen Deutschlands,
Lennéstr. 15, 53113 Bonn

267. *Lorenz,* Dr. Dieter, o. Professor,
Bohlstr. 21, 78465 Konstanz, (0 75 33) 68 22;
Universität Konstanz, Postfach 55 60 D 100,
78434 Konstanz, (0 75 31) 88 25 30,
E-mail: Dieter.Lorenz@uni-konstanz.de

268. *Lorz,* Dr. Ralph Alexander, LL.M. (Harvard), Attorney-at-Law (New York), Universitätsprofessor,
Paderborner Straße 7, 40468 Düsseldorf;
Universität Düsseldorf, Lehrstuhl für deutsches und ausländisches öffentliches Recht, Völker- und Europarecht,
Juristische Fakultät, Universitätsstraße 1, 40225 Düsseldorf,
(02 11) 8 11–14 35, Fax (02 11) 8 11–14 56,
E-mail: Lorz@uni-duesseldorf.de

269. *Losch,* Dr. Dr. Bernhard, Professor,
Dürerstr. 9, 42119 Wuppertal, (02 02) 42 35 25;
Bergische Universität – Gesamthochschule Wuppertal, FB 1,
Gesellschaftswissenschaften, Gaußstr. 20, 42097 Wuppertal,
(02 02) 4 39–22 85/-81, Fax (02 02) 4 39–29 27,
E-mail: Losch@mailgate.uni-wuppertal.de

270. *Loschelder,* Dr. Wolfgang, Professor,
Sonnenlandstr. 5, 14471 Potsdam,
(03 31) 97 36 80; Fax (03 31) 9 51 19 95;
Universität Potsdam, Postfach 90037,
August-Bebel-Str. 89, 14439 Potsdam, (03 31) 9 77–34 12

271. *Löwer,* Dr. Wolfgang, Professor,
Hobsweg 15, 53125 Bonn, (02 28) 25 06 92, Fax (02 28) 25 04 14;
Universität Bonn, Adenauerallee 24–42, 53113 Bonn,
(0228) 73 92 78/73 92 80, Fax (0228) 73 39 57,
E-mail: w.loewer@uni-bonn.de

272. *Lübbe-Wolff,* Dr. Gertrude, Professorin,
Kollwitzstr. 55, 33613 Bielefeld, (05 21) 88 26 59;
Universität Bielefeld, Fakultät Rechtswissenschaft,
Universitätsstr. 25, 33615 Bielefeld,
(05 21) 1 06–43 86, Fax (05 21) 1 06–60 37,
E-mail: Gertrude.Luebbe-Wolff@uni-bielefeld.de

273. *Luchterhandt,* Dr. Otto, Professor,
Im Wendischen Dorfe 28, 21335 Lüneburg, Tel./Fax (0 41 31) 23 29 65;
Seminarabteilung für Ostrechtsforschung,
Universität Hamburg, Moorweidenstr. 7, 20148 Hamburg
(0 40) 4 28 38–26 30/-39 86

274. *Lücke,* Dr. Jörg, LL.M (Berkeley), Universitätsprofessor,
Körnerstr. 5 a, 53173 Bonn, (02 28) 35 61 10,
Fax (02 28) 36 82 949;
Universität Mainz, FB Rechts- und Wirtschaftswissenschaften,
Jakob-Welder-Weg 9, 55099 Mainz,
(0 61 31) 3 92 33 75, Fax (0 61 31) 3 92 30 09,
E-mail: Luecke@mail.uni-mainz.de

275. *Magiera,* Dr. Siegfried, o. Professor,
Feuerbachstr. 1, 67354 Römerberg, (0 62 32) 8 48 98;
Verwaltungshochschule Speyer, Freiherr-vom-Stein-Str. 2–6,
67324 Speyer, (0 62 32) 65 43 48 oder –31,
Fax (0 62 32) 65 42 08,
E-mail: s.magiera@dhv-speyer.de

276. *Majer,* Dr. Diemut, Professorin,
Welfenstr. 35, 76137 Karlsruhe, (07 21) 81 65 50 oder –41 12;
Fachhochschule für Öff. Verwaltung, Bundeswehrverwaltung,
Seckenheimer Landstr. 8–10, 68163 Mannheim,
(06 21) 41 80 91

277. *Mann,* Dr. Thomas, Professor,
Im Torveen 19, 46147 Oberhausen, (02 28) 67 54 98;
Ruhr-Universität Bochum, Fakultät für Wirtschaftswissenschaften,
– Recht der Wirtschaft –, Gebäude GC 4/144,
44780 Bochum,
(02 34) 32–2 57 24/2 57 23, Fax (02 34) 32–1 40 74,
E-mail: Thomas.Mann@ruhr-uni-bochum.de

278. *Mangoldt,* Dr. Hans v., Professor,
Goetheweg 1, 72147 Nehren, (0 74 73) 79 08;
Universität Tübingen, Juristische Fakultät,
Wilhelmstr. 7, 72074 Tübingen, (0 70 71) 2 97 33 02

279. *Manssen,* Dr. Gerrit, Universitätsprofessor,
Konrad-Adenauer-Allee 15, 93051 Regensburg, (09 41) 92 845;
Juristische Fakultät, Universität Regensburg,
93040 Regensburg, (09 41) 9 43–32 55, Fax (09 41) 9 43–32 57,
E-mail: Gerrit.Manssen@jura.uni-regensburg.de

280. *Mantl,* Dr. Wolfgang, o. Universitätsprofessor,
Wiener Str. 256/XI/33, A-8051 Graz XIII,
(00 43) 316–68 13 06;
Universität Graz, (00 43) 316–3 80–33 70

281. *Marauhn,* Dr. Thilo, Privatdozent, M.Phil.,
An der Fels 20, 35435 Wettenberg,
(06 41) 8 77 32 75, Fax (06 41) 8 77 32 75;
Professur für Öffentliches Recht IV,
Justus-Liebig-Universität Gießen,
Licher Straße 76, 35394 Gießen,
(06 41) 99 211 50/51, Fax (06 41) 99 211 59,
E-mail: Thilo.Marauhn@recht.uni-giessen.de

282. *Marti,* Dr. Arnold, Privatdozent,
Fernsichtstraße 5, CH-8200 Schaffhausen,
(00 41) 52-6 24 18 10,
E-mail: a.g.marti@swissonline.ch;
Obergericht des Kantons Schaffhausen,
Herrenackerstraße 26, CH-8200 Schaffhausen,
(00 41) 52-6 32 74 24, Fax (00 41) 52-6 32 78 36,
E-mail: Obergericht@kfsh.ch

283. *Marti,* Dr. iur. Hans, Professor,
Schauplatzgasse 9, Postfach, CH-3001 Bern,
(00 41) 31-3 11 16 83, Fax (00 41) 31-3 11 24 31

284. *Marko,* Dr. Joseph, Universitätsdozent,
Kasernstr. 35, A-8010 Graz, (00 43) 3 16-46 22 38

285. *März,* Dr. Wolfgang, Professor,
Bismarckstr. 54, 70197 Stuttgart, (07 11) 6 36 25 32 oder -33;
Juristische Fakultät der Universität Rostock, Lehrstuhl für
Öffentliches Recht und Verfassungsgeschichte,
Möllner Str. 10, 18109 Rostock,
(03 81) 4 98 37 90, Fax (03 81) 4 98 37 70,
E-mail: wolfgang.maerz@jurfak.uni-rostock.de

286. *Masing,* Dr. Johannes, Professor,
Puccinistraße 15c, 86199 Augsburg,
(08 21) 9 98 43 09, Fax (08 21) 9 98 43 08;
Juristische Fakultät der Universität Augsburg
86135 Augsburg,
(08 21) 5 98-45 45, Fax (08 21) 5 98-45 47,
E-mail: Johannes.Masing@jura.uni-augsburg.de

287. *Maurer,* Dr. Hartmut, o. Professor,
Säntisblick 10, 78465 Konstanz, (0 75 33) 13 12;
Universität Konstanz, (0 75 31) 88 36 57,
Fax (0 75 31) 88 31 96

288. *Mayer-Tasch,* Dr. Peter Cornelius, Professor,
Am Seeberg 11, 86938 Schondorf, (0 81 92) 86 68;
Universität München, Professor-Huber-Platz 2,
80539 München,
(0 89) 21 80–30 20 oder –30 21, Fax (0 89) 21 80–30 22

289. *Meessen,* Dr. Karl Matthias, Professor,
Am Horn 55, 99425 Weimar,
(0 36 43) 40 28 60, Fax (0 36 43) 40 28 61;
Jean-Monnet-Lehrstuhl für Öffentliches Recht,
Europarecht, Völkerrecht und Internationales Wirtschaftsrecht,
Carl-Zeiss-Str. 3, 07740 Jena,
(0 36 41) 94 22 60 oder –61,
Fax (0 36 41) 94 22 62

290. *Meissner,* Dr. Dr. h.c. Boris, o. Professor,
Kleine Budengasse 1, Haus „Im Römer“, 50667 Köln,
(02 21) 2 58 09 35, Fax (02 21) 2 57 05 16

291. *Meng,* Dr. Werner, Universitätsprofessor,
Preussenstr. 42, 66111 Saarbrücken, (06 81) 6 85 26 74;
Direktor des Europa-Instituts, Universität des Saarlandes,
Postfach 15 11 50, 66041 Saarbrücken,
(06 81) 3 02 66 60, Fax (06 81) 3 02 66 62,
E-mail: W.Meng@mx.uni-saarland.de

292. *Menger,* Dr. Christian-Friedrich, o. Professor,
Bohlweg 3, 48147 Münster, (02 51) 4 82 84 36;
Universität Münster, (02 51) 83 27 41

293. *Merli,* Dr. Franz, Universitätsprofessor,
Helmholtzstr. 1, 01069 Dresden, (0 351) 47 76 091;
Jean Monnet-Lehrstuhl für ds Recht der Europäischen Integration
und Rechtsvergleichung, Juristische Fakultät, TU Dresden,
Mommsenstr. 13, 01062 Dresden,
(0 351) 4 63–73 74, Fax (0 351) 4 63–77 98,
E-mail: Merli@jura.tu-dresden.de

294. *Merten,* Dr. Dr. Detlef, o. Professor,
Von-Dalberg-Str. 8, 67487 St. Martin, (0 63 23) 18 75;
Hochschule für Verwaltungswissenschaften,
Freiherr-vom-Stein-Str. 2–6, 67346 Speyer,
(0 62 32) 6 54–3 49; oder –3 30,
E-mail: Merten@dhv-speyer.de

295. *Meßerschmidt,* Dr. Klaus, Privatdozent,
Hynspergstr. 29, 60322 Frankfurt a.M.,
(0 69) 55 45 87;
University of Latvia, EuroFaculty,
Raina bulv. 19, LV-1586 Riga/Lettland,
(00 371) 7 82 02 78, Fax (00 371) 7 82 02 60,
E-mail: Messerschmidt@euro-faculty.lv

296. *Meyer,* Dr. Dr. h. c. Hans, Professor,
Georg-Speyer-Str. 28, 60487 Frankfurt a.M.
(0 69) 77 01 29 26, Fax (0 69) 77 01 29 27;
Humboldt-Universität zu Berlin, Juristische Fakultät,
Unter den Linden 6, 10099 Berlin,
(0 30) 20 93 35 28 (Sekr.) oder –33 47, Fax (0 30) 20 93 27 29,
E-mail: Hans.Meyer@rewi.hu-berlin.de

297. *Meyn,* Dr. Karl-Ulrich, Professor,
Leyer Str. 36, 49076 Osnabrück, (05 41) 12 64 82;
Universität Jena, Carl-Zeiss-Str. 3, 07740 Jena,
(0 36 41) 94 22 10 oder –11, Fax (0 36 41) 94 22 12,
E-mail: karl-ulrich.meyn@recht.uni-jena.de

298. *Morgenthaler,* Dr. Gerd, Privatdozent,
Hauptstraße 19, 74858 Aglasterhausen

299. *Morlok,* Dr. Martin, Professor,
Poßbergweg 51, 40629 Düsseldorf, (02 11) 28 68 68;
c/o FernUniversität Hagen, Postfach 9 40, 58084 Hagen,
(0 23 31) 9 87–28 77, Fax (0 23 31) 9 87–3 24,
E-Mail: Institut.Parteienrecht@FernUni-Hagen.de

300. *Morscher,* Dr. Siegbert, o. Universitätsprofessor,
Tschiggyfreystr. 11a, A-6020 Innsbruck, (00 43) 512–28 62 10;
Leopold-Franzens-Universität, Institut für Öffentliches Recht
und Politikwissenschaft, Innrain 80, A-6020 Innsbruck,
(00 43) 512–5 07–82 10 oder –11,
Fax (00 43) 512- 5 07–28 28

301. *Mößle,* Dr. Dr. Wilhelm, o. Professor,
Heinr.-Heine-Str. 22, Postfach 100 808, 95447 Bayreuth, oder
Postfach 100 808, 95408 Bayreuth;
Lehrstuhl Öffentliches Recht II, Universität Bayreuth,
95440 Bayreuth, (09 21) 55 28 66,
E-mail: Wilhelm.Moessle@uni-bayreuth.de

302. *Mössner,* Dr. Jörg Manfred, Professor,
Uhlandstr. 53, 49134 Wallenhorst,
(0 54 07) 45 09, Fax (0 54 07) 82 26 71;
Universität Osnabrück, FB 10, Rechtswissenschaften,
Martinistr. 10, 49069 Osnabrück,
(05 41) 9 69–61 61/-68, Fax (05 41) 9 69–61 67,
E-mail: moessner@uos.de

303. *Muckel,* Dr. Stefan, Universitätsprofessor,
Ringstraße 122, 42929 Wermelskirchen, (0 21 93) 53 10 74;
Universität zu Köln, Institut für Kirchenrecht, 50923 Köln,
(02 21) 4 70–37 77 oder 4 70–26 79,
E-mail: sekretariat@institut-kirchenrecht.de

304. *Müller,* Dr. Georg, o. Professor,
Sugenreben 10, CH-5018 Erlinsbach,
(00 41–62) 8 44 38 73, Fax (00 41–62) 8 44 42 04;
Universität Zürich, Wilfriedstr. 6, CH-8032 Zürich,
(00 41–1) 6 34 44 41, Fax (00 41–1) 6 34 49 38,
E-mail: Georg.Mueller@ppp.agri.ch

305. *Müller,* Dr. Jörg Paul, o. Professor,
Kappelenring 42a, CH-3032 Hinterkappelen,
(00 41 31) 901 05 70;
Seminar für Öffentliches Recht, Hochschulstraße 4,
CH-3012 Bern, (00 41 31) 6 31 88 94 oder -99,
Fax (00 41 31) 6 31 38 83

306. *Müller-Volbehr,* Dr. Jörg, Universitätsprofessor,
Waxensteinstr. 16, 82194 Gröbenzell b. München,
(0 81 42) 79 73;
Universität Marburg, Universitätsstr. 6,
35037 Marburg

307. *Münch,* Dr. Dr. h.c. Ingo v., Professor,
Hochrad 9, 22605 Hamburg,
(0 40) 82 96 24 Fax (0 40) 82 34 49

308. *Murswiek,* Dr. Dietrich, Universitätsprofessor,
Lindenaustr. 17, 79199 Kirchzarten, (0 76 61) 9 92 37;
Institut für Öffentliches Recht, Universität Freiburg,
79085 Freiburg,
(07 61) 2 03–22 37 oder –41, Fax (0 761) 2 03–22 40,
E-mail: Dietrich.Murswiek@jura.uni-freiburg.de

309. *Mußgnug,* Dr. Reinhard, o. Professor,
Keplerstr. 40, 69120 Heidelberg,
(0 62 21) 43 62 22, Fax (0 62 21) 40 83 09;
Universität Heidelberg, Institut für Finanz- und Steuerrecht,
Friedrich-Ebert-Anlage 6–10, 69117 Heidelberg,
(0 62 21) 54 74 66, Fax (062 21) 54 76 54,
E-mail: Reinhard.Mussgnug@urz.uni-heidelberg.de

310. *Mutius,* Dr. Albert v., o. Professor,
Drachenbahn 20, 24159 Kiel-Schilksee, (04 31) 37 11 04;
Universität Kiel, 24098 Kiel, (04 31) 8 80 –45 40 oder –15 05

311. *Nettesheim,* Dr. Martin, Professor,
Haußerstr. 48, 72074 Tübingen, (0 70 71) 25 46 04;
Universität Tübingen, Juristische Fakultät, Wilhelmstr. 7,
72074 Tübingen, (0 70 71) 29–7 25 60, Fax (0 70 71) 29–58 47,
E-mail: Nettesheim@jura.uni-tuebingen.de

312. *Neumann,* Dr. Volker, Professor,
Juristische Fakultät, Universität Rostock,
Möllner Str. 10, 18109 Rostock, (03 81) 4 98 37 95, Fax (03 81) 4 98 37 70

313. *Nicolaysen,* Dr. Gert, Professor,
Bockhorst 68a, 22589 Hamburg, (0 40) 8 70 17 47;
Universität Hamburg, Seminar für Öffentliches Recht und Staatslehre,
Abteilung Europarecht,
Schlüterstraße 28, 20146 Hamburg,
(0 40) 4 28 38–45 68, Fax (0 40) 4 28 38–62 52,
E-mail: G-Nicolaysen@jura.uni-hamburg.de

314. *Niedobitek,* Dr. Matthias, Privatdozent,
Lauergasse 23, 67349 Speyer, (0 62 32) 7 28 51;
Forschungsinstitut für öffentliche Verwaltung, Postfach 14 09,
67324 Speyer, (0 62 32) 6 54–3 87 oder –3 86, Fax (0 62 32) 6 54–2 90,
E-mail: mniedobitek@dhv-speyer.de

315. *Nierhaus,* Dr. Michael, Professor,
Am Moosberg 1 c, 50997 Köln, (0 22 36) 6 36 29;
Universität Potsdam, Juristische Fakultät,
Postfach 90 03 27, 14439 Potsdam,
(03 31) 9 77–32 84, oder –35 19, Fax (03 31) 9 77–35 35,
Geschäftsführender Direktor des Kommunalwissenschaftlichen
Instituts der Universität Potsdam,
(03 31) 9 77–32 52 oder –32 15, Fax (03 31) 9 77–45 31,
E-mail: Nierhaus@rz.uni-potsdam.de

316. *Nolte,* Dr. Georg, Professor,
Lotzestr. 38, 37083 Göttingen,
Tel./Fax: (05 51) 7 70 66 92;
Institut für Völkerrecht der Georg-August-Universität,
Platz der Göttinger Sieben 5, 37073 Göttingen,
Tel.: (05 51) 39 47 51, Fax: (05 51) 39 47 67,
E-mail: G.Nolte@jur.uni-goettingen.de

317. *Novak,* Dr. Richard, o. Professor,
Thadd.Stammel-Str. 8, A-8020 Graz, (00 43) 3 16–5 35 16;
Universität, (00 43) 3 16–3 80–33 71

318. *Oebbecke,* Dr. Janbernd, Universitätsprofessor,
Kronacher Weg 36, 40627 Düsseldorf, (02 11) 27 48 34;
Lehrstuhl für Öffentliches Recht und Verwaltungslehre,
Universität Münster, Universitätsstr. 14–16, 48143 Münster,
(02 51) 83–2 18 06, Fax (02 51) 83–2 18 33,
E-mail: Oebbecke@uni-muenster.de

319. *Oeter,* Dr. Stefan, Professor,
Langenwiesen 26, 22359 Hamburg, (040) 60 95 19 57;
Universität Hamburg,
Institut für Internationale Angelegenheiten,
Rothenbaumchaussee 19, 20148 Hamburg,
(0 40) 4 28 38 45 65, Fax (0 40) 4 28 38 62 62,
E-mail: iia@jura.uni-hamburg.de

320. *Öhlinger,* Dr. Theo, o. Universitätsprofessor,
Tolstojgasse 5/6, A-1130 Wien,
(00 43–1) 8 77 12 60;
Universität Wien, Schottenbastei 10–16, A-1010 Wien,
(00 43–1) 4 01 03–31 36

321. *Oldiges,* Dr. Martin, Universitätsprofessor,
Am Voßberge 6, 33615 Bielefeld, (05 21) 12 18 32;
Universität Leipzig, Juristenfakultät, Otto-Schill-Str. 2,
Postfach 10 09 20, 04009 Leipzig,
(03 41) 9 73 51 31, Fax (03 41) 9 73 51 39,
E-mail: Oldiges@jura.uni-leipzig.de

322. *Olshausen,* Dr. Henning v., o. Professor,
Johann-Fesser-Str. 10, 67227 Frankenthal,
(0 62 33) 2 05 04;
Universität Mannheim, (06 21) 2 92–55 97 oder –56 31

323. *Oppermann,* Dr. Dr. h.c. Thomas, o. Professor,
Burgholzweg 122, 72070 Tübingen,
(0 70 71) 4 95 33, Fax (0 70 71) 4 47 02,
E-mail: oppermannprof@aol.com;
Universität Tübingen, Juristische Fakultät, Wilhelmstr. 7,
72074 Tübingen,
(0 70 71) 2 97 25 58 oder 2 97 81 01, Fax (0 70 71) 29 58 47,
E-mail: Thomas.Oppermann@uni-tuebingen.de

324. *Ossenbühl,* Dr. Fritz, Professor,
Im Wingert 12, 53340 Meckenheim, (0 22 25) 1 74 82;
Universität Bonn, 53113 Bonn, (02 28) 73 55–72 oder –73

325. *Osterloh,* Dr. Lerke, Professorin, Richterin
des Bundesverfassungsgerichts
Schloßbezirk 3, 76131 Karlsruhe,
(07 21) 91 01–0, Fax (07 21) 91 01–3 82,
Institut für Öffentliches Recht, Universität Frankfurt,
Postfach 11 19 32, 60054 Frankfurt a.M.,
(0 69) 79 82 27 11 oder 2 86 11, Fax (0 69) 79 82 25 62,
E-mail: Osterloh@jur.uni-frankfurt.de

326. *Pache,* Dr. Eckhard, Privatdozent,
Universität Hamburg, Seminar für Öffentliches Recht
und Staatslehre,
Schlüterstraße 28, 20146 Hamburg,
(0 40) 4 28 38–45 66 oder –45 71,
E-mail: pache@rrz.uni-hamburg.de

327. *Papier,* Dr. Hans-Jürgen, o. Professor, Richter
des Bundesverfassungsgerichts
Mitterfeld 5 a, 82327 Tutzing,
(0 81 58) 99 32 40/41, Fax (0 81 58) 96 94;
Institut für Politik und Öffentliches Recht,
Universität München, Professor-Huber-Platz 2, 80539 München,
(0 89) 21 80–62 94 oder –62 95, Fax (0 89) 21 80 31 99,
E-mail: LS.Papier@jura.uni-muenchen.de

328. *Pauger,* Dr. Dietmar, Universitätsprofessor,
Engelgasse 51, A-8010 Graz, (00 43) 3 16–3 17 97;
Universität Graz, Universitätsstr. 15/3, A-8010 Graz,
(00 43) 3 16–3 80–33 75 oder –33 64,
Fax (00 43) 3 16–38 40 94 50,
E-mail: Dietmar.Pauger@kfunigraz.ac.at

329. *Pauly,* Dr. Walter, o. Professor,
Lehrstuhl für Öffentliches Recht, Rechts- und Verfassungsgeschichte, Rechtsphilosophie,
Universität Jena, Carl-Zeiss-Str. 3, 07740 Jena,
(0 36 41) 94 22 30 oder –31, Fax (0 36 41) 94 22 32,
E-mail: W.Pauly@recht.uni-jena.de

330. *Pechstein,* Dr. Matthias, Universitätsprofessor,
Lindenallee 40, 14050 Berlin,
(0 30) 3 01 94 17, Fax (0 30) 3 01 94 17;
Jean-Monnet-Institut für Öffentliches Recht und Europarecht,
Europa-Universität Viadrina Frankfurt/Oder,
Große Scharrnstr. 59, 15230 Frankfurt/Oder,
(03 35) 5 53 47 60,
E-mail: Pechstein@euv-frankfurt-o.de

331. *Peine,* Dr. Franz-Joseph, Professor,
Kurpromenade 71 b, 14089 Berlin, (0 30) 3 65 61 93;
Europa-Universität Viadrina Frankfurt (Oder),
Große Scharrnstr. 59, 15230 Frankfurt (Oder),
(03 35) 5 53 45–28, Fax (03 35) 5 53 45–69,
E-mail: fjpeine@euv-frankfurt-o.de

332. *Pernice,* Dr. Ingolf, Universitätsprofessor,
Laehrstraße 17a, 14165 Berlin,
(0 30) 84 50 91 60, Fax (0 30) 84 50 91 62;
LSt. für Öffentliches Recht, Völker- und Europarecht,
Humboldt-Universität Berlin, Unter den Linden 6,
10099 Berlin, (0 30) 20 93–34 40,
Fax (0 30) 20 93–34 49,
E-mail: ingolf.pernice@rz.hu-berlin.de

333. *Pernthaler,* Dr. Peter, o. Universitätsprofessor,
Philippine-Welser-Str. 27, A-6020 Innsbruck,
(00 43) 512–41 82 84;
Universität Innsbruck, Innrain 80, A-6020 Innsbruck,
(00 43) 512–5 07 26 70

334. *Pesendorfer,* Dr. Wolfgang, Universitätsprofessor,
Vizepräsident des Verwaltungsgerichtshofs Wien,
Judenplatz 11, A-1014 Wien 1,
(00 43–1) 0222 53 111–254,
Fax (00 43–1) 0222 53 28 921,
E-mail: Wolfgang.Pesendorfer@vwgh.gv.at

335. *Pestalozza,* Dr. Christian *Graf v.,* o. Professor,
FU Berlin, Dienstanschrift: Boltzmannstr. 3, 14195 Berlin,
Postanschrift: Van't-Hoff-Str. 8, 14195 Berlin,
(030) 83 85 30 14, Fax (030) 83 85 30 12,
E-mail: Pestaloz@zedat.fu-berlin.de

336. *Peters,* Dr. Anne, Privatdozentin,
Düppelstraße 46, 24105 Kiel;
Lehrstuhl für Völker- und Staatsrecht, Universität Basel,
Maiengasse 51, CH-4056 Basel

337. *Petersmann,* Dr. Ernst-Ulrich, o. Professor,
35, Chemin des Voisons, CH-1246 Coppet,
(00 41) 22-7 76 57 30

338. *Pielow,* Dr. Johann-Christian, Privatdozent,
Stiepeler Str. 96, 44801 Bochum (02 34) 7 46 33;
Institut für Berg- und Energierecht der
Ruhr-Universität Bochum,
Universitätsstr. 150, 44780 Bochum,
(02 34) 3 22 73 33, Fax (02 34) 3 21 42 12,
E-mail: Christian.Pielow@ruhr-uni-bochum.de

339. *Pieper,* Dr. Ulrich, Privatdozent,
Haus Kleve Weg 2a, 48155 Münster,
(02 51) 3 83 34 92, Fax (02 51) 3 83 34 92;
Bundesministerium des Innern, Referat V 1b,
Alt Moabit 101 D, 10559 Berlin,
(0 18 88 - 6 81 23 55),
E-mail: StefanUlrich.Pieper@bmi.bund.de

340. *Pieroth,* Dr. Bodo, Professor,
Gluckweg 19, 48147 Münster,
(02 51) 23 32 91, Fax (02 51) 23 32 94;
Lehrstuhl für Öffentliches Recht, Universität Münster,
Wilmergasse 28, 48143 Münster, (02 51) 51 04 90,
Fax (02 51) 51 04 9 19,
E-mail: pieroth@uni-muenster.de

341. *Pietzcker,* Dr. Jost, Professor,
Hausdorffstr. 95, 53129 Bonn, (02 28) 23 39 54;
Universität Bonn, 53113 Bonn, (02 28) 73 91 77,
E-mail: Pietzcker@jura.uni-bonn.de

342. *Pirson,* Dr. Dr. Dietrich, o. Professor,
Brunnenanger 15, 82418 Seehausen, (0 88 41) 4 78 68;
Universität München, Professor-Huber-Platz 2, 80539 München,
(0 89) 21 80–27 15

343. *Pitschas,* Dr. Rainer, o. Universitätsprofessor,
Hermann-Jürgens-Str. 8, 76829 Landau-Godramstein,
(0 63 41) 96 93 81, Fax (0 63 41) 96 93 82;
Hochschule für Verwaltungswissenschaften Speyer,
Postfach 14 09, 67324 Speyer,
(0 62 32) 6 54–3 38, Fax (0 62 32) 6 54–2 08,
E-mail: rpitschas@dhv-speyer.de

344. *Potacs,* Dr. Michael, Professor,
Leidesdorfgasse 11–13/1/14, A-1090 Wien,
(00 43–1) 3 24 66 23;
Universität Klagenfurt, Universitätsstr. 65 – 67, A-9020 Klagenfurt
(00 43) 4 63–27 00–87 9; Fax (00 43) 4 63–27 00–8 68,
E-mail: michael.potacs@uni-klu.ac.at

345. *Preuß,* Dr. Ulrich K., Professor,
Friedbergstraße 47, 14057 Berlin (0 30) 30 81 94 33;
Freie Universität Berlin, FB Politische Wissenschaft,
Ihnestraße 22, 14195 Berlin,
(0 30) 8 38–47 22 oder –49 48, Fax (0 30) 8 38–50 96,
E-mail: ukpreuss@zedat.fu-berlin.de

346. *Puhl,* Dr. Thomas, o. Professor,
In der Aue 26a, 69118 Heidelberg,
(0 62 21) 80 36 64, Fax (0 62 21) 80 36 69;
Universität Mannheim, Schloß W 226, 68131 Mannheim,
(06 21) 181 13–54/-55/-57/-58, Fax (06 21) 181 1361,
E-mail: puhl@rumms.uni-mannheim.de

347. *Puttler,* PD Dr. Adelheid, Universitätsprofessorin
Lehrstuhl für Öffentliches Recht, insbesondere Europarecht,
Völkerrecht und Internationales Wirtschaftsrecht,
Ruhr-Universität Bochum, Juristische Fakultät, 44780 Bochum,
(02 34) 3 22 28 20, Fax (02 34) 3 21 41 39,
E-mail: LS.Puttler@jura.ruhr-uni-bochum.de

348. *Püttner,* Dr. Günter. o. Professor,
Mörikestr. 21, 72076 Tübingen, (0 70 71) 6 63 94;
Universität Tübingen, Juristische Fakultät, 72074 Tübingen,
(0 70 71) 2 97 52–62 oder –63, Fax (0 70 71) 2 97 49 05

349. *Quaritsch,* Dr. Helmut, o. Professor,
Otterstadter Weg 139, 67346 Speyer, (0 62 32) 6 31 81;
Hochschule für Verwaltungwissenschaften,
Freiherr-vom-Stein-Str. 2–6, 67346 Speyer,
(0 62 32) 6 54–3 34, Fax (0 62 32) 6 54–3 05

350. *Rack,* Dr. Reinhard, a.o. Universitätsprofessor,
Obere Teichstr. 19, A-8010 Graz, (00 43) 3 16–43 88 42;
Universität Graz, (00 43) 3 16–3 80–33 73,
E-mail: rrack@europarl.eu.int

351. *Ramsauer,* Dr. Ulrich, Professor,
Wiesenstraße 5, 20255 Hamburg,
(0 40) 431 812 53/52;
Universität Hamburg, FB Rechtswissenschaft,
Öffentliches Recht, Edmund-Siemers-Allee 1, 20146 Hamburg,
E-mail: u-ramsauer@jura-uni-hamburg.de

352. *Randelzhofer,* Dr. Albrecht, o. Professor,
Wulffstr. 12, 12165 Berlin, (0 30) 7 92 60 85;
FU Berlin, Ehrenbergstr. 17, 14195 Berlin

353. *Raschauer,* Dr. Bernhard, o. Universitätsprofessor,
Pfeilgasse 7/2/6, A-1080 Wien, (00 43–1) 4 08 33 53;
Universität Wien, Schottenbastei 10–16, A-1010 Wien,
(00 43–1) 42 77–3 53 52, Fax (00 43–1) 42 77–3 54 59

354. *Rasenack,* Dr. Christian A.L., LL.M., Professor,
Taunustr. 8, 12309 Berlin, (0 30) 7 45 25 43;
TU Berlin, Institut für Rechtswissenschaft, H 81,
Straße des 17. Juni 135, 10623 Berlin,
(0 30) 31 42–58 74 oder –58 75, Fax (0 30) 7 45 25 43

355. *Rauschning,* Dr. Dr. h.c. Dietrich, o. Professor,
Rodetal 1, 37120 Bovenden,
(0 55 94) 9 31 74, Fax (0 55 94) 9 31 75;
Institut für Völkerrecht, Universität Göttingen,
Platz der Göttinger Sieben 5, 37073 Göttingen,
(05 51) 39 47 51,
E-mail: d.rauschning@jura.uni-goettingen.de

356. *Reinhardt,* Dr. Michael, LL.M., Professor,
Auf dem Stumpelrott 9, 50999 Köln, (02 21) 35 17 30;
Universität Trier, FB V, 65286 Trier, (06 51) 2 01–25 78,
E-mail: reinham@uni-trier.de

357. *Rengeling,* Dr. Hans-Werner, Universitätsprofessor,
Langeworth 143, 48159 Münster,
(02 51) 21 20 38, Fax (02 51) 21 20 44;
Institut für Europarecht der Universität Osnabrück,
Martinistr. 8, 49069 Osnabrück,
(05 41) 9 69–45 05 oder –45 04, Fax (05 41) 9 69–45 09,
E-mail: hrengeli@uos.de

358. *Ress,* Dr. iur. Dr. rer. pol. Dr. iur. h.c.mult., Georg,
Universitätsprofessor,
6, rue Mozart, F-67000 Strasbourg, (00 33) 3 88 61 04 32;
Lehrstuhl für öffentliches Recht, Völkerrecht u. Europarecht,
Universität des Saarlandes, Europa-Institut, Postfach 15 11 50,
66041 Saarbrücken, (0681) 302–25 03, Fax (0681) 302–46 36,
Cour Européenne des Droits de l'Homme, Conseil de l'Europe,
F-67075 Strasbourg Cedex, Tel. (00 33 390) 21 44 91,
E-mail: Georg.Ress@echr.coe.int

359. *Rhinow,* Dr. René, o. Professor, Ständerat,
Jurastr. 48, CH-4411 Seltisberg, (00 41) 61–9 11 99 35,
Fax (00 41) 61–9 11 82 88;
stets für Post benutzen: Institut für Rechtswissenschaft,
Maiengasse 51, CH-4056 Basel,
(00 41) 61–2 67–25 67, Fax (00 41) 61–2 67–25 68,
E-Mail: R.Rhinow@unibas.ch

360. *Riedel,* Dr. Eibe H., Universitätsprofessor,
Haagwiesenweg 19, 67434 Neustadt, (0 63 21) 8 48 19;
Lehrstuhl für Deutsches und Ausländisches Öffentliches Recht,
Völkerrecht und Europarecht, Universität Mannheim,
Schloß/Westflügel, 68131 Mannheim,
(06 21) 1 81–14 17 oder 14 18 oder14 20–22, Fax (06 21) 1 81–14 19,
E-mail: Riedel@jura.uni-mannheim.de

361. *Rill,* Dr. Heinz Peter, Universitätsprofessor,
Peter-Jordan-Str. 145, A-1180 Wien, (00 43–1) 4 79–86 74;
Forschungsinstitut für Europafragen, Wirtschaftsuniversität Wien,
Althanstraße 39–45, A-1090 Wien, (00 43–1) 3 13 36 46–65 oder –66

362. *Rinken,* Dr. Alfred, Professor,
Treseburger Str. 37, 28205 Bremen, (04 21) 44 07 62;
Universität Bremen, Bibliothekstr. 1, 28359 Bremen,
(04 21) 2 18–21 36,
E-mail: rrinken@uni-bremen.de

363. *Robbers,* Dr. Gerhard, Universitätsprofessor,
Dagobertstr. 17, 54292 Trier, (06 51) 5 37 10;
Universität Trier, Postfach 38 25, 54286 Trier,
(06 51) 2 01–25 42, Fax (06 51) 2 01–39 05,
E-mail: Robbers@uni-trier.de

364. *Rodi,* Dr. Michael, M.A., Universitätsprofessor,
Marienstr. 42, 17489 Greifswald;
Ernst-Moritz-Arndt-Universität Greifswald,
LSt. für Öffentliches Recht, Finanz- und Steuerrecht,
17487 Greifswald, (0 38 34) 86 21 00,
E-mail: mrodi@rz.uni-greifswald.de

365. *Roellecke,* Dr. Gerd, o. Professor,
Kreuzackerstr. 8, 76228 Karlsruhe, (07 21) 49 17 39;
Universität Mannheim, 68131 Mannheim, (06 21) 2 92 51 86

366. *Röger,* Dr. Ralf, Privatdozent,
Nidegger Straße 17, 50937 Köln,
(02 21) 9 41 72 60, Fax (02 21) 9 41 72 61;
Universität zu Köln, LSt. für Allgemeine Staatslehre,
Staats- und Verwaltungsrecht,
Albertus-Magnus-Platz, 50923 Köln (Lindenthal),
(02 21) 4 70–44 53

367. *Ronellenfitsch,* Dr. Michael, o. Professor,
Augusta-Anlage 15, 68165 Mannheim, (06 21) 41 23 34;
Universität Tübingen, Juristische Fakultät,
Wilhelmstr. 7, 72074 Tübingen,
(0 70 71) 2 97 21 09, Fax (0 70 71) 2 97 49 05,
E-mail: ronellenfitsch@jura.uni-tuebingen.de

368. *Rossen-Stadtfeld,* Dr. Helge, Professor,
Kirschenstr. 86, 82024 Taufkirchen, (0 89) 74 42 79 29;
Fakultät für Wirtschafts- und Organisationswissenschaften,
Universität der Bundeswehr München, 85577 Neubiberg,
(0 89) 60 04–46 04, Fax (0 89) 6 01–46 93,
E-mail: Helge.Rossen-Stadtfeld@UniBw-Muenchen.de

369. *Roth,* Dr. Wolfgang, Privatdozent, LL.M. (Michigan),
An der Elisabethkirche 48, 53113 Bonn,
(02 28) 9 12 52 73;
RAe Redeker Sellner Dahs & Widmaier,
Mozartstraße 4–10, 53115 Bonn, (02 28) 7 26 25- 5 42,
E-mail: roth@bonn.redeker.de

370. *Rozek,* Dr. Jochen, Universitätsprofessor,
Friedrich-Hegel-Str. 16, 01187 Dresden;
LSt. für Öffentliches Recht unter besonderer
Berücksichtigung von Verwaltungsrecht,
Juristische Fakultät, TU Dresden
01062 Dresden, (03 51) 4 63-73 39,
Fax (03 51) 4 63-72 14,
E-Mail: rozek@jura.tu-dresden.de

371. *Ruch,* Dr. Alexander, o. Professor,
Gartenstr. 85, CH-4052 Basel, (00 41) 61-2 72 36 22;
ETH Zentrum, D-REOK, Rämistr. 101, CH-8092 Zürich,
(00 41-1) 6 32 60 01

372. *Rudolf,* Dr. Walter, o. Professor,
Rubensallee 55a, 55127 Mainz, (0 61 31) 7 19 42;
FB Rechts- und Wirtschaftswissenschaften, Universität Mainz,
55099 Mainz, (0 61 31) 39-24 12, Fax (0 61 31) 39-54 39

373. *Ruffert,* Dr. Matthias, Privatdozent,
Georg-Schäffer-Straße 37, 54295 Trier,
(06 51) 3 08 95 45;
Universität Trier, FB Rechtswissenschaft,
54286 Trier, (06 51) 2 01-25 84,
E-mail: Ruffert@uni-trier.de

374. *Rüfner,* Dr. Wolfgang, Professor,
Hagebuttenstr. 26, 53340 Meckenheim, (0 22 25) 71 07,
E-mail: Ruefner@aol.com;
Institut für Staatskirchenrecht der Diözesen Deutschlands,
Lennéstr. 15, 53113 Bonn,
(02 28) 22 32 33, Fax (02 28) 22 04 43

375. *Rühl,* Dr. Ulli F.H., Professor,
Hermann-Allmers-Str. 34, 28209 Bremen, (04 21) 3 46 74 84;
Universität Bremen, FB 6 Rechtswissenschaft,
Universitätsallee, GW 1, Postfach 33 04 40, 28334 Bremen,
(04 21) 2 18-46 06, Sekretariat: (04 21) 2 18-21 27,
E-mail: uruehl@uni-bremen.de

376. *Ruland,* Dr. Franz, Professor,
Im Langenfeld 17a, 61350 Bad Homburg, (0 61 72) 3 11 09;
Verband der Deutschen Rentenversicherungsträger,
Eyssenecksstr. 55, 60322 Frankfurt am Main, (0 69) 1 52 22 00

377. *Rupp,* Dr. Hans Heinrich, o. Professor,
Am Marienpfad 29, 55128 Mainz, (0 61 31) 3 45 88

378. *Ruthig,* Dr. Josef, Privatdozent,
C8 1, 68159 Mannheim;
Universität Mannheim, Fakultät für Rechtswissenschaft,
Schloß-Westflügel (W 123), 68131 Mannheim,
(06 21) 1 81–14 08,
Fax (06 21) 1 81–14 11,
E-mail: Ruthig@uni-mannheim.de

379. *Sachs,* Dr. Michael, Universitätsprofessor,
Dattenfelder Str. 7, 51109 Köln,
(02 21) 84 46 57, Fax (02 21) 84 06 70;
Universität zu Köln, Lehrstuhl für Staats- und Verwaltungsrecht,
Albertus-Magnus-Platz, 50923 Köln,
(02 21) 4 70–44 54, Fax (02 21) 4 70–51 35,
E-mail: Staats-Verwaltungsrecht@uni-koeln.de

380. *Sacksofsky,* Dr. Ute, Professorin
Bundenweg 16, 60320 Frankfurt a.M.,
(0 69) 95 62 20 51, Fax (0 69) 95 62 20 52;
Goethe-Universität, FB Rechtswissenschaft,
Senckenberganlage 31, 60054 Frankfurt a. M.,
Postfach 11 19 32, 60325 Frankfurt am Main,
(0 69) 79 82 86 54 oder 2 26 54
E-mail: Sacksofsky@jur.uni-frankfurt.de

381. *Salzwedel,* Dr. Jürgen, o. Professor,
Siebengebirgsstr. 86, 53229 Bonn, (02 28) 48 17 10;
c/o RAe Norton, Rose, Vieregge, Köln,
(02 21) 77 16–2 16, Fax (02 21) 77 16–1 10

382. *Sattler,* Dr. Andreas, Professor,
Ludwig-Beck-Str. 17, 37075 Göttingen,
(05 51) 2 23 40

383. *Saxer,* Dr. Urs, Privatdozent,
Zollikerstr. 187, CH-8008 Zürich,
(00 41–1) 4 22 40 42;
Büro: Hüssy von Graffenried & Partner,
Bellerivestr. 10, Postfach 525,
CH-8034 Zürich, (00 41–1) 3 83 87 34,
E-mail: Saxer@dplanet.ch

384. *Schachtschneider,* Dr. Karl Albrecht, o. Professor,
Hubertusstraße 6, 94091 Nürnberg, (09 11) 59 94 36;
Wirtschafts- und Sozialwissenschaftliche Fakultät,
Universität Erlangen-Nürnberg, Lange Gasse 20,
90403 Nürnberg,
(09 11) 53 02-3 29 oder -3 11,
Fax (09 11) 53 02-2 97,
E-mail: wsro01@wsrz2.wiso.uni-erlangen.de

385. *Schäffer,* Dr. Heinz, o. Universitätsprofessor,
Große Neugasse 6/14, A-1040 Wien, (00 43-1) 58 11 721;
Universität Salzburg, Kapitelgasse 5-7, A-5020 Salzburg,
(00 43) 6 62-80 44-36 31, Fax (00 43) 6 62-80 44-3 03

386. *Schambeck,* Dr. Dr. h.c. mult. Herbert, o. Universitätsprofessor,
Hofzeile 21, A-1190 Wien, (00 43-1) 36 34 94;
Universität Linz, (00 43) 7 32-24 68/-4 24

387. *Schefold,* Dr. Dian, Universitätsprofessor,
Mathildenstraße 93, 28203 Bremen, (04 21) 72 576;
FB Rechtswissenschaft der Universität Bremen,
Universitätsallee, GW 1, Postfach 33 04 40, 28334 Bremen,
(04 21) 2 18-21 66, Fax (04 21) 2 18-34 94,
E-mail: schefold@uni-bremen.de

388. *Schenke,* Dr. Wolf-Rüdiger, o. Professor,
Beim Hochwald 30, 68305 Mannheim, (06 21) 74 42 00;
Universität Mannheim, 68131 Mannheim, (06 21) 2 92 52 14,
E-mail: Schenke@jura.uni-mannheim.de

389. *Scherer,* Dr. Joachim, LL.M., apl. Professor,
Privatweg 9, 64342 Seeheim-Jugenheim, (0 62 57) 23 14;
RAe Döser Amereller Noack/Baker & McKenzie,
Bethmannstr. 50-54, 60311 Frankfurt a.M.,
(0 69) 29 90 81 89, Fax (0 69) 29 90 81 08,
E-mail: Joachim.Scherer@Bakernet.com

390. *Scherzberg,* Dr. Arno, Professor,
Rottkamp 6, 48341 Altenberge;
Universität Erfurt, Staatswissenschaftliche Fakultät,
Postfach 900 221, 99105 Erfurt;
(03 61) 7 37-47 61, (03 61) 7 37-47 60 (Sekr.),
Fax (03 61) 7 37-47 09,
E-mail: Arno.Scherzberg@uni-erfurt.de

391. *Scheuing,* Dr. Dieter H., o. Professor,
Finkenstr. 17, 97204 Höchberg,
(09 31) 4 83 31, Fax (09 31) 40 81 98;
Universität Würzburg, 97070 Würzburg,
(09 31) 31 23 24, Fax (09 31) 31 27 92,
E-mail: Scheuing@jura.uni-wuerzburg.de

392. *Schiedermair,* Dr. Hartmut, o. Professor,
Wittelsbacher Str. 7, 53173 Bonn – Bad Godesberg;
Institut für Völkerrecht und ausländisches öffentliches Recht,
Universität Köln, Gottfried-Keller-Str. 2, 50931 Köln,
(02 21) 4 70 23 64

393. *Schilling,* Dr. Theodor, Privatdozent,
13, rue de Moutfort, L-5355 Oetrange, (0 03 52) 35 85 76;
Gerichtshof der EG, L-2925 Luxemburg, (0 03 52) 43 03–34 13

394. *Schindler,* Dr. Dr.h.c. Dietrich, Professor,
Lenzenwiesstr. 8, CH-8702 Zollikon;
Universität Zürich, (00 41–1) 3 91–71 18 oder 41 40,
Fax (00 41–1) 3 91–71 18

395. *Schlaich,* Dr. Klaus, o. Professor,
Wolkenburgstr. 2, 53757 St. Augustin, (0 22 41) 33 75 09;
Universität Bonn, (02 28) 73 91 25

396. *Schlette,* Dr. Volker, Privatdozent,
Hirberg 4, 37170 Uslar, (0 55 73) 99 98 68;
Universität Göttingen, Juristisches Seminar,
Platz der Göttinger Sieben 6, 37073 Göttingen,
(05 51) 39 44 13, Fax (05 51) 39 74 14

397. *Schlieffen* Dr. Katharina Gräfin v., Universitätsprofessorin,
FernUniversität Hagen, FB Rechtswissenschaft,
Universitätsstr. 21, 58084 Hagen,
(0 23 31) 9 87–28 78, Fax (0 23 31) 9 87–3 95,
E-mail: LG.vonSchlieffen@fernuni-hagen.de

398. *Schlink,* Dr. Bernhard, Professor,
Endenicher Allee 16, 53115 Bonn, (02 28) 65 23 58;
Institut für Öffentliches Recht und Völkerrecht,
Humboldt-Universität zu Berlin, Unter den Linden 6,
10099 Berlin, (0 30) 20 93–34 54 oder –34 72,
Fax (0 30) 20 93–34 52,
E-mail: Schlink@rewi.hu-berlin.de

399. *Schmid,* Dr. Gerhard, Professor,
Hochwaldstr. 24, CH-4059 Basel, (00 41) 61–3 31 84 25;
c/o Wenger Plattner, Aeschenvorstadt 55,
CH-4010 Basel, (00 41) 61–2 79–70 00,
Fax (00 41) 61–2 79–70 01,
E-mail: Schmidg@wenger-plattner.ch

400. *Schmid,* Dr. Viola, Privatdozentin,
Kirchenweg 3, 91126 Schwabach, (0 91 22) 7 73 82,
Fax (0 91 22) 6 23 45,
E-mail: viola@topmail.de;
Freie Universität Berlin, Ehrenbergstr. 17, 14195 Berlin,
(0 30) 8 38–49 49, Fax (0 30) 8 38 20 71

401. *Schmidt,* Dr. Reiner, o. Professor,
Bachwiesenstr. 5, 86459 Gessertshausen,
(0 82 38) 41 11, Fax (0 82 38) 49 37;
Lehrstuhl für Öffentliches Recht, Wirtschaftsverwaltungsrecht
und Umweltrecht, Universität Augsburg, Universitätsstr. 2,
86135 Augsburg, (08 21) 5 98–45 50, Fax (08 21) 5 98–45 52,
E-mail: Reiner.Schmidt@jura.uni-augsburg.de

402. *Schmidt,* Dr. Walter, Universitätsprofessor,
Brüder-Knauß-Str. 86, 64285 Darmstadt, (0 61 51) 6 47 10;
Universität Frankfurt, 60054 Frankfurt a.M.,
(0 69) 7 98 2 21 89

403. *Schmidt-Aßmann,* Dr. Dr. h.c. Eberhard, o. Professor,
Höhenstr. 30, 69118 Heidelberg, (0 62 21) 80 08 03;
Universität Heidelberg, 69117 Heidelberg, (0 62 21) 54 74 28

404. *Schmidt-De Caluwe,* Reimund, Universitätsprofessor,
Unterer Hardthof 17 B, 35398 Gießen,
(06 41) 3 45 66, Fax (06 41) 9 60 99 66;
Juristische Fakultät der Martin-Luther-Universität
Halle-Wittenberg,
Universitätsplatz 3–5, 06099 Halle (Saale),
(03 45) 55–231 38 oder –39
E-mail: Schmidtdc@jura.uni-halle.de

405. *Schmidt-Jortzig,* Dr. Edzard, o. Professor,
Graf-Spee-Straße 18 a, 24105 Kiel, (04 31) 8 95 01 95;
Rechtswissenschaftliche Fakultät, Lehrstuhl für Öffentliches Recht
Universität Kiel, 24118 Kiel, (04 31) 8 80–35 45

406. *Schmidt-Preuß,* Dr. Matthias, o. Professor,
Am Römerlager 23, 53117 Bonn, (02 28) 67 80 91;
Lehrstuhl für Öffentliches Recht, Institut für Staats- und Verwaltungsrecht, Universität Erlangen-Nürnberg,
Schillerstr. 1, 91054 Erlangen,
(0 91 31) 8 54–7 81, Fax (0 91 31) 85 64 39,
E-mail: Matthias.Schmidt-Preuss@rzmail.uni-erlangen.de

407. *Schmitt Glaeser,* Dr. Dr. h. c. Walter, o. Professor,
Rübezahlweg 9 A, 95447 Bayreuth, (09 21) 3 20 70;
Universität Bayreuth, 95440 Bayreuth,
(09 21) 55 29 42, Fax (09 21) 55 29 96,
E-mail: Walter.Schmitt@uni-bayreuth.de

408. *Schmitt-Kammler,* Dr. Arnulf, Universitätsprofessor,
Renthof 33, 35037 Marburg/Lahn, (0 64 21) 6 49 02;
Universität Köln, Rechtswissenschaftliche Fakultät,
Albertus-Magnus-Platz, 50923 Köln,
(02 21) 4 70–40 66 oder –40 67

409. *Schmitz,* Dr. Thomas, Privatdozent,
Juristisches Seminar der Georg-August-Universität Göttingen,
Platz der Göttinger Sieben 6, 37073 Göttingen,
(05 51) 39 46 37, Fax (05 51) 39 74 14,
E-mail: tschmitt@gwdg.de

410. *Schnapp,* Dr. Friedrich E., o. Professor,
Efeuweg 22, 44869 Bochum, (0 23 27) 7 42 13;
Universität Bochum, 44780 Bochum,
(02 34) 3 22 22 39 Fax (02 34) 3 21 42 71,
E-mail: LS.Schnapp@jura.ruhr-uni-bochum.de

411. *Schneider,* Dr. Dr. h.c. Hans-Peter, o. Professor,
Rominteweg 1, 30559 Hannover,
(05 11) 51 10 50, Fax (05 11) 51 10 50;
FB Rechtswissenschaften, Universität Hannover,
Königsworther Platz 1, 30167 Hannover,
(05 11) 7 62–81 85 oder 81 86

412. *Schneider,* Dr. Hans, o. Professor,
Ludolf-Krehl-Str. 44, 69120 Heidelberg,
(0 62 21) 48 03 81;
Universität Heidelberg, 69117 Heidelberg,
(0 62 21) 54 74 46

413. *Schneider,* Dr. Jens-Peter, Professor,
Uhlenfluchtweg 7, 49078 Osnabrück,
(05 41) 6 68 82 08, Fax (05 41) 6 68 82 07;
Universität Osnabrück, FB Rechtswissenschaften,
Öffentliches Wirtschaftsrecht, Heger-Tor-Wall 14,
49069 Osnabrück,
(05 41) 9 69–61 75/-61 77, Fax (05 41) 9 69–61 87,
E-mail: JP-Schneider@uni-osnabrueck.de

414. *Schneider,* Dr. Litt. D.h.c. Peter, o. Professor,
Fischtorplatz 20, 55116 Mainz, (0 61 31) 22 32 73

415. *Schöbener,* Dr. Burkhard, Privatdozent,
Am Glösberg 27, 97342 Obernbreit, (0 93 32) 50 00 04;
Lehrstuhl für Völkerrecht, allgemeine Staatslehre,
deutsches und bayerisches Staatsrecht
sowie politische Wissenschaften,
Domerschulstr. 16, 97070 Würzburg,
(09 31) 31 23 08

416. *Schoch,* Dr. Friedrich, o. Professor,
Kastelbergstr. 19, 79189 Bad Krozingen,
(0 76 33) 94 81 04, Fax (0 76 33) 94 81 05;
Institut für Öffentliches Recht, Universität Freiburg,
Postfach, 79085 Freiburg,
(07 61) 2 03–22 57 oder 22 58, Fax (07 61) 2 03–22 97,
E-mail: ioeffr5@uni-freiburg.de

417. *Scholler,* Dr. Heinrich, Professor,
Zwengauerweg 5, 81479 München, (0 89) 79 64 24;
Universität München, Institut für Politik und
Öffentliches Recht, Ludwigstr. 28/RG, 80539 München,
(0 89) 21 80–27 24

418. *Scholz,* Dr. Rupert, o. Professor,
Königsallee 71 a, 14193 Berlin;
Universität München, Institut für Politik und
Öffentliches Recht, Ludwigstr. 28/RG,
80539 München, (089) 21 80–21 13

419. *Schröder,* Dr. Meinhard, o. Professor,
Zum Wingert 2, 54318 Mertesdorf, (06 51) 5 78 87;
Universität Trier, 54286 Trier, (06 51) 2 01 25 86,
E-mail: Schroeder@uni-trier.de

420. *Schroeder,* Dr. Werner, Professor, LL.M.;
Universität Innsbruck, Institut für Völkerrecht,
Europarecht und Internationale Beziehungen,
Innrain 52, A-6020 Innsbruck,
(00 43) 512–5 07–83 20, Fax (00 43) 512–5 07–26 51,
E-mail: Werner.Schroeder@uibk.ac.at

421. *Schulte,* Dr. Martin, Professor,
Thomas-Mann-Straße 10, 01219 Dresden,
(03 51) 4 72 25 50;
Lehrstuhl für Öffentliches Recht, Umwelt- und Technikrecht,
Juristische Fakultät, TU Dresden, von-Gerber-Bau,
Bergstr. 53, 01069 Dresden,
(03 51) 46 33–73 62, Fax (03 51) 46 33–72 20

422. *Schulze-Fielitz,* Dr. Helmuth, Professor,
Klara-Löwe-Str. 5, 97082 Würzburg,
(09 31) 7 84 10 25, Fax (09 31) 7 84 10 34;
Lehrstuhl für Öffentliches Recht, Umweltrecht und
Verwaltungswissenschaften, Universität Würzburg,
Domerschulstr. 16, D-97070 Würzburg,
(09 31) 31 23 31/2, Fax (09 31) 31 26 17,
E-mail: L-Schulze-Fielitz@jura.uni-wuerzburg.de

423. *Schuppert,* Dr. Gunnar Folke, Professor,
Kaiserdamm 28, 14057 Berlin,
(0 30) 30 61 21 68;
Humboldt-Universität, Juristische Fakultät,
Ziegelstraße 13, 10099 Berlin,
(0 30) 20 93–35 02, Fax (0 30) 20 93–33 44,
E-mail: Gunnar=Folke=Schuppert@rewi.hu-berlin.de

424. *Schwabe,* Dr. Jürgen, Professor,
Erlenweg 1, 21614 Buxtehude,
(0 41 61) 8 71 41, Fax (0 41 61) 72 26 00;
Universität Hamburg, 20146 Hamburg,
(0 40) 4 28 38–44 54

425. *Schwarz,* Dr. Kyrill-A., Privatdozent,
Goßlerstraße 3, 37073 Göttingen;
Juristische Fakultät,
Platz der Göttinger Sieben 6, 37073 Göttingen,
(05 51) 39 73 93,
E-mail: kyrillschwarz@web.de

426. *Schwarze,* Dr. Jürgen, Professor,
Universität Freiburg, Institut für Öffentliches Recht,
Europaplatz 1, 79098 Freiburg,
(07 61) 2 03–22 38, od –51, Fax (07 61) 2 03–22 34,
E-mail: Schwarze@uni-freiburg.de

427. *Schwarzer,* Mag., Dr. Stephan, Universitätsdozent,
Rodlergasse 7/10, A-1190 Wien, (00 43–1) 3 69 17 46;
Bundeswirtschaftskammer, Wiedner Hauptstr. 63,
A-1045 Wien, (00 43–1) 5 01 05–41 95

428. *Schweitzer,* Dr. Michael, Professor,
Göttweiger Str. 135, 94032 Passau, (08 51) 3 45 33;
Universität Passau, 94032 Passau, (08 51) 5 09–23 30,
Fax (08 51) 5 09–23 32,
E-mail: Schweitzer@uni-passau.de

429. *Schweizer,* Dr. Rainer J., o. Professor,
Webergasse 8, CH-9000 St. Gallen, (00 41) 71–2 23 56 24;
Hochschule St.Gallen, Forschungsgemeinschaft für
Rechtswissenschaften, Tigerbergstr. 21, CH-9000 St.Gallen,
(00 41) 71–22 42–8 36, Fax (00 41) 71–22 42–1 62,
E-mail: Rainer.Schweizer@unisg.ch

430. *Schwerdtfeger,* Dr. Gunther, Universitätsprofessor,
Hülsebrinkstr. 23, 30974 Wennigsen/Deister, (0 51 03) 13 11;
FB Rechtswissenschaften, Universität Hannover,
Königsworther Platz 1, 30167 Hannover, (05 11) 7 62–82 80

431. *Seewald,* Dr. Otfried, o. Professor,
Schärdingerstraße 21 A, 94032 Passau,
Tel/Fax (08 51) 3 51 45;
Universität Passau, Innstr. 40, Postfach 25 40, 94030 Passau,
(08 51) 50 9–23 40 oder –41, Fax (08 51) 5 09–23 42,
E-mail: otfried.seewald@uni-passau.de

432. *Seidel,* Dr. Gerd, Professor,
Donizettistraße 102, 12623 Berlin,
(0 30) 56 59 95 56;
Institut für Öffentliches Recht und Völkerrecht,
Lehrstuhl für Öffentliches Recht, Völker- und Europarecht,
Unter den Linden 6, 10099 Berlin,
(0 30) 20 93–35 17/-12, Fax (0 30) 20 93–33 84,
E-mail: Gerd.Seidel@rewi.hu-berlin.de

433. *Selmer,* Dr. Peter, Professor,
Akazienweg 9, 22587 Hamburg, (0 40) 86 47 43;
Universität Hamburg, 20146 Hamburg,
(0 40) 4 28 38–45 76, Fax (0 40) 4 28 38–30 28

434. *Sieckmann,* Dr. Jan-Reinhard, Professor,
Sozial- und Wirtschaftswissenschaftliche Fakultät,
Otto-Friedrich-Universität Bamberg, Feldkirchenstr. 21,
96051 Bamberg, (09 51) 8 63–27 40, Fax (09 51) 8 63–57 40,
E-mail: Jan.Sieckmann@sowi.uni-bamberg.de

435. *Siedentopf,* Dr. Dr. h.c. Heinrich, o. Professor,
Hauptstr. 170, 76829 Landau, (0 63 41) 6 07 57;
Hochschule für Verwaltungswissenschaften,
Freiherr-vom-Stein-Str. 2–6, 67324 Speyer,
(0 62 32) 6 54–3 65 oder –3 58,
E-mail: siedentopf@dhv-speyer.de

436. *Siekmann,* Dr. Helmut, Professor,
Hustadtring 143, 44801 Bochum;
Ruhr-Universität Bochum, Juristische Fakultät,
44780 Bochum, (02 34) 3 22 52 52,
E-mail: LSsiekmann@jura.ruhr-uni-bochum.de

437. *Silagi,* Dr. Dr. Michael, Privatdozent,
Institut für Völkerrecht, Universität Göttingen,
Platz der Göttinger Sieben 5, 37073 Göttingen,
(05 51) 39–47 34

438. *Skouris,* Dr. Wassilios, Professor,
Nikolaou Manou 18, GR-54643 Thessaloniki,
(00 30–31) 83 14 44;
Gerichtshof der Europäischen Gemeinschaften,
Palais de la Cour de Justice, L-2925 Luxembourg,
(0 03 52) 43 03 22 09, Fax (0 03 52) 43 03 27 36

439. *Sodan,* Dr. Helge, Universitätsprofessor,
Fachbereich Rechtswissenschaft, Lehrstuhl für Staats- und
Verwaltungsrecht, Öffentl. Wirtschaftsrecht, Sozialrecht,
Freie Universität Berlin, Van't-Hoff-Str. 8, 14195 Berlin,
(0 30) 8 38–5 39 72 oder –7 39 73,
Fax (0 30) 8 38–5 44 44,
Präsident des Verfassungsgerichtshofes des Landes Berlin,
Elßholzstr. 30–33, 10781 Berlin,
(0 30) 90 15–26 50, Fax (0 30) 90 15–26 66

440. *Söhn,* Dr. Hartmut, o. Professor,
Eppanerstr. 9, 94036 Passau, (08 51) 5 85 20;
Universität Passau, Lehrstuhl für Staats- u. Verwaltungsrecht insbesondere Finanz- und Steuerrecht, 94032 Passau,
(08 51) 5 09–23 50, Fax (08 51) 5 09–23 52,
E-mail: Soehn@pers.uni-passau.de

441. *Somek,* Dr. Alexander, Professor,
Institut für Rechtshilosophie und Rechtstheorie,
Juridicum, Schottenbastei 10–16, A-1010 Wien,
(00 43–1) 4 27 73 58 03, Fax: (00 43–1) 42 77 93 58,
E-mail: Alexander.Somek@univie.ac.at

442. *Sommermann,* Dr. Karl-Peter, Universitätsprofessor,
Lehrstuhl für Öffentliches Recht, Staatslehre und Rechtsvergleichung,
Hochschule für Verwaltungswissenschaften, Postfach 14 09,
67346 Speyer, (0 62 32) 6 54–3 44, Fax (0 62 32) 6 54–3 05,
E-mail: Sommermann@dhv-speyer.de

443. *Spannowsky,* Dr. Willy, Universitätsprofessor,
Auf dem Kleehügel 17, 67706 Krickenbach,
(0 63 07) 99 39 63, Fax (0 63 07) 99 39 49;
Lehrstuhl für Öffentliches Recht,
Postfach 30 49, 67653 Kaiserslautern,
(06 31) 2 05–39 75, Fax (06 31) 2 05–39 77

444. *Staff,* Dr. Ilse, Universitätsprofessorin,
Am Forum 4, 65779 Kelkheim, (0 61 95) 33 08;
Universität Frankfurt, 60054 Frankfurt a.M.

445. *Starck,* Dr. Christian, o. Professor,
Schlegelweg 10, 37075 Göttingen, (05 51) 5 54 54;
Universität Göttingen, Juristisches Seminar,
Platz der Göttinger Sieben 6, 37073 Göttingen,
(05 51) 39–74 12 oder –13, Fax (05 51) 39–74 14,
E-mail: C.Starck@jura.uni-goettingen.de

446. *Steiger,* Dr. Heinhard, Universitätsprofessor,
Oberhof 16, 35440 Linden, (06 41) 2 32 52;
Universität Gießen, 35394 Gießen,
(06 41) 9 92 11–50 oder –51, Fax (06 41) 9 92 11–59

447. *Stein,* Dr. Ekkehart, o. Professor,
Magdebergstr. 16 b, 78224 Singen, (0 77 31) 94 85 71;
Universität Konstanz, Postfach 55 60 D 104,
78434 Konstanz, (0 75 31) 88 23–29 oder-28

448. *Stein,* Dr. Torsten, Universitätsprofessor,
Ludolf-Krehl-Str. 1 b, 69120 Heidelberg,
Tel/Fax (0 62 21) 48 04 38;
Universität des Saarlandes, Europa-Institut,
Am Stadtwald, 66041 Saarbrücken,
(06 81) 3 02–45 67 oder –36 95, Fax (06 81) 3 02–48 79,
E-mail: t.stein@mx.uni-saarland.de

449. *Steinberg,* Dr. Rudolf, Universitätsprofessor,
Wingertstr. 2a, 65719 Hofheim;
Präsident der Goethe-Universität Frankfurt, Senckenberganlage 31,
60054 Frankfurt a.M., (0 69) 7 98 2 24 38, Fax (0 69) 798–28793,
E-mail: Steinberg@pvw.uni-frankfurt.de

450. *Steinberger,* Dr. Helmut, o. Professor,
Saphirweg 13, 69181 Leimen;
MPI für Ausl. Öffentliches Recht und Völkerrecht,
Im Neuenheimer Feld 535, 69120 Heidelberg,
(0 62 21) 4 82–2 61, Fax (0 62 21) 4 82–2 88;
Juristisches Seminar, Universität Heidelberg,
Friedrich-Ebert-Anlage 6–10, 69117 Heidelberg,
(0 62 21) 54–74 54 oder –55, Fax (0 62 21) 54–77 44,
E-mail: hsteinbe@mpiv-hd.mpg

451. *Steiner,* Dr. Udo, o. Professor,
Richter des Bundesverfassungsgerichts,
Am Katzenbühl 5, 93055 Regensburg, (09 41) 70 09 13;
Universität Regensburg, 93040 Regensburg,
(09 41) 9 43–26 66 oder –26 67, Fax (09 41) 9 43–49 93,
oder Karlsruhe (07 21) 91 01–2 17, Fax (07 21) 91 01–3 82,
E-mail: udo.steiner@jura.uni-regensburg.de

452. *Stelzer,* Dr. Manfred, Universitätsprofessor,
Anton-Wildgansgasse 12/4, A-2380 Perchtoldsdorf,
(00 43–6 64) 2 12 56 18;
Universiät Wien, Schottenbastei 10–16, A-1010 Wien,
(00 43–1) 42 77–3 54 31 oder –32,
E-mail: Manfred.Stelzer@univie.ac.at

453. *Stern,* Dr. Dr. h.c. mult. Klaus, o. Professor,
Am Stockberger Busch 10, 51515 Kürten,
(0 22 68) 61 67;
Universität Köln, Albertus-Magnus-Platz, 50923 Köln,
(02 21) 4 70 22 89

454. *Stettner,* Dr. Rupert, Professor,
Alpenstr. 11 a, 85221 Dachau, (0 81 31) 27 89 96,
Tel./Fax (0 81 31) 27 89 98;
Institut für Staatswissenschaften, Universität der Bundeswehr München, Werner-Heisenberg-Weg 39,
85579 Neubiberg, (0 89) 60 04–38 64 oder –37 02
oder –20 43, Fax (0 89) 60 04–28 41,
E-mail: Rupert.Stettner@unibw-muenchen.de

455. *Stober,* Dr. Rolf, Professor,
Am Blütenhain 33, 48163 Münster,
(0 25 36) 17 34, Fax (0 25 36) 68 38;
Institut für Recht der Wirtschaft, Universität Hamburg,
Max-Brauer-Allee 60, 22765 Hamburg,
(040) 4 28 38–46 37, Fax (040) 4 28 38–64 41,
E-mail: Stober@mba.uni-hamburg.de

456. *Stock,* Dr. Martin, Professor,
Lina-Oetker-Str. 22, 33615 Bielefeld,
(05 21) 12 19 95;
Fakultät für Rechtswissenschaft, Universität Bielefeld,
Postfach 10 01 31, 33501 Bielefeld,
(05 21) 1 06 43 90, Fax (05 21) 1 06 80 55,
E-mail: martin.stock@uni-bielefeld.de

457. *Stoll,* Dr. Peter-Tobias, Professor,
Institut für Völkerrecht, Abteilung für Internationales Wirtschaftsrecht,
Universität Göttingen, Platz der Göttinger Sieben 5,
37073 Göttingen, (05 51) 39 46 61,
E-mail: ptstoll@gwdg.de und ujvriwir@gwdg.de

458. *Stolleis,* Dr. Michael, Universitätsprofessor,
Waldstr. 15, 61476 Kronberg, (0 61 73) 6 56 51;
Universität Frankfurt, MPI für europäische Rechtsgeschichte,
Hausener Weg 120, 60489 Frankfurt a.M.,
(0 69) 7 89 78–2 22, Fax (0 69) 7 89 78–1 69,
E-mail: Stolleis@mpier.uni-frankfurt.de

459. *Stolzlechner,* Dr. Harald, o. Universitätsprofessor,
Gneiser Straße 57, A-5020 Salzburg,
(00 43) 6 62–82 39 35;
Universität Salzburg, (00 43) 6 62–80 44 36 01,
E-mail: Harald.Stolzlechner@sbo.ac.at

460. *Storr,* Dr. Stefan, Privatdozent,
Lassallestraße 12, 07743 Jena, (0 36 41) 82 80 62;
Friedrich-Schiller-Universität Jena,
Rechtswissenschaftliche Fakultät, 07740 Jena,
(0 36 41) 94–22 03, Fax (0 36 41) 94–22 02

461. *Streinz,* Dr. Rudolf, o. Professor,
Waldsteinring 26, 95448 Bayreuth, (09 21) 9 47 30;
Rechts- und Wirtschaftswiss. Fakultät, Universität Bayreuth,
95440 Bayreuth, (09 21) 55 35 20, Fax (09 21) 55 28 97,
E-mail: Rudolf.Streinz@uni-bayreuth.de

462. *Tettinger,* Dr. Peter J., o. Professor,
Bergstr. 30, 50999 Köln, (0 22 36) 6 68 56;
Institut für öffentliches Recht und Verwaltungslehre der
Universität zu Köln, Albertus-Magnus-Platz, 50931 Köln,
(02 21) 4 70 22 89, Fax (02 21) 4 70 51 26

463. *Thieme,* Dr. Werner, Professor,
Berggartenstraße 14, 29223 Celle,
(0 51 41) 373 69, Fax (0 51 41) 931 373;
Universität Hamburg, 20146 Hamburg, (0 40) 4 28 38–45 69

464. *Thienel,* Dr. Rudolf, a.o. Universitätsprofessor,
Pfeilgasse 31/10, A-1080 Wien;
Institut für Staats- und Verwaltungsrecht,
Universität Wien, Schottenbastei 10–16, A-1010 Wien,
(00 43–1) 4 01 03–32 60, Fax (00 43–1) 5 33 40 99

465. *Thürer,* Dr. Dr. h.c. Daniel, LL.M., o. Professor,
Abeggweg 20, CH-8057 Zürich, (00 41–1) 3 62 65 47;
Universität Zürich, Institut für Völkerrecht und
Ausländisches Verfassungsrecht,
Hirschgraben 40, CH-8001 Zürich,
(00 41–1) 6 34–20 31, Fax (00 41–1) 6 34–49 92,
E-mail: thuerer@ivr.unizh.ch

466. *Tietje,* Dr. Christian, Professor,
Hegelstraße 14, 06144 Halle (Saale),
(03 45) 5 48 39 13;
Martin-Luther-Universität Halle-Wittenberg,
Juristische Fakultät, Juridicum,
Universitätsplatz 5, 06108 Halle (Saale),
(03 45) 5 52–31 80, Fax (03 45) 5 52–72 01,
E-mail: Tietje@jura.uni-halle.de

467. *Tomuschat,* Dr. Christian, Professor,
Odilostraße 25a, 13467 Berlin,
(0 30) 40 54 14 86, Fax (0 30) 40 54 14 88;
Humboldt-Universität zu Berlin, Institut für
Völker- und Europarecht,
Unter den Linden 6, 10099 Berlin,
(0 30) 20 93-33 35 oder -05 oder -22, Fax (0 30) 20 93 33 65,
E-mail: Christian.Tomuschat@rewi.hu-berlin.de

468. *Trute,* Dr. Hans-Heinrich, Universitätsprofessor,
Wettinplatz 3, 01896 Pulsnitz, (03 59 55) 4 53 01;
Universität Hamburg, Fachbereich Rechtswissenschaft,
Edmund-Siemers-Allee 1, 20146 Hamburg,
(0 40) 4 28 38-57 21 oder -56 25, Fax (0 40) 4 28 38-27 00,
E-mail: Hans-Heinrich.Trute@jura.uni-hamburg.de und
ceri@jura.uni-hamburg.de

469. *Trzaskalik,* Dr. Christoph, Professor,
Stockheimer Str. 30, 55128 Mainz, (0 61 31) 36 94 14;
Universität Mainz, 55099 Mainz, (0 61 31) 39 21 38,
E-mail: rauch@mail.jura.uni-mainz.de

470. *Tsatsos,* Dr. Dimitris Th., o. Professor,
Kockenhof 12, 58093 Hagen, (0 23 34) 95 47 47;
FernUniversität Hagen, 58097 Hagen,
(0 23 31) 9 87-28 76 Fax (0 23 31) 9 87-3 24

471. *Uber,* Dr. Giesbert, o. Professor,
Roseneck 5, 48165 Münster, (02 51) 31 59;
Universität Münster, (02 51) 83 27 01,
E-mail: uber@uni-muenster.de

472. *Uerpmann,* Dr. Robert, Professor,
Pfarrergasse 9, 93047 Regensburg, (09 41) 56 76 491;
Universität Regensburg, Juristische Fakultät, 93040 Regensburg,
(09 41) 9 43-26 60 oder 26 59, Fax (09 41) 9 43-19 73,
E-Mail: Robert.Uerpmann@jura.uni-regensburg.de

473. *Umbach,* Dr. Dieter C., Professor,
Lehrstuhl für Verwaltungsrecht mit Sozialrecht sowie europäisches
Verfassungsrecht, Universität Potsdam,
PF 90 03 27, 14439 Potsdam, (03 31) 9 77-32 64

474. *Unruh,* Dr. Peter, Privatdozent,
Juristisches Seminar der Georg-August-Universität Göttingen,
Platz der Göttinger Sieben 6, 37073 Göttingen,
E-mail: punruh@gwdg.de

475. *Unruh,* Dr. Georg-Christoph v., o. Professor,
Steenkamp 2, 24226 Heikendorf, (04 31) 23 14 59;
Universität Kiel, Lorenz vom Stein-Institut, 24106 Kiel,
(04 31) 8 80 35–22 oder –29

476. *Vallender,* Dr. Klaus A., Professor,
Unterbach 4, CH-9043 Trogen, (00 41 71) 94 27 69;
Universität St. Gallen, Bodanstr. 4, CH-9000 St. Gallen,
(00 41 71) 22 42 519

477. *Vedder,* Dr. Christoph, Professor,
Sollner Str. 33, 81479 München,
(0 89) 79 10 03 83, Fax (0 89) 79 10 03 84;
Juristische Fakultät, Universität Augsburg, Postfach,
86135 Augsburg, (08 21) 5 98–45 70, Fax (08 21) 5 98–45 72,
E-Mail: christoph.vedder@jura.uni-augsburg.de

478. *Vesting,* Dr. Thomas, Universitätsprofessor,
Habsburgerstr. 3, 80801 München, (0 89) 39 21 44;
Juristische Fakultät, Universität Augsburg,
Eichleitnerstraße 30, 86159 Augsburg,
(08 21) 5 98 45 35 oder –36, Fax (08 21) 5 98 45 03,
E-mail: Thomas.Vesting@jura.uni-augsburg.de

479. *Vitzthum,* Dr. Dr. h.c. Wolfgang Graf, o. Professor,
Im Rotbad 19, 72076 Tübingen, (0 70 71) 6 38 44, Fax (0 70 71) 6 38 88;
Universität Tübingen, Juristische Fakultät, Wilhelmstr. 7,
72074 Tübingen, (0 70 71) 2 97 52 66, Fax (0 70 71) 2 97 49 05,
E-mail: wolfgang-graf.vitzthum@uni-tuebingen.de

480. *Vogel,* Dr. Dr. h.c. Klaus, o. Professor,
Konradstraße 9 Rgb., 80801 München,
(0 89) 38 86 92 03, Fax (0 89) 38 86 92 04;
Institut für Politik und Öffentliches Recht,
Professor-Huber-Platz 2, 80539 München,
(0 89) 21 80–27 18, Fax (0 89) 34 14 40,
E-mail: Klaus.Vogel@jura.uni-muenchen.de

481. *Volkmann,* Dr. Uwe, Professor,
Am Bonifatiusbrunnen 231, 60439 Frankfurt a.M., (0 69) 51 86 73;
Johannes-Gutenberg-Universität Mainz,
FB Rechts- und Wirtschaftswissenschaften,
LSt. für Öffentliches Recht, 55099 Mainz,
(0 61 31) 39–34 53, Fax (0 61 31) 39–30 90,
E-mail: Volkmann@mail.jura.uni-mainz.de

482. *Voßkuhle,* Dr. Andreas, Professor,
Sternwaldstr. 7, 79102 Freiburg, (Tel./Fax: (07 61) 7 07 52 11);
Albert-Ludwigs-Universität Freiburg, Institut für
Staatswissenschaft und Rechtsphilosophie, Postfach,
79085 Freiburg i. Br., (07 61) 2 03–22 09 oder –07,
Fax (07 61) 2 03–21 44 (Juristisches Seminar)

483. *Waechter,* Dr. Kay, Professor,
Ceciliengärten 12, 12159 Berlin;
FB Rechtswissenschaft, Universität Hannover,
Königsworther Platz 1, 30167 Hannover,
(05 11) 7 62–82 27,
E-mail: K.Waechter@oerechtb.uni-hannover.de

484. *Wahl,* Dr. Rainer, o. Professor,
Hagenmattenstr. 6, 79117 Freiburg, (07 61) 6 59 60;
Universität Freiburg, Institut für Öffentliches Recht VI,
Wilhelmstr. 26, 79085 Freiburg,
(07 61) 2 03–22 52 oder –53, Fax (07 61) 2 03 22 93,
E-mail: oerecht6@uni-freiburg.de

485. *Wallerath,* Dr. Maximilian, Universitätsprofessor,
Gudenauer Weg 86, 53127 Bonn, (02 28) 28 32 02;
Universität Greifswald, Rechts- und
Wirtschaftswissenschaftliche Fakultät,
17487 Greifswald,
(0 38 34) 86 21 44 Fax (0 38 34) 8 68 00 77,
E-mail: Wallerat@uni-greifswald.de

486. *Weber,* Dr. Albrecht, Professor,
Weidenweg 20, 49143 Bissendorf, (0 54 02) 39 07;
Universität Osnabrück, 49069 Osnabrück,
(05 41) 9 69–61 88,
E-mail: aweber@uos.de

487. *Weber,* Dr. Karl, o. Universitätsprofessor,
Noldinstr. 14, A-6020 Innsbruck, (00 43) 512–57 45 37;
Universität Innsbruck, Innrain 80, A-6020 Innsbruck,
(00 43) 512–5 07–26 87

488. *Weber-Dürler,* Dr. Beatrice, o. Professorin,
Ackermannstr. 24, CH-8044 Zürich, (00 41–1) 2 62 04 20;
Universität Zürich, Rechtswissenschaftliches Seminar,
Wilfriedstraße 6, CH-8032 Zürich, (00 41–1) 6 34 44 40,
E-mail: Beatrice.Weber-Duerler@rwi.unizh.ch

489. *Weiß,* Dr. Wolfgang, Privatdozent,
Universität Bayreuth, Rechts- und Wirtschaftswissenschaftliche Fakultät,
95440 Bayreuth, (09 21) 55–35 32,
E-mail: Wolfgang.Weiss@uni-bayreuth.de

490. *Wendt,* Dr. Rudolf, o. Professor,
Schulstr. 45, 66386 St. Ingbert-Hassel, (0 68 94) 5 32 87;
Universität des Saarlandes, Institut für Finanz- und Steuerrecht, Postfach 11 50, 66041 Saarbrücken,
(06 81) 3 02–31 04 oder –21 04

491. *Wiederin,* Dr. Ewald, Universitätsprofessor,
Universität Salzburg, Institut für Verfassungs- und Verwaltungsrecht,
Kapitalgasse 5–7, A-5020 Salzburg, (00 43) 662–63 89 36 11,
Fax (00 43) 552–80 44–36 11,
E-mail: ewald.wiederin@sbg.ac.at

492. *Wieland,* Dr. Joachim LL.M., Universitätsprofessor,
Georg-Mendel-Straße 13, 53113 Bonn,
(02 28) 6 19 59 98, Fax (02 28) 3 49 48 98;
FB Rechtwissenschaften, Öffentliches Recht, Finanz- und Steuerrecht,
Johann-Wolfgang-von-Goethe Universität, 60325 Frankfurt a.M.,
(0 69) 798–2 27 11, Fax (0 69) 798–2 25 62,
E-mail: Joachim.Wieland@jur.uni-frankfurt.de

493. *Wielinger,* Dr. Gerhard, Universitätsdozent,
Bergmanngasse 22, A-8010 Graz, (00 43) 3 16–31 87 14;
dienstl. (00 43) 3 16–70 31 24 28

494. *Wieser,* DDr. Bernd, a.o. Universitätsprofessor,
Wittenbauerstr. 76, A-8010 Graz;
Institut für Öffentliches Recht, Politikwissenschaft und Verwaltungslehre, Karl-Franzens-Universität Graz,
Universitätsstr. 15/C3, A-8010 Graz,
(00 43) 3 16–3 80–33 81 oder –83, Fax (00 43) 3 16–3 80–94 50,
E-mail: bernd.wieser@uni-graz.de

495. *Wildhaber,* Dr. Luzius, o. Professor,
Auf der Wacht 21, CH-4104 Oberwil, (0041 61) 401 25 21;
Europäischer Gerichtshof für Menschenrechte, Europarat,
F-67075 Strasbourg Cedex, (00 33–3 88) 41 23 91

496. *Will,* Dr. Rosemarie, Professorin,
Humboldt-Universität zu Berlin, Juristische Fakultät,
Unter den Linden 6, 10099 Berlin,
(0 30) 20 93 33 00/36 82, Fax (0 30) 20 93 34 53,
E-mail: Rosemarie.Will@rewi.hu-berlin.de

497. *Wilke,* Dr. Dieter, Präsident des OVG Berlin a.D.,
Universitätsprofessor a.D.,
apl. Professor an der Freien Universität Berlin,
Schweinfurthstr. 10; 14195 Berlin

498. *Wilms,* Dr. Heinrich, o. Professor
Donaueschinger Straße 27, 78183 Hüfingen,
(07 71) 8 96 97 00, Fax (07 71) 8 96 97 01;
Juristische Fakultät, Universität Konstanz, Fach D 110,
78457 Konstanz, (0 75 31) 88–26 73 oder –41 43
Fax (0 75 31) 88–40 08,
E-mail: prof.wilms@t-online.de

499. *Wimmer,* Dr. Norbert, o. Universitätsprofessor,
Heiliggeiststr. 16, A-6020 Innsbruck,
(00 43) 512–58 61 44;
Universität Innsbruck, Institut für Öffentliches Recht und
Politikwissenschaften, Innrain 80/82, A-6020 Innsbruck,
(00 43) 512–82 00 oder 82 01,
E-mail: Veronika.Obojes@uibk.ac.at
Internet: http://www.uibk.ac.at/c/c3/c309

500. *Winkler,* Dr. DDr. h.c. Günther, o. Universitätsprofessor,
Reisnerstr. 22/5/11, A-1030 Wien, (00 43–1) 7 13 44 15;
Universität Wien, Schottenbastei 10–16, A-1010 Wien,
(00 43–1) 4 01 03–31 31

501. *Winter,* Dr. Gerd, Professor,
FB 6: Rechtswissenschaft, Universität Bremen,
Postfach 33 04 40, 28334 Bremen,
(04 21) 2 18–28 40, Fax (04 21) 2 18–34 94,
E-mail: gwinter@uni-bremen.de

502. *Wittmann,* Dr. Heinz, a.o. Universitätsprofessor,
Steinböckengasse 4/14, A-1140 Wien, (00 43–1) 9 14 31 75;
Verlag Medien und Recht GmbH,
Danhausergasse 6, A-1040 Wien,
(00 43–1) 5 05 27 66, Fax (00 43–1) 5 05 27 66–15

503. *Wolf,* Dr. Joachim, Professor,
Am Schrebergarten 8, 44625 Herne, (0 23 23) 45 96 25;
Juristische Fakultät, Ruhr-Universität Bochum,
Umweltrecht, Verwaltungsrecht und Verwaltungslehre,
Gebäude GC, Universitätsstr. 150, 44789 Bochum,
(02 34) 3 22–52 52, Fax (02 34) 3 21 44 21
E-mail: LS.Wolf@jura.ruhr-uni-bochum.de

504. *Wolff,* Dr. Heinrich Amadeus, Professor,
Rudolf-Ditzen-Weg 12, 13156 Berlin;
LMU München, Institut für Politik und Öffentliches Recht der Universität München, Professor-Huber-Platz 2, 80539 München,
(0 89) 21 80 32 82 und (0 30) 48 09 79 48
E-mail: Heinrich.Wolff@jura.uni-muenchen.de

505. *Wolfrum,* Dr. Dr. h.c. Rüdiger, o. Professor,
Mühltalstr. 129 b, 69121 Heidelberg, (0 62 21) 47 52 36;
MPI für Ausl. Öffentliches Recht und Völkerrecht,
Im Neuenheimer Feld 535, 69120 Heidelberg,
(0 62 21) 48 22–55 oder –56, Fax (0 62 21) 48 22 88,
E-mail: Wolfrum@mpiv-hd.mpg.de

506. *Wollenschläger,* Dr. Michael, Professor,
An den Forstäckern 15, 97204 Höchberg, (09 31) 4 91 96;
Universität Würzburg, Domerschulstr. 16, 97070 Würzburg,
(09 31) 31 23 05, Fax (09 31) 31 23 17,
E-mail: wollenschlaeger@jura.uni-wuerzburg.de

507. *Wolter,* Dr. Henner, Privatdozent,
Kanzlei, Joachimtaler Straße 15,
10719 Berlin, (0 30) 88 61 43 63;
Institut für Öffentliches Recht und Völkerrecht, Humboldt-Universität zu Berlin, Unter den Linden 6, 10099 Berlin,
(0 30) 20 93–34 72, Fax (0 30) 20 93–34 52

508. *Würtenberger,* Dr. Thomas, o. Professor,
Beethovenstr. 9, 79100 Freiburg, (07 61) 7 86 23;
Universität Freiburg, Postfach, 79085 Freiburg
(07 61) 2 03–22 46 oder –22 49
E-mail: Thomas.Wuertenberger@jura.uni-freiburg.de

509. *Wyduckel,* Dr. Dieter, Professor,
Juristische Fakultät, TU Dresden, 01062 Dresden,
(03 51) 4 63–73 21, Fax (03 51) 4 63–72 09
E-mail: wyduckel@jura.tu-dresden.de

510. *Zacher,* Dr. Dr. h.c. mult. Hans F., o. Professor,
Starnberger Weg 7, 82343 Pöcking, (0 81 57) 13 84;
MPI für ausländisches und internationales Sozialrecht
Amalienstr. 33, 80799 München, Postfach 34 01 21,
80098 München,
(0 89) 3 86 02–5 02, Fax (0 89) 3 86 02–5 90

511. *Zeh,* Dr. Wolfgang, Professor, Ministerialdirektor,
Brunhildstr. 9, 10829 Berlin, (0 30) 78 70 75 63;
Deutscher Bundestag, Platz der Republik, 11011 Berlin,
(0 30) 2 27–3 21 01 und 2 27–3 22 01,
Fax (0 30) 2 27–3 60 38

512. *Zezschwitz,* Dr. Friedrich v., Universitätsprofessor,
Petersweiher 47, 35394 Gießen, (06 41) 4 51 52;
Universität Gießen, 35390 Gießen, (06 41) 7 02 50 20,
E-mail: Friedrich.v.Zezschwitz@recht.uni-giessen.de

513. *Ziekow,* Dr. Jan, Universitätsprofessor,
Gartenstraße 3, 67361 Freisbach,
(0 63 44) 59 02, Fax (0 63 44) 59 02;
Hochschule für Verwaltungswissenschaften Speyer,
Postfach 14 09, 67324 Speyer, (0 62 32) 6 54–0,
E-mail: ziekow@dhv-speyer.de

514. *Zimmer,* Dr. Gerhard, Professor,
Waldschützpfad 9, 12589 Berlin, (0 30) 64 89 590;
Universität der Bundeswehr, 22043 Hamburg,
(0 40) 65 41 27 71

515. *Zimmermann,* Dr. Andreas, Professor,
Walter-Schücking-Institut für internationales Recht,
Universität Kiel,
Olshausener Straße 40, 24098 Kiel,
(04 31) 8 80–21 49 oder 8 80 21 52, Fax (04 31) 8 80 16 19,
E-Mail: AZimmermann@internat-recht.uni-kiel.de

516. *Zippelius,* Dr. Reinhold, o. Professor,
Niendorfstr. 5, 91054 Erlangen, (0 91 31) 5 57 26;
Universität Erlangen-Nürnberg, 91054 Erlangen,
(0 91 31) 85 28 20

517. *Zitzelsberger,* Dr. Heribert, Privatdozent,
Willi-Stammer-Str. 9, 82031 Grünwald, (0 89) 6 41 27 85;
Bayer AG / K-KF Steuern, Bayerwerk Leverkusen,
51373 Leverkusen, (0214) 30 8 10 28

518. *Zuleeg,* Dr. Manfred, Professor,
Kaiser-Sigmund-Str. 32, 60320 Frankfurt a.M.,
(0 69) 56 43 93;
FB Rechtswissenschaft, Institut für Öffentl. Recht,
Völker- und Europarecht, Universität Frankfurt,
Senckenberganlage 31, 60325 Frankfurt a.M.,
(0 69) 7 98 2 23 82, Fax (069) 7 98 2 87 50,
E-mail: M.Zuleeg@jur.uni-frankfurt.de

Satzung

(Nach den Beschlüssen vom 21. Oktober 1949, 19. Oktober 1951, 14. Oktober 1954, 10. Oktober 1956, 13. Oktober 1960, 5. Oktober 1962, 1. Oktober 1971, 6. Oktober 1976, 3. Oktober 1979 und 6. Oktober 1999)

§ 1

Die Vereinigung der Deutschen Staatsrechtslehrer stellt sich die Aufgabe:

1. wissenschaftliche und Gesetzgebungsfragen aus dem Gebiet des öffentlichen Rechts durch Aussprache in Versammlungen der Mitglieder zu klären;
2. auf die ausreichende Berücksichtigung des öffentlichen Rechts im Hochschulunterricht und bei staatlichen und akademischen Prüfungen hinzuwirken;
3. in wichtigen Fällen zu Fragen des öffentlichen Rechts durch Eingaben an Regierungen oder Volksvertretungen oder durch schriftliche Kundgebungen Stellung zu nehmen.

§ 2

Mitglied der Vereinigung kann werden, wer auf dem Gebiet des Staatsrechts und mindestens eines weiteren öffentlich-rechtlichen Fachs

a) seine Befähigung zu Forschung und Lehre durch hervorragende wissenschaftliche Leistung nachgewiesen hat[1] und
b) an einer deutschen oder deutschsprachigen Universität[2] oder der Hochschule für Verwaltungswissenschaften in Speyer als Forscher und Lehrer tätig ist oder gewesen ist.

---

[1] Mit der oben abgedruckten, am 1. 10. 1971 in Regensburg beschlossenen Fassung des § 2 hat die Mitgliederversammlung den folgenden erläuternden Zusatz angenommen. „Eine hervorragende wissenschaftliche Leistung im Sinne dieser Vorschrift ist eine den bisher üblichen Anforderungen an die Habilitation entsprechende Leistung."

[2] In Berlin hat die Mitgliederversammlung am 3. 10. 1979 die folgende zusätzliche Erläuterung aufgenommen:
„Universität im Sinne dieser Vorschrift ist eine wissenschaftliche Hochschule, die das Habilitationsrecht in den Fächern des öffentlichen Rechts und die Promotionsbefugnis zum Doctor iuris besitzt und an der Juristen durch einen Lehrkörper herkömmlicher Besetzung ausgebildet werden."

Das Aufnahmeverfahren wird durch schriftlichen Vorschlag von drei Mitgliedern der Vereinigung eingeleitet. Ist der Vorstand einstimmig der Auffassung, daß die Voraussetzungen für den Erwerb der Mitgliedschaft erfüllt sind, so verständigt er in einem Rundschreiben die Mitglieder von seiner Absicht, dem Vorgeschlagenen die Mitgliedschaft anzutragen. Erheben mindestens fünf Mitglieder binnen Monatsfrist gegen die Absicht des Vorstandes Einspruch oder beantragen sie mündliche Erörterung, so beschließt die Mitgliederversammlung über die Aufnahme. Die Mitgliederversammlung beschließt ferner, wenn sich im Vorstand Zweifel erheben, ob die Voraussetzungen der Mitgliedschaft erfüllt sind. Von jeder Neuaufnahme außerhalb einer Mitgliederversammlung sind die Mitglieder zu unterrichten.

§ 3

Eine Mitgliederversammlung soll regelmäßig einmal in jedem Jahr an einem vom Vorstand zu bestimmenden Ort stattfinden. In dringenden Fällen können außerordentliche Versammlungen einberufen werden. Die Tagesordnung wird durch den Vorstand bestimmt. Auf jeder ordentlichen Mitgliederversammlung muß mindestens ein wissenschaftlicher Vortrag mit anschließender Aussprache gehalten werden.

§ 4[3]

Der Vorstand der Vereinigung besteht aus einem Vorsitzenden und zwei Stellvertretern. Die Vorstandsmitglieder teilen die Geschäfte untereinander nach eigenem Ermessen. Der Vorstand wird von der Mitgliederversammlung auf zwei Jahre gewählt. Zur Vorbereitung der Jahrestagung ergänzt sich der Vorstand um ein Mitglied, das kein Stimmrecht hat. Auch ist Selbstergänzung zulässig, wenn ein Mitglied des Vorstandes in der Zeit zwischen zwei Mitgliederversammlungen ausscheidet. Auf der nächsten Mitgliederversammlung findet eine Nachwahl für den Rest der Amtszeit des Ausgeschiedenen statt.

§ 5

Zur Vorbereitung ihrer Beratungen kann die Mitgliederversammlung, in eiligen Fällen auch der Vorstand, besondere Ausschüsse bestellen.

---

[3] § 4 in der Fassung des Beschlusses der Mitgliederversammlung in Heidelberg vom 6. 10. 1999; in Kraft getreten am 1. 10. 2001.

§ 6

Über Eingaben in den Fällen des § 1 Ziffer 2 und 3 und über öffentliche Kundgebungen kann nach Vorbereitung durch den Vorstand oder einen Ausschuß im Wege schriftlicher Abstimmung der Mitglieder beschlossen werden. Ein solcher Beschluß bedarf der Zustimmung von zwei Dritteln der Mitgliederzahl; die Namen der Zustimmenden müssen unter das Schriftstück gesetzt werden.

§ 7

Der Mitgliedsbeitrag wird von der Mitgliederversammlung festgesetzt. Der Vorstand kann den Beitrag aus Billigkeitsgründen erlassen.